westermann

Bernd Ettmann, Dr. Günter Wierichs

Unter Mitarbeit von: Jan Schuster, Dr. Karl Wolff

GUT BERATEN in der Bank

Bankkaufmann/Bankkauffrau
1. Ausbildungsjahr

2. Auflage

Bestellnummer 32642

Die in diesem Produkt gemachten Angaben zu Unternehmen (Namen, Internet- und E-Mail-Adressen, Handelsregistereintragungen, Bankverbindungen, Steuer-, Telefon- und Faxnummern und alle weiteren Angaben) sind i. d. R. fiktiv, d. h., sie stehen in keinem Zusammenhang mit einem real existierenden Unternehmen in der dargestellten oder einer ähnlichen Form. Dies gilt auch für alle Kunden, Lieferanten und sonstigen Geschäftspartner der Unternehmen wie z. B. Kreditinstitute, Versicherungsunternehmen und andere Dienstleistungsunternehmen. Ausschließlich zum Zwecke der Authentizität werden die Namen real existierender Unternehmen und z. B. im Fall von Kreditinstituten auch deren IBANs und BICs verwendet.

Zusatzmaterialien zu *GUT BERATEN in der Bank – 1. Ausbildungsjahr*

Für Lehrerinnen und Lehrer:

Lösungen zum Arbeitsheft: 978-3-427-32682-3
Lösungen zum Arbeitsheft Download: 978-3-427-32678-6

BiBox Einzellizenz für Lehrer/-innen (Dauerlizenz): 978-3-427-32654-0
BiBox Kollegiumslizenz für Lehrer/-innen (Dauerlizenz): 978-3-427-32658-8
BiBox Kollegiumslizenz für Lehrer/-innen (1 Schuljahr): 978-3-427-83402-1

BiBox westermann inkl. E-Book

Für Schülerinnen und Schüler:

Arbeitsheft: 978-3-427-32674-8

BiBox Einzellizenz für Schüler/-innen (1 Schuljahr): 978-3-427-32662-5

BiBox westermann inkl. E-Book

westermann GRUPPE

Druck und Bindung: Westermann Druck GmbH, Georg-Westermann-Allee 66, 38104 Braunschweig

ISBN 978-3-427-**32642**-7

Vorwort

Mit der dreibändigen Fachbuchreihe ***GUT BERATEN in der Bank*** haben wir die Zielsetzungen des bundeseinheitlichen Rahmenlehrplans für den Ausbildungsberuf Bankkaufmann und Bankkauffrau, der zum 1. August 2020 in Kraft getreten ist, konsequent umgesetzt.

Eine Kernkompetenz von Bankkaufleuten ist die Beratung von Kunden in finanziellen Angelegenheiten. Notwendige Voraussetzung hierfür sind fundierte Fachkenntnisse, kommunikative Fähigkeiten, vernetztes und analytisches Denken sowie Eigeninitiative und Empathie. Ferner sind die Geschäftsprozesse in der Kreditwirtschaft durch ein hohes Maß an digitaler Technik und kurzen Innovationszyklen gekennzeichnet. Als Bankkaufleute müssen Sie neben der für Beratungsprozesse zwingend notwendigen Fach-, Selbst- und Sozialkompetenz auch moderne, mit der zunehmenden Digitalisierung zusammenhängende Techniken beherrschen und dabei den Datenschutz und die Datensicherheit beachten.

Ziel der Ausbildung zum Bankkaufmann/zur Bankkauffrau ist der Erwerb von Handlungskompetenz, die Sie dazu befähigen soll, auf der Grundlage fachlichen Wissens berufliche Aufgabenstellungen zielorientiert, reflektiert, sachgerecht, methodengerecht und selbstständig zu lösen und das Ergebnis zu beurteilen. Diese umfassenden Kompetenzen benötigen Sie für ein eigenständiges berufliches Handeln in einem sich schnell ändernden Umfeld. Fachwissen alleine reicht dazu nicht aus, frei nach dem Motto: „Ich weiß alles, kann aber nichts." Entscheidend ist die Kompetenz, das Gelernte in beruflichen und außerberuflichen Situationen anwenden und beurteilen zu können.

Der hier vorliegende erste Band dieser Reihe thematisiert die Lernfelder 1 bis 5 des ersten Ausbildungsjahres.

- Im ersten Teil des Buches sind die bankwirtschaftlichen Grundlagen handlungs- und fachsystematisch dargestellt. Er dient als Wissensspeicher sowie als Nachschlagewerk bei der selbstständigen Erarbeitung der Fachinhalte. Mithilfe regelmäßiger **Kompetenzchecks** können Sie Ihren **Lernzuwachs** selbstgesteuert **überprüfen.**
- Im zweiten Teil des Buches finden Sie die überfachlichen Inhalte, die Sie neben den fachlichen Inhalten für den Erwerb von Handlungskompetenz benötigen. Insbesondere die Grundlagen zu den Bereichen Kommunikation und Digitalisierung werden ausführlich dargestellt.

Ergänzend empfehlen wir Ihnen die Arbeitsbücher ***GUT BERATEN in der Bank (Arbeitsbuch)*** (Bestellnummer 32674), um

- die selbstständige Bearbeitung bankbetrieblicher Aufgabenstellungen anhand komplexer Lernsituationen zu trainieren.
- Ihre überfachlichen Kompetenzen (Kommunikative Kompetenz, Lernkompetenz und Methodenkompetenz) sowie den Umgang mit digitalen Medien zu verbessern.
- Ihren Lernfortschritt zu kontrollieren.
- die Lerninhalte zu trainieren und sich mithilfe zahlreicher Übungsaufgaben für die IHK-Abschlussprüfung fit zu machen.

Die **Bearbeitung von Lernsituationen** und *Übungsaufgaben* aus dem **Arbeitsbuch** mithilfe der **Informationen** aus dem **Schülerband** ermöglichen Ihnen einen weitgehend selbstorganisierten, umfassenden Kompetenzerwerb.

Es ist der Rechtsstand bis zum Frühjahr 2022 berücksichtigt.

Die Verfasser

Inhaltsverzeichnis

Einleitung: Kreditwirtschaft in Deutschland ... 11

Lernfeld 1: Die eigene Rolle im Betrieb und im Wirtschaftsleben mitgestalten

1 Grundzüge des Privatrechts ... **23**
1.1 Rechtsgrundlagen ... 23
1.1.1 Rechtsordnung und Rechtsnormen ... 23
1.1.2 Rechtsprechung und Gerichtsbarkeit ... 23
1.1.3 Privatrecht und öffentliches Recht ... 25
1.1.4 Aufbau des Bürgerlichen Gesetzbuches (BGB) ... 26
1.2 Rechtssubjekte ... 26
1.2.1 Rechtsfähigkeit natürlicher und juristischer Personen ... 26
1.2.2 Geschäftsfähigkeit ... 27
1.3 Rechtsobjekte ... 30
1.4 Besitz und Eigentum ... 31
1.4.1 Arten des Eigentums und des Besitzes ... 31
1.4.2 Eigentumserwerb an beweglichen Sachen ... 33
1.5 Rechtsgeschäfte ... 34
1.5.1 Zustandekommen und Arten von Rechtsgeschäften ... 34
1.5.2 Form der Rechtsgeschäfte ... 36
1.5.3 Nichtigkeit und Anfechtbarkeit von Rechtsgeschäften ... 38
1.6 Kaufvertrag ... 40
1.6.1 Zustandekommen eines Kaufvertrages (Verpflichtungsgeschäft) ... 40
1.6.2 Erfüllungsgeschäft ... 42
1.6.3 Besonderheiten bei Käufen über das Internet und bei Haustürgeschäften ... 45
1.7 Störungen bei der Erfüllung eines Kaufvertrages ... 49
1.7.1 Schlechtleistung (mangelhafte Lieferung) ... 49
1.7.2 Nicht-rechtzeitig-Zahlung (Zahlungsverzug) ... 51
1.8 Verjährung von Ansprüchen ... 52
1.9 Verbraucherschutz ... 54
1.9.1 Rechtlicher Rahmen und Institutionen ... 54
1.9.2 Verbraucherschutzbestimmungen ... 55
1.9.3 Verbraucherschutz bei Laufzeitverträgen ... 55
1.9.4 Allgemeine Geschäftsbedingungen und Produkthaftung ... 55

2 Duales System der Berufsausbildung ... **57**
2.1 Stellung der Berufsausbildung im Berufsbildungssystem ... 57
2.2 Berufsbildungsgesetz und Ausbildungsordnung ... 58
2.3 Berufsausbildungsverträge ... 60
2.3.1 Inhalt und Abschluss von Berufsausbildungsverträgen ... 60
2.3.2 Beendigung von Berufsausbildungsverhältnissen ... 61
2.4 Schutzvorschriften für jugendliche Auszubildende ... 62

3 Grundlagen des Arbeitsrechts ... **64**
3.1 Abschluss und Inhalt von Arbeitsverträgen ... 64
3.2 Sonderformen von Arbeitsverhältnissen ... 65
3.2.1 Teilzeitarbeitsverhältnisse und befristete Arbeitsverhältnisse ... 65
3.2.2 Geringfügige Beschäftigungsverhältnisse ... 66
3.2.3 Zeitarbeitsverhältnisse ... 67
3.3 Mindestlohn ... 68

3.4 Beendigung von Arbeitsverhältnissen ... 69
3.5 Schutzvorschriften für Arbeitnehmer und Auszubildende ... 70
3.5.1 Kündigungsschutz ... 70
3.5.2 Arbeitszeitregelungen ... 72
3.5.3 Urlaubsanspruch ... 73
3.5.4 Regelungen für werdende Mütter und Eltern ... 73
3.5.5 Schutzvorschriften für Schwerbehinderte ... 74
3.6 Leistungsbewertung im Rahmen von Arbeits- und Ausbildungsverhältnissen 75
3.6.1 Arbeitszeugnisse und Ausbildungszeugnisse ... 75
3.6.2 Beurteilungen bei Ausbildungsverhältnissen ... 76

4 Entlohnung der Arbeit ... 76
4.1 Aufbau einer Gehaltsabrechnung ... 76
4.2 Grundlagen des Einkommensteuerrechts ... 78
4.2.1 Einnahmen und Einkünfte ... 78
4.2.2 Ermittlung des zu versteuernden Einkommens ... 80
4.2.3 Ermittlung der Einkommensteuer ... 81
4.2.4 Zahlung der Einkommensteuer ... 83
4.2.5 Steuererstattungen und Steuernachzahlungen ... 84
4.3 Zweige der gesetzlichen Sozialversicherung ... 85
4.3.1 Gesetzliche Krankenversicherung ... 85
4.3.2 Gesetzliche Pflegeversicherung ... 86
4.3.3 Gesetzliche Rentenversicherung ... 87
4.3.4 Gesetzliche Arbeitslosenversicherung ... 89
4.3.5 Gesetzliche Unfallversicherung ... 91
4.3.6 Finanzierung in den Zweigen der gesetzlichen Sozialversicherung ... 92

5 Mitwirkung und Mitbestimmung von Arbeitnehmern und Auszubildenden ... 94
5.1 Mitwirkung und Mitbestimmung über den Betriebsrat ... 94
5.2 Mitwirkung und Mitbestimmung über die Jugend- und Auszubildendenvertretung ... 95

6 Sozialer Ausgleich zwischen Arbeitnehmer- und Arbeitgeberinteressen ... 96
6.1 Koalitionsfreiheit ... 96
6.2 Tarifverträge ... 98
6.3 Betriebsvereinbarungen ... 100
6.4 Tarifkonflikte ... 101

7 Gesellschaftliche, ökonomische und ökologische Anforderungen an Kreditinstitute ... 102

Kompetenzcheck zu Lernfeld 1: Die eigene Rolle im Betrieb und im Wirtschaftsleben mitgestalten ... 105

Lernfeld 2: Konten für Privatkunden führen und den Zahlungsverkehr abwickeln

1 Kontoarten ... 111
1.1 Zahlungs-, Anlage-, Darlehens- und Depotkonto ... 111
1.2 Einzel- und Gemeinschaftskonto ... 111
1.3 Basiskonto ... 112

1.4	Pfändungsschutzkonto	113
1.5	Treuhandkonto	115
2	**Gesetzliche und rechtsgeschäftliche Vertretung**	**119**
2.1	Kontoführung für Minderjährige	119
2.2	Kontoführung für Betreute	122
2.3	Kontovollmacht	123
3	**Einlagensicherung**	**125**
4	**Eröffnung eines Zahlungskontos**	**127**
4.1	Kontomodelle und Onlinebanking	128
4.2	Vorvertragliche Informationspflichten (VVI)	130
4.3	Kontoeröffnungsantrag und Allgemeine Geschäftsbedingungen	130
4.4	Identitätsfeststellung	132
4.5	SCHUFA-Abfrage und -Meldung	135
4.6	Abschluss des Kontovertrages und Einrichtung des Kontos	136
4.7	Kontowechselhilfe	136
5	**Zahlungsdienste**	**137**
5.1	Zahlungsdiensterahmenvertrag	137
5.2	Autorisierung von Zahlungen	138
5.3	Ausführung von Zahlungen	143
5.4	Haftung bei Missbrauch und fehlerhaften Zahlungen	148
5.5	Zahlungsinstrumente	150
5.5.1	Ein- und Auszahlungsgeschäft	150
5.5.2	Überweisungsgeschäft	151
5.5.3	Lastschriftgeschäft	153
5.5.4	Zahlungskartengeschäft	158
5.5.4.1	Bankkarte (Debitkarte, Girocard)	158
5.5.4.2	Kreditkarte	162
5.5.4.3	Kartenzahlungssysteme im Überblick	167
5.5.4.4	Haftung	167
5.5.5	Mobile Payment	169
5.5.6	Internetbezahlverfahren	169
5.5.7	Reisezahlungsmittel	171
6	**Rechnungsabschluss von Zahlungskonten**	**173**
7	**Bankgeheimnis und Bankauskunft**	**175**
8	**Geldwäscheprävention**	**179**
9	**Nachlasskonten**	**186**
10	**Umgang mit Kundenbeschwerden**	**190**

Kompetenzcheck zu Lernfeld 2: Konten für Privatkunden führen und den Zahlungsverkehr abwickeln **192**

Lernfeldübergreifende Themen

1 Kommunikations- und Präsentationstechniken ... 198
1.1 Grundlagen zur persönlichen Kommunikation ... 198
1.1.1 Kommunikationsmodell nach Schulz von Thun ... 198
1.1.2 Kommunikationsregeln ... 199
1.1.3 Nonverbale Kommunikation ... 199
1.1.4 Kommunikationstechniken ... 200
1.1.4.1 Aktives Zuhören ... 200
1.1.4.2 Fragetechniken ... 202
1.1.4.3 Argumentationstechniken ... 202
1.1.5 Feedback ... 203
1.1.5.1 Feedback-Regeln ... 203
1.1.5.2 Blitzlicht und Punktabfrage ... 204
1.1.6 Diskussion ... 205
1.1.7 Präsentation ... 206
1.1.7.1 Aufbau einer Präsentation ... 206
1.1.7.2 Medieneinsatz und Visualisierung ... 208
1.1.7.3 Verbales und nonverbales Verhalten ... 209
1.1.7.4 Beobachtungsbogen „Präsentation“ ... 211
1.1.8 Konfliktverhalten ... 213
1.2 Beratungs- und Verkaufsgespräche ... 214
1.2.1 Fachliche Aspekte der Kundenberatung ... 215
1.2.2 Verhaltensaspekte der Kundenberatung ... 216
1.2.2.1 Gesprächsverhalten des Beraters ... 216
1.2.2.2 Phasen des Beratungs-/Verkaufsgesprächs ... 217
1.2.2.3 Umgang mit Kundeneinwänden ... 220
1.2.2.4 Beobachtungsbogen „Beratungs- und Verkaufsgespräch“ ... 224
1.3 Grundlagen zur schriftlichen und zur elektronischen Kommunikation ... 227
1.3.1 Gestaltung von Geschäftsbriefen ... 228
1.3.2 Gestaltung von E-Mails ... 232
1.3.3 Videoberatung ... 234

2 Digitalisierung ... 236
2.1 Datenschutz und Datensicherheit ... 236
2.1.1 Datenschutzgrundverordnung (DSGVO) ... 236
2.1.2 Cyberkriminalität ... 241
2.1.3 Datenorganisation ... 243
2.2 Grundlagen für die Nutzung digitaler Medien ... 245
2.2.1 Zuverlässigkeit von Informationen aus dem Netz ... 245
2.2.2 Beachtung der Urheberrechte ... 246
2.2.3 Chancen und Risiken bei der Nutzung sozialer Medien ... 248
2.3 Anwendungs-Know-how für die Nutzung digitaler Medien ... 251
2.3.1 Informationsbeschaffung aus dem Internet ... 251
2.3.2 Office-Programme ... 253
2.3.2.1 Erstellung von Dokumentenvorlagen ... 254
2.3.2.2 Präsentationsprogramme ... 255
2.3.3 Kollaboratives Arbeiten ... 257
2.4 Informatische Grundlagen ... 259
2.4.1 Sicherheit des PC ... 259
2.4.1.1 Passwörter und Passwortmanager ... 259

2.4.1.2 Firewall und Antivirenprogramme 261
2.4.2 Sicheres Surfen im Internet 263
2.4.3 Sicherheitsaspekte von E-Mails 264
2.4.4 Excel-Programmierungen 266
2.4.4.1 Einfache Formatierungen 267
2.4.4.2 Formeln und Funktionen 267
2.4.4.3 WENN-Funktion 270
2.4.4.4 SVERWEIS 276
2.4.4.5 Diagramme 277

3 Grundlagen des kaufmännischen Rechnens 280
3.1 Dreisatz und Kettensatz 280
3.1.1 Dreisatz 280
3.1.2 Kettensatz 281
3.2 Durchschnittsrechnung: Gewogener Durchschnitt 282
3.3 Prozent- und Promillerechnung 283
3.3.1 Ermittlung von Prozent-(Promille-)wert, Prozent-(Promille-)satz und Grundwert 283
3.3.2 Prozent-(Promille-)rechnen vom vermehrten und verminderten Grundwert 285
3.4 Zinsrechnen 286
3.4.1 Ermittlung von Zinsen, Kapital, Zinssatz und Laufzeit 286
3.4.2 Zinsrechnen vom vermehrten und verminderten Kapital 289
3.4.3 Zinseszinsrechnung 291

Lernfeld 3: Konten für Geschäfts- und Firmenkunden führen und den Zahlungsverkehr abwickeln

1 Grundlagen des Handelsrechts 295
1.1 Kaufleute nach HGB 295
1.2 Handelsregister 297
1.3 Firma 299

2 Rechtsformen von Unternehmen 300
2.1 Einzelunternehmen 303
2.2 Personengesellschaften 304
2.2.1 Gesellschaft bürgerlichen Rechts 304
2.2.2 Personenhandelsgesellschaften (OHG, KG) 305
2.3 Kapitalgesellschaften 307
2.4 GmbH & Co. KG 310
2.5 Eingetragener Verein 311
2.6 Sonstige Rechtsformen 312

3 Handlungsvollmacht und Prokura 315

4 Kontoeröffnung 317
4.1 Kontoinhaber 317
4.2 Feststellung des wirtschaftlich Berechtigten 318
4.3 Vertretungsberechtigte 319

5 Zahlungsinstrumente ... 321
5.1 Zahlungsinstrumente für inländische Zahlungen ... 321
5.1.1 Kartenzahlungen ... 321
5.1.2 Internetbezahlverfahren ... 325
5.1.3 Mobile Payment ... 326
5.1.4 Lastschrift ... 326
5.2 Zahlungsinstrumente für internationale Zahlungen ... 331
5.2.1 Devisen ... 335
5.2.1.1 Devisenkassageschäfte ... 336
5.2.1.2 Devisentermingeschäfte ... 339
5.2.2 Nicht dokumentäre Zahlungen ... 344
5.2.2.1 Auslandsüberweisung ... 344
5.2.2.2 Bankenorderscheck ... 347
5.2.3 Dokumentäre Zahlungen ... 349
5.2.3.1 Incoterms® 2020 ... 349
5.2.3.2 Außenhandelsdokumente ... 353
5.2.3.3 Dokumenteninkasso gegen Zahlung ... 357
5.2.3.4 Dokumentenakkreditiv ... 360

Kompetenzcheck zu Lernfeld 3: Konten für Geschäfts- und Firmenkunden führen und den Zahlungsverkehr abwickeln ... 364

Lernfeld 4: Kunden über Anlagen auf Konten und staatlich gefördertes Sparen beraten

1 Kundenanalyse als Grundlage der Beratung ... 371

2 Einlagen bei Kreditinstituten ... 371
2.1 Spareinlagen ... 372
2.1.1 Vertragsgestaltung ... 373
2.1.2 Bedeutung der Sparurkunde ... 373
2.1.3 Sparvertrag zugunsten Dritter ... 374
2.1.4 Verfügungen über Spareinlagen ... 376
2.1.5 Abrechnung von Sparkonten ... 377
2.1.6 Modelle für Sondersparformen ... 382
2.2 Tagesgeldkonten ... 383
2.3 Festgelder ... 384
2.4 Sparbriefe ... 386

3 Anlagen nach dem Vermögensbildungsgesetz und dem Wohnungsbau-Prämiengesetz ... 388

4 Bausparen ... 394
4.1 Abschluss von Bausparverträgen ... 395
4.2 Abwicklung von Bausparverträgen ... 397
4.3 Beurteilung des Bausparens aus der Sicht des Bausparers ... 398

5 Cross-Selling-Aktivitäten ... 399

Kompetenzcheck zu Lernfeld 4: Kunden über Anlagen auf Konten und staatlich gefördertes Sparen beraten ... 401

Lernfeld 5: Allgemein-Verbraucherdarlehensverträge abschließen

1 Darlehensarten 407
1.1 Überziehungskredite 407
1.2 Ratenkredite 411

2 Prozess der Kreditgewährung 412
2.1 Kreditantrag 412
2.2 Kreditprüfung 413
2.2.1 Prüfung der Geschäftsfähigkeit und des Güterstandes 413
2.2.2 Prüfung der Kreditwürdigkeit 414
2.3 Kreditangebot und vorvertragliche Informationspflichten 420
2.4 Abschluss des Darlehensvertrages und Bestellung der Sicherheiten 422
2.5 Bereitstellung des Kredites und Kreditüberwachung 423
2.6 Beendigung des Kreditverhältnisses 424

3 Kreditsicherheiten 425
3.1 Sicherungsabtretung 427
3.2 Bürgschaft 430
3.2.1 Bürgschaftsarten 431
3.2.2 Beendigung des Bürgschaftsverhältnisses 432
3.2.3 Bürgschaft in der Kreditsicherungspraxis 432
3.3 Pfandrecht 434
3.3.1 Arten des Pfandrechts 434
3.3.2 Pfandrecht an beweglichen Sachen (Mobiliarpfandrecht) 435
3.3.3 Pfandrecht an Forderungen 436
3.3.4 Pfandrecht in der Kreditsicherungspraxis 436
3.3.5 Verwertung des Pfandes 437
3.4 Sicherungsübereignung 438

4 Leasing von Kraftfahrzeugen 441

5 Notleidender Kredit 444
5.1 Abwicklung notleidender Kredite 445
5.2 Gerichtliches Mahnverfahren 447
5.3 Klageverfahren 449
5.4 Zwangsvollstreckung 450
5.5 Verbraucherinsolvenzverfahren 451

Kompetenzcheck zu Lernfeld 5: Allgemein-Verbraucherdarlehensverträge abschließen 454

Bankwirtschaftliche Formeln und Kennzahlen 458

Sachwortverzeichnis 466

Bildquellenverzeichnis 472

Einleitung:

Kreditwirtschaft in Deutschland

Geschäftsbereiche der Kreditinstitute

Kreditinstitute (Banken und Sparkassen) erbringen als Dienstleistungsunternehmen für ihre Kunden folgende Leistungen:

- Sie führen **Konten** und **Depots** für Privatpersonen, Unternehmen, staatliche Einrichtungen und ausländische Institutionen und wickeln den **Zahlungsverkehr** ab.
- Sie nehmen **Einlagen** *(z. B. Spareinlagen, Festgelder)* von Anlegern entgegen (Passivgeschäft) und reichen diese Gelder als **Darlehen** *(z. B. Baudarlehen, Investitionskredite)* an Kreditnehmer (Aktivgeschäft) weiter.
  Volkswirtschaftlich übernehmen Banken bei der Kreditversorgung der Wirtschaft als zwischengeschaltete Unternehmen drei Funktionen:
  - **Ballungsfunktion**
    Im Einlagengeschäft erhalten Kreditinstitute oft eine Vielzahl kleinerer Geldbeträge, die sie dann „bündeln" und in größeren Beträgen als Darlehen bereitstellen.
  - **Fristentransformationsfunktion** (Fristenverlängerungsfunktion)
    Die in formaler Hinsicht überwiegend kurz- und mittelfristigen Einlagen können Kreditinstitute zum Teil auch für längerfristige Darlehen verwenden, da zu erwarten ist, dass ein Teil dieser Einlagen („Bodensatz") dauerhaft auf den Konten verbleibt.
  - **Risikoübernahmefunktion**
    Kreditinstitute garantieren Anlegern die Rückzahlung ihrer Einlagen, unabhängig davon, ob die Darlehnsnehmer ihre Verpflichtungen erfüllen. Sie sind demnach nicht lediglich Vermittler zwischen Personen, die Geld anlegen bzw. „leihen" möchten, sondern sie haften als Vertragspartner.
- Sie beraten Kunden ganzheitlich in finanziellen Angelegenheiten (Zahlungsverkehr, Vermögensaufbau, Altersvorsorge, Risikoabsicherung, Darlehen) und bieten ihnen eigene und fremde Produkte *(z. B. Berufsunfähigkeitsversicherung)* an.
- Sie wickeln für Kunden den Kauf und Verkauf von Wertpapieren ab (Effektengeschäft).

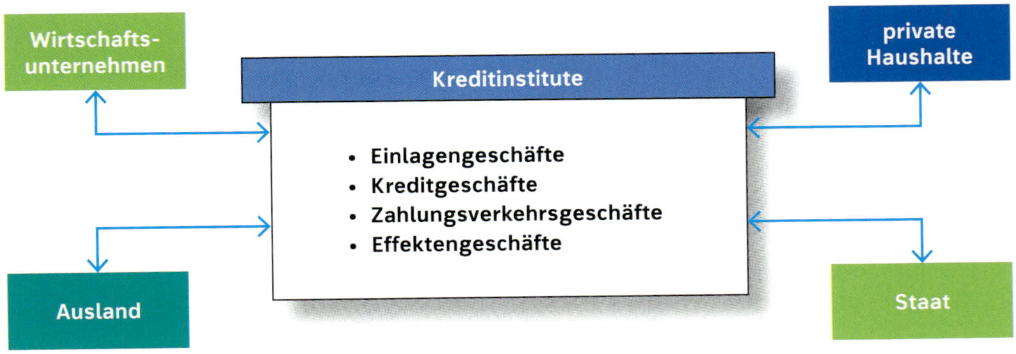

Die in Deutschland dominierenden **Universalbanken** zeichnen sich dadurch aus, dass sie „unter einem Dach" alle Bankgeschäfte anbieten. Sie unterscheiden oft folgende **Kundengruppen**:
- Privatkunden
- vermögende Privatkunden
- Geschäftskunden (kleinere Unternehmen und Selbstständige)
- Firmenkunden (größere Unternehmen)

▸ Bankengruppen

In der deutschen Kreditwirtschaft sind **drei Bankengruppen** zu unterscheiden:
- private Kreditbanken (Geschäftsbanken)
- öffentlich-rechtliche Kreditinstitute (Sparkassen und Landesbanken)
- Genossenschaftsbanken

Zu den **privaten Kreditbanken** zählen
- Großbanken (Deutsche Bank AG, Commerzbank AG, Deutsche Postbank AG, Unicredit),
- Regionalbanken *(z. B. Schwäbische Bank AG)*,
- Privatbankiers *(z. B. M. M. Warburg & Co. KGaA, Bankhaus Metzler & Co. KGaA)* und die
- Zweigstellen ausländischer Banken.

Die privaten Geschäftsbanken sind größtenteils Aktiengesellschaften, die in erster Linie Gewinne für ihre Aktionäre erzielen möchten. Während Großbanken in ganz Deutschland ein flächendeckendes Filialnetz unterhalten, sind Regionalbanken nur in bestimmten Regionen tätig.

Bei den Privatbankiers übernehmen persönlich haftende Gesellschafter die Geschäftsführung und Vertretung. Sie haften mit ihrem gesamten Privatvermögen für die Verbindlichkeiten der Bank.

Die öffentlich-rechtlichen Kreditinstitute („Sparkassensektor") gliedern sich in ein dreistufiges Verbundsystem mit
- circa 380 Sparkassen *(z. B. Sparkasse KölnBonn)*,
- sechs Landesbanken *(z. B. Landesbank Baden-Württemberg)* und der
- DekaBank Deutsche Girozentrale als überregionalem Spitzeninstitut.

Sparkassen sind in der Regel „Anstalten des öffentlichen Rechts" (z. B. Kreissparkasse Köln). Ihre Träger sind Landkreise, Städte, Gemeinden oder Zweckverbände aus mehreren Kommunen. Lediglich einige freie Sparkassen (z. B. Hamburger Sparkasse) sind privatrechtlich organisiert.

Sparkassen verfolgen nicht primär das Ziel, Gewinne zu erwirtschaften, sondern sie sind dem Gemeinwohl verpflichtet. Sie haben den öffentlichen Auftrag, im Gebiet ihres kommunalen Trägers eine angemessene Versorgung aller Bevölkerungskreise, der Unternehmen und der öffentlichen Hand mit geld- und kreditwirtschaftlichen Leistungen sicherzustellen. Sparkassen unterstützen auf diese Weise die Kommunen bei der Erfüllung ihrer wirtschaftlichen, regionalpolitischen, sozialen und kulturellen Aufgaben.

Die Geschäftstätigkeit der öffentlich-rechtlichen Sparkassen unterliegt dem Regionalprinzip. Danach darf eine Sparkasse grundsätzlich nur im Gebiet ihres kommunalen Trägers (z. B. Stadt, Landkreis) tätig sein.

Der **Genossenschaftsbankensektor** umfasst ein zweistufiges Verbundsystem mit
- Kreditgenossenschaften und der
- DZ Bank AG als Zentralinstitut für die Kreditgenossenschaften.

Zu den **Kreditgenossenschaften** gehören die Volks- und Raiffeisenbanken, die Sparda-Banken, die PSD-Banken und weitere Institute *(z. B. Deutsche Apotheker- und Ärztebank, Bank für Sozialwirtschaft)*.

Die DZ Bank AG als Zentralinstitut ergänzt das Leistungsangebot der Kreditgenossenschaften. Darüber hinaus betreut es größere Firmenkunden und ist im Wertpapier- und Auslandsgeschäft aktiv.

Das Ziel einer Genossenschaft ist die Förderung ihrer Mitglieder durch einen gemeinschaftlichen Geschäftsbetrieb. Viele Kunden von Kreditgenossenschaften erwerben Anteile an „ihrer“ Bank und sind dadurch an Kapital und Gewinn der Genossenschaft beteiligt. Über ihr Stimmrecht in der Mitglieder- bzw. Vertreterversammlung haben sie Einfluss auf die Unternehmenspolitik der Bank. Viele Genossenschaftsbanken betreiben ihre Geschäfte nur in einem in der jeweiligen Satzung festgelegten räumlichen Gebiet.

Bankengruppen		
privater Kreditbankensektor	**Sparkassensektor (Sparkassen und Landesbanken)**	**Genossenschaftsbankensektor**
		**Volksbanken Raiffeisenbanken**
Zahl der Institute		
270	383	814
  *© Deutscher Sparkassenverlag*		
Zahl der Bankstellen (Haupt- und Zweigstellen)		
6 723	8 911	8 566
Beschäftigte		
151 600	227 850	138 150

Eigene Darstellung, Daten: Deutsche Bundesbank, Monatsbericht Sept. 2021, Stand 31.12.2020

▸ Verbundgeschäfte

Es ist das Ziel fast aller Kreditinstitute, ihre Kunden umfassend in allen finanziellen Angelegenheiten zu beraten und ihnen bedarfsgerecht alle Bank- und Versicherungsprodukte anzubieten. Neben den eigenen Produkten *(z. B. Sparkonto)* vermitteln die Bankberater/-innen auch Fremdprodukte, die jedoch häufig von einem Verbundpartner stammen. Die Verbundpartner sind oft Tochtergesellschaften der Bank bzw. gehören zum Sparkassen- oder Genossenschaftsverbund.

Beispiele für Fremdprodukte von Verbundpartnern		
Kreditinstitut	**Verbundpartner**	**Fremdprodukte**
Sparkassen	DekaBank Deutsche Girozentrale	Investmentfonds
	Provinzial Versicherung	Versicherungen
	Landesbausparkasse (LBS)	Bausparverträge
Volks- und Raiffeisenbanken	Union Investment GmbH	Investmentfonds
	R + V Versicherung AG	Versicherungen
	Schwäbisch Hall AG	Bausparverträge
Deutsche Bank AG	DWS Investment GmbH	Investmentfonds
	Zürich Versicherung AG	Versicherungen
	Deutsche Bank Bauspar AG	Bausparverträge

▸ Filial- und Direktbanken

- **Filialbanken** unterhalten eine Vielzahl von Geschäftsstellen, in denen die Kunden persönlich betreut und beraten werden. Die Filialbanken bieten ihren Kunden aber auch Onlinebanking an.
- **Direktbanken** *(z. B. ING-DiBa AG)* unterhalten kein Filialnetz. Sie kommunizieren mit ihren Kunden online, telefonisch und schriftlich. Während ein Teil der Direktbanken alle Bankgeschäfte tätigt („Vollbanken"), beschränken sich andere auf besondere Geschäftsbereiche *(z. B. Wertpapiergeschäfte – „Discount Brokerage")*. Direktbanken verzichten in der Regel auf eine Beratung des Kunden, sodass der Kunde sich stets selbst vor dem Abschluss von Geschäften *(z. B. Wertpapierkauf)* umfassend informieren muss. Durch den Verzicht auf Beratungsleistungen und Geschäftsstellen arbeiten Direktbanken kostengünstiger als Filialbanken.
  Zu den Direktbanken gehören auch die sogenannten Autobanken. Diese Kreditinstitute sind Tochtergesellschaften der Autohersteller *(z. B. BMW Bank GmbH, Ford Bank GmbH)* und haben insbesondere die Aufgabe, den Absatz von Personenkraftwagen mithilfe von günstigen Krediten und Leasingangeboten zu fördern. Zu den weiteren Angeboten einer Autobank zählen unter anderem Tagesgeldkonten und Kreditkarten.

▸ Commercial- und Investment Banking

Im **Trennbankensystem** der angelsächsischen Länder wird traditionell zwischen „Commercial Banking“ und „Investment Banking“ unterschieden. Diese Begriffe werden auch von deutschen Universalbanken verwendet, um diese Geschäftsbereiche zu unterscheiden.

- Das **Commercial Banking** umfasst das Einlagen- und Kreditgeschäft, den Zahlungsverkehr und den Geld- und Devisenhandel. Das sogenannte Mengengeschäft mit Privatkunden wird auch als **Retail Banking** bezeichnet.
- Das **Investment Banking** ist durch eine Kapitalmarkt- und Wertpapierorientierung gekennzeichnet. Die Investment-Banken treten in erster Linie nur als Mittler bzw. Berater zwischen Kapitalnehmer und Kapitalgeber auf. Kundengruppen sind ausschließlich öffentliche Institutionen und Firmenkunden. Das Investment Banking umfasst insbesondere folgende Bereiche:
  - Emission von Wertpapieren
  - Wertpapierhandel
  - Vermögensverwaltung (Portfoliomanagement) für institutionelle Anleger *(z. B. Versicherungen)*
  - Beratungsleistungen für Unternehmen (Corporate Finance)

Beispiele

- Firmenübernahmen und -verkäufe
- Privatisierung von Staatsunternehmen

▸ Spezialinstitute

Spezialinstitute sind in besonderen Geschäftsbereichen tätig.

Bausparkassen	Bausparkassen sind Kreditinstitute, deren Geschäftsbetrieb darauf gerichtet ist, Einlagen von Bausparern (Bauspareinlagen) entgegenzunehmen und aus den angesammelten Beträgen den Bausparern nach der Zuteilung ihres Bausparvertrages Darlehen für wohnungswirtschaftliche Maßnahmen (Bauspardarlehen) zu gewähren *(§ 1 Abs 1 BausparkG)*.
Kapitalverwaltungsgesellschaften	Kapitalverwaltungsgesellschaften (Investmentfondsgesellschaften) geben Investmentfondsanteile heraus und legen die erhaltenen Gelder für die Anleger nach dem Grundsatz der Risikomischung in Wertpapieren oder Immobilien an *(§ 1 Abs. 1 KAGB)*. Der Anleger erwirbt ein Miteigentum an dem Fonds (Sondervermögen).
Pfandbriefbanken	Pfandbriefbanken geben Pfandbriefe (gedeckte Schuldverschreibungen) heraus und verwenden die erhaltenen Mittel für Baudarlehen (Hypothekarkredite) und Kommunalkredite (Darlehen an öffentliche Einrichtungen; *§ 1 PfandBG*).

Wertpapiersammelbanken	Wertpapiere werden in der Regel zentral bei Wertpapiersammelbanken (*z. B. Clearstream Banking AG*) verwahrt und verwaltet. Eine zentrale Aufbewahrung der Effekten bietet den Vorteil, dass bei einem Kauf bzw. Verkauf der körperliche Transport der Urkunden entfällt. Die Übertragung der Effekten erfolgt durch entsprechende Depotbuchungen.
Kreditanstalt für Wiederaufbau (KfW)	Die Kreditanstalt für Wiederaufbau (KfW) ist eine Körperschaft des öffentlichen Rechts mit Sitz in Frankfurt am Main. Ihr ursprüngliches Aufgabengebiet umfasste die Bereitstellung von Darlehen zum Wiederaufbau der kriegsgeschädigten deutschen Wirtschaft. Heute liegen ihre Hauptaufgaben vor allem in der Förderung kleinerer und mittlerer Unternehmen in Deutschland, der Finanzierung langfristiger Exportgeschäfte, der Arbeitsplatzförderung und der regionalen und sektoralen Strukturpolitik. Zudem gewährt die KfW Wohnungsbaudarlehen und fördert energiesparende Baumaßnahmen durch günstige Darlehen.

▸ Deutsche Bundesbank

Die **Deutsche Bundesbank** ist keine Geschäftsbank, sondern die **Zentralbank (Notenbank)** der Bundesrepublik Deutschland. Sie ist eine bundesunmittelbare juristische Person des öffentlichen Rechts mit Sitz in Frankfurt/Main *(§ 2 BBankG)*.

- Als **nationale Zentralbank** innerhalb des Europäischen Systems der Zentralbanken (ESZB) ist die Deutsche Bundesbank aufgrund einer Genehmigung der Europäischen Zentralbank zur Ausgabe von Banknoten berechtigt.
- Als **Mitglied des Europäischen Systems der Zentralbanken** führt die Deutsche Bundesbank die in ihren Zuständigkeitsbereich fallenden geldpolitischen Beschlüsse der Europäischen Zentralbank aus.
- Als **Bank des Staates**
  - vertritt die Deutsche Bundesbank die Bundesrepublik Deutschland in internationalen Währungsbehörden *(z. B. Internationaler Währungsfonds)*,
  - verwaltet sie die nationalen Währungsreserven, soweit sie nicht an die EZB übertragen worden sind,
  - wirkt sie mit bei der Bankenaufsicht,
  - wirkt sie mit bei der Kreditaufnahme des Bundes und der Länder auf den Geld- und Kapitalmärkten.

▸ Bankenregulierung und Bankenaufsicht

Wesentliches Ziel der Bankenregulierung und -aufsicht ist es, die Funktionsfähigkeit des Kreditgewerbes zu erhalten und die Bevölkerung vor einem Verlust ihrer Ersparnisse zu bewahren. Ein allgemeiner Vertrauensverlust gegenüber der Finanzwirtschaft kann zudem schnell zu einer Krisensituation in der Gesamtwirtschaft führen.

Rechtsgrundlage für die Bankenregulierung und -aufsicht ist das **Gesetz über das Kreditwesen (KWG)**. Das KWG dient
- der Erhaltung der volkswirtschaftlichen Funktionsfähigkeit der Kreditwirtschaft und
- dem Schutz der Kunden vor Vermögensverlusten.

▸ Geltungsbereich des KWG

Kreditinstitute *(§ 1 Abs. 1 KWG)*	**Finanzdienstleistungsunternehmen** *(§ 1 Abs. 1a KWG)*
Unternehmen, die **Bankgeschäfte** gewerbsmäßig oder in einem Umfang betreiben, der einen in kaufmännischer Weise eingerichteten Geschäftsbetrieb erfordert.	Unternehmen, die **Finanzdienstleistungen** für andere gewerbsmäßig oder in einem Umfang erbringen, der einen in kaufmännischer Weise eingerichteten Geschäftsbetrieb erfordert, und die keine Kreditinstitute sind.
↓ betreiben	↓ erbringen
Bankgeschäfte	**Finanzdienstleistungen**
• Einlagengeschäft • Pfandbriefgeschäft • Kreditgeschäft • Diskontgeschäft • Finanzkommissionsgeschäft • Depotgeschäft • Darlehenspensionsgeschäft • Garantiegeschäft • Scheck- und Wechselinkasso und Ausgabe von Reiseschecks • Emissionsgeschäft • Tätigkeiten als zentraler Kontrahent (§ 1 Abs. 31 KWG)	• Anlagevermittlung • Anlageberatung • Betrieb eines multilateralen Handelssystems • Platzierungsgeschäft • Abschlussvermittlung • Finanzportfolioverwaltung • Eigenhandel • Drittstaateneinlagenvermittlung • Sortengeschäft • Factoring • Finanzierungsleasing • Anlageverwaltung • eingeschränktes Verwahrgeschäft im Sinne des § 1 Abs. 3 KAGB

Die **Bundesanstalt für Finanzdienstleistungsaufsicht (BaFin)** übt die staatliche Aufsicht über Kreditinstitute, Finanzdienstleistungsunternehmen und Versicherungsunternehmen aus *(§ 4 Finanzdienstleistungsaufsichtsgesetz – FinDAG)*. Die BaFin ist eine rechtsfähige bundesunmittelbare Anstalt des öffentichen Rechts im Geschäftsbereich des Bundesministeriums für Finanzen und hat ihren Sitz in Frankfurt am Main und in Bonn. Die Aufsicht erfolgt in Zusammenarbeit mit der Deutschen Bundesbank *(§§ 6, 7 KWG)*.

Ziele und Organisation der Finanzdienstleistungsaufsicht

Sicherstellung der Funktionsfähigkeit des Finanzsektors	
↓	↓
Sicherung der Zahlungsfähigkeit von Kreditinstituten, Finanzdienstleistungsunternehmen und Versicherungen	Schutz der Anleger und Kunden von Kreditinstituten, Finanzdienstleistungsunternehmen und Versicherungen (Verbraucherschutz)

Bundesanstalt für Finanzdienstleistungsaufsicht (BaFin)		
Bankenaufsicht	**Versicherungsaufsicht**	**Wertpapieraufsicht**
• Erteilung der Erlaubnis zum Geschäftsbetrieb; mit der Zulassung besitzt das Institut die Erlaubnis, in allen EU-Mitgliedsländern Niederlassungen zu errichten. • Aufstellung von Grundsätzen über Eigenmittel und Liquidität • laufende Überwachung des Geschäftsbetriebes und Durchführung von Sonderprüfungen • Abberufung von ungeeigneten Geschäftsleitern • Schließung des Institutes bei Insolvenzgefahr • Aufsicht über die Kundenberatung	• Erteilung der Erlaubnis zum Geschäftsbetrieb • Prüfung und Genehmigung von Geschäftsplänen • Überwachung der Rückstellungen, der freien Finanzmittel und der Rückversicherungen zur Deckung von Schadenfällen • laufende Überwachung des Geschäftsbetriebes • Schließung der Gesellschaft bei Insolvenzgefahr	• laufende Überwachung des Börsenhandels zur Verhinderung von Insidergeschäften • Kontrolle der Veröffentlichungspflichten nach dem Wertpapierhandelsgesetz • Aufsicht über Kapitalverwaltungsgesellschaften • Vertriebsaufsicht über ausländische Investmentfonds • Aufsicht bei der Bereitstellung von Wertpapierdienstleistungen und beim Handel mit Finanzinstrumenten

Durch die Beobachtung sektorübergreifender Produkt- und Kapitalmarktentwicklungen und der Risikomanagementsysteme können alle Neuerungen auf den Finanzmärkten in die Aufsichtspraxis der BaFin einfließen. In Zusammenarbeit mit ausländischen Stellen sollen einheitliche Aufsichtsstandards in der EU entwickelt werden.

▶ Vorschriften zur Risikobegrenzung

Um die Risiken der Kreditinstitute zu begrenzen und damit die Stabilität des Finanzsektors zu sichern, unterliegt die Geschäftstätigkeit der Kreditinstitute besonderen gesetzlichen Vorschriften. Da Banken oft weltweit tätig sind und sie über ihre gegenseitigen Geschäfte eng miteinander verbunden sind, ist es sinnvoll, international einheitliche Standards für Kreditinstitute zu schaffen. Zur Formulierung solcher Standards wurde im Jahr 1974 der **Baseler Ausschuss für Bankenaufsicht** gegründet, in dem die zwanzig wichtigsten Industrie- und Schwellenländer (G20-Staaten) mitarbeiten. Der Ausschuss entwickelt Aufsichtsstandards und Empfehlungen für die Bankenaufsicht, die dann von den einzelnen Ländern in nationales Recht übernommen werden können.

Die unter dem Namen Basel III bekannten Aufsichtsstandards definieren Anforderungen an die Finanzinstitute und an die Bankenaufsicht. Sie bestehen aus drei Säulen:
- Säule 1: Eigenmittelanforderungen
- Säule 2: Bankaufsichtlicher Überprüfungsprozess
- Säule 3: Aufsichtliche Offenlegung bzw. Marktdisziplin

Die Umsetzung der Baseler Standards in das deutsche Recht erfolgt im **Kreditwesengesetz** (KWG), in der **Solvabilitätsverordnung** (SolvV) und in den **Mindestanforderungen an das Risikomanagement** (MaRisk). Zudem sind von deutschen Kreditinstituten die Vorschriften der **Liquiditätsverordnung** (LiqV) zu beachten.

Nach diesen Bestimmungen müssen Kreditinstitute ...

- über eine **angemessene Eigenmittelausstattung (Solvabilität)** verfügen *(§ 10ff. KWG)*.
- ihre Mittel so anlegen, dass **jederzeit eine ausreichende Zahlungsbereitschaft (Liquidität)** gewährleistet ist *(§ 11 KWG)*.
- über eine **ordnungsgemäße Geschäftsorganisation** verfügen, die die Einhaltung der vom Institut zu beachtenden gesetzlichen Bestimmungen und der betriebswirtschaftlichen Notwendigkeiten gewährleistet. Eine ordnungsgemäße Geschäftsorganisation muss insbesondere ein angemessenes und **wirksames Risikomanagement** umfassen *(§ 25a KWG)*.

Die **Bankenaufsicht** prüft die Einhaltung dieser Anforderungen. Die Zuständigkeit für die Aufsicht ist von der Größe des Kreditinstitutes abhängig. Die **EZB** kontrolliert in Zusammenarbeit mit den europäischen und nationalen Behörden die **größten und systemrelevanten Banken** der Eurozone (2021: 114 Banken, davon 21 Banken in Deutschland). Als systemrelevant gelten Banken mit einer Bilanzsumme von mehr als 30 Milliarden Euro oder mehr als 20 % Wirtschaftsleistung ihres Landes. Unabhängig davon beaufsichtigt die EZB zumindest die drei bedeutendsten Banken eines Landes.

Kleinere Kreditinstitute *(z. B. Kreditgenossenschaften, Sparkassen)* werden von der **Bundesanstalt für Finanzdienstleistungsaufsicht (BaFin)** in Zusammenarbeit mit der Deutschen Bundesbank beaufsichtigt.

Anforderungen an Kreditinstitute

Säule 1 Eigenmittelanforderungen	Säule 2 Bankaufsichtlicher Überprüfungsprozess	Säule 3 Aufsichtliche Offenlegung bzw. Marktdisziplin
Mit ausreichenden Eigenmitteln sind zu unterlegen: • Kreditausfallrisiken • Marktpreisrisiken *(z. B. Kursverfall der Aktienbestände)* • operationelle Risiken (Verluste infolge unzulänglicher oder ausfallender interner Verfahren, Mitarbeiter und Systeme oder infolge bankexterner Ereignisse)	Die BaFin überprüft: • Einhaltung der Eigenmittelvorschriften • Aufbau der Kreditratingsysteme • Aufbau der internen Risikosteuerungs- und Kontrollsysteme • Beurteilung der Zinsänderungs- und Liquiditätsrisiken • Bewertung der internen Revision	Die Öffentlichkeit soll einen Einblick in die Risiko- und Eigenmittelsituation erhalten. Offenzulegen sind: • Ausstattung und Struktur der Eigenmittel • Anwendung der Eigenmittelvorschriften (Säule 1) • Darstellung der Risikopositionen • Methoden der Risikosteuerung

Eigenmittelanforderungen

Kreditinstitute müssen über **ausreichende Eigenmittel** verfügen, um auch Krisenzeiten (*z. B. Kurseinbruch an der Börse; hohe Kreditausfälle*) überstehen zu können. Deshalb sind Risikogeschäfte *(z. B. Darlehen, Wertpapieranlagen)* mit **mindestens 10,5 % Eigenmitteln** zu unterlegen. Darüber hinaus kann die Bankenaufsicht die Bildung eines antizyklischen Kapitalpuffers von bis zu 2,5 % anordnen.

Die Eigenmittel eines Kreditinstitutes bestehen aus

- hartem Kernkapital (*z. B. Grundkapital, offene Rücklagen*),
- zusätzlichem Kernkapital (*z. B. nachrangige Anleihen, die automatisch in Krisenzeiten in Eigenkapital umgewandelt werden*),
- Ergänzungskapital (*z. B. nachrangige Anleihen*).

Mindesteigenmittel von Kreditinstituten

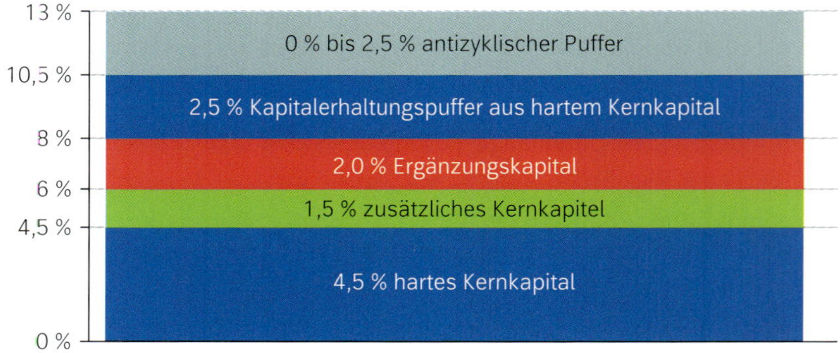

Eigene Darstellung

Lernfeld 1:

Die eigene Rolle im Betrieb und im Wirtschaftsleben mitgestalten

1

Zielbeschreibung:

Sie verfügen über die Kompetenz, Ihre Rolle als Auszubildende, als Mitarbeiterinnen und Mitarbeiter und Ihre eigene Stellung im Wirtschaftsleben selbstverantwortlich wahrzunehmen und mitzugestalten.

Lernfeld 1: Die eigene Rolle im Betrieb und im Wirtschaftsleben mitgestalten

Sie informieren sich über die **Grundzüge des Privatrechts** (Rechtsnormen, Rechts- und Geschäftsfähigkeit, Rechtsobjekte, Besitz und Eigentum, Willenserklärungen, Rechtsgeschäfte).

Sie schließen **Kaufverträge**, prüfen diese auf richtige Durchführung und wahren im Falle von Schlechtleistung und Nicht-Rechtzeitig-Zahlung Ihre **Rechte als Vertragspartner**. Dabei nehmen Sie auch **Verbraucherschutzbestimmungen** in den Blick.

In Ihrer Rolle als Auszubildende setzen Sie sich unter Verwendung einschlägiger Gesetzestexte mit den Aufgaben sowie Rechten und Pflichten der Beteiligten im **dualen System der Berufsausbildung** auseinander (Berufsbildungsgesetz, Ausbildungsordnung, Ausbildungsvertrag, Jugendarbeitsschutzgesetz). Eigene Interessen artikulieren Sie sachlich und sprachlich angemessen. Anderen gegenüber vertreten Sie überzeugend Ihre Meinung, entwickeln Ihre Kommunikationsfähigkeit und wenden verbale und nonverbale **Kommunikationstechniken** an.

Sie planen Ihre zukünftige berufliche Tätigkeit, indem Sie sich über wichtige **arbeitsvertragliche Regelungen** (Inhalt, Abschluss, und Kündigung des Arbeitsvertrages) und über **Schutzvorschriften für Arbeitnehmer und Auszubildende** (Kündigungsschutz, Arbeitszeit, Urlaub, Mutterschutz, Elternzeit, Elterngeld und Schwerbehinderung) informieren. Außerdem bewerten und reflektieren Sie **Beurteilungen und Arbeitszeugnisse**.

Mittels digitaler Medien überprüfen Sie Ihre **Entgeltabrechnungen** vor dem Hintergrund des **Sozialversicherungs- und Einkommensteuerrechts**.

Sie informieren sich über das geltende **Tarifrecht** (Tarifvertrag, Betriebsvereinbarung) und beurteilen die Möglichkeiten der **Mitwirkung und Mitbestimmung im Betrieb** über den Betriebsrat und die Jugend- und Auszubildendenvertretung.

Sie bereiten - auch im Team mit anderen Auszubildenden - zu den inhaltlichen Aspekten Ihrer Rolle im Betrieb und im Wirtschaftsleben **lernfeldbezogene Präsentationen** strukturiert und adressatengerecht vor. Hierfür wählen Sie analoge und digitale Medien aus. Zudem wenden Sie **Arbeits- und Lernstrategien**, problemlösende Methoden sowie projektorientierte Arbeitsweisen an.

Sie präsentieren Ihre Arbeitsergebnisse, beurteilen diese und Ihr eigenes Verhalten selbstkritisch und setzen konstruktives **Feedback** um.

Sie respektieren gesellschaftliche, ökologische und ökonomische **Anforderungen an Ihre Berufsrolle** und leiten daraus eigene Wertvorstellungen ab. Sie erkennen ferner die Notwendigkeit des lebenslangen Lernens für sich, um den wachsenden Anforderungen des gesellschaftlichen und technologischen Wandels gerecht zu werden.

1 Grundzüge des Privatrechts

1.1 Rechtsgrundlagen

1.1.1 Rechtsordnung und Rechtsnormen

Eine menschliche Gemeinschaft ist nur auf der Grundlage einer allgemeinen Ordnung möglich, in der die **Verhaltensregeln für das Zusammenleben** festlegt sind. Diese Verhaltensregeln bezeichnet man als **Gesellschaftsordnung**. Die **Rechtsordnung** ist neben anderen Bereichen (Wirtschaftsordnung, politische Ordnung und Sozialordnung) **Teil der Gesellschaftsordnung**.

Unter dem Begriff **Rechtsordnung** versteht man die **Gesamtheit der Rechtsnormen** einer Gesellschaft.

Rechtsnormen (Rechtsquellen) können

- **ausdrücklich** vom Gesetzgeber (Legislative) **geschaffen** werden (= Gesetzesrecht, „kodifiziertes Recht") oder entstehen
- durch **individuelle Vereinbarungen** zwischen einzelnen Personen (= Vertragsrecht).

Gesetzesrecht	Vertragsrecht
→ *Rechtsnormen, die durch* ***staatliche Organe*** *erlassen werden als* • *Gesetze (durch Parlamente)* • *Rechtsverordnungen (durch eine vom Gesetzgeber befugte Behörde)* **Beispiele:** – Bürgerliches Gesetzbuch (BGB) – Verordnung über die Rechnungslegung der Kreditinstitute (RechKredV)	→ geschriebene und ungeschriebene Rechtsnormen, die aufgrund **individueller Absprachen** zwischen Rechtssubjekten entstehen **Beispiele:** – Vertrag über den Kauf eines Autos – Satzung eines privaten Vereins

1.1.2 Rechtsprechung und Gerichtsbarkeit

Definition

Die **Ausübung der Rechtsprechung durch Gerichte** bezeichnet man als **Gerichtsbarkeit.** Die Gerichtsbarkeit ist eine der drei Säulen der **staatlichen Gewaltenteilung** in Legislative (Parlament), Exekutive (Regierung) und Judikative (Rechtsprechung).

Die in **allgemeinen Rechtsangelegenheiten** zuständigen Gerichte werden unter dem Begriff **ordentliche Gerichtsbarkeit** zusammengefasst. Hierbei unterscheidet man zwischen streitiger Gerichtsbarkeit, freiwilliger Gerichtsbarkeit und Strafgerichtsbarkeit.

Streitige Gerichtsbarkeit	Freiwillige Gerichtsbarkeit	Strafgerichtsbarkeit
Entscheidungen über bürgerlich-rechtliche Streitigkeiten **Beispiele:** – Schadenersatzansprüche – Eigentumsansprüche – Kaufpreisansprüche – Mietforderungen	Regelung angestrebter Rechtsverhältnisse **Beispiele:** – Nachlassangelegenheiten – Grundbuchsachen – Vereinsangelegenheiten – Betreuungsangelegenheiten	Entscheidungen über strafbare Handlungen **Beispiele:** – Körperverletzung – Diebstahl – Betrug – Umweltdelikte

Bei diesen Gerichtsbarkeiten existieren vier Instanzen, die hierarchisch aufgebaut sind.

1. Instanz: Amtsgericht

⬇

2. Instanz: Landgericht

⬇

3. Instanz: Oberlandesgericht

⬇

4. Instanz: Bundesgerichtshof in Karlsruhe

Eine übergeordnete Instanz kann die Entscheidung einer untergeordneten Instanz ganz oder teilweise revidieren, sofern gegen die Entscheidung erfolgreich Berufung eingelegt wurde. So wird beispielsweise in einer Berufungsverhandlung vor dem Landgericht das Urteil eines Amtsgerichts überprüft.

Für die Gebiete der Verwaltungs-, der Finanz-, der Arbeits- und der Sozialgerichtsbarkeit ist der Bund gemäß **Art. 95 Abs. 1 Grundgesetz** beauftragt, **besondere Gerichtsbarkeiten („Fachgerichtsbarkeiten")** als oberste Gerichtshöfe einzurichten.

Finanzgerichtsbarkeit	Verwaltungsgerichtsbarkeit	Arbeitsgerichtsbarkeit	Sozialgerichtsbarkeit
Entscheidung über steuer- und abgabenrechtliche Fragen **Beispiele:** Streitigkeiten – zur Absetzbarkeit von Werbungskosten in der Steuererklärung – zur Umsatzsteuerpflicht	Entscheidung über öffentlich-rechtliche Angelegenheiten **Beispiele:** Streitigkeiten – zu baurechtlichen Fragen – zu asyl-/ausländerrechtlichen Fragen	Entscheidung über arbeitsrechtliche Fragen **Beispiele:** Streitigkeiten – zu Tarifverträgen – zu Arbeitsverträgen – zu Fragen der betrieblichen Mitbestimmung	Entscheidungen über Sozialversicherungsangelegenheiten **Beispiele:** Streitigkeiten – zur Zahlung von Arbeitslosengeld – zu Rentenansprüchen – zum Elterngeld
Oberste Instanz: Bundesfinanzhof (München)	Oberste Instanz: Bundesverwaltungsgericht (Leipzig)	Oberste Instanz: Bundesarbeitsgericht (Erfurt)	Oberste Instanz: Bundessozialgericht (Kassel)

Eine Besonderheit im Rahmen unserer Rechtsordnung stellt das **Europäische Gemeinschaftsrecht** („Europarecht") dar, das sich im Vertrag über die Europäische Union (EUV) und im Vertrag über die Arbeitsweise der Europäischen Union (AEUV) niederschlägt. Hieraus leiten sich Rechtsnormen ab, die als maßgebliches Recht für die Staaten der EU anzusehen sind. Diese Rechtsnormen haben als **Verordnungen direkte Rechtswirkung** in den EU-Ländern. Als **Richtlinien** kommt ihnen eine **indirekte Rechtswirkung zu**; in diesem Fall werden die Bestimmungen einer Richtlinie jeweils durch nationale Rechtsnormen konkretisiert.

Beispiele

- Verordnung (EU) über Insolvenzverfahren (Regelungen zur Beteiligung ausländischer Gläubiger bei Insolvenzverfahren, Regelungen zu Insolvenzen von Konzernen usw.)
- EU-Geldwäscherichtlinie (Basis für das deutsche Geldwäschegesetz)

Oberstes rechtsprechendes Organ der EU ist der Europäische Gerichtshof (EuGH) mit Sitz in Luxemburg.

1.1.3 Privatrecht und öffentliches Recht

Rechtsnormen können privatrechtlicher oder öffentlich-rechtlicher Natur sein.

Privatrecht	Öffentliches Recht
• Es regelt die Rechtsbeziehungen der **Privatpersonen** und **privaten Einrichtungen untereinander**. • Die im Gesetz stehenden Rechtsnormen können durch **individuelle vertragliche Abmachungen geändert** werden. Die gesetzlichen Regelungen gelten nur insoweit, als keine anderweitigen vertraglichen Vereinbarungen getroffen wurden.	• Es regelt die Rechtsbeziehungen der **Privatpersonen** und **privaten Einrichtungen** zu den **öffentlichen Einrichtungen** (Staat, Gemeinden usw.) und der **öffentlichen Einrichtungen untereinander** und dient dem öffentlichen Interesse • Die im Gesetz stehenden **Rechtsnormen** sind für die Bürger bzw. die betroffenen öffentlichen Einrichtungen **zwingend.**
• Die Beteiligten sind **gleichberechtigt**; es gilt der Grundsatz der **Vertragsfreiheit** **Beispiele für Rechtsgebiete:** – Bürgerliches Recht – Handelsrecht – Wertpapierrecht – Ehe- und Familienrecht	• Es besteht **keine Gleichberechtigung** der Beteiligten; es gilt das Prinzip der **Unter- bzw. Überordnung** **Beispiele für Rechtsgebiete:** – Verfassungsrecht – Verwaltungsrecht – Steuerrecht – Schulrecht

1.1.4 Aufbau des Bürgerlichen Gesetzbuches (BGB)

Wesentlicher Bestandteil des Bürgerlichen Rechts ist das Bürgerliche Gesetzbuch (BGB). Es enthält fünf Teile:

Allgemeiner Teil *(§§ 1–240)*	**Schuldrecht** *(§§ 241–853)*	**Sachenrecht** *(§§ 854–1296)*	**Familienrecht** *(§§ 1297–1921)*	**Erbrecht** *(§§ 1922–2385)*
→ Klärung allgemeiner Rechtsbegriffe **Beispiele:** – Fristen – Termine – Verjährung von Ansprüchen	→ Beziehungen zwischen Schuldnern und Gläubigern **Beispiele:** – Verträge – Schuldübernahme – Erlöschen von Schuldverhältnissen	→ Erwerb und Verlust an Sachen **Beispiele:** – Eigentum – Besitz – Rechte an Grundstücken	→ Klärung familienrechtlicher Beziehungen **Beispiele:** – bürgerliche Ehe – Verwandtschaft – Betreuung von Personen	→ Vermögensübergang von einem Verstorbenen auf seine Erben **Beispiele:** – Testament – Erbfolge – Erbschein

➡ **Kompetenzcheck „Rechtsgrundlagen" siehe Seite 105**

1.2 Rechtssubjekte

Definition

Rechtsnormen gelten für Rechtssubjekte.
Rechtssubjekte können natürliche oder juristische Personen sein.

1.2.1 Rechtsfähigkeit natürlicher und juristischer Personen

Definition

Rechtsfähigkeit ist die Fähigkeit der Rechtssubjekte, **Träger von Rechten und Pflichten** zu sein.

Natürliche Personen	Juristische Personen
• Menschen • Rechtsfähigkeit beginnt mit der Geburt **Beispiel:** Ein Säugling kann Eigentum an einer Sache haben.	• Personenvereinigungen und Vermögensmassen mit eigener Rechtspersönlichkeit • Rechtsfähigkeit beginnt mit einem Rechtsakt: (z. B. durch Eintragung in ein Register beim zuständigen Amtsgericht) **Beispiel:** – eingetragener Verein (e. V.) – Aktiengesellschaft (AG) – Gesellschaft mit beschränkter Haftung (GmbH)

Natürliche und juristische Personen sind außerdem **parteifähig**, d. h., sie können in einem Zivilprozess **klagen oder verklagt** werden.

Keine Rechtsfähigkeit besitzen
- nicht eingetragene Vereine *(§ 54 BGB)*
- Erbengemeinschaften *(§ 2032 ff. BGB)*

Träger der Rechte und Pflichten ist in diesem Fall nicht die Personenvereinigung selbst, sondern vielmehr die **Gesamtheit ihrer Mitglieder**.

In vielen Bereichen des Rechtsverkehrs ist die Stellung der Beteiligten als Unternehmer oder Verbraucher von Bedeutung.

Beispiele

- Verbrauchsgüterkauf (§ 474 ff. BGB)
- Verbraucherdarlehensvertrag (§§ 491 ff. BGB)

Verbraucher ist jede natürliche Person, die ein Rechtsgeschäft zu einem Zweck abschließt, der **weder** ihrer **gewerblichen noch** ihrer **selbstständigen** beruflichen Tätigkeit zugeordnet werden kann *(§ 13 BGB)*.

Unternehmer ist jede natürliche oder juristische Person oder eine Personengesellschaft, die bei Abschluss eines Rechtsgeschäftes in Ausübung ihrer **gewerblichen oder selbstständigen** beruflichen Tätigkeit handelt *(§ 14 BGB)*.

1.2.2 Geschäftsfähigkeit

Definition

Geschäftsfähigkeit ist die Fähigkeit, durch wirksame Willenserklärungen Rechtsgeschäfte abschließen zu können.

Bei **natürlichen Personen** wird der Umfang der Geschäftsfähigkeit durch das **Alter** der Person bestimmt:

	Geschäftsunfähigkeit	Beschränkte Geschäftsfähigkeit	Volle Geschäftsfähigkeit
Personenkreis	• Kinder bis zur Vollendung des 7. Lebensjahres *(§ 104 Abs. 1 BGB)* • Personen mit dauerhafter Störung der Geistestätigkeit *(§ 104 Abs. 2 BGB)*	Kinder und Jugendliche vom **7. bis zur Vollendung des 18. Lebensjahres** *(§ 106 BGB)*	Personen, die das **18. Lebensjahr vollendet** haben

	Geschäftsunfähigkeit	Beschränkte Geschäftsfähigkeit	Volle Geschäftsfähigkeit
Rechtsfolgen	Willenserklärungen sind **nichtig** *(§ 105 Abs. 1 BGB)* und können nur durch den gesetzlichen Vertreter erfolgen.	**Verträge** ohne vorherige Einwilligung **sind schwebend unwirksam**. Zur Rechtswirksamkeit muss der gesetzliche Vertreter den Vertrag nachträglich genehmigen (§ 108 BGB). **Einseitige Rechtsgeschäfte sind nichtig** *(§ 111 BGB)*. Beispiele: – Kündigung – Vollmacht – Anfechtung	Willenserklärungen sind grundsätzlich **wirksam.**

Eine **Willenserklärung**, die im Zustand der **Bewusstlosigkeit** oder der **vorübergehenden Störung der Geistestätigkeit** abgegeben wird, ist ebenfalls **nichtig**, auch wenn sie von einer beschränkt geschäftsfähigen oder voll geschäftsfähigen Person angegeben wurde *(§ 105 Abs. 2 BGB)*.

Beispiel

Bei einer Feier nimmt der 18-jährige Tobias zu viel Alkohol zu sich und kann nicht mehr klar denken. Ein Freund ergreift die Gelegenheit, um ihm einen alten MP3-Player für einen überhöhten Preis aufzuschwatzen. Obwohl Tobias voll geschäftsfähig ist, kommt kein Vertrag zustande, da seine Willenserklärung ungültig ist.

Für die Erledigung von **Botengängen** spielt die Frage der Geschäftsfähigkeit **keine Rolle**. So kann zum Beispiel ein fünfjähriges Kind von einem Elternteil zum Einkaufen geschickt werden. Es gibt beim Kauf dann keine eigene Willenserklärung ab, sondern übermittelt die Willenserklärung des Elternteils.

Ausnahmen

Bei den Stufen der Geschäftsfähigkeit existieren bestimmte Ausnahmen.

Ausnahme bei der Geschäftsunfähigkeit
Geschäfte des **täglichen Lebens,** die ein **volljähriger Geschäftsunfähiger** tätigt, sind gemäß § 105a BGB wirksam, sofern sie mit geringwertigen Mitteln bewirkt werden (Zug-um-Zug-Geschäft).

Beispiel

Der 38-jährige Markus ist aufgrund einer krankhaften und dauerhaften Störung der Geistestätigkeit geschäftsunfähig. Er kauft im Supermarkt einen Liter Milch für sich ein und zahlt mit Geld, das ihm wöchentlich als Taschengeld zur Verfügung steht.

Ausnahmen bei der beschränkten Geschäftsfähigkeit

- **Rechtliche Vorteilsgeschäfte:** Rechtsgeschäfte, die dem beschränkt Geschäftsfähigen lediglich einen rechtlichen Vorteil bringen *(§ 107 BGB)*
  Beispiel:
  Der 16-jährige Jonas bekommt von seiner Tante eine Lederjacke geschenkt. Weil seine Eltern die Jacke geschmacklos finden und darüber hinaus die Tante nicht leiden können, sind sie gegen das Geschenk. Jonas freut sich jedoch darüber. Die Schenkung ist wirksam, wenn er die Jacke annimmt.
  Ein rechtlicher Vorteil liegt jedoch nicht vor, wenn mit einer Schenkung bestimmte **Verpflichtungen** verbunden sind.
  Beispiel:
  Der 16-Jährige Jonas bekommt von seiner Großmutter ein Smartphone mit einem Zweijahresvertrag geschenkt. Da er das Smartphone zwar nutzen kann, aber vertragliche Folgeverpflichtungen eingeht, müssen bei dieser Schenkung seine Eltern die Zustimmung erteilen.

- **Taschengeldgeschäfte:** Rechtsgeschäfte, die der beschränkt Geschäftsfähige mit Mitteln bewirkt, die ihm von seinem gesetzlichen Vertreter oder mit dessen Zustimmung von einem Dritten zur freien Verfügung überlassen worden sind *(Taschengeldparagraf, § 110 BGB)*
  Beispiel:
  Der 16-jährige Jonas kann von seinem Taschengeld alles kaufen, was für einen Jungen seines Alters angemessen ist. Werden ihm Geldmittel von anderen Personen als seinen Eltern (zum Beispiel von seinem Großvater) zugesteckt, kann er zwar aufgrund der rechtlichen Vorteilsregelung (s. o.) Eigentümer des Geldes werden; die Eltern entscheiden jedoch, ob er über dieses Geld frei verfügen darf.

- **Selbstständer Geschäftsbetrieb:** Rechtsgeschäfte, die der beschränkt Geschäftsfähige im Rahmen eines Erwerbsgeschäfts abschließt, zu dessen selbstständiger Leitung er von seinem gesetzlichen Vertreter mit Genehmigung des Familiengerichts ermächtigt worden ist *(§ 112 BGB)*
  Beispiel:
  Die 17-jährige Anna Becker hat mit Zustimmung der Eltern und Genehmigung des Familiengerichtes einen Online-Shop für Beautyartikel eröffnet. Sie kann nun alle Geschäfte selbstständig tätigen, die der Betrieb mit sich bringt.

- **Dienst-/Arbeitsverhältnis:** Rechtsgeschäfte im Rahmen eines Dienst- oder Arbeitsverhältnisses, das der beschränkt Geschäftsfähige mit Einwilligung seines gesetzlichen Vertreters eingegangen ist *(§ 113 BGB)*
  Beispiel:
  Der 16-jährige Jonas möchte in den nächsten Sommerferien mit Zustimmung seiner Eltern als Verkäufer in einem Computergeschäft arbeiten. Er kann aufgrund dieser Erlaubnis den Arbeitsvertrag selbstständig unterschreiben und außerdem, wenn ihm der Ferienjob dort nicht gefällt, den Arbeitsvertrag kündigen und sich auch gegebenenfalls eine Stelle in einem anderen Computergeschäft suchen.

Hinweis: Ein Ausbildungsverhältnis ist nach herrschender Meinung kein Dienst-/Arbeitsverhältnis im Sinne des § 113 BGB. Daher ist zum Beispiel bei der Kontoeröffnung für minderjährige Auszubildende die Zustimmung des gesetzlichen Vertreters notwendig.

Ausnahme bei der vollen Geschäftsfähigkeit

Betreuung: Kann ein Volljähriger aufgrund einer psychischen Krankheit oder einer körperlichen, geistigen oder seelischen Behinderung seine Angelegenheiten ganz oder teilweise nicht besorgen, kommt auf seinen Antrag oder von Amts wegen die Bestellung eines Betreuers durch das Betreuungsgericht in Betracht. Die Geschäftsfähigkeit des Betreuten wird dadurch nicht aufgehoben, im Einzelfall kann das Familiengericht jedoch seine Teilnahme am Rechtsverkehr einschränken.

Regelungen zur gesetzlichen Vertretung geschäftsunfähiger und beschränkt geschäftsfähiger Kinder

Gesetzliche Vertreter sind Stellvertreter, deren Vertretungsmacht nicht auf einer Vollmacht beruht, sondern sich unmittelbar aus gesetzlichen Bestimmungen ergibt.

Wenn Willenserklärungen für geschäftsunfähige Kinder abgegeben werden oder eine Zustimmung zu Rechtsgeschäften beschränkt geschäftsfähiger Kinder notwendig ist, gelten die Regelungen des BGB zur gesetzlichen Vertretung.

Gesetzliche Vertretung

- Eltern vertreten ihr Kind **gemeinschaftlich** *(§ 1629 BGB)*.
- Ein Elternteil kann vom anderen Elternteil **bevollmächtigt** werden, bei Willenserklärungen für das Kind im Namen beider Elternteile zu handeln.
- Ein Elternteil vertritt das Kind **allein**,
  - wenn der andere Elternteil gestorben, beschränkt geschäftsfähig oder
  - geschäftsunfähig ist,
  - der andere Elternteil verhindert ist, die elterliche Sorge wahrzunehmen,
  - das Vormundschaftsgericht die elterliche Sorge einem Elternteil allein übertragen hat.
- Sind die Eltern verstorben, so wird für das Kind (Mündel) vom Familiengericht eine andere Person zum Vormund bestellt. Der Vormund hat das Recht und die Pflicht, für die Person und das Vermögen des Mündels zu sorgen, insbesondere das Mündel zu vertreten *(§ 1793 BGB)*. Vermögensanlagen für das Mündel müssen verzinslich und mündelsicher erfolgen *(§§ 1806, 1807 BGB)*.
- Nicht in allen Fällen können die Eltern bzw. der Vormund allein Rechtsgeschäfte im Namen des Kindes abschließen. Zum Schutz des Kindes bedürfen vielmehr bestimmte „gefährliche" Rechtsgeschäfte zusätzlich der Genehmigung des Familiengerichts *(§§ 1643, 1821 BGB)*.

Beispiele:

- Kreditaufnahmen auf den Namen des Mündels
- Grundstückgeschäfte
- Übernahme einer Bürgschaft

1.3 Rechtsobjekte

Definition

Rechtsobjekte sind **Sachen** (**körperliche Gegenstände** gem. § 90 BGB) und **Rechte** (**nicht körperliche Gegenstände**).

Sachen und Rechte können nach verschiedenen Merkmalen unterteilt werden.

Sachen		
bewegliche Sachen (Mobilien)		unbewegliche Sachen (Immobilien)
nicht vertretbar Einzelstücke	vertretbar Gattungsware	
• **Sachen** mit individueller Prägung • existieren in dieser Form nur ein Mal • sind nicht austauschbar (**nicht fungibel**) **Beispiele:** – ein altes Gemälde – ein selbstgestrickter Pullover	• Sachen, die nach Maß, Zahl oder Gewicht bestimmt sind *(§ 91 BGB)* • existieren in hoher Stückzahl • sind austauschbar (**fungibel**) **Beispiele:** – Aktien der Bayer AG – industrielle Massenprodukte	• Für Immobilien (Grundstücke, Gebäude) gelten besondere Rechtsvorschriften. • Die Rechtsverhältnisse von Grundstücken sind in einem vom Amtsgericht geführten Grundbuch dokumentiert.

Rechte	
absolute (dingliche) Rechte	relative (schuldrechtliche) Rechte
• bestehen gegenüber jedermann • regeln das Verhältnis einer Person zu einer Sache **Beispiele:** – Eigentumsrecht an einem Buch – Recht an einer eingetragenen Marke	• bestehen nur zwischen bestimmten Personen • resultieren aus **Schuldverhältnissen** **Beispiele:** – Geldforderung aufgrund eines Kreditvertrages – Recht auf Rücktritt von einem Vertrag

Auch **digitale Produkte** sind Gegenstände des Rechtsverkehrs. Für Verträge mit ihnen gelten besondere Rechtsvorschriften, z. B. hinsichtlich Mängelhaftung und Verjährung.

digitale Produkte	
digitale Inhalte (§ 327 Abs. 2, Satz 1 BGB)	digitale Dienstleistungen (§ 327 Abs. 2, Satz 2 BGB)
Daten, die in digitaler Form erstellt und bereitgestellt werden **Beispiele:** – Videos – E-Books	Dienstleistungen, die einem Verbraucher den Umgang mit digitalen Inhalten ermöglichen, z. B. durch Verarbeitung, gemeinsame Nutzung oder Interaktion **Beispiele:** – Online-Dienst zum Austausch von Textnachrichten – Online-Dienst zum Informationsaustausch und Aufbau sozialer Beziehungen

1.4 Besitz und Eigentum

1.4.1 Arten des Eigentums und des Besitzes

Definition

Eigentum ist die **rechtliche Herrschaft** über eine Sache. Der **Eigentümer** kann mit der Sache **beliebig verfahren**, soweit nicht das Gesetz oder Rechte Dritter dem entgegenstehen *(§ 903 BGB)*. Eigentumsrechte können auch von mehreren Personen ausgeübt werden.

Arten des Eigentums		
Alleineigentum	**Miteigentum nach Bruchteilen**	**gesamthänderisches Eigentum**
• nur eine Person ist Eigentümer einer Sache • Eigentümer kann allein über die Sache verfügen **Beispiel:** Eigentum an einem gekauften Pkw	• gemeinschaftliches Eigentum • Eigentümer können jeweils einzeln über ihren Anteil verfügen **Beispiel:** Wertpapierbesitzer, dessen Papiere von der Bank zusammen mit den Papieren anderer Anleger aufbewahrt werden.	• gemeinschaftliches Eigentum • Eigentümer können nur gemeinschaftlich über ihren Anteil verfügen **Beispiel:** Vermögen, das ein Erblasser seinen drei Kindern hinterlassen hat

Ein Eigentümer ist gleichzeitig auch **Besitzer** einer Sache, sofern er die **tatsächliche Herrschaft** über die Sache hat *(§ 854 BGB)*. Besitz kann einer Person alleine oder auch gemeinschaftlich gehören. Beim gemeinschaftlichen Besitz spricht man vom Mitbesitz. Dieser liegt zum Beispiel vor, wenn zwei oder mehrere Personen eine Wohnung mieten.

Die tatsächliche Herrschaft kann auch auf unrechtmäßige Weise, zum Beispiel durch Diebstahl, entstehen.

Beispiel

Der 20-jährige Student Philip lässt versehentlich sein Smartphone in der Mensa auf einem Tisch liegen. Ein zufällig vorbeikommender anderer Student nimmt das Smartphone an sich. Philip bleibt zwar Eigentümer des Smartphones, hat aber die tatsächliche Herrschaft darüber verloren.

Vom unmittelbaren Besitz ist der mittelbare Besitz zu unterscheiden. **Mittelbarer Besitzer** ist, wer einem anderen **freiwillig** auf Zeit den **unmittelbaren Besitz** so **überlassen hat**, dass dieser Entleiher, Mieter, Pächter, Verwahrer, Nießbraucher oder Pfandgläubiger ist *(§ 868 BGB)*.

Beispiel

Der 19-jährige Marco erfüllt einem gleichaltrigen Freund dessen Wunsch, Marcos Fahrrad für eine Spritztour auszuleihen. Zwischen den beiden liegt ein Leihvertrag vor. Aufgrund dieses Vertrages und der daraus resultierenden Übergabe des Fahrrads wird der Freund unmittelbarer Besitzer und Marco bleibt Eigentümer, wird aber zugleich mittelbarer Besitzer des Fahrrads.

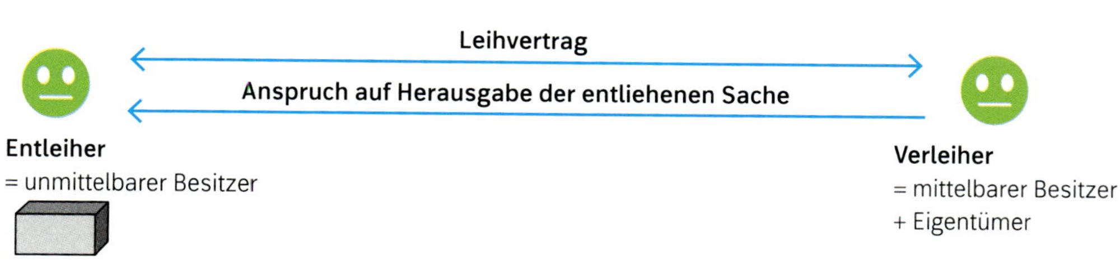

1.4.2 Eigentumserwerb an beweglichen Sachen

Das Eigentum an einer beweglichen Sache kann auf verschiedene Weise übertragen werden:

Situation	Abwicklung der Eigentumsübertragung	Rechtsgrundlage
1. Fall Der Gegenstand befindet sich beim Veräußerer (Normalfall).	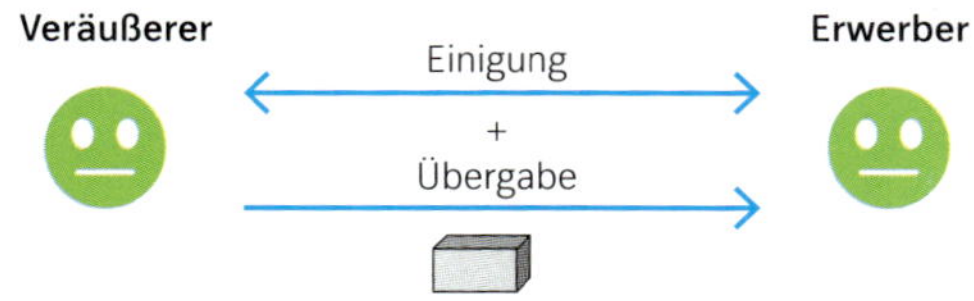	*§ 929 BGB, Satz 1*
2. Fall Der Gegenstand befindet sich bereits beim Erwerber.		*§ 929 BGB, Satz 2*
3. Fall Der Gegenstand soll weiterhin im Besitz des Veräußerers bleiben.		*§ 930 BGB*
4. Fall Der Gegenstand befindet sich im Besitz eines Dritten.	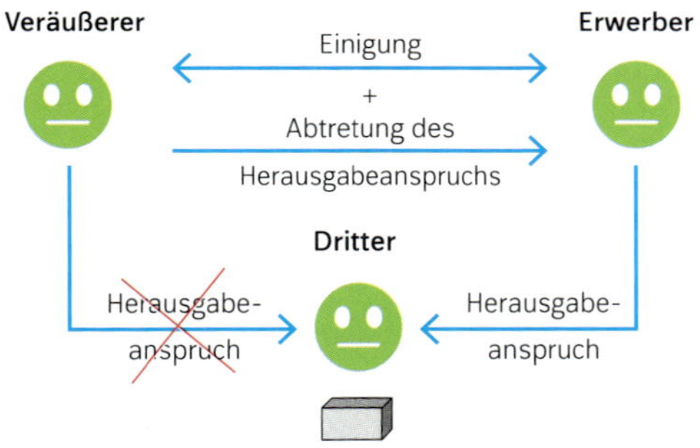	*§ 931 BGB*

Beispiel

Die 21-jährige Katharina schenkt ihrem Freund Tobias zum Geburtstag ihr altes Fahrrad.

- Wenn sich das Fahrrad bei Katharina befindet, wird Tobias Eigentümer durch Einigung über den Eigentumsübergang und Übergabe des Fahrrads.
- Wenn sich das Fahrrad bei Tobias befindet, weil er es sich zum Beispiel zuvor ausgeliehen hat, wird er Eigentümer durch bloße Einigung über den Eigentumsübergang.
- Möchte Katharina das Fahrrad noch für eine Woche benutzen, kann sie sich mit Tobias über den Eigentumsübergang einigen und zusätzlich mit ihm einen Leihvertrag abschließen. Durch den Leihvertrag (Besitzkonstitut) wird Tobias neuer Eigentümer und ist dadurch bis zur Übergabe des Fahrrads in einer Woche mittelbarer Besitzer.
- Wenn sich das Fahrrad gerade in einer Werkstatt zur Generalüberholung befindet, kann Anna sich mit Tobias über den Eigentumsübergang einigen und ihm erlauben, das Fahrrad bei der Werkstatt abzuholen. Mit dieser Erlaubnis überträgt sie den Herausgabeanspruch; Tobias wird dadurch Eigentümer.

Eine besondere Situation ergibt sich, wenn eine Sache veräußert wird, die dem Veräußerer nicht gehört. In diesem Fall ist ein **gutgläubiger Eigentumserwerb** unter den folgenden drei Voraussetzungen möglich (§§ 933 und 935 BGB):

- Die Sache darf nicht gestohlen, verloren oder sonst abhanden gekommen sein, d. h., der Veräußerer war rechtmäßiger Besitzer *(z .B. infolge Leihe, Miete)*.
- Der Erwerber muss gutgläubig sein. Er geht davon aus, dass der Veräußerer zu einer Eigentumsübertragung berechtigt ist.
- Die Sache muss dem Erwerber vom Veräußerer übergeben werden.

Beispiel

Die 21-jährige Studentin Vanessa leiht einem flüchtigen Bekannten ein teures Fachbuch. Da der Bekannte knapp bei Kasse ist und dringend Geld benötigt, verkauft er das Fachbuch an seinen Onkel, der nicht weiß, dass Vanessa die Eigentümerin des Buches ist. Sobald der Onkel das Geld bezahlt hat und das Buch in seinen Händen hält, ist er gutgläubiger Eigentümer geworden. Vanessa kann jetzt nur noch Schadenersatz von ihrem Bekannten einfordern.

Ein **gutgläubiger Eigentumserwerb** ist jedoch **möglich**, wenn es sich bei den gestohlenen, verlorenen oder sonst abhanden gekommenen Sachen um **Geld**, **Inhaberpapiere** oder **Sachen** aus einer **öffentlichen Versteigerung** handelt (§ 935 Abs. 2 BGB).

Beispiel

Ein Dieb entwendet aus einer Wohnung 100,00 EUR in bar. Für das Geld kauft er sich Computerzubehör in einem Fachgeschäft. Der Inhaber des Fachgeschäfts hat gutgläubig Eigentum an dem Bargeld erworben.

➡ **Kompetenzcheck „Rechtssubjekte, Rechtsobjekte, Besitz und Eigentum“ siehe Seite 105**

1.5 Rechtsgeschäfte

1.5.1 Zustandekommen und Arten von Rechtsgeschäften

Merksatz

Rechtsgeschäfte entstehen aufgrund von Willenserklärungen, die in der Absicht abgegeben werden, eine bestimmte Rechtswirkung herbeizuführen.

Rechtsgeschäfte können unter verschiedenen Gesichtspunkten eingeteilt werden.

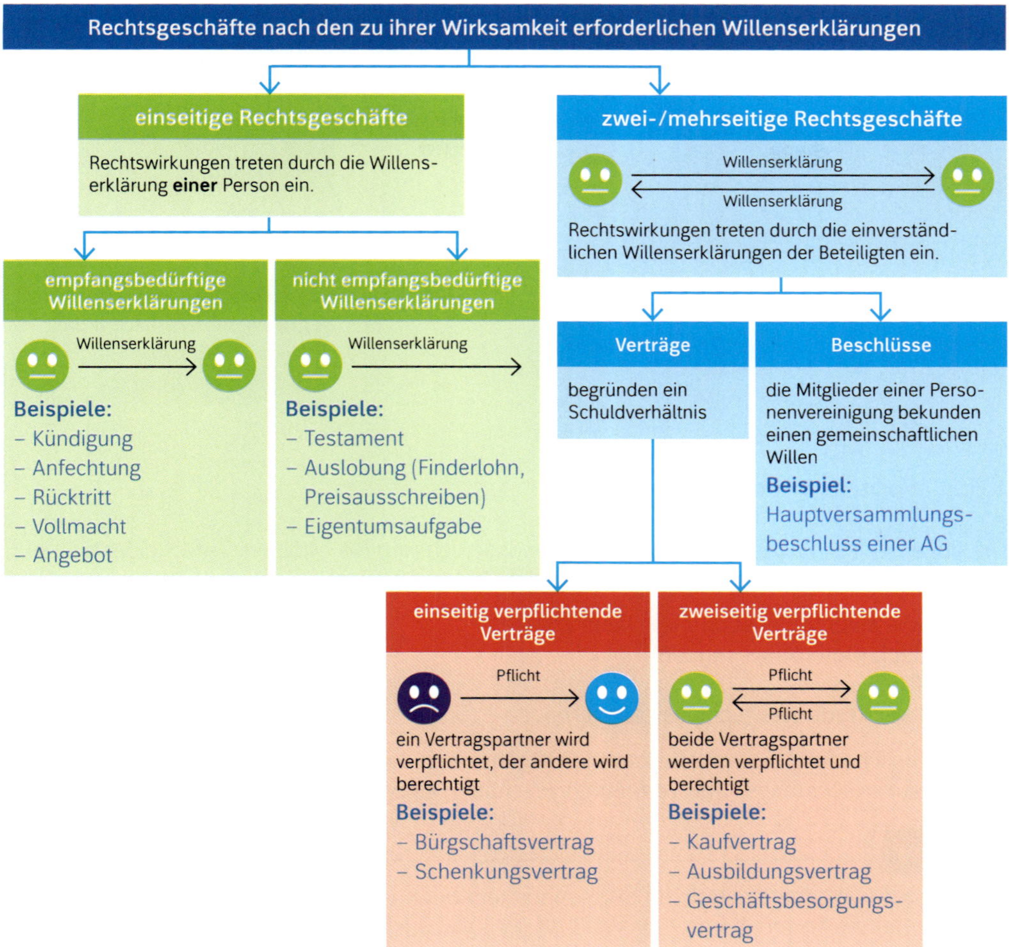

Für **empfangsbedürftige Willenserklärungen** gilt:

- Willenserklärungen gegenüber **Anwesenden** werden **sofort** mit der Abgabe der Willenserklärung wirksam.
- Willenserklärungen gegenüber **Abwesenden** werden zu dem **Zeitpunkt** wirksam, zu dem sie dem Empfänger **zugehen** *(§ 130 BGB)*.

Beispiel

Herr Müller kündigt per Brief ein Zeitungsabonnement. Die Kündigung wird wirksam, wenn sie in den Machtbereich des Empfängers (z .B. Einwurf in dessen Briefkasten) gelangt.

Nicht empfangsbedürftige Willenserklärungen werden zu dem Zeitpunkt **wirksam**, zu dem sie **abgegeben** werden.

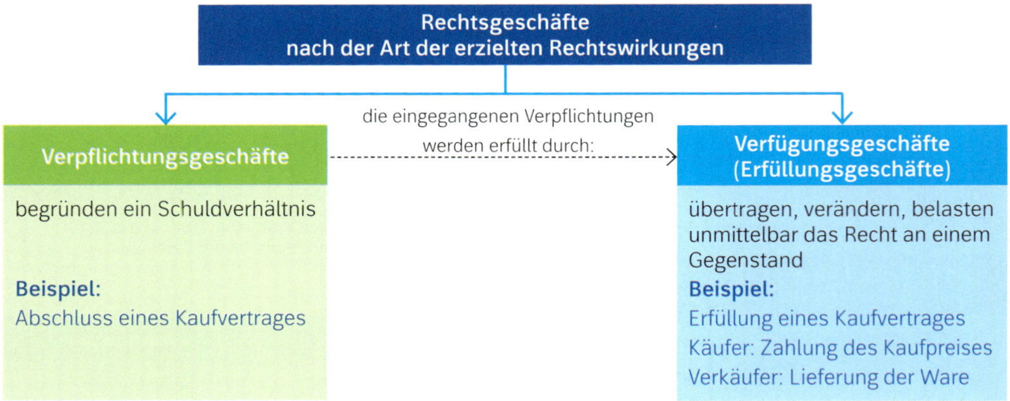

1.5.2 Form der Rechtsgeschäfte

Die Abgabe einer Willenserklärung kann grundsätzlich formlos erfolgen. Entscheidend ist nur, dass der Erklärende seinen Willen deutlich zum Ausdruck bringt.

Die Abgabe einer Willenserklärung kann erfolgen:
- **mündlich** (unter Anwesenden)
- **schriftlich**
- durch **konkludentes** (schlüssiges) Verhalten

Viele alltägliche Rechtsgeschäfte kommen durch konkludentes Verhalten zustande. Meist stehen dabei Verpflichtungs- und Verfügungsgeschäft in einem unmittelbaren Zusammenhang.

Beispiel

Beim Kauf von Lebensmitteln im Supermarkt legt der Käufer die Ware auf das Band an der Kasse. Die Ware wird eingescannt und dem Käufer ausgehändigt. Auflegen auf das Band und Einscannen (Verpflichtungsgeschäft), gefolgt von Aushändigung der Ware und Bezahlung (Verfügungsgeschäft) sind konkludente Willenserklärungen.

Bei nicht alltäglichen Geschäften empfiehlt sich häufig die schriftliche Form.

Beispiel

Ein Möbelkauf wird in der Regel unter Einbeziehung eines Vertragsformulars abgewickelt. In ein solches Formular können neben genauen Modell- bzw. Typenbezeichnungen auch Vertragseinzelheiten (z. B. Zahlungs- und Lieferungsbedingungen) aufgenommen werden.

In **einigen Fällen** schreibt der Gesetzgeber die Einhaltung einer bestimmten **äußeren Form** vor. Er will damit erreichen, dass sich die Erklärenden über die Tragweite ihrer Willenserklärungen bewusst werden. Die **Nichtbeachtung** einer **Formvorschrift** hat grundsätzlich die **Nichtigkeit** des Rechtsgeschäfts zur Folge *(§ 125 BGB)*.

Formvorschriften

Textform *(§ 126 b BGB)*

Urkunde
lesbare Erklärung auf einem dauerhaften Datenträger (z. B. E-Mail, CD, Kontoauszug)/keine Unterschrift

Beispiel:
- Vertragsbedingungen bei einem Dispositionskredit/bei einer geduldeten Kontoüberziehung *(§§ 504, 505 BGB)*

Schriftform/elektronische Form *(§§ 126, 126 a BGB)*

Schriftform

Urkunde
+
eigenhändige Unterschrift des Erklärenden oder seines Vertreters

elektronische Form

elektronisches Dokument
+
elektronische Signatur

Beispiele:
- Bürgschaft *(§ 766 BGB)*
- Schuldversprechen *(§ 780 BGB)*
- Schuldanerkenntnis *(§ 781 BGB)*
- Kündigung eines Arbeitsverhältnisses *(§ 623 BGB)*
- privates Testament (die gesamte Urkunde muss eigenhändig abgefasst und unterschrieben sein) *(§§ 2231, 2247 BGB)*
- Verbraucherdarlehensverträge (§ 492 BGB)
- Kündigung eines Mietverhältnisses *(§ 568 BGB)*

→ Bei einigen dieser Rechtsgeschäfte *(z. B. Bürgschaft, Schuldversprechen)* ist die elektronische Form ausdrücklich im BGB ausgeschlossen.

Öffentliche Beglaubigung *(§ 129 BGB)*

Urkunde
+
eigenhändige Unterschrift des Erklärenden oder seines Vertreters
+
Beglaubigung der Echtheit der Unterschrift durch einen Notar
Der Notar bestätigt, dass die Unterschrift des Erklärenden tatsächlich von diesem stammt (Identitätsnachweis).

Beispiele:
- Anmeldungen zur Eintragung ins Handels-, Vereins-, Güterrechtsregister *(§ 12 HGB)*
- Ausschlagung einer Erbschaft *(§ 1945 BGB)*
- Bewilligung von Grundbucheintragungen *(§ 29 GBO)*

Nicht ausreichend ist die „amtliche" Beglaubigung durch eine siegelführende Stelle (Gemeindebehörde, Polizei, Pfarramt u. ä. öffentliche Dienststelle).

Notarielle Beurkundung *(§ 128 BGB)*

Urkunde
+
eigenhändige Unterschrift des Erklärenden oder seines Vertreters
+
Beurkundung des gesamten Inhalts durch einen Notar
Der Notar bestätigt, dass
- die Beteiligten an einem bestimmten Tag vor dem Notar erschienen sind,
- die in der Urkunde niedergelegten Erklärungen abgegeben haben,
- der Inhalt ihnen vorgelesen wurde,
- und sie ihn durch ihre Unterschrift genehmigt haben.

Beispiele:
- Erbvertrag *(§ 2276 BGB)*
- Ehevertrag *(§ 1410 BGB)*
- Schenkungsversprechen *(§ 518 BGB)*
- Grundstückskaufvertrag *(§ 311b BGB)*
- Feststellung der Satzung einer AG *(§ 23 AktG)*
- Gesellschaftsvertrag einer GmbH *(§ 2 GmbHG)*

Merksatz

*Eine **Urkunde** ist die schriftliche Festlegung eines rechtlich bedeutsamen Sachverhalts.*

Die Schriftform kann durch eine öffentliche Beglaubigung oder eine notarielle Beurkundung ersetzt werden *(§ 126 Abs. 4 BGB)*. Die öffentliche Beglaubigung kann durch eine notarielle Beurkundung ersetzt werden *(§ 129 Abs. 2 BGB)*. Die schriftliche Form kann durch die elektronische Form ersetzt werden, wenn sich nicht aus dem Gesetz etwas anderes ergibt *(§ 126 Abs. 3 BGB)*.

1.5.3 Nichtigkeit und Anfechtbarkeit von Rechtsgeschäften

Merksatz

*Ein Rechtsgeschäft ist **nichtig**, wenn es so schwere Mängel aufweist, dass das Gesetz ihm von Anfang an keinerlei Rechtskraft zubilligt.*

Nichtigkeit von Rechtsgeschäften	
Geschäftsunfähigkeit *(§ 105 BGB)*	Die Willenserklärung eines Geschäftsunfähigen ist nichtig. Nichtig ist auch eine Willenserklärung, die im Zustand der Bewusstlosigkeit oder der vorübergehenden Störung der Geistestätigkeit abgegeben wird.
Scherzgeschäft *(§ 118 BGB)*	Das Rechtsgeschäft wurde nur zum Scherz abgeschlossen. **Beispiel:** Nach glücklich bestandener Abschlussprüfung ruft Thomas in einer Gastwirtschaft dem Kellner zu: „Ein Chappi, ein Bier“. Wenn der Kellner nicht erkennt, dass Thomas nur scherzen wollte, und eine geöffnete Dose Hundefutter bringt, muss Thomas für den Schaden einstehen.
Scheingeschäft *(§ 117 BGB)*	Das Rechtsgeschäft wurde nur zum Schein abgeschlossen. **Beispiel:** Um gegenüber dem Finanzamt höhere Betriebsausgaben nachzuweisen, schließt ein Unternehmer „nur auf dem Papier“ mit seinem Freund einen kostspieligen Beratervertrag ab.
Formmangel *(§ 125 BGB)*	Die für das Rechtsgeschäft gesetzlich vorgeschriebene oder vertraglich vereinbarte Form wurde nicht beachtet.
Gesetzliches Verbot *(§ 134 BGB)*	Das Rechtsgeschäft verstößt gegen ein gesetzliches Verbot. **Beispiel:** Mehrere Unternehmen derselben Branche treffen eine Absprache über die Höhe ihrer Verkaufspreise. Es liegt in diesem Fall ein verbotenes Preiskartell vor *(§ 1 GWB)*.

Nichtigkeit von Rechtsgeschäften	
Sittenwidrigkeit, Wucher *(§ 138 BGB)*	Ein Rechtsgeschäft, das gegen die guten Sitten verstößt, ist nichtig. Nichtig ist insbesondere ein Rechtsgeschäft, durch das jemand unter Ausnutzung der Zwangslage, der Unerfahrenheit, des Mangels an Urteilsvermögen oder der erheblichen Willensschwäche eines anderen sich Vermögensvorteile versprechen lässt, die in einem auffälligen Missverhältnis zu der Leistung stehen (Wucher). **Beispiel:** Ein privater Kreditvermittler vereinbart mit seinem Kunden für die Gewährung eines Ratenkredites 5 % Zinsen pro Monat.

Nichtige Willenserklärungen sind **von Anfang an unwirksam**. Im Gegensatz dazu sind **anfechtbare** Willenserklärungen **bis zur Anfechtung gültig** und werden erst durch die Anfechtung (einseitige empfangsbedürftige Willenserklärung) **ungültig**. Das BGB unterscheidet als Anfechtungsgründe bestimmte Arten des Irrtums sowie die arglistige Täuschung und die widerrechtliche Drohung.

Anfechtbarkeit von Rechtsgeschäften	
Inhalts-, Erklärungs-, Eigenschafts-, Übermittlungsirrtum *(§§ 119, 120 BGB)*	Wer bei der Abgabe einer Willenserklärung über deren Inhalt im Irrtum war oder eine Erklärung dieses Inhalts überhaupt nicht abgeben wollte, kann die Erklärung anfechten, wenn anzunehmen ist, dass er sie bei Kenntnis der Sachlage nicht abgegeben haben würde. Die Anfechtung muss unverzüglich nach Erkennen des Irrtums erfolgen. Der Anfechtungsberechtigte ist schadenersatzpflichtig zugunsten desjenigen, der auf die Gültigkeit der Willenserklärung vertraut hat. **Beispiele:** – Stefan will für seinen bevorstehenden Urlaub in Kanada 500,00 EUR in Can-Dollar umtauschen. Versehentlich tauscht er die 500,00 EUR jedoch in US-Dollar um. – Ein Büroangestellter schreibt in eine Bestellung von Wein 1 000 statt 100 Flaschen.
Arglistige Täuschung, widerrechtliche Drohung *(§§ 123, 124 BGB)*	Wer durch arglistige Täuschung oder widerrechtliche Drohung zur Abgabe einer Willenserklärung gebracht worden ist, kann die Willenserklärung anfechten. Die Anfechtung muss binnen Jahresfrist nach Erkennen der Täuschung bzw. Wegfall der Zwangslage erfolgen. **Beispiele:** – Marco kauft einen Gebrauchtwagen, der laut Aussage des Verkäufers unfallfrei sein soll. Später stellt sich heraus, dass der Wagen einen Totalschaden hatte. – Carla wird von einem Erpresser zum Unterschreiben eines Schuldscheins gezwungen.

Nicht anfechtbar sind hingegen Willenserklärungen, bei denen ein **Motivirrtum** vorliegt.

Beispiel

Tobias hat seiner Freundin Anna eine Smartwatch geschenkt. Einen Tag später erfährt er, dass Anna sich heimlich mit einem Klassenkameraden getroffen hat. Eine Irrtumsanfechtung gemäß §§ 119 und 120 BGB ist jedoch nicht möglich. Hier liegt ein Motivirrtum vor, da Tobias nicht über seine Schenkung, sondern über die Person seiner Freundin im Irrtum war.

1.6 Kaufvertrag

1.6.1 Zustandekommen eines Kaufvertrages (Verpflichtungsgeschäft)

Der Kaufvertrag ist das im täglichen Leben am häufigsten vorkommende Rechtsgeschäft.

Merksatz

*Der **Kaufvertrag** ist ein zweiseitig verpflichtender Vertrag:*
*Der **Verkäufer** einer Sache wird verpflichtet,*

- *dem Käufer die Sache zu übergeben und*
- *das Eigentum an der Sache zu verschaffen, welche frei von Sach- und Rechtsmängeln sein muss.*

*Der **Käufer** ist verpflichtet,*

- *dem Verkäufer den vereinbarten Kaufpreis zu zahlen und*
- *die gekaufte Sache abzunehmen (§ 433 BGB).*

Gegenstand des Kaufvertrags kann auch ein Recht sein (z. B. Kauf einer Forderung).

▸ Verbrauchsgüterkauf (§ 474 ff. BGB)

Verbrauchsgüterkäufe sind Verträge, durch die ein Verbraucher von einem Unternehmer eine Ware kauft. Wenn neben dem Verkauf einer Ware auch eine Dienstleistung durch den Unternehmer erbracht wird (z. B. Verkauf eines Smartphones bei gleichzeitigem Abschluss eines Mobilfunkvertrages) handelt es sich ebenfalls um einen Verbrauchsgüterkauf.

Für Verbrauchsgüterkäufe gelten besondere Verbraucherschutzbestimmungen hinsichtlich Gefahrenübergang, Mängelhaftung und Verjährung.

▸ Willenserklärungen beim Kaufvertrag

1. Fall: Der Antrag zum Abschluss des Kaufvertrages geht vom Verkäufer aus.

Der **Verkäufer** macht ein **Angebot** (= Vertragsantrag), der **Käufer** nimmt eine **Bestellung** vor (= Vertragsannahme).

Dem Angebot des Verkäufers kann eine rechtlich unverbindliche Anfrage des Käufers vorausgehen, der Bestellung des Käufers kann eine Auftragsbestätigung des Verkäufers folgen.

Durch das Angebot erklärt der Verkäufer, unter welchen Bedingungen er bereit ist, einen Kaufvertrag abzuschließen.

Seine Willenserklärung ist rechtlich bindend, wenn sie an eine bestimmte Person gerichtet ist und alle wesentlichen Vertragspunkte enthält:

- Art, Güte und Beschaffenheit der Ware,

- Menge der Ware,
- Preis der Ware.

Das Angebot muss so formuliert sein, dass es durch ein bloßes **„Ja“** des Käufers angenommen werden kann.

2. Fall: Der Antrag zum Abschluss des Kaufvertrages geht vom Käufer aus.

Der **Käufer** macht eine **Bestellung** (= Vertragsantrag), der **Verkäufer** erteilt eine **Auftragsbestätigung** (= Vertragsannahme).

Der Bestellung des Käufers kann ein rechtlich unverbindliches *Angebot* des Verkäufers (z. B. *durch Katalogangebot, Schaufensterauslage, Zeitungsinserat, Internetangebot*) oder eine rechtlich unverbindliche Anfrage beim Verkäufer vorausgehen.

Antrag und Annahme begründen das Verpflichtungsgeschäft, durch das sich die Vertragspartner zur Erfüllung der geschuldeten Leistungen verpflichten.

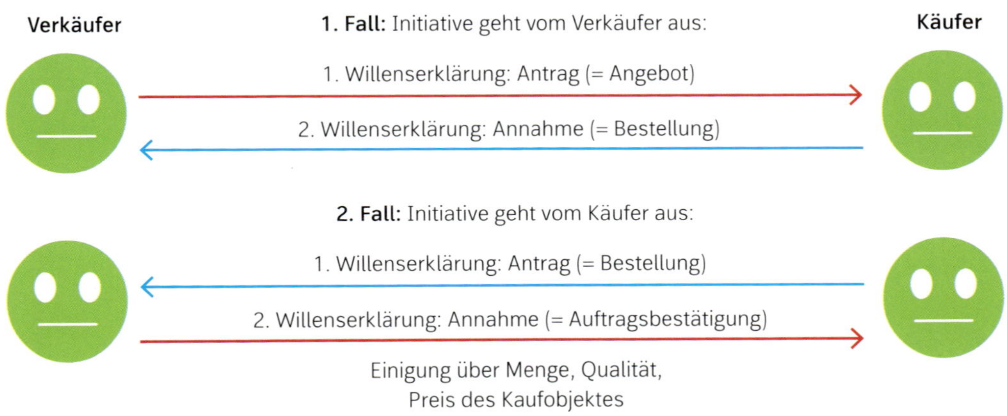

Wer einem anderen die Schließung eines Vertrages anbietet, ist an den Antrag gebunden *(§ 145 BGB)*.

Es besteht **keine rechtliche Bindung** an den Vertragsantrag, wenn
- die Annahmeerklärung des Vertragspartners nicht rechtzeitig erfolgt,
- ein rechtzeitiger Widerruf vonseiten des Antragstellers erfolgt,
- das im Antrag enthaltene Angebot zeitlich befristet war und die Frist abgelaufen ist,
- der rechtliche Bindungswille vom Antragsteller durch eine Freizeichnungsklausel ausdrücklich eingeschränkt worden ist.

Beispiele

- „unverbindliches Angebot“
- „freibleibend“
- „solange der Vorrat reicht“

Ein **mündlicher oder telefonischer Antrag** muss sofort angenommen werden. **Schweigen** gilt als Ablehnung.

Ein **schriftlicher Antrag** gilt so lange, wie der Eingang einer Antwort unter gewöhnlichen Umständen erwartet werden darf.

Die **verspätete Annahme** eines Antrags gilt als neuer Antrag. Eine Annahme unter Erweiterungen, Einschränkungen oder sonstigen Änderungen gilt als Ablehnung des alten Antrags, verbunden mit einem neuen Antrag *(§ 150 BGB)*.

Die **Zusendung unbestellter Ware** gilt als Antrag, Schweigen als Ablehnung des Antrags, die Bezahlung des Kaufpreises als Annahme.

Aus der Lieferung unbestellter Sachen wird ein Anspruch gegen den Verbraucher nicht begründet *(§ 241 a BGB)*. Der Anspruchsausschluss umfasst insbesondere Ansprüche auf Gegenleistung und Rücksendung. Der Gesetzgeber nimmt in Kauf, dass auf diese Weise Eigentum und Besitz auf Dauer auseinanderfallen können. Der Empfänger kann die Ware in Besitz nehmen oder vernichten, ohne dass ihm daraus ein Nachteil entsteht.

1.6.2 Erfüllungsgeschäft

Vom Verpflichtungsgeschäft ist das Erfüllungsgeschäft zu unterscheiden. Dementsprechend werden Verträge und Rechtshandlungen, die aus diesen Verträgen resultieren, in verschiedenen Büchern des BGB aufgeführt. Verträge finden sich im Schuldrecht, Regelungen zum Erfüllungsgeschäft im Sachenrecht.

Merksatz

Das durch den Abschluss des Kaufvertrages entstandene Schuldverhältnis erlischt, indem die Vertragspartner die jeweils eingegangenen Verpflichtungen erfüllen (§ 362 BGB).

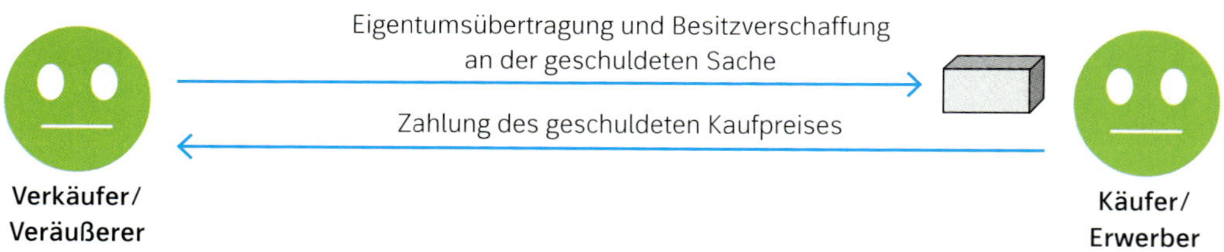

Erfüllungs- und Verpflichtungsgeschäft sind durch Pflicht und Gegenpflicht beziehungsweise Leistung und Gegenleistung der Kaufvertragsparteien gekennzeichnet.

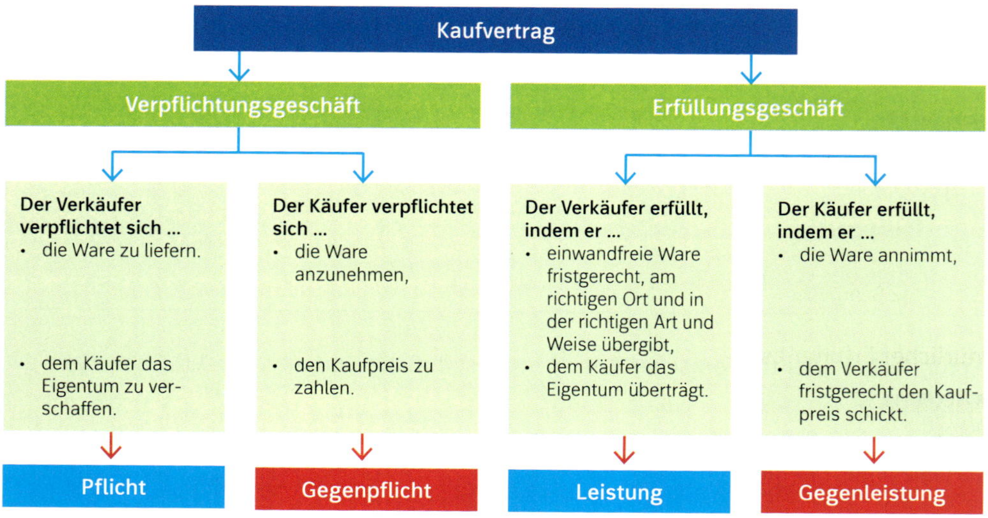

Durch den Kaufvertrag werden beide Vertragspartner zu gegenseitigen Schuldnern. Durch ihre Leistung am Erfüllungsort werden sie von ihren jeweiligen Verpflichtungen befreit.

▶ Erfüllungsort

Erfüllungsort ist grundsätzlich der Sitz des Schuldners zum Zeitpunkt des Vertragsabschlusses *(§ 269 BGB)*:

Warenschulden sind „Holschulden“: Der Verkäufer hat lediglich die Kosten der Übergabe zu tragen. Die Kosten und Gefahren der Abnahme und der Versendung der Sache an einen anderen Ort als den Erfüllungsort trägt der Käufer *(§ 448 BGB)*.

Gefahrenübergang: Mit der Übergabe der verkauften Sache am Erfüllungsort geht die Gefahr des zufälligen Untergangs und der zufälligen Verschlechterung der Ware auf den Käufer über *(§ 446 BGB)*.

Beispiele

- Sebastian hat bei einem Gebrauchtwagenhändler einen Pkw gekauft. Als er zu seiner Freundin fährt, um den Wagen vorzuführen, gerät er in einen Hagelschauer, der auf dem Dach seines Autos einige Dellen hinterlässt. Den dadurch verursachten Schaden trägt Sebastian, da Erfüllungsort der Sitz des Kfz-Händlers war.
- Die Roth AG bestellt bei der Maschinenbau GmbH eine Drehbank, die von einem Angestellten der Roth AG per Lkw abgeholt wird. Auf dem Transportweg löst sich eine Halterung und die Maschine wird schwer beschädigt. Der Kaufpreis für die Maschine ist trotzdem zu entrichten, da der Gefahrenübergang bereits bei der Abholung der Maschine erfolgte.

Durch vertragliche Vereinbarung kann jeder beliebige Ort als Erfüllungsort vereinbart werden. Der Vertragspartner mit der wirtschaftlich stärkeren Position wird versuchen, seinen Sitz als Erfüllungsort durchzusetzen.

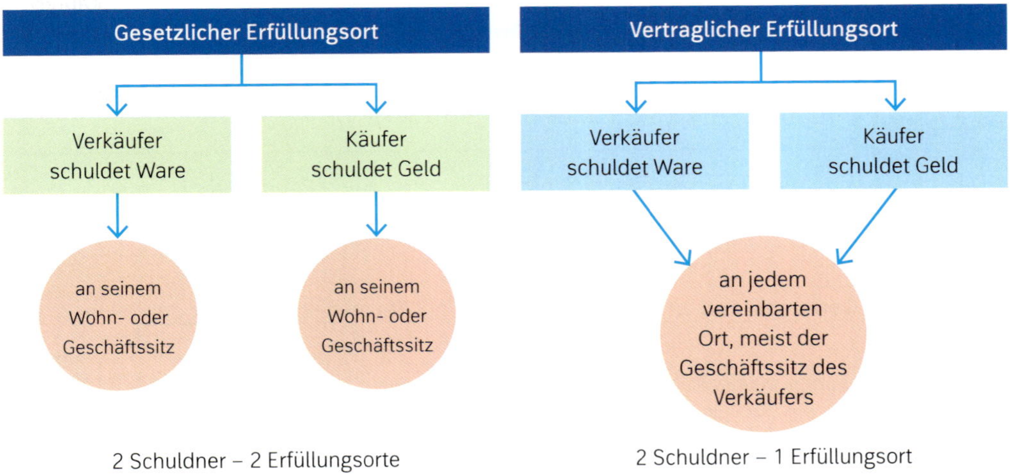

Natürlicher Erfüllungsort: Der Erfüllungsort ergibt sich aus der Natur des Schuldverhältnisses.

Beispiel

Beispiel: Lieferung von Heizöl in den Tank des Käufers

Versendungskauf *(§ 447 BGB)*: Bei einer Ware, die auf Verlangen des Käufers an einen anderen Ort als den Erfüllungsort verschickt wird, erfolgt der Gefahrenübergang mit der Übergabe der Ware an die mit dem Versand beauftragte Person *(z. B. Frachtführer, Spediteur)*.

Eine **Ausnahme** ist der **Verbrauchsgüterkauf mit Warenversand**. Bei einem Verbrauchsgüterkauf ist ein Vertragspartner Verbraucher, der andere Vertragspartner ist Unternehmer. In diesem Fall geht die Gefahr des zufälligen Untergangs und der zufälligen Verschlechterung grundsätzlich nicht am Sitz des Unternehmers über *(§ 475 BGB)*.

Beispiel

Frau Weber hat einige Deko-Artikel über das Internet bei einem Versandhändler bestellt. Wenn der Händler die Ware an einen von ihm beauftragten Paketdienst übergibt, trägt er bis zur Lieferung an der Haustüre von Frau Weber das Risiko, da hier ein Verbrauchsgüterkauf vorliegt.

Zahlungsort ist grundsätzlich der Sitz des Gläubigers *(§ 270 BGB)*:

Geldschulden sind „Schickschulden": Der Käufer hat, obwohl sein Sitz für die Geldschuld gesetzlicher Erfüllungsort ist, seine Zahlung auf eigene Kosten und Gefahren dem Verkäufer zu übermitteln. Außerdem muss der Käufer nach einem Urteil des Europäischen Gerichtshofs dafür Sorge tragen, dass das Geld dem Gläubiger rechtzeitig zur Verfügung steht, also frühzeitig gutgeschrieben wird.

Merksatz

„Der Käufer schickt das Geld und holt die Ware."

▸ Gerichtsstand

Ergeben sich zwischen den Vertragspartnern Streitigkeiten über die Auslegung und die Erfüllung der Vertragspflichten, so können sie die Hilfe des zuständigen Gerichts in Anspruch nehmen.

Merksatz

*Der **gesetzliche Erfüllungsort** ist gleichzeitig **gesetzlicher Gerichtsstand**, sodass eine Warenklage am Sitz des Verkäufers, eine Zahlungsklage am Sitz des Käufers erfolgen muss.*

Gesetzlicher Gerichtsstand ist damit der Sitz des Gerichts, in dessen Bezirk der Beklagte seinen Sitz hat.

Abweichend von den gesetzlichen Regelungen können zwischen Käufer und Verkäufer besondere Lieferungs- und Zahlungsbedingungen vereinbart werden.

Merksatz

*Die **Lieferungsbedingung** regelt den Zeitpunkt der Lieferung und die Übernahme der Transportkosten.*

Bei einem **Fixkauf** ist die Lieferung zu einem kalendermäßig genau bestimmten Zeitpunkt ausdrücklich vereinbart und der Kaufvertrag steht und fällt mit der Einhaltung des Termins.

Beispiel

Lieferung der als Weihnachtspräsent vorgesehenen Taschenkalender am 15. November.

Bei einem **Terminkauf** ist eine bestimmte Lieferfrist vereinbart.

Beispiel

Lieferung der bestellten Büromöbel innerhalb einer Frist von sechs Wochen.

Besondere Lieferungsbedingungen	
ab Werk **ab Lager**	Der Käufer trägt sämtliche Beförderungskosten.
frei .... **(benannte Bahnstation)**	Der Verkäufer trägt die Beförderungskosten bis zur benannten Bahnstation.
frei Haus	Der Verkäufer trägt sämtliche Beförderungskosten.

Merksatz

*Die **Zahlungsbedingung** regelt Zeitpunkt und Art der Zahlung.*

Besondere Zahlungsbedingungen	
Vorauszahlung/Anzahlung	Der Käufer muss bereits vor der Lieferung den Kaufpreis ganz oder teilweise zahlen.
Zahlungsziel (Zielkauf)	Der Käufer braucht erst nach Ablauf einer bestimmten Zeit nach Lieferung den Kaufpreis zu zahlen. Falls der Käufer jedoch schon vorzeitig zahlt, wird ihm in der Regel vom Verkäufer ein Preisnachlass (Skonto) gewährt.
Ratenzahlung	Der Käufer zahlt den Kaufpreis in mehreren Teilbeträgen.

1.6.3 Besonderheiten bei Käufen über das Internet und bei Haustürgeschäften

Für Kaufverträge, die über das Internet abgeschlossen werden, gelten die besonderen BGB-Bestimmungen über **Fernabsatzverträge** *(§ 312c BGB)*. Sie schützen den Verbraucher vor unseriösen Anbietern und übereilten Vertragsabschlüssen.

Merksatz

Fernabsatzverträge *sind Verträge über die Lieferung von Waren oder über die Erbringung von Dienstleistungen (einschließlich Finanzdienstleistungen), die zwischen einem Unternehmer und einem Verbraucher unter ausschließlicher Verwendung von Fernkommunikationsmitteln abgeschlossen werden, es sei denn, dass der Vertragsabschluss nicht im Rahmen eines für den Fernabsatz organisierten Vertriebs- oder Dienstleistungssystems erfolgt.*

Merksatz

Fernkommunikationsmittel *sind Kommunikationsmittel, die zur Anbahnung oder zum Abschluss eines Vertrages zwischen dem Verbraucher und einem Unternehmer ohne gleichzeitige körperliche Anwesenheit der Vertragsparteien eingesetzt werden können.*

Beispiele

Briefe, E-Mails, Kataloge, Telefonanrufe, Telefax, Tele- und Mediendienste

Es liegt kein Fernabsatzvertrag vor, wenn der Vertragsabschluss nur gelegentlich oder ausnahmsweise unter Einschaltung eines Fernkommunikationsmittels erfolgt.

Nicht als Fernabsatzverträge gelten folgende Geschäfte *(§ 312 Abs. 2 BGB)*:

- notariell beurkundete Verträge über Finanzdienstleistungen, die außerhalb von Geschäftsräumen geschlossen werden,
- Verträge über den Bau von neuen Gebäuden oder erhebliche Umbaumaßnahmen an bestehenden Gebäuden,
- Verträge über medizinische Behandlungen,
- Verträge über die Beförderung von Personen,
- Verträge über die Lieferung von Lebensmitteln, Getränken oder sonstigen Haushaltsgegenständen des täglichen Bedarfs, die am Wohnsitz, am Aufenthaltsort oder am Arbeitsplatz eines Verbrauchers von einem Unternehmer im Rahmen häufiger und regelmäßiger Fahrten geliefert werden,
- außerhalb von Geschäftsräumen geschlossene Verträge, bei denen die Leistung bei Abschluss der Verhandlungen sofort erbracht und bezahlt wird und das vom Verbraucher zu zahlende Entgelt 40,00 EUR nicht überschreitet.

Bei Fernabsatzverträgen gelten **besondere Bestimmungen** hinsichtlich
- Informationspflichten des Unternehmers vor Vertragsabschluss,
- Informationspflichten des Unternehmers bei Zustandekommen des Vertrages,
- Vertragsabschluss und
- Widerruf eines abgeschlossenen Vertrages.

▸ Informationspflichten vor Vertragsabschluss

Der Unternehmer muss den Verbraucher bereits vor Abschluss eines Fernabsatzvertrages mittels Katalog, E-Mail oder während eines Telefongespräches klar und verständlich über diverse Umstände informieren *(§ 312d Abs. 1 BGB)*. Zu diesen Umständen gehören z. B.

- wesentliche Eigenschaften der Waren oder Dienstleistungen,
- genaue Angaben zum Unternehmen (Firma, Niederlassungsort, Telefonnummer usw.),
- der Gesamtpreis der Waren oder Dienstleistungen einschließlich aller Steuern und Abgaben, die Art der Preisberechnung sowie gegebenenfalls alle zusätzlichen Fracht-, Liefer- oder Versandkosten und alle sonstigen Kosten, oder in den Fällen, in denen diese Kosten vernünftigerweise nicht im Voraus berechnet werden können, die Tatsache, dass solche zusätzlichen Kosten anfallen können,
- bei unbefristeten Verträgen oder Abonnement-Verträgen die monatlichen Gesamtkosten und den Gesamtpreis,
- die Kosten für den Einsatz des für den Vertragsabschluss genutzten Fernkommunikationsmittels, sofern dem Verbraucher Kosten berechnet werden, die über die Kosten für die bloße Nutzung des Fernkommunikationsmittels hinausgehen,
- die Zahlungs-, Liefer- und Leistungsbedingungen,
- Informationen über das Bestehen eines gesetzlichen Mängelhaftungsrechts für die Waren.

▸ Informationspflichten bei Zustandekommen eines Vertrages

Wenn ein Vertrag zustande kommt, ist der Unternehmer verpflichtet, dem Verbraucher eine Bestätigung des Vertrages zur Verfügung zu stellen. Die Bestätigung muss den vollständigen Vertragsinhalt wiedergeben; sie ist auf einem dauerhaften Datenträger (*z. B. Brief, E-Mail*) zur Verfügung zu stellen *(§ 312f Abs. 2 BGB)*.

▸ Vertragsabschluss

Ein Vertrag kann nur wirksam werden, wenn der Verbraucher vor Abgabe seiner Bestellung vom Unternehmen durch einen hervorgehobenen und deutlich gestalteten **Hinweis über die Gesamtkosten** informiert worden ist und wenn er vor Aufgabe seiner Bestellung diesen **Hinweis** durch eine gesonderte Erklärung **bestätigt** hat (*§ 312j BGB;* sogenannte **„Buttonlösung“**). Der zur Abgabe einer Bestellung erforderliche Bestätigungs-Button muss am Ende der Bestellseite gut sichtbar platziert sein.

▸ Widerruf eines abgeschlossenen Vertrages

Der Verbraucher hat ein **Widerrufsrecht** *(§ 355 BGB)*. Der Unternehmer ist verpflichtet, den Verbraucher über das Widerrufsrecht in Form einer sogenannten **Widerrufsbelehrung** ausdrücklich zu informieren. Neben dieser Belehrung kann der Unternehmer dem Verbraucher auch ein **Muster-Widerrufsformular** bereitstellen, das am besten direkt an die Vertragsbestätigung angefügt werden sollte.

Muster-Widerrufsformular

(Wenn Sie den Vertrag widerrufen wollen, dann füllen Sie bitte dieses Formular aus und senden Sie es zurück.)

- An [hier ist der Name, die Anschrift und gegebenenfalls die Telefaxnummer und E-Mail-Adresse des Unternehmers durch den Unternehmer einzufügen]:
- Hiermit widerrufe(n) ich/wir (*) den von mir/uns (*) abgeschlossenen Vertrag über den Kauf der folgenden Waren (*)/ die Erbringung der folgenden Dienstleistung (*)
- Bestellt am (*)/erhalten am (*)
- Name des/der Verbraucher(s)
- Anschrift des/der Verbraucher(s)
- Unterschrift des/der Verbraucher(s) (nur bei Mitteilung auf Papier)
- Datum

(*) Unzutreffendes streichen

Quelle: Bundesministerium der Justiz und für Verbraucherschutz: Bundesgesetzblatt 2013 Teil I Nr. 58, Berlin, 27.09.2013, Seite 24

Widerruft der Verbraucher frist- und formgerecht den Vertrag, ist er nicht mehr an ihn gebunden.

Dabei sind folgende Bedingungen zu beachten:

- Die Widerrufserklärung muss ausdrücklich erklärt werden. Eine schriftliche Erklärung ist nicht zwingend, allerdings muss aus der Erklärung des Verbrauchers eindeutig der Entschluss zum Widerruf hervorgehen. **Die bloße Rücksendung der Ware reicht deshalb nicht aus**.
- Der Verbraucher muss die Widerrufsfrist einhalten. Sie beträgt 14 Tage, soweit nichts anderes bestimmt ist. Zur Fristwahrung genügt dabei die rechtzeitige Absendung des Widerrufs. Die Frist beginnt mit dem tatsächlichen Erhalt der Ware beim Empfänger persönlich. (§ 356 Abs. 2, 3 BGB). Bei der Bestellung mehrerer Waren und einer getrennten Lieferung beginnt die Frist, sobald der Verbraucher die letzte Ware erhalten hat. Bei Dienstleistungen beginnt die Frist nicht vor dem Tag des Vertragsabschlusses.

Beispiel

Ein Kunde nimmt am 10.05. an der Haustür ein Paket mit Gegenständen an, die er über das Internet bestellt hat. Er hat 14 Tage, also bis zum 24.05. Zeit, einen Widerruf zu erklären. Der Widerruf ist an keine Form gebunden; auch ein Telefonat reicht aus. Zu empfehlen ist jedoch eine schriftliche Erklärung. Darin muss der Begriff „Widerruf" nicht zwingend enthalten sein; der Kunde muss nur deutlich machen, dass er den Vertrag widerruft.

Im Falle einer unterbliebenen oder nicht ordnungsgemäßen Widerrufsbelehrung beginnt die Widerrufsfrist nicht zu laufen. Das Widerrufsrecht erlischt jedoch spätestens zwölf Monate und 14 Tage ab Vertragsschluss.

Nimmt der Verbraucher sein Widerrufsrecht wahr, sind die Parteien verpflichtet, die empfangenen Leistungen unverzüglich, spätestens jedoch nach 14 Tagen zurückzugewähren. Der Unternehmer kann die Rückzahlung des Kaufpreises bis zum Rückerhalt der Ware oder einem Nachweis des Verbrauchers über die Absendung der Ware verweigern. Die Rückzahlung des Kaufpreises durch den Unternehmer hat grundsätzlich mit demselben Zahlungsmittel zu erfolgen, das auch vom Verbraucher zur Bezahlung verwendet worden ist.

Der Verbraucher kann verpflichtet werden, die Kosten der Rücksendung der Ware zu übernehmen, sofern er im Rahmen der Widerrufsbelehrung auf diese Pflicht hingewiesen wurde.

Folgende Waren bzw. Dienstleistungen sind vom Widerruf ausgenommen *(§ 312g BGB)*:

- verderbliche Waren,
- Waren, die aus Gründen des Gesundheitsschutzes versiegelt wurden und deren Versiegelung entfernt wurde,
- Waren, die auf die persönlichen Bedürfnisse des Verbrauchers zugeschnitten sind,
- Finanzdienstleistungen, deren Preis von Schwankungen auf dem Finanzmarkt abhängt, auf die der Unternehmer keinen Einfluss hat (*z. B. die Vermittlung von Aktientransaktionen*).

Das Widerrufsrecht gemäß § 355 BGB steht dem Verbraucher nicht nur bei Kaufverträgen im Internet, sondern auch bei so genannten **Haustürgeschäften** zu *(§ 312 g BGB)*.

Merksatz

*Unter den Begriff „Haustürgeschäfte" fallen Verträge, die in bestimmten Situationen **außerhalb der Geschäftsräume eines Unternehmens** geschlossen werden, zum Beispiel bei Vertreterbesuchen, bei sogenannten Kaffeefahrten oder nach gezieltem Ansprechen in Fußgängerzonen.*

Die Besonderheit bei Haustürgeschäften besteht darin, dass sie „zwischen Tür und Angel" und im Rahmen von entspannten Freizeitsituationen oder nach einer überraschenden Ansprache zustande kommen. Aufgrund dieser Besonderheiten gilt nach EU-Recht auch für Haustürgeschäfte ein strenger Verbraucherschutz.

➡ **Kompetenzcheck „Rechtsgeschäfte und Kaufvertrag" siehe Seite 105**

1.7 Störungen bei der Erfüllung eines Kaufvertrages

1.7.1 Schlechtleistung (mangelhafte Lieferung)

Merksatz

*Der Verkäufer ist verpflichtet, die verkaufte Ware mangelfrei zu liefern. Falls die Ware Mängel aufweist, hat der Käufer gegenüber dem Verkäufer einen **Gewährleistungsanspruch.***

Durch Prüfung können Mängel in der *Art, Menge* oder *Qualität* festgestellt werden.

Voraussetzung für die Geltendmachung eines Gewährleistungsanspruchs ist, dass der Käufer innerhalb der gesetzlich vorgeschriebenen Fristen eine **Mängelrüge** vornimmt.

Die Rüge sollte aus Beweissicherungsgründen schriftlich unter Beschreibung aller festgestellten Mängel erteilt werden.

Merksatz

Eine Sache ist frei von Sachmängeln, wenn sie bei Gefahrenübergang folgenden Anforderungen entspricht:

- *subjektive Anforderungen: Eignung für eine **vertragsgemäße Verwendung** sowie **vereinbarte Beschaffenheit** hinsichtlich Art, Menge, Qualität etc.*
- *objektive Anforderungen: Eignung für eine **gewöhnliche Verwendung** sowie eine für Sachen derselben Art **übliche Beschaffenheit** hinsichtlich Menge, Qualität, Sicherheit etc.*
- *Montageanforderungen: sachgemäß durchgeführte Montage (§ 434 BGB)*

Die subjektiven Anforderungen beziehen sich auf die Vertragsbeziehungen zwischen Käufer und Verkäufer, die objektiven Anforderungen stellen eine Verbindung zwischen der gekauften Sache und vergleichbaren Sachen gleicher Art her.

Auch bei einer unsachgemäßen Montage ist die Sache mangelfrei, wenn die Montage weder durch den Verkäufer durchgeführt wurde noch auf einem Mangel in der Montageanleitung beruht.

Bei **Verbraucherkaufverträgen** über **digitale Produkte** gelten hinsichtlich der Mängelhaftung besondere Regelungen zu den subjektiven und objektiven Anforderungen, z. B. im Hinblick auf die Pflicht zur regelmäßigen Bereitstellung von Softwareaktualisierungen und Sicherheitsupdates seitens des Unternehmers *(§ 327e BGB)*.

Kauft ein Verbraucher eine **Ware mit digitalen Elementen**, gelten weitere spezielle Bestimmungen zur Mängelhaftung gemäß § 475b BGB. Waren mit digitalen Elementen sind Waren, die so mit digitalen Produkten verbunden sind, dass sie ihre Grundfunktion ohne das digitale Element nicht ausüben können *(z. B. Smartphone, Smartwatch)*.

Ein **Rechtsmangel** *(§ 435 BGB)* liegt z. B. vor, wenn die Sache mit einem Pfandrecht belastet ist, von dem der Käufer nichts weiß.

Merksatz

Die gesetzliche Gewährleistungsfrist beträgt

- ***zwei Jahre bei einer beweglichen Sache,***
- ***fünf Jahre bei Bauleistungen.***

Die Verjährungsfrist beginnt mit der Lieferung der Sache (§ 438 BGB).

Merksatz

Beachten Sie:
*Bei einem **zweiseitigen Handelskauf** hat der Käufer abweichend von den BGB-Bestimmungen die Ware unverzüglich nach der Ablieferung durch den Verkäufer auf Ordnungsmäßigkeit zu untersuchen und, wenn sich ein Sachmangel zeigt, den Verkäufer **unverzüglich** zu informieren. Unterlässt der Käufer die Anzeige, so gilt die Ware als genehmigt, es sei denn, dass es sich um einen Mangel handelt, der bei der Untersuchung nicht erkennbar war (§ 377 HGB).*

Beweislastumkehr: Zeigt sich bei einem Verbrauchsgüterkauf innerhalb eines Jahres seit Gefahrübergang ein von den Anforderungen nach § 434 oder § 475b abweichender Zustand, so wird vermutet, dass die Sache bereits bei Gefahrübergang mangelhaft war, es sei denn, diese Vermutung ist mit der Art der Sache oder des Mangels unvereinbar *(§ 477 BGB)*.

Beispiel

Herr Schmidt lässt sich von der Firma „BettTräume“ eine neue Matratze liefern. Zwei Wochen nach der Lieferung erklärt Herr Schmidt, dass die Naht bei einer Matratzenseite teilweise aufgeplatzt ist. Er habe den Mangel gerade erst entdeckt. Der Inhaber der Firma „BettTräume“ muss in diesem Fall nachweisen, dass die Ware einwandfrei geliefert wurde. Kann dieser Nachweis nicht erbracht werden, ist davon auszugehen, dass der Mangel bereits bei Lieferung vorlag.

Bei einer Schlechtleistung hat der Käufer das Recht der **Nacherfüllung** *(§ 439 BGB)*.

Nacherfüllung	
Mängelbeseitigung	**Neulieferung**

- Art der Nacherfüllung nach Wahl des Käufers
- Verkäufer kann die gewählte Art verweigern, wenn sie mit unverhältnismäßigen Kosten verbunden ist
- Verkäufer hat alle erforderlichen Aufwendungen (z. B. Transport-, Materialkosten) zu tragen
- Nachbesserung gilt nach dem erfolglosen zweiten Versuch als fehlgeschlagen

Beispiel

Bei der Lieferung eines Tisches an die Eheleute Keller wird ein Fehler in der Holzstruktur festgestellt. Herr und Frau Keller fordern den Inhaber des Einrichtungshauses auf, den Mangel durch Ausbesserungsarbeiten zu beheben. Ist der Mangel nach zwei Ausbesserungsversuchen immer noch vorhanden, besteht ein Anspruch auf Lieferung eines anderen Tisches vom gleichen Typ. Die Eheleute Keller können auch sofort die Lieferung eines neuen Tisches verlangen. Dies kann der Inhaber des Einrichtungshauses nur ablehnen, wenn die Kosten für die Beschaffung des Tisches unverhältnismäßig sind. Bei einem gängigen Tischmodell ist dies jedoch nicht zu erwarten.

Hat der Käufer dem Verkäufer erfolglos eine angemessene **Frist zur Nacherfüllung** eingeräumt, kann er vom Kaufvertrag **zurücktreten oder** den **Kaufpreis mindern** *(§§ 440, 441, 325, 281 BGB)*. Eine Fristsetzung ist nicht notwendig, wenn der Schuldner die Leistung verweigert oder die Nacherfüllung fehlgeschlagen bzw. unzumutbar ist. Bei Verbrauchergeschäften entfällt die Fristsetzung ebenfalls. Bereits bei Mitteilung des Mangels an den Unternehmer beginnt eine angemessene Frist anzulaufen.

Rücktritt und Schadenersatz	Minderung und Schadenersatz
• Rückgabe der gekauften Sache und Rückerstattung des Kaufpreises • Verkäufer ist zum Ersatz eines ggfs. entstehenden Schadens verpflichtet	• Herabsetzung des Kaufpreises • Verkäufer ist zum Ersatz eines ggfs. entstehenden Schadens verpflichtet

1.7.2 Nicht-rechtzeitig-Zahlung (Zahlungsverzug)

Merksatz

*Zahlt der Käufer auf eine Mahnung des Verkäufers nicht, die nach Fälligkeit erfolgt, so kommt er durch die Mahnung in **Zahlungsverzug**.*
Der Mahnung bedarf es nicht, wenn ein bestimmter Zahlungszeitpunkt vereinbart worden ist. Unabhängig davon gerät der Käufer in Zahlungsverzug, wenn er nicht innerhalb von 30 Tagen nach Fälligkeit und Zugang der Rechnung zahlt. Ist der Schuldner ein Verbraucher, muss er darauf in der Rechnung besonders hingewiesen worden sein (§ 286 BGB).

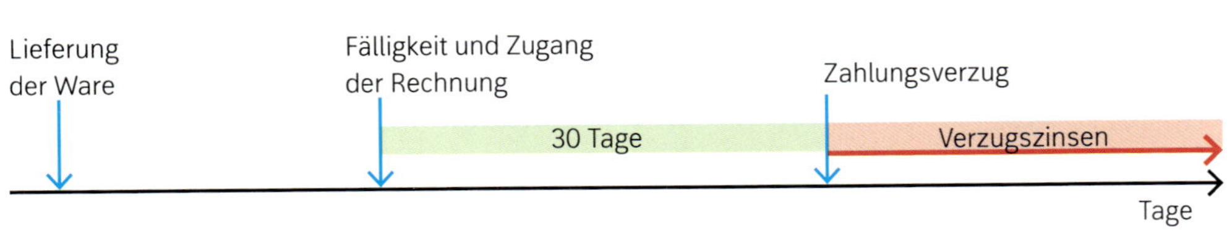

Der Verkäufer kann dem Käufer zusätzlich zum Verkaufspreis Verzugszinsen in Rechnung stellen. Der **Verzugszinssatz** ist **gekoppelt** an den **Basiszinssatz.** Der Basiszinssatz gilt jeweils für einen Zeitraum von sechs Monaten und wird von der Deutschen Bundesbank im Bundesanzeiger bekanntgegeben. Bei Kaufverträgen, an denen ein **Verbraucher** beteiligt ist, beträgt der Verzugszinssatz fünf Prozentpunkte über dem Basiszinssatz, ansonsten neun Prozentpunkte über dem Basiszinssatz *(§ 288 BGB)*.

Beispiel

Ein Unternehmer hat einen abgeschriebenen Firmen-Pkw an einen Rentner verkauft. Die Übergabe des Fahrzeugs erfolgt am 20. Juni, die Rechnung über 6 250,00 EUR geht bei dem Rentner am 22. Juni ein. Das Geld wird erst am 17. August dem Zahlungsempfänger gutgeschrieben. Ab dem 23. Juli befindet sich der Rentner im Zahlungsverzug. Der Unternehmer kann ab diesem Tag Verzugszinsen für die Zeit vom 23. Juli (einschließlich) bis einschließlich zum 16. August in Rechnung stellen. Der Basiszinssatz ist seit Januar 2013 ein Minuszinssatz. Bei einem Basiszinssatz in Höhe von –0,88 % ergibt sich ein Verzugszinssatz von 4,12 %.

$$\text{Verzugszinsen} = \frac{6\,250{,}00 \cdot 4{,}12 \cdot 25}{100 \cdot 365} = \underline{\underline{17{,}64 \text{ EUR}}}$$

▸ Eigentumsvorbehalt

Für den Fall der Nichtzahlung kann der Anspruch des Verkäufers auf Rückgabe der Ware durch die ausdrückliche **Vereinbarung eines Eigentumsvorbehalts** abgesichert werden. Der Käufer erlangt in diesem Fall das Eigentum an der Ware erst mit der vollständigen Bezahlung des Kaufpreises *(§ 449 BGB)*.

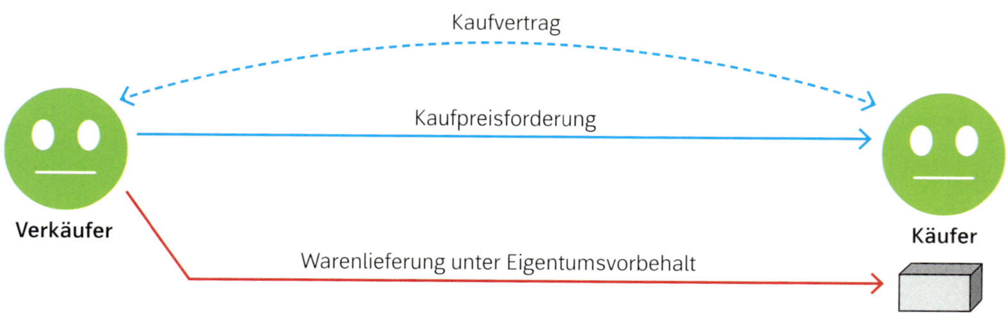

Der **Verkäufer** behält sich das Eigentum an der gelieferten Ware bis zur vollständigen Bezahlung des Kaufpreises vor.

Der **Käufer** ist berechtigt, die Ware in Besitz zu nehmen. Mit der Bezahlung des Kaufpreises geht das Eigentum automatisch auf ihn über.

1.8 Verjährung von Ansprüchen

Merksatz

*Der Schuldner muss nicht mehr zahlen, wenn die im Gesetz vorgeschriebene **Verjährungsfrist** abgelaufen ist. Er hat ein Leistungsverweigerungsrecht, indem er die **Einrede der Verjährung** geltend macht.*

Die Dauer einer Verjährungsfrist ist abhängig von der Art des vorliegenden Anspruchs. Zu unterscheiden sind die regelmäßige Verjährungsfrist und besondere Verjährungsfristen.

Regelmäßige Verjährungsfrist	Besondere Verjährungsfrist	
3 Jahre *(§ 195 BGB)*	**2 Jahre** *(§§ 438, 634 a BGB)*	**30 Jahre** *(§ 197 BGB)*
	Ansprüche	
Alle Ansprüche, die nicht ausdrücklich anderen Verjährungsfristen unterliegen. **Beispiele:** Darlehensforderungen, Zinsforderungen, Mietforderungen, Kaufpreisforderungen	Mängel bei • Kaufverträgen • Werkverträgen • Reiseverträgen	• Herausgabeansprüche aus dinglichen Rechten *(z. B. Eigentum)* • Familien- und erbrechtliche Ansprüche • Vollstreckbare Ansprüche aus Vergleichen, Urkunden und Insolvenzverfahren
	Beginn der Verjährungsfrist	
• am Schluss des Jahres, • in dem der Anspruch entstanden ist, und • der Kenntnisnahme des Gläubigers von der Person und den Umständen des Anspruchs	mit • Fälligkeit des Anspruchs • Lieferung der Sache • Abnahme des Werkes	• mit Entstehung (Fälligkeit) des Anspruchs
Beispiel: Fälligkeit einer Darlehensforderung: 20.05.2022 Ende der Verjährungsfrist: 31.12.2025, 24:00 Uhr	**Beispiel:** Lieferung einer mangelhaften Ware am 16.11.2022 Ende der Verjährungsfrist: 16.11.2024, 24:00 Uhr	**Beispiel:** Fälligkeit eines Anspruchs aus einer Urteilsverkündung: 12.06.2022 Ende der Verjährungsfrist: 12.06.2052, 24:00 Uhr
⬇ **Nach Eintritt der Verjährung ist der Schuldner berechtigt, die Leistung zu verweigern.**		

Bei **Verbrauchsgüterkäufen** von **digitalen Produkten** tritt die Verjährung bei einem Mangel, der sich innerhalb der regulären Verjährungsfrist gezeigt hat, nicht vor dem Ablauf von 4 Monaten nach dem Zeitpunkt ein, in dem sich der Mangel erstmalig gezeigt hat *(§ 327j Abs. 4 BGB)*.

Beispiele

Yusuf Deniz kauft ein Tablet-PC bei der Super-Media AG. Zum Ende des 22. Monats nach dem Kauf zeigt sich ein Mangel. Yusuf Deniz kann noch bis zum Ablauf des 26. Monats seine Mängelansprüche geltend machen, ohne dass sich die Super-Media AG auf eine Verjährung berufen kann, obwohl die Verjährungsfrist gem. § 438 BGB 2 Jahre beträgt.

Treten zwischen Beginn und Verjährung von Ansprüchen bestimmte Rechtsereignisse auf, beginnt die Verjährungsfrist von Neuem (Neubeginn).

Neubeginn der Verjährung ***(§ 212 BGB)***

- Der Schuldner erkennt die Schuld an.
  Beispiele: Förmliches Schuldanerkenntnis, Sicherheitsleistung, Abschlagszahlung, Zinszahlung, Stundungsgesuch
- Vornahme oder Beantragung einer gerichtlichen oder behördlichen Vollstreckungshandlung

⬇

Die bis zum Neubeginn der Verjährung verstrichene Zeit bleibt unberücksichtigt.
Die Verjährungsfrist beginnt von Neuem zu laufen.

Beispiel: Eine am 16. April 2021 fällige Kaufpreisforderung mit dreijähriger Verjährungsfrist wurde am 10. Juli 2022 durch eine Abschlagszahlung unterbrochen.

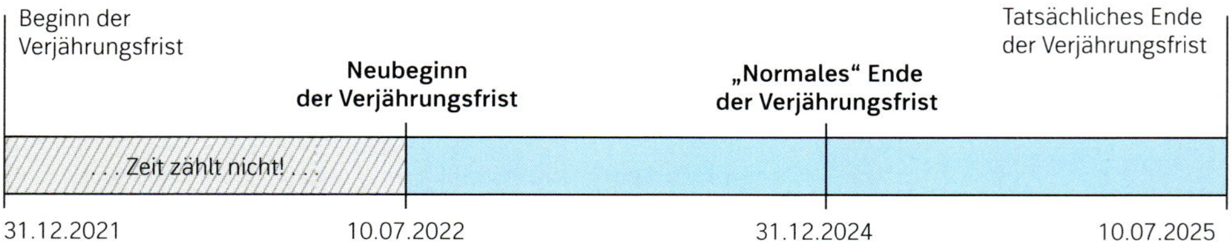

1.9 Verbraucherschutz

1.9.1 Rechtlicher Rahmen und Institutionen

Definition

Der Verbraucherschutz umfasst alle Rechtsvorschriften, die den Verbraucher vor Benachteiligungen im Wirtschaftsleben schützen und seine rechtliche Stellung gegenüber Unternehmen stärken sollen.

Ein **Verbraucherschutz** ist notwendig, weil sich Verbraucher in der Regel gegenüber Unternehmen in einer **unterlegenen Position** befinden. Die Unterlegenheit resultiert vor allem aus
- geringerer Fachkenntnis
- Informationsrückstand und
- mangelnder Erfahrung.

Verbraucherschutzbestimmungen, finden sich in vielen Gesetzen und Verordnungen (z. B. BGB, WpHG, Kosmetik-Verordnung).

Verbraucherschutzverbände und **Verbraucherzeitschriften** stehen im Dienst der Verbraucher, indem sie
- Preis- und Leistungsvergleiche (Tests) durchführen, auswerten und veröffentlichen,
- über Verbraucherrechte und die „Tücken des Kleingedruckten“ informieren,
- leichtgläubige Konsumenten vor „Verkäufertricks“ und „Konsumentenfallen“ warnen.

Nur ein gut informierter und kritischer Verbraucher ist ein gleichgewichtiger und vor einer Übervorteilung geschützter Marktpartner.

Verbraucherzentralen

Verbraucherzentralen sind eingetragene Vereine, die sich in den Bundesländern um Verbraucherschutz und Verbraucherinformation bemühen.

Beispiel

Verbraucherzentrale NRW e. V., www.verbraucherzentrale.de

Die Verbraucherzentralen sind in der Arbeitsgemeinschaft der Verbraucherverbände (AGV), Bonn, zusammengeschlossen. Sie bemühen sich um eine verbraucherorientierte Gesetzgebung und klären den Verbraucher durch Informationsveranstaltungen, Broschüren, Testzeitschriften, Beratungen auf. Sie unterhalten in vielen Städten Beratungsstellen, beraten aber auch telefonisch und geben Tipps *(z. B. www.verbraucher.de)*. Sie sammeln Material, Reklamationen von ihren Mitgliedern, schreiben die betreffenden Firmen an und gewähren Rechtsschutz.

Stiftung Warentest (www.test.de)

Auf Beschluss des Bundestages wurde 1964 die Stiftung Warentest mit Sitz in Berlin gegründet. Sie lässt aufgrund von Prüfprogrammen durch Fachinstitute vergleichende Tests von Waren und Dienstleistungen *(z. B. Versicherungen, Urlaubspauschalreisen)* durchführen oder testet selbst. Die Ergebnisse werden monatlich in der Zeitschrift „test“ veröffentlicht und außerdem in Jahrbüchern zusammengefasst. Hinzu kommen zahlreiche Sonderpublikationen. Test-Kurzfassungen (test KOMPASS) werden vielfach in Zeitungen und Zeitschriften abgedruckt. Die Medien berichten über Testergebnisse.

1.9.2 Verbraucherschutzbestimmungen

Zahlreiche Gesetze und Verordnungen sollen die Anbieter an einem wettbewerbswidrigen Verhalten hindern und die Stellung der Verbraucher auf dem Markt verbessern. Auch das BGB enthält viele Schutzbestimmungen für Verbraucher.

Integration des Verbraucherschutzes in das BGB

- **Recht der AGB** *(§ 305 BGB)*
- **Haustürgeschäfte** *(§ 312b BGB)*
- **Fernabsatzvertrag** *(§ 312c BGB)*
- **Verbraucherdarlehensvertrag** *(§§ 491–505 BGB)*

1.9.3 Verbraucherschutz bei Laufzeitverträgen

Laufzeitverträge werden über einen bestimmten Zeitraum (z. B. 1 Jahr) geschlossen. Sie sind z. B. bei Telekommunikationsdienstleistungen, Streamingdiensten oder bei der Energieversorgung üblich. Verbraucher können Laufzeitverträge zum Ende der Laufzeit mit einer Kündigungsfrist von einem Monat kündigen. Wenn der Verbraucher die Frist verpasst, kann er den Vertrag nach der ursprünglichen Laufzeit jederzeit mit einer Frist von einem Monat kündigen. Unternehmer müssen den Verbrauchern die Kündigung über einen leicht zugänglichen „Kündigungsbutton“ ermöglichen.

1.9.4 Allgemeine Geschäftsbedingungen und Produkthaftung

Das BGB schützt den Verbraucher vor unangemessenen Benachteiligungen aufgrund **Allgemeiner Geschäftsbedingungen**, indem es bestimmte Klauseln verbietet. Verbraucherschutzvorschriften des BGB können nicht durch Bestimmungen der AGB aufgehoben werden.

Allgemeine Geschäftsbedingungen

Definition

- Alle für eine Vielzahl von Verträgen vorformulierten Vertragsbedingungen,
- die eine Vertragspartei von der anderen Vertragspartei einseitig verlangt,
- ohne dass die Klauseln im Einzelnen vereinbart worden sind.

Beispiele:

– AGB der Banken
– AGB der Versicherungen
– AGB der Reiseveranstalter

Bedeutung

- vereinfachen den Abschluss von Massenverträgen
- begrenzen das Risiko des Unternehmens durch die Einschränkung seiner Vertragspflichten
- stärken die Stellung des Unternehmens
- schränken die Rechte des Kunden ein

Inhalte

Beispiele:

– Zahlungsweise
– Verpackungskosten
– Beförderungskosten
– Eigentumsvorbehalt
– Erfüllungsort
– Gerichtsstand
– Gewährleistungsansprüche bei Mängeln

Schutz des Verbrauchers durch Allgemeine Schutzbestimmungen und Klauselverbote bei Allgemeinen Geschäftsbedingungen *(§§ 305–310 BGB)*

Allgemeine Schutzbestimmungen

- Das Unternehmen („der Verwender") muss ausdrücklich auf die Einbeziehung der AGB in den Vertrag hinweisen.
- Der Kunde („die andere Vertragspartei") muss die AGB leicht erreichen und mühelos lesen können.
- Der Kunde muss den AGB zustimmen.
- Individuelle Absprachen haben Vorrang vor abweichenden AGB.
- Überraschende und mehrdeutige Klauseln werden nicht Vertragsbestandteil.

Klauselverbote bei Verbraucherverträgen

Unwirksam sind insbesondere ...

- Bestimmungen, durch die sich der Unternehmer eine unangemessen lange Frist für die Annahme oder Ablehnung eines Angebotes oder die Erbringung einer Leistung vorbehält,
- eine Bestimmung, welche kurzfristige Preiserhöhungen für Waren oder Dienstleistungen vorsehen, die innerhalb von vier Monaten nach Vertragsschluss geliefert oder erbracht werden sollen,
- eine Bestimmung, die vorsieht, dass eine Erklärung des Unternehmers von besonderer Bedeutung dem Verbraucher als zugegangen gilt,
- Bestimmungen, durch die ein Leistungsverweigerungsrecht des Verbrauchers ausgeschlossen oder eingeschränkt wird,
- eine Bestimmung, durch die dem Verbraucher für den Fall der Nichtabnahme oder verspäteten Abnahme der Leistung, des Zahlungsverzugs oder für den Fall, dass er sich vom Vertrag löst, die Zahlung einer Vertragsstrafe auferlegt wird,
- Bestimmungen, durch die dem Verbraucher die Befugnis einer Aufrechnung genommen wird,
- Bestimmungen, durch die der Unternehmer von der gesetzlichen Verpflichtung freigestellt wird, den Verbraucher zu mahnen oder ihm eine Frist für die Leistung oder Nacherfüllung zu setzen,
- der Ausschluss oder die Begrenzung der Haftung für Schäden aus der Verletzung des Lebens, des Körpers oder der Gesundheit und für sonstige Schäden, die auf einer grob fahrlässigen Pflichtverletzung des Unternehmers beruhen,
- eine Bestimmung, durch die bei Verträgen über Lieferungen neu hergestellter Sachen oder Werkleistungen die Ansprüche des Verbrauchers wegen eines Mangels insgesamt oder bezüglich einzelner Teile ausgeschlossen wird oder von der vorherigen gerichtlichen Inanspruchnahme Dritter abhängig gemacht wird,
- Dauerschuldverhältnisse, die die regelmäßige Lieferung von Waren oder die regelmäßige Erbringung von Dienst- oder Werkleistungen zum Gegenstand haben oder eine länger als zwei Jahre bindende Laufzeit.

GRUNDSATZ
Der Verbraucher darf durch Allgemeine Geschäftsbedingungen nicht unangemessen benachteiligt werden.

Das **Produkthaftungsgesetz** gibt dem Verbraucher bei Schäden, die aufgrund eines fehlerhaften Produktes entstehen, einen Schadenersatzanspruch gegenüber dem Hersteller. Ein Produkt gilt nach dem Gesetz als fehlerhaft, wenn es nicht die Sicherheit bietet, die unter Berücksichtigung aller Umstände berechtigterweise erwartet werden kann.

Beispiel

- nicht tragfähige Haushaltsleiter aus Leichtmetall
- defekte Skibindung
- mangelhafter Kontaktkleber

Der Hersteller eines Produktes innerhalb der EU haftet für die Folgeschäden aus einem Produktfehler, unabhängig davon, ob ein Verschulden vorliegt *(Gefährdungshaftung)*. Der Hersteller muss selbst den Beweis führen, dass der Schaden nicht durch das Produkt entstanden ist *(umgekehrte Beweislast)*.

Sachschäden bis zu einer Höhe von 500,00 EUR muss der Geschädigte selbst tragen. Die Haftungshöchstgrenze für *Personenschäden* ist auf max. 85 Mio. EUR begrenzt (EU-weit tätige Unternehmen überschreiten bei Serienschäden schnell diese Grenze).

Beispiel

Frau Mai bricht sich bei der Benutzung einer kürzlich gekauften Haushaltsleiter einen Arm, weil eine Leitersprosse sich aus der Verankerung löst. Frau Mai entstehen 3500,00 EUR Verdienstausfall und Arztkosten. Der Farbeimer, der auf der Plattform der Leiter stand, ergießt seinen Inhalt über Teppichboden und Wohnzimmerschrank. Der Sachschaden beträgt 4500,00 EUR. Frau Mai hat einen Schadenersatzanspruch in Höhe von 8000,00 EUR abzüglich 500,00 EUR Selbstbeteiligung.

Eine vertragliche Einschränkung oder ein Ausschluss der Haftung ist nicht möglich.
Anstelle des Herstellers haftet auch:
- ein **Handelshaus**, das unter eigenem Markennamen Produkte vertreibt,
- ein **Drittlandsimporteur**, der Waren aus Nicht-EU-Ländern in die EU einführt.

Der Schaden aus Produkthaftung ist spätestens binnen drei Jahre nach seinem Eintritt geltend zu machen (Verjährungsfrist). Sobald ein Produkt zehn Jahre auf dem Markt war, sind sämtliche Ansprüche ausgeschlossen.

➡ **Kompetenzcheck „Störungen beim Kaufvertrag, Verjährung und Verbraucherschutz" siehe Seite 106**

2 Duales System der Berufsausbildung

2.1 Stellung der Berufsausbildung im Berufsbildungssystem

Die Berufsausbildung findet in Deutschland im Rahmen des **dualen Systems** statt. Der Begriff „dual" weist darauf hin, dass die Ausbildung an **zwei Lernorten** stattfindet. Ausbildungsbetrieb und Berufsschule vermitteln die für die Ausübung einer qualifizierten beruflichen Tätigkeit in einer sich wandelnden Arbeitswelt notwendigen beruflichen Fertigkeiten, Kenntnisse und Fähigkeiten (berufliche Handlungsfähigkeit) in einem geordneten Ausbildungsgang *(§ 1 Abs. 3 BBiG)*. Zurzeit gibt es etwa 330 staatlich anerkannte Ausbildungsberufe.

2.2 Berufsbildungsgesetz und Ausbildungsordnung

Die Vorschriften des BBiG bilden den Rahmen für eine zielgerichtete und qualifizierte Ausbildung und umfassen u. a. folgende Aspekte:

- Eignung der Ausbildungsstätte,
- persönliche und fachliche Eignung der Ausbilder,
- Ausgestaltung von Berufsausbildungsverträgen,
- Prüfungswesen,
- Überwachung der Berufsausbildung.

In den **Ausbildungsordnungen** der einzelnen Ausbildungsberufe werden die sich aus dem BBiG ergebenden Aspekte präzisiert. Eine Ausbildungsordnung, auch Ausbildungsverordnung genannt, muss gemäß § 5 BBiG folgende Punkte enthalten:

- Berufsbezeichnung,
- Ausbildungsdauer (mindestens zwei, maximal drei Jahre),
- Fertigkeiten, Kenntnisse und Fähigkeiten des Ausbildungsberufes (Ausbildungsberufsbild),
- sachliche und zeitliche Gliederung bei der Vermittlung der Fertigkeiten, Kenntnisse und Fähigkeiten des Ausbildungsberufes (Ausbildungsrahmenplan),
- Prüfungsanforderungen.

Beispiel

<table>
<tr><th colspan="2">Regelungen aus der Ausbildungsordnung Bankkaufmann/Bankkauffrau (Auszug)</th></tr>
<tr><td colspan="2">• Ausbildungsdauer: drei Jahre (§ 2 BankkflAusbV)
• gestreckte Abschlussprüfung (§ 6 ff. BankkflAusbV):</td></tr>
<tr><td>Teil 1 (nach 18 Monaten auf Basis der ersten 15 Monate):
Konten führen und Anschaffungen finanzieren
• 90 Minuten Prüfungszeit
• Gewichtung 20 %</td><td>Teil 2:
Vermögen aufbauen und Risiken absichern
• 90 Minuten Prüfungszeit
• Gewichtung 20 %
Finanzierungsvorhaben begleiten
• 90 Minuten Prüfungszeit
• Gewichtung 20 %
Wirtschafts- und Sozialkunde
• 60 Minuten Prüfungszeit
• Gewichtung 10 %
Kunden beraten
• 30 Minuten Prüfungszeit
• Gewichtung 30 %</td></tr>
<tr><td colspan="2">Beide Teile bilden als Abschlussprüfung eine Einheit, auch wenn Prüfungsleistungen an unterschiedlichen Terminen erbracht wurden.</td></tr>
</table>

Die **Inhalte** der Ausbildung werden nach dem Prinzip des dualen Systems **aufeinander abgestimmt** und in den Rechtsgrundlagen der Beteiligten (Ausbildungsbetrieb und Berufsschule) aufgeführt. Rechtsgrundlage für die **betriebliche Seite** bildet der **Ausbildungsrahmenplan**. Für den Unterricht in der Berufsschule ist der **Rahmenlehrplan** maßgebend.

Ausbildungsrahmenplan Bankkaufmann/ Bankkauffrau (Auszug)	Rahmenlehrplan Bankkaufmann/-frau (Auszug)

Abschnitt A: berufsprofilgebende Fertigkeiten, Kenntnisse und Fähigkeiten	
Lfd. Nr.	**Teil des Ausbildungsberufsbildes**
1	Serviceleistungen anbieten
2	Kunden ganzheitlich beraten
3	Kunden gewinnen und Kundenbeziehungen intensivieren
4	Liquidität sicherstellen
5	Vermögen bilden mit Sparformen
6	Vermögen bilden mit Wertpapieren
7	Zu Vorsorge und Absicherung informieren
8	Konsumentenkredite anbieten und Abschlüsse vorbereiten
9	Baufinanzierungen vorbereiten und bearbeiten
10	An gewerblichen Finanzierungen mitwirken
11	Instrumente der kaufmännischen Steuerung und Kontrolle nutzen

Abschnitt B: integrativ zu vermittelnde Fertigkeiten, Kenntnisse und Fähigkeiten	
Lfd. Nr.	**Teil des Ausbildungsberufsbildes**
1	Prozesse und Wechselwirkungen einschätzen
2	Berufsbildung sowie Arbeits- und Tarifrecht
3	Aufbau und Organisation des Ausbildungsbetriebes
4	Sicherheit und Gesundheitsschutz bei der Arbeit
5	Umweltschutz

Übersicht über die Lernfelder für den Ausbildungsberuf Bankkaufmann und Bankkauffrau	
Lernfelder	
Nr.	
1	Die eigene Rolle im Betrieb und im Wirtschaftsleben mitgestalten
2	Konten für Privatkunden führen und den Zahlungsverkehr abwickeln
3	Konten für Geschäfts- und Firmenkunden führen und den Zahlungsverkehr abwickeln
4	Kunden über Anlagen auf Konten und staatlich gefördertes Sparen beraten
5	Allgemein-Verbraucherdarlehensverträge abschließen
6	Marktmodelle anwenden
7	Werteströme und Geschäftsprozesse erfassen und dokumentieren
8	Kunden über die Anlage in Finanzinstrumenten beraten
9	Baufinanzierungen abschließen
10	Gesamtwirtschaftliche Einflüsse analysieren und beurteilen
11	Wertschöpfungsprozesse erfolgsorientiert steuern
12	Kunden über Produkte der Vorsorge und Absicherung informieren
13	Finanzierungen für Geschäfts- und Firmenkunden abschließen

Lernfeldübergreifende, integrativ zu vermittelnde Kompetenzen
Beratungskompetenz und die dazu notwendigen kommunikativen und fremdsprachlichen Fähigkeiten
Digitale Kompetenzen (Medienkompetenz, Anwendungs-Know-how, informatische Grundkenntnisse
Nachhaltigkeit (Ökonomie, Ökologie, Soziales)

2.3 Berufsausbildungsverträge

2.3.1 Inhalt und Abschluss von Berufsausbildungsverträgen

Definition

Der **Berufsausbildungsvertrag** bildet die **privatrechtliche Grundlage** für eine Berufsausbildung.
Er kommt durch Einigung der Vertragsparteien zustande und ist gemäß § 11 Abs. 1 BBiG **schriftlich niederzulegen**. Die Niederschrift ist von Ausbildendem (Ausbildungsbetrieb) und Auszubildendem (ggfs. auch vom gesetzlichen Vertreter des Auszubildenden) zu unterzeichnen.

Auszubildender
→ volljährig: eigene Willenserklärung
→ minderjährig: Zustimmung des gesetzlichen Vertreters

Einigung über den Abschluss ⟷ eines Berufsausbildungsvertrages

Ausbildender (Ausbildungsbetrieb)

Mindestinhalte *(§ 11 Abs. 1 BBiG)*:
- sachliche und zeitliche Gliederung der Ausbildung sowie Ziel der Berufsausbildung
- Beginn und Dauer der Ausbildung
- Ausbildungsmaßnahmen außerhalb der Ausbildungsstätte
- regelmäßige tägliche Ausbildungszeit
- Probezeit (mindestens ein Monat, höchstens vier Monate)
- Vergütung
- Urlaubsanspruch
- Voraussetzungen für eine Kündigung
- Hinweis auf weitere Grundlagen (z. B. Tarifverträge, Betriebsvereinbarungen)
- Form (schriftlich oder elektronisch) des Ausbildungsnachweises („Berichtsheft“)

Der Abschluss des Berufsausbildungsvertrages bringt für beide Vertragsparteien Rechte und Pflichten mit sich. Die Rechte des einen Partners stellen dabei die Pflichten des anderen Partners dar.

Beispiele

Pflichten des Auszubildenden = Rechte des Ausbildenden			Pflichten des Ausbildenden = Rechte des Auszubildenden		
Arbeitspflicht	→	Arbeitsleistung in der vereinbarten Arbeitszeit am vereinbarten Arbeitsort erbringen	Ausbildungspflicht	→	notwendige Fähigkeiten, Fertigkeiten und Kenntnisse vermitteln
Sorgfaltspflicht	→	Arbeitsaufträge sorgfältig erledigen und Weisungen befolgen	Vergütungspflicht	→	tarifvertraglich vereinbarte Ausbildungsvergütung zahlen
Lernpflicht	→	um einen erfolgreichen Abschluss der Ausbildung bemühen	Freistellung für Ausbildungsmaßnahmen	→	vom Berufsschulunterricht vor Prüfungen und überbetrieblichen Schulungen freistellen
Treuepflicht	→	Interessen des Arbeitgebers (z. B. Wahrung des Bankgeheimnisses) wahrnehmen	Zeugnispflicht	→	schriftliches Zeugnis am Ende der Ausbildung aushändigen; auf Wunsch des Auszubildenden inkl. Angaben über Verhalten und Leistung

2.3.2 Beendigung von Berufsausbildungsverhältnissen

Ein Berufsausbildungsverhältnis kann enden durch
- einvernehmliche Auflösung,
- Kündigung seitens des Auszubildenden oder des Ausbilders,
- Zeitablauf bzw. bestandene Abschlussprüfung.

Beendigung durch einvernehmliche Auflösung
• Schriftform; eigenhändige Unterschrift von Ausbildendem und Auszubildendem (ggfs. gesetzlichem Vertreter) • keine Frist; Auflösung ist mit sofortiger Wirkung möglich • Bedenkzeit für Auszubildenden (ein bis zwei Arbeitstage) ist zu gewähren • Aufklärungspflicht des Ausbilders (über Kündigungsschutz, sozialrechtliche Konsequenzen der Aufhebung usw.) • unverzügliche Mitteilung der Aufhebung durch den Ausbildenden an die zuständige Industrie- und Handelskammer (IHK) bzw. Handwerkskammer (HWK)

<table>
<tr><th colspan="4">Beendigung durch Kündigung (§ 22 BBiG)</th></tr>
<tr><td colspan="4">• empfangsbedürftige Willenserklärung, die in den Empfangsbereich des anderen Vertragspartners gelangen muss (z. B. persönliche Übergabe oder Einwurf in den Briefkasten)
• Schriftform</td></tr>
<tr><th colspan="2">Kündigung während der Probezeit</th><th colspan="2">Kündigung nach Ablauf der Probezeit</th></tr>
<tr><td>... durch den Auszubildenden</td><td>... durch den Ausbildenden</td><td>... durch den Auszubildenden</td><td>... durch den Ausbildenden</td></tr>
<tr><td colspan="2">jederzeit, ohne Kündigungsfrist und ohne Angabe von Gründen

Die Probezeit muss mindestens einen Monat und darf höchstens vier Monate betragen (§ 20 BBiG).</td><td>• bei wichtigem Grund ohne Kündigungsfrist
• mit vierwöchiger Kündigungsfrist, wenn
– die Berufsausbildung aufgegeben werden soll
oder
– die Ausbildung in einem anderen Beruf erfolgen soll</td><td>nur bei wichtigem Grund ohne Kündigungsfrist</td></tr>
</table>

<table>
<tr><th>Beendigung durch Zeitablauf bzw. bestandene Abschlussprüfung (§ 21 BBiG)</th></tr>
<tr><td>• Das Berufsausbildungsverhältnis endet grundsätzlich mit Ablauf der Ausbildungszeit.
• Wenn der Auszubildende vor Ablauf der Ausbildungszeit die Abschlussprüfung besteht, endet das Berufsausbildungsverhältnis mit Bekanntgabe des Ergebnisses durch den Prüfungsausschuss.
• Bei Nichtbestehen der Abschlussprüfung verlängert sich das Ausbildungsverhältnis auf Verlangen des Auszubildenden bis zur nächstmöglichen Abschlussprüfung, längstens jedoch um ein Jahr.</td></tr>
<tr><td>Beispiel:
Die Verträge der Bankauszubildenden Jonas Weber und Anna Kalbeit laufen jeweils bis zum 31.07.2022. Ihre letzte Prüfungsleistung absolvieren die beiden am 24.06.2022. Am gleichen Tag teilt der zuständige Prüfungsausschuss Anna Kalbeit mit, dass sie die Prüfung bestanden hat. Ihr Ausbildungsverhältnis endet damit am 24.06.2022. Jonas Weber erhält die Mitteilung des Prüfungsausschusses, dass er die Prüfung nicht bestanden hat. Er kann jetzt eine Verlängerung des Ausbildungsverhältnisses bis zum nächsten Prüfungsdurchgang (Winter 2022/23) beantragen. Bei erneutem Nichtbestehen im Januar 2023 wäre eine weitere Verlängerung bis zur Sommerprüfung 2023 möglich.</td></tr>
</table>

2.4 Schutzvorschriften für jugendliche Auszubildende

Das **Jugendarbeitsschutzgesetz** (JArbSchG) müssen alle Arbeitgeber beachten, die Jugendliche im Alter von 15 Jahren bis zur Vollendung des 18. Lebensjahres beschäftigen. Betroffen sind jugendliche Arbeiter, Angestellte und Auszubildende. In der Praxis bilden die jugendlichen Auszubildenden hierbei eine bedeutende Gruppe. Die Bestimmungen des Jugendarbeitsschutzgesetzes betreffen vor allem Arbeitszeitregelungen, Urlaubsansprüche, Beschäftigungsverbote und Freistellungspflichten.

<table>
<tr><th colspan="3">Bestimmungen des JArbSchG</th></tr>
<tr><td>Umfang der Arbeitszeit (§§ 4, 8, 16, 17 JArbSchG)</td><td colspan="2">• grundsätzlich max. 8 Stunden täglich, 40 Stunden pro Woche, 5-Tage-Woche,
• grundsätzlich keine Beschäftigung an Samstagen
• grundsätzlich Beschäftigungsverbot an Sonntagen</td></tr>
<tr><td>Beginn und Ende der Arbeitszeit, Ruhepausen (§§ 11, 14 JArbSchG)</td><td colspan="2">• keine Beschäftigung vor 06:00 Uhr und nach 20:00 Uhr (Ausnahmen gelten für bestimmte Branchen, z. B. Bäckereien, Gastronomie)
• Mindestens 30 Minuten Pause bei einer Arbeitszeit von 4,5 bis 6 Stunden
• Mindestens 60 Minuten Pause bei einer Arbeitszeit von mehr als 6 Stunden</td></tr>
<tr><td>Anspruch auf bezahlten Urlaub (§ 19 JArbSchG)</td><td colspan="2">Jugendliche, die zu Beginn des Kalenderjahres
• 15 Jahre alt sind: 30 Tage
• 16 Jahre alt sind: 27 Tage
• 17 Jahre alt sind: 25 Tage</td></tr>
<tr><td>Arbeiten mit Beschäftigungsverbot bzw. Beschäftigungsbeschränkung (§§ 22–27 JArbSchG)</td><td colspan="2">• Arbeiten, die die physische und psychische Leistungsfähigkeit überschreiten (z. B. Akkordarbeit)
• Arbeiten mit Gefährdungspotenzial (z. B. Arbeiten mit biologischen oder chemischen Stoffen); Ausnahme: Beschäftigung im Rahmen von Ausbildungszwecken</td></tr>
<tr><td>Freistellung bei Prüfungen (§ 10 JArbSchG)</td><td colspan="2">Freistellung bei Jugendlichen nicht nur für den Prüfungstag, sondern auch für den Tag vor der schriftlichen Abschlussprüfung</td></tr>
<tr><td rowspan="3">Freistellung für den Berufsschulbesuch (§ 9 Abs. 1 JArbSchG)</td><td>Beschäftigungsverbot bei Unterrichtsbeginn vor 09:00 Uhr</td><td>→ Regelung gilt auch für volljährige Auszubildende (§ 15 BBiG)</td></tr>
<tr><td>Beschäftigungsverbot
• an einem Berufsschultag pro Woche mit mehr als 5 Unterrichtsstunden von je mindestens 45 Minuten</td><td>→ Anrechnung mit der durchschnittlichen täglichen Arbeitszeit bei jugendlichen und volljährigen Auszubildenden (§ 15 BBiG), d. h. keine Beschäftigung an diesem Berufsschultag</td></tr>
<tr><td>• in Berufsschulwochen mit mindestens 25 Stunden und mindestens 5 Tagen</td><td>→ Anrechnung mit der durchschnittlichen wöchentlichen Arbeitszeit bei jugendlichen und volljährigen Auszubildenden (§ 15 BBiG), d. h. keine Beschäftigung in diesen Berufsschulwochen</td></tr>
</table>

➡ **Kompetenzcheck „Duales System der Berufsausbildung“ siehe Seite 106**

3 Grundlagen des Arbeitsrechts

3.1 Abschluss und Inhalt von Arbeitsverträgen

Definition

Rechtsgrundlage für ein **Arbeitsverhältnis** ist der zwischen Arbeitnehmer und Arbeitgeber geschlossene **Arbeitsvertrag**. Dieser stellt ein auf den Austausch von Arbeitsleistung und Vergütung gerichtetes **Dauerschuldverhältnis** dar.

Ein Arbeitsvertrag zeichnet sich durch folgende **Merkmale** aus:

- Es handelt sich um einen **Dienstvertrag** *(§ 611 ff. BGB)*.
- Es gelten die Grundsätze der **Vertragsfreiheit** und der **inhaltlichen Gestaltungsfreiheit**. Beides kann jedoch durch spezielle Rechtsvorschriften eingeschränkt werden. Arbeitnehmer und Arbeitgeber können demnach „alles vereinbaren, was nicht verboten ist".

Beispiele

- Die Vereinbarung eines Stundenlohnes, der unter dem gesetzlichen Mindestlohn liegt, ist ebenso unzulässig wie eine Lohnvereinbarung unterhalb des für den Arbeitgeber maßgeblichen Tarifvertrages.
- Das Gleiche gilt für die Vereinbarung von Urlaubsansprüchen, die geringer sind als gesetzlich oder tarifvertraglich geltende Mindesttage für Erholungsurlaub.

- Es gilt der Grundsatz der **Formfreiheit.** In der **Praxis** ist aus Beweisgründen jedoch die **schriftliche Form** üblich. Davon unabhängig ist ein Arbeitgeber gemäß § 2 Abs. 1 Nachweisgesetz (NachwG) verpflichtet, spätestens **einen Monat** nach dem vereinbarten Arbeitsbeginn die **wesentlichen Vertragsbedingungen schriftlich** festzuhalten, zu unterzeichnen und dem Arbeitnehmer ein Exemplar auszuhändigen. Versäumt der Arbeitgeber dies, ist der Arbeitsvertrag dennoch gültig, allerdings kann der Arbeitnehmer den Arbeitgeber auf Herausgabe der Niederschrift verklagen.

Aus dem Arbeitsvertrag ergeben sich Rechte und Pflichten der Vertragspartner. Die Rechte des einen Partners stellen dabei die Pflichten des anderen Partners dar.

Beispiele

Pflichten des Arbeitnehmers = Rechte des Arbeitgebers			Pflichten des Arbeitgebers = Rechte des Arbeitnehmers		
Arbeitspflicht	→	im Arbeitsvertrag festgelegte Arbeiten verrichten	Vergütungspflicht	→	Lohn bzw. Gehalt pünktlich bezahlen
Gehorsamspflicht	→	Weisungen des Arbeitgebers befolgen	Fürsorgepflicht	→	Gesundheitsschutz und Sozialversicherung gewähren; Gleichbehandlungsgrundsätze (z. B. gleiche Bezahlung von Frauen und Männern bei gleicher Tätigkeit) beachten
Wettbewerbsverbot	→	keine Geschäfte aus dem gleichen Geschäftszweig für eigene Rechnung oder Rechnung eines Dritten ausüben	Informations- und Anhörungspflicht	→	über arbeitsplatzrelevante Themen (z. B. Arbeitsplatzgestaltung, Gesundheitsschutz) unterrichten; Beschwerden bei Benachteiligung oder ungerechter Behandlung anhören
Treue- und Verschwiegenheitspflicht	→	Interessen des Arbeitgebers wahren, d. h. keine Geschäftsgeheimnisse (z. B. Bankgeheimnis) preisgeben	Zeugnispflicht	→	schriftliches Zeugnis am Ende des Arbeitsverhältnisses aushändigen; auf Wunsch des Arbeitnehmers inkl. Angaben über Verhalten und Leistung

3.2 Sonderformen von Arbeitsverhältnissen

3.2.1 Teilzeitarbeitsverhältnisse und befristete Arbeitsverhältnisse

Bei einem **Teilzeitarbeitsverhältnis** liegt eine **kürzere Arbeitszeit** vor als bei einer Vollbeschäftigung.

Ein **befristetes Arbeitsverhältnis** ist dadurch gekennzeichnet, dass es mit dem **Ablauf der Zeit endet**, für die es eingegangen wurde.

Rechtsgrundlage für diese beiden Formen des Arbeitsverhältnisses ist das **Teilzeit- und Befristungsgesetz** (TzBfG).

Für ein **Teilzeitarbeitsverhältnis** besteht ein **Rechtsanspruch** gemäß § 8 TzBfG. Arbeitnehmer können demnach von ihrem Arbeitgeber eine Verringerung ihrer vertraglich vereinbarten Arbeitszeit verlangen, soweit ihr Arbeitsverhältnis länger als sechs Monate besteht und ihr Arbeitgeber **mehr als 15 Arbeitnehmer** beschäftigt.

Befristete Arbeitsverhältnisse sind nur zulässig, wenn die zeitliche Befristung **kalendermäßig** oder aufgrund eines **festgelegten Zweckes bestimmt** ist.

Beispiele

- Einstellung zum 01.06. für vier Monate zur Ausführung von Saisonarbeiten. Laut Arbeitsvertrag endet das Arbeitsverhältnis zum 30.09. des gleichen Jahres.
- Einstellung zum 01.08. als Vertretungskraft für einen längerfristig erkrankten Arbeitnehmer. Das Arbeitsverhältnis endet laut Arbeitsvertrag zu dem Zeitpunkt, an dem der erkrankte Arbeitnehmer seine Tätigkeit wieder aufnehmen kann.

Für eine Befristung von Arbeitsverträgen muss ein **sachlicher Grund** vorliegen *(§ 14 Abs. 1 TzBfG)*. Neben den genannten Gründen (Saisonarbeiten, Krankheitsvertretung) gelten u. a. auch eine Befristung

- bei Vertretung von Arbeitnehmern in Elternzeit oder Mutterschutz,
- bei zeitlich begrenzten Tätigkeiten (z. B. für ein Projekt),
- zur Erprobung der Eignung des Arbeitnehmers oder
- eine Befristung im Anschluss an eine Ausbildung oder ein Studium

als sachliche Gründe.

Eine Befristung **ohne sachlichen Grund** ist nur in folgenden Fällen möglich *(§ 14 Abs. 2, 3 TzBfG)*:

- Befristung bis zu einer Gesamtdauer von **zwei Jahren** (mit maximal dreimaliger Befristung während dieser Zeit) oder
- Befristung bis zur Dauer von vier Jahren nach Gründung eines Unternehmens oder
- Befristung bis zu einer Gesamtdauer von **fünf Jahren** bei Arbeitnehmern, die das **52. Lebensjahr** vollendet haben und zuvor mindestens **vier Monate arbeitslos** waren.

3.2.2 Geringfügige Beschäftigungsverhältnisse

Für geringfügige Beschäftigungsverhältnisse („Minijobs“, „450,00-EUR-Jobs“) gelten folgende Eckpunkte:

- Die **Verdiensthöchstgrenze** beträgt **450,00 EUR** monatlich.
- Der Arbeitgeber entrichtet **pauschale Abgaben** für die gesetzliche **Rentenversicherung** (15 %) und die gesetzliche **Krankenversicherung** (13 %) sowie weitere Umlagen für Entgeltfortzahlung im Krankheitsfall, bei Mutterschutz und Insolvenz des Arbeitgebers.
- Außerdem zahlt der Arbeitgeber eine **Pauschale** von 2 % für die **Lohn-, Kirchensteuer** und den **Solidaritätszuschlag**, sofern der Arbeitnehmer nicht auf Basis einer individuellen Besteuerung mit Lohnsteuerkarte beschäftigt ist.
- Ist der Arbeitnehmer auf Basis einer individuellen Besteuerung **mit Lohnsteuerkarte** beschäftigt, erfolgt ein **Lohnsteuerabzug**; die **Pauschale** des Arbeitgebers von 2 % **entfällt**.
- Der Arbeitnehmer ist grundsätzlich **pflichtversichert** in der gesetzlichen **Rentenversicherung** (Beitragssatz: 3,6 %), kann sich jedoch auf **Antrag** von dieser Pflicht **befreien** lassen.

Um Beschäftigungsverhältnisse, deren Entgelt knapp über der Minijobgrenze von 450,00 EUR liegt, attraktiver zu machen, hat der Gesetzgeber mit den sogenannten **„Midijobs“** einen **Übergangsbereich** geschaffen. Dieser gilt für ein Arbeitsentgelt von **450,01 EUR bis 1 300,00 EUR**. Midijobs sind in allen Zweigen der gesetzlichen Sozialversicherung für Arbeitnehmer und Arbeitgeber beitragspflichtig, es gelten jedoch reduzierte Beitragssätze.

3.2.3 Zeitarbeitsverhältnisse

Bei einem Zeitarbeitsverhältnis („Leiharbeitsverhältnis") wird ein Arbeitnehmer vorübergehend im Betrieb eines anderen Unternehmers eingestellt. Man unterscheidet zwischen dem echten und dem unechten Zeitarbeitsverhältnis. Beim **echten Zeitarbeitsverhältnis** liegt **kein gewerblicher Zweck** zugrunde.

Beispiel

Bei der Spedition Müller fällt ein Fahrer für zwei Wochen aus. Die anderen Fahrer sind voll ausgelastet. Da in der Spedition Schmidt ein Fahrer für die nächsten zwei Wochen frei verfügbar ist, überlässt die Spedition Schmidt den Fahrer gegen anteilige Erstattung der Personalkosten während dieser Zeit der Spedition Müller.

Dagegen ist das **unechte Zeitarbeitsverhältnis** die **praxisübliche Form**. Hier liegt ein **gewerblicher Zweck** zugrunde. Ein Verleiher, die sogenannte „Leiharbeitsfirma", stellt Arbeitnehmer von vorneherein ein, um diese entgeltlich in fremden Unternehmen einzusetzen.

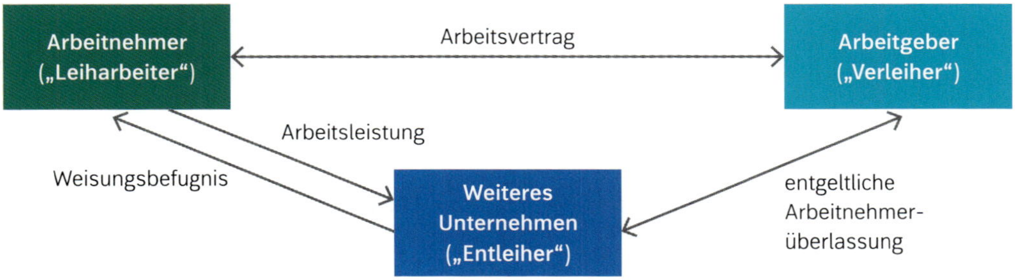

Rechtsgrundlage für unechte Zeitarbeitsverhältnisse ist das **Arbeitnehmerüberlassungsgesetz** (AÜG). Gemäß AÜG gelten u. a. folgende Bedingungen:

- Der Verleiher darf den Leiharbeiter nicht mehr als 18 aufeinander folgende Monate demselben Entleiher überlassen *(§ 1 Abs. 1b AÜG)*.
- Es gilt der Gleichstellungsgrundsatz (gleiche Bedingungen wie eigene Arbeitnehmer des Entleihers hinsichtlich Arbeitsentgelt, Arbeitszeit, Urlaubsanspruch usw. – § 8 AÜG).

▸ Atypische Beschäftigung

Mit dem Begriff „atypische Beschäftigung" werden befristet Beschäftigte, Teilzeitbeschäftigte, geringfügig Beschäftigte und Zeitarbeitnehmer in der Statistik ausgewiesen. Im Jahr 2019 befanden sich knapp 20 % (7,3 Mio. von insgesamt 37,7 Mio. Arbeitnehmerinnen und Arbeitnehmern) in solchen Arbeitsverhältnissen. Bei den Männern lag die Quote 2019 mit 11,5 % (2,3 Mio. von 20,0 Mio. Arbeitnehmern) deutlich niedriger als bei den Frauen; hier lag eine Quote von 28,2 % vor (5,0 Mio. von 17,7 Mio. Arbeitnehmerinnen).

Jahr	Insgesamt	Selbstständige		Abhängig Beschäftigte							
		Zusammen	Darunter: Solo-Selbstständige	Zusammen	Normalarbeitnehmer/-innen		Atypisch Beschäftigte				
					Zusammen	Teilzeitbeschäftigte über 20 Wochenstunden	Zusammen	und zwar			
								Befristet Beschäftigte	Teilzeitbeschäftigte	Geringfügig Beschäftigte	Zeitarbeitnehmer/innen
2011	35 109	3 919	2 192	31 042	23 185	2 615	7 857	2 811	4 965	2 612	746
2012	35 444	3 917	2 189	31 391	23 682	2 729	7 709	2 640	4 937	2 489	717
2013	35 613	3 810	2 091	31 701	24 063	2 873	7 638	2 524	4 969	2 444	679
2014	35 879	3 744	2 047	32 021	24 515	3 226	7 506	2 464	4 868	2 335	666
2015	36 155	3 688	1 991	32 367	24 832	3 410	7 534	2 531	4 844	2 339	666
2016	37 051	3 653	1 989	33 296	25 641	3 597	7 655	2 655	4 807	2 169	737
2017	37 159	3 590	1 944	33 475	25 757	3 671	7 718	2 550	4 788	2 177	932
2018	37 282	3 473	1 874	33 724	26 214	3 847	7 509	2 460	4 644	2 047	925
2019	37 665	3 433	1 805	34 159	26 825	4 102	7 333	2 296	4 650	2 013	853

Eigene Darstellung nach Daten vom Statistischen Bundesamt [29.08.2021]

3.3 Mindestlohn

Seit dem 1. Januar 2015 gilt in Deutschland ein **gesetzlicher Mindestlohn** (9,82 EUR bis Juni 2022, ab 01.07.2022 10,45 EUR). Er ist **verbindlich** für alle **Branchen** und alle **Beschäftigungsverhältnisse**.

Beispiel

Da der gesetzliche Mindestlohn auch für Minijobs gilt, durfte ein Arbeitnehmer im Januar 2022, der auf 450,00-EUR-Basis beschäftigt ist, mit maximal 45,82 Stunden im Monat eingesetzt werden. → 450,00 EUR : 9,82 EUR je Stunde = 45,82 Stunden maximale Arbeitszeit

Ausnahmen vom gesetzlichen Mindestlohn gibt es allerdings für:

- **Jugendliche ohne Berufsabschluss**,
- **Auszubildende** (auch volljährige) im Rahmen der dualen Berufsausbildung,
- **Langzeitarbeitslose** in den ersten sechs Monaten ihrer Beschäftigung nach Beendigung der Arbeitslosigkeit,
- **Praktikanten** bei **verpflichtendem Praktikum** im Rahmen einer **schulischen** oder **hochschulischen Ausbildung**,
- **Praktikanten** bei **freiwilligem Praktikum** bis zu einer Dauer von **drei Monaten** zur **Orientierung** für eine Berufsausbildung oder Aufnahme eines Studiums,
- **Jugendliche**, die an einer **Einstiegsqualifizierung** im Rahmen einer **Berufsbildungsvorbereitung** teilnehmen und
- **ehrenamtlich Tätige**.

3.4 Beendigung von Arbeitsverhältnissen

Ein Arbeitsverhältnis kann enden durch
- einvernehmliche Auflösung,
- Kündigung seitens des Arbeitnehmers oder des Arbeitgebers,
- Zeitablauf bei befristeten Arbeitsverhältnissen.

Beendigung durch einvernehmliche Auflösung
• Schriftform und eigenhändige Unterschrift von Arbeitnehmer und Arbeitgeber • Angabe zum Beendigungszeitpunkt und Anlass für die Beendigung • weitere Auflösungsvereinbarungen (z. B. Regelung zum Resturlaub, Abfindung) • Hinweis auf die sozialen Folgen der Auflösung für den Arbeitnehmer (z. B. eventuelle Sperrfrist für den Bezug von Arbeitslosengeld)

<table>
<tr><th colspan="4">Beendigung durch Kündigung (§ 622 BGB)</th></tr>
<tr><td colspan="4">• empfangsbedürftige Willenserklärung, die in den Empfangsbereich des anderen Vertragspartners gelangen muss (z. B. persönliche Übergabe oder Einwurf in den Briefkasten)
• Schriftform
• je nach Anlass mit Kündigungsfrist (ordentliche Kündigung) oder fristlos (außerordentliche Kündigung) durch Arbeitgeber oder Arbeitgeber</td></tr>
<tr><th colspan="2">Ordentliche Kündigung ...</th><th colspan="2">Außerordentliche Kündigung ...</th></tr>
<tr><td>... durch den Arbeitgeber</td><td>... durch den Arbeitnehmer</td><td>... durch den Arbeitgeber</td><td>... durch den Arbeitnehmer</td></tr>
<tr><td rowspan="2">Grundsätzlich ist kein Kündigungsgrund erforderlich, sofern der Arbeitnehmer nicht unter die Regelungen des Kündigungsschutzgesetzes fällt.</td><td rowspan="2">Es ist kein Kündigungsgrund erforderlich.</td><td colspan="2">Kündigung nur mit wichtigem Grund</td></tr>
<tr><td>z. B.
• Tätlichkeiten des Arbeitnehmers
• Straftaten des Arbeitnehmers
• Arbeitsverweigerung
• Verstöße gegen die Treuepflicht</td><td>z. B.
• Nichtzahlung des Arbeitsentgelts
• grobe Beleidigung durch Arbeitgeber
• Tätlichkeiten des Arbeitgebers
• mangelhafter Arbeitsschutz</td></tr>
</table>

Beendigung durch Zeitablauf bei befristeten Arbeitsverhältnissen
• Kündigung zum vereinbarten Beendigungstermin ist nicht erforderlich • ordentliche Kündigung während der Laufzeit des Arbeitsvertrages ist nicht vorgesehen; Vereinbarung im Arbeitsvertrag ist möglich • vorzeitige außerordentliche Kündigung sowohl durch Arbeitgeber als auch durch Arbeitnehmer bei Vorliegen eines wichtigen Grundes ist möglich

Kündigungsfristen können
- gesetzlich,
- tarifvertraglich oder
- einzelvertraglich

geregelt sein.

Gesetzliche Kündigungsfristen *(§ 622 Abs. 1 bis 3 BGB)*	Tarifvertragliche Kündigungsfristen	Einzelvertragliche Kündigungsfristen
• Es gilt grundsätzlich eine Frist von vier Wochen zum 15. oder zum Ende eines Kalendermonats. • Bei Kündigung durch Arbeitgeber gelten längere Fristen, je nach Dauer der Betriebszugehörigkeit des Arbeitnehmers: – ab 2 Jahren: 1 Monat zum Monatsende – ab 5 Jahren: 2 Monate zum Monatsende – ab 8 Jahren: 3 Monate zum Monatsende – ab 10 Jahren: 4 Monate zum Monatsende – ab 12 Jahren: 5 Monate zum Monatsende – ab 15 Jahren: 6 Monate zum Monatsende – ab 20 Jahren: 7 Monate zum Monatsende **Beispiel:** Jana Sellmann arbeitet seit drei Jahren als Kundenberaterin bei der Regio-Bank AG. Kündigt sie zum 10.04., gilt die vierwöchige Frist; das Arbeitsverhältnis endet am 15.05. (10.04. + 4 Wochen → 08.05. → 15.05.). Wird die Kündigung durch die Regio-Bank AG ausgesprochen, endet das Arbeitsverhältnis aufgrund der längeren Betriebszugehörigkeit von Jana Sellmann zum 30.06. (10.04. + 2 Monate → 10.06. → 30.06.).	• Abweichende Regelungen sind möglich *(§ 622 Abs. 4 BGB)*. • Kürzere Fristen als die gesetzlichen sind möglich.	• Kürzere Fristen als die tarifvertraglichen sind nicht möglich. • Kürzere Fristen als die gesetzlichen gemäß § 622 Abs. 5 BGB sind nur möglich, wenn der – Arbeitnehmer nur vorübergehend (max. drei Monate) als Aushilfskraft eingestellt ist. – Arbeitgeber nicht mehr als 20 Arbeitnehmer (ohne Auszubildende) beschäftigt und eine Kündigungsfrist von mindestens vier Wochen vereinbart wird. • Bei Vereinbarung einer Probezeit (maximal sechs Monate) ist eine Verkürzung der Kündigungsfrist auf zwei Wochen gemäß § 622 Abs. 3 BGB möglich.

3.5 Schutzvorschriften für Arbeitnehmer und Auszubildende

3.5.1 Kündigungsschutz

Der **allgemeine Kündigungsschutz** für Arbeitnehmer ergibt sich aus dem **Kündigungsschutzgesetz** (KSchG). Nach dem KSchG ist eine Kündigung unter folgenden Bedingungen **rechtsunwirksam**:

- Der Arbeitgeber beschäftigt in seinem Betrieb **mehr als zehn Arbeitnehmer** (ohne Auszubildende) und
- das Arbeitsverhältnis besteht **länger als sechs Monate** und
- die Kündigung ist **sozial ungerechtfertigt**.

Zulässige, also **nicht** sozial ungerechtfertigte Kündigungsgründe sind:

Gründe in der Person des Arbeitnehmers	Gründe im Verhalten des Arbeitnehmers	Gründe aufgrund dringender betrieblicher Erfordernisse
Beispiele: – mangelnde körperliche oder geistige Leistungsfähigkeit – längere Erkrankung ohne absehbare baldige Genesung	**Beispiele:** – wiederholte Unzuverlässigkeit – mangelhafte Arbeitsergebnisse – Verstoß gegen Verschwiegenheitspflicht	**Beispiele:** – nachhaltiger Absatzrückgang – Produktionseinschränkungen – Stilllegung/Outsourcing von einzelnen Abteilungen

Nach der Rechtsprechung des Bundesarbeitsgerichts ist eine **Abmahnung** erforderlich, ehe es zu einer Kündigung durch den Arbeitgeber kommt. Die Abmahnung ist an keine Form gebunden, wird in der Praxis jedoch **aus Beweisgründen schriftlich** vorgenommen.

Der Arbeitgeber muss den **Zugang** der Abmahnung zum Arbeitnehmer **nachweisen**.

Beispiel für eine Abmahnung (Auszug)	
Sehr geehrte Frau .... / Sehr geehrter Herr ...., aufgrund Ihres Verhaltens sehen wir uns veranlasst, Sie auf die ordnungsgemäße Erfüllung Ihrer arbeitsvertraglichen Verpflichtungen hinzuweisen.	
Wir müssen Sie leider wegen des folgenden Vorfalls abmahnen: [...]	konkreter Hinweis auf das Fehlverhalten mit Ort, Datum, Uhrzeit
Wir fordern Sie auf, sich in Zukunft vertragsgemäß zu verhalten und weisen Sie gleichzeitig darauf hin, dass wir ein derartiges Verhalten in Zukunft nicht mehr dulden werden.	Aufforderung zum arbeitsvertragsgemäßen Verhalten
Sollte sich eine derartige oder gleichartige Pflichtverletzung wiederholen, müssen Sie mit weiteren arbeitsrechtlichen Konsequenzen rechnen. Diese Konsequenzen reichen bis hin zu einer Kündigung Ihres Arbeitsverhältnisses. [...]	Hinweis, dass das Arbeitsverhältnis gefährdet ist/Hinweis auf Konsequenzen

Ohne vorherige Abmahnung kann eine Kündigung nur ausgesprochen werden, wenn eine erhebliche Störung im Vertrauensverhältnis zwischen Arbeitgeber und Arbeitnehmer vorliegt.

Neben dem allgemeinen Kündigungsschutz besteht ein **besonderer Kündigungsschutz** für **bestimmte Personen**.

Besonderer Kündigungsschutz für...	
... Betriebsratsmitglieder/Vertreter in der Jugend- und Auszubildendenvertretung (JAV)	• Kündigung durch Arbeitgeber nur aus wichtigem Grund • JAV-Vertreter: Kündigung durch Arbeitgeber nur aus wichtigem Grund; unbefristete Einstellung nach der Ausbildung, sofern Auszubildender die Einstellung in den letzten drei Monaten vor Beendigung des Ausbildungsverhältnisses schriftlich einfordert.

Besonderer Kündigungsschutz für...	
... Schwerbehinderte	• Kündigung nur mit Zustimmung des Integrationsamtes • Kündigungsfrist mindestens vier Wochen
... werdende Mütter	• Kündigung während der Schwangerschaft nicht zulässig • Kündigung bis zum Ablauf von vier Monaten nach der Entbindung nicht zulässig
... Väter und Mütter in Elternzeit	• Kündigung während der Elternzeit unzulässig • Kündigung durch Arbeitnehmer zum Ende der Elternzeit mit jeweils vereinbarter Frist möglich

3.5.2 Arbeitszeitregelungen

Das **Arbeitszeitgesetz** (ArbZG) dient der Sicherung und dem Gesundheitsschutz von Arbeitnehmern, die in Betrieben und Verwaltungen beschäftigt sind.

Ausnahmen gelten z. B. für
- Auszubildende unter 18 Jahren und Jugendliche (hier gilt das Jugendschutzgesetz),
- leitende Angestellte,
- Chefärzte.

Nach dem ArbZG gelten die Wochentage von Montag bis **einschließlich Samstag** als **Werktage**.

Arbeitszeit an Werktagen	Arbeitszeit an Sonn- und Feiertagen
Grundsätzlich • maximal acht Stunden täglich; in Ausnahmefälle und unter bestimmten Bedingungen Erhöhung auf 10 Stunden möglich *(§ 3 ArbZG)* • Mindestruhezeit elf Stunden nach Beendigung der täglichen Arbeitszeit *(§ 5 ArbZG)* • mindestens 30 Minuten Ruhepause bei einer Arbeitszeit von mehr als sechs bis zu neun Stunden bzw. mindestens 45 Minuten Ruhepause bei einer Arbeitszeit von mehr als neun Stunden *(§ 4 ArbZG)*	• Grundsätzlich Arbeitsverbot mit Ausnahmen – für bestimmte Branchen (Hotel- und Gaststättengewerbe, Krankenhäuser usw.) – aufgrund technischer Erfordernisse (z. B. Produktionsanlagen, die fortlaufend in Betrieb sein müssen) *(§§ 9 und 10 ArbZG)* • Arbeitnehmer, die an Sonn- und Feiertagen beschäftigt sind: – mindestens 15 Sonntage pro Jahr beschäftigungsfrei – Ersatzruhetag für jeden arbeitspflichtigen Sonn-/Feiertag – grundsätzlich maximal acht Stunden Arbeitszeit *(§ 11 ArbZG)*

Da das ArbZG **Mindestansprüche** festlegt, können Arbeitszeiten in **Einzelarbeitsverträgen** bzw. **Tarifverträgen** für Arbeitnehmer **günstiger** gestaltet sein. Die durchschnittliche Wochenarbeitszeit für vollzeitbeschäftigte Arbeitnehmer in Deutschland beträgt ca. 41 Stunden.

3.5.3 Urlaubsanspruch

Der Urlaubsanspruch von Arbeitnehmern ist im **Bundesurlaubsgesetz** (BurlG) geregelt. Danach hat

- **jeder Arbeitnehmer**
- **in jedem Kalenderjahr**

Anspruch auf bezahlten Erholungsurlaub.

Gesetzlicher Urlaubsanspruch *(§§ 3, 4 und 5 BurlG)*
• Anzahl der Mindesturlaubstage bei 6-Tage-Woche (Arbeitszeit von Montag bis einschließlich Samstag): 24 Tage (= vier Wochen) • Anzahl der Mindesturlaubstage bei 5-Tage-Woche: 20 Tage (= vier Wochen) • voller Urlaubsanspruch (Wartezeit): sechs Monate ab Bestehen des Arbeitsverhältnisses • Teilanspruch: 1/12 des Jahresurlaubs für jeden vollen Monat des Beschäftigungsverhältnisses **Beispiel:** Arbeitsantritt am 01.10.2021 → 01.10.2021 + 6 Monate → 01.04.2022 Ab dem 02.04.2022 besteht voller Urlaubsanspruch (24 bzw. 20 Tage) für das Jahr 2022; für das Jahr 2021 besteht ein Teilanspruch für drei Monate ($^3/_{12}$ = ¼ von 24 bzw. 20 Tagen).

Da das BUrlG **Mindestansprüche** festlegt, können Urlaubsansprüche in **Einzelarbeitsverträgen** bzw. **Tarifverträgen** für Arbeitnehmer **günstiger** gestaltet sein. In Deutschland hat etwa die Hälfte der Beschäftigten einen Urlaubsanspruch von 30 Tagen.

3.5.4 Regelungen für werdende Mütter und Eltern

Das **Mutterschutzgesetz** (MuSchG) enthält Schutzvorschriften für die Zeit während der Schwangerschaft und nach der Geburt des Kindes.

- **Kündigungsverbot:** Eine Kündigung durch den Arbeitgeber **während der Schwangerschaft** und innerhalb der ersten **vier Monate nach der Geburt** ist nicht zulässig.
- **Mutterschaftshilfe:** Es besteht Anspruch auf **ärztliche Betreuung** und auf **Mutterschaftsgeld** in Höhe des bisherigen Nettoeinkommens während der Mutterschutzfrist.
- **Beschäftigungsverbot:** Eine Beschäftigung in den **letzten sechs Wochen vor der Geburt** ist nur auf ausdrücklichen Wunsch der Mutter zulässig. In den ersten acht Wochen nach der Geburt besteht ein absolutes Beschäftigungsverbot.
- **Gefahrenschutz:** Arbeiten, die die **Gesundheit** von Mutter und Kind **gefährden**, sind nicht zulässig.

Nach der Geburt eines Kindes besteht für **Eltern** (unter bestimmten Bedingungen auch für Großeltern), die ihr Kind (bzw. ihr Enkelkind) betreuen, ein Anspruch auf **Freistellung von der Arbeit (Elternzeit)** bis zur Vollendung des **3. Lebensjahres** des Kindes.

Als **finanzielle Leistung** steht allen Eltern Kindergeld zu. Unter bestimmten Voraussetzungen werden zusätzlich Elterngeld und Betreuungsgeld gewährt.

Kindergeld	Elterngeld	Betreuungsgeld
monatlich im Jahr 2022 • 219,00 EUR für das 1. und 2. Kind • 225,00 EUR für das 3. Kind • 250,00 EUR ab dem 4. Kind	• Zahlungsdauer: für einen Elternteil maximal zwölf Monate, für beide Elternteile maximal 14 Monate; Aufteilung der Eltern untereinander; nicht weniger als zwei Monate für ein Elternteil • Höhe: gemäß monatlich verfügbarem Nettoeinkommen des betreuenden Elternteils; Spanne von 65 % bis 67 %, nach Einkommensstufen • Mindesthöhe: 300,00 EUR • Maximalhöhe: 1 800,00 EUR • Einkommensgrenze: keine Elterngeldzahlung bei einem Jahreseinkommen von mehr als 500 000,00 EUR bei Verheirateten bzw. 250 000,00 EUR bei Ledigen	• finanzielle Leistung für Eltern, die ihr Kind **nicht** in eine Betreuungseinrichtung geben • Zahlung ab dem 15. Lebensmonat des Kindes bis zur Vollendung des 3. Lebensjahres • Auszahlung zurzeit nur in Bayern (150,00 EUR pro Monat) und Sachsen („Landeserziehungsgeld“ – 150,00 EUR bis 300,00 EUR pro Monat, je nach Kinderzahl)

3.5.5 Schutzvorschriften für Schwerbehinderte

§

Menschen gelten als behindert, „wenn ihre körperliche Funktion, geistige Fähigkeit oder seelische Gesundheit mit hoher Wahrscheinlichkeit länger als sechs Monate von dem für das Lebensalter typischen Zustand abweichen und daher ihre Teilhabe am Leben in der Gesellschaft beeinträchtigt ist.“ *(§ 2 Sozialgesetzbuch IX, SGB IX).*

Die Schwere einer Behinderung wird nach dem **Grad der Behinderung** (GbB) gemessen, der einen Wert von 20 bis 100 annehmen kann. Ab einem **GdB von 50** gilt ein Mensch als **schwerbehindert**. In Deutschland leben etwa 10 Millionen behinderte Menschen, darunter befinden sich 7,6 Millionen Schwerbehinderte. Sie haben nicht nur im Privat-, sondern auch im Arbeitsleben einen Anspruch auf besonderen Schutz.

Schutzbestimmungen für schwerbehinderte Arbeitnehmer
• **Einstellung von Schwerbehinderten** (Pflichtquote): Arbeitgeber mit mindestens 20 regelmäßig Beschäftigten müssen gemäß § 154 SGB IX mindestens 5 % der Arbeitsplätze mit Schwerbehinderten besetzen. In Unternehmen mit 20 bis unter 40 Beschäftigten muss ein Schwerbehinderter, in Unternehmen mit 40 bis unter 60 Beschäftigte müssen zwei Schwerbehinderte arbeiten. • **Pflichtabgabe:** Für jeden nicht besetzten Pflichtarbeitsplatz muss das Unternehmen gemäß § 160 SGB IX eine Ausgleichsabgabe zahlen. Die Höhe der Abgabe richtet sich nach der Abweichung der tatsächlich zur Verfügung gestellten Arbeitsplätze von der Zahl gemäß Pflichtquote und bewegt sich in einer Spanne von 125,00 EUR bis 320,00 EUR pro Monat. • **Zusatzurlaub:** Schwerbehinderte haben einen Anspruch auf bezahlten Zusatzurlaub von fünf Arbeitstagen pro Jahr. • **Kündigungsschutz:** Es bestehen zusätzliche Kündigungsschutzregelungen (Kündigung durch Arbeitgeber nur mit Zustimmung des Integrationsamtes, Kündigungsfrist mindestens vier Wochen). • **Schwerbehindertenvertretung:** Betriebe, in denen regelmäßig mindestens fünf Menschen mit Schwerbehinderung beschäftigt sind, wählen die Betroffenen eine Schwerbehindertenvertretung. Diese ist mit besonderen Rechten ausgestattet (Anhörung bei Personalentscheidungen, die Schwerbehinderte betreffen, Teilnahme in beratender Funktion an Betriebsratssitzungen usw.). • **Integrationsvereinbarung:** Der Arbeitgeber trifft mit der Schwerbehindertenvertretung eine Vereinbarung über cie Eingliederung von Menschen mit Schwerbehinderung. In dieser Vereinbarung geht es um Aspekte wie Arbeitsplatzgestaltung, Personalplanung usw.

3.6 Leistungsbewertung im Rahmen von Arbeits- und Ausbildungsverhältnissen

3.6.1 Arbeitszeugnisse und Ausbildungszeugnisse

Arbeitnehmer haben gemäß § 630 BGB und § 109 Gewerbeordnung (GewO) nach Beendigung eines Arbeitsverhältnisses einen **Anspruch** auf Ausstellung eines schriftlichen **Arbeitszeugnisses**. **Auszubildende** können auch nach dem Ausbildungsende ein Ausbildungszeugnis verlangen *(§ 16 BBiG)*.

Ein Arbeits- bzw. Ausbildungszeugnis muss
- **wahr** und
- **wohlwollend**

sein. Die elektronische Form ist ausgeschlossen.

Inhalte eines Arbeitszeugnisses	
• Überschrift: „Arbeitszeugnis“ • Daten zum Arbeitgeber • persönliche Angaben zum Arbeitnehmer • Eintrittstermin und Beschäftigungsdauer • Beschreibung der im Betrieb ausgeübten Tätigkeiten • Datum, Unterschrift des Arbeitgebers	Werden **keine** Angaben zur **Leistung** und zum **Sozialverhalten** gemacht, liegt ein **einfaches** Arbeitszeugnis vor.
• Beurteilung von Leistung und Sozialverhalten z. B. – Arbeitsbereitschaft – Arbeitsbefähigung – Kenntnisse – Fähigkeiten – Verhältnis zu Kolleginnen und Kollegen – Teamfähigkeit	Werden **Angaben** zur **Leistung** und zum **Sozialverhalten** gemacht, liegt ein **qualifiziertes** Arbeitszeugnis vor; **Arbeitnehmer** können ein qualifiziertes Arbeitszeugnis **verlangen**.

In der Praxis kommt es immer wieder zu Streitigkeiten bei qualifizierten Arbeitszeugnissen. Vor den Arbeitsgerichten werden pro Jahr mehr als 10000 Prozesse geführt, in denen es vor allem um Formulierungen zur Leistung und zum Sozialverhalten geht. Da Arbeitszeugnisse wohlwollend sein sollen, verwenden Arbeitgeber vielfach sogenannte **„Geheimcodes“**. Es handelt sich hierbei um Formulierungen, die auf den ersten Blick positiv erscheinen, in Wirklichkeit jedoch für denjenigen, der den Code entschlüsseln kann, negativ sind.

Beispiele

Formulierung	Bedeutung
• „Er/sie war nach Kräften bemüht, die Arbeit zu unserer Zufriedenheit zu erledigen.“ • „Er/sie hat alle Aufgaben zu seinem/ihrem und im Interesse der Firma gelöst.“	• „Bemüht“ → Trotz großer Anstrengung war er/sie nicht erfolgreich. • „Zu seinem/ihrem Interesse“ → Er/sie fiel durch Diebstahl oder Unterschlagung auf.

Bei qualifizierten Arbeitszeugnissen kommt es außerdem auf Feinheiten an, hinter denen sich Notenstufen verbergen. So steht beispielsweise die Formulierung „stets zur vollsten Zufriedenheit" für ein „sehr gut" und „stets zur vollen Zufriedenheit" für ein „gut", während „zur vollen Zufriedenheit" lediglich ein „befriedigend" ausdrückt.

Da ein qualifiziertes Arbeitszeugnis eine wichtige „Eintrittskarte" in eine neue Tätigkeit darstellt, sollte jeder Arbeitnehmer sehr genau auf die Formulierungen achten. Vielfach steckt hinter unangenehmen Formulierungen **keine böse Absicht** des Arbeitgebers, sondern **Unkenntnis**. Im **Gespräch mit dem Arbeitgeber** können solche Unstimmigkeiten häufig aus dem Weg geräumt werden, ohne dass es zum letzten Mittel, dem Gerichtsprozess, kommen muss.

3.6.2 Beurteilungen bei Ausbildungsverhältnissen

Beurteilungen sind ein wichtiges Instrument eines Ausbilders bei der Begleitung von Auszubildenden. Hierzu gibt es **keine besonderen** rechtlichen **Regelungen**. Indirekt lassen sich aus den **§§ 13 und 14 BBiG** jedoch bestimmte **Maßstäbe** für Beurteilungen ableiten.

- Gemäß § **13 BBiG** sind **Auszubildende** verpflichtet, die zur Erreichung des Ausbildungszieles erforderliche **Handlungskompetenz** zu **erwerben**. Außerdem müssen sie den Weisungen des Ausbilders folgen.
- Auf der anderen Seite haben **Ausbilder** gemäß **§ 14 BBiG** dafür zu sorgen, dass die zur Erreichung des Ausbildungszieles erforderliche **Handlungskompetenz vermittelt wird**. Weiterhin müssen Ausbilder ihre Auszubildenden charakterlich fördern.

Aus diesen Pflichten lässt sich die **Notwendigkeit regelmäßiger Rückmeldungen** an die Auszubildenden über ihren Leistungsstand ableiten. Weder im BBiG noch in den Ausbildungsordnungen sind jedoch Form, Zeitpunkte, Inhalte oder Mindestanforderungen zu Beurteilungen vorgeschrieben. **In der Praxis** orientieren sich Ausbilder an der **zeitlichen und sachlichen Gliederung** der Ausbildung gemäß **Ausbildungsordnung**. Die hier vorgegebenen Abschnitte werden oft als Anlass für eine Beurteilung genommen.

➡ Kompetenzcheck „Grundlagen des Arbeitsrechts" siehe Seite 106

4 Entlohnung der Arbeit

4.1 Aufbau einer Gehaltsabrechnung

Als **Gegenleistung** für die erbrachte Arbeit erhalten Arbeitnehmer zumeist am Monatsende das vereinbarte Bruttogehalt.
Der Arbeitnehmer erhält jedoch nur das Nettogehalt ausgezahlt, da sich das Bruttogehalt um die gesetzlichen Abzüge mindert.

Vom Bruttogehalt zum Nettogehalt	
Bruttogehalt	
+ Vorteile/Zuschläge/Zulagen (z. B. geldwerte Vorteile wie Dienstwagennutzung, verbilligte Wohnung usw., Schmutzzuschläge, Zulage für lange Betriebszugehörigkeit)	Zahlungen des Arbeitgebers aufgrund einzelvertraglicher oder tarifvertraglicher Regelungen
+ sonstige Bezüge (z. B. Abfindungen, Entschädigungen, nicht regelmäßige Gewinnbeteiligungen, Weihnachts-/Urlaubsgeld	
+ VL (vermögenswirksame Leistungen)[1] des Arbeitgebers	Arbeitgeberbeitrag
= **sozialversicherungspflichtiges Bruttogehalt**	**Basis für die Berechnung der Sozialversicherungsbeiträge**
– Lohnsteuerfreibetrag lt. Steuerkarte	Eintragung auf Antrag des Arbeitnehmers beim Finanzamt (z. B. bei langem Anfahrtsweg zur Arbeit oder bei Unterhaltsleistungen für geschiedenen Partner)
= **steuerpflichtiges Entgelt**	**Basis für die Berechnung von Lohn-, Kirchensteuer und Solidaritätszuschlag**
– Lohnsteuerabzug	nach Lohnsteuerklasse
– Solidaritätszuschlag	Ergänzungsabgabe zur Einkommensteuer, eingeführt 1995 zur Finanzierung der Kosten der deutschen Einheit
– ggfs. Kirchensteuer	Pflichtabgabe für Kirchenmitglieder
– Arbeitnehmeranteil zur Krankenversicherung	Arbeitnehmerbeiträge; Arbeitgeber führen entsprechend ihren Anteil an die Sozialversicherungsträger ab
– Arbeitnehmeranteil zur Rentenversicherung	
– Arbeitnehmeranteil zur Arbeitslosenversicherung	
– Arbeitnehmeranteil zur Pflegeversicherung	
= **Nettogehalt**	**Gehalt nach Abzug von Steuern und Sozialversicherungsbeiträgen**
– VL-Gesamtbetrag	Gutschrift auf entsprechenden VL-Vertrag[1]
– Abzüge für verrechnete Kosten/Vorteile	Gemäß evtl. Vereinbarung zwischen Arbeitgeber und Arbeitnehmer (z. B. Tilgung Arbeitgeberdarlehen)
= **Auszahlungsbetrag**	**Gutschrift auf dem Gehaltskonto des Arbeitnehmers**

1 siehe Lernfeld 4 Kapitel 3

Nach dem Einkommensteuergesetz (EStG) stellen Gehälter Einkünfte aus nicht selbstständiger Arbeit dar. Bei diesen Einkünften muss der Arbeitgeber für den Arbeitnehmer Lohnsteuer, Solidaritätszuschlag und ggf. Kirchensteuer an das Finanzamt abführen. Die **Lohnsteuer** ist eine Steuervorauszahlung auf die **Einkommensteuer**.

4.2 Grundlagen des Einkommensteuerrechts

4.2.1 Einnahmen und Einkünfte

Viele Arbeitnehmer haben neben ihrem Gehalt weitere Einnahmequellen.

Beispiel

Ingo Staller arbeitet als Kundenberater bei der Regio-Bank AG. Er hat von seinen verstorbenen Eltern eine Eigentumswohnung geerbt, die er vermietet. Außerdem erhält er regelmäßig Gutschriften aus den Wertpapieranlagen, die sich in seinem Depot befinden.
→ Ingo Stallers Miet- und Kapitaleinkünfte stellen neben den Einkünften aus nicht selbstständiger Arbeit weitere Einkünfte dar, die der Einkommensteuer unterliegen.

Natürliche Personen, die im Inland einen Wohnsitz oder ihren gewöhnlichen Aufenthalt haben, sind unbeschränkt einkommensteuerpflichtig *(§ 1 EStG)*. Der Einkommensteuer unterliegen nach *§ 2 EStG:*

1. Einkünfte aus Land- und Forstwirtschaft
2. Einkünfte aus Gewerbebetrieb
3. Einkünfte aus selbstständiger Arbeit

} **Gewinneinkunftsarten**:
Gewinn = Betriebseinnahmen
– Betriebsausgaben

4. Einkünfte aus nicht selbstständiger Arbeit
5. Einkünfte aus Kapitalvermögen
6. Einkünfte aus Vermietung und Verpachtung
7. sonstige Einkünfte *(z. B. Renten)*

} **Überschusseinkunftsarten**:
Überschuss = Einnahmen
– Werbungskosten[1]

Für jede Einkunftsart werden die Einkünfte getrennt ermittelt. Dabei ist zwischen Einnahmen, Werbungskosten und Betriebsausgaben zu unterscheiden.

[1] *Ausnahme: Bei Kapitalerträgen ist kein Abzug von Werbungskosten möglich.*

Begriffe	Erläuterung
Einnahmen	Gesamtertrag (Bruttoertrag) aus maximal sieben Einkunftsarten **Beispiele:** – Betriebseinnahmen des Unternehmers – Bruttoeinkommen des Arbeitnehmers – Kapitalerträge, wenn der Anleger von seinem **Veranlagungswahlrecht** Gebrauch macht – Mieteinnahmen des Vermieters
• **Werbungskosten bzw.** • **Betriebsausgaben**	Von den Einnahmen können alle Aufwendungen abgezogen werden, die mit der Erzielung dieser Einnahmen in einem wirtschaftlichen Zusammenhang stehen. **Beispiele:** – Zinsaufwendungen des Unternehmers – Fahrtkosten zur Arbeitsstelle des Arbeitnehmers – Erhaltungsaufwendungen des Vermieters
	Die Werbungskosten bzw. Betriebsausgaben müssen dem Finanzamt durch entsprechende Belege nachgewiesen werden. Bei Einnahmen aus **nicht selbstständiger Arbeit** wird immer zumindest ein **Werbungskostenpauschalbetrag** von **1 000,00 EUR** berücksichtigt. Höhere Werbungskosten sind insgesamt nachzuweisen. Bei **Kapitalerträgen** bleiben Einnahmen bis zur Höhe des **Sparerpauschbetrags** von 801,00 EUR bei Alleinstehenden bzw. von **1 602,00 EUR** bei zusammen veranlagten Eheleuten/Lebenspartnern steuerfrei. Werbungskosten können **nicht** geltend gemacht werden.
= Gesamtbetrag der Einkünfte	• Eine Person kann gleichzeitig aus mehreren Einkunftsarten Einkünfte erzielen. • Bei zusammen veranlagten Eheleuten/Lebenspartnern werden zunächst alle Einkünfte getrennt ermittelt und dann zu einem Gesamtbetrag zusammengefasst. • Bei negativen Einkünften sind die Einnahmen kleiner als die Werbungskosten/Betriebsausgaben. Die negativen Einkünfte (z. B. aus Vermietung und Verpachtung) können mit anderen positiven Einkünften (z. B. aus selbstständiger Arbeit) verrechnet werden.

Aus dem Gesamtbetrag der Einkünfte ergibt sich nach Berücksichtigung bestimmter Abzugsbeträge das zu versteuernde Einkommen.

4.2.2 Ermittlung des zu versteuernden Einkommens

Berechnungsschema	Erläuterung
Gesamtbetrag der Einkünfte	Einnahmen der Einkunftsarten (ohne Kapitalerträge, wenn der Anleger **nicht** von seinem Veranlagungswahlrecht Gebrauch macht) – Werbungskosten bzw. Betriebsausgaben
– **Altersentlastungsbetrag**	Bei Personen, die vor 1941 geboren wurden, bleiben ab dem 64. Lebensjahr 40 % der Einkünfte *(z. B. Kapitaleinkünfte)*, höchstens jedoch 1 900,00 EUR steuerfrei. Der Altersentlastungsbetrag reduziert sich bei späteren Geburtsjahrgängen schrittweise.
– **Sonderausgaben**	• **Altersvorsorgeaufwendungen** – Beiträge zur gesetzlichen Rentenversicherung – Beiträge zur kapitalgedeckten Basisrentenversicherung (Rürup-Rente) • **Andere Vorsorgeaufwendungen** **1. begünstigte Beiträge (unbeschränkt abzugsfähig)** – Beiträge zur Basiskrankenversicherung – Beiträge zur Pflegeversicherung **2. weitere Beiträge (beschränkt abzugsfähig)** – Liegen die begünstigten Beiträge unter den Höchstbeträgen (Angestellte 1 900,00 EUR, Selbstständige 2 800,00 EUR) können weitere anerkannte Beiträge bis zum Höchstbetrag geltend gemacht werden. Dazu zählen unter anderem Beiträge zu Berufsunfähigkeitsversicherungen, Arbeitslosenversicherungen, Unfallversicherungen, Haftpflichtversicherungen, Risikolebensversicherungen, nicht begünstigten Krankenversicherungen und zu Renten- und Kapitallebensversicherungen (nur „Altverträge“ – Abschluss vor 01.01.2005).
	• **Sonstige Sonderausgaben** Kirchensteuer, Ausbildungskosten, Schulgeld, Spenden, Unterhaltsleistungen, Renten und dauernde Lasten
– **außergewöhnliche Belastungen**	Außergewöhnliche Belastungen liegen vor, wenn ein Steuerpflichtiger aus rechtlichen, tatsächlichen oder sittlichen Gründen besondere Aufwendungen tätigen muss. **Beispiele:** – Krankheitskosten – Unterstützung bedürftiger Angehöriger – Kurkosten – Kosten aufgrund einer Behinderung
– **sonstige Freibeträge**	• Entlastungsbetrag für Alleinerziehende mit einem Kind 1 908,00 EUR zuzüglich 240,00 EUR für jedes weitere Kind • evtl. Kinderfreibetrag (Der Abzug erfolgt jedoch nur bei Eltern mit einem hohen Einkommen, bei denen der Kinderfreibetrag günstiger als das Kindergeld ist.)
= zu versteuerndes Einkommen	Berechnungsgrundlage für die Ermittlung der Steuern

4.2.3 Ermittlung der Einkommensteuer

Aus dem zu versteuernden Einkommen wird auf der Grundlage des Einkommensteuertarifes die Einkommensteuer ermittelt *(§ 32a EStG)*.

Einkommensteuertarif 2022 *(§ 32a EStG)*	Grundtarif für Alleinstehende	Splittingtarif für Eheleute und Lebenspartner
Grundfreibetrag Dieser am Existenzminimum orientierte Betrag bleibt bei allen Steuerpflichtigen steuerfrei.	9 984,00 EUR	19 968,00 EUR
erste Progressionszone Der Grenzsteuersatz steigt steil linear von 14 % (Eingangssteuersatz) auf 24 % an.	9 985,00 EUR bis 14 926,00 EUR	19 969,00 EUR bis 29 852,00 EUR
zweite Progressionszone Der Grenzsteuersatz steigt flacher linear von 24 % auf 42 % an.	14 927,00 EUR bis 58 596,00 EUR	29 853,00 EUR bis 117 192,00 EUR
obere Proportionalzone I Der Grenzsteuersatz beträgt konstant 42 %.	58 597,00 EUR bis 277 825,00 EUR	117 193,00 EUR bis 555 650,00 EUR
obere Proportionalzone II Der Grenzsteuersatz beträgt konstant 45 %.	ab 277 826,00 EUR	ab 555 651,00 EUR

Beim Splittingtarif beträgt die Einkommensteuer das Zweifache des Steuerbetrags, der sich für die Hälfte ihres gemeinsam zu versteuernden Einkommen ergibt *(§ 32 Abs. 5 EStG)*.

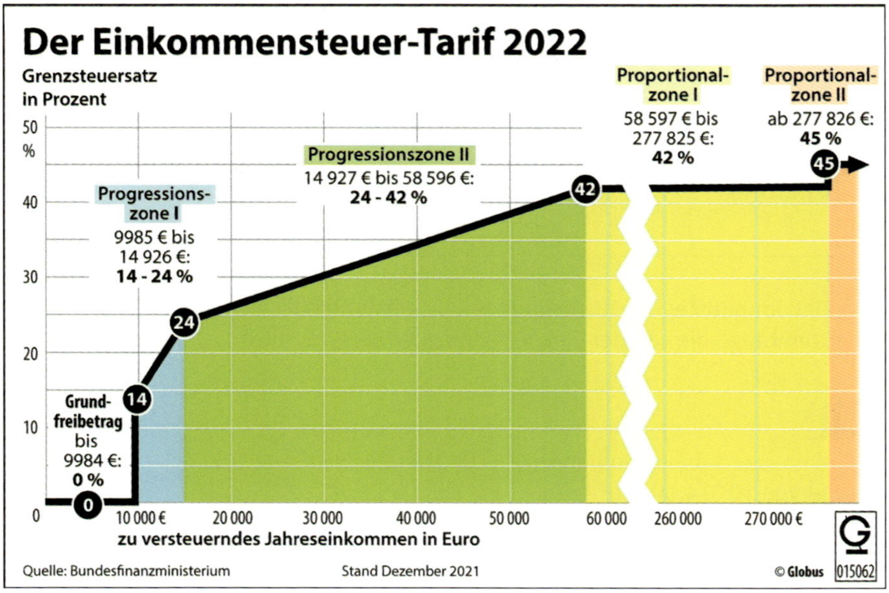

Zu unterscheiden sind der **Grenzsteuersatz** und der **Durchschnittssteuersatz**. Der Grenzsteuersatz ist der höchste Steuersatz (Spitzensteuersatz) nach dem Steuertarif, den der Steuerpflichtige zahlt („Steuersatz für den zuletzt verdienten Euro"). Der Durchschnittssteuersatz gibt an, wie viel Prozent Steuern der Steuerpflichtige im Verhältnis zu dem zu versteuernden Einkommen zahlt.

Beispiel

Die ledige Sabine Lehmann hat im Jahr 2022 ein zu versteuerndes Einkommen von 45 000,00 EUR. Aus der Einkommensteuertabelle ergibt sich nach dem Grundtarif eine Einkommensteuer von 10 014,00 EUR. Dieser Betrag leitet sich wie folgt her:

- Der Grundfreibetrag von 9 984,00 EUR bleibt steuerfrei.
- Die Beträge von 9 985,00 EUR bis 45 000,00 EUR werden ansteigend von 14 % (Eingangsteuersatz) bis 36,39 % (persönlicher Grenzsteuersatz/Spitzensteuersatz) besteuert.

Der durchschnittliche Steuersatz beträgt: $= \frac{10\,014{,}00 \cdot 100}{45\,000{,}00} = 22{,}25\,\%$

Der durchschnittliche Steuersatz ist aufgrund dieser Berechnungssystematik deutlich niedriger als der Spitzensteuersatz.

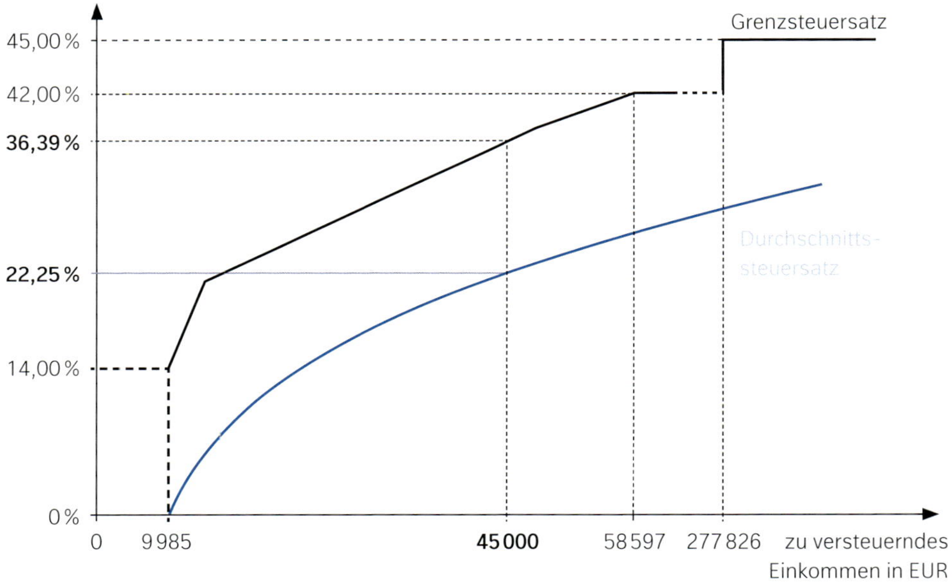

Neben der Einkommensteuer fällt gegebenenfalls Kirchensteuer an (9 % bzw. 8 % in Bayern und Baden-Württemberg), die von der Einkommensteuer berechnet wird.

Beispiel

Einkommensteuer Sabine Lehmann	10 014,00 EUR
+ 9,0 % KiSt von 10 014,00 EUR	901,26 EUR

Bei Steuerpflichtigen mit einem sehr hohen Einkommen erhöht sich die Steuer um einen Solidaritätszuschlag von 5,5 %, der ebenfalls von der Einkommensteuer berechnet wird.
Ein Alleinstehender (Steuerklasse I) zahlt den vollen Solidaritätszuschlag bei einem jährlichen Bruttogehalt von mehr als 109 000,00 EUR.

4.2.4 Zahlung der Einkommensteuer

Die Höhe der Einkommensteuer wird im Rahmen der Steuererklärung (Veranlagung) ermittelt und dem Steuerpflichtigen in einem Steuerbescheid mitgeteilt. Die während des Jahres geleisteten **Vorauszahlungen** sind auf die Steuerschuld anrechenbar.

Arten der Steuervorauszahlungen	
Lohnsteuer	Die Lohnsteuer wird vom Arbeitgeber vom Gehalt einbehalten und an das Finanzamt abgeführt. Die Lohnsteuer ist keine selbstständige Steuer, sondern eine **Vorauszahlung auf die Einkommensteuer des Arbeitnehmers**. Alle für die Lohnsteuer relevanten Daten *(z. B. Lohnsteuerklasse, Religionszugehörigkeit, Kinderfreibeträge)* sind beim Bundeszentralamt für Steuern gespeichert und von den Arbeitgebern abrufbar. **Lohnsteuerklassen:** • Steuerklasse I: Alleinstehende (Ledige, Geschiedene, Verwitwete) • Steuerklasse II: Alleinstehende mit Kind, die einen Haushaltsfreibetrag erhalten • Steuerklasse III: Verheiratete, wenn der Ehegatte keinen Arbeitslohn bezieht oder der Steuerklasse V zugeordnet wurde • Steuerklasse IV: Verheiratete, wenn beide Eheleute Arbeitslohn beziehen und nicht die Steuerklassen III und V gewählt wurden • Steuerklasse V: Verheiratete, wenn beide Eheleute Arbeitslohn beziehen und der Ehegatte die Steuerklasse III gewählt hat • Steuerklasse VI: Arbeitnehmer mit mehreren Arbeitsverhältnissen Verheiratete, bei denen beide Eheleute Arbeitslohn beziehen, haben folgende Wahlrechte: • Beide wählen die Steuerklasse IV, wenn die Höhe der Gehälter annähernd gleich ist. • 1. Ehegatte wählt Steuerklasse III, 2. Ehegatte wählt Steuerklasse V, wenn das Gehalt des 1. Ehegatten bedeutend höher ist als das des 2. Ehegatten. • Die Eheleute wählen das Faktorverfahren, bei dem jeder Ehegatte gemäß seinem Anteil am zu erwartenden Gesamteinkommen die entsprechende Lohnsteuer entrichtet. **Freibeträge:** Lohnsteuerfreibeträge vermindern die Lohnsteuerzahlungen. Gründe: *z. B. hohe Werbungskosten, Verluste aus Vermietung und Verpachtung, außergewöhnliche Belastungen* **Lohnsteuertabellen:** Die Lohnsteuertabellen geben Auskunft über die Höhe der Lohnsteuer bei einem bestimmten Arbeitslohn unter Berücksichtigung der Steuerklasse.
Kapitalertragsteuer (KESt)	Kapitalerträge *(z. B. Zinsen, Dividenden, Veräußerungsgewinne bei Finanzinstrumenten)* unterliegen einer KESt von 25 %. Mit der Zahlung der KESt ist die Steuerpflicht grundsätzlich abgegolten **(Abgeltungsteuer)**. Der Anleger hat aber ein Veranlagungswahlrecht und kann die Kapitalerträge auch zum persönlichen Einkommensteuersatz versteuern. Die gezahlte KESt gilt dann als Steuervorauszahlung.
Einkommensteuervorauszahlungen	Bei Einkünften aus Vermietung und Verpachtung, Renten, Gewerbebetrieb und selbstständiger Arbeit muss der Steuerpflichtige am 10. März, 10. Juli, 10. September und 10. Dezember des Jahres Vorauszahlungen auf die Einkommensteuer zahlen. Bemessungsgrundlage ist die Steuerschuld des vergangenen Jahres.

4.2.5 Steuererstattungen und Steuernachzahlungen

Eine Steuererstattung ergibt sich, wenn die geleisteten Vorauszahlungen *(z. B. Lohnsteuer)* größer waren als die im Steuerbescheid festgelegte Einkommensteuer. Im umgekehrten Fall muss der Steuerpflichtige eine Nachzahlung leisten.

Fallbeispiel

Steuererklärung der Eheleute Schumacher

Die Eheleute Hildegard und Werner Schumacher erzielen im Jahr 2022 Einkünfte aus nicht selbstständiger Arbeit und aus Vermietung und Verpachtung. Sie erhalten folgenden Steuerbescheid (Auszug):

Berechnung des zu versteuernden Einkommens	Ehemann	Ehefrau	Eheleute gesamt
Einkünfte aus nicht selbstständiger Arbeit Bruttoarbeitslohn – Werbungskosten (ggf. Pauschalbetrag 1 000,00 EUR)	 36 568,00 EUR –1 838,00 EUR	 18 290,00 EUR –1 000,00 EUR	
Einkünfte aus nicht selbstständiger Arbeit	34 730,00 EUR	17 290,00 EUR	52 020,00 EUR
Einkünfte aus Vermietung und Verpachtung Einnahmen – Werbungskosten		 11 720,00 EUR –4 560,00 EUR	
Summe der Einkünfte aus Vermietung und Verpachtung		7 160,00 EUR	7 160,00 EUR
Summe der Einkünfte insgesamt			59 180,00 EUR
– Sonderausgaben Altersvorsorgeaufwendungen andere Vorsorgeaufwendungen sonstige Sonderausgaben **– außergewöhnliche Belastungen**			 –4 852,00 EUR –4 920,00 EUR –860,00 EUR –685,00 EUR
zu versteuerndes Einkommen			**47 863,00 EUR**

Festsetzung der Steuern (Tarif 2022)		
	Einkommensteuer (Splittingtarif)	**9 % Kirchensteuer**
Steuerschuld – Steuervorauszahlungen (einschl. Lohnsteuer)	6 528,00 EUR 8 345,00 EUR	587,52 EUR 751,05 EUR
Erstattungsanspruch	**1 817,00 EUR**	**163,53 EUR**
Die Eheleute Schumacher haben einen Erstattungsanspruch an das Finanzamt von **1 980,53 EUR.**		

➡ Kompetenzcheck „Gehaltsabrechnung und Einkommensteuer" siehe Seite 107

1

4.3 Zweige der gesetzlichen Sozialversicherung

4.3.1 Gesetzliche Krankenversicherung

Definition

Aufgabe einer Krankenversicherung ist die **Erhaltung und Wiederherstellung der Gesundheit**. Im deutschen Gesundheitswesen existieren neben den **gesetzlichen** Krankenkassen auch **private Krankenversicherungen**, die sowohl ergänzend (für bestimmte Zusatzleistungen) als auch anstelle der gesetzlichen Krankenversicherungen (GKV) in Anspruch genommen werden.

Träger der GKV sind die **Primärkassen** mit ca. 47 Mio. Versicherten und die **Ersatzkassen** (ca. 24 Mio. Versicherte).

Beispiele

Primärkassen	Ersatzkassen
• AOK • Betriebskrankenkassen • Innungskrankenkassen	• Barmer-GEK • Deutsche Angestellten-Krankenkasse DAK • Techniker Krankenkasse TK

Bei den Versicherten unterscheidet man Pflicht-, Familien- und freiwillig Versicherte.

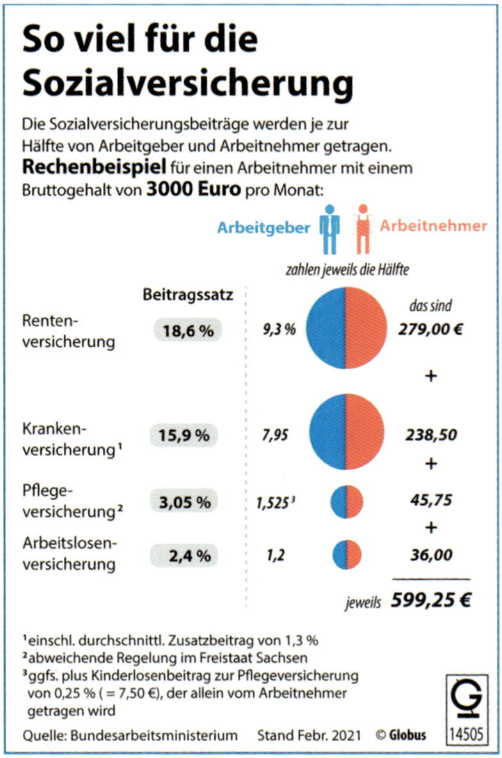

Hinweis: Der Kinderlosenbeitrag ist 2022 auf 0,35 % gestiegen.

Pflichtversicherte	Familienversicherte	Freiwillig Versicherte
Die Pflichtversicherung ist abhängig von **Tätigkeit** bzw. Status und evtl. vom **Einkommen** einer Person: **Beispiele:** – Arbeiter und Angestellte, deren **Jahresarbeitsentgelt** die Versicherungspflichtgrenze (2022: 64 350,00 EUR) nicht übersteigt – Rentner – Auszubildende/Praktikanten – Studierende – Arbeitslose mit Anspruch auf Arbeitslosengeld – Landwirte – Sozialhilfeempfänger – Personen in Rehabilitationsmaßnahmen	Ehegatten, Kinder und Lebenspartner sind **beitragsfrei** mitversichert, sofern sie • in Deutschland leben und • nicht selbst Mitglied in einer gesetzlichen oder privaten Krankenkasse sind. Für Kinder gelten Altersgrenzen für die Mitversicherung: • Kinder unter 18 Jahren • erwerbstätige Kinder unter 23 Jahren • Kinder unter 25 Jahren, die sich in einer Schul- oder Universitätsausbildung befinden	Personen, die **nicht** in der **GKV pflichtversichert** sind, aber **freiwillig** der GKV angehören **Beispiele:** – Freiwillig versicherte Arbeiter und Angestellte, deren Arbeitsentgelt die Versicherungspflichtgrenze (2022: 64 350,00 EUR) übersteigt – Schwerbehinderte

GKV gewähren im Krankheitsfall Sachleistungen und Geldleistungen.

Beispiele

Sachleistungen (vom Gesetz vorgeschrieben)	Geldleistungen (über gesetzliche Mindestleistungen hinausgehend)
• ärztliche und zahnärztliche Behandlung • Arzneimittel • Früherkennungsuntersuchungen • Hebammenhilfe	• Kuraufenthalte • Rehabilitatitionsmaßnahmen • Kostenübernahme zur Teilhabe an Gesundheitskursen

4.3.2 Gesetzliche Pflegeversicherung

Definition

Aufgabe der gesetzlichen Pflegeversicherung ist die finanzielle Sicherung bei Leistungen für Menschen, die ständige Hilfe bei alltäglichen Verrichtungen benötigen.

Träger der **gesetzlichen Pflegeversicherung** sind die **sozialen Pflegekassen**, die den gesetzlichen Krankenkassen angeschlossen sind. Mitglieder einer bestimmten gesetzlichen Krankenkasse gehören somit automatisch ihrer entsprechenden sozialen Pflegekasse an.

Die Mitgliedschaft in einer Pflegeversicherung ist **auch** für **privat Krankenversicherte** verpflichtend. Dementsprechend sind den privaten Krankenversicherungen jeweils **private Pflegekassen** angeschlossen. Die Leistungen der privaten und der sozialen Pflegekassen sind gesetzlich festgeschrieben und unterscheiden sich daher nicht voneinander.

Pflegekassen gewähren Geld- und Sachleistungen, deren Höhe sich nach dem Pflegegrad der pflegebedürftigen Person richtet. Es gibt **fünf Pflegegrade** (von 1 = geringe Beeinträchtigung der Selbstständigkeit bis 5 = schwerste Beeinträchtigung der Selbstständigkeit mit besonderen Anforderungen an die pflegerische Versorgung).

Die Pflegebedürftigkeit eines Menschen wird nach einem Punktsystem auf der Basis eines detaillierten Fragebogens ermittelt. Begutachtet werden sechs Lebensbereiche:

179 001 © Bergmoser + Höller Verlag AG

4.3.3 Gesetzliche Rentenversicherung

Definition

Aufgabe der gesetzlichen Rentenversicherung ist die finanzielle Absicherung von Arbeitnehmern und ihren Familien im Falle von
- Berufs-/Erwerbsunfähigkeit,
- Alter bzw.
- Tod.

Träger der gesetzlichen Rentenversicherung sind die **Deutsche Rentenversicherung Bund**, die **Deutsche Rentenversicherung Knappschaft-Bahn-See** sowie weitere **regionale Träger** (früher: Landesversicherungsanstalten).

Auch bei der Rentenversicherung wird nach Pflichtversicherten und freiwillig Versicherten unterschieden.

Pflichtversicherte	Freiwillig Versicherte
Die Pflichtversicherung ist abhängig von Tätigkeit bzw. Status einer Person: • Arbeiter und Angestellte • Auszubildende • Studierende, die mehr als 450,00 EUR monatlich verdienen • Bezieher von Arbeitslosengeld • Mütter oder Väter während der dreijährigen Erziehungszeit	Alle nicht pflichtversicherten Personen können freiwillig die Mitgliedschaft beantragen **Beispiel:** Selbstständige (unter Aufbringung des vollen Beitragssatzes)

Arbeitnehmer, die in **freien Berufe tätig sind** *(z. B. angestellte Ärzte, Architekten oder Rechtsanwälte)*, können sich von der gesetzlichen Rentenversicherung befreien lassen und sich stattdessen bei einem **berufsständischen Versorgungswerk** *(z. B. Ärzteversorgung Niedersachsen, Versorgungswerk der Rechtsanwälte in Nordrhein-Westfalen)* versichern.

Leistungen aus der Rentenversicherung werden nur gewährt, wenn der Versicherte dieser eine **Mindestanzahl von Versicherungsjahren** (Wartezeit) angehört hat. Diese schwankt je nach Art der beantragten Rente zwischen fünf und 15 Jahren.

Die Höhe der Monatsrente hängt von vier Faktoren ab:

- **Entgeltpunkte:** Sie berücksichtigen die individuelle Arbeitsleistung. Ein Entgeltpunkt steht für ein Versicherungsjahr, in dem ein durchschnittlicher Arbeitsverdienst vorlag.
- **Zugangsfaktor:** Er erhöht oder vermindert die Entgeltpunkte, wenn die Altersrente erst nach dem gesetzlich vorgesehenen Rentenbeginn oder schon vorher in Anspruch genommen wird.
- **Rentenartfaktor:** Er gewichtet die verschiedenen Rentenarten: Altersrente, Erwerbsminderungsrente und Hinterbliebenenversorgung haben den Faktor 1,0; die Teilrente dagegen hat einen Faktor von 0,5.
- **Aktueller Rentenwert:** Dies ist der monatliche Rentenbetrag, der auf einen Entgeltpunkt entfällt. Die Monatsrente ergibt sich dann durch Multiplikation der Entgeltpunkte mit dem aktuellen Rentenwert.
  Aktueller Rentenwert bis 30.06.2022:
  - Westdeutschland 34,19 EUR
  - Ostdeutschland 33,47 EUR

Beispiel

Clara Heinzmann geht im Februar 2022 mit der für sie geltenden Regelaltersgrenze in Rente. Sie war 41 Jahre lang Angestellte bei der Regio-Bank AG in Stuttgart. Ihr Arbeitsverdienst lag in diesen Jahren regelmäßig 25 % über dem Durchschnitt; daher konnte sie pro Arbeitsjahr 1,25 Entgeltpunkte sammeln.
Die Höhe ihrer Rente ergibt sich durch folgende Rechnung:
→ 41 Arbeitsjahre · 1,25 Entgeltpunkte je Arbeitsjahr = 51,25 Entgeltpunkte · 1,0 Zugangsfaktor für Regelaltersgrenze · 34,19 EUR aktueller Rentenwert im Februar 2022 (Westdeutschland) = **1 752,24 EUR**

4.3.4 Gesetzliche Arbeitslosenversicherung

Definition

Die gesetzliche Arbeitslosenversicherung soll einerseits **Beschäftigung sichern** und andererseits einen **finanziellen Schutz bei Arbeitslosigkeit** gewähren. Ihr Träger ist die **Bundesagentur für Arbeit**.

Arbeiter, Angestellte und Auszubildende sind Pflichtversicherte in der gesetzlichen Arbeitslosenversicherung. Es gibt keine freiwilligen Versicherten, aber bestimmte Personen sind von der Versicherungspflicht befreit.

Beispiele

- Selbstständige
- Beamte
- Schüler
- Studierende

Arbeitnehmer, die unverschuldet arbeitslos werden, erhalten finanzielle Unterstützung in Form von Arbeitslosengeld I oder Arbeitslosengeld II.

Arbeitslosengeld I	Arbeitslosengeld II („Hartz IV“)
• **Anspruchsvoraussetzung:** mindestens zwölf Monate Arbeitsleistung, bei der in die Arbeitslosenversicherung eingezahlt wurde • **Anspruchsdauer:** maximal zwölf bis 24 Monate; sie richtet sich u. a. nach der vorhergehenden versicherungspflichtigen Beschäftigungsdauer und dem vollendeten Lebensjahr • **Höhe:** sie richtet sich nach dem versicherungspflichtigen Bruttoarbeitsentgelt, das um Steuer- und Sozialversicherungsbeiträge vermindert wird (60 % dieses verminderten Betrages; bei einem Kind oder mehreren Kindern 67 %)	• **Anspruchsvoraussetzungen:** – Erwerbsfähigkeit gemäß § 8 Sozialgesetzbuch II, Ein Arbeitnehmer gilt als erwerbsfähig, wenn er aus gesundheitlichen Gründen mindestens drei Stunden täglich arbeiten kann. – Hilfsbedürftigkeit; ein Arbeitnehmer gilt als hilfsbedürftig, wenn er seinen Lebensunterhalt nicht aus eigenem Einkommen bzw. Vermögen bestreiten kann. • **Anspruchsdauer:** zeitlich unbefristet, wenn die Anspruchsvoraussetzungen dauerhaft erfüllt sind; Bewilligung jeweils für ca. sechs Monate; fortlaufende Überprüfung der Bedürftigkeit • **Höhe:** nach dem Bedarf des Empfängers; eigenes Vermögen der im Haushalt lebenden Angehörigen wird in die Berechnung einbezogen; Vermögensgegenstände zur Alterssicherung bleiben i. d. R. unberücksichtigt • **Gewährung evtl. auch bei Erwerbstätigkeit:** Arbeitslosengeld II wird auch gewährt, wenn das Gehalt aus der Erwerbstätigkeit nicht zur Sicherung des Lebensunterhaltes ausreicht (sogenannte „Aufstocker“).

▸ Sozialhilfe

Menschen, die dauerhaft oder vorübergehend **nicht erwerbsfähig** sind, erhalten bei Hilfsbedürftigkeit Sozialhilfe nach dem **Sozialgesetzbuch XII**. Die Sozialhilfe soll ihnen ermöglichen, den Lebensunterhalt zu bestreiten, da ihre eigenen Mittel hierfür nicht ausreichen.

▸ Grundsicherung

Personen, die aus **Altersgründen** nicht mehr im Erwerbsleben stehen und deren Rente zur Bestreitung des Lebensunterhalts nicht ausreicht, erhalten eine sogenannte Grundsicherung.

Die Bundesregierung legt regelmäßig **Regelsätze** fest, die bei der Sozialhilfe und der Grundsicherung zur Anwendung kommen.

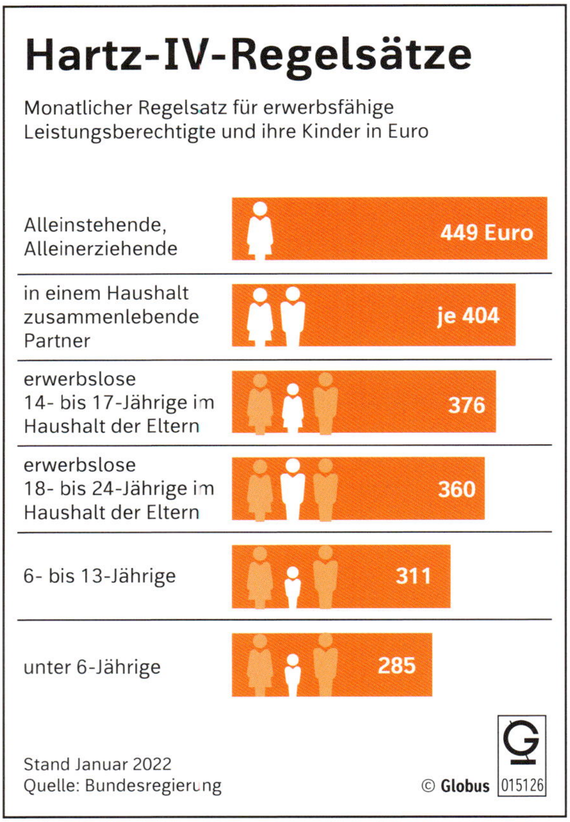

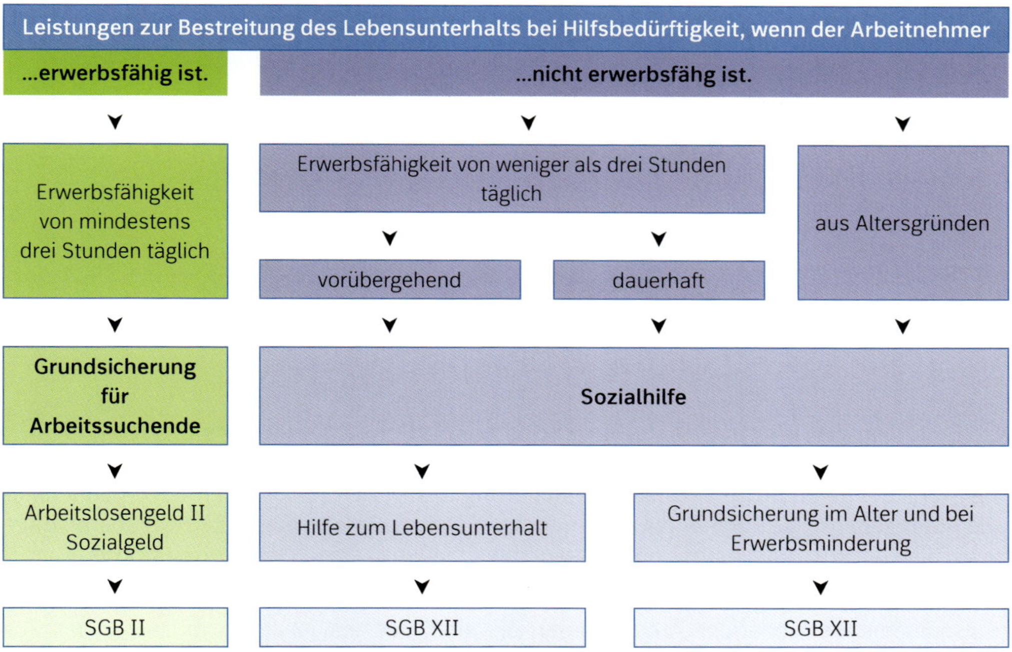

Eigene Darstellung nach Angaben des Bundesministeriums für Arbeit und Soziales

4.3.5 Gesetzliche Unfallversicherung

Definition

Aufgaben der gesetzlichen Unfallversicherung sind Unfallverhütung und Minderung bzw. Beseitigung von Unfallfolgen. **Träger** sind die gewerblichen und landwirtschaftlichen **Berufsgenossenschaften** sowie die **Unfallversicherungsträger der öffentlichen Hand**.

Bei der gesetzlichen Unfallversicherung unterscheidet man zwischen Pflichtversicherten, freiwillig Versicherten und Personen, die von der Versicherungspflicht befreit sind.

Pflichtversicherte	Von der Versicherungspflicht befreite Personen	Freiwillig Versicherte
Beispiele: – Arbeiter und Angestellte – Kinder – Schüler/Studierende – Arbeitslose – Selbstständige in bestimmten Branchen (z. B. Landwirtschaft, Gesundheitswesen)	**Beispiele:** – Beamte – Ärzte/Zahnärzte – Apotheker – Psychotherapeuten	**Beispiele:** – nicht versicherungspflichtige Selbstständige bzw. Unternehmer – ehrenamtliche Mitglieder gemeinnütziger Organisationen

Leistungsansprüche an die gesetzliche Unfallversicherung entstehen durch Unfälle am Arbeitsplatz, im Kindergarten, in der Schule und in der Universität. Auch Unfälle auf dem Hin- und

Rückweg zu diesen Einrichtungen sind versichert. Bei Arbeitnehmern sind auch Berufskrankheiten (z. B. Mehlallergie eines Bäckers) versichert. .

Beispiele

- Heilbehandlung
- Übergangsgeld für die Dauer der unfallbedingten Arbeitslosigkeit
- Sterbegeld
- Hinterbliebenenrente bei Tod infolge eines Arbeitsunfalls oder einer Berufskrankheit

4.3.6 Finanzierung in den Zweigen der gesetzlichen Sozialversicherung

Ausgaben der **gesetzlichen Krankenversicherung** finanzieren zum größten Teil Arbeitnehmer und Arbeitgeber sowie Rentner mit ihren Beiträgen. Die Arbeitnehmer- und Arbeitgeberbeiträge sowie ein Zuschuss des Bundes aus Steuermitteln fließen in einen **Gesundheitsfonds**.

Bei den **sozialen Pflegekassen** bestreiten Arbeitnehmer, Arbeitgeber und Rentner das Beitragsaufkommen. Kinderlose Arbeitnehmer, die älter sind als 23 Jahre, müssen einen Zusatzbeitrag zahlen, an dem der Arbeitgeber nicht beteiligt ist. Bei den **privaten Pflegekassen** richtet sich die Prämienhöhe nicht nach dem Einkommen der Versicherten; die Arbeitnehmer erhalten einen Beitragszuschuss ihres Arbeitgebers in Höhe des halben Versicherungsbeitrags.

Die **gesetzliche Rentenversicherung** basiert auf dem **Generationenvertrag**. Dies bedeutet, dass die Beiträge der aktuell arbeitenden Generation zu Rentenzahlungen an die nicht mehr erwerbstätige Generation führen. Durch die zunehmende Überalterung der Bevölkerung ergeben sich Finanzierungsprobleme. Die Zahl der Frührentner sowie das Lebensalter der Rentner nehmen ständig zu. Auf der anderen Seite nimmt die Zahl der Erwerbstätigen aufgrund sinkender Geburtenraten jedoch ab. Gut 30 % der Ausgaben in der gesetzlichen Rentenversicherung werden aus dem Bundeshaushalt bezahlt.

Die Finanzierung der Ausgaben der **gesetzlichen Arbeitslosenversicherung** erfolgt durch die Beiträge der Arbeitgeber und Arbeitnehmer. Hinzu kommen Zahlungen des Bundes (z. B. für Arbeitslosengeld II).

Die Ausgaben der **gesetzlichen Unfallversicherung** werden durch Beiträge der **Arbeitgeber** finanziert. Bemessungsgrundlage für die Beiträge ist die nach Gefahrenklassen gestaffelte **Lohnsumme** des Unternehmens. Ein Arbeitnehmerbeitrag wird nicht erhoben.

In den Zweigen der gesetzlichen Sozialversicherung gelten feste **Beitragssätze**. Außerdem sind **Beitragsbemessungsgrenze**n zu berücksichtigen. Für den Teil des sozialversicherungspflichtigen Bruttogehaltes, der die Beitragsbemessungsgrenze übersteigt, fällt kein Beitrag an.

Beitragssätze und Beitragsbemessungsgrenzen (2022)		
Versicherungszweig	**Beitragssatz**	**Beitragsbemessungsgrenze**
Gesetzliche Rentenversicherung	Gesamtbeitragssatz: 18,6 % Arbeitgeberanteil: 9,3 % Arbeitnehmeranteil: 9,3 %	Westdeutschland: 84 600,00 EUR im Jahr (= durchschnittlich 7 050,00 EUR im Monat) Ostdeutschland: 81 000,00 EUR im Jahr (= durchschnittlich 6 750,00 EUR im Monat)
Gesetzliche Arbeitslosenversicherung	Gesamtbeitragssatz: 2,4 % Arbeitgeberanteil: 1,2 % Arbeitnehmeranteil: 1,2 %	Westdeutschland: 84 600,00 EUR im Jahr (= durchschnittlich 7 050,00 EUR im Monat) Ostdeutschland: 81 000,00 EUR im Jahr (= durchschnittlich 6 750,00 EUR im Monat)
Gesetzliche Krankenversicherung	Gesamtbeitragssatz: 14,6 % Arbeitgeberanteil: 7,3 % Arbeitnehmeranteil: 7,3 % Zusatzbeitrag: je nach Krankenkasse unterschiedlich; Durchschnitt 2021: 1,3 %; Arbeitgeber und Arbeitnehmer zahlen jeweils die Hälfte	58 050,00 EUR im Jahr (= durchschnittlich 4 837,50 EUR im Monat)
Gesetzliche Pflegeversicherung	Gesamtbeitragssatz. 3,05 % Arbeitgeberanteil: 1,525 % Arbeitnehmeranteil: 1,525 % Ausnahme Sachsen: Arbeitgeberanteil 1,025 %, Arbeitnehmeranteil 2,025 %) Zuschlag für kinderlose Arbeitnehmer über 23 Jahre: 0,35 %	58 050,00 EUR im Jahr (= durchschnittlich 4 837,50 EUR im Monat)

Beispiel

Jana Krohm arbeitet bei der Regio-Bank AG in Düsseldorf. Sie ist 35 Jahre alt, kinderlos und hat ein steuer- und sozialversicherungspflichtiges Bruttogehalt in Höhe von 4.850,00 EUR. Frau Krohm ist freiwilliges Mitglied in einer gesetzlichen Krankenversicherung, die einen Zusatzbeitrag von 0,9 % erhebt. In einem Monat des Jahres 2022 ergeben sich für Jana Krohm und die Regio-Bank AG folgende Sozialversicherungsbeiträge:

	Arbeitnehmerbeiträge (Abzug vom Bruttogehalt)	**Arbeitgeberbeiträge** (Aufwendungen für Lohnnebenkosten)
Gesetzliche Rentenversicherung	9,3 % von 4 850,00 EUR = 451,05 EUR	9,3 % von 4 850,00 EUR = 451,05 EUR
Gesetzliche Arbeitslosenversicherung	1,2 % von 4 850,00 EUR = 58,20 EUR	1,2 % von 4 850,00 EUR = 58,20 EUR
Gesetzliche Krankenversicherung	7,3 % + (0,9 % : 2) Zusatzbeitrag = 7,75 % von 4 837,50 EUR (Beitragsbemessungsgrenze) = 374,91 EUR	7,3 % + (0,9 % : 2) Zusatzbeitrag = 7,75 % von 4 837,50 EUR (Beitragsbemessungsgrenze) = 374,91 EUR
Gesetzliche Pflegeversicherung	1,525 % + 0,35 % Zuschlag für Kinderlose = 1,875 % von 4 837,50 EUR (Beitragsbemessungsgrenze) = 90,70 EUR	1,525 % von 4 837,50 EUR (Beitragsbemessungsgrenze) = 73,77 EUR
insgesamt	**974,86 EUR**	**957,93 EUR**

➡ Kompetenzcheck „Zweige der gesetzlichen Sozialversicherung" siehe Seite 107

5 Mitwirkung und Mitbestimmung von Arbeitnehmern und Auszubildenden

5.1 Mitwirkung und Mitbestimmung über den Betriebsrat

Definition

Ein Betriebsrat übt Beteiligungsrechte für die Arbeitnehmerschaft eines Betriebes aus.

Rechtsgrundlage für die Zusammenarbeit von Arbeitnehmer und Arbeitgebern ist das **Betriebsverfassungsgesetz** (BetrVG).

In einem Unternehmen mit mindestens fünf wahlberechtigten und mindestens drei wählbaren Arbeitnehmern kann ein Betriebsrat gewählt werden. Die **Amtszeit** beträgt **vier Jahre.**

Wahlberechtigung (aktives Wahlrecht – § 7 BetrVG)	Wählbarkeit (passives Wahlrecht – § 8 BetrVG)
• alle Arbeitnehmer des Betriebes, die das 16. Lebensjahr vollendet haben (auch Auszubildende) • Leiharbeitnehmer, die länger als drei Monate im Betrieb beschäftigt sind	alle volljährigen Arbeitnehmer mit mindestens sechs Monaten Betriebszugehörigkeit (auch volljährige Auszubildende, die sich seit mindestens sechs Monaten in der Ausbildung befinden)

Die Anzahl der Betriebsratsmitglieder ist abhängig von der Zahl der wahlberechtigten Personen *(§ 9 BetrVG)*.

Beispiele

- 5 bis 20 wahlberechtigte Personen → 1 Betriebsratsmitglied (Betriebsobmann)
- 21 bis 50 wahlberechtigte Personen → 3 Betriebsratsmitglieder
- 51 bis 100 wahlberechtigte Personen → 5 Betriebsratsmitglieder

Ab neun Betriebsratsmitgliedern wird ein Betriebsausschuss gegründet, der die Geschäfte des Betriebsrats führt.

Das BetrVG erlaubt dem Betriebsrat Beteiligungsrechte, die unterschiedlich ausgestaltet sind.

Rechte des Betriebsrates			
Informations- und Beratungsrecht	**Anhörungsrecht**	**Recht auf Zustimmungs-verweigerung**	**Uneingeschränktes Zustimmungsrecht**
→ zunehmender Einfluss des Betriebsrats			
Verpflichtung des Arbeitgebers zur Unterrichtung des Betriebsrats und zur Einbeziehung des Betriebsrats in unternehmerische Überlegungen **Beispiel:** wirtschaftliche Angelegenheiten (Neubauten, Umbauten, Planung von Arbeitsplätzen usw. – *§ 90 BetrVG*)	Verpflichtung des Arbeitgebers zur Auseinandersetzung mit Argumenten des Betriebsrats; der Betriebsrat hat ggfs. ein Widerspruchsrecht **Beispiel:** Kündigung von Arbeitnehmern durch den Arbeitgeber *(§ 102 BetrVG)*	Verpflichtung des Arbeitgebers zur Einholung der Zustimmung des Betriebsrats; der Betriebsrat kann die Zustimmung aus bestimmten Gründen verweigern **Beispiel:** personelle Einzelmaßnahmen (Einstellungen, Versetzungen usw. – *§ 99 BetrVG*)	Verpflichtung des Arbeitgebers zur Einholung der Zustimmung des Betriebsrats; bei Uneinigkeit entscheidet eine unabhängige Einigungsstelle **Beispiel:** soziale Angelegenheiten (Arbeitszeit, Pausenregelung, Urlaubsplan usw. – *§ 87 BetrVG*)

5.2 Mitwirkung und Mitbestimmung über die Jugend- und Auszubildendenvertretung

Definition

In Betrieben, in denen mindesten **fünf jugendliche Arbeitnehmer** oder **Auszubildende** (unabhängig vom Alter) beschäftigt sind und in denen ein Betriebsrat tätig ist, nimmt die Jugend- und Auszubildendenvertretung (JAV) die Interessen der jugendlichen Arbeitnehmer und der Auszubildenden wahr (§ 60 BetrVG).

Beispiele

- Maßnahmen, die Jugendliche und Auszubildende betreffen (Einführung interner Prüfungsvorbereitungskurse, Maßnahmen zur Integration von Auszubildenden mit ausländischen Wurzeln usw.)
- Überwachung der Einhaltung von Regelungen des Jugendarbeitsschutzgesetzes

Die Anzahl der Mitglieder in der JAV ist abhängig von der Zahl der wahlberechtigten Personen *(§ 62 BetrVG)*.

Beispiele

- 5 bis 20 wahlberechtigte Personen → 1 JAV-Mitglied
- 21 bis 50 wahlberechtigte Personen → 3 JAV-Mitglieder
- 51 bis 100 wahlberechtigte Personen → 5 JAV-Mitglieder

Zur Durchsetzung ihrer Interessen leitet die JAV Anregungen an den Betriebsrat weiter. Sie entsendet ferner einen JAV-Vertreter zu Betriebsratssitzungen. Der Vertreter hat Stimmrecht in der Betriebsratssitzung, wenn es um Maßnahmen geht, die Jugendliche und Auszubildende betreffen.

Die JAV wird für **zwei Jahre** gewählt.

Wahlberechtigung (aktives Wahlrecht – § 61 Abs 1 BetrVG)	Wählbarkeit (passives Wahlrecht – § 61 Abs. 2 BetrVG)
• Jugendliche, die das 18. Lebensjahr noch nicht vollendet haben • alle Auszubildenden	• alle Arbeitnehmer, die das 25. Lebensjahr noch nicht vollendet haben • alle Auszubildenden

➡ **Kompetenzcheck „Mitwirkung und Mitbestimmung von Arbeitnehmern und Auszubildenden" siehe Seite 108**

6 Sozialer Ausgleich zwischen Arbeitnehmer- und Arbeitgeberinteressen

6.1 Koalitionsfreiheit

Definition

Nach dem Grundgesetz (Art. 9 Abs. 3) haben Arbeitnehmer und Arbeitgeber das **Recht**, sich in Organisationen **zusammenzuschließen**, um einen sozialen Ausgleich zwischen den unterschiedlichen Interessenlagen der Vertragsparteien herbeizuführen. Dieses Recht wird als **Koalitionsfreiheit** bezeichnet.

Arbeitnehmer organisieren sich in **Gewerkschaften**; die Arbeitgeber gleicher Wirtschaftszweige in **Arbeitgeberverbänden** (Fachverbänden) mit der Dachorganisation Bundesverband der Deutschen Arbeitgeberverbände (BDA) als tarifrechtlicher Zusammenschluss. Gewerkschaften und Arbeitgeberverbände werden als **Tarifvertragsparteien**, **Tarifpartner** oder **Sozialpartner** bezeichnet.

Gewerkschaften nehmen allgemeine, rechtliche und wirtschaftspolitische Aufgaben wahr.

Beispiele für Aufgaben der Gewerkschaften

allgemeine Aufgaben	rechtliche Aufgaben	wirtschaftspolitische Aufgaben
• Verbesserung der sozialen und wirtschaftlichen Lage der Mitglieder (Lohn-/Gehaltssteigerungen, Arbeitszeitverkürzung usw.) • Mitwirkung bei der Erstellung der Ausbildungsordnung für einen staatlich anerkannten Ausbildungsberuf • Mitwirkung bei der Besetzung von Prüfungsausschüssen	• Abschluss von Tarifverträgen • Durchführung von Arbeitskämpfen • Vertretung von Mitgliedern bei Arbeitsgerichtsprozessen	• Mithilfe bei der Einkommens- und Vermögensumverteilung zugunsten der Mitglieder • Mitwirkung bei Gesetzgebungsverfahren (Steuergesetzgebung, Wettbewerbsgesetze usw.)

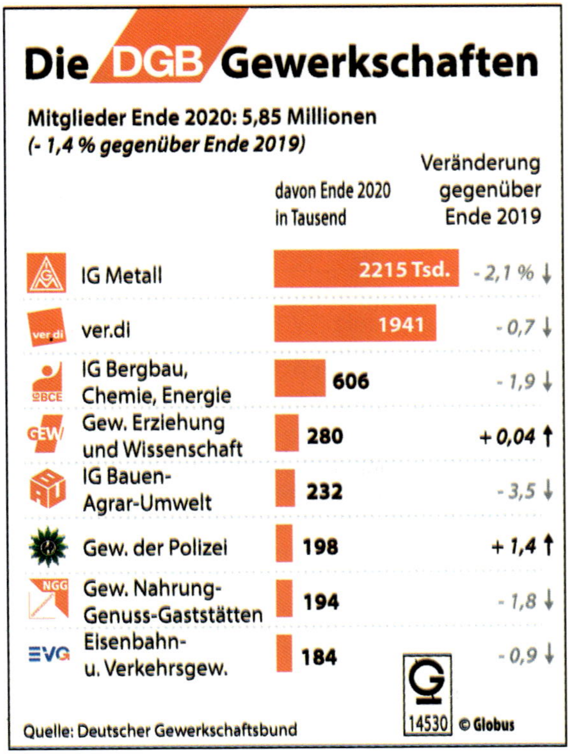

Arbeitgeber organisieren sich in Arbeitgebervereinigungen. Man unterscheidet öffentlich-rechtliche und privatrechtliche Arbeitgebervereinigungen.

Öffentlich-rechtliche Arbeitgebervereinigungen	Privatrechtliche Arbeitgebervereinigungen
Beispiele: – Ärztekammern – Steuerberaterkammern – Industrie- und Handelskammer ⬇ Pflichtmitgliedschaft Aufgaben (z. B.): • Beratung der Mitglieder • Überwachung der Berufsausbildung • Errichtung von Prüfungsausschüssen	**Beispiele:** – Arbeitgeberverband des privaten Bankgewerbes e. V. – Arbeitgebervereinigung Nahrung und Genuss e. V. ⬇ freiwillige Mitgliedschaft Aufgaben (z. B.): • Tarifvertragsabschluss • Interessenvertretung gegenüber der Politik (Lobbytätigkeit) • Mitwirkung bei der Besetzung von Prüfungsausschüssen

6.2 Tarifverträge

Definition

Tarifverträge zeichnen sich durch folgende Merkmale aus:
- Sie sind **kollektive Arbeitsverträge** zwischen Arbeitnehmern (vertreten durch Gewerkschaften) und Arbeitgebern (vertreten durch Arbeitgeberverbände).
- Sie enthalten **Vereinbarungen über Löhne, Gehälter** und andere **arbeitsrechtliche Regelungen**. Diese Vereinbarungen sind für alle Mitglieder verbindlich.
- Sie bedürfen der **Schriftform.**
- Sie sind im vom Bundesminister für Arbeit und Soziales geführten **Tarifregister einzutragen.**

Rechtsgrundlage für Tarifverträge ist das **Tarifvertragsgesetz** (TVG).

Die Vereinbarungen in Tarifverträgen stellen **Mindestbedingungen** dar. Tarifverträge enthalten einen schuldrechtlichen (obligatorischen) und einen normativen Teil.

Schuldrechtlicher Teil	Normativer Teil
betrifft nur die Tarifparteien (keine Drittwirkung) **Beispiele:** – Rechte und Pflichten der Tarifparteien – Schlichtungsvereinbarungen – Friedenspflicht (Wahrung des Arbeitsfriedens während der Dauer eines Tarifvertrages)	betrifft die Rechtsbeziehungen zwischen tarifgebundenen Arbeitnehmern und Arbeitgebern (Drittwirkung) **Beispiele:** – Inhalt von Arbeitsverträgen – Abschluss von Arbeitsverträgen – Beendigung von Arbeitsverträgen

Tarifverträge können sich auf allgemeine Rahmenbedingungen beziehen oder konkrete Lohn-/Gehaltsansprüche festlegen.

Mantel-/ Rahmentarifverträge	Lohn-/ Gehaltsrahmentarifverträge	Lohn-/ Gehaltstarifverträge
Inhalte: • Arbeitsbedingungen • Urlaubsregelungen • Arbeitszeit • Rationalisierungsschutz • Arbeitsschutz	**Inhalte:** • Lohn- und Gehaltsarten • Lohn- und Gehaltsgruppen	**Inhalte:** • Lohn- und Gehaltshöhe • Leistungslohnregelung • Erfolgsbeteiligung • Lohnfortzahlung
Laufzeit: in der Regel mehrere Jahre	**Laufzeit:** in der Regel zwei bis drei Jahre	**Laufzeit:** in der Regel ein Jahr

Tarifverträge gelten
- auf Seiten der **Arbeitnehmer** für **Mitglieder** der tarifschließenden **Gewerkschaft**;
- auf Seiten der **Arbeitgeber** für **Mitglieder** des tarifschließenden **Arbeitgeberverbandes**.

In der **Praxis** werden Tarifvertragsregelungen jedoch meist auf **alle Mitarbeiter** ausgeweitet, sodass auch Mitarbeiter, die nicht Gewerkschaftsmitglieder sind, in den Genuss der Regelungen kommen.

Diese Art von Tarifverträgen wird auch als **Branchentarifvertrag** bezeichnet.

Laut Tarifvertragsgesetz besteht durch das Instrument der **Allgemeinverbindlichkeitserklärung** die Möglichkeit einer **Ausdehnung** der Gültigkeit von Tarifverträgen auf **nicht tarifgebundene Arbeitgeber**. Die Erklärung erfolgt durch den Bundesminister für Arbeit und Soziales. Nach Eintragung im Tarifregister und Veröffentlichung im Bundesanzeiger gelten die Rechtsnormen des Tarifvertrages für alle Arbeitgeber des Tarifbezirkes. Die Allgemeinverbindlichkeitserklärung kommt in der Praxis relativ selten vor. Nur etwa 0,6 % der ca. 73000 im Tarifregister eingetragenen Tarifverträge sind allgemeinverbindlich.

Neben den Branchentarifverträgen existieren sogenannte **Haus- oder Firmentarifverträge**. Hier ist der jeweilige Arbeitgeber Tarifvertragspartei. Der Arbeitnehmer muss Mitglied der tarifschließenden Gewerkschaft sein, damit die Regelungen des Tarifvertrages auch für ihn gelten.

Ist ein Arbeitgeber weder durch einen Haus-/Firmentarifvertrag noch durch einen Branchentarifvertrag gebunden, kann er Bedingungen eines Arbeitsvertrages (Gehaltshöhe, Urlaubsanspruch usw.) frei mit den Arbeitnehmern vereinbaren. Dabei muss er sich allerdings an die entsprechenden gesetzlichen Regelungen (Mindestlohn, gesetzlicher Urlaubsanspruch usw.) halten.

In **Westdeutschland** sind etwa **40 %** der Arbeitnehmer **ohne Tarifbindung**, das heißt ohne den Geltungsbereich eines Branchen-, Haus- oder Firmentarifvertrages beschäftigt. In **Ostdeutschland** sind es etwa **50 %**.

6.3 Betriebsvereinbarungen

Definition

Eine **Betriebsvereinbarung** ist ein zwischen Arbeitgeber und Betriebsrat geschlossener **schriftlicher Vertrag**, in dem für Arbeitnehmer bedeutsame Angelegenheiten geregelt werden. Betriebsvereinbarungen gelten unmittelbar und zwingend für alle Beteiligten *(§ 77 BetrVG)*.

Zur Rechtswirksamkeit muss der Betriebsrat über Inhalt und Abschluss einer Betriebsvereinbarung abstimmen. Ferner muss der Betriebsrat beschließen, dass dessen Vorsitzender ermächtigt ist, die Betriebsvereinbarung stellvertretend für den Betriebsrat abzuschließen.

Die Betriebsvereinbarung darf keine Regelungen enthalten, die Arbeitnehmer schlechter stellen als Vereinbarungen des Tarifvertrages.

Betriebsvereinbarungen enthalten Regelungen in sozialen, personellen und (bei Betrieben mit mehr als 100 ständig Beschäftigten) wirtschaftlichen Angelegenheiten des Betriebes.

Beispiele für Betriebsvereinbarungen zu		
... sozialen Angelegenheiten • Beginn und Ende der täglichen Arbeitszeit • Pausenregelungen • Förderung der Vermögensbildung	**... personellen Angelegenheiten** • Beurteilungsgrundsätze • Personalplanung • Förderung der Berufsbildung	**... wirtschaftlichen Angelegenheiten** • Unterrichtung über die wirtschaftliche und personelle Lage des Unternehmens • Unterrichtung über Rationalisierungsmaßnahmen

Eine **Sonderform** der Betriebsvereinbarung stellt der **Sozialplan** dar. Dieser enthält Regelungen zum **Ausgleich** oder zu **Milderung** von **Nachteilen** aufgrund einer **Betriebsänderung** (Stilllegung von Abteilungen, Verlegung eines Betriebes usw.).

Beispiele

- Abfindungen bei Entlassungen
- Lohnausgleich bei Versetzungen

Einzelvereinbarungen für Arbeitnehmer, die **günstiger** ausfallen als Regelungen aus der Betriebsvereinbarung, sind **vorrangig**.

Für Betriebsvereinbarungen gilt eine **Kündigungsfrist** von **drei Monaten**.

6.4 Tarifkonflikte

Definition

Tarifverträge werden regelmäßig neu vereinbart. Bei Tarifverhandlungen liegen die Forderungen der Gewerkschaften und die Angebote der Arbeitgeber aufgrund der unterschiedlichen Interessen oft weit auseinander. Dadurch kommt es zu **Tarifkonflikten**.

Beispiele

- unterschiedliche Vorstellungen von der Höhe der Lohn-/Gehaltssteigerungen
- unterschiedliche Vorstellungen über die Verkürzung der Arbeitszeit bei vollem Lohnausgleich

Kommt in solchen Fällen keine Einigung zustande, versuchen die Gewerkschaften durch Demonstrationen, Streikdrohungen, Betriebsversammlungen und Warnstreiks Druck auf die Arbeitgeber auszuüben. Es kommt zum Arbeitskampf.

Im Laufe der Zeit haben sich bestimmte „Spielregeln" für Arbeitskämpfe herausgebildet.

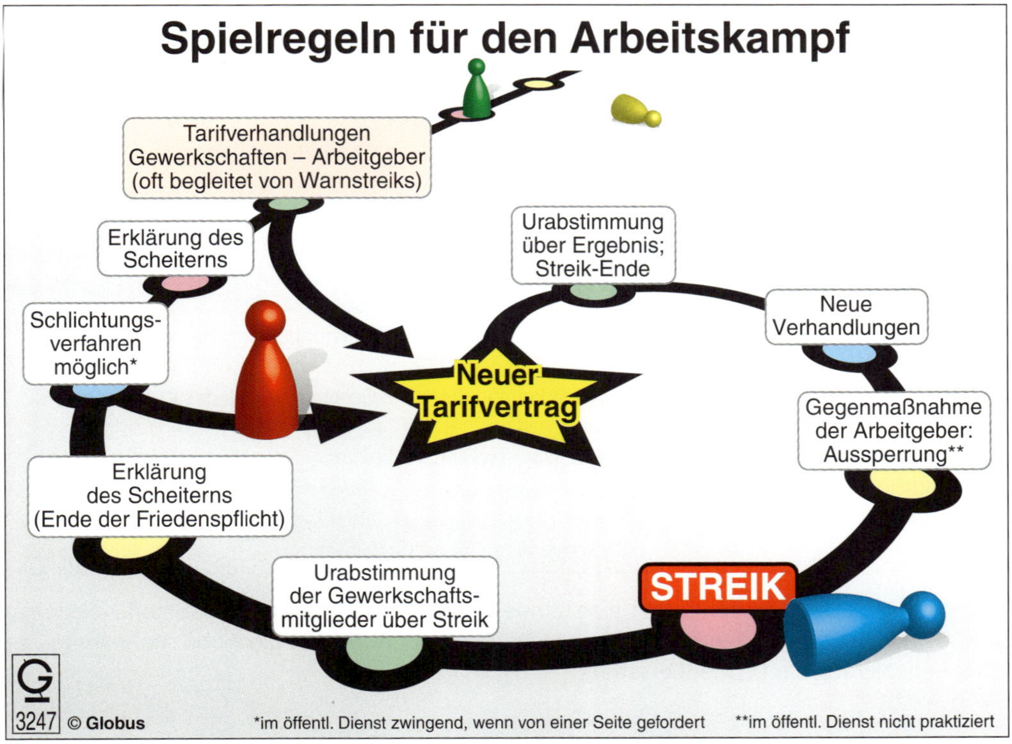

➡ **Kompetenzcheck „Sozialer Ausgleich zwischen Arbeitgeber-und Arbeitnehmerinteressen" siehe Seite 108**

7 Gesellschaftliche, ökonomische und ökologische Anforderungen an Kreditinstitute

In den vergangenen Jahren haben weitreichende Veränderungen zu einem enormen Umbruch in der Bankenlandschaft geführt.

Einerseits zwingt die langanhaltende **Niedrigzinsphase** Kreditinstitute zu einem **Umdenken über Bankgeschäfte** und zum Nachdenken über die Notwendigkeit zur **Erschließung neuer Ertragsquellen**.

Auf der anderen Seite stellt die **Digitalisierung** zahlreiche **Anforderungen** an unsere Wirtschafts- und Gesellschaftsordnung:

- Digitalisierung erzeugt mehr **Wettbewerb**; dieser führt zu **mehr Innovationen**, die in immer kürzeren Abständen marktwirksam werden.
- Innovationen in neue digitale Betätigungsfelder bringen **hohe Investitionskosten** mit sich.
- **Kunden** sind durch den intensiven Umgang mit den neuen Medien sehr gut informiert und positionieren sich zunehmend als **kritische Verbraucher**. Kreditinstitute müssen sich daher auf eine weite **sinkende Loyalität** gegenüber „ihrer“ Bank oder Sparkasse einstellen.
- Digitalisierung ermöglicht die Schaffung **komplexerer Finanzdienstleistungen** und **schnellerer, effektiverer Handelssysteme**. Dies erhöht die **regulatorischen Anforderungen** (erweiterte Dokumentationen von Beratungsgesprächen, Anpassung von Geschäftsbedingungen usw.).

Auch ökologische Aspekte müssen Kreditinstitute bei ihrem Handeln berücksichtigen.

Kreditinstitute erzielen mit ihrer Geschäftstätigkeit interne und externe umweltbezogene Wirkungen.

Interne umweltbezogene Wirkungen	Externe umweltbezogene Wirkungen
• eigener Ressourcenverbrauch • Umweltbelastungen **Beispiele:** – Papierverbrauch – Abfallbelastung – Dienstfahrten	• Umweltwirkungen durch das Leistungsprogramm des Kreditinstitutes • Umweltwirkungen durch die Geschäftspolitik des Kreditinstitutes **Beispiele:** – Verhältnis der Kredite an ressourcenintensive Branchen zu den Krediten an ressourcenschonende Branchen – Volumen der nachhaltigen Geldanlagen im Vergleich zum Volumen konventioneller Geldanlagen

Viele Kreditinstitute veröffentlichen eine Umweltbilanz, in der sie ihre Schadstoffemissionen (z. B. CO_2-Ausstoß) veröffentlichen. Sie beschreiben dort auch ihre Ziele und Maßnahmen zu einer Reduzierung der Umweltbelastung.

Beispiele

CO_2-Footprint der DZ BANK AG im Jahr 2021

Nachhaltige Geldanlagen

Bei einer Anlageberatung werden Finanzinstrumente normalerweise nach drei Kriterien ausgewählt:
- Rentabilität (Verzinsung des eingesetzten Kapitals unter Berücksichtigung von Kosten und Steuern)
- Risiko (Gefahr, das eingesetzte Kapital teilweise oder ganz zu verlieren)
- Liquidität (Möglichkeit, die Anlage durch Veräußerung oder Kündigung aufzulösen)

Bei nachhaltigen Geldanlagen tritt ein weiteres Merkmal hinzu – die Frage, inwieweit Unternehmen und Staaten, in die Anleger investieren, umwelt- und sozialverträglich handeln. Dabei spielt eine Vielzahl von Indikatoren eine Rolle, die unter folgenden Oberbegriffen zusammengefasst werden:
- Ökologie (**E**nvironment)
- Soziales (**S**ocial)
- (Ethische) Unternehmensführung (**G**overnance)

Nach den ersten Buchstaben der englischen Bezeichnungen spricht man bei nachhaltigen Geldanlagen auch von ESG, um deutlich zu machen, dass ein Finanzinstrument nicht nur unter dem Blickwinkel von Rentabilität, Risiko und Liquidität betrachtet wird, sondern ökologische, soziale und ethische Grundsätze berücksichtigt.

„**Banker von morgen**" müssen aufgrund der komplexen gesellschaftlichen, ökonomischen und ökologischen Anforderungen über ein umfangreiches Bündel an Schlüsselqualifikationen verfügen. Sie müssen einerseits die internen umweltbezogenen Wirkungen ihres beruflichen Handelns sowie das Leistungsprogramm und die Geschäftspolitik ihres Kreditinstitutes kritisch in den Blick nehmen. Andererseits stellen ihre oft gut informierten und anspruchsvollen Kunden, die Routinegeschäfte mit ihrem Kreditinstitut online erledigen, aber eine qualifizierte Beratung in wichtigen Finanzangelegenheiten erwarten, hohe Anforderungen an ihre fachlichen, sozialen und kommunikativen Kompetenzen.

➡ **Kompetenzcheck „Gesellschaftliche, ökonomische und ökologische Anforderungen an Kreditinstitute" siehe Seite 108**

Kompetenzcheck zu Lernfeld 1: Die eigene Rolle im Betrieb und im Wirtschaftsleben mitgestalten

Ich kann ...	☑
Rechtsgrundlagen — Kapitel 1.1	
... Gesetzesrecht und Vertragsrecht unterscheiden.	
... verschiedene Arten der Gerichtsbarkeiten unterscheiden und jeweils zwei Beispiele benennen.	
... die Bedeutung von Instanzen bei der Gerichtsbarkeit erläutern.	
... Privatrecht und Öffentliches Recht anhand verschiedener Merkmale voneinander abgrenzen.	
... den Aufbau des BGB beschreiben.	
Rechtssubjekte, Rechtsobjekte, Besitz und Eigentum — Kapitel 1.2, 1.3 und 1.4	
... die Rechtsfähigkeit natürlicher und juristischer Personen an Beispielen beschreiben.	
... die verschiedenen Stufen der Geschäftsfähigkeit benennen und die rechtliche Bedeutung der jeweiligen Willenserklärungen an Beispielen erläutern.	
... Besitz und Eigentum unterscheiden.	
... Arten des Eigentums und des Besitzes benennen.	
... den Eigentumserwerb an beweglichen Sachen an Beispielen darlegen.	
Rechtsgeschäfte und Kaufvertrag — Kapitel 1.5 und 1.6	
... erklären, wie Rechtsgeschäfte zustande kommen.	
... Rechtsgeschäfte nach verschiedenen Merkmalen unterscheiden.	
... die jeweiligen Formvorschriften für unterschiedliche Rechtsgeschäfte benennen und dazu Beispiele geben.	
... über Nichtigkeit und Anfechtbarkeit von Rechtsgeschäften Auskunft geben.	
... Verpflichtungs- und Erfüllungsgeschäft bei Rechtsgeschäften am Beispiel des Kaufvertrages erläutern.	
... Besonderheiten bei Kaufverträgen darlegen, die über das Internet und bei Haustürgeschäften abgeschlossen werden.	

Ich kann ...	✓

Störungen beim Kaufvertrag, Verjährung und Verbraucherschutz Kapitel 1.7, 1.8 und 1.9	
... Konsequenzen von Schlechtleistung und Nicht-rechtzeitig-Zahlung bei Kaufverträgen aus der Sicht von Käufer und Verkäufer erläutern.	
... Fristen bei der Verjährung von Ansprüchen aus Rechtsgeschäften benennen und Rechtsfolgen der Verjährung aufzeigen.	
... Verbraucherschutzbestimmungen des BGB und des Produkthaftungsgesetzes nennen und die Bedeutung von Verbraucherschutzvorschriften aus Sicht der Verbraucher erläutern.	

Duales System der Berufsausbildung	Kapitel 2
... Ausbildungsordnung und Rahmenlehrplan als Ordnungsmittel einer Berufsausbildung voneinander abgrenzen und ihre Aufgaben beschreiben.	
... über Inhalt und Abschluss von Ausbildungsverträgen Auskunft geben.	
... jeweils drei Rechte und Pflichten von Auszubildenden und Ausbildern benennen.	
... drei Gründe für die Beendigung von Berufsausbildungsverhältnissen nennen.	
... Regelungen des BBiG bei der Kündigung von Ausbildungsverhältnissen an drei Beispielen erläutern.	
... drei Schutzvorschriften für jugendliche Auszubildende gemäß Jugendarbeitsschutzgesetz beschreiben.	

Grundlagen des Arbeitsrechts	Kapitel 3
... über Inhalt und Abschluss von Arbeitsverträgen Auskunft geben.	
... jeweils drei Rechte und Pflichten von Arbeitnehmern und Arbeitgebern benennen.	
... Bestimmungen bei Sonderformen von Arbeitsverhältnissen (Teilzeit-/befristete Arbeitsverhältnisse, geringfügige Beschäftigungsverhältnisse und Zeitarbeitsverhältnisse) darlegen.	
... drei Gründe für die Beendigung von Arbeitsverhältnissen nennen.	
... Regelungen des BGB zur Kündigung von Arbeitsverhältnissen an drei Beispielen erläutern.	
... Inhalt und Bedeutung von Kündigungsschutzvorschriften für Arbeitnehmer und Auszubildende beschreiben.	
... über Urlaubsansprüche und Arbeitszeitregelungen bei Arbeitsverhältnissen Auskunft geben.	
... Inhalt und Bedeutung von Schutzvorschriften für Schwerbehinderte sowie werdende Mütter und Eltern beschreiben.	
... drei Regularien für die Erstellung von Arbeits- und Ausbildungszeugnissen darlegen.	

Ich kann ...	✓
Gehaltsabrechnung und Einkommensteuer	**Kapitel 4.1 und 4.2**
... die einzelnen Bestandteile einer Gehaltsabrechnung erläutern.	
... Lohnsteuerklassen unterscheiden und die Bedeutung der Lohnsteuer für die Einkommensteuer erklären.	
... Einnahmen, Werbungskosten und Einkünfte bei der Einkommensteuererklärung unterscheiden.	
... drei Beispiele für Werbungskosten bei nicht selbstständiger Arbeit nennen.	
... das Berechnungsschema zur Ermittlung des zu versteuernden Einkommens beschreiben.	
... zentrale Begriffe bei der Ermittlung des zu versteuernden Einkommens erläutern und jeweils drei Beispiele nennen: • Sonderausgaben • außergewöhnliche Belastungen	
... über die Ermittlung der zu zahlenden Einkommensteuer Auskunft geben und fallbezogene Berechnungen hierzu durchführen.	

Zweige der gesetzlichen Sozialversicherung	**Kapitel 4.3**
... die gesetzliche Krankenversicherung anhand der Merkmale Träger, Versicherte und Leistungen beschreiben.	
... Regelungen zur Versicherungspflicht und zur Pflegebedürftigkeit bei der gesetzlichen Pflegeversicherung erklären.	
... Pflichtversicherte, Familienversicherte und freiwillig Versicherte bei der gesetzlichen Rentenversicherung unterscheiden.	
... die vier Faktoren erläutern, die die Höhe der Monatsrente beeinflussen.	
... Arbeitslosengeld I und Arbeitslosengeld II anhand der Merkmale Anspruchsvoraussetzungen, Anspruchsdauer und Höhe voneinander abgrenzen.	
... über Aufgaben und Versicherungspflicht bei der gesetzlichen Unfallversicherung Auskunft geben.	
... Regelungen zur Finanzierung der einzelnen Sozialversicherungszweige erläutern.	
... Arbeitnehmer- und Arbeitgeberbeiträge zu den einzelnen Sozialversicherungszweigen fallbezogen ermitteln.	

Ich kann ...	☑

Mitwirkung und Mitbestimmung von Arbeitnehmern und Auszubildenden	Kapitel 5
... Regelungen zur Bildung eines Betriebsrats beschreiben und drei Aufgaben des Betriebsrats nennen.	
... aktives und passives Wahlrecht bei der Wahl zum Betriebsrat unterscheiden.	
... jeweils drei Rechte und Pflichten und daraus folgende Einflussmöglichkeiten des Betriebsrats auf unternehmerische Entscheidungen anhand von Beispielen erläutern.	
... Regelungen zur Bildung und zu den Aufgaben der Jugend- und Auszubildendenvertretung erklären.	
... aktives und passives Wahlrecht bei der Wahl zur Jugend- und Auszubildendenvertretung unterscheiden.	
... Möglichkeiten zur Durchsetzung der Interessen von Jugendlichen und Auszubildenden in der Jugend- und Auszubildendenvertretung anhand von drei Beispielen erläutern.	

Sozialer Ausgleich zwischen Arbeitnehmer- und Arbeitgeberinteressen	Kapitel 6
... über die Bedeutung der Koalitionsfreiheit vor dem Hintergrund des Grundgesetzes Auskunft geben.	
... drei Aufgaben von Gewerkschaften beschreiben.	
... öffentlich-rechtliche und private Arbeitgebervereinigungen unterscheiden und die Funktion von Arbeitgebervereinigungen beschreiben.	
... den schuldrechtlichen und den normativen Teil von Tarifverträgen an zwei Beispielen unterscheiden.	
... Mantel- und Gehaltstarifverträge voneinander abgrenzen.	
... die Bedeutung der Tarifbindung für die Durchsetzung von Arbeitnehmerrechten und Arbeitnehmerinteressen darlegen.	
... jeweils zwei Beispiele für Betriebsvereinbarungen in sozialen, personellen und wirtschaftlichen Angelegenheiten nennen.	
... über Tarifkonflikte und Spielregeln für Arbeitskämpfe Auskunft geben.	

Gesellschaftliche, ökonomische und ökologische Anforderungen an Kreditinstitute	Kapitel 7
... drei Gründe für den Umbruch in der Bankenlandschaft in den vergangenen Jahren beschreiben.	
... jeweils zwei Beispiele für interne und externe umweltbezogene Wirkungen der Geschäftstätigkeit von Kreditinstituten nennen.	
... über die Bedeutung nachhaltiger Finanzinstrumente für das Dienstleistungsangebot der Kreditinstitute Auskunft geben.	

Lernfeld 2:

Konten für Privatkunden führen und den Zahlungsverkehr abwickeln

Zielbeschreibung:

Sie verfügen über die Kompetenz, Privatkunden über Konten und Zahlungsinstrumente zu beraten, Konten zu eröffnen und Zahlungen abzuwickeln.

Lernfeld 2: Konten für Privatkunden führen und den Zahlungsverkehr abwickeln

Bereiten Sie Beratungsgespräche zu einer Kontoeröffnung stets planvoll vor und nutzen Sie dabei die vorliegenden Kundendaten. In **Beratungsgesprächen** kommunizieren Sie angemessen mit Kunden und passen sich dabei den unterschiedlichen Kommunikationsanforderungen und Gesprächsregeln der jeweiligen analogen und digitalen Vertriebskanäle an. Sie versetzen sich in die Lage der Kunden und ermitteln durch gezielte Fragestellungen deren Bedürfnisse und Präferenzen. Sie analysieren die persönlichen und wirtschaftlichen Verhältnisse der Kunden und wählen für sie **geeignete Kontoarten** (z. B. Einzel- und Gemeinschaftskonto, Konto für Minderjährige, Basiskonto, Pfändungsschutzkonto, Treuhandkonto) und Kontomodelle aus.

Sie beraten Kunden über die empfohlenen Konten, deren **Verfügungsmöglichkeiten** (gesetzliche und rechtsgeschäftliche Vertretung), **Kosten**, **Nutzungsmöglichkeiten** und die **Einlagensicherung**. Sie beziehen Zusatzangebote und Serviceleistungen Ihres Ausbildungsbetriebes in die Kundenkommunikation für einen erfolgreichen Vertragsabschluss und Anschlussgeschäfte ein. Sie stellen den Nutzen der Produkte für die Kunden dar und gehen konstruktiv mit Kundeneinwänden um.

Sie informieren Kunden über Rechte und Pflichten aus dem **Kontovertrag** und dem **Zahlungsdienstevertrag** (Authentifizierungsinstrumente, Sorgfaltspflichten beim Onlinebanking, Ausführungsfristen, Haftung). Sie beurteilen die Rechts- und Geschäftsfähigkeit von Kunden und schließen unter Beachtung rechtlicher und betrieblicher Vorgaben (Allgemeine Geschäftsbedingungen, Geldwäschegesetz, Abgabenordnung, SCHUFA) Kontoverträge ab. Zur **Identitätsfeststellung** nutzen Sie auch digitale Verfahren. Bei einem Kontowechsel übernehmen Sie die Korrespondenz mit dem abgebenden Kreditinstitut (Kontowechselhilfe).

Sie beraten Kunden über **Zahlungsinstrumente** (Überweisung, Lastschrift, Kartenzahlungen, Mobile Payment, Internetbezahlverfahren, Sorten), führen die im Zahlungsverkehr anfallenden Tätigkeiten aus und erläutern Kunden den Rechnungsabschluss von Konten.

Sie identifizieren im Rahmen der Kontoführung Anlässe zur Kundenkommunikation und planen Maßnahmen zur Neukundengewinnung sowie Kundenbindung. Sie beachten den **Datenschutz** (Bankgeheimnis, Bankauskünfte) und die Pflichten zur **Geldwäscheprävention**.

Beim Tod von Kunden kommunizieren Sie in angemessener Weise mit den Hinterbliebenen. Sie beachten die für **Nachlasskonten** geltenden Vorschriften (Legitimation der Erben, Verfügungen, Freistellungsauftrag, Meldung an das Finanzamt).

Sie reflektieren Ihr **Service- und Kommunikationsverhalten** im Beratungsgespräch in Hinblick auf Kundenzufriedenheit und Kundenbindung. Bei Meinungsverschiedenheiten mit Kunden wenden Sie Strategien zur Lösung von Konflikten an. Sie prüfen, ob die empfohlenen Konten aufgrund der tatsächlichen Nutzung für die Kunden geeignet sind.

1 Kontoarten

Definition

Das **Konto** ist eine chronologisch geführte Aufstellung über Forderungen und Verbindlichkeiten aus der Geschäftsverbindung mit einem Kunden.

Privatkunden (Verbraucher) nutzen ihre Konten überwiegend für Zwecke, die weder ihrer gewerblichen noch ihrer selbstständigen beruflichen Tätigkeit zugerechnet werden können *(§ 13 BGB)*. Bei der Kontoführung von Privatkunden sind umfängliche Verbraucherschutzvorschriften zu beachten *(z. B. § 14 ZKG: Allgemeine Informationspflichten der Zahlungsdienstleister)*.

1.1 Zahlungs-, Anlage-, Darlehens- und Depotkonto

Kreditinstitute führen für ihre Kunden Zahlungs-, Anlage-, Darlehens- und Depotkonten.

Konten	Zweck des Kontos
Zahlungskonto (Girokonto, Kontokorrentkonto)	➢ Abwicklung des Zahlungsverkehrs
Anlagekonto	
• Tagesgeldkonto	➢ Anlage von Geldern mit täglicher Verfügbarkeit
• Termingeldkonto	➢ Befristete Anlage von Geldern *(z. B. Festgeld für drei Monate)*
• Sparkonto	➢ Anlage und Ansammlung von Vermögen
Darlehenskonto	➢ Bereitstellung von Darlehen an Kunden
Depotkonto	➢ Verwahrung und Verwaltung von Wertpapieren des Kunden

1.2 Einzel- und Gemeinschaftskonto

Nach der Anzahl der Kontoinhaber sind Einzel- und Gemeinschaftskonten zu unterscheiden.

Einzelkonten	Gemeinschaftskonten
• Kontoinhaber ist **eine** einzelne Person. • Der Kontoinhaber muss sich bei der Kontoeröffnung legitimieren. • Der Kontoinhaber ist allein verfügungs- und vertretungsberechtigt. **Beispiel:** Klara Stiel (Name mit mindestens einem ausgeschriebenen Vornamen; Zusätze sind erlaubt)	• Kontoinhaber sind **mehrere** Personen. • Die Kontoinhaber haften als **Gesamtschuldner** für die Verbindlichkeiten aus dem Gemeinschaftskonto. • Alle Kontoinhaber müssen sich bei der Kontoeröffnung legitimieren. • Bei der Verfügungs- und Vertretungsberechtigung sind **Oder-Konten** und **Und-Konten** zu unterscheiden. **Beispiel:** Eheleute Klara und Eugen Stiel

Gemeinschaftskonten nach der Verfügungsberechtigung		
	Einzelverfügungsberechtigung („Oder-Konto")	**Gemeinschaftliche Verfügungsberechtigung („Und-Konto")**
Verfügungsberechtigung	• Jeder Kontoinhaber ist allein verfügungsberechtigt. • Widerruft ein Kontoinhaber die Einzelverfügungsberechtigung, ist nur eine gemeinsame Verfügung möglich.	• Die Kontoinhaber sind nur gemeinsam verfügungsberechtigt. • Änderungen der Verfügungsberechtigung sind nur gemeinsam möglich.
Kontovollmachten	• Erteilung der Vollmacht grundsätzlich nur von allen Kontoinhabern gemeinsam. Kreditinstitute können in ihren Vertragsbedingungen auch andere Regelungen vereinbaren. • Widerruf der Vollmacht aber durch jeden einzelnen Kontoinhaber möglich	
Freistellungsauftrag	Ein Freistellungsauftrag kann grundsätzlich <u>nicht</u> erteilt werden (Ausnahme: zusammen veranlagte Ehepaare).	
Kreditaufnahme	• Die Kontoinhaber haften als Gesamtschuldner. • Kreditverträge können nur gemeinschaftlich abgeschlossen werden.	
	Kurzfristige Kontoüberziehungen durch einen Kontoinhaber sind im bankühlichen Rahmen jedoch zulässig.	
Kontoauflösung	Die Kontoinhaber können nur gemeinsam die Kontoverbindung bei Zahlungsverkehrskonten beenden. Bei anderen Konten gelten die institutsspezifischen Regelungen.	
Verfügung im Todesfall	• Auch im Todesfall eines Kontoinhabers bleibt die Einzelverfügungsberechtigung gültig. • Widerruft ein Erbe die Einzelverfügungsberechtigung, sind Verfügungen nur zusammen mit dem Widerrufenden zulässig. • Im Todesfall ist der verbleibende Kontoinhaber berechtigt, das Konto allein aufzulösen bzw. auf seinen Namen umzuschreiben.	Im Todesfall eines Kontoinhabers • sind Verfügungen nur zusammen mit den Erben möglich, • ist die Kontoauflösung nur zusammen mit den Erben möglich.

1.3 Basiskonto

Grundsätzlich liegt es im Ermessen des Kreditinstitutes und des Kunden, ob sie einen Kontovertrag schließen möchten (Vertragsfreiheit).

Jedoch hat jeder **Verbraucher mit rechtmäßigem Aufenthalt in der Europäischen Union** einschließlich Personen ohne festen Wohnsitz und Asylsuchenden sowie Personen ohne Aufenthaltstitel, die aus rechtlichen Gründen nicht abgeschoben werden können, einen **Rechtsanspruch** auf ein **Basiskonto** (Zahlungskonto mit grundlegenden Funktionen) bei einem Kreditinstitut, damit der Kontoinhaber Zahlungsdienste in Anspruch nehmen kann (Kontrahierungszwang) *(§§ 30, 31 Zahlungskontengesetz, ZKG)*. Kreditinstitute müssen ein Basiskonto innerhalb von zehn Geschäftstagen einrichten *(§ 34 ZKG)* und dem Kontoinhaber die folgenden Zahlungsdienste ermöglichen: Ein- und Auszahlungsgeschäft, Lastschriftgeschäft, Überweisungsgeschäft und Zahlungskartengeschäft *(§ 38 ZKG)*. Das Kreditinstitut ist berechtigt, das Konto nur auf Guthabenbasis zu führen.

Das kontoführende Kreditinstitut darf das Basiskonto nicht zu Bedingungen führen, die benachteiligend sind im Vergleich zu anderen Konten *(§ 40 ZKG)*. Die Inhaber von Basiskonten sind verpflichtet, für die Erbringung der Dienste das vereinbarte Entgelt zu entrichten. Die Entgelte müssen marktüblich sein und das Nutzerverhalten berücksichtigen *(§ 41 ZKG)*.

1.4 Pfändungsschutzkonto

▸ Pfändung von Kontoguthaben

Der Gläubiger eines Kunden kann dessen Kontoguthaben zur Befriedigung seiner Forderungen pfänden. Auf der Grundlage eines vollstreckbaren Titels (Urteil oder Vollstreckungsbescheid) kann der Gläubiger beim Amtsgericht einen **Pfändungs- und Überweisungsbeschluss** beantragen, der dem Kreditinstitut zugestellt wird.

Mit der Zustellung eines Pfändungsbeschlusses *(§ 829 ZPO)* ist das Kontoguthaben beschlagnahmt, und das Kreditinstitut darf grundsätzlich keine Auszahlungen mehr an den Kontoinhaber leisten. Der Überweisungsbeschluss enthält die Aufforderungen an die Bank, eine bestimmte Geldsumme an den betreibenden Gläubiger zu überweisen *(§ 835 ZPO)*. In der Praxis wird der Überweisungsbeschluss meist mit dem Pfändungsbeschluss zusammengefasst. Der Pfändungs- und Überweisungsbeschluss kann auch zukünftige Zahlungseingänge auf dem Konto umfassen (Doppelpfändung).

Das Kreditinstitut informiert den Kunden über den Eingang des Pfändungs- und Überweisungsbeschlusses. Das gepfändete Guthaben einer natürlichen Person darf die Bank frühestens **vier Wochen** nach Zustellung des Überweisungsbeschlusses an den Gläubiger überweisen *(§ 835 Abs. 3 ZPO)*.

Der Eingang eines Pfändungs- und Überweisungsbeschlusses ist für das Kreditinstitut Anlass, die Bonität des Kreditkunden zu prüfen. Bei einer erheblichen Verschlechterung der wirtschaftlichen Lage des Kunden kann die Bank alle Kredite kündigen und selbst eventuelle Pfandrechte geltend machen (AGB-Pfandrecht).

▸ Pfändungsschutzkonto (P-Konto)

Die Pfändung von **Lohn- und Gehaltsforderungen** ist aus sozialen Gründen auf den pfändbaren Teil der Bezüge beschränkt. Der jeweils pfändbare Teil ist der Anlage zu *§ 850c ZPO* („Lohnpfändungstabelle") zu entnehmen. Der pfändungsfreie Betrag ist von der Einkommenshöhe und von den Unterhaltspflichten des Schuldners abhängig. Nicht pfändbar sind zudem bestimmte **Sozialleistungen** *(§ 54 SGB I, Abs. 3; z. B. Elterngeld, Mutterschaftsgeld, Wohngeld)*.

Ein **Pfändungsschutz** für Einkünfte besteht **nur** auf einem besonderen **Pfändungsschutzkonto** *(§ 850k ZPO)*. Auf Antrag des Kontoinhabers führt das Kreditinstitut das Girokonto als Pfändungsschutzkonto, auf dem Guthaben bis zur Höhe des monatlichen **Pfändungsfreibetrages** einem Pfändungsschutz unterliegen. Bis zur Höhe des Pfändungsfreibetrages kann der Kontoinhaber **frei** über das Guthaben **verfügen**.

Der monatliche Pfändungsfreibetrag gemäß *§ 850c ZPO* besteht aus einem

- **Basispfändungsfreibetrag**, der jeder Person monatlich zusteht (2022: 1 252,64 EUR), und gegebenenfalls aus einem
- zusätzlichen **Pfändungsfreibetrag für gesetzliche Unterhaltspflichten** (2022: 471,44 EUR für die erste Person, je 262,65 EUR für die zweite bis fünfte Person).

Der Pfändungsschutz soll das Existenzminimum des Arbeitnehmers sichern und ihm die Erfüllung seiner gesetzlichen Unterhaltsverpflichtungen ermöglichen. Gesetzliche Unterhaltspflichten sind durch geeignete Unterlagen *(z. B. Geburtsurkunde des Kindes)* nachzuweisen. Einen noch höheren Pfändungsschutz kann der Kontoinhaber im Einzelfall durch einen Antrag beim Vollstreckungsgericht geltend machen, wenn er z. B. ein über den Basispfändungsfreibetrag hinausgehendes Arbeitseinkommen erzielt, das nur zum Teil pfändbar ist *(§ 850c Abs. 2 ZPO)*.

Über den monatlichen Pfändungsfreibetrag hinaus unterliegen auch folgende Geldeingänge einem Pfändungsschutz:
- Geldleistungen nach dem Sozialgesetzbuch *(z. B. Elterngeld, Mutterschaftsgeld, Wohngeld)*
- Kindergeld

Diese Gelder erhöhen den pfändungsfreien Betrag.

Merkmale von Pfändungsschutzkonten *(§ 850k ZPO)*

- **Nur natürliche Personen** können ein Pfändungsschutzkonto errichten.
- Jede Person darf nur **ein Pfändungsschutzkonto** unterhalten. Kreditinstitute melden den Antrag und die Einrichtung eines P-Kontos der SCHUFA.
- Ein Pfändungsschutzkonto kann nur als **Einzelkonto** geführt werden.
- Ein Kunde kann jederzeit die Umwandlung seines Girokontos in ein Pfändungsschutzkonto verlangen.
- Der **Pfändungsfreibetrag** wird für jeweils einen **Kalendermonat** gewährt und gilt für alle Einkünfte *(z. B. Einkünfte aus nicht selbstständiger und selbstständiger Arbeit)*.
- Ein Girokonto kann auch noch binnen vier Wochen nach Eingang eines Pfändungs- und Überweisungsbeschlusses in ein Pfändungsschutzkonto umgewandelt werden.
- Der in einem Monat nicht ausgeschöpfte pfändungsfreie Anteil eines Guthabens wird auf den folgenden Monat übertragen, sodass sich der Pfändungsfreibetrag im Folgemonat um diesen Betrag erhöht.

▸ Verpfändung und Abtretung von Kontoguthaben

Zur Sicherung eines Darlehens kann der Kontoinhaber das Kontoguthaben an den Kreditgeber verpfänden oder abtreten.

Verpfändung *(§ 1279 BGB)*

Mit der Vereinbarung eines Pfandvertrages (vertragliches Pfandrecht) erwirbt der Pfandgläubiger ein **Verwertungsrecht** an dem Guthaben, von dem er im Fall der Nichterfüllung des Kreditvertrages Gebrauch machen kann. Das Pfandrecht muss dem Kreditinstitut angezeigt werden.

- Vor dem Eintritt des Verwertungsfalles können Kontoinhaber und Pfandgläubiger nur gemeinsam über das Konto verfügen.

- Im Verwertungsfall kann das Kreditinstitut nur noch mit schuldbefreiender Wirkung an den Pfandgläubiger leisten.

Das Kreditinstitut hat schon bei der Kontoeröffnung mit der Anerkennung der AGB ein vertragliches Pfandrecht an allen Konto- und Depotguthaben des Kunden erworben *(AGB-Sparkassen Nr. 21, AGB-Banken Nr. 14)*. Aufgrund der zeitlichen Priorität dieses sogenannten **AGB-Pfandrechtes** sind die Ansprüche der Bank vorrangig gegenüber den Ansprüchen anderer Pfandgläubiger.

1.5 Treuhandkonto

Definition

Treuhandkonten dienen der **treuhänderischen Verwaltung und Anlage fremder Vermögenswerte.** Der Kontoinhaber erklärt bei der Kontoeröffnung ausdrücklich, dass er für fremde Rechnung handelt und die Vermögenswerte eigentlich einem Dritten zustehen.

▸ Anderkonten

Anderkonten sind bestimmten Berufsgruppen vorbehalten. Rechtsgrundlage für die Kontoführung sind neben den AGB die *„Sonderbedingungen für Anderkonten und Anderdepots“* für die jeweiligen Berufsgruppen.

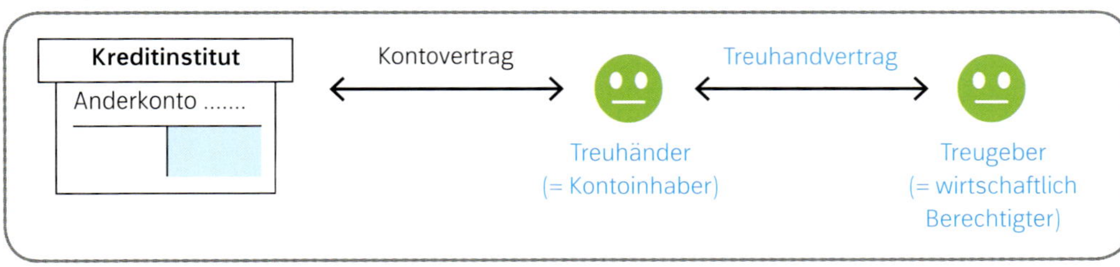

Kontoinhaber (Treuhänder)	Kontobezeichnung	Verfügungsberechtigung
• Notare • Rechtsanwälte • Gesellschaften von Rechtsanwälten • Patentanwälte • Gesellschaften von Patentanwälten • Wirtschaftsprüfer • vereidigte Buchprüfer • Steuerberater • Steuerbevollmächtigte	Name des Treuhänders mit dem Zusatz „Anderkonto“ Der wirtschaftlich Berechtigte **kann** in der Kontobezeichnung angegeben werden. Der Name des Treugebers ist grundsätzlich in den Kontounterlagen festzuhalten *(§ 8 GwG)*. Notare und Rechtsanwälte müssen den Namen des wirtschaftlich Berechtigten jedoch nur auf Verlangen des Kreditinstitutes bekannt geben *(§ 5 Abs. 2 Nr. 3 GwG)*.	• Kontoinhaber • Bevollmächtigte – bei Notaranderkonten nur der amtlich bestellte Vertreter – bei den übrigen Anderkonten: Vollmachten nur an Personen, die selbst zur Eröffnung eines solchen Kontos berechtigt sind

Die Inhaber von Anderkonten sind grundsätzlich verpflichtet, jeden Treuhandvorgang über ein besonderes Konto abzuwickeln. Bei der erstmaligen Eröffnung eines Anderkontos ist die Legitimation des Kontoinhabers zu prüfen. Weitere Anderkonten des Treuhänders werden formlos unter einer einheitlichen Stammkontonummer ohne eine weitere Legitimationsprüfung eröffnet.

Ausnahme: Sammelanderkonten

Über als solche gekennzeichnete Sammelanderkonten können unterschiedliche Vorgänge abgewickelt werden. **Notaren ist die Führung von Sammelanderkonten nicht erlaubt.** Der Kontoinhaber *(z. B. Rechtsanwalt)* ist verpflichtet, auf Verlangen des Kreditinstituts Namen und Anschrift der wirtschaftlich Berechtigten schriftlich mitzuteilen. Auf einem Sammelanderkonto dürfen in der Regel Werte über 15 000,00 EUR für einen Mandanten nicht länger als einen Monat verbleiben. Der Kontoinhaber muss die eingehenden Gelder unverzüglich an die Mandanten weiterleiten bzw. auf einem speziellen Anderkonto für die einzelnen Treugeber umbuchen oder – sofern die Gelder für ihn selbst bestimmt sind – auf sein Eigenkonto übertragen. Beim Tod des Treuhänders wird die zuständige Einrichtung (Rechtsanwalts-/Berufskammer, Patentamt) oder die von ihr bestellte Person Kontoinhaber des Anderkontos, bis ein Abwickler bestellt ist.

▸ Sonstige Treuhandkonten

- Mietkautionskonto auf den Namen des Vermieters
- Konten von Wohnungseigentümergemeinschaften auf den Namen des Hausverwalters
- Konten für nicht rechtsfähige Personenvereinigungen *(z. B. Kegelverein)* auf den Namen eines Mitglieds

Bei allen Treuhandkonten gelten folgende besonderen Regelungen:

- Der Kontoinhaber erklärt, dass das Konto nicht eigenen Zwecken des Kontoinhabers dient.
- Der Kontoinhaber ist verpflichtet, den Namen desjenigen mitzuteilen, für dessen Rechnung er handelt *(§ 8 GwG)*.
- Kontoüberziehungen sind grundsätzlich nicht möglich.
- Das Kreditinstitut besitzt kein Pfand- oder Zurückbehaltungsrecht an dem Guthaben, es sei denn wegen Forderungen, die in Bezug auf das Konto selbst *(z. B. Kontoführungsgebühren)* entstanden sind.
- Das Kreditinstitut prüft die Rechtmäßigkeit der Verfügungen des Kontoinhabers in seinem Verhältnis zu Dritten nicht. Es haftet daher nicht für unrechtmäßige Verfügungen des Kontoinhabers.
- Der Treugeber (Dritter, wirtschaftlich Berechtigter) besitzt gegenüber dem Kreditinstitut kein Auskunfts- und Verfügungsrecht.
- Das Kontoguthaben ist steuerlich dem Treugeber zuzurechnen. Es kann kein Freistellungsauftrag erteilt werden.

Mietkaution

Die **Mietkaution** ist eine vom Mieter dem Vermieter entsprechend den im Mietvertrag getroffenen Vereinbarungen zu stellende Sicherheit, auf die der Vermieter zurückgreifen kann, falls der Mieter seinen Verpflichtungen aus dem Mietverhältnis nicht nachkommt.

Beispiele

rückständige Miete, Schäden am Mietobjekt

Die Mietkaution darf bei der Vermietung von Wohnraum das Dreifache der Monatsmiete nicht übersteigen *(§ 551 BGB)*.

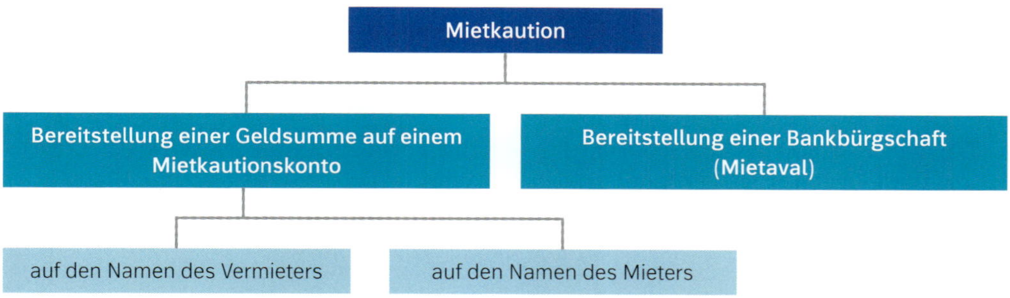

Möglichkeit (1): Mietkautionskonto auf den Namen des Vermieters

- Der Vermieter muss die Mietkaution getrennt von seinem Vermögen bei einem Kreditinstitut mindestens zu dem für Spareinlagen mit dreimonatiger Kündigungsfrist üblichen Zinssatz anlegen. Die Vertragsparteien können auch eine andere Anlageform *(z. B. Tagesgeldkonto)* vereinbaren *(§ 551 Abs. 3 BGB)*.
- Das Konto ist als **offenes Treuhandkonto** mit dem Zusatz „wegen Mietkaution ..." anzulegen. Der Name des Mieters (wirtschaftlich Berechtigter) ist in den Kontounterlagen festzuhalten.
- Nur der Vermieter ist dem Kreditinstitut gegenüber allein berechtigt und verpflichtet. Er hat jederzeitigen Zugriff auf das Guthaben.
- Das Kreditinstitut verzichtet auf sein AGB-Pfandrecht.
- Die Zinsen stehen dem Mieter zu. Sie erhöhen die Sicherheit.
- Die Erteilung eines Freistellungsauftrages ist nicht möglich. Der Vermieter muss dem Mieter eine Bescheinigung über die entrichtete Kapitalertragsteuer erteilen.
- Die Mietkaution ist nach störungsfreier Beendigung des Mietverhältnisses einschließlich der Zinsen zurückzuzahlen.

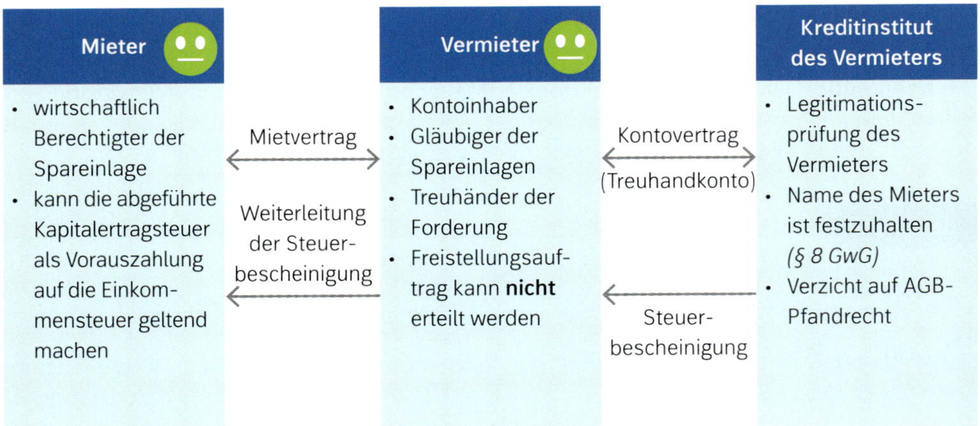

▸ Möglichkeit (2): Mietkautionskonto auf den Namen des Mieters

- Der Mieter eröffnet ein Sparkonto auf seinen Namen mit dem Zusatz „wegen Mietkaution …" und verpfändet das Sparguthaben an den Vermieter.
- Die Verpfändung muss dem kontoführenden Kreditinstitut angezeigt werden *(§ 1280 BGB)*. Der Name des Vermieters wird in den Kontounterlagen festgehalten.
- Das Sparbuch wird dem Vermieter übergeben. Nur er ist dem Kreditinstitut gegenüber allein verfügungsberechtigt. Zum Schutz des Mieters wird im Kontovertrag häufig vereinbart, dass das Kreditinstitut den Mieter von einem Auszahlungsverlangen des Vermieters unterrichten und die Auszahlung erst nach Ablauf von vier Wochen vornehmen wird. Auf diese Weise soll dem Mieter Gelegenheit gegeben werden, gegen unberechtigte Ansprüche rechtlich vorzugehen.
- Das Kreditinstitut tritt mit seinem AGB-Pfandrecht für die Dauer des Mietverhältnisses gegenüber dem Pfandrecht des Vermieters zurück.
- Die Zinsen stehen dem Mieter zu. Sie erhöhen die Sicherheit.
- Die Erteilung eines Freistellungsauftrages ist möglich.
- Das Pfandrecht erlischt nach störungsfreier Beendigung des Mietverhältnisses. Das Sparbuch ist dem Mieter zurückzugeben.

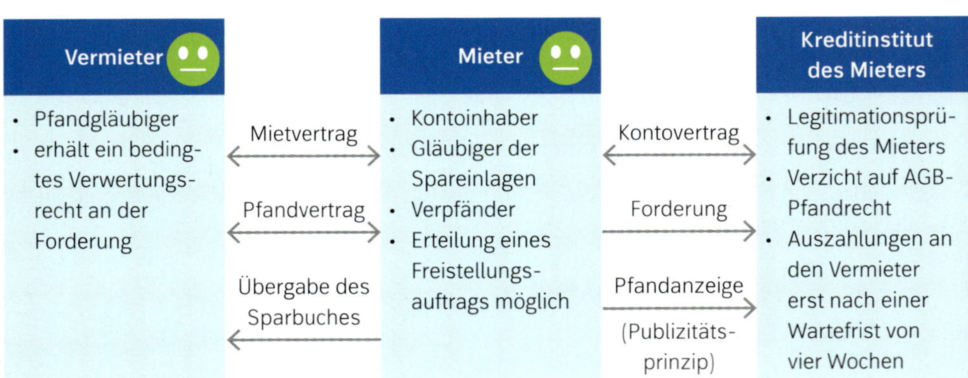

2 Gesetzliche und rechtsgeschäftliche Vertretung

Bei einer Vertretung schließt ein Dritter Rechtsgeschäfte im Namen des Vertretenen ab. Die Rechtsfolgen des Geschäftes treffen ausschließlich den Vertretenen.

Stellvertretung nach dem rechtlichen Entstehungsgrund

Gesetzliche Vertreter	Rechtsgeschäftliche Vertreter
Die Vertretungsmacht ist gesetzlich vorgeschrieben.	Die Vertretungsmacht wurde durch ein Rechtsgeschäft (Vollmacht) erteilt.
Gesetzliche Vertreter von ... • Minderjährigen unter 18 Jahren sind die **Eltern** *(§ 1629 BGB)* oder ein vom Familiengericht bestellter **Vormund** *(§ 1793 BGB)*. • Volljährigen, die unter Betreuung stehen, ist ein vom Betreuungsgericht bestellter **Betreuer**.	Eine voll geschäftsfähige Person (Vertretener) kann durch **Vollmacht** eine andere Person (Vertreter, Bevollmächtigter) ermächtigen, in ihrem Namen Rechtsgeschäfte abzuschließen. Die Erteilung der Vollmacht erfolgt durch Erklärung gegenüber dem Bevollmächtigten oder dem Dritten, mit dem ein Rechtsgeschäft geschlossen werden soll *(§ 167 BGB)*.

2.1 Kontoführung für Minderjährige

▸ Rechts- und Geschäftsfähigkeit

Rechtsfähigkeit ist die Fähigkeit, Träger von Rechten und Pflichten zu sein *(z. B. Kontoinhaber, Darlehensnehmer)*. Sie beginnt mit der Vollendung der Geburt und endet mit dem Tode *(§ 1, 1922 BGB)*. Kreditinstitute können für alle rechtsfähigen Personen Konten führen und andere Bankgeschäfte tätigen.

Geschäftsfähigkeit ist die Fähigkeit, durch wirksame Willenserklärungen Rechtsgeschäfte *(z. B. Kontovertrag, Darlehensvertrag)* abschließen zu können. Erst nach **Vollendung des 18. Lebensjahres** sind Personen voll geschäftsfähig.

Kinder **unter sieben Jahren** sind **geschäftsunfähig**. Die Willenserklärung eines Geschäftsunfähigen ist nichtig *(§§ 104, 105 BGB)*. Die gesetzlichen Vertreter können für sie Rechtsgeschäfte abschließen.

Minderjährige von **sieben bis unter 18 Jahren** sind **beschränkt geschäftsfähig**.

Bei **mehrseitigen Rechtsgeschäften** (z. B. Kontovertrag, Kaufvertrag) benötigt der Minderjährige die Einwilligung seines gesetzlichen Vertreters *(§ 106, 107 BGB)*. Schließt der Minderjährige einen Vertrag ohne die erforderliche Einwilligung des gesetzlichen Vertreters, so hängt die Wirksamkeit des Vertrages von der Genehmigung des Vertreters ab *(§ 108 BGB)*. Die Willenserklärung des Minderjährigen ist bis zur Genehmigung durch den gesetzlichen Vertreter **schwebend unwirksam**.

Ausnahmen: Beschränkt Geschäftsfähige können folgende Rechtsgeschäfte auch allein tätigen:

- Das Rechtsgeschäft bietet dem Minderjährigen lediglich einen rechtlichen Vorteil *(z. B. Schenkungsnehmer; § 107 BGB)*.
- Der Minderjährige hat einen Vertrag mit Mitteln erfüllt, die ihm zu diesem Zwecke oder zu freier Verfügung von dem gesetzlichen Vertreter oder mit dessen Zustimmung von einem Dritten überlassen worden sind *(Taschengeldparagraf; § 110 BGB)*.
- selbstständiger Betrieb eines Erwerbsgeschäfts *(§ 112 BGB)*
- Eingehung eines Dienst- oder Arbeitsverhältnisses (*§ 113 BGB;* gilt nicht für Ausbildungsverhältnisse!)

Ein **einseitiges Rechtsgeschäft** *(z. B. Vollmacht, Kündigung)*, das ein Minderjähriger ohne die erforderliche Einwilligung des gesetzlichen Vertreters vornimmt, ist **unwirksam** (nichtig; *§ 111 BGB*).

Vollmachten können auch **beschränkt Geschäftsfähige** erhalten. Sie können dann ohne Mitwirkung ihrer gesetzlichen Vertreter Rechtsgeschäfte im Namen des Vertretenen schließen *(§ 165 BGB)*.

Die Wirksamkeit einer von oder gegenüber einem Vertreter abgegebenen Willenserklärung wird nicht dadurch beeinträchtigt, dass der Vertreter in der Geschäftsfähigkeit beschränkt ist.

Fallbeispiel

Die 16-jährige Maren möchte ihrem 17-jährigen Freund Steffen eine Kontovollmacht erteilen. Da Maren nur beschränkt geschäftsfähig ist, kann sie selbst keine Vollmacht erteilen. Ihre gesetzlichen Vertreter könnten jedoch eine solche Vollmacht erteilen.
Steffen kann jedoch ohne Einwilligung seiner gesetzlichen Vertreter als Bevollmächtigter handeln.

▸ Gesetzliche Vertreter

Die **Eltern** vertreten **gemeinschaftlich** ihre Kinder unter 18 Jahren als gesetzliche Vertreter. Ist eine Willenserklärung gegenüber dem Kind abzugeben, so genügt die Abgabe gegenüber einem Elternteil. Ein Elternteil vertritt das Kind allein, soweit er die elterliche Sorge allein ausübt *(z. B. nach Scheidung; § 1629 BGB)*.

Gelder des Kindes sind nach den Grundsätzen einer wirtschaftlichen Vermögensverwaltung anzulegen *(§ 1642 BGB)*.

Das **Familiengericht** hat bei Minderjährigen (Mündeln) einen **Vormund** zu bestellen, wenn die Eltern verstorben sind oder wenn ihnen die elterliche Sorge entzogen wurde. In diesen Fällen vertritt der Vormund den Minderjährigen *(§§ 1773, 1774, 1793, 1797 BGB)*.

Der Vormund legitimiert sich durch eine vom Gericht ausgestellte **Bestallungsurkunde.** In der Urkunde ist auch angegeben, in welcher Weise der Vormund handeln darf (*z. B. Handeln gemeinsam mit einem Gegenvormund; § 1791 BGB*).

Der Vormund hat Gelder des Mündels verzinslich und mündelsicher anzulegen *(§§ 1806, 1807 BGB)*.

Beispiele

Bundesanleihen, Pfandbriefe, Spareinlagen

Bei folgenden Geschäften von Minderjährigen ist neben der Einwilligung der gesetzlichen Vertreter bzw. des Vormundes zusätzlich eine **Genehmigung** durch das **Familiengericht** erforderlich *(§§ 1643, 1821, 1822, 1908i BGB)*:

- Grundstücksgeschäfte (Kauf, Verkauf, Belastung)
- Verfügung über das Vermögen im Ganzen
- Kreditaufnahme
- Übernahme einer Bürgschaft

Fallbeispiel

Willenserklärungen von Minderjährigen

Fall	Lösung	Begründung
Max, fünf Jahre alt, möchte ein Sparkonto eröffnen.	Die gesetzlichen Vertreter müssen für Max das Konto eröffnen.	Die Willenserklärung des Geschäftsunfähigen ist unwirksam.
Stephanie, zwölf Jahre alt, möchte ein Girokonto eröffnen.	Die gesetzlichen Vertreter müssen die Kontoeröffnung genehmigen.	Die Willenserklärung der beschränkt Geschäftsfähigen ist schwebend unwirksam.
Leonie, 17 Jahre alt, möchte ihren Sparvertrag kündigen.	Die gesetzlichen Vertreter müssen den Vertrag kündigen.	Die Kündigung ist ein einseitiges Rechtsgeschäft. Die Willenserklärung der Minderjährigen ist unwirksam.
Paul, 18 Jahre alt, möchte seiner Freundin Sarah, 16 Jahre alt, eine Kontovollmacht erteilen.	Paul kann Sarah eine Vollmacht erteilen.	Paul ist voll geschäftsfähig. Sarah kann als beschränkt Geschäftsfähige ohne Mitwirkung ihrer gesetzlichen Vertreter eine Vollmacht erhalten.
Lukas, 17 Jahre alt, beantragt eine Überziehungslinie von 1 000,00 EUR auf seinem Girokonto.	Der Überziehungskredit kann nur mit Zustimmung der gesetzlichen Vertreter und Genehmigung durch das Familiengericht eingeräumt werden.	Kreditaufnahmen müssen vom Familiengericht genehmigt werden.
Larissa, 16 Jahre alt, beantragt eine Kreditkarte.	Mit Zustimmung der gesetzlichen Vertreter kann Larissa eine Prepaid-Kreditkarte beantragen. Bei anderen Kreditkarten wäre zusätzlich eine Genehmigung durch das Familiengericht notwendig.	• Prepaid-Karten sind nicht mit einer Darlehensgewährung verbunden. • Bei anderen Kreditkarten wird ein Verfügungsrahmen festgelegt, der zu einer Kreditaufnahme führen kann.
Ein Vormund möchte für sein Mündel Aktien kaufen.	Der Aktienkauf ist nicht möglich.	Der Vormund muss die Gelder mündelsicher anlegen *(§§ 1806 f. BGB)*.

▶ Verfügungen über Konten von Minderjährigen

Die gesetzlichen Vertreter können uneingeschränkt über die Konten von Minderjährigen verfügen. Mit der Vollendung des 18. Lebensjahres erlischt diese Berechtigung.

Beschränkt Geschäftsfähige dürfen über ihre Konten nur selbst verfügen, wenn ihnen dies von den gesetzlichen Vertretern gestattet wird. Die Eltern bzw. der Vormund können die Verfügungsmöglichkeiten des Minderjährigen in der Regel auf einen bestimmten Betrag beschränken.

Kreditgewährungen sind nur mit Zustimmung der gesetzlichen Vertreter und Genehmigung durch das Familiengericht zulässig, die aber nur in Ausnahmefällen erteilt wird. Deshalb muss das Kreditinstitut sicherstellen, dass es nicht zu Kontoüberziehungen kommt.

- Bankkarten (Girocard) kann das Kreditinstitut an Minderjährige ausgeben, wenn bei allen Verfügungen geprüft wird, ob ein ausreichendes Guthaben vorhanden ist. Minderjährige können mit der Karte Geld an Automaten abheben und bargeldlos in Geschäften zahlen.
  Auf dem Chip ist eine Altersverifikation gespeichert, sodass der Minderjährige die Karte nur für online autorisierte Zahlungen nutzen kann.
- Lastschriften, die zu einer Kontoüberziehung führen würden, löst das Kreditinstitut nicht ein.
- Kreditkarten mit einem Verfügungsrahmen darf das Kreditinstitut nicht an Minderjährige ausgeben. Zulässig ist jedoch die Ausgabe von Prepaid-Kreditkarten.

2.2 Kontoführung für Betreute

Kann ein **Volljähriger** aufgrund einer psychischen **Krankheit** oder einer körperlichen, geistigen oder seelischen **Behinderung** seine Angelegenheiten ganz oder teilweise nicht besorgen, so bestellt das Betreuungsgericht auf seinen Antrag oder von Amts wegen für ihn einen **Betreuer** *(§ 1896 BGB)*.

Ein Betreuer darf nur für Aufgabenkreise bestellt werden, in denen eine Betreuung erforderlich ist *(§ 1896 BGB)*. In seinem Aufgabenkreis vertritt der Betreuer den Betreuten gerichtlich und außergerichtlich *(§ 1902 BGB)*.

Beispiele

Vermögensangelegenheiten, Bestimmung des Aufenthaltsortes

Der Betreuer hat Gelder des Betreuten verzinslich und grundsätzlich mündelsicher anzulegen, soweit es nicht zur Bestreitung von Ausgaben bereitzuhalten ist. Mündelsichere Anlagen sind zum Beispiel Bundeswertpapiere und Spareinlagen *(§§ 1806, 1807 BGB)*. Bei Grundstücksgeschäften, Kreditaufnahmen und Übernahme von Bürgschaften ist die Genehmigung des Betreuungsgerichtes notwendig *(§§ 1643, 1821, 1822, 1908i BGB)*.

Betreuer legitimieren sich durch Vorlage ihres Personalausweises und durch einen vom Betreuungsgericht (Amtsgericht) ausgestellten **Betreuerausweis**. Um für den Betreuten Bankgeschäfte tätigen zu dürfen, muss in dem Betreuerausweis dargelegt sein, dass **Geld- und Vermögensangelegenheiten** zum Aufgabenkreis des Betreuers gehören.

Nach dem Betreuungsrecht sind **befreite** und **nicht befreite Betreuer** zu unterscheiden.

- **Befreite Betreuer** sind Eltern, Ehegatte, eingetragener Lebenspartner, Abkömmlinge (Kinder, Enkel) und Vereins-/Behördenbetreuer (*§ 1908i Abs. 2, § 1897 Abs. 2, § 1900 BGB*). Sie können ohne Genehmigung des Betreuungsgerichtes Gelder des Betreuten mündelsicher anlegen und unbegrenzt Verfügungen tätigen. Für nicht mündelsichere Anlagen (*z. B. Investmentfonds*) ist eine Genehmigung des Betreuungsgerichtes notwendig.

- **Nicht befreite Betreuer** benötigen bei **allen** Verfügungen die vorherige Genehmigung des Betreuungsgerichts, wenn das **Gesamtguthaben** auf allen Konten und Depots **mindestens 3000,00 EUR** beträgt (*§§ 1812, 1813 BGB*). Ein entsprechender Sperrvermerk ist auf den Konten und Depots des Betreuten anzubringen (*§ 1809 BGB*).
  Ausnahme: Über Giro- und Kontokorrentkonten kann der Betreuer ohne gerichtliche Genehmigung uneingeschränkt verfügen *(§ 1813 BGB)*.

Bei einer Betreuung bleibt die Geschäftsfähigkeit des Betreuten grundsätzlich erhalten, sodass sowohl der Betreute als auch der Betreuer Bankgeschäfte tätigen können.

Das Betreuungsgericht kann aber einen **Einwilligungsvorbehalt** anordnen, soweit dies zur Abwendung einer erheblichen Gefahr für die Person oder das Vermögen des Betreuten erforderlich ist. Nur in diesem Fall muss der Betreuer die vom Betreuten getätigten Geschäfte genehmigen.

Die Einwilligung des Betreuers ist aber nicht erforderlich bei geringfügigen Angelegenheiten des täglichen Lebens und wenn die Willenserklärung dem Betreuten nur einen rechtlichen Vorteil bringt *(§ 1903 BGB)*.

2.3 Kontovollmacht

Bei einer **Kontovollmacht** ermächtigt der Kontoinhaber einen Bevollmächtigten, Verfügungen über sein Konto zu tätigen und bestimmte Bankgeschäfte zu tätigen *(§ 164 ff. BGB)*.

Grundsätzlich können Vollmachten durch formlose Erklärung gegenüber dem Bevollmächtigten oder dem Dritten, dem gegenüber die Vertretung stattfinden soll, erteilt werden. In der Praxis verlangen Kreditinstitute die **schriftliche Erteilung** einer Vollmacht auf Formularen, in denen die Befugnisse des Bevollmächtigten eindeutig beschrieben sind. Der Bevollmächtigte muss sich anhand eines amtlichen Lichtbildausweises legitimieren und eine Unterschriftsprobe leisten.

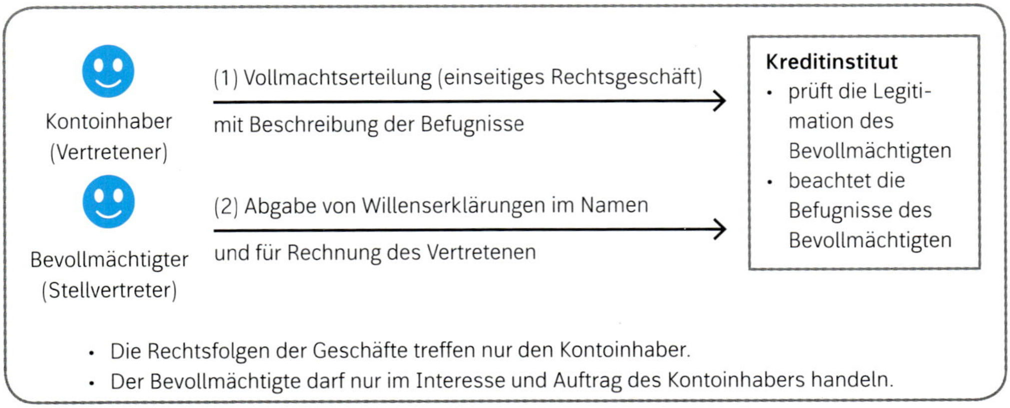

Der Vollmachtgeber kann den Umfang der Vertretungsbefugnisse beliebig bestimmen. Die Vollmacht kann dem Bevollmächtigten die Verfügungsberechtigung über ein, mehrere oder alle Konten und Depots des Vertretenen einräumen. Besondere Vollmachten ermöglichen dem Bevollmächtigten auch den Zugang zu Schrank- und Schließfächern.

Umfang der Befugnisse des Bevollmächtigten	
regelmäßige Befugnisse	• Verfügungen über Kontoguthaben • Inanspruchnahme von eingeräumten Krediten • Ankauf von Wertpapieren, Devisen, Sorten und Edelmetallen • Entgegennahme von Kaufabrechnungen, Kontoauszügen, Wertpapier-, Depot- und Erträgnisaufstellungen • Anerkenntnis von Rechnungsabschlüssen
weitere Befugnisse nach Vereinbarung	• Erteilung von Untervollmachten • Eröffnung weiterer Konten und Depots • Entgegennahme von Konto- und Kreditkündigungen • Kontokündigung oder Kontoumschreibung auf einen anderen Namen • Abschluss oder Änderung von Kreditverträgen • Bestellung oder Rücknahme von Kreditsicherheiten • Antragstellung für Bank- und Kreditkarten • Abschluss von Schrankfach- und Verwahrverträgen

Die Ausgestaltung der Befugnisse bei Vollmachten ist in den Formularen der Kreditinstitute geregelt.

Vollmachtarten	
Vollmacht über den Tod hinaus (Regelfall)	• Der Bevollmächtigte darf das Konto im Rahmen seiner Befugnisse nutzen. **Beispiel:** Die Ehefrau räumt ihrem Ehemann eine Kontovollmacht auf ihrem Konto ein. Er erhält auch eine Giro- und Kreditkarte. • Die Vollmacht erlischt nicht beim Tod des Kontoinhabers. • Der Bevollmächtigte handelt nach dem Tod des Kontoinhabers im Interesse der Erben.
Vorsorgevollmacht	• Eine Vorsorgevollmacht erteilt der Kontoinhaber für den Fall, dass er selbst aus gesundheitlichen Gründen nicht mehr in der Lage ist, Bankgeschäfte zu tätigen. • Ab wann und unter welchen Voraussetzungen der Bevollmächtigte von der Vollmacht Gebrauch machen darf, richtet sich nach den Vereinbarungen zwischen dem Kontoinhaber und dem Bevollmächtigten. • Das Kreditinstitut prüft in der Regel nicht, ob der Vorsorgefall beim Vollmachtgeber tatsächlich eingetreten ist.
Vollmacht für den Todesfall	• Die Vollmacht wird erst beim Tod des Kontoinhabers wirksam. • Der Bevollmächtigte kann über die Vermögenswerte des Kontoinhabers im Interesse der Erben verfügen. • Die Vollmacht soll die Nachlassregulierung erleichtern.

Der Kontoinhaber und die Erben können eine Kontovollmacht jederzeit widerrufen.

- Die Vollmacht erlischt gegenüber dem Bevollmächtigten bei Widerruf.
- Nach den AGB der Sparkassen gelten Vollmachten bis zum Eingang des Widerrufs beim Kreditinstitut *(AGB Nr. 4 Abs. 1)*. Nach den AGB der Privatbanken und Kreditgenossenschaften muss der Kontoinhaber das Erlöschen oder die Änderung einer Vollmacht unverzüglich dem Institut mitteilen *(AGB Nr. 11 Abs. 2)*.

➡ **Kompetenzcheck „Kontoführung" siehe Seite 192**

3 Einlagensicherung

Kundeneinlagen sind durch die **gesetzliche Einlagensicherung** und darüber hinaus durch eine **freiwillige Einlagensicherung** bei den einzelnen Institutsgruppen gesichert.

▸ Gesetzliche Einlagensicherung

Kreditinstitute sind verpflichtet, die Einlagen ihrer Kunden und die Verbindlichkeiten aus Wertpapiergeschäften durch die Zugehörigkeit zu einem **Einlagensicherungssystem** zu sichern *(§ 1 Einlagensicherungsgesetz, EinSiG; § 2 Anlegerentschädigungsgesetz, AnlEntG)*.

Einlagensicherungssysteme sind

- gesetzliche Entschädigungseinrichtungen und
- institutsbezogene Sicherungssysteme, die als Einlagensicherungssystem anerkannt sind *(§ 2 EinSiG)*.

Gesetzliche Einlagensicherungssysteme/Entschädigungseinrichtungen (EinSiG, AnlEntG)	
Privatbanken und private Bausparkassen	Entschädigungseinrichtung deutscher Banken GmbH (EdB)
Sparkassen	institutsbezogenes Sicherungssystem der Sparkassen-Finanzgruppe, Deutscher Sparkassen- und Giroverband e. V. (DSGV)
Öffentliche Banken (insbesondere Landesbanken)	Entschädigungseinrichtung des Bundesverbandes Öffentlicher Banken Deutschlands GmbH (EdÖ)
Kreditgenossenschaften	institutsbezogenes Sicherungssystem des Bundesverbandes der Deutschen Volksbanken und Raiffeisenbanken, BVR Institutssicherung GmbH (BVR-ISG)

Die Einlagensicherungssysteme müssen über **angemessene Finanzmittel** verfügen und bis zum 03.07.2024 ein Mindestvermögen von 0,8 % der gesicherten Einlagen aus den Beiträgen der angeschlossenen Kreditinstitute aufbauen *(§ 17 EinSiG)*.

Vor einer Kontoeröffnung ist der Kunde in Textform auf einem **„Informationsbogen für den Einleger"** in leicht verständlicher Form über die für die Sicherung von Kundeneinlagen geltenden Bestimmungen zu informieren. Auf dem Bogen ist die Internetadresse des Einlagensicherungssystems genannt, bei der sich der Einleger weitere Informationen beschaffen kann. Die

Einleger bestätigen den Erhalt dieser Informationen durch Unterschrift. Der Informationsbogen wird dem Einleger mindestens einmal jährlich zur Verfügung gestellt. Beim Onlinebanking kann das Kreditinstitut die Informationen auch elektronisch übermitteln *(§ 23a Abs. 1 KWG, § 3 EinSiG)*.

Die Zugehörigkeit zu einem Einlagensicherungssystem ist zudem im **Preisaushang** darzustellen *(§ 23a Abs. 1 KWG)*.

Die Bestätigung, dass es sich bei den Einlagen um entschädigungsfähige Einlagen handelt, erhalten die Einleger auf ihren Kontoauszügen *(§ 23a Abs. 1 KWG)*. Nicht gesichert sind insbesondere die Einlagen von anderen Kreditinstituten, Versicherungen und Kapitalverwaltungsgesellschaften *(§ 6 EinSiG)*.

Deckungssumme:

- Der Entschädigungsanspruch ist auf **100 000,00 EUR** (Deckungssumme) je Einleger begrenzt (§ 8 Abs. 1 EinSiG).
- Bei Gemeinschaftskonten gilt die Deckungsgrenze für jeden Einleger.

Beispiel

Die Eheleute Jana und Frederik Köhler unterhalten bei der Regio-Bank AG verschiedene Einlagenkonten mit einem Gesamtguthaben von 265 000,00 EUR. Bei einer Insolvenz der Regio-Bank AG erhalten die Eheleute eine Erstattung von 200 000,00 EUR von der Sicherungseinrichtung.

- Einlagen von Personengesellschaften *(z. B. KG, GbR)* gelten jedoch als Einlage eines Einlegers, sodass hier die Obergrenze 100 000,00 EUR beträgt.
- In besonderen Fällen sind besonders schutzwürdige Einlagen für einen Zeitraum von sechs Monaten nach Gutschrift bis zu einem Höchstbetrag von 500 000,00 EUR gesichert (§ 8 Abs. 2 EinSiG).
  Dazu gehören ...
  - Verkaufserlös einer privat genutzten Immobilie und
  - Beträge, die soziale, gesetzlich vorgesehene Zwecke erfüllen und an bestimmte Lebensereignisse eines Einlegers geknüpft sind, wie Heirat, Scheidung, Renteneintritt, Ruhestand, Kündigung, Entlassung, Geburt, Krankheit, Pflegebedürftigkeit, Invalidität, Behinderung oder Tod *(z. B. Auszahlung einer Lebensversicherung bei Renteneintritt)*.

Sofern Einlagen und andere rückzahlbare Gelder nicht gesichert sind, hat das Institut auf diese Tatsache in den Allgemeinen Geschäftsbedingungen, im Preisaushang und an hervorgehobener Stelle in den Vertragsunterlagen vor Aufnahme der Geschäftsbeziehung hinzuweisen *(§ 23a Abs. 1 KWG)*.

Das Einlagensicherungssystem hat Ansprüche der Einleger auf Entschädigung spätestens **sieben Arbeitstage** nach der Feststellung des Entschädigungsfalls zu erfüllen *(§ 14 Abs. 3 EinSiG)*.

▸ Freiwillige Einlagensicherung

Die freiwillige Einlagensicherung der Privatbanken sichert Einlagen über die gesetzliche Einlagensicherung hinaus; die freiwillige Institutssicherung der Sparkassen, Landesbanken und Kreditgenossenschaften soll eine Insolvenz einzelner Institute verhindern und dadurch auch die Ansprüche der Kunden sichern.

<table>
<tr><th>Private Banken</th><th>Sparkassen und Landesbanken</th><th>Kreditgenossenschaften</th></tr>
<tr><td>Einlagensicherung
⇒ Ziel: Garantie von Kundeneinlagen</td><td colspan="2">Institutssicherung
⇒ Ziel: Verhinderung einer Insolvenz von Mitgliedsinstituten</td></tr>
<tr><td rowspan="2">Einlagensicherungsfonds des Bundesverbandes deutscher Banken e. V.

Fast alle privaten Banken und Bausparkassen gehören zusätzlich dieser Sicherungseinrichtung an. Gesichert werden die Einlagen von Nichtbanken bis zur Höhe von 15 % des haftenden Eigenkapitals der jeweiligen Bank pro Einleger.

Die Sicherungsgrenze mindert sich im Jahr 2025 auf 8,75 % des haftenden Eigenkapitals.

Weder durch die gesetzliche noch durch die freiwillige Einlagensicherung sind jedoch Ansprüche aus ausgegebenen Inhaberschuldverschreibungen (z. B. Zertifikate) gesichert.</td><td>Sicherungssystem der Sparkassen-Finanzgruppe
Ein in Not geratenes Institut erhält Hilfe
• von den regionalen Sparkassenstützungsfonds oder aus der
• Sicherungsreserve der Landesbanken/Girozentralen oder vom
• Sicherungsfonds der Landesbausparkassen.

Die Sicherungseinrichtungen sind miteinander verbunden und müssen sich bei Bedarf gegenseitig unterstützen.</td><td>Sicherungseinrichtung des BVR
Ein in Not geratenes Institut erhält Hilfe aus dem Garantiefonds des Bundesverbands der Deutschen Volksbanken und Raiffeisenbanken e. V. (BVR). Darüber hinaus bilden alle Mitgliedsbanken einen Garantie-/Haftungsverbund.</td></tr>
<tr><td colspan="2">Obwohl die Einlagen bei Sparkassen und Kreditgenossenschaften durch die Institutssicherung vollständig gesichert sind, darf die Information über das Einlagensicherungssystem keinen Verweis auf eine unbegrenzte Deckung von Einlagen enthalten (§ 3 EinSiG).

Gesichert sind auch Ansprüche aus ausgegebenen Inhaberschuldverschreibungen.</td></tr>
</table>

➡ **Kompetenzcheck „Einlagensicherung“ siehe Seite 192**

4 Eröffnung eines Zahlungskontos

Zahlungskonten (Girokonten) im Sinne des Zahlungskontengesetzes *(§ 2 Abs. 8 ZKG)* dienen der Ausführung von Zahlungsvorgängen. Durch einen **Zahlungsdiensterahmenvertrag** verpflichtet sich der Zahlungsdienstleister, einzelne und aufeinander folgende Zahlungsvorgänge auszuführen sowie ein Zahlungskonto zu führen. Zahlungsvorgänge sind jede Bereitstellung, Übermittlung oder Abhebung eines Geldbetrags *(§ 675f Abs. 2, 4 BGB)*.

Kreditinstitute führen Zahlungskonten als **Kontokorrentkonten** (Konto in laufender Rechnung) gemäß HGB *(§ 355 HGB, AGB Nr. 1 Abs. 1)*.

Kontokorrentverhältnis *(§ 355 HGB)*

Kreditinstitut

S Kontokorrentkonto	H
Belastungen	Gutschriften
Saldo	

- Mindestens ein Vertragspartner muss Kaufmann sein.
- Die beiderseitigen Ansprüche werden in regelmäßigen Zeitabschnitten verrechnet und ein Abschlusssaldo ermittelt.
- Mindestens einmal jährlich muss eine Saldofeststellung erfolgen.
- Mit der Saldofeststellung erlöschen die bis dahin gestundeten Einzelansprüche und werden durch den Abschlusssaldo ersetzt.
- Die Berechnung von Zinseszinsen ist nach dem Abschluss möglich.

Kontoinhaber

Kontokorrentkonten können kreditorisch und debitorisch geführt werden.
- Bei kreditorisch geführten Konten hat der Kunde eine Forderung an das Kreditinstitut.
- Bei debitorisch geführten Konten hat das Kreditinstitut eine Forderung an den Kunden.

Durch laufende Zahlungseingänge und -ausgänge ist jedoch jederzeit ein Wechsel des Schuldverhältnisses zwischen Kunde und Kreditinstitut möglich.

typischer Verlauf der Kontoführung

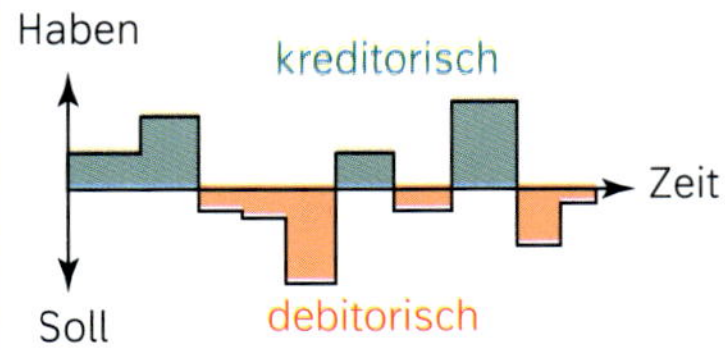

Eingeräumte Überziehungsmöglichkeiten des Kontos (debitorische Kontoführung) haben Kunde und Kreditinstitut ausdrücklich als Kreditlinie vereinbart. Geduldete Überziehungen hat der Kunde nicht zuvor mit dem Kreditinstitut abgesprochen.

4.1 Kontomodelle und Onlinebanking

In der Praxis bieten Kreditinstitute ihren Kunden unterschiedliche Kontomodelle an, die sich durch Zusatz- und Serviceleistungen unterscheiden. Zudem gibt es oft besondere Angebote für Schüler, Auszubildende und Studenten.

Beispiel

	Kontomodelle			
	Basic	**Klassik**	**Premium**	**Jugendkonto**
Monatspauschale	5,00 EUR	10,00 EUR	15,00 EUR	0,00 EUR
Online-Überweisungen	0,00 EUR	0,00 EUR	0,00 EUR	0,00 EUR
Buchung mit Beleg	3,00 EUR	1,50 EUR	0,00 EUR	1,50 EUR
Ein- und Auszahlungen am Kassenschalter	4,00 EUR	2,00 EUR	0,00 EUR	2,00 EUR
Bankkarte (Girocard)	10,00 EUR pro Jahr	5,00 EUR pro Jahr	0,00 EUR	0,00 EUR
Kreditkarte	40,00 EUR pro Jahr	20,00 EUR pro Jahr	0,00 EUR	20,00 EUR pro Jahr (ab 18 Jahren)
Sollzinsen	9,00 %	9,00 %	9,00 %	9,00 % (ab 18 Jahren)

Kunden haben die Wahl, ob sie ihre Bankgeschäfte in der **Filiale** oder im **Onlinebanking** tätigen möchten.

Beim **Onlinebanking** tätigt der Kunde über eine Internetverbindung online Bankgeschäfte *(z. B. Überweisungen, Einrichtung von Daueraufträgen, Effektengeschäfte)* mit dem Kreditinstitut. Zudem kann er Informationen über die Geschäftsverbindung abrufen *(z. B. Kontoauszüge, aktuelles Freistellungsvolumen)*.

Der Kunde benötigt für die Teilnahme am Onlinebanking **personalisierte Sicherheitsmerkmale** und **Authentifizierungsinstrumente** *(Ziff. 2 Sonderbedingungen für das Onlinebanking)*.

Personalisierte Sicherheitsmerkmale sind ...
- die persönliche Identifikationsnummer (PIN),
- einmal verwendbare Transaktionsnummern (TAN) oder
- der Nutzungscode für die elektronische Signatur.

Der Kunde erhält nach Eingabe seiner **Benutzerkennung** (Kontonummer oder Kundenkennung) und seiner **PIN** online Zugang zu seinem Bankkonto. Alternativ kann er sich durch Übermittlung seiner elektronischen Signatur legitimieren. Nun kann der Kunde seine Daten einsehen und z. B. Kontoauszüge abrufen.

Transaktionen *(z. B. Überweisungen)* autorisiert der Kunde in der Regel durch Eingabe der **TAN** oder durch **elektronische Signatur**.

Ausnahmen (bei vielen Kreditinstituten):
- Bei Überweisungen bis 30,00 EUR ist keine TAN erforderlich. Maximal fünf solcher Zahlungen hintereinander bis zu einer Gesamtsumme von 100,00 EUR sind ohne TAN zulässig.
- Umbuchungen auf ein anderes Konto des Kontoinhabers beim kontoführenden Kreditinstitut sind unabhängig von der Höhe und Anzahl ohne TAN möglich.

Bei der Eröffnung von Konten ergeben sich folgende Bearbeitungsstufen:

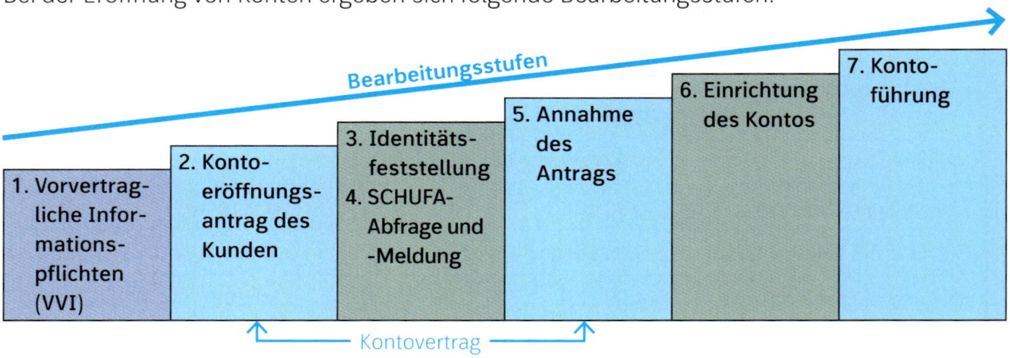

4.2 Vorvertragliche Informationspflichten (VVI)

Entgeltinformation

Es gehört zu den Pflichten des Zahlungsdienstleisters, den Verbraucher vor einer Kontoeröffnung umfassend über alle mit dem Zahlungskonto verbundenen Kosten zu informieren *(§ 5 ZKG)*. Die Entgeltinformation bedarf der Textform und ist als ein kurz gehaltenes, eigenständiges Dokument abzufassen. Sie muss so gestaltet sein, dass sie klar und leicht verständlich ist *(§ 9 ZKG)*.

Der Zahlungsdienstnutzer ist verpflichtet, dem Zahlungsdienstleister das für die Erbringung eines Zahlungsdienstes vereinbarte Entgelt zu entrichten. Das Entgelt muss angemessen und an den tatsächlichen Kosten des Zahlungsdienstleisters ausgerichtet sein *(§ 675f Abs. 5 BGB)*.

Information über Einlagensicherung

Das Kreditinstitut muss den Kunden vor Aufnahme der Geschäftsbeziehungen in Textform auf einem **„Informationsbogen für den Einleger"** in leicht verständlicher Form über die für die Einlagensicherung geltenden Bestimmungen einschließlich Umfang und Höhe der Sicherung informieren *(§ 23a KWG)*.

4.3 Kontoeröffnungsantrag und Allgemeine Geschäftsbedingungen

Der Kontoeröffnungsantrag des Kunden enthält alle für die Kontoführung notwendigen Vereinbarungen:

Inhalt des Antragsformulars:

- Kontoart
- Angaben zur Person des Kontoinhabers (Name, Geburtsdatum, Familienstand, Staatsangehörigkeit, Anschrift, Steueridentifikationsnummer, Beruf)
- Regelung der Verfügungsberechtigung
- Anerkennung der AGB
- wirtschaftlich Berechtigter aus der Kontoverbindung

- Unterschrift des Antragstellers
- ggf. Name, Anschrift und Unterschriftsproben weiterer Verfügungsberechtigter
- SCHUFA-Klausel
- Einwilligungserklärung zur Übermittlung, Verarbeitung und Nutzung von Daten zur Beratung und Betreuung
- Feststellung der Gebietszugehörigkeit (gebietsansässig oder gebietsfremd)

Grundlage für die Vertragsbeziehung mit dem Kunden sind die **Allgemeinen Geschäftsbedingungen (AGB)**, in denen die Rechte und Pflichten der Vertragspartner geregelt sind. Allgemeine Geschäftsbedingungen, zu denen auch die Sonderbedingungen *(z. B. Allgemeine Bedingungen für Zahlungsdienste, Bedingungen für den Sparverkehr, standardisierte Formularvereinbarungen bei der Abtretung von Bezügen)* gehören, sind **vorformulierte Vertragsbedingungen**, die unter folgenden Voraussetzungen gelten:

- Das Kreditinstitut hat den Kunden ausdrücklich auf die AGB als Vertragsbestandteil hingewiesen.
- Der Kunde hat die Möglichkeit, vom Inhalt der AGB Kenntnis zu nehmen. Deshalb werden dem Kunden die AGB in der Regel bei einer Kontoeröffnung ausgehändigt. Der Kunde kann sie aber auch während der Geschäftszeit beim Kreditinstitut einsehen oder jederzeit auf der Internetseite des Institutes aufrufen.
- Der Kunde ist mit der Geltung der AGB einverstanden. In der Praxis erklärt der Kunde sein Einverständnis durch Unterschrift.
  Auch eine Änderung der Allgemeinen Geschäftsbedingungen ist nur rechtswirksam, wenn der Kunde der neuen Regelung ausdrücklich zustimmt (BGH-Urteil XI ZR 26/29).

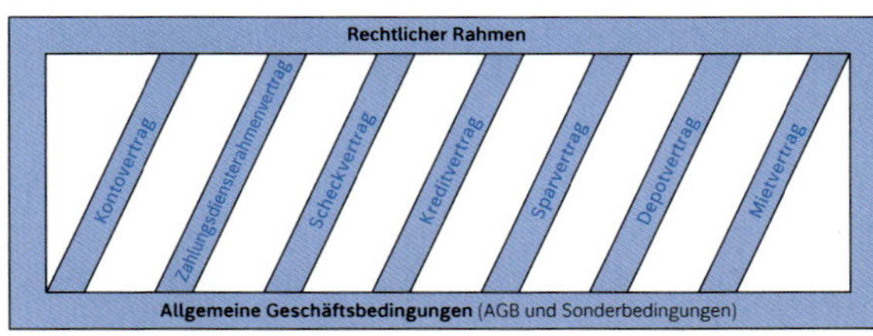

Inhaltlich stimmen die AGB der einzelnen Institutsgruppen weitgehend überein.

<table>
<tr><th colspan="2">Allgemeine Geschäftsbedingungen</th></tr>
<tr><td colspan="2">• allgemeine Regelung der beiderseitigen Rechte und Pflichten im Verhältnis zwischen Kreditinstitut und Kunde
• Vereinheitlichung der Geschäftsbeziehungen zu den Kunden mit dem Ziel einer schnellen, sicheren und rationellen Abwicklung des Geschäftsverkehrs</td></tr>
<tr><th>Pflichten des Kreditinstituts</th><th>Pflichten des Kunden</th></tr>
<tr><td>• weisungsgerechte Ausführung der Aufträge mit der Sorgfalt eines ordentlichen Kaufmannes
• Wahrung des Bankgeheimnisses
• Haftung für eigenes Verschulden</td><td>• unverzügliche Mitteilung aller für die Geschäftsbeziehung wesentlichen Tatsachen
• eindeutige Angaben bei Aufträgen
• unverzügliche Prüfung und ggf. Reklamation von Abrechnungen und sonstigen Mitteilungen des Kreditinstituts</td></tr>
</table>

Individuelle Vereinbarungen haben gegenüber den Allgemeinen Geschäftsbedingungen immer Vorrang.

Die **Höhe der Zinsen und Entgelte** für die üblichen Bankleistungen *(z. B. Kontoführungsgebühren)* sind in einem **„Preisaushang – Regelsätze im standardisierten Privatkundengeschäft“** in den Geschäftsräumen auszuhängen und dem Kunden in einem **„Preis- und Leistungsverzeichnis“** zugänglich zu machen *(§ 5 PAngV)*. Auch für Geschäftskunden (Nichtverbraucher) gelten diese Konditionen, sofern keine andere Vereinbarung getroffen wurde.

Änderungen von Entgelten, die von Kunden typischerweise dauerhaft in Anspruch genommen werden *(z. B. Konto- und Depotführung)*, sind dem Kunden spätestens **zwei Monate** vorher in Textform anzukündigen. Nach Zustimmung des Kunden wird die Änderung zum vereinbarten Zeitpunkt rechtswirksam.

Kündigung von Kontokorrentkonten *(AGB Nr. 26 Sparkassen, AGB Nr. 18, 19 Banken)*	
Kunde	Der **Kunde** kann das Konto **jederzeit** ohne Einhaltung einer Frist kündigen.
Kreditinstitut	• Das Kreditinstitut kann einen **Zahlungsdiensterahmenvertrag** (Giroverträge und Kartenverträge) unter Einhaltung einer Frist von **mindestens zwei Monaten** kündigen. • Aus **wichtigem Grund** kann das Kreditinstitut die Kontoverbindung auch fristlos kündigen. **Beispiele:** – Die Vermögenslage des Kunden hat sich wesentlich verschlechtert. – Der Kunde macht unrichtige Angaben über seine Vermögensverhältnisse.

4.4 Identitätsfeststellung

Kreditinstitute prüfen die Identität des Antragstellers und der Verfügungsberechtigten aus einem Eigeninteresse heraus und weil gesetzliche Vorschriften dies erfordern. Die gesetzliche Pflicht zur Identitätsfeststellung soll Geldwäsche und Steuerhinterziehungen verhindern bzw. erschweren.

Eigeninteresse des Kreditinstitutes an einer Identitätsfeststellung

Das Kreditinstitut prüft die Geschäftsfähigkeit von natürlichen Personen. Zudem möchte das Kreditinstitut Gewissheit über den Namen und die Anschrift des Antragstellers haben, um eine Bonitätsprüfung durchführen zu können *(z. B. SCHUFA-Abfrage)* und um gegebenenfalls spätere Ansprüche *(z. B. Tilgung von Darlehen)* durchsetzen zu können.

Gesetzliche Vorschriften zur Identitätsfeststellung

§ 11 Abs. 1, 3 Geldwäschegesetz (GwG): Identifizierung
1. Verpflichtete haben **Vertragspartner**, gegebenenfalls für diese auftretende Personen und **wirtschaftlich Berechtigte** bereits vor Begründung der Geschäftsbeziehung oder Durchführung der Transaktion zu **identifizieren**. 2. Von einer Identifizierung kann abgesehen werden, wenn der Verpflichtete die zu identifizierende Person **bereits bei früherer Gelegenheit identifiziert** und die dabei erhobenen Angaben aufgezeichnet hat. Bestehen aufgrund äußerer Umstände Zweifel, ob die bei einer früheren Identifizierung erhobenen Angaben weiterhin zutreffend sind, muss der Verpflichtete eine erneute Identifizierung durchführen.

§ 154 Abgabenordnung (AO): Kontenwahrheit

1. Niemand darf auf einen **falschen oder erdichteten Namen** für sich oder einen Dritten ein Konto errichten oder Buchungen vornehmen lassen, Wertsachen (Geld, Wertpapiere, Kostbarkeiten) in Verwahrung geben oder verpfänden oder sich ein Schließfach geben lassen.
2. Wer ein Konto führt, Wertsachen verwahrt oder als Pfand nimmt oder ein Schließfach überlässt, hat sich zuvor **Gewissheit über die Person und Anschrift jedes Verfügungsberechtigten und jedes wirtschaftlich Berechtigten zu verschaffen** und die entsprechenden Angaben in geeigneter Form, bei Konten auf dem Konto, festzuhalten. Er hat sicherzustellen, dass er den Finanzbehörden jederzeit Auskunft darüber geben kann, über welche Konten oder Schließfächer eine Person verfügungsberechtigt ist. Die Geschäftsbeziehung ist kontinuierlich zu überwachen und die zu erhebenden Daten sind in angemessenen Zeitabständen zu aktualisieren.
3. Ist gegen Absatz 1 verstoßen worden, so dürfen Guthaben, Wertsachen und der Inhalt eines Schließfachs nur mit Zustimmung des für die Einkommen- und Körperschaftsteuer des Verfügungsberechtigten zuständigen Finanzamts herausgegeben werden.

Identitätsprüfung und Auskunftsbereitschaft

Identitätsprüfung

- bei natürlichen Personen: amtliche Lichtbildausweise des Kontoinhabers und von allen Verfügungsberechtigten (Personalausweis oder Reisepass mit Meldebestätigung)

  In den Kontounterlagen sind festzuhalten *(§ 11 GwG)*: Name, Geburtsort und -datum, Staatsangehörigkeit; Wohnanschrift, Steueridentifikationsnummer, Ausweisdaten (Nummer, Behörde, Ausstellungsort und -datum, Gültigkeit). Der Ausweis wird eingescannt oder fotokopiert.

Auskunftsbereitschaft

Das Kreditinstitut ist verpflichtet, ein alphabetisch geführtes Namensverzeichnis (**„Alphadatei"**) aller Verfügungsberechtigten zu führen, um jederzeit über die Konten und Schließfächer eines Verfügungsberechtigten Auskunft geben zu können. Die Verpflichtung besteht noch sechs Jahre nach Beendigung der Geschäftsbeziehung.

Beispiel:
Unter dem Namen Josef Mayer sind alle eigenen Konten des Kunden sowie die fremden Konten, für die er eine Kontovollmacht besitzt, abrufbar.

In besonderen Fällen kann das Kreditinstitut auf die Legitimationsprüfung und auf die Herstellung der Auskunftsbereitschaft verzichten *(Nr. 11 Anwendererlass zu § 154 AO)*.

Beispiel

Eltern als gesetzliche Vertreter ihrer Kinder, wenn sie ihre Berechtigung durch amtliche Urkunden nachweisen

Die Identität von Kunden kann auch ohne deren persönliche Anwesenheit durch folgende Verfahren geprüft werden:

- **Videoident-Verfahren**
  Der Kunde tätigt einen Videoanruf bei einem Bankmitarbeiter und hält dabei die Vorder- und Rückseite seines Personalausweises vor die Webcam. Dabei muss er den Ausweis kippen und bewegen, damit der Mitarbeiter die Sicherheitsmerkmale *(z. B. Hologramm)* prüfen

kann. Es werden Fotos vom Kunden und von seinen Ausweisdokumenten angefertigt und das Gespräch wird aufgezeichnet. Abschließend erhält der Kunde per E-Mail oder per SMS eine TAN, die er in das Online-Kontoeröffnungsformular einträgt.

- **Postident-Verfahren**
  Bei diesem Verfahren legitimiert sich der Kunde am Postschalter mit seinem amtlichen Lichtbildausweis. Der Postmitarbeiter leitet eine Bestätigung der Legitimationsprüfung und eine Fotokopie des Ausweises an das Kreditinstitut weiter.
- **Qualifizierte elektronische Signatur (QES)**
  Der Kunde muss sich zunächst einmalig bei einem von der Bundesnetzagentur anerkannten Vertrauensdiensteanbieter legitimieren *(z. B. mittels Postident-Verfahren)*. Er erhält dann ein elektronisches Zertifikat und ein damit verbundenes elektronisches Schlüsselpaar: einen privaten (geheimen) und einen öffentlichen Schlüssel. Mit dem privaten Schlüssel werden Dokumente verschlüsselt; mit dem zugehörigen öffentlichen Schlüssel kann der Empfänger sie wieder entschlüsseln. Das qualifizierte Zertifikat stellt den Zusammenhang zwischen dem öffentlichen Schlüssel und einer bestimmten Person her. Der private Schlüssel darf ausschließlich auf einer sicheren Signaturkarte *(z. B. Personalausweis mit Online-Ausweisfunktion)* gespeichert werden.

▶ Identifizierung des wirtschaftlich Berechtigten (§ 11 Abs. 5 GwG)

Ist der Kontoinhaber nicht der wirtschaftlich Berechtigte, muss das Kreditinstitut zumindest dessen Name und, soweit dies in Ansehung des im Einzelfall bestehenden Risikos der Geldwäsche oder der Terrorismusfinanzierung angemessen ist, weitere Identifizierungsmerkmale erheben. Geburtsdatum, Geburtsort und Anschrift des wirtschaftlich Berechtigten dürfen unabhängig vom festgestellten Risiko erhoben werden. Das Kreditinstitut hat sich durch risikoangemessene Maßnahmen zu vergewissern, dass die zur Identifizierung erhobenen Angaben zutreffend sind und darf sich dabei nicht ausschließlich auf die Angaben im Transparenzregister verlassen.

Beispiel

Mietkautionskonto
Ein Vermieter errichtet ein Treuhandkonto auf seinen Namen, um Mietkautionen einzuzahlen. Das Kreditinstitut muss mindestens den Namen und die Anschrift des Mieters als wirtschaftlich Berechtigten erheben. Der Vermieter muss die dazu erforderlichen Informationen und Unterlagen (z. B. Kopie des Mietvertrages) zur Verfügung stellen (§ 11 Abs. 6 GwG).

▶ Feststellung der steuerrechtlichen und devisenrechtlichen Stellung des Kontoinhabers

Natürliche Personen, die im Inland weder einen Wohnsitz noch ihren gewöhnlichen Aufenthalt haben, sind nur beschränkt einkommensteuerpflichtig (§ 1 Abs. 4 EStG). Kapitalerträge dieser Personen unterliegen in der Regel nicht der Kapitalertragsteuer (§ 49, 50d EStG).

Kreditinstitute müssen die devisenrechtliche Stellung ihrer Kunden (Inländer oder Ausländer) kennen, um ihre Meldepflichten nach der Außenwirtschaftsverordnung erfüllen zu können. Meldepflichtig sind zum Beispiel Zins- und Dividendenzahlungen, die sie an Ausländer leisten oder von ihnen erhalten *(§ 70 AWV)*.

4.5 SCHUFA-Abfrage und -Meldung

Die **SCHUFA Holding AG** (Schutzgemeinschaft für allgemeine Kreditsicherung) stellt ihren Vertragspartnern (Kreditinstituten und Handelsunternehmen) Informationen zur Verfügung, um sie vor Verlusten im Kreditgeschäft mit natürlichen Personen zu schützen und ihnen gleichzeitig eine bessere Beurteilung des Risikos zu ermöglichen. Die von den Vertragspartnern übermittelten Daten *(z. B. Kontoeröffnung, Kreditgewährung)* und im Zusammenhang hiermit aufgetretenen Unregelmäßigkeiten *(z. B. Kreditkündigung wegen Zahlungsunfähigkeit)* sowie die aus öffentlichen Registern beschafften Informationen *(z. B. Vermögensauskunft, §§ 802a, 802c ZPO)* stehen anderen Vertragspartnern als Auskünfte und ggf. als Nachmeldung zur Verfügung. Jeder Betroffene kann einmal je Kalenderjahr von der SCHUFA eine unentgeltliche Auskunft in Textform über seine gespeicherten Daten verlangen *(§ 34 BDSG)*. Unrichtige Daten muss die SCHUFA kostenlos berichtigen.

Die Weitergabe von Kundendaten an die SCHUFA darf nur erfolgen, wenn der Kunde hierzu seine Einwilligung erteilt und die sogenannte „SCHUFA-Klausel“ unterschrieben hat.

<table>
<tr><th colspan="2">SCHUFA-Meldungen</th></tr>
<tr><td colspan="2">Personenstammsatz: Name, Vorname, Geburtsdatum und -ort, Anschrift</td></tr>
<tr><th>Positivmerkmale</th><th>Negativmerkmale</th></tr>
<tr><td>• Kontoeröffnungsantrag, Kontoeröffnung, vereinbarungsgemäße Beendigung der Kontoverbindung
• Ausgabe einer Kreditkarte
• Kreditantrag, Kreditgewährung (Kreditnehmer, Mitschuldner, Kreditbetrag, Laufzeit, Ratenbeginn), vereinbarungsgemäße Abwicklung (auch vorzeitige Rückzahlung)
• Bürgschaften</td><td>• Kündigung von Darlehen wegen rückständiger Raten
• Kündigung eines Girokontos wegen missbräuchlicher Nutzung
• Einziehung einer Kreditkarte wegen missbräuchlicher Verwendung durch den rechtmäßigen Karteninhaber
• Zwangsvollstreckungsmaßnahmen: Vollstreckungsbescheid, Gehaltspfändung, Kontopfändung, Vermögensauskunft, Haftbefehl</td></tr>
</table>

Die eingetragenen Daten werden nach Ablauf bestimmter Fristen *(z. B. bestimmte Negativmerkmale am Ende des dritten Kalenderjahres nach ihrer Speicherung)* gelöscht.

Verweigert der Kunde die SCHUFA-Einwilligung oder fällt die SCHUFA-Abfrage negativ aus, führt das Kreditinstitut seine Konten nur auf **Guthabenbasis.**

Im Rahmen einer freiwilligen Selbstverpflichtung sind alle Kreditinstitute bereit, unabhängig von der Bonität des Kunden ein Girokonto für ihn zu führen, um ihm die Teilnahme am bargeldlosen Zahlungsverkehr zu ermöglichen.

Nur in unzumutbaren Fällen darf das Kreditinstitut die Eröffnung und auch die Fortführung eines Girokontos ablehnen.

Beispiele

- Missbrauch des Kontos (z. B. für Betrug oder Geldwäsche)
- Falschangaben des Kunden, die für das Vertragsverhältnis wesentlich sind
- Belästigung oder Gefährdung von Mitarbeitern oder von anderen Kunden
- Nichtzahlung der vereinbarten Entgelte

4.6 Abschluss des Kontovertrages und Einrichtung des Kontos

Der Kontovertrag kommt durch die übereinstimmenden Willenserklärungen von Kreditinstitut und Kunde zustande.

Vor dem Abschluss des Kontovertrages sollte die Bankmitarbeiterin bzw. der Bankmitarbeiter folgende Prüfungen vornehmen:

- Hat der Kunde die vorvertraglichen Informationen (Entgeltinformation, Einlagensicherung) erhalten?
- Wurde die Identität des Kunden mittels eines amtlichen Lichtbildausweises (Personalausweis oder Reisepass mit Meldebescheinigung) festgestellt? Die Daten sind auf dem Kontoeröffnungsantrag zu erfassen.
- Wurde der Ausweis fotokopiert bzw. eingescannt?
- Ist der Kunde voll geschäftsfähig? Bei Minderjährigen ist die Zustimmung der gesetzlichen Vertreter zur Kontoeröffnung notwendig. Die Identität der gesetzlichen Vertreter ist zu prüfen und ihre Ausweise sind zu fotokopieren bzw. einzuscannen.
- Ist der Kunde oder ein Dritter wirtschaftlich Berechtigter?
- Wurde mit Einwilligung des Kunden eine SCHUFA-Auskunft eingeholt? Grundsätzlich liegt es im Ermessen des Kreditinstitutes, ob es einen Kontovertrag schließen möchte (Ausnahme: Basiskonto). Bei einer negativen SCHUFA-Auskunft verzichten viele Kreditinstitute auf eine Kontoeröffnung.

Der Kontovertrag kommt zustande, wenn der Kunde den Kontoeröffnungsantrag unterschreibt und das Kreditinstitut den Antrag des Kunden annimmt. Beim Abschluss des Vertrages akzeptiert der Kunde die Allgemeinen Geschäftsbedingungen des Kreditinstitutes.

Das Kreditinstitut meldet die Kontoeröffnung als Positivmerkmal an die SCHUFA.

Bankkarte und Kreditkarte sowie die dazugehörigen persönlichen Identifikationsnummern (PIN) erhält der Kunde in der Regel einige Zeit später mit getrennter Post.

4.7 Kontowechselhilfe

Privatkunden (Verbraucher) haben bei einem Wechsel des Girokontos zu einem anderen Kreditinstitut einen Anspruch auf **Kontowechselhilfe.** Dazu muss der Verbraucher die beteiligten Kreditinstitute schriftlich ermächtigen *(§ 21 ZKG).*

Der empfangende Zahlungsdienstleister (neue Bankverbindung) hat innerhalb von zwei Geschäftstagen nach Erhalt der Ermächtigung den übertragenden Zahlungsdienstleister (bisherige Bankverbindung) aufzufordern, folgende Leistungen zu erbringen, soweit die Ermächtigung dies vorsieht *(§ 22 ZKG):*

- Übermittlung von Zahlungsverkehrsdaten innerhalb von fünf Geschäftstagen *(§ 23 ZKG)*: Informationen über Daueraufträge, Lastschriftmandate, eingehende Überweisungen, Lastschrifteinzüge in den letzten 13 Monaten
  Der empfangende Zahlungsdienstleister muss innerhalb von fünf Geschäftstagen nach Erhalt der Informationen Daueraufträge neu einrichten und Zahlungsempfänger von Lastschriften sowie Zahler, die Geld auf das Konto des Verbrauchers überweisen *(z. B. Arbeitgeber)*, über die neue Kontoverbindung informieren *(§ 24 ZKG)*.
- Lastschriften und eingehende Überweisungen ab einem bestimmten Datum nicht mehr zu akzeptieren; Daueraufträge mit Wirkung ab einem bestimmten Datum nicht mehr auszuführen
- Überweisung des Restguthabens an einem bestimmten Datum auf das neue Konto
- Schließung des (alten) Kontos zu einem bestimmten Datum

Ein Zahlungsdienstleister darf für die Kontowechselhilfe nur dann ein Entgelt fordern, wenn dies zuvor vereinbart war. Das Entgelt muss angemessen und an den tatsächlichen Kosten des Zahlungsdienstleisters ausgerichtet sein *(§ 26 ZKG)*.

➡ **Kompetenzcheck „Zahlungskonto" siehe Seite 193**

5 Zahlungsdienste

Zahlungsdienste sind *(§ 1 Abs. 2 Zahlungsdiensteaufsichtsgesetz, ZAG; § 675c ff. BGB)*:
- Ein- und Auszahlungen auf ein Zahlungskonto *(z. B. Girokonto)*
- Ausführung von Überweisungen einschließlich Daueraufträge
- Ausführung von Lastschriften
- Kartenzahlungen mittels Giro- und Kreditkarten
- Ausgabe von Zahlungsauthentifizierungsinstrumenten *(z. B. Legitimation durch Passwort und TAN beim Onlinebanking)*
- digitalisierte Zahlungsgeschäfte *(z. B. mit der Telefonrechnung eingezogene Zahlungen)*

Zahlungsdienstleister (*§ 1 Abs. 1 ZAG*) sind
- Kreditinstitute,
- E-Geld-Institute *(z. B. Ausgabe von Prepaid-Zahlungskarten)*,
- Bund, Länder, Gemeinden,
- EZB, Bundesbank, andere Zentralbanken in der EU sowie
- Zahlungsinstitute *(z. B. PayPal)*.

Zahlungsinstitute müssen über angemessene Eigenmittel (Eigenkapital) verfügen und unterliegen der Aufsicht durch die Bundesanstalt für Finanzdienstleistungsaufsicht (BaFin), die auch auf die Einhaltung spezifischer Sicherungsanforderungen *(z. B. strikte Trennung aller erhaltenen Beträge, Anlage der Gelder auf offenen Treuhandkonten)* achtet *(§ 13 ZAG, § 29 KWG)*.

5.1 Zahlungsdiensterahmenvertrag

Grundlage für die Abwicklung von Zahlungsvorgängen ist ein **Zahlungsdiensterahmenvertrag** zwischen dem Kreditinstitut (Zahlungsdienstleister) und dem Inhaber eines Zahlungskontos (Zahler) *(§ 675c ff. BGB)*.

Ein Zahlungsvorgang ist jede Bereitstellung, Übermittlung oder Abhebung eines Geldbetrages *(§ 675f. BGB)*.

Bei bargeldlosen Zahlungen belasten die beteiligten Kreditinstitute (Zahlungsdienstleister) das Konto des Zahlers und schreiben den Betrag dem Konto des Zahlungsempfängers gut.

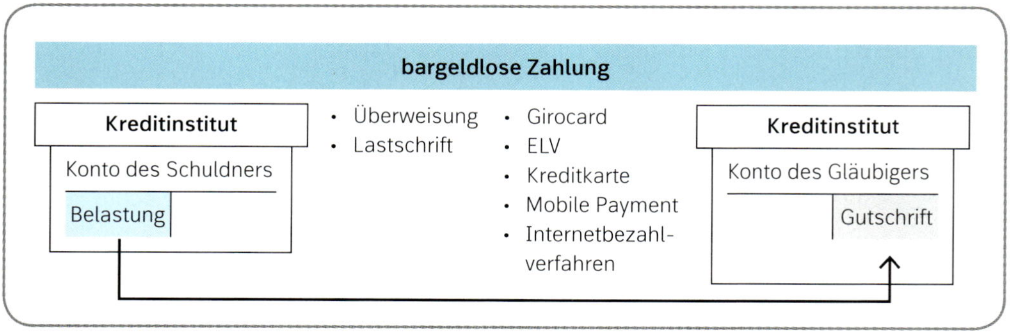

Auf Girokonten halten Kontoinhaber einen großen Teil ihrer Liquiditätsreserven, die sie sich jederzeit in bar auszahlen lassen können. Banknoten sind im Euro-Währungsgebiet das einzige unbeschränkte gesetzliche Zahlungsmittel *(§ 14 BbankG)*. Jeder Gläubiger muss vom Schuldner Banknoten in unbegrenztem Umfang zur Tilgung einer Forderung akzeptieren, sofern beide nichts anderes vereinbart haben. Bei Münzen ist die Annahmepflicht auf 50 Münzen pro Zahlung beschränkt.

Das Kreditinstitut muss dem Verbraucher vor Abschluss eines Zahlungsdiensterahmenvertrages detaillierte Informationen über Entgelte für die mit dem Zahlungskonto verbundenen Dienste (Entgeltinformationen) in Textform mitteilen *(§ 5ff. Zahlungskontengesetz, ZKG)*. Der Kunde hat für die Erbringung von Zahlungsdiensten das vereinbarte Entgelt zu zahlen *(§ 675f. BGB)*.

Eine Änderung der Bedingungen *(z. B. Änderung der Kontoführungsgebühren)* muss der Zahlungsdienstleister dem Kunden spätestens **zwei Monate** vor dem Wirksamwerden mitteilen (§ 657g BGB). Der Kunde muss der Änderung ausdrücklich zustimmen, damit sie rechtswirksam wird (BGH-Urteil vom 27.04.2021 -XI ZR 26/20).

5.2 Autorisierung von Zahlungen

Ein Zahlungsvorgang ist gegenüber dem Zahler nur mit dessen **Autorisierung** (Zustimmung) wirksam *(z. B. durch Unterschrift auf dem Zahlungsauftrag)*. Die Zustimmung kann er auch mittels eines **Zahlungsauthentifizierungsinstruments** *(z. B. Passwort, PIN und TAN)* erteilen *(§ 675j BGB)*.

▸ Starke Kundenauthentifizierung

Der Zahlungsdienstleister ist grundsätzlich verpflichtet, eine **starke Kundenauthentifizierung** zu verlangen, wenn der Zahler

- einen elektronischen Zahlungsvorgang auslöst,
- online auf sein Konto zugreift oder
- über einen Fernzugang eine Handlung vornimmt, die das Risiko eines Betrugs oder Missbrauchs beinhaltet *(§ 55 ZAG)*.

Eine **starke Kundenauthentifizierung** besteht aus mindestens zwei Elementen (**Zwei-Faktor-Authentifizierung**) aus zwei unterschiedlichen Kategorien. Dabei sind folgende Kategorien zu unterscheiden:

- Wissen *(z. B. Passwort)*
- Besitz *(z. B. Girocard)*
  Zur Kategorie Besitz gehört auch das Mobiltelefon. Der Besitz des Handys lässt sich zum Beispiel durch Eingabe einer Transaktionsnummer (TAN) nachweisen, die per SMS an das Telefon geschickt wurde.
- Inhärenz
  Zur Kategorie Inhärenz gehören die biometrischen Merkmale eines Menschen (Seinselemente), die seine Identifizierung ermöglichen *(z. B. Fingerabdruck, Iris-Scan, Gesichtserkennung)*.

Beispiele

- Kategorien Besitz und Wissen: Zahlung mit der Girocard: Authentifizierung durch Vorlage der Girocard (Besitz) und Eingabe der PIN (Wissen)
- Kategorien Besitz und Inhärenz: Zahlung mit dem Mobiltelefon (Besitz) und Fingerabdruck (Inhärenz)

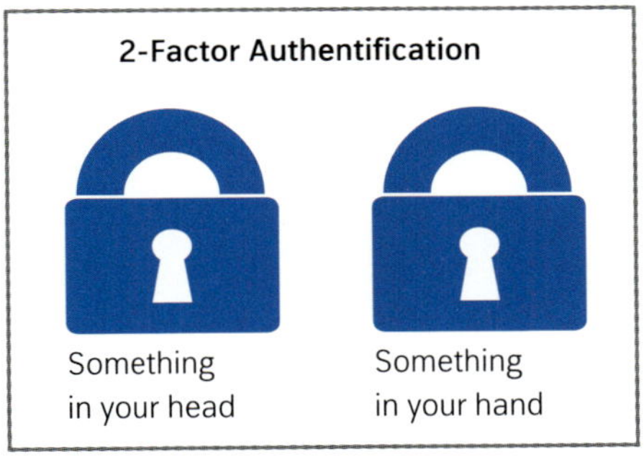

Wissen
- Passwort
- PIN

Besitz
- Girokarte
- TAN

Inhärenz (Sein)
- Fingerabdruck
- Iris scan

Bei **elektronischen Fernzahlungsvorgängen** *(z. B. Überweisung im Onlinebanking, Zahlung mit der Kreditkarte im Internet)* ist die starke Kundenauthentifizierung mit einer **Verknüpfung zum Zahlungsempfänger und Betrag** zu erweitern.

Beispiel

Nach dem Anfordern einer TAN bei einer Online-Überweisung übermittelt das Kreditinstitut dem Zahler noch einmal die Daten der Überweisung (IBAN des Empfängers und Betrag). Nach einer Prüfung gibt der Zahler die TAN ein und bestätigt den Auftrag.

Nach der Zweiten Zahlungsdienstrichtlinie (Payment Service Directive 2; PSD 2) genügt jedoch in folgenden Fällen eine **einfache Kundenauthentifizierung**, die nur aus **einem Element** besteht *(Delegierten Verordnung (EU) 2018/389 Artikel 10 bis 20)*:

- Abrufen des Kontostandes und Kontoumsätze der vergangenen 90 Tage *(z. B. Wissen des Passwortes)*

- kontaktlose Zahlungen bis 50,00 EUR *(z. B. Besitz der Zahlungskarte oder des Mobiltelefons)*
  Überschreiten diese Zahlungen jedoch in der Summe 150,00 EUR, ist wieder eine starke Kundenauthentifizierung notwendig.
- Park- und Mautgebühren an Automaten
- Zahlungen an vertrauenswürdige Empfänger, die der Zahler dem Kreditinstitut mitgeteilt hat
- Zahlungen an eigene Konten beim kontoführenden Institut
- Kleinbetragszahlungen bis 30,00 EUR *(z. B. Online-Überweisung ohne TAN)*
  Überschreiten diese Zahlungen jedoch in der Summe 100,00 EUR, ist wieder eine starke Kundenauthentifizierung notwendig.
- Zahlungen mit geringem Risiko
  Zur Beurteilung des Risikos muss das Kreditinstitut eine **Transaktionsrisikoanalyse** durchführen. Dabei ist zu berücksichtigen, ob die Zahlung
  – zu den Zahlungsgewohnheiten des Zahlers passt,
  – an einem ungewöhnlichen Ort erfolgt,
  – an einem Ort mit hohem Risiko erfolgt,
  – auf bekannte Betrugsszenarien hindeutet.

  Bei seiner Bewertung erfasst der Zahlungsdienstleister alle risikobasierten Faktoren für jeden einzelnen Zahlungsvorgang in einem Risikopunktesystem, um zu entscheiden, ob er bei einem bestimmten Zahlungsvorgang auf eine starke Kundenauthentifizierung verzichten darf.

▶ Authentifizierungsinstrumente

Authentifizierungsinstrumente	Beschreibung	Beurteilung
TAN-Generator als Bestandteil einer Chipkarte oder eines anderen elektronischen Gerätes zur Erzeugung von TAN (chipTAN; smartTAN) 	• Zur Erzeugung der TAN benötigt der Kunde einen TAN-Generator und eine zum Konto gehörende Chipkarte (Bankkarte), die in den Generator eingeschoben wird. • Nach der Auftragserteilung wird auf dem Bildschirm ein Code angezeigt, den der Kunde mit Daten der Transaktion *(z. B. Empfängerkontonummer, Betrag)* in den Generator eingibt. Alternativ können diese Daten auch automatisch von einer „Flickergrafik“ am Bildschirm in den Generator eingelesen werden. • Aus den eingegebenen Daten errechnet der Generator über den Chip eine auftragsbezogene TAN. Zudem zeigt er noch einmal die Daten der Transaktion an. • Die TAN ist nur zeitlich begrenzt nutzbar.	• Da die TAN aus den Auftragsdaten errechnet wird, kann sie für andere Transaktionen nicht missbraucht werden. • TAN-Generator und Onlinebanking-Computer sind zwei voneinander unabhängige Geräte. • Transaktionen können nur zusammen mit der für das Konto freigeschalteten Chipkarte ausgeführt werden. • Der Kontoinhaber muss die Auftragsdaten auch anhand des Generators prüfen. • Es besteht beim TAN-Generator kein Virenrisiko.

Authentifizierungsinstrumente	Beschreibung	Beurteilung
Mobiltelefon zum Empfang von TAN per SMS oder Banking-App (smsTAN, mobile TAN, photoTAN, SecureGo, pushTAN) 	• Die TAN wird vom Kreditinstitut aus Bestandteilen des Kundenauftrages ermittelt. Bei der photoTAN scannt der Nutzer einen QR-Code auf dem Bildschirm mit seinem Handy und übermittelt damit die Auftragsdaten an die Bank. • Das Kreditinstitut übermittelt die TAN und Auftragsdaten per SMS oder sendet sie an die Banking-App des Kunden. • Die TAN ist nur zeitlich begrenzt nutzbar.	• Es besteht ein Zusammenhang zwischen TAN und Kundenauftrag. • Der Kontoinhaber muss die Auftragsdaten anhand der SMS bzw. Banking-App nochmals prüfen. • Bei einem Empfang der TAN per SMS darf das Handy aus Sicherheitsgründen nicht zugleich für Bankgeschäfte genutzt werden. • Es besteht bei Mobiltelefonen ein Viren- und Diebstahlrisiko.
Chipkarte mit Signaturfunktion *(z. B. HBCI-Verfahren)* 	• Für das HBCI-Verfahren (Homebanking-Computer-Interface-Verfahren) benötigt der Kunde eine HBCI-Chipkarte, einen HBCI-Kartenleser und eine HBCI-Software. Auf der Chipkarte ist ein spezieller Onlinebanking-Schlüssel gespeichert. • Nach Eingabe der PIN in den Kartenleser werden die Daten mit einer elektronischen Signatur versehen und verschlüsselt an die Bank übertragen. • Die Bank entschlüsselt die Daten und prüft die elektronische Signatur mithilfe eines „öffentlichen Prüfschlüssels“.	• Bankgeschäfte sind nur unter Eingabe der PIN und unter Verwendung der Chipkarte möglich. • Die Verschlüsselung mit einem geheimen (privaten) Signaturschlüssel und die Entschlüsselung mit dem öffentlichen Schlüssel bieten den höchsten Sicherheitsstandard im Onlinebanking. • Es besteht ein Diebstahlrisiko der Chipkarte. • Die Anschaffungskosten für die Chipkarte und für das Lesegerät sind relativ hoch.

▸ Sorgfaltspflichten

Onlinebanking und Internetzahlungen bergen die Gefahr, dass Unberechtigte sich mittels Schadsoftware (Viren, Trojaner usw.) oder Phishing (Kunde gibt irrtümlich Daten auf gefälschter Internetseite ein) in die Kommunikation zwischen Kunde und Kreditinstitut einschalten, um Zahlungen auf eigene Konten zu leiten.

Deshalb ist der **Kunde** (Zahlungsdienstnutzer) verpflichtet, unmittelbar nach Erhalt eines Zahlungsinstruments alle **zumutbaren Vorkehrungen** zu treffen, um die personalisierten Sicherheitsmerkmale vor unbefugtem Zugriff zu schützen *(§ 675 l BGB)*.

Teilnehmer (Kunden und Bevollmächtigte) am Onlinebanking müssen insbesondere folgende Sorgfaltspflichten beachten *(Ziff. 7 Sonderbedingungen für das Onlinebanking)*:

- Geheimhaltung der Wissenselemente *(z. B. PIN)*
  - keine Weitergabe an andere Personen
  - keine ungesicherte Speicherung
  - getrennte Aufbewahrung von Wissenselement und Besitzelement *(z. B. PIN nicht in einem Portemonnaie mit der Girocard aufbewahren)*

- Schutz der Besitzelemente
  TAN-Generator, Signaturkarte und für das Onlinebanking genutzte Endgeräte sind vor einem Missbrauch zu schützen *(z. B. Sicherung des Mobiltelefons und der Banking-App durch sichere Passwörter)*.

- Speicherung der Seinselemente (Inhärenzelemente)
  Auf dem für das Onlinebanking genutzten Gerät dürfen keine Seinselemente *(z. B. Fingerabdruck)* von anderen Personen gespeichert werden.

- Nutzung von mobilen Endgeräten
  Beim mobileTAN-Verfahren (smsTAN) darf das Endgerät *(z. B. Mobiltelefon)*, mit dem die TAN empfangen wird, nicht gleichzeitig für das Onlinebanking genutzt werden. Die Nutzung eines Gerätes ist nur erlaubt, wenn die TAN in einer besonderen Authentifizierungs-App empfangen wird.

- Gültigkeit der hinterlegten Telefonnummern
  Dem Kreditinstitut ist anzuzeigen, wenn eine für das mobileTAN-Verfahren hinterlegte Telefonnummer nicht mehr gültig ist.

- Sicherheit des Kundensystems
  Der Teilnehmer muss die Sicherheitshinweise des Kreditinstitutes zum Schutz der beim Onlinebanking eingesetzten Hard- und Software *(z. B. Firewall, Antiviren-Programm)* beachten.

- Prüfung der Auftragsdaten
  Der Teilnehmer muss die von dem Kreditinstitut empfangenen Auftragsdaten *(z. B. Betrag, Kontonummer des Zahlungsempfängers)* vor der PIN-Eingabe und Bestätigung auf Übereinstimmung mit seinen Daten prüfen.

▸ Anzeige- und Unterrichtungspflichten

Sperranzeige
Der Teilnehmer muss den Verlust, Diebstahl, eine missbräuchliche Verwendung oder eine sonstige nicht autorisierte Nutzung eines Authentifizierungselements dem Kreditinstitut oder dem zentralen Sperrdienst unverzüglich anzeigen. Einen Diebstahl oder Missbrauch muss der Teilnehmer zudem unverzüglich bei der Polizei zur Anzeige bringen *(§ 675 l BGB, Ziff. 8 Sonderbedingungen für das Onlinebanking)*.

Unterrichtung über nicht autorisierte oder fehlerhaft ausgeführte Aufträge
Der Kunde muss das Kreditinstitut unverzüglich über nicht autorisierte oder fehlerhaft ausgeführte Aufträge informieren *(Ziff. 8 Sonderbedingungen für das Onlinebanking)*.

Der **Zahlungsdienstleister**

- muss sicherstellen, dass die personalisierten Sicherheitsmerkmale nur der zur Nutzung berechtigten Person zugänglich sind,
- darf dem Zahler nicht unaufgefordert Zahlungsauthentifizierungsinstrumente zusenden,
- muss jederzeit eine Sperre ermöglichen und verhindern, dass nach der Sperranzeige noch Verfügungen möglich sind *(§ 675 m BGB)*.

Zur Verminderung des Risikos können Betragsobergrenzen für die Nutzung vereinbart werden. Der Zahlungsdienstleister kann das Zahlungsauthentifizierungsinstrument sperren, wenn die Sicherheit des Systems gefährdet ist oder wenn ein Verdacht auf Missbrauch besteht *(§ 675k BGB)*.

5.3 Ausführung von Zahlungen

Der Zahlungsdienstleister ist verpflichtet, den Zahlungsbetrag **ungekürzt** an den Zahlungsempfänger zu übermitteln *(§ 675q BGB)*.

▸ Kunden- und Bankenkennung

Der Zahlungsdienstleister ist berechtigt, die Zahlung **ausschließlich** anhand der vom Auftraggeber angegebenen **Kundenkennung** (Kontonummer und Bankleitzahl bzw. IBAN und BIC) auszuführen *(§ 675r BGB)*. Prüfziffern in der Kontonummer und die Bekanntgabe ihrer Berechnungsmethode ermöglichen, dass Schreib- bzw. Eingabefehler bei der Kontonummer des Empfängers in der Regel automatisch entdeckt werden. Bei einer fehlerhaften Ausführung eines Zahlungsauftrages aufgrund einer falschen Kundenkennung kann der Zahler vom Zahlungsdienstleister verlangen, dass dieser sich darum bemüht, den Zahlungsbetrag wiederzuerlangen *(§ 675y Abs. 3 BGB)*.

Die **Kontonummer** ist das Identifikationsmerkmal eines Kontos bei einem Kreditinstitut. Sie besteht in der Regel aus einer Kundenstammnummer, einer Prüfziffer und Ziffern für die Kontoart *(z. B. Girokonto)*. Die Prüfziffer errechnet sich aus den anderen Ziffern der Kontonummer und dient dazu, falsch erfasste Kontonummern aufzuspüren.

Beispiel

Ruth Schäfer: Girokonto-Nr. 65853924

Kundenstammnummer	Kontoart	Prüfziffer
65853	92	4

Die **BLZ** (**B**ank**l**eit**z**ahl) ist das inländische Identifikationsmerkmal des Kreditinstitutes.

Beispiel

Commerzbank AG Köln: BLZ 370 400 44

Clearinggebiet	Clearingbezirk	Bankplatzbezirk	Institutsgruppe	Bankplatz		Niederlassung	
3	7	0	4	0	0	4	4

Die Bankleitzahl ist gleichzeitig die Kontonummer des Institutes bei der Bundesbank.

Der **BIC** (**B**ank **I**dentifier **C**ode, S.W.I.F.T-Code) ist eine weltweit gültige Kennzahl zur eindeutigen Identifizierung von Kreditinstituten.

Beispiel

BIC der Commerzbank AG: COBADEFFXXX

Bankcode	Länderkennzeichen	Identifikationsmerkmal
COBA	DE	FFXXX

Die **IBAN** (**I**nternational **B**ank **A**ccount **N**umber) ist eine weltweit gültige Kontonummer, um im internationalen Zahlungsverkehr den Empfänger eindeutig zu identifizieren.

Beispiel

IBAN von Ruth Schäfer, Kundin der Commerzbank AG: DE52 3704 0044 0065 8539 24

Ländercode	Prüfziffer	Bankleitzahl	Kontoidentifikation
DE	52	370 400 44	0065853924

▶ SEPA – Einheitlicher europäischer Zahlungsverkehrsraum

SEPA-Zahlungsinstrumente:
- SEPA-Überweisung
- SEPA-Lastschrift
- SEPA-Kartenzahlungen

Bei allen **SEPA-Zahlungen** sind die **IBAN** des Zahlers und des Zahlungsempfängers anzugeben.

Da in der IBAN auch der Ländercode und die Bankleitzahl zur Identifizierung des Kreditinstitutes enthalten sind, genügt die Angabe der IBAN zur eindeutigen Identifizierung der Beteiligten.

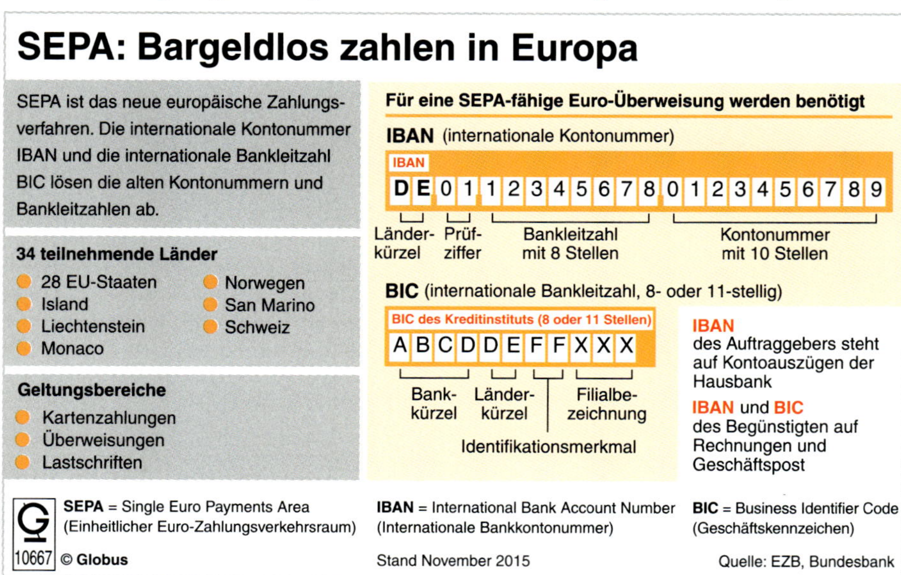

▸ Gironetze

Die Abwicklung des bargeldlosen Zahlungsverkehrs setzt voraus, dass die Kreditinstitute untereinander in Kontoverbindung stehen.

Ein **Gironetz** ist ein **System von Kontoverbindungen** zwischen Kreditinstituten. Es ermöglicht die Abwicklung bargeldloser Zahlungen für den Fall, dass Zahlungspflichtiger und Zahlungsempfänger bei verschiedenen Kreditinstituten ein Konto unterhalten.

Innerhalb der einzelnen Institutsgruppen bzw. innerhalb des Filialnetzes eines Kreditinstitutes geschieht die Zahlungsabwicklung häufig über die jeweilige Zentrale, mit der die angeschlossenen Stellen in Kontoverbindung stehen.

Da die Zentralen der verschiedenen Gironetze ebenfalls in Kontoverbindung stehen, sind indirekt auch die den jeweiligen Zentralen nachgeordneten Stellen kontenmäßig miteinander verbunden. Durch die Verbindung der Gironetze entsteht ein Verrechnungssystem, über das der bargeldlose Zahlungsverkehr auch zwischen den Kreditinstituten verschiedener Institutsgruppen lückenlos und bundesweit abgewickelt werden kann.

Die Deutsche Bundesbank nimmt im bargeldlosen Zahlungsverkehr eine Schlüsselstellung ein, da alle größeren Kreditinstitute bei einer der Geschäftsstellen der Deutschen Bundesbank ein Konto unterhalten.

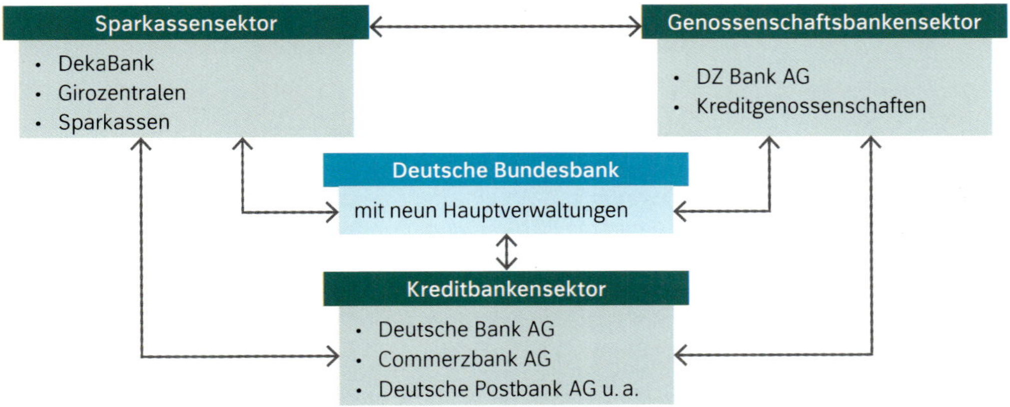

▸ Zahlungsverkehrsangebote der Deutschen Bundesbank

Zu den gesetzlichen Aufgaben der Deutschen Bundesbank gehört die bankmäßige Abwicklung des Zahlungsverkehrs im Inland und mit dem Ausland *(§ 3 BBankG)*. Es ist den Kreditinstituten jedoch freigestellt, ob sie die Angebote der Bundesbank *(AGB Bundesbank III)* oder die eigenen Zahlungsverkehrsnetze nutzen.

Elektronischer Massenzahlungsverkehr (EMZ)

- Abwicklung von nationalen Zahlungen in unbegrenzter Höhe, Abwicklung von grenzüberschreitenden Zahlungen in EWR-Staaten bis zum Höchstbetrag von 50 000,00 EUR
- Überweisungen und Einzug von Lastschriften und Schecks
- Die Belastungen und Gutschriften erfolgen am Geschäftstag nach dem Einreichungstag.

Target 2 (Trans-European Automated Real-time Gross settlement Express Transfer system)

- Abwicklung von EUR-Großbetragszahlungen und eilbedürftigen EUR-Zahlungen
- Überweisungen und Interbank-Lastschrifteinzug für inländische und grenzüberschreitende Zahlungen innerhalb der EU
- taggleiche Abwicklung („Echtzeit")
- Verrechnung und Abwicklung über die Zentralbanken der EU

Auslandszahlungsverkehr (AZV)

- Überweisungen in alle Länder
- EUR- oder Fremdwährungszahlungen

Zahlungen im Rahmen des bargeldlosen Zahlungsverkehrs werden zwischen den beteiligten Kreditinstituten in der Regel beleglos abgewickelt. Die Datensätze werden auf elektronischen Medien erfasst und im Wege des **beleglosen Datenaustauschs** über die eingeschalteten Verrechnungsstellen (Clearingstellen) an die adressierten Kreditinstitute übermittelt.

Von Kunden beleghaft erteilte Aufträge werden mithilfe von Schrift-Erkennungssystemen in Datensätze umgewandelt. Die Belege sind deshalb vom Kunden in Druckschrift auszufüllen. Zahlungsverkehrsbelege enthalten zudem am unteren Rand eine Codierzeile mit wichtigen maschinenlesbaren Daten.

▸ Ausführungsfristen und Wertstellung

Ein **Zahlungsauftrag** wird mit **Zugang** *(z. B. Abgabe der Überweisung in den Geschäftsräumen oder Eingang der Überweisungsdaten mit TAN auf dem Bankserver)* beim Zahlungsdienstleister **wirksam**. Fällt der Zeitpunkt des Zugangs nicht auf einen Geschäftstag, gilt der Zahlungsauftrag als am darauf folgenden Geschäftstag zugegangen. Wenn allerdings die Zahlung vereinbarungsgemäß erst zu einem späteren Zeitpunkt ausgeführt werden soll, gilt der vereinbarte Zahlungstag als Zugangszeitpunkt *(§ 675n BGB)*.

Kreditinstitute legen für den Geschäftstag sogenannte **Cut-off-Zeiten** fest. Zahlungsanweisungen, die nach diesen Zeitpunkten eintreffen, gelten als am nächsten Geschäftstag zugegangen *(Bedingungen für den Überweisungsverkehr 1.4, Abs. 2)*.

Beispiel

Cut-off-Zeit für beleghafte Überweisungsaufträge: 15:00 Uhr; Onlineaufträge: 17:00 Uhr

Der Auftraggeber kann einen Zahlungsauftrag nach dem Zugang beim Zahlungsdienstleister **nicht** mehr widerrufen *(§ 675p BGB)*. Bis zu diesem Zeitpunkt ist ein Widerruf in Textform oder im Onlinebanking möglich. Überweisungsaufträge mit einem bestimmten Ausführungstag *(z. B. Daueraufträge)* und nach den Cut-off-Zeiten erteilte Aufträge kann der Auftraggeber nur bis zum Ende des vor dem Ausführungstag bzw. Zugangstag liegenden Geschäftstages widerrufen *(Bedingungen für den Überweisungsverkehr 1.5)*.

Beispiele

- Ein um 16:00 Uhr online erteilter Überweisungsauftrag kann nach Eingang auf dem Bankserver nicht mehr widerrufen werden.
- Einen um 16:00 Uhr beleghaft erteilten Überweisungsauftrag kann der Auftraggeber bis zum Geschäftsende dieses Tages widerrufen.
- Ein Dauerauftrag soll am Montag, 15.06.20.. ausgeführt werden. Ein Widerruf ist bis zum Abend des vorhergehenden Geschäftstages (Freitag, 12.06.20..) möglich.

Lehnt der Zahlungsdienstleister die Ausführung eines Zahlungsauftrages ab *(z. B. aufgrund mangelnder Kontodeckung)*, ist der Auftraggeber unverzüglich zu benachrichtigen *(§ 675o BGB)*.

▸ Ausführungsfrist für Zahlungsvorgänge *(§ 675s BGB)*

- Bei Eurozahlungen innerhalb des Europäischen Wirtschaftsraumes muss der Zahlungsbetrag spätestens am Ende des auf den **Zugangstag folgenden Geschäftstages** beim Zahlungsdienstleister des Zahlungsempfängers eingehen.
- Für in Papierform ausgelöste Zahlungsvorgänge kann die oben genannte Frist um einen weiteren Geschäftstag verlängert werden.
- Bei Fremdwährungszahlungen innerhalb des Europäischen Wirtschaftsraumes kann eine Frist von bis zu vier Geschäftstagen vereinbart werden.

▸ Wertstellung und Verfügbarkeit von Geldbeträgen *(§ 675t BGB)*

- Der Zahlungsdienstleister des Zahlungsempfängers muss den erhaltenen Geldbetrag unverzüglich mit der **Wertstellung (Valuta) des Geldeingangstages** dem Konto des Zahlungsempfängers gutschreiben.
- Bei einer Bareinzahlung eines Verbrauchers auf ein Zahlungskonto muss der Betrag unverzüglich nach dem Zeitpunkt der Entgegennahme verfügbar gemacht und wertgestellt werden. Ist der Einzahler kein Verbraucher, verlängert sich die Frist auf den folgenden Geschäftstag.
- Bei einer Kontobelastung darf das Wertstellungsdatum nicht früher sein als das Datum der Kontobelastung.

▸ Zahlungsauslöse- und Kontoinformationsdienste

Kreditinstitute müssen **Zahlungsauslösediensten** und **Kontoinformationsdiensten** einen **unentgeltlichen Zugang** zum Zahlungskonto des Kunden ermöglichen *(Payment Service Directive, PSD II, Art. 58, 59)*. Die Zahlungsdienstleister müssen sich gegenüber der Bank des Kunden authentifizieren und dafür Sorge tragen, dass die personalisierten Sicherheitsmerkmale des Kunden keinem Dritten zugänglich sind.

Der Kontoinhaber kann einen **Zahlungsauslösedienst** beauftragen, Zahlungen von seinem Konto vorzunehmen.

Beispiel

Ein Kontoinhaber wählt bei einem Internetkauf die Bezahlart „Sofortüberweisung". Er gibt nun auf der Internetseite der Sofort GmbH (Zahlungsdienstleister) die für einen Zugang zu seinem Konto erforderlichen Daten (Kreditinstitut, Benutzerkennung und PIN) ein. Der Dienstleister übermittelt den Überweisungsauftrag an die Bank, die nun auf dem üblichen Weg (z. B. per SMS) eine PIN an den Kunden sendet. Der Kunde gibt die TAN auf der Internetseite des Zahlungsauslösedienstes ein und veranlasst dadurch die Zahlung. Der Verkäufer erhält sofort eine Zahlungsbestätigung und kann die Ware versenden.

Kontoinformationsdienste rufen online die Kontodaten (Umsätze und Kontostände) ihres Kunden bei einem oder mehreren Kreditinstituten ab und stellen ihm diese einzeln und in zusammengefasster Form zur Verfügung. Dazu benötigen sie vom Kunden eine Ermächtigung und die für einen Zugang zum Konto notwendigen Informationen (Kreditinstitut, Benutzerkennung und PIN). Der Kontoinformationsdienst verschafft dem Kunden jederzeit einen Gesamtüberblick über seine finanzielle Situation.

5.4 Haftung bei Missbrauch und fehlerhaften Zahlungen

Bei einer vom Zahler **nicht autorisierten Zahlung** hat der Zahlungsdienstleister den Betrag unverzüglich wieder dem Konto gutzuschreiben. Er hat keinen Anspruch auf Erstattung seiner Aufwendungen *(§ 675u BGB).*

Beruht die **nicht autorisierte Zahlung** auf der **missbräuchlichen Nutzung** eines verlorengegangenen, gestohlenen oder sonst abhandengekommenen Zahlungsinstruments oder auf der sonstigen missbräuchlichen Verwendung eines Zahlungsinstruments, ist die Haftung des Kunden abhängig von seinem Verschulden *(§ 675v BGB).*

▸ Haftung bei Missbrauch von Zahlungsauthentifizierungsinstrumenten *(§ 675 u ff. BGB)*

Haftung vor der Sperranzeige

Der Kunde haftet bei Verlust oder Diebstahl oder sonstiger missbräuchlicher Verwendung des Authentifizierungsinstruments **unabhängig vom Verschulden** bis zu einem Betrag von **maximal 50,00 EUR**.

Der Kunde **haftet** jedoch **nicht**, wenn

- es ihm nicht möglich gewesen ist, den Verlust, den Diebstahl, das Abhandenkommen oder eine sonstige missbräuchliche Verwendung des Authentifizierungselements vor dem nicht autorisierten Zahlungsvorgang zu bemerken oder wenn
- der Verlust des Authentifizierungselements durch den Angestellten eines Zahlungsdienstleisters verursacht wurde.

Der Kunde haftet **unbeschränkt**, wenn er in betrügerischer Absicht oder **vorsätzlich oder grob fahrlässig** seine **Sorgfalts- und Anzeigepflichten verletzt** hat. Grobe Fahrlässigkeit liegt insbesondere vor, wenn er

- Wissenselemente *(z. B. PIN)* anderen Personen mitgeteilt oder ungesichert gespeichert oder zusammen mit Besitzelementen *(z. B. Mobiltelefon)* aufbewahrt hat.
- Besitzelemente nicht ausreichend vor einem Missbrauch geschützt hat.
  Beispiele:
  - Girocard und TAN-Generator sind sicher aufzubewahren.
  - Es ist sicherzustellen, dass unberechtigte Personen keinen Zugriff auf die Banking-App und auf die Authentifizierungs-App haben.
- Seinselemente (Inhärenz, *z. B. Fingerabdruck*) nutzt, obwohl auf dem Gerät auch die Seinselemente von anderen Personen gespeichert waren.
- die für das mobileTAN-Verfahren hinterlegte Telefonnummer nicht löscht, wenn er das Onlinebanking nicht mehr nutzt.
- die Auftragsdaten, die ihm das Kreditinstitut bei der TAN-Anforderung mitgeteilt hat, nicht geprüft hat.
- den Verlust oder Diebstahl eines Besitzelements oder die missbräuchliche Verwendung eines Authentifizierungselements nicht unverzüglich dem Kreditinstitut angezeigt hat.

Der **Kunde haftet** jedoch auch bei **grober Fahrlässigkeit nicht**, wenn das Kreditinstitut bei der Zahlung **keine starke Kundenauthentifizierung** verlangt hat.

Für Schäden innerhalb eines Zeitraumes ist die Haftung des Kunden auf das Verfügungslimit beschränkt.

Ist der Kunde **kein Verbraucher**, haftet er auch bei Fahrlässigkeit unbeschränkt.

Haftung nach der Sperranzeige

Nach der Sperranzeige haftet ausschließlich der Zahlungsdienstleister (Ausnahme: betrügerische Absicht des Kunden).

Bei der **nicht erfolgten, fehlerhaften oder verspäteten Ausführung** einer **autorisierten Zahlung** kann der Zahler die **unverzügliche und ungekürzte Erstattung des Zahlungsbetrages** verlangen *(§ 675y BGB)*. Sollte dem Zahler darüber hinaus ein Schaden entstehen, muss der Zahlungsdienstleister diesen ersetzen. Der Zahlungsdienstleister kann jedoch in den AGB seine **Haftung** auf einen Höchstbetrag von **12 500,00 EUR** begrenzen *(§ 675z BGB)*.

Der Zahler hat **keinen** Anspruch auf Erstattung des Zahlungsbetrages und Schadenersatz, wenn der Auftrag in Übereinstimmung mit der vom Zahlungsdienstnutzer angegebenen fehlerhaften Kundenkennung (Angabe einer falschen IBAN) ausgeführt wurde. In diesem Fall muss der Zahlungsdienstleister sich aber darum bemühen, den Zahlungsbetrag wiederzuerlangen. Sollte dies nicht möglich sein, sind dem Zahler alle verfügbaren Informationen mitzuteilen, damit der Zahler einen Anspruch auf Erstattung des Zahlungsbetrags geltend machen kann *(§ 675y Abs. 5 BGB)*.

Stellt sich bei einer **autorisierten Zahlung** heraus, dass diese fehlerhaft war, hat der Zahler nur einen Anspruch auf Erstattung des Zahlungsbetrages, wenn

- bei der Autorisierung der genaue Betrag nicht angegeben wurde und
- der Zahlungsbetrag den Betrag übersteigt, den der Zahler entsprechend seines bisherigen Ausgabeverhaltens, den Bedingungen des Zahlungsdiensterahmenvertrages und den jeweiligen Umständen des Einzelfalls hätte erwarten können *(§ 675x BGB)*.

Beispiel

Bei der Zahlung in einem Restaurant mit der Kreditkarte autorisiert der Zahler statt des Rechnungsbetrages von 145,00 EUR irrtümlich 245,00 EUR. Der Zahler kann vom Kreditinstitut keine Erstattung des zu viel gezahlten Betrages verlangen, sondern muss sich an das Restaurant wenden. Hätte der Zahler irrtümlich 2 450,00 EUR autorisiert, könnte er aufgrund der ungewöhnlichen Höhe der Restaurantrechnung eine Erstattung verlangen.

➡ **Kompetenzcheck „Zahlungsdienste“ siehe Seite 193**

5.5 Zahlungsinstrumente

5.5.1 Ein- und Auszahlungsgeschäft

▸ Einzahlungen *(§ 1 Abs. 2 Nr. 1 ZAG)*

Bei **Einzahlungen** sind folgende Prüfungen vorzunehmen:
- Übereinstimmung des Geldbetrages mit dem des Einzahlungsbeleges
- Echtheit des Bargeldes

Stellt sich bei einer Einzahlung heraus, dass es sich um **Falschgeld** handelt, sind die Kreditinstitute und deren Mitarbeiter/-innen verpflichtet,
- das Falschgeld einzubehalten und mit einem Bericht an die Polizei zu übersenden und
- dem Betroffenen eine Empfangsbescheinigung auszuhändigen *(§ 36 BBankG)*.

Als **Falschgeld verdächtige Banknoten und Münzen** sind der Bundesbank zur Prüfung vorzulegen. Stellt diese die Unechtheit fest, so übersendet sie das Falschgeld mit einem Gutachten an die Polizei und benachrichtigt das Kreditinstitut.

Einzahlungen über den **Tag- und Nachttresor** darf der Einzahlende nur für eigene Rechnung tätigen. Der Tresor und die Kassetten werden gemeinsam von zwei Angestellten geöffnet und geprüft. Stimmt der Geldbetrag nicht mit dem Betrag auf dem Einzahlungsbeleg überein, wird der Kontoinhaber unverzüglich benachrichtigt.

▶ **Auszahlungen** *(§ 1 Abs. 2 Nr. 1 ZAG)*

Bei **Auszahlungen an Kassen oder an automatischen Kassentresoren** ist zu prüfen, ob die Unterschrift auf dem Auszahlungsbeleg mit der hinterlegten Unterschriftsprobe des Verfügungsberechtigten übereinstimmt. Bei Auszahlungen von Sparkonten ist grundsätzlich die Sparurkunde vorzulegen und das Guthaben zu berichtigen.

Bei **Verfügungen am Geldautomaten** legitimiert sich der Berechtigte durch
- Einschub der Zahlungskarte in den Geldautomaten und
- Eingabe der PIN.

5.5.2 Überweisungsgeschäft

§

Bei einer **Überweisung** beauftragt der Kunde sein Kreditinstitut, zulasten seines Zahlungskontos einen Geldbetrag bargeldlos zugunsten eines Zahlungsempfängers an den Zahlungsdienstleister des Zahlungsempfängers zu übermitteln *(§ 1 Abs. 2 Nr. 2b ZAG)*.

Bei einem **Dauerauftrag** beauftragt der Kunde sein Kreditinstitut, jeweils zu einem wiederkehrenden Termin einen gleichbleibenden Geldbetrag auf das Konto des Zahlungsempfängers zu überweisen *(Bedingungen für den Überweisungsverkehr 1.1)*.

Rechtsgrundlage für die Ausführung von Überweisungen sind die *„Bedingungen für den Überweisungsverkehr"*.

Vor der Erteilung eines Überweisungsauftrages muss das Kreditinstitut den Kunden über folgende **Konditionen** informieren:
- Zeitpunkt, ab dem der Zahlungsauftrag als zugegangen gilt
- maximale Ausführungsfrist
- Entgelte für die Ausführung der Überweisung
- ggf. den Wechselkurs bei einer Fremdwährung

Diesen Informationspflichten kommt das Kreditinstitut in der Praxis durch Angabe im Preis- und Leistungsverzeichnis nach.

Die **Auftragserteilung** kann auf einem vom Kreditinstitut zugelassenen Formular oder in elektronischer Form erfolgen. Auf dem SEPA-Überweisungsauftrag sind die IBAN des Auftraggebers und des Zahlungsempfängers anzugeben. Der Überweisungsbetrag muss auf Euro lauten. Auch für grenzüberschreitende SEPA-Überweisungen gelten hinsichtlich der Kosten, Ausführungsfrist und Wertstellung die gleichen Bedingungen wie für inländische Zahlungen. Der Kunde hat bei der Auftragserteilung auf die Leserlichkeit, Vollständigkeit und Richtigkeit der Angaben zu achten *(Bedingungen für den Überweisungsverkehr 1.3)*. Der Kunde autorisiert den Auftrag durch Unterschrift auf dem Überweisungsauftrag oder durch ein Zahlungsauthentifizierungsinstrument *(z. B. Passwort und TAN beim Onlinebanking)*.

Die **Ausführung** eines Überweisungsauftrages erfolgt immer auf elektronischem Weg. Beleghaft erteilte Aufträge werden in Datensätze umgewandelt und weitergeleitet. Dabei hat das Kreditinstitut die richtige Erfassung der Daten sicherzustellen. Der Zahlungsdienstleister des Zahlers hat bei allen ausgehenden Überweisungen die Kontonummer des Zahlungsempfängers anhand der bekanntgegebenen Prüfzifferberechnungsmethode zu prüfen *(Abkommen zum Überweisungsverkehr Nr. 5)*. Das Kreditinstitut übermittelt die in der Überweisung enthaltenen Daten unmittelbar oder unter Beteiligung zwischengeschalteter Stellen *(z. B. Bundesbank)* an den Zahlungsdienstleister des Zahlungsempfängers. Die Zuordnung der Zahlung zum Zahlungsempfänger erfolgt ausschließlich anhand der vom Kunden angegebenen Kennung des Zahlungsempfängers (Bankleitzahl und Kontonummer bzw. BIC und IBAN).

Bei einem online erteilten **SEPA-Echtzeitüberweisungsauftrag (Instant Payments, Höchstbetrag 100 000,00 EUR)** werden die Daten innerhalb von Sekunden an den Zahlungsdienstleister des Empfängers übermittelt, der den Betrag dann sofort dem Empfängerkonto gutschreibt.

Der Zahlungsdienstleister des Zahlungsempfängers muss dem Zahlungsempfänger die Überweisungsdaten mitteilen, um ihn über den Auftraggeber und den Zahlungsgrund zu informieren. Dies geschieht regelmäßig im Kontoauszug. Mit der Gutschrift erhält der Zahlungsempfänger sofort eine Zahlungssicherheit.

▸ Bearbeitung von Einzelüberweisungen beim beauftragten Kreditinstitut

▸ Abwicklung einer Fernüberweisung

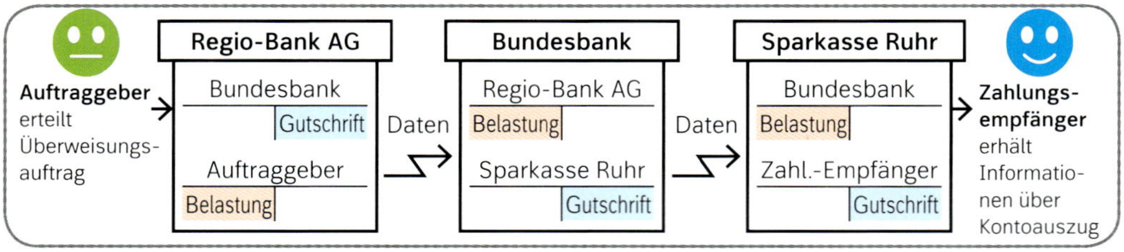

Bei Überweisungen von Beträgen ab 15 000,00 EUR, die nicht im Rahmen des normalen Geschäftsverkehrs mit dem Zahlungsempfänger liegen oder gegen deren Ordnungsmäßigkeit im Einzelfall Bedenken bestehen, wird vom Kreditinstitut des Zahlungsempfängers erwartet, dass es durch das erstbeauftragte Kreditinstitut bei dem Kontoinhaber zurückfragt *(Abkommen zum Überweisungsverkehr Nr. 3)*.

Eine vom Zahler (Auftraggeber) im Zahlungsauftrag fehlerhaft angegebene Kundenkennung des Zahlungsempfängers kann dazu führen, dass der Betrag irrtümlich einem falschen Konto gutgeschrieben wird. Dies setzt aber voraus, dass die zweistellige Prüfziffer in der IBAN zufälligerweise auch für die falsche Kontonummer zutrifft. Der Zahlungsdienstleister des Zahlers kann den Zahlungsdienstleister des Zahlungsempfängers um eine Rücküberweisung des Betrages bitten, die allerdings nach Gutschrift auf dem Konto des Zahlungsempfängers nur mit dessen Einwilligung möglich ist. Verweigert der Zahlungsempfänger seine Zustimmung, muss bei Beträgen ab 20,00 EUR sein Zahlungsdienstleister dem Zahlungsdienstleister des Zahlers auf Verlangen den Namen und die Anschrift des Zahlungsempfängers mitteilen, damit der Zahler seine Ansprüche gegen den unberechtigten Empfänger durchsetzen kann *(Abkommen zum Überweisungsverkehr Nr. 8)*.

▸ Haftung bei fehlerhaften oder nicht autorisierten Überweisungen

Haftung bei fehlerhaften oder nicht autorisierten Überweisungen *(Bedingungen für den Überweisungsverkehr 1.3., 2.3.)*			
	falsch ausgefüllte Überweisung	**autorisierte, aber fehlerhaft ausgeführte Überweisung**	**nicht autorisierte Überweisung**
Beispiele	Der Kunde hat eine falsche IBAN des Zahlungsempfängers auf dem Formular angegeben.	Auf dem Inkassoweg gehen die Überweisungsdaten verloren, sodass der Zahlungsempfänger keine Gutschrift erhält.	Die Unterschrift auf dem Formular war gefälscht.
Verschulden	**Kunde**	**Bank**	
Haftung	Der **Kunde haftet** für den Schaden. Auf Verlangen des Kunden stellt das Kreditinstitut Nachforschungen über den Verbleib des Geldes an. Dafür kann es einen Ersatz der Aufwendungen verlangen.	Das **Kreditinstitut haftet** für den Schaden: • unverzügliche, ungekürzte Erstattung des Betrages • ggf. Erstattung von Zinsen und Entgelten	
		Begrenzung der Haftung auf 12 500,00 EUR möglich (Ausnahme: grobe Fahrlässigkeit)	keine Haftungsbegrenzung möglich

5.5.3 Lastschriftgeschäft

§

Die **Lastschrift** ist ein Zahlungsinstrument, bei dem der Zahlungsempfänger aufgrund eines vom Zahlungspflichtigen erteilten Mandats einen bestimmten Betrag vom Konto des Zahlungspflichtigen einzieht *(§ 1 Abs. 2 Nr. 2a ZAG)*.

Das Lastschriftverfahren eignet sich zum Einzug von Forderungen, die
- in regelmäßigen oder unregelmäßigen Zeitabständen,

- in gleicher oder wechselnder Höhe,
- gegenüber einem bestimmten Schuldnerkreis laufend entstehen.

Verbraucher können nur SEPA-Basis-Lastschriftmandate erteilen.

SEPA-Basis-Lastschriftmandat

Inhalte des SEPA-Basis-Lastschriftmandats

- Der Zahlungspflichtige erteilt dem Zahlungsempfänger ein **SEPA-Basis-Lastschriftmandat** mit folgenden Inhalten:
  - **Ermächtigung des Zahlungsempfängers**, Zahlungen vom Konto des Zahlungspflichtigen mittels Lastschrift einzuziehen
  - **Weisung an das Kreditinstitut** des Zahlungspflichtigen, die vom Zahlungsempfänger auf sein Konto gezogenen Lastschriften einzulösen
- Hinweis, dass der Zahlungspflichtige ohne Angabe von Gründen binnen einer Frist von **acht Wochen** ab dem Zeitpunkt der **Kontobelastung** eine Erstattung des belasteten Betrages verlangen kann
- Name und Anschrift des Zahlungsempfängers und des Zahlungspflichtigen
- IBAN und ggf. BIC des Zahlungspflichtigen
- Gläubiger-Identifikationsnummer

  Die **Gläubiger-Identifikationsnummer** (Gläubiger-ID) dient der Identifikation des Lastschrifteinreichers und kann bei der Deutschen Bundesbank im Internet beantragt werden.

  Beispiel:
  DE02ZZZ84623951572
- Mandatsreferenz

  Die **Mandatsreferenz** dient in Verbindung mit der Gläubiger-ID der Identifizierung des SEPA-Mandats. Sie wird vom Lastschrifteinreicher individuell für jedes Mandat vergeben.
- Unterschrift des Zahlungspflichtigen und Datum

Gültigkeit des SEPA-Basis-Lastschriftmandats

Das Mandat gilt unbefristet bis zum **Widerruf**. Der Zahlungspflichtige kann das SEPA-Mandat jederzeit durch Erklärung gegenüber dem Zahlungsempfänger oder gegenüber seinem Kreditinstitut – möglichst schriftlich – widerrufen. Bei einem Widerruf gegenüber dem Kreditinstitut sollte der Zahlungspflichtige jedoch zusätzlich den Zahlungsempfänger informieren, damit dieser keine weiteren Lastschriften mehr einzieht.

Werden jedoch binnen **36 Monaten** keine Lastschriften vorgelegt, benötigt der Zahlungsempfänger ein neues Mandat.

Aufbewahrung des SEPA-Basis-Lastschriftmandats

Der Zahlungsempfänger ist verpflichtet, das Mandat im Original aufzubewahren. Auf Anforderung muss er dem Kreditinstitut eine Kopie oder das Originalmandat zu Prüfzwecken zur Verfügung stellen. Nach Erlöschen des Mandats muss der Zahlungsempfänger das Mandat noch mindestens **14 Monate** aufbewahren.

Anwendung

Einzug regelmäßig anfallender Forderungen

Beispiele:
Telefonkosten, Versicherungsprämien, Stromkosten, Zeitungsabonnements

SEPA-Basis-Lastschrift

Lastschrifteinreichung

- **Zahlungsavis** (Pre-Notification): Der Zahlungsempfänger ist verpflichtet, den Zahlungspflichtigen spätestens **14 Kalendertage** vor dem Lastschrifteinzug über Betrag und Datum des Einzugs zu informieren. Andere Fristen können die Beteiligten vertraglich vereinbaren. Bei wiederkehrenden Lastschriften mit gleichen Beträgen genügen eine einmalige Unterrichtung vor dem ersten Lastschrifteinzug und die Angabe der weiteren Fälligkeitstermine.
- Bei jeder Lastschrift sind die Gläubiger-ID und die Mandatsnummer anzugeben. Zahlungsempfänger, Zahlungspflichtiger sowie deren Kreditinstitute sind durch IBAN und BIC zu identifizieren.
- In der Lastschrift muss ein **Fälligkeitsdatum** angegeben sein, an dem das Konto des Zahlungspflichtigen belastet werden soll. Die Lastschriften müssen der Zahlstelle **spätestens einen Geschäftstag** vor Fälligkeit vorliegen.

Lastschriftrückgabe

- Bei **mangelnder Kontodeckung** oder bei einem **Widerruf** des Mandats durch den Kontoinhaber wird die Lastschrift nicht eingelöst. Wurde der Betrag dem Konto des Zahlungspflichtigen schon belastet, hat das Kreditinstitut das Recht, den Betrag dem Konto **innerhalb von zwei Bankarbeitstagen** nach der Belastungsbuchung wieder gutzuschreiben *(Ziff. 2.4.1 SEPA-Basis-Lastschriftbedingungen, § 675u BGB)*.
- Der Kontoinhaber (Zahlungspflichtiger) kann bei einer **autorisierten Zahlung** ohne Angabe von Gründen innerhalb von **acht Wochen** eine Erstattung des Lastschriftbetrages verlangen.
- Bei einer **nicht autorisierten Zahlung** oder bei einer **fehlerhaften Ausführung** einer autorisierten Zahlung kann der Kontoinhaber innerhalb von **13 Monaten** eine Erstattung des Lastschriftbetrages verlangen.

Fristen bei SEPA-Basis-Lastschriften

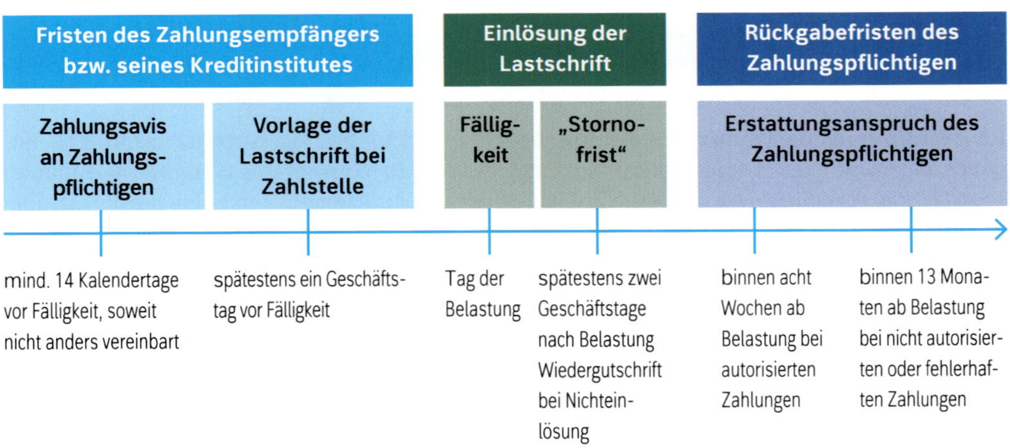

Lastschriftrückgabe

Lastschriftrückgaben können nach dem EPC-SEPA-Regelwerk aus folgenden Gründen erfolgen:

SEPA-Lastschriftrückgaben	
Rückruf vor Fälligkeit (Recall)	Die 1. Inkassostelle kann Lastschriften vor Fälligkeit zurückrufen. Sie werden dann nicht eingelöst.
Rückgabe vor Fälligkeit (Refusal)	• **Rückweisung einer SEPA-Basis-Lastschrift** vom Zahlungspflichtigen • **Widerruf des Lastschriftmandats**
Rückweisung nach Fälligkeit (Reject)	• fehlerhafte Lastschriftdaten *(z. B. falsche IBAN, keine Gläubiger-ID, keine Mandatsreferenz, kein Fälligkeitstag)* • Konto existiert nicht oder ist nicht für Lastschriften zugelassen *(z. B. Festgeldkonto)* • Nichtvorliegen einer Mandatskopie bei SEPA-Firmen-Lastschriften
Rückgabe nach Fälligkeit (Return)	• **nicht ausreichende Kontodeckung** • Konto erloschen
Rückforderung nach Fälligkeit (Refund)	• **Widerspruch** zu einer autorisierten **SEPA-Basis-Lastschrift** innerhalb von **acht Wochen** nach Fälligkeit • Rückgabe einer **nicht autorisierten Lastschrift** binnen **13 Monaten** nach Fälligkeit

Durch das Zahlungsavis (Pre-Notification) hat der Kontoinhaber Kenntnis vom anstehenden Lastschrifteinzug und kann die Zahlstelle anweisen, eine SEPA-Basis-Lastschrift zurückzuweisen. Zudem kann er ein **SEPA-Lastschriftmandat** durch Erklärung gegenüber dem Zahlungsempfänger oder **gegenüber seinem Kreditinstitut widerrufen**. Lastschriften dürfen dann nicht mehr eingelöst werden *(Ziff. 2.2.3 SEPA-Basis-Lastschriftbedingungen)*.

Der Kontoinhaber kann mit seinem Kreditinstitut auch Lastschriftsperren und Begrenzungen vereinbaren *(z. B. Betragsbegrenzungen, Sperre von Lastschriften bestimmter Zahlungsempfänger)*.

Bei **nicht ausreichender Kontodeckung** löst das Kreditinstitut Lastschriften nicht ein. Teileinlösungen nehmen Kreditinstitute nicht vor. Bei Nichteinlösung einer Lastschrift aufgrund mangelnder Kontodeckung muss die Zahlstelle den Zahlungspflichtigen unverzüglich darüber informieren.

Wenn eine **SEPA-Basis-Lastschrift** nicht eingelöst wird, erfolgt **keine Kontobelastung** des Zahlungspflichtigen oder wird **spätestens am zweiten Geschäftstag** nach ihrer Vornahme **rückgängig** gemacht *(Ziff. 2.4.1 SEPA-Basis-Lastschriftbedingungen)*. Bei der **SEPA-Firmen-Lastschrift** beträgt die Frist **drei Geschäftstage.**

Die Zahlstelle muss bei der Rückgabe von Lastschriften an die 1. Inkassostelle folgende Fristen beachten:
- Rückgabe binnen fünf Bankarbeitstagen nach Fälligkeit bei SEPA-Basis-Lastschriften
- Rückgabe binnen zwei Bankarbeitstagen nach Fälligkeit bei SEPA-Firmen-Lastschriften

Wenn der Zahlungspflichtige eine **autorisierte SEPA-Basis-Lastschrift** innerhalb einer Frist von **acht Wochen** nach der Belastung zurückgibt, schreibt die Zahlstelle den Lastschriftbetrag mit der **Belastungswertstellung** wieder gut.

Eine **nicht autorisierte Lastschrift** kann der Zahlungspflichtige innerhalb von **13 Monaten** nach Belastung seines Kontos zurückgeben. In diesem Fall muss die Zahlstelle sich jedoch vergewissern, ob es tatsächlich kein gültiges Lastschriftmandat gab. Die Zahlstelle fordert deshalb über die 1. Inkassostelle eine Kopie des Mandates beim Zahlungsempfänger an und beurteilt anhand der Unterlagen, ob ein gültiges Mandat vorlag oder nicht. Kommt die Zahlstelle zu dem Ergebnis, dass es kein gültiges Mandat gab, schreibt sie den Betrag mit der **Belastungswertstellung** dem Konto wieder gut und gibt die Lastschrift an die 1. Inkassostelle zurück.

Bei einer **Rückforderung** nach Fälligkeit (Refund) hat die Zahlstelle gegenüber der 1. Inkassostelle einen Anspruch **auf Zinsausgleich** (SEPA-Regelwerk), weil dem Zahlungspflichtigen der Gegenwert mit der Belastungswertstellung wieder gutgeschrieben wurde.

Rücklastschriften werden grundsätzlich **beleglos** zurückgegeben.

Der **Rückgabegrund** wird im Rücklastschriftdatensatz verschlüsselt.

Die Zahlstelle stellt der 1. Inkassostelle oftmals eine **Rücklastschriftgebühr** von circa 3,00 EUR in Rechnung. Bei Rücklastschriften belastet die 1. Inkassostelle den Zahlungsempfänger mit dem Lastschriftbetrag, der Rücklastschriftgebühr und stellt zudem in der Regel eine eigene Provision in Rechnung.

Bedeutung des Lastschriftverkehrs	
für den Zahlungspflichtigen	**für den Zahlungsempfänger**
• Rückgaberecht der Lastschrift binnen acht Wochen nach Kontobelastung • keine Terminüberwachung • keine Anfertigung von Zahlungsbelegen • geringe Gebührenbelastung durch die Zahlstelle **Nachteil:** Einschränkung der finanziellen Dispositionsmöglichkeiten, da zu den Fälligkeitsterminen für Kontodeckung gesorgt bzw. Einlösung durch teure Kreditinanspruchnahme erkauft werden muss	• gute Dispositionsmöglichkeit der eigenen Liquidität, da der Zahlungsvorgang von ihm ausgelöst wird • Zinsvorteile durch pünktlichen Zahlungseingang in einer Summe • Entlastung der Debitorenbuchhaltung und Vereinfachung des Mahnwesens • kostengünstige Möglichkeit des Einzugs von Außenständen durch Einsatz der EDV (insbesondere im Massenlastschriftverkehr)

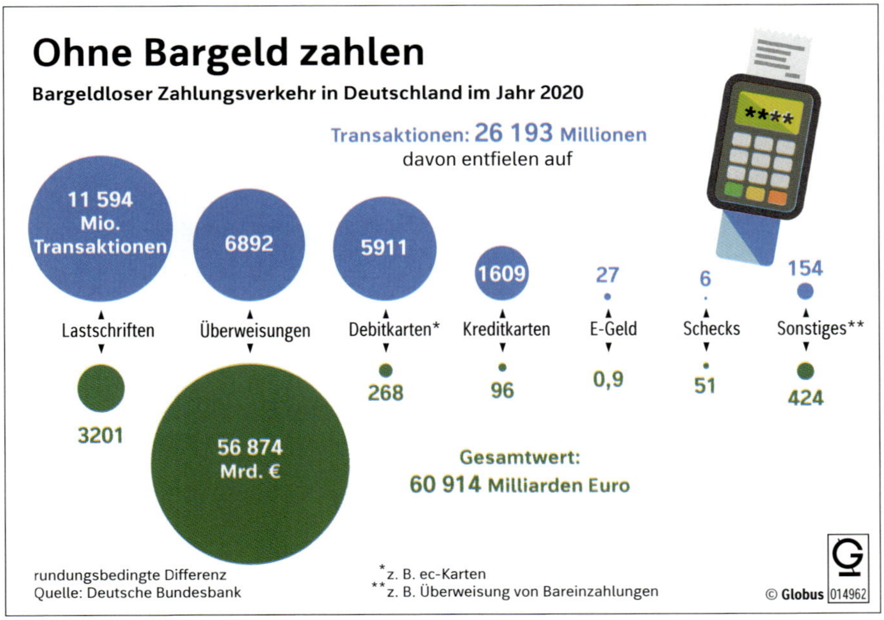

5.5.4 Zahlungskartengeschäft

Kreditinstitute geben an Kunden **Bank- und Kreditkarten** aus. Bei Verfügungen mit der Bankkarte (Debitcard) wird das Konto des Karteninhabers unmittelbar nach einer Verfügung belastet, während bei Verfügungen mit der Kreditkarte die Kontobelastung erst später erfolgt.

Die Karten können im gesamten **SEPA-Gebiet** in gleicher Weise wie im Heimatland an Geldautomaten und an Händlerterminals verwendet werden. Einheitliche Sicherheitstechnologien sollen einen Kartenmissbrauch verhindern.

Der Karteninhaber hat besondere **Sorgfalts- und Mitwirkungspflichten** zu beachten:

- Er muss die Karte unverzüglich nach Erhalt unterschreiben.
- Er muss die Karte mit besonderer Sorgfalt aufbewahren. Sie darf insbesondere nicht unbeaufsichtigt im Kraftfahrzeug aufbewahrt werden.
- Er hat dafür Sorge zu tragen, dass keine andere Person Kenntnis von der PIN erhält, insbesondere darf die PIN nicht auf der Karte vermerkt oder in anderer Weise *(z. B. als getarnte Telefonnummer)* mit dieser aufbewahrt werden.
- Bei einem Verlust, Diebstahl oder einer missbräuchlichen Verwendung muss er unverzüglich das Kreditinstitut benachrichtigen. Der Verlust der Karte kann auch beim Zentralen Sperrannahmedienst („Sperrnotruf“, Tel.-Nr. 116 116) angezeigt werden.
- Bei Diebstahl oder missbräuchlicher Verwendung muss er zudem unverzüglich Anzeige bei der Polizei erstatten.

5.5.4.1 Bankkarte (Debitkarte, Girocard)

Bankkarten (BankCard, SparkassenCard, VR-BankCard) sind kontengebundene Multifunktionskarten, die es dem Inhaber ermöglichen, bestimmte Serviceleistungen *(z. B. Kontoauszugsdrucker)* des Kreditinstitutes zu nutzen, bargeldlose Zahlungen vorzunehmen und Bargeld an Geldautomaten zu erhalten. Sie werden als **Debitkarten** bezeichnet, weil das Konto des Inhabers unmittelbar nach der Zahlung belastet wird.

Die auf der Bankkarte abgebildeten Logos zeigen an, in welcher Weise die Karte als Zahlungsinstrument und zur Bargeldbeschaffung genutzt werden kann:

- **Girocard:** Nutzung der Karte für bargeldlose Zahlungen und Verfügungen an Geldautomaten im Inland und einigen europäischen Ländern
- **Debit Mastercard® oder V Pay (Visa Debit):** Debit Mastercard weltweite bzw. V Pay europaweite Nutzung der Karte für bargeldlose Zahlungen und Verfügungen an Geldautomaten
- **Eufiserv, Cash Group, Cashpool:** kostenfreie Verfügungen an Geldautomaten von Partnerbanken

Die Zahlungsinstrumente (Girocard, Debit Mastercard, V Pay) können auch als „digitale Karten“ auf einem mobilen Endgerät (*z. B. Smartphone*) gespeichert sein. Dies ermöglicht es dem Kunden mit dem Smartphone kontaktlos an Kassenterminals zu zahlen.

▸ Nutzungsmöglichkeiten im Überblick

Selbstbedienungsterminals

z. B. Erteilung von Überweisungsaufträgen

Geldautomaten

- Girocard im Inland und einigen anderen europäischen Ländern
- Debit Mastercard bzw. Maestro[1]: weltweit, V Pay (Visa Debit): europaweit

Automatisierte Kassen

- Girocard im Inland und einigen anderen europäischen Ländern
- Debit Mastercard bzw. Maestro: weltweit, V Pay: europaweit

Eingabe der PIN

ohne Eingabe der PIN

Elektronisches Lastschriftverfahren (ELV)

- Kunde erteilt SEPA-Basis-Lastschriftmandat
- Vergleich der Unterschriften
- keine Zahlungsgarantie

Kontoauszugsdrucker

▸ Bedingungen für die Verwendung der Bankkarte

Zahlungsgarantie (Girocard/Debit Mastercard/V Pay)	• Das Kreditinstitut ist verpflichtet, die Beträge, über die unter Verwendung der Karte verfügt wurde, an die Betreiber zu vergüten. • Die Zahlungspflicht beschränkt sich auf den jeweils autorisierten Betrag.
Verfügungsrahmen	• Der Karteninhaber darf Verfügungen mit seiner Karte nur im Rahmen des Kontoguthabens oder eines vorher eingeräumten Kredits vornehmen. • Für Verfügungen an Geldautomaten und automatisierten Kassen teilt das Kreditinstitut dem Kontoinhaber einen jeweils für einen bestimmten Zeitraum geltenden Verfügungsrahmen mit *(z. B. 1 000,00 EUR pro Tag)*.
Sperrung der Karte (Zentraler Sperr-Notruf: Tel. 116116)	• Das Kreditinstitut darf die Karte aus wichtigem Grund sperren *(z. B. bei nicht genehmigten Kontoüberziehungen)* und den Einzug der Karte *(z. B. am Geldautomaten)* veranlassen. • Die Karte kann an Geldautomaten, autorisierten Kassen sowie Selbstbedienungsterminals nicht mehr eingesetzt werden, wenn die PIN dreimal hintereinander falsch eingegeben wurde.

1 Ab 2023 stellt Mastercard das Zahlungssystem „Maestro“ ein. Bis zum Umtausch der Bankkarten kann es aber weiterhin genutzt werden.

Die **Girocard** ermöglicht Verfügungen an **Geldautomaten** und bargeldlose Zahlungen bei **Akzeptanzstellen** *(z. B. Geschäfte, Restaurants, Hotels, Tankstellen)* im Inland und in einigen anderen europäischen Ländern.

Bankkarten mit einem **Mastercard-** oder **V Pay-Logo** ermöglichen Verfügungen an **Geldautomaten** und Kartenzahlungen bei **Akzeptanzstellen** dieser Zahlungsdienstleister. V Pay ein Zahlungssystem von Visa. Während Karten mit dem Mastercard-Logo weltweit einsetzbar sind, gelten V Pay-Karten nur in Europa.

Der Karteninhaber kann an Geldautomaten im In- und Ausland im Rahmen seines individuellen Verfügungsrahmens gegen Eingabe seiner PIN (**P**ersönliche **I**dentifikations-**N**ummer) Barabhebungen (auch mehrmals täglich) vornehmen. Die Abhebungen werden aufgrund des bestehenden Onlineverbundes dem Konto des Kunden belastet. In der Regel sind die Auszahlungen bei fremden Kreditinstituten auf einen Höchstbetrag begrenzt *(z. B. 1 000,00 EUR pro Tag)*.

Bei Euro-Verfügungen an Geldautomaten in anderen EU-Ländern dürfen keine höheren Kosten als bei Verfügungen im Inland in Rechnung gestellt werden.

In Ländern außerhalb der europäischen Währungsunion erfolgt die Auszahlung in der jeweiligen Landeswährung. Die Währungsumrechnung erfolgt zum Devisengeldkurs.

▶ Girocard-System/Debit Mastercard/V Pay

Der Karteninhaber kann bei allen an das **Girocard-System** bzw. Debit Mastercard-/V Pay-System angeschlossenen Unternehmen im Rahmen seines individuellen Verfügungsrahmens *(z. B. 1 000,00 EUR pro Tag)* bargeldlos zahlen.

Girocard-Zahlungen

- **Zahlungen mit Karteneingabe**
  Der Inhaber steckt die Girocard in das Kassenterminal, gibt die **PIN** ein und bestätigt den Rechnungsbetrag.
- **Kontaktlose Zahlungen**
  Verfügt die Karte über einen NFC-Chip (**N**ear **F**ield **C**ommunication), können die Daten auch kontaktlos an das Kassenterminal übertragen werden. Die Karte muss dazu in einem Abstand von wenigen Zentimetern vor das Lesegerät gehalten werden.

  Bei **Beträgen über 50,00 EUR** ist anschließend die PIN einzugeben.

  Bei **Beträgen bis 50,00 EUR** ist die Eingabe der **PIN** grundsätzlich **nicht erforderlich**. Aus Sicherheitsgründen wird jedoch bei mehreren aufeinanderfolgenden Zahlungen bis 50,00 EUR die PIN angefordert, wenn die Gesamtsumme ein bestimmtes Limit *(z. B. 150,00 EUR)* übersteigt oder wenn eine bestimmte Anzahl *(z. B. fünf)* dieser Zahlungen überschritten wird.

Bei **Mastercard-/V Pay-Zahlungen** ist bei kontaktlosen Zahlungen mit der Karte eine Eingabe der PIN ebenfalls erst nach Überschreiten bestimmter Schwellenbeträge notwendig.

Zahlungsabwicklung im Girocard-System

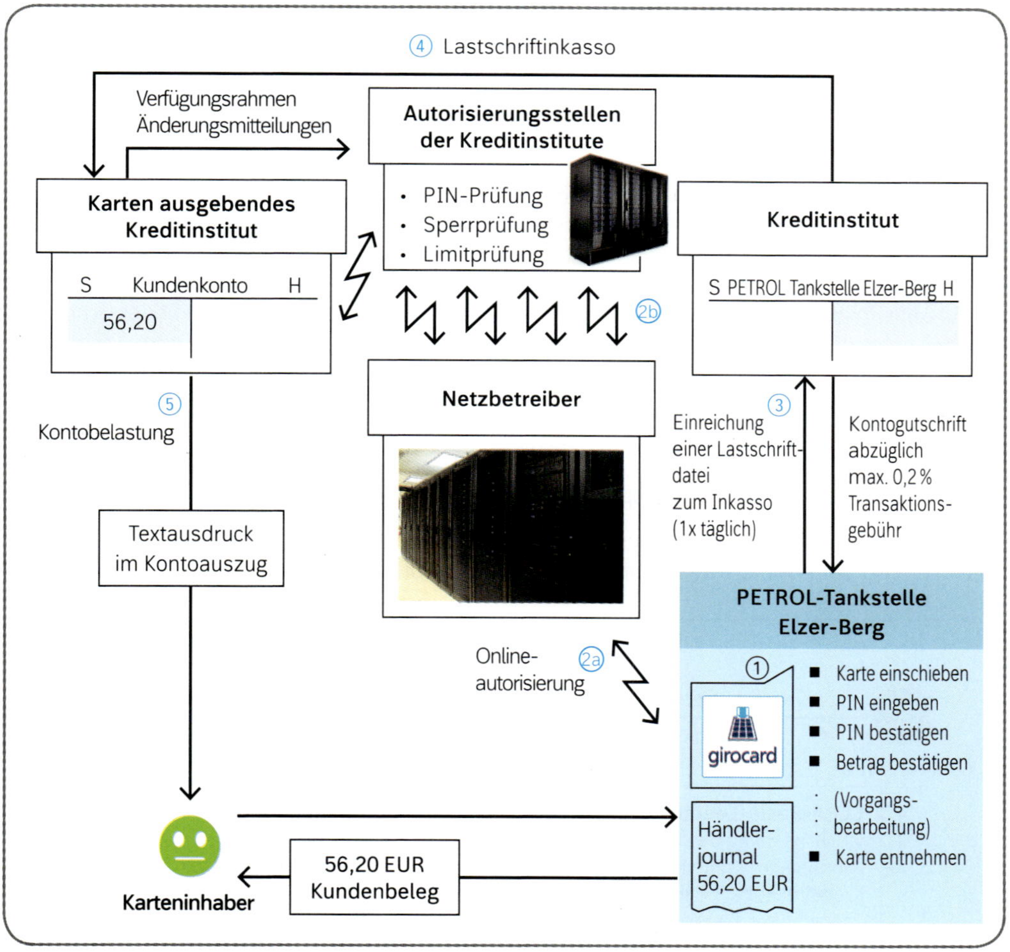

▸ Elektronisches Lastschriftverfahren (ELV)

Das **Elektronische Lastschriftverfahren (ELV)** ist ein vom deutschen Handel entwickeltes Zahlungssystem, bei dem der Käufer unter Vorlage der **Bankkarte** durch **Unterschrift** den Händler ermächtigt, den Rechnungsbetrag per Lastschrift von seinem Konto einzuziehen.

Nach Vorlage der Bankkarte werden die Kontodaten des Kunden vom Magnetstreifen bzw. von der Chipkarte im Kassenterminal eingelesen und ein Kassenbeleg ausgedruckt. Der Beleg enthält neben dem Rechnungsbetrag folgende Angaben (oft auf der Rückseite):

- **SEPA-Basis-Lastschriftmandat**
- Pflichtangaben für den Lastschrifteinzug *(z. B. Gläubiger-ID, Mandatsreferenz)*
- Hinweis auf **Erstattungsrecht** des Lastschriftbetrages **binnen acht Wochen** nach der Belastung
- Anweisung an das Kreditinstitut, dem Händler im Fall von Lastschriftrückgaben den Namen und die Anschrift des Kunden mitzuteilen
  Das Kreditinstitut ist jedoch nicht zu einer Mitteilung dieser Daten verpflichtet. Wenn das Kreditinstitut die Auskunft verweigert, hat der Händler die Möglichkeit, bei der Polizei eine „Anzeige gegen Unbekannt“ zu erstatten. Im Rahmen der Ermittlung kann auf der Grundlage einer richterlichen Verfügung das Kreditinstitut dann zur Herausgabe der Daten verpflichtet werden.
- datenschutzrechtliche Informationen *(z. B. Weitergabe der Daten an angeschlossene Unternehmen bei Rücklastschriften)*
- Zahlungsavis, dass die Belastung zum nächstmöglichen Bankarbeitstag erfolgt

Der Käufer **unterschreibt** den Beleg und erhält eine Durchschrift. Der Rechnungsbetrag wird anschließend per **Lastschrift** vom Konto des Zahlungspflichtigen eingezogen.

5.5.4.2 Kreditkarte

Kreditkarten sind

- **von Kreditinstituten** oder anderen Organisationen als Lizenznehmer von Kreditkartenorganisationen *(z. B. Mastercard, Visa)* ausgegebene Ausweiskarten, die dazu berechtigen,

- **weltweit bei bestimmten Handels- und Dienstleistungsunternehmen (Akzeptanzstellen)**, die vertraglich an die jeweilige Kreditkartenorganisation angeschlossen sind, **Leistungen ohne Bargeldzahlung** gegen Vorlage der Kreditkarte und Eingabe der PIN (manchmal auch Unterschrift auf dem Leistungsbeleg) in Anspruch zu nehmen.

▸ Nutzungsmöglichkeiten der Kreditkarte

Der Kartenemittent verpflichtet sich aufgrund eines Rahmenvertrages mit den Vertragsunternehmen, die laufend entstehenden Forderungen gegenüber den Karteninhabern unter Abzug eines Disagios anzukaufen. Er verzichtet darauf, den Vertragsunternehmen solche Forderungen zurückzubelasten, bei denen der Karteninhaber zahlungsunfähig wird.

Aus wirtschaftlicher Sicht ist die Kreditkarte ...

- **Zahlungsmittel**, da der Karteninhaber unter Vorlage der Kreditkarte bargeldlos bei Akzeptanzstellen (Hotels, Restaurants, Tankstellen usw.) zahlen kann.
- **Liquiditätsreserve**, da der Karteninhaber im Rahmen eines Bargeldservice bei Kreditinstituten und an Geldautomaten Bargeld abfordern kann.
- **Kreditmittel**, da der Rechnungsausgleich durch den Karteninhaber (Kontobelastung) mit einem Zeitverzug von bis zu vier Wochen nach Inanspruchnahme der Leistung erfolgt.

Für den Karteninhaber wird ein monatlicher **Verfügungsrahmen** festgelegt *(z. B. 5 000,00 EUR)*. Je nach Ausstattung bietet die Kreditkarte oft zusätzliche Versicherungsleistungen *(z. B. Reiserücktrittsversicherung, Auslandskrankenversicherung)* und sonstige Leistungen.

Die Gültigkeit der Karte beträgt in der Regel vier Jahre.

▸ Kreditkartengesellschaften

International verbreitet sind die Kreditkarten von folgenden Kreditkartengesellschaften:

Mastercard *Visa* *American Express* *Diners Club*

Kreditinstitute geben Kreditkarten an ihre Kunden in Kooperation mit Kreditkartengesellschaften heraus. Auf der Kreditkarte sind dann die Logos des Kreditinstitutes und der Kreditkartengesellschaft abgebildet. In Deutschland sind die Kreditkarten von **Mastercard** und **Visa** vorherrschend, die weltweit über viele Akzeptanzstellen verfügen.

Vertragspartner des Karteninhabers ist das emittierende Kreditinstitut, das selbst mit der Kreditkartengesellschaft eine Lizenzvereinbarung getroffen hat.

Das **Kreditinstitut**

- erhält die Jahresgebühr sowie den Disagioerlös (Abzug vom Rechnungsbetrag zulasten der Akzeptanzstellen) und
- trägt das Risiko der Zahlungsunfähigkeit des Karteninhabers.

▶ Zahlungen mit der Kreditkarte

Die Autorisierung einer Kreditkartenzahlung in **Handels- und Dienstleistungsunternehmen** erfolgt in folgenden Schritten:

- Einlesen der Daten vom Magnetstreifen oder Chip in ein Kartenterminal
- In der Regel Bestätigung des Betrages durch den Karteninhaber auf dem Terminal
- Onlineautorisierung beim Emittenten (Prüfung der Gültigkeit und des Verfügungsrahmens)
- Autorisierung der Zahlung durch Unterschrift auf dem Leistungsbeleg oder durch Eingabe der PIN

Bei **kontaktlosen Zahlungen** mit der Karte ist eine Autorisierung der Zahlung durch PIN-Eingabe in der Regel erst bei Zahlungen **über 50,00 EUR** notwendig.

Bei **Barabhebungen** an **Geldautomaten** legitimiert sich der Karteninhaber durch Eingabe der **PIN**.

Bei Zahlungen mit der Kreditkarte im Internet ist grundsätzlich eine Zwei-Faktor-Authentifizierung (starke Kundenauthentifizierung) notwendig.

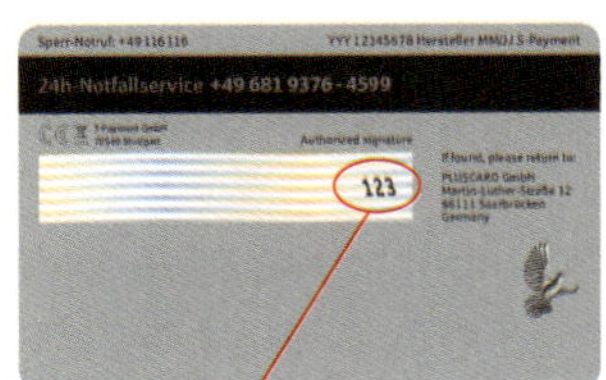

Kartenprüfziffer

Besitzelement ist die Kreditkarte. Bei Internetzahlungen sind folgende Eingaben zu tätigen:

- Name des Karteninhabers
- Kartennummer
- Gültigkeitsdatum
- eventuell auch Abfrage der Kartenprüfziffer
  Die Kartenprüfziffer ist eine drei- oder vierstellige Zahl, die auf der Rückseite der Kreditkarte steht.

Als zweites Authentifizierungselement nutzen Mastercard und Visa das 3D-Secure-Verfahren (Mastercard Identity Check; Visa Secure Verfahren). Zunächst müssen sich Karteninhaber für das **3D-Secure-Verfahren** bei ihren Kreditinstituten registrieren lassen. Zahlungen bestätigt der Kunde mit einem zweiten Element *(z. B. TAN, Passwort [Wissen] oder Fingerabdruck [Sein, Inhärenz])*. Das genaue Verfahren ist bei den kartenausgebenden Instituten unterschiedlich.

Beispiele

Beim Bezahlvorgang im Internet öffnet sich ein Eingabefenster des Kartenemittenten im Browser. Hier kann der Karteninhaber die Zahlung noch einmal prüfen und durch Eingabe einer TAN, eines Passworts oder Fingerabdrucks bestätigen.

Beim mobilen Bezahlen mittels Google Pay oder Apple Pay sind die Kreditkartendaten in der App gespeichert. Der Besitz des Handys und eine Bestätigung der Zahlung mittels PIN (Wissen) oder Fingerabdruck (Inhärenz) autorisieren die Zahlung.

In folgenden Fällen verzichten Kreditinstitute oft auf eine Zwei-Faktor-Kundenauthentifizierung:

- Zahlungen unter 30,00 EUR
- wiederkehrende Zahlungen (regelmäßige Belastung der Kreditkarte bei Abonnements)
- Zahlungen mit geringem Risiko

Bei einem Verzicht auf eine Zwei-Faktor-Kundenauthentifizierung haftet das Kreditinstitut auch bei grober Fahrlässigkeit des Kunden.

▸ Abrechnungssysteme für den Karteninhaber

Charge-Card (in der Praxis vorherrschend)	• monatliche Abrechnung der Kartenverfügungen • Einzug per Lastschrift vom Kontokorrentkonto • keine Berechnung von Sollzinsen für die Zeit der Kreditgewährung
Prepaid-Card	• Vorauszahlung eines bestimmten Geldbetrages an die Kreditkartengesellschaft *(z. B. 500,00 EUR)* • Verfügungen mit der Kreditkarte sind nur bis zur Höhe des eingezahlten Geldbetrages möglich. • Ausgabe auch an Minderjährige und an Personen mit schlechter Bonität möglich
Credit-Card	• Einräumung eines Kreditrahmens in Abhängigkeit von der Bonität • Der Karteninhaber erhält eine Monatsrechnung und kann entscheiden, ob er die Beträge sofort oder in Raten über einen längeren Zeitraum zurückzahlen möchte. • Sollzinsen

Vertragsgrundlagen bei Kreditkarten

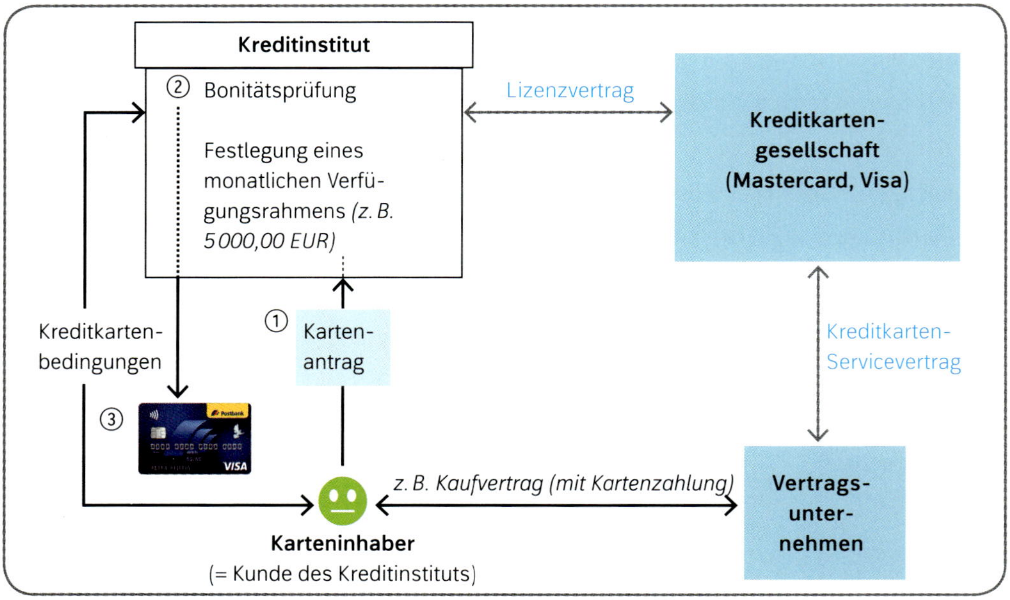

Zahlungsabwicklung bei Kreditkartenzahlungen (Charge-Card)

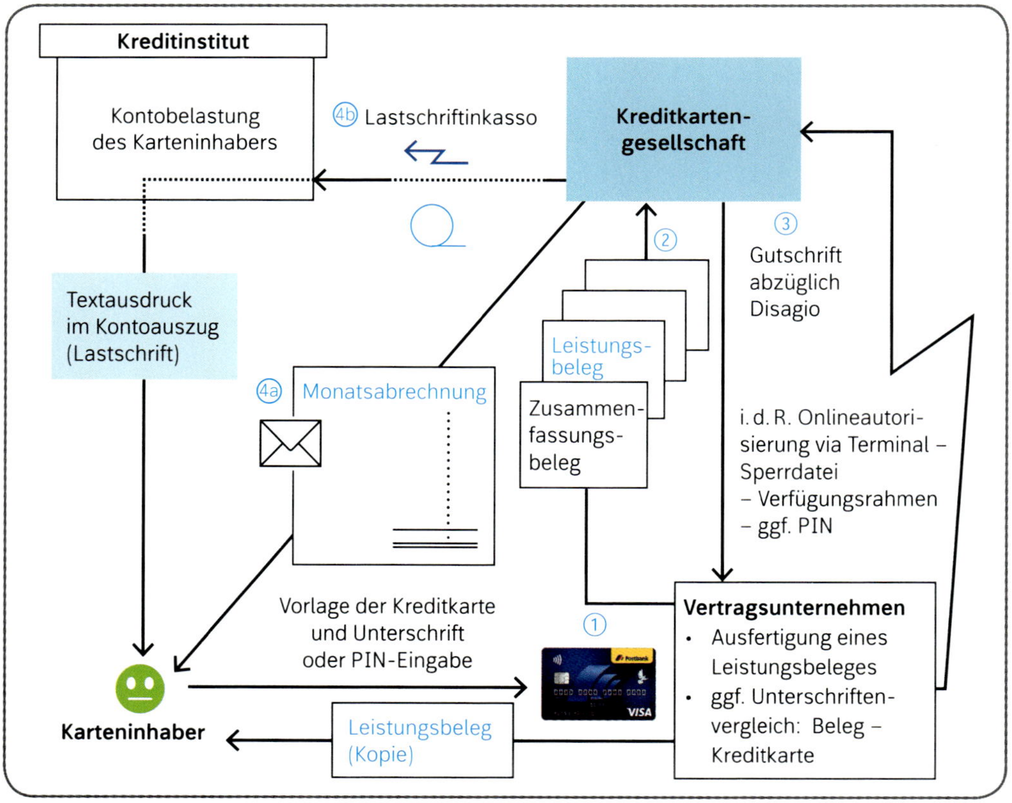

5.5.4.3 Kartenzahlungssysteme im Überblick

Merkmale	Girocard/Debit Mastercard/V Pay	elektronisches Lastschriftverfahren (ELV)	Kreditkartenzahlungen
Symbol	girocard V PAY mastercard	SEPA Lastschrift	mastercard VISA
Legitimation und Prüfungen bei der Zahlung	• Eingabe der PIN (i. d. R. keine PIN bei kontaktlosen Zahlungen bis 50,00 EUR) • Onlineprüfung: – der PIN – der Sperrdatei – des Verfügungsrahmens *(z. B. 1 000,00 EUR pro Tag)*	• Unterschrift und Erteilung eines SEPA-Basis-Lastschriftmandates • evtl. Vorlage des Personalausweises • Sperrdateiabfrage („KUNO“)	• Eingabe der PIN (i. d. R. keine PIN bei kontaktlosen Zahlungen bis 50,00 EUR) • Onlineprüfung: – der PIN – der Sperrdatei – des Verfügungsrahmens
Zahlungsgarantie für den Händler	ja	nein Die Lastschrift kann mangels Kontodeckung oder wegen Widerspruch zurückgegeben werden.	ja
Belastung des Zahlungskontos	nach jeder Zahlung	nach jeder Zahlung	einmal im Monat (Charge-Card)
Risiko für den Karteninhaber	• Schaden vor Sperranzeige: Bei Fahrlässigkeit beträgt die max. Haftung des Kontoinhabers 50,00 EUR (i. d. R. bei Sparkassen und Kreditgenossenschaften keine Haftung). Bei grober Fahrlässigkeit und Vorsatz haftet der Inhaber unbeschränkt. • Schaden <u>nach</u> Sperranzeige: keine Haftung des Kontoinhabers	Es besteht kein Risiko für den Karteninhaber, da er die Lastschriften aufgrund eines Widerspruchs zurückgeben kann.	• Schäden vor Sperranzeige: Bei Fahrlässigkeit beträgt die max. Haftung des Karteninhabers 50,00 EUR bzw. der in den Bedingungen festgelegte niedrigere Betrag *(z. B. 0,00 EUR)*. Bei grober Fahrlässigkeit und Vorsatz haftet der Inhaber unbeschränkt. • Schäden nach Sperranzeige: keine Haftung des Karteninhabers

5.5.4.4 Haftung

Bei einer **nicht autorisierten** oder **fehlerhaften Ausführung einer autorisierten Kartenverfügung** ist das Kreditinstitut verpflichtet, dem Kontoinhaber den Betrag unverzüglich und ungekürzt zu erstatten. Ansprüche gegen das Kreditinstitut müssen binnen 13 Monaten nach dem Tag der Belastung geltend gemacht werden.

Das **Abhandenkommen** der Zahlungskarte (Bankkarte, Kreditkarte) ist unverzüglich der kontoführenden Stelle oder dem zentralen Sperrannahmedienst (Tel. 116116) zu melden (Sperranzeige). Bei einem Diebstahl oder Missbrauch ist zudem Anzeige bei der Polizei zu erstatten. Handelt es sich bei dem Konto- bzw. Karteninhaber um einen Verbraucher, ist seine Haftung für Schäden, die **bis zum Eingang der Verlust- bzw. Schadenanzeige** (Sperranzeige) entstehen, gesetzlich auf maximal **50,00 EUR** begrenzt. Nur bei grober Fahrlässigkeit oder Vorsatz haftet er bis zur Höhe des Verfügungsrahmens.

Nach der Sperranzeige haftet der Konto- bzw. Karteninhaber nicht mehr für Schäden bei missbräuchlichen Verfügungen, sofern er nicht in betrügerischer Absicht gehandelt hat *(§§ 675, 676 BGB)*.

<table>
<tr><th colspan="3">Haftung des Kontoinhabers bei Missbrauch der Bankkarte bis zur Sperranzeige</th></tr>
<tr><th>Verschulden des Karteninhabers</th><th>Sparkassen und Kreditgenossenschaften</th><th>Kreditbanken</th></tr>
<tr><td rowspan="2">Fahrlässigkeit</td><td>Grundsätzlich haftet der Kontoinhaber (Verbraucher) mit maximal 50,00 EUR.
Sparkassen und Kreditgenossenschaften verzichten jedoch auf eine Schadenbeteiligung des Kunden, wenn der Karteninhaber seine Sorgfalts- und Mitwirkungspflichten nicht grob fahrlässig verletzt hat. Damit entfällt die Haftung des Kontoinhabers.</td><td>Der Kontoinhaber (Verbraucher) haftet mit maximal 50,00 EUR.
• Bei Verlust oder Diebstahl der Karte haftet der Karteninhaber unabhängig vom Verschulden.
• Kommt es zu nicht autorisierten Kartenverfügungen, ohne dass ein Verlust oder Diebstahl der Karte vorliegt, haftet der Karteninhaber nur, wenn er die Pflicht zur sicheren Aufbewahrung von Karte oder PIN schuldhaft verletzt hat.</td></tr>
<tr><td colspan="2">Handelt es sich bei dem Kontoinhaber nicht um einen Verbraucher, haftet er auch bei Fahrlässigkeit unbeschränkt.</td></tr>
<tr><td>grobe Fahrlässigkeit oder Vorsatz</td><td colspan="2">Der Kontoinhaber trägt 100 % des Schadens bis zur Höhe des Verfügungsrahmens, insbesondere wenn ...
• er den Verlust, Diebstahl oder die missbräuchliche Verfügung nicht unverzüglich dem Kreditinstitut angezeigt hat,
• die persönliche Geheimzahl (PIN) auf der Karte vermerkt oder zusammen mit der Karte verwahrt wurde,
• die PIN einer anderen Person mitgeteilt und der Missbrauch dadurch verursacht wurde.</td></tr>
</table>

<table>
<tr><th colspan="2">Haftung des Karteninhabers bei Missbrauch der Kreditkarte bis zur Sperranzeige</th></tr>
<tr><td>Fahrlässigkeit</td><td>Der Karteninhaber haftet grundsätzlich mit maximal 50,00 EUR. Jedoch sehen die Sonderbedingungen vieler Kreditinstitute einen niedrigeren Haftungsbetrag oder keine Haftung des Karteninhabers vor.</td></tr>
<tr><td>grobe Fahrlässigkeit oder Vorsatz</td><td>Der Karteninhaber haftet bis zur Höhe des Verfügungsrahmens für den Schaden.</td></tr>
</table>

5.5.5 Mobile Payment

▸ Handyzahlungen am Kassenterminal

Ist in der Banking-App auf dem Smartphone eine **digitale Debitkarte (Girocard, Mastercard, VPay)** oder eine **digitale Kreditkarte** installiert, kann der Kunde mit seinem Handy auch ohne Vorlage der Karte Kartenzahlungen veranlassen. Für die sichere Speicherung der Kartendaten auf dem Handy wird die sogenannte HCE-Technik (Host Card Emulation) genutzt.

- Bei **Android-Smartphones** sind die Daten der Zahlungskarte in einer Banking-App für mobiles Bezahlen gespeichert (*z. B. App „Mobiles Bezahlen" bei Sparkassen, „Pay App" bei Kreditgenossenschaften*).
- Für mobile Zahlungen mit einem Apple-Smartphone kann der Nutzer in der Banking-App die App „**Apple Pay**" hinzufügen („Zur Apple Wallet hinzufügen"). Alternativ kann der Nutzer die digitale Zahlungskarte in der Apple „Wallet App" aktivieren.

Beim Bezahlen ist das Handy zu entsperren und nahe an das Bezahlterminal zu halten. Über die NFC-Schnittstelle (Near Field Communication) des Smartphones werden die Daten in das Terminal eingelesen.

Die **Zwei-Faktor-Authentifizierung** der Zahlung erfolgt durch
- Besitz des Handys und
- Entsperrung des Handys durch Fingerabdruck, Gesichtserkennung, Gerätecode oder Eingabe eines Musters.

Die Zahlung wird – unabhängig von der Betragshöhe – mit der im Smartphone hinterlegten Entsperrmethode freigegeben. Die Eingabe einer PIN ist nicht erforderlich.

▸ Handy-an-Handy-Zahlungen

Handy-an-Handy-Zahlungen ermöglichen Überweisungen an Personen, die im Adressbuch des Handys gespeichert sind.

Beispiele

- Giropay
- Paypal: P2P (Person to Person)

Voraussetzungen für Handy-zu-Handy-Zahlungen sind die Teilnahme am Onlinebanking und eine einmalige Registrierung für Handy-an-Handy-Zahlungen in der Banking-App. In der Regel muss sich auch der Zahlungsempfänger für dieses Zahlungsverfahren registrieren lassen.

Bei der Zahlung kann der Zahler in der Banking-App einen Zahlungsempfänger im Adressbuch seines Handys anklicken, einen Zahlungsbetrag eingeben und die Überweisung auslösen. Bei Zahlungen bis 30,00 EUR ist bei Giropay keine TAN erforderlich. Der Zahlungsempfänger erhält auf seinem Handy sofort eine Benachrichtigung über den Zahlungseingang.

5.5.6 Internetbezahlverfahren

▸ Giropay

Giropay ist ein **Onlinebezahlverfahren** der deutschen Kreditwirtschaft, das eine für Käufer und Verkäufer **sichere Zahlung im Internet** ermöglicht.

Zahlungen mit Giropay werden über das Onlinebanking der Bank des Zahlers durchgeführt.

Verkäufer, die dieses Verfahren ihren Kunden anbieten möchten, müssen zuvor eine entsprechende Vereinbarung mit ihrem Kreditinstitut treffen.

Wenn ein Käufer beim Bezahlvorgang in einem Onlineshop die Zahlungsart „Giropay" wählt, wird er in einer gesicherten neuen Verbindung zum Onlinebanking seines Kreditinstitutes weitergeleitet. Nach Eingabe seines Benutzernamens und seines Passwortes werden dem Käufer die Kaufdaten zur Prüfung angezeigt. Nach Eingabe der PIN und Freigabe der Zahlung erhält der Zahlungsempfänger eine Zahlungsgarantie.

Käufer- und Verkäuferschutz:

- Sollte der Kunde die bestellte Ware später nicht erhalten, erhält der Käufer von „Giropay" eine Erstattung des Kaufpreises, wenn der Verkäufer den Versand der Ware nicht nachweisen kann.
- Schon unmittelbar nach der Zahlung erhält der Verkäufer eine Zahlungsgarantie von dem Kreditinstitut und kann die Ware versenden.

Giropay-Zahlungen gelten als sicher, da die Zahlung im direkten geschützten Dialog auf den Onlinebanking-Internetseiten des Kreditinstitutes ausgeführt wird. Der Zahlungsempfänger (Onlineshop) hat keine Einsicht in die Kundendaten. Die Daten werden nur auf Servern in Deutschland verarbeitet.

Weitere Onlinezahlungsmöglichkeiten

Zahlungsmöglichkeit	Beschreibung
Apple Pay	Wenn Online-Shops **Apple Pay** als Zahlungsform anbieten, kann der Käufer die Zahlung über die Apple Wallet-App ausführen. Die Authentifizierung erfolgt über die Entsperrfunktion des Handys (Fingerabdruck, Gesichtserkennung, Gerätecode oder Eingabe eines Musters). Es gibt keinen Käuferschutz bei dieser Zahlungsform.
Kreditkarte	Bei Kreditkartenzahlungen im Internet gibt der Zahler die Daten der Kreditkarte (Name, Kreditkartennummer, Gültigkeit, Prüfziffer) auf der Internetseite des Händlers ein. Er wird dann auf die Seite seines Kreditinstitutes geleitet. Nach Prüfung kann er die Zahlung durch Eingabe einer TAN freigeben (3D-Secure-Verfahren; Zwei-Faktor-Authentifizierung). Wenn ein Kunde häufiger bei einem Händler einkauft und bei Beträgen unter 30,00 EUR, kann das kartenausgebende Institut auf eine Zwei-Faktor-Authentifizierung verzichten. Es genügt dann die Eingabe der Kartendaten.
PayPal	Die PayPal Inc. mit Hauptsitz in den USA bietet dem Käufer verschiedene Zahlungsmöglichkeiten an: • Einzahlung auf ein Guthabenkonto bei PayPal, von dem die Kaufpreiszahlungen abgebucht werden • Einzug der Kaufpreises per Lastschrift • Belastung einer Kreditkarte Der Kaufpreis wird dem Konto des Verkäufers sofort gutgeschrieben. PayPal bietet zudem einen **Käuferschutz** bei Nichtversendung der Ware oder mangelhafter Lieferung.

Zahlungsmöglichkeit	Beschreibung
Sofortüberweisung	Die Sofortüberweisung ist ein Onlinezahlverfahren der Sofort GmbH. Im Unterschied zu Giropay gibt der Käufer seine Bankdaten (Benutzername, PIN, TAN) auf der **Internetseite der Sofort GmbH** ein. Nach der Autorisierung und Bestätigung der Ausführung durch das kontoführende Kreditinstitut erhält der Verkäufer eine Zahlungsbestätigung. Ein Käuferschutz besteht nur, wenn der Händler diesen anbietet. Die Sofort GmbH überweist den Zahlungsbetrag aber erst nach 14 Tagen an den Verkäufer. In dieser Zeit kann der Käufer bei Nichtlieferung oder mangelhafter Lieferung seine Ansprüche geltend machen.

5.5.7 Reisezahlungsmittel

Zahlungen auf Reisen im Ausland verursachen unterschiedliche Kosten:

- In den **SEPA-Ländern** sind die Kosten für **EUR-Zahlungen** nicht höher als im Inland. Bei Fremdwährungszahlungen *(z. B. Schweizer Franken – CHF, Schwedische Krone – SEK)* fallen auch in SEPA-Ländern höhere Kosten als im Inland an.

Beispiel

Eine EUR-Überweisung nach Schweden ist deutlich günstiger als eine SEK-Überweisung.

- In **Nicht-SEPA-Ländern** fallen in der Regel uneinheitliche, höhere Kosten an.

Für Reisen in Nicht-EUR-Länder benötigt der Kunde Devisen für bargeldlose Zahlungen und Sorten für Barzahlungen. **Devisen** sind Buchgeld (Kontoguthaben) in einer fremden Währung. **Sorten** sind Banknoten und Münzen in einer Fremdwährung.

Devisenkurse ergeben sich nach Angebot und Nachfrage und verändern sich laufend. Das Tauschverhältnis des Euros zu anderen Währungen wird als **Mengennotierung** dargestellt und drückt die Menge der Fremdwährung aus, die der Kunde für einen Euro zahlt bzw. erhält. Kreditinstitute kaufen und verkaufen Devisen an Kunden zu unterschiedlichen Kursen, nämlich zum Geld- bzw. Briefkurs.

Geldkurs	Briefkurs
aus der Sicht des Kreditinstitutes	
• Kauf von Euro • Verkauf der Fremdwährung	• Verkauf von Euro • Kauf von Fremdwährung
aus der Sicht des Kunden	
• Verkauf von Euro • Kauf von Fremdwährung	• Kauf von Euro • Verkauf der Fremdwährung

Die Differenz zwischen Geld- und Briefkurs nennt man **Spanne** (Spread). Während im Interbankenhandel die Spanne nach der Interessen- und Marktlage schwankt, berücksichtigen Kreditinstitute in der Regel bei der Abrechnung von Kundengeschäften einheitliche Spannen. Beim USD beträgt die Spanne üblicherweise 60 Basispunkte. Als **Basispunkte** bezeichnet man die letzten beiden Stellen der Kursnotierung.

Abrechnung von Kundengeschäften in Fremdwährungen	
Geldkurs	**Briefkurs**
z. B. 1,00 EUR = 1,1480 USD	z. B. 1,00 EUR = 1,1540 USD
Die Differenz zwischen Geld- und Briefkurs (Spanne) beträgt beim USD in der Regel 0,0060 USD (60 Basispunkte).	
• Belastung von Kreditkartenabrechnungen • Girocard-/Debit Mastercard-/VPay-Zahlungen • Verfügungen an Geldautomaten • Überweisungsaufträge	• Überweisungseingänge

Beispiel

Die Familie Kostic hat einen Urlaub in den USA verbracht. Sie hat in den USA folgende Ausgaben getätigt:

- Zahlungen mit der Kreditkarte; Provision von 1,00 %: 5 700,00 USD
- Abhebungen an Geldautomaten; Provision 1,50 %: 2 500,00 USD

Außerdem wurde während des Urlaubs Rebecca Kostics Smartphone von dem US-Bürger Tom Leedom versehentlich zerstört. Rebecca erhält von der amerikanischen Versicherung als Entschädigung eine Überweisung in Höhe von 450,00 USD.

	Betrag in USD	Umrechnungskurs		Betrag in EUR	Provision	Belastung bzw. Gutschrift
Kreditkartenzahlungen	5 700,00 USD	Geldkurs	1,1480	4 965,16 EUR	49,65 EUR	5 014,81 EUR
Abhebungen am Geldautomaten	2 500,00 USD	Geldkurs	1,1480	2 177,70 EUR	32,67 EUR	2 210,37 EUR
Überweisungsgutschrift	450,00 USD	Briefkurs	1,1540	389,95 EUR	0,00 EUR	389,95 EUR

Nebenrechnung für Kreditkartenabrechnung:

1,1480 USD - 1,00 EUR
5 700,00 USD - x EUR

$$x = \frac{1 \cdot 5\,700{,}00}{1{,}1480} = 4\,965{,}16 \text{ EUR} + 49{,}65 \text{ EUR} = \underline{\underline{5\,014{,}81 \text{ EUR}}}$$

Sorten können sich Verbraucher beschaffen durch

- Barabhebung im Ausland an Geldautomaten mit einer Zahlungskarte oder durch
- Kauf der Sorten im Inland bei einem Kreditinstitut.

Der Kauf von Sorten im Inland verursacht für den Kunden relativ hohe Kosten, weil die Vorhaltung von ausländischem Bargeld bei Kreditinstituten einen großen Aufwand verursacht. Die Spanne zwischen dem Geldkurs und dem Briefkurs ist bei Sorten erheblich größer als bei Devisen. Sorten lassen sich in der Regel günstiger an Geldautomaten in den Reiseländern beschaffen, da die Umrechnung zum Devisenkurs erfolgt.

Beispiel

Preisaushang der Regio-Bank AG

Sortenkurse			
Land	**Währung**	**Verkaufskurs (Geldkurs)**	**Ankaufskurs (Briefkurs)**
USA	USD	1,0900	1,2100
Großbritannien	GBP	0,8656	0,9656
Schweiz	CHF	1,0285	1,1485

Maren Krüger benötigt 1 000,00 USD in bar. Die Provision für Abhebungen am Geldautomaten bei der US-Bank beträgt 2,00 %.

Bei einem Erwerb von 1 000,00 USD am Schalter der Regio-Bank AG in Deutschland zahlt sie 917,43 EUR.

$$\frac{1\,000{,}00}{1{,}0900 \text{ (Geldkurs Sorten)}} = \underline{\underline{917{,}43 \text{ EUR}}}$$

Bei einer Abhebung am Geldautomaten in den USA zahlt sie 888,50 EUR.

$$\frac{1\,000{,}00}{1{,}1480 \text{ (Geldkurs Devisen)}} = 871{,}08 \text{ EUR} + 17{,}42 \text{ EUR Provision} = \underline{\underline{888{,}50 \text{ EUR}}}$$

Bei einer Abhebung am Geldautomaten in den USA spart sie trotz der Provision 28,93 EUR.

➡ **Kompetenzcheck „Zahlungsinstrumente" siehe Seite 193 f.**

6 Rechnungsabschluss von Zahlungskonten

- **Rechnungsabschluss** *(AGB Nr. 7)*
  Soweit nichts anderes vereinbart ist, erteilt das Kreditinstitut jeweils **zum Ende eines Kalenderquartals** einen Rechnungsabschluss. Dabei verrechnet das Kreditinstitut die im Abrechnungszeitraum entstandenen beiderseitigen Ansprüche einschließlich der Zinsen und Entgelte (Kontoführungsprovision) und ermittelt einen **Abschlusssaldo**.
  Von einem Abschlusssaldo ist der Tagessaldo zu unterscheiden.

Tagessaldo	Abschlusssaldo
• Saldo auf einem Kontoauszug • Information über den rechnerischen Kontostand an einem Tag innerhalb des Abrechnungszeitraumes • Der Tagessaldo ersetzt nicht die bisher in dem Abrechnungszeitraum entstandenen Einzelansprüche.	• Saldo des Rechnungsabschlusses • Information über den neuen Kontostand am Ende des Abrechnungszeitraumes • Der Abschlusssaldo ersetzt die in dem Abrechnungszeitraum entstandenen Einzelansprüche.

- **Prüfungspflicht und Einwendungen** *(AGB Nr. 20 Sparkassen, AGB Nr. 11 Banken)*
  Der Kunde muss Rechnungsabschlüsse, Lastschriften und Kontoauszüge unverzüglich auf Richtigkeit und Vollständigkeit prüfen und etwaige Einwendungen **unverzüglich** anzeigen.
- **Genehmigung des Rechnungsabschlusses** *(AGB Nr. 7)*
  Wenn der Kunde innerhalb von **sechs Wochen nach Zugang des Rechnungsabschlusses** keine Einwendungen geltend macht, gilt dieser als genehmigt („Saldoanerkenntnis durch Schweigen"). Zur Wahrung der Frist genügt die rechtzeitige Absendung der Nachricht. Jedoch kann der Kunde auch nach Ablauf der Frist eine Korrektur unrichtiger Buchungen verlangen. Er muss in diesem Fall aber seine Einwendungen beweisen (Umkehr der Beweislast).
- **Storno- und Berichtigungsbuchungen fehlerhafter Gutschriften** *(AGB Nr. 8)*
  Fehlerhafte Gutschriften macht das Kreditinstitut durch eine Stornobuchung vor Rechnungsabschluss bzw. durch eine Berichtigungsbuchung (Korrekturbuchung) nach Rechnungsabschluss rückgängig. Erhebt der Kunde gegen eine Berichtigungsbuchung Einwendungen, schreibt das Kreditinstitut den Betrag dem Konto wieder gut und macht seinen Rückzahlungsanspruch gesondert geltend.

Fallbeispiel

Die Regio-Bank AG führt für Tobias Burgsmüller ein Girokonto zu folgenden Konditionen:

Kontoführungsentgelt pro Monat:	5,00 EUR
Sollzinssatz für eingeräumte Überziehungen:	9,00 % p. a.
Eingeräumte Kontoüberziehungsmöglichkeit	4 000,00 EUR
Beleglose Zahlungen (Lastschriften, Überweisungen, Kartenzahlungen)	0,00 EUR
Beleghaft erteilte Überweisungsaufträge	1,50 EUR
Barauszahlung am Geldautomaten	0,00 EUR
Barauszahlung an der Kasse	2,00 EUR

Tobias Burgsmüller hat von der Regio-Bank AG folgende Kontoabrechnung erhalten:

Regio-Bank AG BIC RBFMDE99XXX **Konto-Auszug**

IBAN	Konto-Nr.	Auszug-Nr.	Blatt	Datum	Filiale
DE76 5005 0099 006 9221 83	**6922183**	36	5	vom 01.10.20..	24

		Valuta	Umsatz Soll/Haben
RECHNUNGSABSCHLUSS zum 30.09.20..		30.09.20..	46,04 EUR Soll
Abrechnungszeitraum vom 01.07.20.. bis 30.09.20..			
Entgelt für die Kontoführung	15,00 EUR		
Entgelt für beleghafte Überweisungen	4,50 EUR		
Entgelt für Barauszahlung an der Kasse	4,00 EUR		
Sollzinsen für eingeräumte Überziehungen	22,54 EUR		
Abrechnungssaldo	46,04 EUR		

Herrn Tobias Burgsmüller Akazienweg 56 50678 Köln	Alter Kontostand	1 540,25 Haben
	Neuer Kontostand Abschlusssaldo	1 494,21 Haben

Ihre eingeräumte Kontoüberziehungsmöglichkeit beträgt 4 000,00 EUR.

Bitte Rückseite beachten.

Hinweise zum Kontoauszug (Rückseite):

Sehr geehrte Kundin, sehr geehrter Kunde,

bitte prüfen Sie die Buchungen und Berechnungen in diesem Kontoauszug.

Beachten Sie folgende Hinweise:

- **Einwendungen** gegen den Kontoauszug richten Sie bitte **unverzüglich** an unsere Revisionsabteilung.
- Rechnungsabschlüsse gelten als **genehmigt**, sofern Sie innerhalb von **sechs Wochen nach Zugang keine Einwendungen** erheben.
- Gutschriften aus eingereichten Schecks, Lastschriften und anderen Einzugspapieren erfolgen unter dem **Vorbehalt der Einlösung**.
- Schecks und andere Einzugspapiere sind erst dann eingelöst, wenn sie nicht bis zum Ablauf des übernächsten Bankarbeitstages storniert oder korrigiert werden. Für Lastschriften gelten die Einlösungsregeln in den hierfür vereinbarten besonderen Bedingungen.
- Guthaben sind als Einlagen nach Maßgabe des Einlagensicherungsgesetzes entschädigungsfähig. Nähere Informationen können Sie dem „Informationsbogen für den Einleger“ entnehmen.

Die Berechnung der Sollzinsen erfolgt nach der deutschen kaufmännischen Zinsrechnungsmethode (30/360).
Der Monat wird zu 30 Zinstagen und das Jahr zu 360 Zinstagen gerechnet.
Tobias Burgsmüller hatte das Konto wie folgt überzogen:

Zeitraum		Sollsaldo	Zinstage	9,00 % Sollzinsen
vom	bis			
04.07.	15.07.	845,00 EUR	11	2,32 EUR
26.07.	15.08.	3 280,00 EUR	19	15,58 EUR
08.09.	16.09.	2 320,00 EUR	8	4,64 EUR
				22,54 EUR

Nebenrechnung zur Berechnung der Sollzinsen:

$$\frac{3\,280{,}00 \cdot 19 \cdot 9}{360 \cdot 100} = \underline{\underline{15{,}58\ \text{EUR}}}$$

Tobias Burgsmüller stellt fest, dass alle im Kontoauszug aufgeführten Buchungen (z. B. Lastschriftbelastungen), die Entgeltabrechnung und Sollzinsen korrekt ausgewiesen sind.

➡ Kompetenzcheck „Rechnungsabschluss von Zahlungskonten“ siehe Seite 194

7 Bankgeheimnis und Bankauskunft

▸ Bankgeheimnis

§

Das Kreditinstitut ist zur Verschwiegenheit über alle kundenbezogenen Tatsachen und Wertungen verpflichtet, von denen es Kenntnis erlangt. Informationen über den Kunden darf das Kreditinstitut nur weitergeben, wenn gesetzliche Bestimmungen dies gebieten oder der Kunde mit der Weitergabe der Informationen einverstanden ist *(AGB-Banken Nr. 2, AGB-Sparkassen Nr. 3)*.

Das Bankgeheimnis

Geheimhaltungspflicht	Auskunftsverweigerungsrecht
Das Kreditinstitut hat die Pflicht, alle Informationen über den Kunden geheim zu halten. Dazu zählen insbesondere Daten über die persönlichen und wirtschaftlichen Verhältnisse des Kunden.	Das Kreditinstitut hat in Zivilprozessen das Recht, Auskünfte über die persönlichen, wirtschaftlichen und finanziellen Verhältnisse eines Kunden zu verweigern *(§ 383 ZPO)*. Dies gilt insbesondere für Prozesse und Verfahren vor dem Arbeits-, Sozial-, Verwaltungs-, Familien-, Nachlass- und Registergericht.

Nach dem **Bundesdatenschutzgesetz** dürfen Kreditinstitute personenbezogene Daten ausschließlich im Rahmen der Zweckbestimmung ihrer Geschäftsbeziehung mit dem Kunden speichern, verarbeiten und weitergeben. Schutzbedürftige Interessen des Kunden dürfen dabei nicht verletzt werden.

Eine **Verletzung des Bankgeheimnisses** berechtigt den Kontoinhaber, die Kontoverbindung fristlos zu kündigen und gegebenenfalls Schadenersatzansprüche zu stellen. Mitarbeitern, die das Bankgeheimnis verletzen, kann fristlos gekündigt werden.

▸ Auskünfte an die Finanzbehörde

Der Steuerpflichtige und andere Personen *(z. B. Kreditinstitute, Versicherungen)* sind verpflichtet, der Finanzbehörde alle für die Steuerfestsetzung erforderlichen Auskünfte zu erteilen. Andere Personen sollen aber erst zur Auskunft angehalten werden, wenn die Sachverhaltsaufklärung durch den **Steuerpflichtigen nicht zum Ziel führt oder keinen Erfolg verspricht** *(§ 93 Abs. 1 AO)*. Die Auskünfte sind wahrheitsgemäß nach bestem Wissen und Gewissen zu erteilen *(§ 93 Abs. 3 AO)*.

Einzelauskunftsersuchen *(§ 93 Abs. 1 AO)*

Bei einem **Einzelauskunftsersuchen** ist das Kreditinstitut verpflichtet, der Finanzbehörde alle Kontostammdaten sowie alle Kontostände und Kontobewegungen des Steuerpflichtigen (Kunden) anzuzeigen.

Beispiel

Das Finanzamt verdächtigt die Fake GmbH, Umsatzsteuer nicht abgeführt zu haben, und verlangt von der Regio-Bank AG Auskunft über alle Kontobewegungen der Fake GmbH in den vergangenen zwei Jahren.

Sammelauskunftsersuchen *(§ 93 Abs. 1a AO)*

Die Finanzbehörde kann ein **Sammelauskunftsersuchen** an Kreditinstitute richten, wenn sie einen hinreichenden Anlass für Ermittlungen gegen eine noch unbekannte Anzahl von Steuersachverhalten sieht und andere zumutbare Maßnahmen zur Sachverhaltsaufklärung keinen Erfolg versprechen. Die betroffenen Steuerpflichtigen müssen der Behörde bisher nicht bekannt sein, jedoch dem Grunde nach bestimmbar sein. Anlasslose „Rasterfahndungen“ sind nicht zulässig.

Beispiel

Die Finanzbehörde hat den Verdacht, dass Kapitalanleger kurz vor und kurz nach der Dividendenzahlung große Aktienpakete gehandelt haben, um unberechtigte Steuervorteile zu erhalten („Cum-Ex-Geschäfte"). In einem Sammelauskunftsersuchen verlangt die Behörde Auskunft über alle größeren Aktiengeschäfte in einem bestimmten Zeitraum.

Automatisierter Abruf von Kontoinformationen *(§ 24c KWG, § 93b AO)*

Kreditinstitute müssen eine Datei mit den **Kontostammdaten** aller Kunden führen, die vom Bundeszentralamt für Steuern (BZSt) jederzeit für steuerliche und für andere gesetzlich vorgegebene Zwecke *(z. B. Prüfungszwecke der Sozialbehörden)* automatisiert abgerufen werden kann. Durch technische und organisatorische Maßnahmen hat das Institut sicherzustellen, dass es selbst keine Kenntnis von den Abrufen erhält.

Ein Kontenabruf darf erst erfolgen, wenn ein Auskunftsersuchen an den Betroffenen nicht zum Ziel geführt hat oder keinen Erfolg verspricht. Über die Möglichkeit eines Kontenabrufs ist der Betroffene dabei zu informieren *(§ 93 Abs. 9 AO)*.

Ein Kontenabruf ohne konkreten Anlass ist nicht zulässig. Über einen erfolgten Kontenabruf ist der Betroffene zu benachrichtigen.

Abrufbar sind folgende Daten *(§ 26 EGAO)*:

- Konto- und Depotnummer,
- Tag der Kontoeröffnung und ggf. der -auflösung,
- Name, Adresse, Geburtsdatum und Steuer-Identifikationsnummer des Konto- oder Depotinhabers, der Verfügungsberechtigten und ggf. eines abweichend wirtschaftlich Berechtigten.

Die Kontoabfrage ermöglicht der Finanzbehörde festzustellen, bei welchen Kreditinstituten eine Person Konten und Depots unterhält. Um weitere Informationen über Kontostände und Kontoumsätze zu erhalten, kann die Behörde ein Einzelauskunftsersuchen an das Kreditinstitut richten.

Freistellungsaufträge und Nichtveranlagungsbescheinigungen *(§ 45d EStG)*

Die Kreditinstitute melden bei Freistellungsaufträgen und Nichtveranlagungsbescheinigungen dem Bundeszentralamt für Steuern die tatsächlich freigestellten Kapitalerträge (Höhe der steuerfreien Ertragsgutschriften) des Kunden. Bei gemeinsamen Freistellungsaufträgen sind die Daten beider Ehegatten zu übermitteln.

Erbschaftsteuermeldungen *(§ 33 ErbStG)*

Die Kreditinstitute sind verpflichtet, beim Tod eines Kunden alle Konto- und Depotguthaben an die Erbschaftsteuerstelle des Finanzamtes zu melden, sofern der Gesamtwert der Guthaben 5 000,00 EUR übersteigt. Schließfächer und Verwahrstücke müssen immer gemeldet werden.

▸ Auskünfte an andere Behörden und Gläubiger

- **Sozialbehörden**

  Kreditinstitute sind verpflichtet, den Sozialbehörden *(z. B. Arbeitsagentur, Sozialämter, BAföG-Stellen, Familienkassen)* auf Anforderung Auskünfte über das Einkommen und Vermögen von Antragstellern und Leistungsbeziehern zu erteilen *(§ 60 Abs. 2 SGB II)*.
  Die Sozialbehörden dürfen zudem beim Bundeszentralamt für Steuern eine Onlinekontoabfrage zu den Kontostammdaten anfordern und auch die Daten der Freistellungsaufträge prüfen, wenn die Behörde Zweifel an der Richtigkeit der Angaben des Betroffenen hat *(§ 93 Abs. 8 AO)*.

- **Ermittlungsbehörden**
  Ermittlungsbehörden *(z. B. Staatsanwaltschaft, Strafgerichte, Zoll- und Steuerfahndung)* können auf der Grundlage einer richterlichen Anordnung Durchsuchungen und Beschlagnahmen zu Kundenunterlagen vornehmen. Für Bankmitarbeiter besteht gegenüber diesen Behörden eine Auskunftspflicht. Zu Finanztransaktionen, die der Geldwäsche oder der Unterstützung einer terroristischen Vereinigung verdächtig sind, können Ermittlungsbehörden über die BaFin eine Onlinekontoabfrage durchführen *(§ 24c KWG)*.

- **Aufsichtsbehörden**
  Der Bundesbank sind Groß- und Millionenkredite anzuzeigen *(§ 32 BBankG)*. Der BaFin sind auf Verlangen Auskünfte über alle Geschäftsangelegenheiten zu erteilen *(§ 9ff. KWG)*. Gegenüber den Aufsichtsbehörden bestehen zudem devisenrechtliche Auskunfts- und Meldepflichten *(§ 44 AWG, § 32 BBankG)*.

- **Gläubiger**
  Bei Zwangsvollstreckungen *(z. B. Pfändungsbeschluss nach § 829 ZPO)* muss das Kreditinstitut innerhalb von zwei Wochen nach Zustellung des Pfändungsbeschlusses dem betreibenden Gläubiger Auskunft erteilen, ob und inwieweit die Bank Zahlung leistet, ob Ansprüche anderer Gläubiger bestehen und ob es sich um ein Pfändungsschutzkonto handelt *(§ 840 ZPO)*.

▸ Bankauskunft

§

Bankauskünfte sind allgemein gehaltene Feststellungen/Bemerkungen über die wirtschaftlichen Verhältnisse des Kunden, seine Kreditwürdigkeit und Zahlungsfähigkeit. In der Bankauskunft werden keine betragsmäßigen Angaben über Konto-/Depotguthaben und Kredite gemacht *(AGB-Banken Nr. 2, AGB-Sparkassen Nr. 3)*.

	Erteilung einer Bankauskunft	
	über juristische Personen und Kaufleute	**über andere Personen** (Privatkunden, Kleingewerbetreibende, Freiberufler)
Einwilligung	Die Auskunft wird erteilt, sofern • sich die Anfrage auf die geschäftliche Tätigkeit bezieht und • **keine gegenteilige Kundenweisung vorliegt.**	Die Auskunft wird nur dann erteilt, wenn der Kunde generell oder im Einzelfall **ausdrücklich zugestimmt** hat.
Anfragegrund	Der Anfragende muss ein berechtigtes Interesse an der Auskunft glaubhaft darlegen.	
Empfänger von Bankauskünften	Bankauskünfte erhalten nur eigene Kunden sowie andere Kreditinstitute für deren Zwecke oder die ihrer Kunden.	
Form	Auskunftsanfragen und Bankauskünfte erfolgen grundsätzlich schriftlich.	

➡ **Kompetenzcheck „Bankgeheimnis und Bankauskunft“ siehe Seite 194 f.**

8 Geldwäscheprävention

Als **Geldwäsche** bezeichnet man das Einschleusen illegal erworbener oder der Terrorismusfinanzierung dienender Vermögenswerte in den legalen Finanzkreislauf unter Verschleierung ihrer wahren Herkunft.

Wer sich an der Verschleierung durch Straftaten erworbener Vermögenswerte beteiligt, wird nach *§ 261 Strafgesetzbuch* mit einer Freiheitsstrafe von drei Monaten bis zu fünf Jahren bestraft. Auch die Bildung oder Unterstützung einer terroristischen Vereinigung ist bei einer Strafandrohung von bis zu zehn Jahren verboten *(§ 129a StGB)*. Damit ist die Geldwäsche selbst ein Straftatbestand und nicht nur die kriminellen Handlungen zur Beschaffung des Geldes.

Das **Geldwäschegesetz (GwG)** dient der Bekämpfung von Geldwäsche und Terrorismusfinanzierung. Zentrales Ziel des Geldwäschegesetzes ist es, auf **risikoorientierter Basis** für **Transparenz („Know-Your-Customer-Grundsatz“)** in den Geschäftsbeziehungen und Finanztransaktionen zu sorgen. Kreditinstitute müssen über ein **angemessenes Risikomanagement** verfügen und **Sorgfaltspflichten** beachten, um Geldwäsche frühzeitig zu erkennen und zu bewerten *(§ 25b ff. KWG)*. Dabei sind für Kundengruppen und Transaktionsarten Risikogewichtungen vorzunehmen *(§ 3a GwG)*.

Beispiel

Das Geldwäscherisiko bei einem Gehaltskonto mit üblichen Zahlungsverkehrsleistungen ist erheblich niedriger einzuschätzen als bei einem Kontokorrentkonto für einen Ausländer (Gebietsfremden) mit hohen Zahlungseingängen aus der Ukraine und Überweisungsausgängen nach Cayman Islands.

Verpflichtete nach *§ 2 Abs. 1 GwG*	
• Kreditinstitute • Finanzdienstleistungsinstitute • Zahlungsinstitute • Finanzunternehmen • Versicherungsunternehmen • Versicherungsvermittler	• Kapitalverwaltungsgesellschaften • Rechtsanwälte, Wirtschaftsprüfer, Steuerberater • Immobilienmakler • Veranstalter und Vermittler von Glücksspielen *(§ 1 Abs. 8 GwG)* • Personen, die gewerblich Güter veräußern

Phasen der Geldwäsche

1. Placement (Einspeisung)

Zunächst tauschen die „Geldwäscher" das Bargeld in Buchgeld oder in andere Vermögenswerte *(z. B. Wertpapiere)*. Für Einzahlungen auf Bankkonten werden oft „Strohmänner" eingeschaltet, die selbst nicht direkt an den Verbrechen beteiligt sind. Wenn sie Gelder in mehreren kleineren Beträgen auf Bankkonten einzahlen, um keine Aufmerksamkeit zu erregen, spricht man von „Smurfing".

2. Layering (Verschleierung)

Nun soll die wirkliche Herkunft des Geldes durch umfängliche Finanztransaktionen verschleiert werden. Dazu gründen die Kriminellen Scheinfirmen in verschiedenen Ländern, um die Gelder international hin- und herzubewegen.

3. Investition (Integration)

Ist die Herkunft des Geldes nicht mehr nachvollziehbar, erfolgt im letzten Schritt die Investition des gewaschenen Geldes in den legalen Wirtschaftskreislauf. Das Ziel ist erreicht, die Verbrecherorganisation besitzt legale Vermögensanlagen, über die sie frei verfügen kann.

▸ Sorgfaltspflichten

In Abhängigkeit von dem Geldwäscherisiko muss das Kreditinstitut unterschiedliche Sorgfaltspflichten beachten:

- **Allgemeine Sorgfaltspflichten** sind bei Geschäften mit allen Kunden zu beachten *(§ 10 GwG)*.
- **Vereinfachte Sorgfaltspflichten** gelten für Geschäfte mit einem geringen Geldwäscherisiko *(§§ 14 GwG, 25i KWG)*.
- **Verstärkte Sorgfaltspflichten** gelten für Geschäfte mit einem erhöhten Geldwäscherisiko *(§§ 15 GwG, 25k KWG)*.

Allgemeine Sorgfaltspflichten *(§ 10 GwG, § 25i KWG)*

Folgende **allgemeine Sorgfaltspflichten** sind zu erfüllen:
- Identifizierung des Vertragspartners *(§ 11 GwG)*
- Einholung von Informationen über Art und Zweck der Geschäftsbeziehung
- Feststellung des wirtschaftlich Berechtigten
- fortlaufende Überwachung von Konten und Transaktionen
- Aufzeichnungs- und Aufbewahrungspflicht bestimmter Geschäfte *(§ 8 GwG)*
- Anzeige von Verdachtsfällen *(§ 11 GwG)*

Identifizierung des Vertragspartners

Nach dem **„Know-Your-Customer-Grundsatz"** sind der Vertragspartner und ggf. ein abweichender wirtschaftlich Berechtigter *(§ 3 GwG)* grundsätzlich bereits **vor** Begründung der Geschäftsbeziehung oder Durchführung der Transaktion zu identifizieren *(§ 11 Abs. 1 GwG)*. Kreditinstituten ist es aber erlaubt, die Überprüfung der Identität auch unverzüglich nach der Eröffnung eines Kontos oder Depots vorzunehmen; jedoch sind Verfügungen über die Konten erst nach abgeschlossener Identitätsprüfung zulässig *(§ 25j KWG)*.

Zur Feststellung der Identität sind von dem Bankmitarbeiter folgende Daten festzustellen und zu prüfen *(§ 11 Abs. 3 u. 4 GwG)*:

- **bei natürlichen Personen:** Name, Geburtsort, Geburtsdatum, Staatsangehörigkeit und Anschrift
  Die Identifizierung erfolgt anhand eines gültigen amtlichen Ausweises (Personalausweis, Reisepass).
- **bei juristischen Personen und Personengesellschaften:** Firma, Rechtsform, Registernummer, Anschrift und Namen der Mitglieder des Vertretungsorgans *(z. B. Vorstand einer AG)*
  Die Identifizierung erfolgt durch Vorlage eines Auszuges aus dem Handels- oder Genossenschaftsregister und der amtlichen Ausweise der Vertretungsberechtigten.

Der Bankmitarbeiter sollte die Dokumente fotokopieren und zu den Kontounterlagen nehmen. Zulässig ist auch eine elektronische Archivierung durch Einscannen der Dokumente (*gem. BaFin Rundschreiben 7/2014*).

Eine Identifizierung des Kunden ist allerdings nicht mehr notwendig, wenn er sich bereits bei früherer Gelegenheit *(z. B. Kontoeröffnung)* legitimiert hat und die erhobenen Angaben aufgezeichnet wurden *(§ 11 Abs. 2 GwG)*.

Einholung von Informationen

Im Rahmen der allgemeinen Sorgfaltspflicht sind vom Mitarbeiter Informationen über den Zweck und die angestrebte Art der Geschäftsbeziehung einzuholen, soweit sich dies nicht bereits zweifelsfrei aus der Geschäftsbeziehung ergibt *(z. B. Eröffnung eines Gehaltskontos)*.

Feststellung des wirtschaftlich Berechtigten

Bei der Kontoeröffnung ist zudem der wirtschaftlich Berechtigte festzustellen. Nach dem Geldwäschegesetz ist der wirtschaftlich Berechtigte die natürliche Person, der die Vermögenswerte eigentlich gehören oder unter deren Kontrolle sie letztlich stehen *(§ 3 GwG)*. Bei einem vom Kontoinhaber abweichenden wirtschaftlich Berechtigten ist zumindest der Name festzustellen, bei einem erhöhten Risiko auf Geldwäsche oder Terrorismusfinanzierung sind jedoch auch weitere Identifizierungsmerkmale zu erheben. Zur Überprüfung der Identität sind risikoangemessene Maßnahmen zu ergreifen, um festzustellen, ob die Angaben des Kontoinhabers zutreffend sind *(§ 11 GwG)*.

Allgemeine Sorgfaltspflichten *(§ 10 GwG, § 25i KWG)*

Bei Anderkonten genügt es, wenn der Kontoinhaber *(z. B. Notar)* den Namen des wirtschaftlich Berechtigten der Bank auf Anfrage mitteilen kann *(§ 14 GwG)*.
Wenn der wirtschaftlich Berechtigte eine juristische Person oder Personengesellschaft ist, muss die Bank die Eigentums- und Kontrollstruktur des Vertragspartners mit angemessenen Mitteln in Erfahrung bringen *(§ 10 Abs. 1 Nr. 2 GwG)*.

Bareinzahlungen auf Konten

Bei **Bareinzahlungen** von **über 10 000,00 EUR** muss der Kunde grundsätzlich die Herkunft der Vermögenswerte durch aussagekräftige Belege *(z. B. Auszahlungsbeleg eines anderen Kreditinstitutes, Kaufvertrag bei Verkaufserlösen, Schenkungsvertrag)* nachweisen.

Für Kunden, die regelmäßig höhere Bareinzahlungen tätigen *(z. B. Einzelhandel)*, sind keine Nachweise erforderlich, jedoch sind die Bartransaktionen regelmäßig risikoorientiert auf Plausibilität zu prüfen *(BaFin, Ziff. 1.2 Auslegungs- und Anwendungshinweise zum GwG)*.

Fortlaufende Überwachung von Konten und Transaktionen

Zu den allgemeinen Sorgfaltspflichten der Bank gehört auch die risikoorientierte kontinuierliche Überwachung der Geschäftsbeziehung, einschließlich aller durchgeführten Transaktionen, um zu prüfen, ob die Geschäfte zum Kundenprofil passen und mit den vorhandenen Informationen über die Herkunft der Vermögenswerte übereinstimmen. Im Rahmen dieser Überwachung sind die Daten laufend zu aktualisieren *(§ 10 Abs. 1 Nr. 5 GwG)*.

Geschäfte außerhalb der bestehenden Geschäftsverbindung

Bei Geschäften **außerhalb der bestehenden Geschäftsverbindung** (keine Kontoverbindung mit dem Kreditinstitut) muss das Kreditinstitut in folgenden Fällen die Legitimation des Vertragspartners prüfen und den wirtschaftlich Berechtigten feststellen *(§ 10 Abs. 3 Nr. 2 GwG)*:

- **Geldtransfers ab 1 000,00 EUR** *(z. B. Barüberweisung, Einzahlung auf ein Fremdkonto)*
- **andere Transaktionen** ab **15 000,00 EUR** *(z. B. Barverkauf von Goldmünzen)*
  Die Sorgfaltspflichten bestehen auch, wenn durch mehrere, miteinander in Verbindung stehende Transaktionen die Summe von 15 000,00 EUR erreicht wird („Smurfing").
- Ausgabe von **E-Geld** im Sinne des Zahlungsdiensteaufsichtsgesetzes, wenn der Betrag **100,00 EUR** im Kalendermonat übersteigt *(§ 25i KWG)*

Bei allen Geschäften prüft das Kreditinstitut zudem, ob der Geschäftspartner in der **EU-Finanzsanktionsliste** aufgeführt ist. Deshalb ist eine Legitimationsprüfung bei Nichtkunden auch bei Beträgen unterhalb der genannten Schwellenwerte in der Praxis üblich.

Vereinfachte Sorgfaltspflichten *(§ 14 GwG, § 25i KWG)*

Weil in den folgenden Fällen nur ein geringes Risiko von Geldwäsche und Terrorismusfinanzierung besteht, gelten hier vereinfachte Sorgfaltspflichten. So können hier die kontinuierliche Überwachung der Geschäftsbeziehung und die laufende Aktualisierung der Dokumente, Daten und Informationen über die Geschäftsbeziehung entfallen.

- Abschluss von staatlich geförderten Altersvorsorgeverträgen, Anlage der vermögenswirksamen Leistungen, sofern die Zahlungen nicht insgesamt 15 000,00 EUR übersteigen
- Sparverträge, wenn die Einzahlungen nicht 1 000,00 EUR pro Kalenderjahr oder einmalig 2 500,00 EUR übersteigen

Vereinfachte Sorgfaltspflichten *(§ 14 GwG, § 25i KWG)*
• Verbraucherdarlehen, die 15 000,00 EUR im Kalenderjahr nicht übersteigen • Geschäfte mit Banken in der EU oder mit Banken in Drittländern, die über eine gleichwertige Aufsicht verfügen • Geschäfte mit börsennotierten Gesellschaften • Transaktionen von oder zugunsten inländischer Behörden

Verstärkte Sorgfaltspflichten *(§ 15 GwG, § 25k KWG)*
Ein **erhöhtes Risiko** von Geldwäsche und Terrorismusfinanzierung und damit verstärkte Sorgfaltspflichten *(z. B. verstärkte kontinuierliche Überwachung)* bestehen in folgenden Fällen: • Bei **Sorten- und Reisescheckgeschäften**, die nicht über das Kundenkonto abgewickelt werden, ist die Legitimation des Kunden ab einem Schwellenbetrag von **2500,00 EUR** zu prüfen. • Bei **Bareinzahlungen** zur Überweisung auf ein Auslandskonto ist **immer** eine Identifizierung vorzunehmen. • Bei dem Kunden handelt es sich um eine nicht im Inland ansässige natürliche Person, die ein wichtiges öffentliches Amt („**p**olitisch **e**xponierte **P**erson", **PEP**) ausübt oder ausgeübt hat, oder um ein Familienmitglied dieser Person. Ein Konto darf nur mit Zustimmung eines vorgesetzten Mitarbeiters eröffnet werden. Die Herkunft der Vermögenswerte ist zu hinterfragen. • Der Kunde überweist Gelder in Drittländer ohne anerkannte Bankenaufsicht. • Bei einer Geschäftsbeziehung zu einer Korrespondenzbank mit Sitz in einem Drittstaat sind Informationen über die Geschäfts- und Leitungsstruktur einzuholen, um zu prüfen, ob die Bank die Regeln zur Geldwäschebekämpfung einhält.

▸ Aufzeichnungs- und Aufbewahrungspflicht bestimmter Geschäfte

- Alle Informationen über den Vertragspartner, wirtschaftlich Berechtigte, Geschäftsbeziehungen und Transaktionen sind aufzuzeichnen. Bei der persönlichen Legitimationsprüfung des Kunden ist die Art des Ausweises, die Nummer und die ausstellende Behörde zu dokumentieren. Die Fotokopie des Personalausweises oder Registerauszuges gilt als Aufzeichnung der darin enthaltenen Angaben.
- Kann von einer Identitätsprüfung abgesehen werden, weil der Kunde sich bereits bei früherer Gelegenheit ausgewiesen hat, sind nur der Name und ein Hinweis auf die frühere Legitimationsprüfung aufzuzeichnen.
- Die Speicherung der Unterlagen auf elektronischen Datenträgern ist zulässig.
- Alle Aufzeichnungen sind mindestens fünf Jahre aufzubewahren. Die Frist beginnt am Ende des Kalenderjahres, in dem die Informationen festgehalten wurden (§ 8 Abs. 3 GwG).

▸ Risikomanagement und Risikoanalyse

Die Verpflichteten im Sinne des Geldwäschegesetzes *(§ 2 GwG)* müssen zur Verhinderung von Geldwäsche und Terrorismusfinanzierung über ein wirksames Risikomanagement verfügen. Hierzu gehören die Ermittlung und die Bewertung der Risiken, die mit den Bankgeschäften verbunden sind (Risikoanalyse gem. *§ 5 GwG*). Darüber hinaus müssen die Verpflichteten geschäfts- und kundenbezogene interne Sicherungsmaßnahmen schaffen, um die Risiken von Geldwäsche und von Terrorismusfinanzierung in Form von Grundsätzen, Verfahren und Kontrollen zu steuern und zu mindern *(§ 6 GwG)*.

▸ Interne Sicherungsmaßnahmen

- Kreditinstitute müssen über angemessene geschäfts- und kundenbezogene Sicherungsmaßnahmen und Kontrollen verfügen, die der Verhinderung von Geldwäsche, Terrorismusfinanzierung oder sonstigen strafbaren Handlungen, die zu einer Gefährdung des Vermögens des Instituts führen können, dienen *(§ 6 GwG, § 25h KWG)*. Die Datenverarbeitungssysteme sollen in der Lage sein, verdächtige Transaktionen und Geschäftsbeziehungen auf der Grundlage des verfügbaren Erfahrungswissens zu erkennen. Verantwortlich für eine wirksame interne Compliance-Organisation ist die Geschäftsleitung.
- Es ist ein **Geldwäschebeauftragter** und ein Stellvertreter zu bestellen, die unmittelbar der Geschäftsleitung unterstellt und Ansprechpartner für die Mitarbeiter des Institutes und der Strafverfolgungsbehörden sind. Der Geldwäschebeauftragte ist für die Umsetzung und Überwachung der Vorschriften des Geldwäschegesetzes im Kreditinstitut zuständig. Er muss prüfen, ob das Kreditinstitut dem Risiko entsprechende Anweisungen und interne Grundsätze erlassen hat und ob diese umgesetzt und aktualisiert werden (§ 6 Abs. 2 Nr. 2, § 7 GwG).
- Zur laufenden Überwachung von Kunden und Transaktionen dienen das „Monitoring“ und das „Konten-Screening“.
  - Unter „**Monitoring**“ versteht man die gezielte Überwachung von Kunden, die aufgrund ihres Verhaltens oder durch bestimmte Transaktionen auffällig geworden sind.
  - Beim „**Konten-Screening**“ sollen durch eine Art Rasterfahndung verdächtige Transaktionen entdeckt werden. Auf der Grundlage des Kundenprofils wird geprüft, ob es auffällige Kontobewegungen gegeben hat.

▸ Meldung von Verdachtsfällen

Alle Transaktionen und Geschäftsbeziehungen, die auf Geldwäsche oder Terrorismusfinanzierung hindeuten, muss das Kreditinstitut bzw. der zuständige Geldwäschebeauftragte unverzüglich der **Zentralstelle für Finanztransaktionsuntersuchungen (Financial Intelligence Unit – FIU, Behörde der Generalzolldirektion)** melden *(§ 43 GwG)*.

Die **Zentralstelle für Finanztransaktionsuntersuchungen** ist die zentrale Meldestelle zur Verhinderung, Aufdeckung und Unterstützung bei der Bekämpfung von Geldwäsche und Terrorismusfinanzierung. Sie ist organisatorisch eigenständig und arbeitet im Rahmen ihrer Aufgaben und Befugnisse fachlich unabhängig. Sie hat die Aufgabe, Informationen im Zusammenhang mit Geldwäsche oder Terrorismusfinanzierung zu erheben und zu analysieren. Sie muss diese Informationen zum Zwecke der Aufklärung, Verhinderung oder Verfolgung von Straftaten, die im Zusammenhang mit Geldwäsche oder Terrorismusfinanzierung stehen, an die zuständigen öffentlichen Stellen *(z. B. Strafverfolgungsbehörde, Finanzbehörde)* weiterleiten *(§§ 27, 28 ff. GwG)*.

Bei einem Verdacht auf Geldwäsche darf eine angetragene Transaktion nur mit Zustimmung der FIU bzw. Staatsanwaltschaft ausgeführt werden oder wenn der dritte Werktag nach dem Tag der Anzeige verstrichen ist, ohne dass die Durchführung der Transaktion von der Staatsanwaltschaft oder von der FIU untersagt wurde (Anhaltefrist). Dabei gilt der Samstag nicht als Werktag *(§ 46 GwG)*. Die Bank darf den Auftraggeber der Transaktion und sonstige Dritte nicht über die Anzeige und das Ermittlungsverfahren informieren *(§ 47 GwG)*. Der Geldwäschebeauftragte kann für eine Anzeige, die sich später als unzutreffend herausstellt, nicht verantwortlich gemacht werden, es sei denn, er hat die Anzeige vorsätzlich oder grob fahrlässig unwahr erstattet *(§ 48 GwG)*.

Verdachtsanzeigen in Deutschland nach dem Geldwäschegesetz (1995–2020)

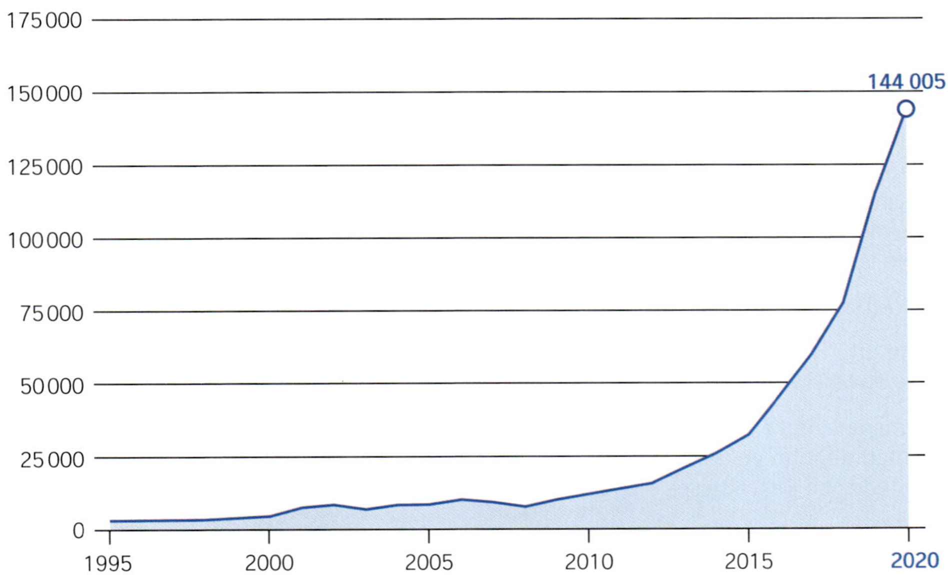

Eigene Darstellung nach Zahlen von FIU

▸ Transparenzregister

In einem zentralen elektronischen Register **(Transparenzregister)** sind die natürlichen Personen als **wirtschaftlich Berechtigte** aufgeführt, die unmittelbar oder mittelbar aufgrund ihrer Kapitalanteile und Stimmrechte einen **beherrschenden Einfluss auf juristische Personen des Privatrechts und eingetragene Personengesellschaften** (z. B. AG, GmbH, eingetragene Vereine, rechtsfähige Stiftungen, OHG, KG) ausüben. Zudem sind die Verwalter von Trusts und die Treuhänder von nicht rechtsfähigen Stiftungen in dem Register eingetragen (§ 18 ff. GwG).

Zum wirtschaftlich Berechtigten werden folgende Daten erfasst:
- Vor- und Nachname
- Geburtsdatum

- Wohnort
- Art und Umfang des wirtschaftlichen Interesses

Behörden *(z. B. BaFin, Zentralstelle für Finanztransaktionsuntersuchungen, Strafverfolgungsbehörden, Bundeszentralamt für Steuern)* können die Daten zur Erfüllung ihrer gesetzlichen Aufgaben abrufen. Kreditinstituten ist die Einsichtnahme gestattet, wenn sie der registerführenden Stelle darlegen, dass die Einsichtnahme zur Erfüllung ihrer Sorgfaltspflichten notwendig ist *(§ 23 GwG)*.

▸ Automatisierter Abruf von Kontodaten

Ergänzend zum Geldwäschegesetz müssen Kreditinstitute nach *§ 24c KWG* der Bundesanstalt für Finanzdienstleistungsaufsicht (BaFin) einen automatisierten Abruf von Kontoinformationen ermöglichen. Die BaFin darf diese Daten abrufen und auch an die Strafverfolgungsbehörden weiterleiten, soweit die Informationen auf schwere Straftaten hindeuten. Folgende Daten kann die BaFin jederzeit elektronisch abrufen:

- Konto- bzw. Depotnummer, Tag der Errichtung und Tag der Auflösung,
- Name und Geburtsname des Kontoinhabers und der Verfügungsberechtigten sowie Name eines abweichend wirtschaftlich Berechtigten.

Kontoumsätze und eingeräumte Kreditlinien fallen damit nicht unter den automatisierten Abruf von Kontodaten. Im Verdachtsfall müssen die Strafverfolgungsbehörden auf der Grundlage eines richterlichen Beschlusses diese Informationen im Einzelfall einholen.

➡ **Kompetenzcheck „Geldwäscheprävention" siehe Seite 195**

9 Nachlasskonten

▸ Erbrecht

Mit dem Tod einer Person (Erbfall) geht deren Vermögen (Erbschaft) als Ganzes auf eine oder mehrere andere Personen (Erben) über. Als **Gesamtrechtsnachfolger** erwerben die Erben jedoch auch alle Verbindlichkeiten *(z. B. Darlehen, Bürgschaftsverpflichtungen)* des Erblassers und treten in alle anderen Verträge *(z. B. Mietverträge, Kaufverträge)* für den Erblasser ein *(§ 1922 BGB)*. Die Erben können binnen sechs Wochen nach Kenntnisnahme die Erbschaft ausschlagen *(§ 1944 BGB)*.

Maßgeblich für die Erbfolge ist – falls vorhanden – das **Testament**. Werden mehrere Testamente im Erbfall vorgefunden, ist das Testament mit dem jüngsten Datum rechtswirksam. Es gibt zwei Möglichkeiten zur Errichtung eines Testaments:

- **Eigenhändiges Testament:** Das Testament wird vom Erblasser eigenhändig geschrieben und unterschrieben. Zur Gültigkeit des Testaments müssen die Zeit und der Ort der Niederschrift aus dem Testament hervorgehen *(§ 2247 BGB)*.
- **Öffentliches Testament:** Das Testament wird von einem Notar öffentlich beurkundet *(§ 2232 BGB)*. Bei größeren Vermögen und komplizierten Nachlassregelungen ist es sinnvoll, den sachkundigen Rat eines Notars einzuholen, um Widersprüche und Unklarheiten zu vermeiden. Auch kann niemand die Echtheit eines öffentlichen Testamentes anzweifeln.

Testamente können beim Amtsgericht in eine **amtliche Verwahrung** gegeben werden. Zudem führt die Bundesnotarkammer ein **zentrales Testamentsregister** mit den Verwahrangaben zu **sämtlichen erbfolgerelevanten Urkunden** *(z. B. Testamente, Erbverträge)*.

Falls kein Testament vorgefunden wird, gilt die **gesetzliche Erbfolge**. Dabei teilt das Gesetz die Erben nach ihrer Abstammung in fünf Ordnungen ein *(§ 1924 ff. BGB)*.

Ordnungen	Gesetzliche Erben
1. Ordnung	• Kinder • Sollte ein Kind zum Zeitpunkt des Erbfalls nicht mehr leben, treten an dessen Stelle die Abkömmlinge (Kinder des Kindes, Enkel des Erblassers).
2. Ordnung	• Eltern • Sollte ein Elternteil zum Zeitpunkt des Erbfalls nicht mehr leben, treten an dessen Stelle die Geschwister (bzw. Abkömmlinge) des Erblassers.
3. Ordnung	• Großeltern • Sollte ein Großelternteil zum Zeitpunkt des Erbfalls nicht mehr leben, treten an dessen Stelle die Geschwister (bzw. Abkömmlinge) der Großeltern (Onkel und Tanten des Erblassers).
4. Ordnung	Urgroßeltern und deren Abkömmlinge
5. Ordnung	entferntere Voreltern und deren Abkömmlinge

- **Rangfolge der Ordnungen** *(§ 1930 BGB):* Ein Verwandter ist nicht zur Erbfolge berufen, solange ein Verwandter einer vorhergehenden Ordnung vorhanden ist.
- **Gesetzliches Erbrecht des Ehegatten** *(§ 1931 ff. BGB):* Sind Erben der 1. Ordnung (Kinder, Enkel) vorhanden, dann erhält der überlebende Ehegatte zunächst ein Viertel der Erbschaft. Im Falle der Zugewinngemeinschaft erhöht sich der Erbteil um ein weiteres Viertel, sodass der Ehegatte insgesamt die Hälfte erhält, während die Kinder die andere Hälfte zu gleichen Teilen erhalten.
- **Eingetragene Lebenspartnerschaften gleichgeschlechtlicher Paare** sind im Erbrecht mit Eheleuten gleichgestellt *(§ 10 LPartG)*.
- **Pflichtteil**: Ist ein Abkömmling des Erblassers durch Testament von der Erbfolge ausgeschlossen, so kann er von den Erben die Hälfte des Wertes des gesetzlichen Erbteils verlangen *(§ 2303 ff. BGB)*.
- **Erbschein**: Das **Nachlassgericht (Amtsgericht)** stellt auf Antrag der Erben einen **Erbschein** aus *(§ 2353 ff. BGB)*. Der Erbschein dokumentiert das Erbrecht und dient der Legitimation des Erben bzw. der Erben.

Beispiele

- Verfügungen über das Konto des Erblassers
- Eintragung des Erben in das Grundbuch als neuer Grundstückseigentümer

Der Erbschein genießt **öffentlichen Glauben**, sodass ein gutgläubiger Dritter auf die Richtigkeit des Erbscheins vertrauen kann.

▸ Nachlasskonten

Umstellung auf „Nachlasskonto“

- Wenn das Kreditinstitut Kenntnis vom Tod eines Kunden erlangt, bittet es um Vorlage einer Sterbeurkunde, die vom Standesamt am Wohnsitz der Verstorbenen/des Verstorbenen ausgestellt wird. Eine Kopie wird zu den Unterlagen genommen.
- Das Konto erhält den Vermerk „Nachlasskonto“. Ein entsprechender Vermerk wird in die EDV eingegeben.
- Girokarten (Sparkassencard, Bankcard) und Kreditkarten der Verstorbenen/des Verstorbenen werden gesperrt bzw. eingezogen.

Verfügungsberechtigte	Rechtsgrundlage	Legitimation
• **Alleinerbe** • **Erbengemeinschaft: nur gemeinschaftliche Verfügungen („Und-Konto“)**	• Testament • Gesetz (gesetzliche Erbfolge)	Erben müssen ihre Berechtigung in geeigneter Weise nachweisen *(AGB Nr. 5)*. Dies kann geschehen durch Vorlage eines ... • Erbscheines oder einer • beglaubigten Abschrift des Testamentes bzw. Erbvertrages nebst zugehöriger Eröffnungsniederschrift.
Bevollmächtigte	Vollmacht (Jeder Erbe kann die Vollmacht widerrufen.)	• Vollmacht über den Tod hinaus • Vollmacht für den Todesfall
Testamentsvollstrecker *(§ 2197ff. BGB)* z. B. bei größeren Vermögen	Testament	• Testamentsvollstreckerzeugnis • beglaubigte Abschrift des Testaments nebst zugehöriger Eröffnungsniederschrift
Nachlassverwalter *(§ 1975ff. BGB)* z. B. Überschuldung des Nachlasses (Nachlassinsolvenz)	Gerichtsbeschluss	Bestellungsurkunde
Nachlasspfleger *(§ 1960ff. BGB)* z. B. Unbekanntheit der Erben	Gerichtsbeschluss	Bestellungsurkunde

Bei einer **Erbengemeinschaft** können nur **alle Erben gemeinsam** über Konten und Depots verfügen, jedoch hat jeder Miterbe **allein** ein **Auskunftsrecht** gegenüber dem Kreditinstitut *(z. B. Mitteilung der Kontoguthaben)*.

Zahlungsaufträge des Erblassers werden grundsätzlich weiterhin ausgeführt:

- Vorgelegte Schecks werden eingelöst.
- Daueraufträge werden ausgeführt und Lastschriften eingelöst, sofern dies nicht offensichtlich gegen den mutmaßlichen Willen des Erblasser ist *(z. B. Beiträge zur Lebens-/Krankenversicherung)*.

Besondere Verfügungen kann das Kreditinstitut ohne Kontovollmacht/Erbberechtigung zulassen, wenn diese Zahlungen zu den Pflichten der Erben gehören. Verfügungen ohne Kontovollmacht/Erbberechtigung sind jedoch rechtlich problematisch („Geschäftsführung ohne Auftrag", *§ 677 ff. BGB*) und sollten nur in Ausnahmefällen erfolgen:

- Begleichung von **Bestattungskosten** gegen Vorlage der Originalrechnung *(§ 1968 BGB)*. Eine Kopie der quittierten Rechnung und eine Haftungserklärung des Auftraggebers wird zu den Unterlagen genommen.
- **Unterhaltszahlungen** an bedürftige Familienangehörige, die im Haushalt des Erblassers leben und von ihm Unterhalt bezogen haben, in den ersten 30 Tagen nach Eintritt des Erbfalles *(§ 1969 BGB)*.
  Zahlungen an den Unterhaltsberechtigten erfolgen nur, wenn dieser über keine eigenen Mittel verfügt. Der Zahlungsempfänger unterschreibt eine Haftungserklärung.

▸ Freistellungsaufträge

- Mit dem Tod erlischt der Freistellungsauftrag. Beim Tod eines Ehegatten verlieren die gemeinsam erteilten Freistellungsaufträge ihre Gültigkeit für alle Konten, die auf den Namen beider Eheleute oder allein auf den Namen des verstorbenen Ehegatten lauten. Der Freistellungsauftrag bleibt nur wirksam bis zum Jahresende für die allein auf den Namen des überlebenden Ehegatten lautenden Konten.
- Kapitalerträge, die nach dem Tod gutgeschrieben werden, sind von den Erben zu versteuern, auch soweit sie rechnerisch auf die Zeit vor dem Tod entfallen.
- Die Erbengemeinschaft kann keinen Freistellungsauftrag erteilen. Bei künftigen Kapitalerträgen sind deshalb 25 % Kapitalertragsteuer (Abgeltungsteuer) zuzüglich 5,5 % Solidaritätszuschlag einzubehalten.

▸ Meldung an das Finanzamt *(§ 33 ErbStG; § 1 ErStDV)*

Das Kreditinstitut muss alle Konto- und Depotguthaben **binnen eines Monats nach Kenntnis vom Todesfall** (in der Regel ab Vorlage der Sterbeurkunde) an das für die Erbschaftsteuer des Erblassers zuständige Finanzamt melden, sofern der **Gesamtwert der Guthaben 5 000,00 EUR übersteigt**. Die Existenz von **Schließfächern** und/oder **Verwahrstücken** ist immer zu melden.

Es gelten folgende Grundsätze:

- Maßgeblich ist das Guthaben zu Beginn des Todestages, also der Tagesendsaldo des Vortodestages.
- Guthaben und Darlehen dürfen nicht miteinander verrechnet werden. Die Existenz von Darlehen kann in dem Meldeformular unter Bemerkungen notiert werden.
- Bei Gemeinschaftskonten ist das gesamte Guthaben zu melden.
- Die bis zum Todestag aufgelaufenen Zinsen aus Kontoguthaben und Wertpapieren sind ebenfalls zu melden.
- Kontoverträge zugunsten eines Dritten sind mit Namen und Anschrift des Begünstigten zu melden.
- Wertpapiere werden zum Kurswert des Todestages bewertet.

- Stirbt ein OHG-Gesellschafter oder ein Komplementär einer KG, sind auch die Konten der Gesellschaft zu melden.

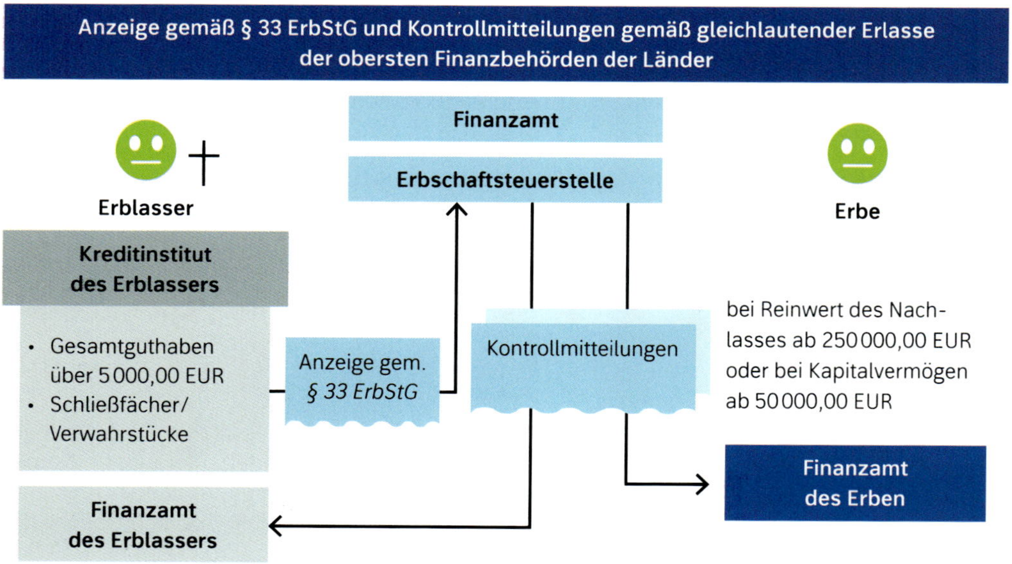

➡ Kompetenzcheck „Nachlasskonten“ siehe Seite 195

10 Umgang mit Kundenbeschwerden

Beschwerdemanagement

Kreditinstitute müssen ein **Beschwerdemanagement** einrichten, um Erkenntnisse über mögliche Versäumnisse und Unzulänglichkeiten im Geschäftsbetrieb zu gewinnen und diese abstellen zu können *(Mindestanforderungen an das Beschwerdemanagement, BaFin-Rundschreiben 06/2018)*.

Bei Kundenbeschwerden ist sicherzustellen, dass

- alle Beschwerden objektiv und angemessen untersucht und
- eine Beeinträchtigung der Beschwerdebearbeitung durch Interessenkonflikte vermieden werden.

Alle Beschwerden und die abschließenden Entscheidungen sind in einem **internen Beschwerderegister** zu dokumentieren. Eine fortlaufende Analyse des Registers dient dazu, allgemeine Ursachen für Beschwerden zu identifizieren und diese nach Möglichkeit zu beseitigen.

Kunden sind auf leicht zugängliche Weise *(z. B. in Broschüren und auf der Internetseite)* über die Merkmale des Beschwerdeverfahrens (zuständige Stelle, einzureichende Unterlagen, Bearbeitungsdauer usw.) zu informieren.

Bei einer Beschwerde prüft das Kreditinstitut alle relevanten Beweismittel und Informationen und entscheidet über eine Ablehnung oder Akzeptanz der Kundenforderung. Eine Ablehnung ist eingehend zu begründen und der Kunde ist über alternative Streitbeilegungsverfahren *(z. B. Ombudsmann, Klageerhebung)* zu informieren.

Ombudsmann

Für eine außergerichtliche Streitschlichtung zwischen Kunden und Kreditinstituten haben die Verbände der Kreditinstitute jeweils einen **Ombudsmann (bzw. eine Ombudsfrau)** bestellt. Ombudsmänner sind oft ehemalige Richter, die als **unabhängige, unparteiische Schlichter** Kundenbeschwerden prüfen und einen Schlichtungsvorschlag unterbreiten.

Wenn die Beschwerde bei seinem Kreditinstitut nicht zum erwünschten Ergebnis führt, kann der Kunde sich an einen **Ombudsmann** wenden. Der Ombudsmann prüft die vom Kunden eingereichten Begründungen und Unterlagen und bittet das betroffene Kreditinstitut um eine Stellungnahme. Auf Grundlage der gesetzlichen Bestimmungen und unter Berücksichtigung von Treu und Glauben unterbreitet der Ombudsmann den Beteiligten dann einen begründeten Schlichtungsvorschlag.

Die Beteiligten können nun entscheiden, ob sie den Vorschlag annehmen oder ablehnen. Im Fall der Ablehnung steht dem Kunden der Klageweg vor einem ordentlichen Gericht offen.

Das **Ombudsmann-Verfahren** ist für den Kunden ohne Risiko und **unentgeltlich**.

➡ **Kompetenzcheck „Umgang mit Kundenbeschwerden" siehe Seite 195**

Kompetenzcheck zu Lernfeld 2: Konten für Privatkunden führen und den Zahlungsverkehr abwickeln

Ich kann ...	✓
Kontoführung — Kapitel 1 und 2	
... Einzel- und Gemeinschaftskonten unterscheiden.	
... die Verfügungsberechtigung bei Gemeinschaftskonten erläutern.	
... das Recht des Kunden auf ein Basiskonto begründen.	
... die Merkmale eines Pfändungsschutzkontos (P-Konto) benennen.	
... den Pfändungsschutz auf einem P-Konto erklären.	
... die Regelungen für Treuhandkonten benennen.	
... Mietkautionskonten auf den Namen des Vermieters und Mietkautionskonten auf den Namen des Mieters erläutern.	
... Rechts- und Geschäftsfähigkeit unterscheiden.	
... Konten für Minderjährige eröffnen und Auskunft über die Verfügungsberechtigung geben.	
... Konten für Betreute eröffnen und Auskunft über die Verfügungsberechtigung von befreiten und von nicht befreiten Betreuern geben.	
... die Befugnisse eines Kontobevollmächtigten beschreiben.	
... eine Vollmacht über den Tod hinaus, eine Vorsorgevollmacht und eine Vollmacht für den Todesfall unterscheiden.	
Einlagensicherung — Kapitel 3	
... den Umfang der gesetzlichen Einlagensicherung für Einzel- und Gemeinschaftskonten beschreiben.	
... die Informationspflichten des Kreditinstitutes über die gesetzliche Einlagensicherung erklären.	
... die freiwillige Einlagensicherung meines Ausbildungsbetriebes erläutern.	

Ich kann ...	✓

Zahlungskonto	Kapitel 4
... personalisierte Sicherheitsmerkmale beim Onlinebanking unterscheiden.	
... vorvertragliche Informationspflichten bei einer Kontoeröffnung beschreiben.	
... die Bedeutung der Allgemeinen Geschäftsbedingungen (AGB) erklären.	
... die Identitätsfeststellung von Kunden bei der Kontoeröffnung begründen.	
... drei Verfahren der Identitätsfeststellung beschreiben.	
... die Identifizierung des wirtschaftlich Berechtigten durchführen.	
... die Aufgaben der SCHUFA erklären.	
... jeweils vier Positiv- und Negativmerkmale von SCHUFA-Meldungen nennen.	
... einen Kontovertrag abschließen und ein Konto einrichten.	
... bei einem Wechsel der Bankverbindung die Kontowechselhilfe in Anspruch nehmen.	

Zahlungsdienste	Kapitel 5.1 bis 5.4
... den Zahlungsdiensterahmenvertrag als Rechtsgrundlage für Zahlungskonten benennen.	
... eine Zwei-Faktor-Authentifizierung erklären.	
... Zahlungen benennen, bei denen eine Ein-Faktor-Authentifizierung ausreichend ist.	
... Authentifizierungsverfahren mittels TAN-Generator, Banking-App und Chipkarte beschreiben.	
... Kunden über ihre Sorgfaltspflichten beim Onlinebanking informieren.	
... die Zusammensetzung der IBAN beschreiben.	
... die Ausführungsfristen von beleghaften und von beleglosen Zahlungsaufträgen benennen.	
... die Tätigkeiten von Zahlungsauslösediensten und von Kontoinformationsdiensten beschreiben.	
... die Haftung bei Missbrauch von Zahlungsauthentifizierungsinstrumenten vor und nach der Sperranzeige erläutern.	

Zahlungsinstrumente	Kapitel 5.5
... die notwendigen Maßnahmen bei Falschgeld bzw. Falschgeldverdacht darlegen.	
... die Auftragserteilung und Ausführung von Überweisungen erläutern.	
... die Haftung bei fehlerhaften und bei nicht autorisierten Überweisungen beschreiben.	

Ich kann ...	☑
Zahlungsinstrumente	**Kapitel 5.5**
... den Inhalt und die Gültigkeit eines SEPA-Basis-Lastschriftmandates darlegen.	
... angeben, wann Lastschriften nach den AGB eingelöst sind.	
... die Rückgabefristen des Zahlungspflichtigen für autorisierte und nicht autorisierte Basis-Lastschriftbelastungen nennen.	
... die Sorgfalts- und Mitwirkungspflichten des Kunden bei Zahlungskarten erläutern.	
... die Einsatzmöglichkeiten der von meinem Ausbildungsbetrieb ausgegebenen Bank- bzw. Sparkassenkarte beschreiben.	
... Zahlungen mit der Girocard erläutern.	
... das elektronische Lastschriftverfahren (ELV) erläutern.	
... Zahlungen mit der Kreditkarte erläutern.	
... bei Kreditkarten Charge-Cards, Prepaid-Cards, Debit-Cards und Credit-Cards unterscheiden.	
... die Haftung bei Missbrauch von Zahlungskarten erläutern.	
... Zahlungen mit dem Smartphone beschreiben.	
... Giropay als Internetbezahlverfahren erläutern.	
... Sorten und Devisen unterscheiden.	
... Fremdwährungszahlungen in Euro umrechnen.	

Rechnungsabschluss von Zahlungskonten	**Kapitel 6**
... Tages- und Abschlusssalden nach ihrer rechtlichen Bedeutung unterscheiden.	
... Kunden über die Bedeutung und Genehmigung des Rechnungsabschlusses informieren.	
... Storno- und Berichtigungsbuchungen unterscheiden.	

Bankgeheimnis und Bankauskunft	**Kapitel 7**
... beim Bankgeheimnis die Geheimhaltungspflicht und das Auskunftsverweigerungsrecht von Kreditinstituten erläutern.	
... die Rechte der Finanzbehörde auf Auskünfte von Kreditinstituten beschreiben.	
... den automatisierten Abruf von Kontoinformationen durch das Bundeszentralamt für Steuern erläutern.	

Ich kann ...	✓
Bankgeheimnis und Bankauskunft	**Kapitel 7**
... die Voraussetzungen für die Erteilung einer Bankauskunft gemäß AGB beschreiben.	
... die Inhalte einer Bankauskunft erläutern.	
Geldwäscheprävention	**Kapitel 8**
... die Phasen der Geldwäsche beschreiben.	
... vier allgemeine Sorgfaltspflichten nach dem GwG erläutern.	
... darlegen, in welchen Fällen bei Geschäften außerhalb der Geschäftsverbindung (Geschäfte mit Nicht-Kunden) die Legitimation des Vertragspartners zu prüfen ist.	
... vier Beispiele für vereinfachte Sorgfaltspflichten nennen.	
... vier Beispiele für verstärkte Sorgfaltspflichten nennen.	
... interne Sicherungsmaßnahmen des Kreditinstitutes zur Verhinderung von Geldwäsche beschreiben.	
... beschreiben, was Bankmitarbeiter/-innen bei Geldwäsche-Verdachtsfällen zu tun haben.	
Nachlasskonten	**Kapitel 9**
... die gesetzliche Erbfolge erklären.	
... darlegen, mit welchen Dokumenten sich Erben legitimieren können.	
... Testamentsvollstrecker, Nachlassverwalter und Nachlasspfleger unterscheiden.	
... erläutern, unter welchen Voraussetzungen Verfügungen über Nachlasskonten möglich sind.	
... Auskunft über die Wirksamkeit von Freistellungsaufträgen im Todesfall von Kunden geben.	
... die Meldung an das Finanzamt nach § 33 ErbStG ausfüllen und fristgerecht absenden.	
Umgang mit Kundenbeschwerden	**Kapitel 10**
... das Beschwerdemanagement in meinem Ausbildungsbetrieb beschreiben.	
... die Aufgabe eines Ombudsmanns bei Konflikten mit Kunden erläutern.	

Lernfeldübergreifende Themen:

- Kommunikations- und Präsentationstechniken
- Digitalisierung
- Grundlagen des kaufmännischen Rechnens

1 Kommunikations- und Präsentationstechniken

1.1 Grundlagen zur persönlichen Kommunikation

1.1.1 Kommunikationsmodell nach Schulz von Thun

Manchmal versteht ein Empfänger eine Aussage völlig anders als diese vom Sender gemeint ist. Wie eine Information vom Empfänger verstanden wird, ist von der jeweiligen Situation und der Beziehung der Beteiligten zueinander abhängig. Friedemann Schulz von Thun hat ein Kommunikationsmodell entwickelt, in dem er vier Aspekte einer Nachricht unterscheidet:

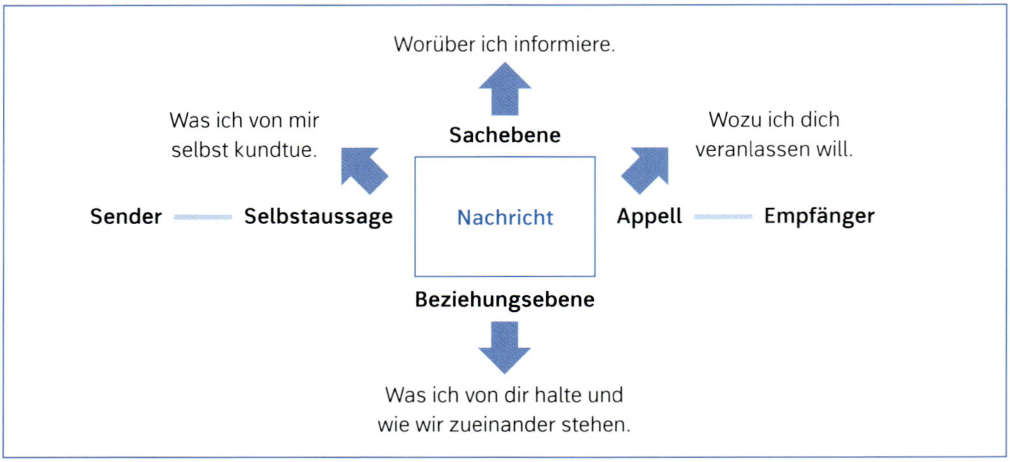

Kommunikationsmodell von F. Schulz von Thun

Beispiel

Ein Ehepaar ist mit dem Auto in der Stadt unterwegs. Die Frau sitzt am Steuer und fährt auf eine Kreuzung zu. Plötzlich sagt er: „Die Ampel ist grün."
Diese Nachricht kann nun von der Frau völlig unterschiedlich interpretiert werden. Erfasst sie lediglich den Inhalt der Nachricht **(Sachebene)**, so wird sie die Tatsache, dass die Ampel grün ist, ohne Diskussion zur Kenntnis nehmen und weiterfahren.
Fasst sie hingegen die Bemerkung ihres Ehemannes als **Appell** auf („Jetzt fahr doch endlich mal schneller, damit du noch bei Grün über die Kreuzung kommst!"), kommt es sehr wahrscheinlich zu einer angespannten Situation.
Eine Mitteilung kann auch etwas über die Beziehung zwischen den Gesprächspartnern aussagen **(Beziehungsebene)** und dem Empfänger mitteilen, was der Sender von ihm hält (z. B.: „Immer fährst du zu langsam. Das nervt mich total.").

Ein weiterer Aspekt einer Aussage ist die Selbstaussage, *bei der der Sender etwas über sich selbst preisgibt. Die Selbstaussage des Mannes in diesem Beispiel könnte lauten: „Ich fahre sowieso besser Auto als du."*

Während auf der Sachebene die Information eindeutig ist, bestehen in den anderen Bereichen viele Interpretationsmöglichkeiten. Besonders wenn die Gesprächspartner sich nicht gut kennen oder wenn die Beziehung zwischen ihnen belastet ist, entstehen oft Missverständnisse.

Die Kenntnis der unterschiedlichen Signale, die neben der reinen Sachinformation in einer Nachricht enthalten sind, kann helfen, Missverständnisse zu vermeiden.

- Der Sender sollte seine Nachricht erläutern, um deutlicher auszudrücken, warum er die Aussage getätigt hat und wie er sie meint.
- Ein Empfänger sollte nachfragen, wie eine Aussage gemeint ist, oder dem Gesprächspartner mitteilen, wie er sie verstanden hat. Der Sender kann dann den Eindruck bestätigen oder korrigieren.

1.1.2 Kommunikationsregeln

In der Kommunikation sollten Sie folgende Regeln einhalten.

Kommunikationsregeln	
Ich-Form nutzen	Vertreten Sie Ihre Ansichten in der Ich-Form. Sprechen Sie nicht in der Wir- oder Man-Form. **Beispiel:** „Ich empfehle Ihnen den Kauf der XY-Anleihe."
deutliche Aussprache	Reden Sie laut und deutlich, damit Sie verstanden werden.
keine Unterbrechungen	Lassen Sie Ihren Gesprächspartner ausreden. Nur in besonderen Situationen ist es angebracht, ihn zu unterbrechen. **Beispiel:** „Entschuldigen Sie, dass ich Sie unterbreche, aber ich habe Sie nicht verstanden. Könnten Sie etwas lauter reden?"
Fragen begründen	Verdeutlichen Sie Ihrem Gesprächspartner, warum Sie diese Frage stellen. **Beispiel:** „Um Ihnen eine optimale Anlageempfehlung geben zu können, möchte ich Ihnen einige Fragen zu Ihren persönlichen und wirtschaftlichen Verhältnissen stellen."
Verständnisfragen stellen	Das aufmerksame Zuhören ist mindestens so wichtig wie das Sprechen, denn ein Dialog beruft auf dem Verständnis der Vorrede. Falls notwendig stellen Sie zunächst Verständnisfragen. **Beispiel:** „Wenn ich Sie richtig verstanden habe, sind Sie bereit, zur Erzielung einer höheren Rendite das Risiko einzugehen, dass Sie auch einen Teil Ihres Kapitals verlieren könnten."
Aussagen erläutern	Aussagen können vom Empfänger völlig anders verstanden werden als sie gemeint sind (vgl. Kommunikationsmodell von Schulz von Thun). Erläutern Sie Ihre Aussagen, um Missverständnisse von vornherein zu vermeiden. **Beispiel:** „Die jährlichen Verwaltungskosten bei diesem Fonds betragen 1,00 %. Mit diesem Geld wird ein professionelles Fondsmanagement bezahlt, das permanent den Kapitalmarkt beobachtet und laufend die Fondsanlagen optimiert."
keine voreiligen Verallgemeinerungen	Vorsicht bei Verallgemeinerungen wie „immer", „ständig" usw. Prüfen Sie stets, ob eine solche Verallgemeinerung möglich und sinnvoll ist.

1.1.3 Nonverbale Kommunikation

Man kann nicht **nicht** kommunizieren. Wir sprechen nicht nur mit unserer Stimme, sondern mit dem ganzen Körper. Menschen glauben eher der körperlichen Botschaft als der Sprache, wenn das gesprochene Wort mit der nonverbalen Information nicht übereinstimmt.

Wissenschaftliche Untersuchungen belegen, dass der Anteil der Körpersprache am Rede-Erfolg ca. 55 % beträgt.

Nonverbale Signale können sprachliche Äußerungen

- unterstützen bzw. verstärken (z. B. eine kopfkratzende Hand einen ausgesprochenen Zweifel),
- abschwächen (z. B. unveränderter Gesichtsausdruck eines Beraters bei der Erläuterung von Produktvorteilen),
- ersetzen (z. B. Kopfnicken statt „Ja“).

Nonverbale Signale können aber auch einer sprachlichen Äußerung widersprechen. So wird Lampenfieber häufig völlig unbegründet als Unsicherheit in der Sache interpretiert.

Das Wissen um die Bedeutung nonverbaler Signale hilft Ihnen, eigene Verhaltensweisen bewusst zu steuern und kommunikative Prozesse besser zu verstehen.

Beispiele

Nonverbales Verhalten

- **Haltung und Auftreten**
  - Verschränken der Arme
  - Sich vom Stuhl erheben
  - Kopfnicken
- **Gestik („Reden mit den Händen“)**
  - Spielen mit einem Stift
  - Händereiben
  - Gehobener Zeigefinger
- **Mimik (Gesichtsausdruck)**
  - Hochziehen der Augenbrauen
  - Lächeln
- **Blickkontakt**
  - fehlender Blickkontakt
  - wechselnder Blickkontakt
- **Räumliches Verhalten**
  - Abstand zu anderen
  - Wahl des Platzes

1.1.4 Kommunikationstechniken

1.1.4.1 Aktives Zuhören

In der Kommunikation geht es um den Austausch von Informationen und Botschaften zwischen Menschen.

- Bei einem Monolog ist nur eine Person (Sender) aktiv und spricht zu den Zuhörern (Empfänger). Die Zuhörer sind passiv.
- Bei einem Dialog sind alle Beteiligten als Sender und Empfänger aktiv. Die Zuhörer nutzen die Informationen des Sprechers für eigene Wortbeiträge. Sprecher und Zuhörer wechseln sich also ab.

Bei einem **Dialog** *(z. B. Kundenberatungsgespräch)* ist es für einen konstruktiven Gesprächsverlauf wichtig, dass der **aktive Zuhörer** die Informationen und Signale des Sprechers wahrnimmt und versteht. Dies erfordert seine volle Konzentration, da er den Sinn der Worte aufnehmen muss und zugleich das nonverbale Verhalten *(z. B. ablehnende Körpersprache)* wahrnehmen muss.

Aktives Zuhören erfordert eine vorurteilsfreie, wohlwollende und verständige Gesprächsatmosphäre und lässt sich in drei Bestandteile gliedern:

1. Aktives Verfolgen des Gesagten	Der Zuhörer zeigt durch Signale, dass er „präsent" ist und dem Gesprächspartner Aufmerksamkeit schenkt durch • Blickkontakt, • Beiträge, die Verständnis ausdrücken (z. B. „Ja, verstehe."), • Gesten, die Verständnis ausdrücken (z. B. Nicken).
2. Aktives Verstehen der Botschaft	Der Zuhörende kann den Kern der Botschaft seines Gesprächspartners in eigenen Worten wiedergeben (sogenanntes Paraphrasieren). **Beispiele:** – „Habe ich richtig verstanden, dass ...?" – „Du meinst also, dass ...?"
3. Verstehende Wiedergabe des emotionalen Inhaltes einer Botschaft	Der Zuhörende ergründet, was emotional in dem Gesagten des Gesprächspartners steckt (sogenanntes „Spiegeln" oder „Verbalisieren"). **Beispiele:** – „Ich habe den Eindruck, dass dieser Vorschlag dir überhaupt nicht gefällt." – „Du wirkst auf mich sehr gestresst."

Wie schnell es zu Missverständnissen in der Kommunikation aufgrund eines nicht-aktiven Zuhörers kommen kann, zeigt der folgende Dialog zwischen den Bankauszubildenden Vanessa und Tim.

Vanessa berichtet Tim über ein Gespräch, das sie gestern mit der Ausbildungsleiterin Frau Müller führte.

Vanessa:	*„Stell dir vor, Frau Müller hat mich auf die Einhaltung der Arbeitszeiten angesprochen."*
Tim:	*„Echt?"*
Vanessa:	*„Ja, sie glaubt, dass ich die Arbeitszeiten nicht einhalte."*
Tim:	*„Was hast du ihr gesagt?"*
Vanessa:	*„Dass das so nicht stimmt. Ich bin zwar schon mal – ganz selten – ein wenig zu spät gekommen, aber dann habe ich auch am Nachmittag immer etwas länger gearbeitet."*
Tim:	*„Und – hat sie dir das abgenommen?"*
Vanessa:	*„Na ja, so halbwegs. Sie hat gesagt, ich solle jetzt jeden Tag meine Ankunftszeit aufschreiben."*
Tim:	*„Unmöglich! Wie findest du das?"*
Vanessa:	*„Ich habe gesagt, das ist o.k., wenn auch die anderen das so machen. Das fand sie auch in Ordnung."*
Tim:	*„Spinnst du?"*
Vanessa:	*„Wieso?"*
Tim:	*„Mensch, jetzt müssen wir alle genau aufschreiben, wann wir morgens in der Bank ankommen. So ein Quatsch! Dabei bin ich immer pünktlich. Bloß weil Frau Müller dich einbestellt und dich zusammengefaltet hat."*

Vanessa ist beleidigt und geht.

Tim hat nicht aktiv zugehört. Er war weder wohlwollend noch verständnisvoll.

- Den Kern von Vanessas Botschaft hat Tim nicht erfasst. Vanessa fühlt sich „nicht schuldig“, weil sie die Arbeitszeit ihrer Meinung nach durch das Nacharbeiten einhält. Tim geht darauf nicht ein.
- Da Vanessa sich ungerecht behandelt fühlt, möchte sie auch nicht als einzige dadurch „bestraft“ werden, dass nur sie ihre Ankunftszeiten aufschreiben soll.
- Beide Aspekte, der aus Vanessas Sicht falsche Vorwurf und die ungerechte „Strafe“, werden von Tim nicht aufgenommen. Vanessas Emotionen nimmt er nicht zur Kenntnis.
- Auch in der Sache liegt Tim falsch. Vanessa hat nicht behauptet, dass Frau Müller sie zu sich gerufen („einbestellt“) und hart kritisiert („zusammengefaltet“) hat. Außerdem hat Vanessa sich noch nicht geäußert, ob Frau Müller dem Einwand, dass alle Auszubildenden die Ankunftszeiten aufschreiben sollen, zugestimmt und eine entsprechende Anweisung erteilt hat oder erteilen möchte.

1.1.4.2 Fragetechniken

▸ Fragetechnik

Durch gezielte Fragen erfährt der Berater Näheres über den Bedarf des Kunden und über seine persönlichen und wirtschaftlichen Verhältnisse.

Offene Fragen lassen dem Kunden Raum für umfassende Antworten.
Beispiel: „Welche Erfahrungen haben Sie mit Ihren bisherigen Geldanlagen gemacht?“

Geschlossene Fragen schränken die Antwortmöglichkeiten zumeist auf die Alternativen Ja oder Nein ein.

- Verständnisfragen schaffen die notwendige Klarheit und beugen Missverständnissen vor.
  Beispiel: „Sie benötigen das Geld also in den nächsten fünf Jahren nicht?“
- **Alternativfragen** geben dem Kunden nur zwei Antwortmöglichkeiten vor. Sie eignen sich zur Gesprächslenkung.
  Beispiel: „Wann passt es Ihnen am besten: Montag oder Mittwoch?“

1.1.4.3 Argumentationstechniken

In einem Beratungs- und Verkaufsgespräch wollen Sie Ihren Kunden von den Vorteilen Ihrer Produkte überzeugen. Dabei helfen Ihnen die Reihen-Argumentation und Ketten-Argumentation.

▸ Reihen-Argumentation

Sie möchten einen Kunden von den Vorteilen der Riester-Rente mit mehreren Argumenten überzeugen, die gleichrangig nebeneinander stehen.

1. Argument	2. Argument	3. Argument
„Sie sollten auch privat vorsorgen, da die gesetzliche Rente im Alter nicht ausreicht.“	„Der Staat fördert die private Altersvorsorge mit Zulagen und Steuervorteilen.“	„Eine Riester-Rentenversicherung ist eine attraktive Anlage, da Sie eine garantierte Mindestverzinsung von 0,25 % erhalten.“

▶ Ketten-Argumentation

Sie möchten einen Kunden von den Vorteilen der Riester-Rente mit einer Aufeinanderfolge von Argumenten überzeugen, die in einer logischen oder zeitlichen Verbindung stehen.

1. Argument
„Aufgrund der demografischen Entwicklung haben immer weniger Berufstätige die gesetzlichen Renten von immer mehr Rentnern zu finanzieren."

⬇

2. Argument
„Deshalb werden sich die gesetzlichen Renten in Zukunft weiter vermindern und es entsteht eine immer größere Versorgungslücke."

⬇

3. Argument
„Um diese Versorgungslücke zumindest teilweise zu schließen, empfehle ich Ihnen den Abschluss einer Riester-Rentenversicherung."

In Beratungsgesprächen möchte der Berater den Kunden von den Vorteilen und vom Nutzen des Produkts überzeugen.

Verkaufsargumente berücksichtigen
- die Ausstattungsmerkmale der Produkte,
- die Motive des Kunden,
- das Sprachverständnis des Kunden und
- die mit dem Produkt verbundenen Vorteile für den Kunden (**Kundennutzen**).

Beispiel

Der Berater beschreibt eine Inhaberschuldverschreibung seiner Bank: „Der Zinssatz ist variabel und wird vierteljährlich angepasst." Das gleiche Merkmal der Schuldverschreibung kann für den Kunden vorteilhafter präsentiert werden: „Der Zinssatz wird in regelmäßigen Zeitabständen an die aktuellen Konditionen angepasst und sichert Ihnen damit die Teilnahme an Zinssteigerungen."

1.1.5 Feedback

1.1.5.1 Feedback-Regeln

Die Wahrnehmung des Menschen ist immer subjektiv. Ereignisse werden von ihnen unterschiedlich verstanden, empfunden und bewertet. Das eigene Handeln wird von anderen Personen oft anders wahrgenommen als von einem selbst. **Eigen- und Fremdwahrnehmung** fallen auseinander. Deshalb ist es wichtig, ein Feedback (Rückmeldung) zu erhalten, um das eigene Verhalten einschätzen und reflektieren zu können. Es klärt auch die Beziehungen zwischen Personen und trägt zu einem größeren gegenseitigen Verständnis bei.

Für ein konstruktives Feedback sollten Feedback-Geber und Feedback-Nehmer die folgenden Regeln beachten:

Regeln für den Feedback-Geber
• Geben Sie Feedback, wenn der andere es wünscht. • Geben Sie Feedback möglichst unmittelbar. • Sprechen Sie den Beobachteten direkt an. Reden Sie nicht „über" ihn. • Beschreiben Sie, was Sie beobachtet haben. Bewerten Sie es nicht! • Teilen Sie Wahrnehmungen als Wahrnehmungen, Ihre Vermutungen als Vermutungen und Ihre Gefühle als Gefühle mit. (Nicht: „Das fand ich gut/schlecht", sondern: „Mir ist aufgefallen, dass ...") • Das Feedback soll sich nur auf das beobachtbare Verhalten beziehen, auf konkrete Einzelheiten. Geben Sie kein pauschales Feedback über die ganze Person. • Formulieren Sie in der „Ich"-Form. Vermeiden Sie „Man"-Formulierungen. • Versuchen Sie, konstruktive Verbesserungsvorschläge zu machen. • Feedback soll gerade auch positive Wahrnehmungen umfassen.

Regeln für den Feedback-Nehmer
• Verteidigen Sie sich nicht. Sie brauchen sich nicht zu rechtfertigen. • Hören Sie zu, fragen Sie bei Unklarheiten nach. • Überdenken Sie das Gesagte und entscheiden dann, ob Sie daraus für sich Konsequenzen ziehen. Feedback ist immer nur ein Angebot.

Beachten Sie die Feedback-Regeln, wenn Sie Ihre Beobachtungen

- zu einem Vortrag,
- zu einer Diskussion oder
- zu einem Beratungs- und Verkaufsgespäch beschreiben.

1.1.5.2 Blitzlicht und Punktabfrage

Ein **Blitzlicht** ist eine **Feedback-Methode**, bei der die Gruppenmitglieder in wenigen Sätzen ihre Meinungen und/oder Empfindungen zum Ausdruck bringen.

Ausgangsbasis eines Blitzlichtes ist eine Frage an die Teilnehmer, auf die eine kurze Antwort möglich ist. Nun geben die Teilnehmer eine kurze Stellungnahme ab. Dabei sollten sie folgende Regeln beachten:

- Jeder Teilnehmer spricht nur über sich und seine persönlichen Ansichten und Vorstellungen.
- Die Aussagen sollten sich auf die Frage beziehen und in der Ich-Form geäußert werden.
- Die einzelnen Statements sollten nicht länger als ein bis zwei Minuten dauern.
- Die Äußerungen werden von den anderen Teilnehmern während der Blitzlichtrunde nicht kommentiert, kritisiert oder bewertet. Nur Verständnisfragen sind zulässig.

Die Teilnehmer können nach der Blitzlichtrunde die Ergebnisse diskutieren. Das sich aus einer Blitzlichtrunde ergebende Bild kann helfen, die weitere Vorgehensweise zu optimieren und die zwischenmenschlichen Beziehungen zu verbessern.

Eine **Punktabfrage** ermöglicht allen Teilnehmern die **Bewertung** einer Ausgangsfrage. Für die Beantwortung der Frage ist ein Polaritätsprofil *(z. B. gut – schlecht, viel – wenig, oft – selten)* vorzugeben.

Beispiel

Am Ende eines Seminars bittet der Dozent die Teilnehmer um ihre Einschätzung in Bezug auf den Lernerfolg und den Spaßfaktor.

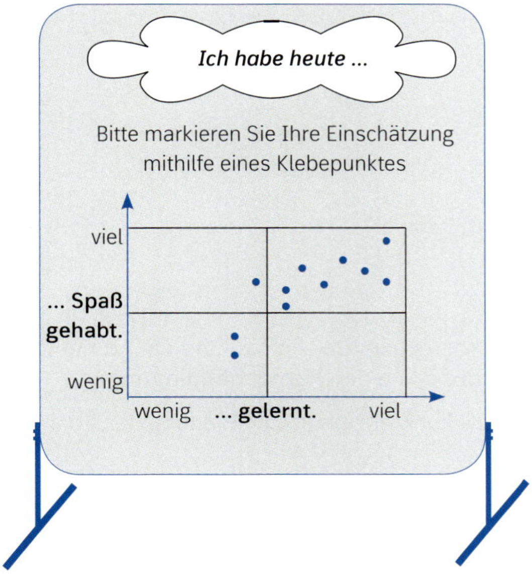

Die Bewertung kann anonym oder offen erfolgen. Eine offene Bewertung kann dann Grundlage für eine weitergehende Diskussion sein.

1.1.6 Diskussion

Bei einer Diskussion treffen die unterschiedlichen Meinungen und Ansichten der Beteiligten zu bestimmten Sachverhalten aufeinander. Die Teilnehmer haben dabei oft das Ziel, die anderen Teilnehmer und eventuelle Zuhörer von den eigenen Ansichten zu überzeugen.

Ein Diskussionsleiter bei öffentlichen Diskussionen mit Zuhörern hat die Aufgabe, die Diskussion in geordneten Bahnen zu halten. Er sollte dabei ...

- unparteiisch und sachlich sein,
- durch geeignete Fragen, den Diskussionsfluss in Gang setzen und aufrechterhalten,
- alle Teilnehmer zu Wortmeldungen ermuntern und ihnen gleiche Redezeiten einräumen,
- Meinungen einzelner Teilnehmer aufgreifen und andere Teilnehmer zu einer Stellungnahme auffordern,
- dafür sorgen, dass alle Themen angesprochen werden und die Diskussion nicht abschweift,
- Zwischenergebnisse festhalten,
- auf die Einhaltung der Kommunikationsregeln achten,
- am Schluss der Diskussion die Ergebnisse zusammenfassen und ein Fazit über den Diskussionsverlauf ziehen.

Die Teilnehmer sollten fair miteinander umgehen und die in Kapitel 1.1.2 dargestellten Kommunikationsregeln beachten. Darüber hinaus sollten sie ...

- immer sachlich argumentieren,
- die anderen Teilnehmer nicht persönlich angreifen,
- überzeugen statt überreden,
- auch andere Meinungen respektieren.

1.1.7 Präsentation

Eine Präsentation erfordert

- einen strukturierten Aufbau,
- ein souveränes Präsentationsverhalten und
- den Einsatz geeigneter Medien (z. B. PowerPoint, Beamer).

1.1.7.1 Aufbau einer Präsentation

Eine gute Präsentation erfordert eine intensive Vorbereitung. Der Aufbau und die Art der Darstellung sind abhängig von den **Zielen**, der **Zielgruppe** und den **Rahmenbedingungen**.

Erst wenn über diese Punkte Klarheit besteht, ist die konkrete inhaltliche Planung des Ablaufes möglich.

1. Klare Ziele
Wollen Sie über bestimmte Sachverhalte informieren oder andere von Ihrer Meinung überzeugen und zu bestimmten Aktionen motivieren?
2. Analyse der Zielgruppe
Je mehr Sie über die Zielgruppe wissen, desto adressatengerechter können Sie die Präsentation gestalten. • Wie groß ist die Gruppe? • Welches Vorwissen bringen die Teilnehmer mit? • Welche Interessen und Erwartungen haben die Teilnehmer?
3. Rahmenbedingungen
• Raum? Sitzordnung? • Medienausstattung? Lichtverhältnisse? • Zeitdauer der Präsentation? Pausen?

Eine Präsentation sollte eine **klare Gliederung** aufweisen, um den Zuhörern die Orientierung zu erleichtern.

1. Einleitung

Geben Sie sich für diesen Teil besonders viel Mühe, denn der **erste Eindruck** ist oft **entscheidend**. Vermeiden Sie Entschuldigungen zu Beginn eines Vortrages, weil Sie z. B. nur sehr wenig Zeit für die Vorbereitung des Vortrages hatten. Es entsteht dadurch ein negativer Eindruck, der die Zuhörer während der gesamten Präsentation beeinflusst. (Wenn der Vortrag dann doch nicht gelingt, können Sie sich später immer noch entschuldigen.)

- Vorstellung der Referenten
- Nun sollten Sie durch einen motivierenden Einstieg das Interesse der Zuhörer wecken. Nutzen Sie dazu Beispiele aus der Praxis, statistische Auswertungen, Vergleiche, Übertreibungen und Zitate, um die besondere Bedeutung des Themas zu hervorzuheben.
  Beispiel: Anlageberatung
  - In meiner Geschäftsstelle hat uns im vergangenen Monat ein Kunde wegen angeblicher Falschberatung auf 50 000,00 EUR Schadenersatz verklagt.
  - Nach einer Erhebung von Stiftung Warentest, Finanztest sind 60 % aller Anlageberatungen mangelhaft.
  - Können wir einem Kunden überhaupt noch Finanzinstrumente empfehlen, ohne befürchten zu müssen, dass er uns später auf Schadenersatz verklagt?
- Um den Teilnehmern von Anfang an eine Orientierung zu ermöglichen, sollten Sie das Thema noch einmal präzise formulieren und eine Grobgliederung vorstellen. Für die Teilnehmer ist es oft hilfreich, wenn die Grobgliederung während des gesamten Vortrages visualisiert wird *(z. B. auf einem Flipchart)*.
- In der Einleitung sind auch bestimmte Verfahrensfragen zu klären:
  - Können die Teilnehmer Fragen während des Vortrages stellen, oder sollen Fragen erst nach dem Vortrag gestellt werden? Oft ist es empfehlenswert, erst nach dem Vortrag eine Fragerunde zu starten, weil Zwischenfragen ablenken und den Präsentationsablauf stören.
  - Gibt es nach dem Vortrag eine Diskussionsrunde?
  - Informieren Sie die Teilnehmer darüber, ob sie nach dem Vortrag ein Handout erhalten oder ob sie selbst mitschreiben sollen.

2. Hauptteil

Nun gilt es, den Zuhörern die Thematik anschaulich zu vermitteln.

- Achten Sie auf eine zielgruppengerechte Darstellung.
- Auf die Zuhörer prasselt eine Vielzahl von Fakten ein, die sie sich kaum alle merken können. Besser in Erinnerung bleiben Sachverhalte, die in Beispielen – am besten aus dem Erfahrungshorizont der Teilnehmer – veranschaulicht werden.
- Behalten Sie den „roten Faden“ und verweisen Sie bei längeren Vorträgen auf die zu Beginn vorgestellte Grobgliederung.
- Nicht selten merken Sie während des Vortrages, dass Sie vergessen haben, einen Aspekt zu einem vorhergehenden Gliederungspunkt zu erläutern. Nur wenn dieser Aspekt für das Verständnis der folgenden Punkte von Bedeutung ist, sollten Sie zurückspringen und das Versäumte nachholen. Ansonsten führen Sie Ihre Präsentation einfach weiter – kaum ein Zuhörer wird merken, dass ein Detail fehlte. Fehlende Details können Sie zudem gegebenenfalls noch in einer anschließenden Diskussionsrunde einbringen.
- Achten Sie auf die Verständlichkeit Ihres Vortrages. Denken Sie daran: Sie haben sich lange mit der Thematik beschäftigt, die Zuhörer jedoch nicht.
- Zuhören ist anstrengend und erfordert eine hohe Konzentration. Überfordern Sie Ihre Zuhörer nicht und fassen Sie sich kurz.
- Es erhöht die Aufmerksamkeit der Teilnehmer, wenn sie sich aktiv an dem Geschehen beteiligen können. Dies kann z. B. durch gezielte Fragen an das Publikum oder durch ein Quiz geschehen.

3. Schluss

Der gelungene Abschluss eines Vortrages ist von großer Bedeutung, denn **„der letzte Eindruck bleibt"**.

- Kündigen Sie den Schluss an, um noch einmal die volle Aufmerksamkeit des Publikums zu erreichen.
- Die Schlussformulierungen sollten den Zuhörern noch einmal die Bedeutung des Themas verdeutlichen und sie zum Nachdenken bringen.

Beispiele:

– Beantwortung einer in der Einleitung gestellten Frage, die mit einem Appell verbunden sein kann: „Bitte beachten Sie stets alle gesetzlichen Regeln bei der Anlageberatung, denn nur dann sind Sie sicher vor Schadenersatzansprüchen Ihrer Kunden."

– Fazit: „Die komplexen gesetzlichen Regelungen zum Anlegerschutz führen in der Praxis dazu, dass den Kunden oftmals nur noch risikolose Standardprodukte angeboten werden."

- Danken Sie am Schluss den Zuhörern für ihre Aufmerksamkeit und geben Sie ihnen Zeit, Ihnen Beifall zu spenden.

1.1.7.2 Medieneinsatz und Visualisierung

Die Wirkung von Vorträgen lässt sich durch den Einsatz visueller Hilfsmittel erheblich verstärken.

Die **Visualisierung** von Kerninhalten des Vortrages soll

- den Teilnehmern die Orientierung erleichtern,
- die Aufmerksamkeit der Zuhörer erhöhen,
- komplexe Inhalte veranschaulichen,
- Wesentliches verdeutlichen,
- den Redeaufwand verkürzen sowie
- das Behalten fördern.

Für die Visualisierung kommen unterschiedliche Medien in Betracht:

- PC und Beamer *(z. B. PowerPoint)*
- Overheadprojektor
- Pinnwand, Flipchart

Die Standardmedien in der Praxis sind zwar PC und Beamer, jedoch haben auch Flipchart und Pinnwand spezifische Vorteile. So bietet sich das Flipchart z. B. für das Festhalten von der Gliederung des Vortrages und von Kernaussagen an, die Pinnwand ermöglicht durch das Anheften von Karten die Einbeziehung der Teilnehmer und das schrittweise Entwickeln von Ideen.

Der Einsatz von Medien soll die Wirkung des Vortrages erhöhen, nicht aber alle Aufmerksamkeit auf sich ziehen und somit von dem Vortragenden ablenken.

Grundregeln für die Gestaltung von Folien
• Achten Sie auf eine gute Lesbarkeit der Folien. Wählen Sie eine ausreichende Schriftgröße und gut sichtbare, kontrastreiche Farben. Prüfen Sie vorher die Lesbarkeit (auch in einigen Metern Abstand). • Verwenden Sie ein einheitliches Layout für alle Folien. Wählen Sie für alle Folien die gleiche Schriftart und Schriftgröße. • Überfrachten Sie die Folien nicht. Als Faustregel gilt, möglichst wenig Text auf einer Folie unterzubringen, denn die schriftliche Abfassung dient lediglich zur Unterstützung Ihres Vortrages. Verwenden Sie auf den Folien nur Stichworte. Ganze Sätze lenken die Zuhörer ab und sollten in der Regel nur bei Zitaten zum Einsatz kommen. • Werten Sie Ihren Vortrag durch bunte Farben sowie durch die Verwendung von Tabellen, Schaubildern bzw. Zeichnungen kreativ auf, denn dadurch wird die Aufmerksamkeit Ihrer Zuhörerschaft gesteigert. Setzen Sie aber auch diese Mittel nur sparsam ein. • Jede Folie braucht eine prägnante Überschrift. • Verwenden Sie für inhaltlich zusammengehörende Sachverhalte gleiche Farben und Formen. • Begrenzen Sie die Anzahl der Folien. Eine Präsentation mit „128 Folien“ ist zum Scheitern verurteilt. • Setzen Sie Ton- und Grafikeffekte äußerst sparsam ein. Ein Folienübergang mit Trommelwirbel und herbeifliegenden Grafikelementen wirkt schnell lächerlich. • Bei der Darstellung fremder Inhalte ist eine Quellenangabe erforderlich.

Folgende **Verhaltensregeln** sollten Sie beim Einsatz von Medien beachten:

- Lassen Sie den Teilnehmern beim Einblenden einer Folie genügend Zeit, damit sie die Inhalte erfassen können. Legen Sie eine Pause ein, bevor Sie mit den Erläuterungen beginnen.
- Sprechen Sie bei der Erläuterung der Folien nicht zur Wand, sondern schauen Sie ins Publikum. Um die Inhalte der Folie vor Augen zu haben, nutzen Sie den Bildschirm des Computers oder einen Ausdruck der Folien.
- Stehen Sie nicht im Bild.
- Nutzen Sie einen Laserpointer oder Zeigestock, um auf bestimmte Stellen einer Folie hinzuweisen.
- Vermeiden Sie bei gleichzeitiger Verwendung mehrerer Medien einen hektischen Wechsel zwischen diesen.

Nach dem Vortrag können Sie den ausgedruckten Foliensatz oder ein neu gestaltetes Handout mit den wichtigsten Informationen Ihres Vortrags an die Teilnehmer verteilen. Ein Aushändigen der Unterlagen schon vor der Präsentation lenkt die Zuhörer in der Regel zu sehr von dem Vortrag ab.

1.1.7.3 Verbales und nonverbales Verhalten

Das Lampenfieber vor einer Präsentation ist oft groß. Die Angst vor dem Versagen kann zu Verkrampfungen, im schlimmsten Fall zu einem Blackout führen. Auf dem Weg zum Rednerpodium haben viele das Gefühl, alles vergessen zu haben, was sie vorher mühelos herunterspulen konnten. Ein wirksames Mittel gegen Lampenfieber ist die richtige Atmung. Atmen Sie langsam ein und zählen Sie bis vier. Dann halten Sie die Luft kurz an und atmen aus.

In den **ersten Minuten** entscheidet sich, ob ein Vortrag gelingt oder nicht. Klären Sie im Vorfeld, ob es ein Rednerpult gibt und ob Sie ein Mikrofon nutzen wollen. Bei einer „freien“ Ortswahl suchen Sie sich einen Platz, von dem aus alle Zuhörer Sie gut sehen können. Treten Sie vor das Publikum und „verstecken“ Sie sich nicht hinter einem Pult oder sonstigem Mobiliar. Seien Sie sich bewusst, dass die Zuhörer Sie schon vor Ihrem ersten Satz aufmerksam mustern. Lernen

Sie die ersten zwei, drei Sätze Ihres Vortrages auswendig, dann fällt der Start leichter. Suchen Sie sofort den **Blickkontakt** zum Publikum, **lächeln** (Mimik) Sie dabei und setzen Sie Ihre **Gestik** ein.

Halten Sie den Blickkontakt während des gesamten Vortrages, wobei Sie darauf achten sollten, dass Sie alle Teilnehmer in den Blick nehmen und nicht zu sehr auf bestimmte Personen fixiert sind. Ein freundliches Lächeln von Zeit zu Zeit verschafft Ihnen einen Bonus und wirkt sich positiv auf die Stimmung im Saal aus. Die angewinkelten Hände in Bauchhöhe erlauben Ihnen, mit einer angemessenen, nicht übertriebenen Gestik Ihre Aussagen zu unterstützen. Achten Sie auf einen **festen Stand auf beiden Beinen** und auf eine insgesamt ruhige Haltung. Verstärken Sie Ihre Gestik, wenn Sie Aufmerksamkeit erzeugen wollen.

Versuchen Sie **frei zu sprechen**. Vermeiden Sie unbedingt ein wortwörtliches Vorlesen Ihrer Ausarbeitung. Nutzen Sie dafür **Karteikarten**, auf denen aber nur wenige Stichworte in großer Schrift verzeichnet sein sollten. Wenn Sie einen ausformulierten Text in den Händen halten, ist die Gefahr sehr groß, dass Sie anfangen, den Text abzulesen, und Sie sich dann nicht mehr davon lösen können. Zudem stehen Sie im „Rampenlicht“ und haben kaum Zeit, sich längere Textpassagen anzuschauen.

Die Karteikarten können Sie während des Vortrages in die Hand nehmen. Werfen Sie immer wieder einen kurzen Blick auf die Karten und schauen Sie dann wieder die Zuhörer an. Bei Zahlen, Zitaten oder der Erläuterung von Schaubildern ist selbstverständlich ein längerer Blick erlaubt. Bereiten Sie sich auf den Vortrag vor, indem Sie Ihre Notizen immer wieder laut lesen.

Sprechen Sie **laut** und **deutlich** und bilden Sie **kurze verständliche Sätze**. Eine einfache Sprache erleichtert das Verständnis. Seien Sie vorsichtig bei der Verwendung von **Fachbegriffen und Abkürzungen**. Wenn Sie nicht sicher sind, ob alle Teilnehmer die Bedeutung dieser Worte kennen, erklären Sie die Begriffe.

Variieren Sie das **Sprechtempo** und Ihre Stimmlage. Eine monotone Stimmlage lässt die Aufmerksamkeit des Publikums schnell erlahmen.

Setzen Sie gezielt **Pausen** ein. Pausen sind sinnvoll, um Aufmerksamkeit zu erzeugen oder um den Übergang zu einem neuen Gedanken zu unterstreichen. Was Ihnen vielleicht lang vorkommt, mag tatsächlich nur ein kurzer Moment sein.

Achten Sie auf **Reaktionen Ihrer Zuhörer**. Häufig verrät der Gesichtsausdruck der Zuhörer, ob sie den Vortrag verstehen.

Bei einem **Teamvortrag** übernimmt jedes Teammitglied einen bestimmten Teil der Präsentation. Zu Beginn des Vortrages sind den Zuhörern alle Referenten vorzustellen. Der Redner sollte bei der „Stabübergabe“ den nächsten Referenten und dessen Thema ankündigen. Eine gute Überleitung erleichtert den Zuhörern die Orientierung und stimmt sie auf den neuen Referenten ein.

Während des Vortrages können die anderen Teammitglieder dem Redner assistieren *(z. B. Karten anheften, Projektor einschalten usw.)*.

Diese häufig zu beobachtenden **Fehler** sollten Sie **vermeiden**:
- komplettes Ablesen des Manuskriptes
- fehlender Blickkontakt
- langweiliger Einstieg
- vorab kein Überblick über den Aufbau des Vortrages
- unerwarteter Schluss („Das war's.“)
- komplizierte Sprache
- überladene, schlecht lesbare Folien
- zu schnelles Sprechen, keine Pausen

1.1.7.4 Beobachtungsbogen „Präsentation“

Der Beobachtungsbogen erleichtert die kriterienorientierte Analyse eines Vortrages. Feedbackgeber sollten in der Ich-Form auch die positiven Aspekte hervorheben und nur konstruktive Kritik äußern.

▸ Beobachtungsbogen „Präsentation“

Aufbau und Medieneinsatz		
Kriterien	**Merkmale**	**Beobachtungen**
Einleitung	• Vorstellung der Gruppe • Motivierender Einstieg • Vorstellung des Themas und der Gliederung • Gliederung der Präsentation	
Hauptteil	• Stringenz („roter Faden“) • Verständlichkeit • Anschaulichkeit *(z. B. durch Beispiele)* • Richtigkeit • Zielgruppengerecht? – Einbeziehung der Teilnehmer	
Schluss	• Zusammenfassung der wichtigen Fakten • Schlusswort: Fazit, Appell usw.	
Visualisierung/ Medieneinsatz	• Erkennbarkeit/Lesbarkeit • Gestaltung der Folien • Zeit zum Erfassen der gezeigten Inhalte	
Gesamteindruck	• Informationsgehalt • Verständlichkeit	

Verbales und nonverbales Verhalten des Redners		
	Merkmale	**Beobachtungen**
Verbales Verhalten	• Vortragen des Textes (frei gesprochen/abgelesen)	
	• Verständlichkeit der Stimme • Lautstärke	
	• Sprechtempo • Variation der Stimmlage, Betonung • Pausen	
	• Füllwörter („äh“)	
	• Satzlänge	
	• Rhetorische Stilmittel (z. B. Übertreibung) • Fremd- und Fachwörtergebrauch	
Nonverbales Verhalten	• Standort zum Publikum • Körperhaltung (fester Stand/ruhige Haltung?)	
	• Umgang mit Karten bzw. Textvorlage	
	• Gestik	
	• Mimik (freundlicher und offener Gesichtsausdruck?) • Blickkontakt	
Gesamteindruck	• Souveränität • Kontakt zum Plenum	

1.1.8 Konfliktverhalten

Sie arbeiten im Team an einer gemeinsamen Aufgabenstellung. Ein Teammitglied verhält sich sehr zurückhaltend und desinteressiert und versäumt es schließlich, die ihm von der Gruppe übertragene Aufgabe fristgerecht zu bearbeiten. Das Team kann dadurch nicht effektiv weiterarbeiten und reagiert sehr verärgert.

Sicher haben auch Sie einen Konflikt in dieser oder ähnlicher Form schon erlebt. Das Wort Konflikt hat seinen Ursprung im lateinischen confligere = zusammenstoßen. Unterschiedliche Ziele und Interessen prallen aufeinander. Das wird häufig als störend und beängstigend empfunden. Konflikten will jeder am liebsten aus dem Wege gehen.

Konflikte bieten auch die Chancen:
- Sie zeigen Schwachstellen auf.
- Sie erzeugen Handlungsdruck.
- Sie führen zu notwendigen Veränderungen.
- Sie fördern die Kommunikation.

Karl Jaspers:
„Es ist immer besser, die härteste Wahrheit zu ertragen, als sie zu verschleiern und in Illusionen zu leben."

Häufig ist nicht der Konflikt selbst das Problem, sondern die mangelnde Konfliktfähigkeit der beteiligten Personen.

Ungelöste Konflikte und die damit verbundenen Spannungen verschlechtern das Betriebsklima, vermindern die Arbeitsleistung und können sogar gesundheitliche Probleme auslösen.

▸ Frühwarnsignale ernst nehmen

Ein konfliktträchtiges Verhalten von Kolleginnen und Kollegen ist an Frühwarnsignalen erkennbar. Beispiele für solche Signale gibt es ausreichend: Kontakt wird gemieden, am Arbeitsplatz wird viel geschwiegen, die Körpersprache ist ablehnend. Haben Sie Frühwarnsignale registriert, versuchen Sie, den Konflikt zu analysieren.
- Wer sind die Konfliktpartner?
- Welches sind die zentralen Konfliktpunkte?
- Wie kam es zu diesem Konflikt?

Roger Fisher:
„Der Schlüssel zu jedem Konflikt ist nicht die objektive Wahrheit, sondern das, was sich in den Köpfen der Beteiligten abspielt."

Ignorieren und „Beleidigtsein" lösen keine Streitigkeiten, sondern Grundvoraussetzung für eine konstruktive Lösung eines Konflikts ist ein sachliches und offenes Gespräch der Beteiligten. Eventuell sollte ein Vermittler (Mediator) eingeschaltet werden.

Strategie für Konfliktgespräche	
Win-win-Lösung	• Oft ist es möglich, eine Lösung zu finden, die für beide Parteien vorteilhaft ist. • Nutzen Sie Kreativitätstechniken *(z. B. Brainstorming)*, um nach gemeinsamen Lösungsansätzen zu suchen.
Kompromisslösung	• Überlegen Sie vorher, welche Punkte für Sie wichtig und welche weniger wichtig sind. • Nun kommt es auf das Verhandlungsgeschick der Parteien an, eine für beide Seiten akzeptable Lösung zu finden.

Strategie für Konfliktgespräche	
Durchsetzung der eigenen Interessen	• Manchmal ist weder eine Win-win-Lösung noch eine Kompromisslösung möglich. • In diesen Fällen kann es notwendig sein, den eigenen Standpunkt auch gegen den Widerstand des anderen durchzusetzen. • Dabei sollte man sich darüber im Klaren sein, dass die persönliche Beziehung dadurch erheblichen Schaden nehmen kann.
Nachgeben	• Bei überzeugenden Argumenten der Gegenseite sollten Sie nicht auf Ihrer Meinung beharren. • Wenn Sie im Streitfall auch mal nachgeben, schaffen Sie damit die Basis, dass Ihr Kontrahent in Zukunft auch zu Eingeständnissen und Kompromissen bereit ist.

Nicht jeder Gesprächspartner verfolgt eine kooperative Verhandlungsstrategie, sondern versucht, durch sogenannte „Killerphrasen" den anderen zu blockieren. Durch geeignete Gegenfragen kann das Gespräch wieder auf eine sachliche Ebene geführt werden.

Beispiele

„Killerphrasen"	Reaktionsmöglichkeiten
„Das kann ja wohl nicht Ihr Ernst sein."	„Was lässt Sie an der Ernsthaftigkeit meiner Argumente zweifeln?"
„Das ist nicht Ihre Sache."	„Wessen Sache ist es dann?"
„Alles nur Theorie. Das funktioniert sowieso nicht."	„Aus welchen Gründen kann das nicht funktionieren?"

▸ Als konfliktfähige Persönlichkeit

- wahren Sie Ihre Selbstachtung und die von Ihrem Gegenüber,
- analysieren Sie den Konflikt, indem Sie auf Distanz zu Ihren eigenen Gefühlen gehen,
- versetzen Sie sich in die Lage des anderen,
- können Sie Konfliktsituationen ertragen,
- werten Sie Kritik nicht als persönlichen Angriff,
- zeigen Sie berechenbare Reaktionen,
- entwickeln Sie konstruktive Vorschläge,
- zeigen Sie sich kompromissbereit, ohne die eigenen Ziele außer Acht zu lassen.

1.2 Beratungs- und Verkaufsgespräche

Das Beratungs- und Verkaufsgespräch ist eine **mehrdimensionale komplexe Kommunikationssituation**, die hohe Anforderungen an die **Fach- und Verhaltenskompetenz** des Beraters/der Beraterin stellt.

Die **Fachkompetenz** umfasst die Fähigkeit, den Kunden umfassend und individuell richtig zu beraten.

Die **Verhaltenskompetenz** umfasst die Fähigkeit zur kundenorientierten Kommunikation und zum Verkauf von Bankprodukten.

Dimensionen des Beratungs- und Verkaufsgespräches

Verhaltenskompetenz

- Gesprächsatmosphäre
- Gesprächsstruktur
- Sprachlicher Ausdruck
- Körpersprache

Fachkompetenz

- Sachanalyse der Kundenbedürfnisse
- Entwicklung von Problemlösungen
- Vollständigkeit der Produktinformationen
- Richtigkeit der Produktinformationen

Merkmale einer guten Beratung
Der Kunde wird **objektiv beraten**. Er wird über die Vor- und Nachteile der verschiedenen Produkte aufgeklärt.
Der Kunde wird **umfassend beraten**. Er erhält ausführliche Informationen über die Produktmerkmale.
Der Kunde wird **individuell beraten**. Grundlage der Beratung sind die Kundenwünsche, die Erfahrung des Kunden und seine finanziellen und persönlichen Verhältnisse.
Der Kunde wird **aktiv beraten**. Der Berater agiert und sucht den Kontakt zum Kunden, wenn sich zum Beispiel die Rahmenbedingungen beim Kunden ändern, Anlagebeträge frei werden oder neue Produkte eingeführt werden.

1.2.1 Fachliche Aspekte der Kundenberatung

Ausgehend von den persönlichen und **wirtschaftlichen Verhältnissen** des Kunden bietet der Berater Bank- und Versicherungsprodukte an, die auf die individuelle Situation des Kunden zugeschnitten sind.

Das Kreditinstitut ist verpflichtet, den Kunden über die Produkte **richtig und vollständig** zu unterrichten. Zu dieser Beratungs- und Aufklärungspflicht gehört, dass dem Kunden alle wesentlichen Informationen wahrheitsgemäß, sorgfältig und vollständig zu erteilen sind. Die empfohlenen Produkte sind auf ihre Seriosität, Bonität und etwaige Risiken hin zu überprüfen.

Bei Geldanlagen erhöhen sich die Aufklärungs- und Beratungspflichten mit dem Risiko der Anlageform. Bei Wertpapieranlagen sind zudem die Bestimmungen des Wertpapierhandelsgesetzes (§§ 31, 32 WpHG) zu beachten.

Beratung als Verknüpfung der Kunden- und Produktmerkmale

Kunde

Kundenmerkmale

- Anlagebetrag/Kreditbetrag
- Anlageziele/Motive
- Anlagehorizont/Laufzeit
- Risikobereitschaft/Renditeerwartung
- Wirtschaftliche Verhältnisse (Einkommen, Vermögen)
- Lebensalter und familiäre Situation
- Erfahrungen und Kenntnisse bei Geldanlagen

Verknüpfung

Bank- und Versicherungsprodukte

Versicherung | Zahlungsverkehr | Firmenkredit | Geldanlage | Ratenkredit | Baufinanzierung

Produktmerkmale

- Wesen der Produkte (z. B. Prinzip des Bausparens)
- Konditionen/Kosten
- Risiko (Gefahr, das eingesetzte Kapital teilweise oder ganz zu verlieren)
- Rentabilität (erwartete Verzinsung unter Berücksichtigung der Kosten und der steuerlichen Situation)
- Liquidität

Die **fachliche Kompetenz** des Beraters zeigt sich in der Fähigkeit,

- die Kundenmerkmale zu analysieren,
- die Kundenbedürfnisse zu erkennen,
- die Ausstattungsmerkmale aller infrage kommenden Produkte zu beurteilen und
- die für den Kunden **geeigneten Produkte** auszuwählen.

1.2.2 Verhaltensaspekte der Kundenberatung

1.2.2.1 Gesprächsverhalten des Beraters

▶ Gesprächsatmosphäre

Sogenannte **Gesprächsförderer** tragen dazu bei, eine angenehme und entspannte Gesprächsatmosphäre zu schaffen, die Voraussetzung für ein erfolgreiches Kundengespräch ist. Hierzu gehören:

- **Kunde geht vor**
  Dem Kunden ist das Gefühl zu vermitteln, dass er stets willkommen ist und Sie als Berater/Beraterin ein uneingeschränktes Interesse an ihm haben.

- **Richtiges Zuhören**
  Der Kunde möchte mit seinen Wünschen und Vorstellungen ernst genommen werden. Durch richtiges Zuhören können auch wichtige Ansatzpunkte für das Cross-Selling gewonnen werden.

- **Ich-Aussagen**
  Allgemeine Redewendungen *(„Man kann täglich vom Konto abheben", „Es ist empfehlenswert ...")* sollten Sie vermeiden und stattdessen sogenannte Ich-Aussagen verwenden *(„Sie können täglich über Ihr Guthaben verfügen.", „Ich empfehle Ihnen ...").*

- **Gesprächsumfeld**
  Wichtige Rahmenbedingungen eines Beratungs- und Verkaufsgesprächs sind:
  - räumliche Trennung vom Service-Bereich,
  - vollständige Unterlagen, um Unterbrechungen des Geprächs zu vermeiden,
  - wenig Störungen durch Telefon und Kollegen.

▸ Gesprächsstruktur

Der Ablauf eines guten Beratungsgespräches erfolgt zielgerichtet. Die Inhalte sind systematisch abzuhandeln. Dadurch erhöht sich die Verständlichkeit der oft komplexen Materie, und der Kunde behält die Orientierung.

Der Berater lenkt und leitet das Gespräch, er setzt Schwerpunkte und geht auf Fragen des Kunden ein, ohne dabei den roten Faden zu verlieren.

▸ Sprachlicher Ausdruck

- **Verständliche Sprache**
  Wichtiges Verständigungsmittel zwischen Berater und Kunde ist die Sprache. Ein „guter" Berater drückt sich klar aus, achtet auf eine angemessene Lautstärke, moduliert die Stimme, vermeidet das sogenannte „Bankchinesisch", verwendet positive Formulierungen *(„Die Konditionen sind gut"*, anstatt *„Die Konditionen sind gar nicht so schlecht")* und lässt dem Kunden Zeit zum Nachdenken und Nachfragen.

- **Aktives Zuhören**
  Der Kunde verlangt eine uneingeschränkte Aufmerksamkeit, die Sie durch sprachliche *(„Ja, das ist sehr interessant")* und durch nicht sprachliche Signale *(z. B. Blickkontakt, Kopfnicken)* äußern können.

▸ Körpersprache

Die **Körpersprache** ist von großer Bedeutung für den Erfolg eines Beratungsgespräches. Mimik und Gestik sollen Sympathien wecken und das Gesagte verstärken.

1.2.2.2 Phasen des Beratungs-/Verkaufsgesprächs

Der Ablauf des Beratungsgespräches lässt sich in einzelne Phasen gliedern. Die Gliederung der einzelnen Phasen erfolgt in der Praxis in unterschiedlicher Tiefe. Dabei ist der Gesprächsablauf jedoch stets gleich.

▸ Ablauf nach der KIV-Formel

Kontaktphase	Informations-phase	Verkaufsphase
• Begrüßung • Kontakt-aufnahme	• Bedarfsfragen • Analyse der Kundensituation	• Angebot der Produkte • Vertragsabschluss

▸ Ablauf nach der AIDA-Formel

Attention	Interest	Desire	Action
Atmosphäre schaffen	Analyse des Kundenbedarfs	Angebot der Produkte	Vertragsabschluss

▸ Ablauf nach der KAAPAV-Formel

Kontakt-phase	Analyse-phase	Angebots-phase	Prüfungs-phase	Abschluss-phase	Verstärker
Begrüßung und Kontaktaufnahme	Analyse des Kundenbedarfs	Angebot der Produkte	Prüfung der Einstellung des Kunden zum Produkt	Vertrags-abschluss	Bestätigung der Kunden-entscheidung

Es ist vorteilhaft, wenn der Berater die Gelegenheit hat, sich inhaltlich auf das Beratungsgespräch vorzubereiten. Deshalb ist schon bei der Terminvereinbarung das Anliegen des Kunden zu erfragen. Weitere Informationen sind aus den Kontounterlagen ersichtlich.

▸ Kontaktphase

Ziel der **Kontaktphase** ist es, eine **positive Gesprächsatmosphäre** zu schaffen. In der Kontaktphase finden statt

- die **Begrüßung** (vom Platz aufstehen und die Hand reichen, Kunden mit Namen ansprechen, Platz anbieten, nicht als Erster setzen),
- das Ansprechen eines **Kontaktthemas** („Smalltalk"),
- die **Überleitung** zum Kundenanliegen *(„Was kann ich heute für Sie tun?")*.

▸ Informations-/Analysephase

Ziel der **Analysephase** ist die **genaue Bedarfsermittlung** des Kunden. Die Bedarfsermittlung erstreckt sich auf zwei Bereiche: zum einen auf die Anlageziele des Kunden, zum anderen auf seine persönlichen Rahmenbedingungen (Angaben zur Person, Einkommens- und Vermögensverhältnisse).

Sogenannte **Bedarfsfragen** erleichtern die Kundenanalyse:

- **Mengenfrage**
  Beispiele:
  „Welchen Betrag möchten Sie anlegen?"
  „Wie viel können Sie monatlich zurückzahlen?"
- **Zeitfrage**
  Beispiele:
  „Wie lange möchten Sie das Geld anlegen?"
  „Wie lange benötigen Sie den Kredit?"
- **Grundlagenfrage**
  Beispiele:
  „Welche Anlagenformen nutzen Sie bereits?"
  „Ist Ihre Frau auch berufstätig?"
- **Wunschfrage**
  Beispiel:
  „Welche Vorstellungen haben Sie?"

Eine **Zusammenfassung** der vom Kunden geäußerten Kernaussagen am Ende der Analysephase beugt Fehlinterpretationen vor, bringt Struktur in das Gespräch und erleichtert dadurch später den Abschluss.

▶ Angebots-/Prüfungsphase

Ziel dieser Phase des Beratungs- und Verkaufsgespräches ist es, den Kunden von einem **bedarfsgerechten Angebot** zu überzeugen. Bei der Empfehlung eines Produktes ist auf eine kundenspezifische Erläuterung und Argumentation zu achten.

Bankprodukte sind komplex und abstrakt. **Verkaufshilfen** wie Prospekte, Grafiken, Beispielrechnungen, Computerausdrucke oder Gesprächsnotizen veranschaulichen die Produktmerkmale und stellen den Kundennutzen heraus. Der Einsatz von Verkaufshilfen ist bereits bei der Erläuterung des Angebotes und in der Abschlussphase sinnvoll. Durch Unterstreichungen, Hervorhebungen oder Ergänzungen können Sie die eingesetzten Verkaufshilfen „persönlich" und „werthaltig" machen.

Eventuelle Einwände des Kunden sind positiv aufzunehmen und zu klären.

▶ Abschlussphase/Verstärker

Ziel der Beratung ist der Vertragsabschluss. Nachdem das Produkt hinreichend erläutert wurde und der Kunde verstärkt Kaufsignale zeigt, ist der Geschäftsabschluss einzuleiten. Die Kaufsignale des Kunden können verbal (z. B. „Damit bin ich einverstanden.") oder nonverbal (z. B. Kopfnicken) erfolgen. Nach der Zustimmung des Kunden zum Vertragsschluss geht der Berater unverzüglich zu den Formalitäten (z. B. Ausfüllen des Vertragsformulars) des Geschäftes über.

Verstärker sollen den Kunden in der Endphase der Beratung und auch nach dem Abschluss in seiner Entscheidung „bestärken".

Beispiele

„Sie haben damit eine gute Entscheidung getroffen!"
„Jetzt steht Ihrem Autokauf nichts mehr im Wege."

Wiederholen Sie die entscheidenden Argumente noch einmal.

Durch **Cross-Selling** können weitere Beratungs- und Verkaufschancen genutzt werden. Der Kunde ist sich in der Regel nicht bewusst, welchen Bedarf nach weiteren Bankprodukten er hat. Der Bedarf ist dem Kunden durch aktives Ansprechen bewusst zu machen.

▸ Beispiele für Cross-Selling

Beratungssituation	Ansätze für Cross-Selling (Zusatzverkäufe)
Beratung über Reisezahlungsmittel	• Reisekrankenversicherung • Einbruch-/Diebstahlversicherung • Safe
Kontoeröffnung wegen eines Umzuges	• Freie Einkommensteile als Altersvorsorge oder Rücklage anlegen • Giro-/Sparkonto für die Kinder • Überprüfung der laufenden Versicherungen (Hausrat, Autoversicherung, Lebensversicherung)
Kontoeröffnung für einen Auszubildenden	• Anlage vermögenswirksamer Leistungen • Empfehlung regelmäßiger Sparleistungen
Finanzierung einer Wohnungseinrichtung	• Freie Einkommensteile ansparen (z. B. Altersvorsorge, Bausparvertrag) • Überprüfen und Anpassen der Hausratversicherung
Finanzierung eines Pkw-Kaufs	• Kfz-Versicherung • Freie Einkommensteile ansparen (z. B. Altersvorsorge, Bausparvertrag)
Kauf einer Eigentumswohnung zur Kapitalanlage	• Abschluss eines Bausparvertrages • Evtl. Abschluss einer Lebensversicherung • Eigene Immobilienvermittlung anbieten • Versicherungen rund um die Immobilie

1.2.2.3 Umgang mit Kundeneinwänden

In Beratungs- und Verkaufsgesprächen ist es normal und verständlich, dass ein Kunde **Einwände** gegen die vom Berater empfohlenen Produkte erhebt. Ein Einwand kann sogar ein positives Signal sein, da der Kunde sein Interesse an dem Produkt zeigt. Er stellt zwar kritische Fragen, äußert Bedenken zum Produkt und formuliert Gegenargumente, ist aber nicht grundsätzlich einem Geschäftsabschluss gegenüber abgeneigt.

Einwände stellen aus Sicht des Beraters eine wichtige Signalfunktion dar. Sie zeigen, dass der Kunde noch unsicher und nicht vollständig überzeugt von dem Produkt ist. Einwände sind für den Kunden ein Mittel, um weitere Informationen und Argumente zu erhalten. Zudem gewinnt er Zeit für die Entscheidungsfindung.

Beispiele

„Ich bin mir nicht sicher, ob ein Bausparvertrag für mich das Richtige ist."
„Die Guthabenzinsen sind mit 0,10 % doch sehr niedrig."

Von einem **Einwand** ist der **Vorwand** zu unterscheiden. Bei einem Vorwand hat sich der Kunde schon gegen den Abschluss des Geschäftes entschieden, scheut sich aber, dies klar mit einem „Nein" zum Ausdruck zu bringen. Mit einem Vorwand möchte er die Gesprächssituation mehr oder weniger höflich beenden. Der Berater hat keine Chance auf einen Geschäftsabschluss und sollte den Kunden höflich verabschieden, um vielleicht bei einem anderen Anlass erfolgreich zu sein.

Beispiele

„Von Bausparverträgen hat mir ein Freund, der sich sehr gut in Finanzen auskennt, abgeraten."
„Die Guthabenzinsen von 0,1 % sind mir zu niedrig."

Ob es sich um einen Einwand oder um einen Vorwand handelt, ist in der Praxis oft schwer zu erkennen. Es kommt im Einzelfall immer auf die konkrete Gesprächssituation an, in der auch die Beziehung zwischen Kunde und Berater sowie nonverbale Signale (Gestik, Mimik) eine wichtige Rolle spielen. Ein Berater darf eine Aussage nie isoliert für sich betrachten. Er muss sie in einen Kontext einbetten. Dabei helfen Kenntnisse aus Kommunikationsmodellen.

Beispiel

Aussage des Kunden: „Ich habe keine Zeit."
Nach dem Kommunikationsmodell von Schulz von Thun kann diese Aussage auf den verschiedenen Kommunikationsebenen eine unterschiedliche Bedeutung haben. Mit der Sachaussage „Ich habe keine Zeit." kann der Kunde nämlich auf den Ebenen Selbstaussage, Beziehungsebene und Appell eine ganz andere Botschaft übermitteln.

Kommunikationsebenen	Beispiel zur Botschaft	Einwand/Vorwand
Sachebene	„Ich habe keine Zeit."	Einwand
Selbstaussage	„Ich brauche das Produkt nicht."	Vorwand
	„Ich bin im Stress."	Einwand
Beziehungsebene	„Immer versuchen Sie, mir unnütze Dinge anzudrehen."	Vorwand
Appell	„Lassen Sie mich in Ruhe!"	Vorwand
	„Machen Sie bitte einen neuen Terminvorschlag."	Einwand

Um zu klären, was der Kunde mit der Aussage eigentlich zum Ausdruck bringen will, helfen Nachfragen. Wenn der Kunde zum Beispiel auf die Frage nach einem Terminvorschlag abweisend reagiert, ist die Botschaft klar: Es handelt sich um einen Vorwand und der Kunde möchte das Geschäft nicht tätigen.

Handelt es sich um einen Einwand, wird der Kunde auf Terminvorschläge positiv reagieren.

Einwände können ihre Ursache auf der **Sachebene** oder auf der **Beziehungsebene** haben.

Einwände auf der Sachebene	**Einwände zur Situation:** Der Kunde • hat gerade keine Zeit für ein Beratungsgespräch. • benötigt Zeit, um die Empfehlungen zu überdenken. • ist gerade mit anderen Dingen beschäftigt, die für ihn wichtiger sind, und möchte sich deshalb in der nächsten Zeit nicht mit Finanzprodukten beschäftigen. **Einwände zum Produkt:** Der Kunde • versteht das Produkt nicht. • wünscht sich weitere Informationen. • kann den Nutzen des Produktes nicht einschätzen. • sieht zurzeit keinen Bedarf. • empfindet die Kosten als zu hoch. • hat Angst vor den Risiken.
Einwände auf der Beziehungsebene	Der Kunde • hat kein Vertrauen zum Berater und zum Kreditinstitut. • fühlt sich nicht ernst genommen. • hält den Berater für inkompetent. • fühlt sich überrumpelt. • fühlt sich unter Druck gesetzt.

Bei Einwänden auf der Sachebene lassen sich in der Regel „einfache“ Lösungen finden.

Beispiele

- Vereinbarung eines neuen Termins, wenn der Kunde gerade keine Zeit hat
- dem Kunden Unterlagen mitgeben und Zeit einräumen, damit er sich in Ruhe entscheiden kann
- dem Kunden weitere Erläuterungen geben, wenn er das Produkt nicht versteht
- dem Kunden Risiken verdeutlichen und auf Wunsch risikoärmere Produkte anbieten

Schwieriger ist der Umgang mit Einwänden, die ihren Ursprung auf der Beziehungsebene haben. Durch höfliche Nachfragen kann der Berater versuchen, die Gründe zu ermitteln.

Beispiel

„Sie scheinen von dem Produkt nicht viel zu halten. Darf ich Sie fragen, ob es dafür besondere Gründe gibt?“

Störungen auf der Beziehungsebene lassen sich nur längerfristig überwinden. Es gilt die Lebensweisheit:

Merksatz

Vertrauen aufzubauen, dauert oft lange; es zu zerstören, geht ganz schnell.

Atmosphärische Störungen auf der Beziehungsebene anzusprechen ist schwierig, aber notwendig, um zum Beispiel Missverständnisse auszuräumen und bestimmte Handlungen zu erklären. Dabei gilt es, immer respektvoll und wertschätzend mit dem Kunden umzugehen und auch das eigene Verhalten kritisch zu reflektieren.

Beispiele

- Bei fehlendem Vertrauen ermuntern Sie den Kunden, sich zunächst weitere Informationen im Internet zu beschaffen oder weitere Angebote von Mitwettbewerbern einzuholen. Vertrauensbildend ist auch, wenn Sie die Nachteile und Kosten des Produkts deutlich formulieren.
- Fühlt ein Kunde sich unter Druck gesetzt, drängen Sie ihn nicht zum Abschluss, sondern zeigen Sie Verständnis und versorgen ihn zunächst nur mit Informationsmaterial.

Zur Entkräftung von Einwänden gibt es besondere Gesprächstechniken.

Gesprächstechniken zur Entkräftung von Einwänden	
Einwandvorwegnahme	Der Berater spricht von sich aus mögliche Einwände des Kunden an, um sie dann sogleich wieder zu entkräften. Er signalisiert damit, dass er sich in die Situation des Kunden hineinversetzen kann und im Interesse des Kunden auch mögliche Nachteile geprüft hat. **Beispiel:** „Sie haben sicherlich bemerkt, dass die Verzinsung des Bausparguthabens sehr niedrig ist. Dies hat aber einen Grund: Die niedrige Verzinsung des Guthabens ist verbunden mit einem äußerst günstigen Sollzins bei dem späteren Bauspardarlehen. Unter dem Strich profitieren Sie von dieser Konditionengestaltung.“
Einwandumkehr	Dem Einwand des Kunden wird ein positiver Aspekt gegenübergestellt, der den negativen Aspekt überwiegt. **Beispiel:** Kunde: „Die Laufzeit der Anleihe ist mit zehn Jahren aber sehr lang.“ Berater: „Ja, da haben Sie recht. Aber weil die Laufzeit der Anleihe so lang ist, erhalten Sie den hohen Zins von 3,00 %. Bei kürzeren Laufzeiten sind die Zinsen erheblich niedriger.“

Gesprächstechniken zur Entkräftung von Einwänden	
Relativierung	Finanzprodukte sind mit Kosten für den Kunden verbunden. Diese Kosten muss der Berater transparent darstellen. Einwände gegen Kosten lassen sich oft durch eine Relativierung entkräften. **Beispiel:** Kunde: „Der Ausgabeaufschlag von 5 % ist bei diesem Fonds aber sehr hoch." Berater: „Sie möchten Ihr Geld langfristig für circa zehn Jahre in einem Aktienfonds anlegen. Der Ausgabeaufschlag fällt aber nur einmalig an. Umgerechnet sind das nur 0,5 % pro Jahr. Zudem können Sie die Anteile jederzeit kostenfrei an die Investmentgesellschaft wieder zurückgeben. Bei anderen Wertpapieren zahlen Sie Provisionen und Börsenkosten."
Plus-Minus-Technik	Bei der Plus-Minus-Technik werden die Vorteile (Plus) und Nachteile (Minus) verglichen, mit dem Ergebnis, dass die Vorteile überwiegen. **Beispiel:** Kunde: „Die goldene Kreditkarte ist aber sehr viel teurer als eine normale Kreditkarte." Berater: „Sie müssen aber bedenken, dass Sie bei der Gold-Card viele Versicherungsleistungen, wie z. B. Auslandsreise-Krankenversicherung und Reiserücktrittskosten-Versicherung, erhalten, die bei einem getrennten Erwerb höhere Kosten verursachen würden."

Nicht immer gelingt es, die Einwände des Kunden zu entkräften und einen Vertragsabschluss zu bewirken. Die Entscheidung des Kunden ist zu respektieren.

Auch ein für den Berater negativer Ausgang des Gesprächs kann dazu beitragen, das Vertrauen und die Loyalität des Kunden auf längere Sicht zu erhöhen. Gelingt es dem Berater, das Gespräch angemessen zu beenden, obwohl der Kunde keinen Auftrag erteilt, kann durch das angemessene Verhalten des Beraters bei einer auf Dauer angelegten Kundenbeziehung ein Grundstein für spätere Geschäfte gelegt worden sein.

1.2.2.4 Beobachtungsbogen „Beratungs- und Verkaufsgespräch"

▸ Verhaltenskompetenz

Kriterien	Merkmale	Beobachtung
I. Gesprächsverhalten des Beraters (in allen Phasen des Gespräches)		
Gesprächsatmosphäre	• spricht Kunden mit Namen an • hört konzentriert zu und lässt Kunden ausreden • zeigt Einfühlungsvermögen und Verständnis für den Kunden	
Gesprächsstruktur	• baut das Gespräch zielgerichtet auf (Kontakt-, Informations-, Verkaufsphase) • springt nicht zwischen Themen (behält den roten Faden) • verliert sich nicht in Details/setzt Schwerpunkte • geht auf Fragen des Kunden ein	

Kriterien	Merkmale	Beobachtung
Sprachlicher Ausdruck	• drückt sich klar und verständlich aus • achtet auf eine angemessene Lautstärke • variiert/moduliert die Stimme • lässt Pausen, um dem Kunden Zeit zum Nachdenken und Nachfragen zu geben • spricht kein „Bankchinesisch“, es sei denn, der Kunde beherrscht die Fachsprache	
Körpersprache	• beständiger, aber unaufdringlicher Blickkontakt • freundlicher Gesichtsausdruck • dem Kunden zugewandt • unterstützende Mimik und Gestik • wirkt sicher und ruhig	
II. Verlauf des Beratungs-/Verkaufsgespräches		
Kontaktphase	• steht auf und begrüßt den Kunden • stellt sich mit Namen vor • ist freundlich und zeigt Interesse für den Kunden • spricht ein Kontaktthema an (z. B. aus dem Lebens- oder Geschäftsbereich des Kunden)	
Informations-/ Analysephase	• keine überhastete Suche nach Lösungen • stellt offene Fragen zum Anliegen des Kunden • stellt ergänzende Fragen zur Kundensituation • erkennt den Bedarf nach Zusatzinformationen und sammelt weitere Informationen • kann sich in die Situation des Kunden einfühlen (hat einen Blick für das Wesentliche, nimmt Einwände auf, erkennt die Bedürfnisse des Kunden)	
Angebots-/ Prüfungsphase	• bietet sachgerechte Problemlösungen an • setzt Informationsmaterial angemessen ein • argumentiert zielgerichtet, sachlich und verständlich • Argumentationsstrukturen sind erkennbar • nutzt Argumentationstechniken • stellt den Kundennutzen deutlich heraus • geht auf die Einwände des Kunden ein • bleibt auch bei aggressiven Einwänden ruhig • erläutert und begründet Konditionen und vertragliche Pflichten • setzt Verkaufshilfen zielgerichtet ein	

Kriterien	Merkmale	Beobachtung
Abschlussphase/ Verstärker	• lenkt das Gespräch durch enger werdende Fragen • reagiert auf Kaufsignale • fasst das Wesentliche des Angebotes noch einmal zusammen • bestärkt den Kunden in seiner Entscheidung • geht nach der Entscheidung des Kunden direkt zu den einzelnen Formalitäten des Geschäfts über (z. B. Ausfüllen des Vertragsformulars) • erkennt/nutzt weitere Beratungs- und Verkaufs-chancen (Cross-Selling)	

▸ Fachkompetenz

Kriterien	Merkmale	Beobachtung
Vollständigkeit und Richtigkeit	• erkennt die Kundenbedürfnisse • entwickelt ausgehend von den Kundenbedürfnissen sachgerechte Problemlösungen • erläutert umfassend die Merkmale, Risiken und Konditionen der Problemlösungen/Bankprodukte • erläutert sachlich richtig die Problemlösungen/ Produkte	

1.3 Grundlagen zur schriftlichen und zur elektronischen Kommunikation

Die Kommunikation mit Kunden, Mitarbeitern und anderen Banken findet mündlich und in Textform statt. Zur Kommunikation in Textform gehören Geschäftsbriefe und elektronische Kommunikationsmittel *(z. B. E-Mail)*.

Bei der Kommunikation mit Abwesenden ist zunächst die Frage zu klären, welches Kommunikationsmittel in Abhängigkeit vom Anlass jeweils am besten geeignet ist:
- Telefonat, Videotelefonat
- E-Mail
- Geschäftsbrief

Eignung der Kommunikationsmittel	
Telefon	**Vorteile** • Bei eilbedürftigen Angelegenheiten erhält der Anrufer sofort eine Antwort auf seine Fragen oder kann unmittelbar bestimmte Handlungen veranlassen. • In einem Gespräch sind Nachfragen, Erklärungen und Absprachen möglich. • Der persönliche Kontakt wirkt oft überzeugender als das geschriebene Wort. • Vertrauliche Angelegenheiten sind besser in einem persönlichen Gespräch zu klären. **Nachteile** • Der Angerufene fühlt sich gestört oder hat keine Zeit für das Telefonat. Es empfiehlt sich deshalb zu Beginn des Gesprächs danach zu fragen, ob der Angerufene Zeit hat oder ob ein späterer Zeitpunkt für das Telefonat günstiger ist. • Das gesprochene Wort ist „flüchtig". Es kommt häufig vor, dass die Beteiligten die Inhalte unterschiedlich interpretieren. Absprachen sollen deshalb später noch einmal schriftlich festgehalten werden *(z. B. Bestätigungs-E-Mail)*.
E-Mail	**Vorteile** • E-Mails sind schnell geschrieben und mit einem Klick versandt. Die formellen Anforderungen einer E-Mail an Kolleginnen und Kollegen sind eher niedrig. • Der Empfänger kann die Mails bearbeiten, wenn er dazu Zeit hat. E-Mail-Programme erleichtern ihm die Übersicht durch Sortierungen und Bearbeitungsvermerke. • Durch die Archivierung von E-Mails lassen sich jederzeit der Inhalt der Nachricht und der Versand beweisen; bei einer Lesebestätigung auch der Empfang. • E-Mails übermitteln Inhalte in Textform und erfüllen damit eine gesetzliche Formvorschrift bei bestimmten Rechtshandlungen *(z. B. Vorvertragliche Informationspflichten bei Verbraucherdarlehen)*. • Unterlagen können als Anhänge einer E-Mail beigefügt werden. **Nachteile** • Der laufende Eingang von E-Mails unterbricht den Arbeitsfluss und führt zu Ablenkungen, Störungen und Stress. Für die Bearbeitung von E-Mails sollte der Mitarbeiter feste Zeiten einplanen. • Viele Mitarbeiter klagen über eine Flut von unnötigen E-Mails. Kopien (CC) sollten nur an Personen gesandt werden, die diese Informationen tatsächlich benötigen. • Viele E-Mails werden von den Empfängern, insbesondere von Kunden, nicht gelesen oder landen im Spam-Ordner. • Vertrauliche Inhalte und persönliche Angelegenheiten können leicht öffentlich werden und zu erheblichen Verstimmungen im Kollegenkreis führen. E-Mails lassen sich leicht durch einen Klick weiterleiten oder durch „Allen antworten" an viele Empfänger schicken.

Eignung der Kommunikationsmittel	
Geschäftsbrief	**Vorteile** • Ein Brief wirkt auf den Empfänger oftmals bedeutsamer und erzeugt mehr Aufmerksamkeit als eine E-Mail, insbesondere wenn er vom Versender persönlich unterschrieben wurde. • Mit der Unterschrift kann der Absender rechtswirksame Willenserklärungen abgeben, die der Schriftform bedürfen *(z. B. Kündigung)*. • Briefe sind nicht so „flüchtig" wie E-Mails, die einfach wegzuklicken sind. • Die Versandform „Einschreiben" bietet dem Versender eine Möglichkeit zur Dokumentierung des Zustellungsvorgangs. **Nachteile** • Die Erstellung von Briefen ist aufwendiger als bei E-Mails. • Es fallen Portokosten an. • Die „Klimabilanz" von Briefen ist negativ gegenüber E-Mails. Papier, Druck und Versand verursachen eine höhere Umweltbelastung.

Bei der Verfassung von Texten sind bei **allen** Kommunikationsformen **Fehler in der Rechtschreibung, Grammatik und Zeichensetzung** zu **vermeiden**. Fehler in der geschäftlichen Korrespondenz wirken unprofessionell. Elektronische Korrekturhilfen und das Korrekturlesen von Kolleginnen und Kollegen helfen Fehler zu vermeiden.

1.3.1 Gestaltung von Geschäftsbriefen

▶ Gestaltung von Geschäftsbriefen

Bei der Erstellung von Geschäftsbriefen sind
- gesetzliche Pflichtangaben zu beachten,
- die Formvorschriften nach DIN 5008 einzuhalten,
- sachliche und verständliche Formulierungen zu wählen und
- Rechtschreib-, Grammatik- und Kommafehler zu vermeiden.

▶ Gesetzliche Pflichtangaben

Gesetzliche Pflichtangaben sind in den verschiedenen Gesetzen zu den einzelnen Rechtsformen der Unternehmen geregelt. Geschäftsbriefe von Aktiengesellschaften beispielsweise müssen folgende Angaben enthalten *(§ 80 AktG)*:
- Firma und Sitz der Gesellschaft
- Registergericht und Nummer der Handelsregistereintragung
- Namen aller Vorstandsmitglieder
- Name des Aufsichtsratsvorsitzenden

▶ Formvorschriften nach DIN 5008

In der DIN 5008 sind Schreib- und Gestaltungsregeln für Geschäftsbriefe festgelegt. Hinsichtlich der äußeren Form eines Geschäftsbriefes gibt es zwei Varianten, die jeweils auf das Papierformat DIN A4 abgestellt sind:
- Form A mit hochgestelltem Anschriftenfeld.
- Form B mit tiefgestelltem Anschriftenfeld.

Beispiel

Geschäftsbrief Form B

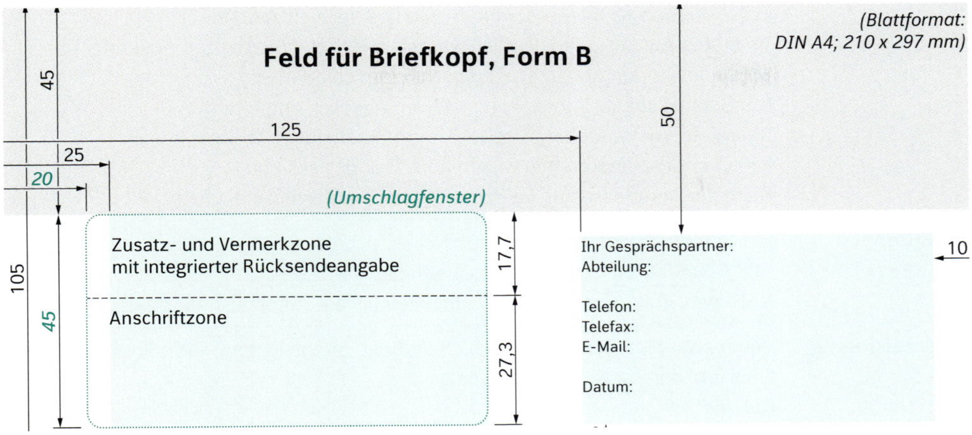

In der Praxis erleichtern Formatvorlagen die Gestaltung von Briefen, da hier schon die Schriftart sowie die Felder für die einzelnen Inhalte vorgegeben und die Pflichtangaben bereits eingetragen sind. Als Schriftgröße empfiehlt sich 11 oder 12 Punkt.

Vorschriften zum Aufbau und zur Gestaltung	
Anschrift	Bei Geschäftsbriefen an Unternehmen ist zunächst die Firma zu nennen und dann ggf. der Name des Sachbearbeiters. **Beispiel:** AMT Metallbau GmbH Herrn Tim Schwarz oder z. Hd. Herrn Tim Schwarz Hamburger Str. 24 (z. Hd.: zu Händen) 50278 Köln Da der Brief an die Metallbau GmbH gerichtet ist, darf auch ein anderer Mitarbeiter des Unternehmens den Brief öffnen und bearbeiten *(z. B. wenn Herr Schwarz gerade Urlaub hat).* Die Anrede lautet Herrn Tim Schwarz, nicht Herr Tim Schwarz.
Betreff	Der Betreff verdeutlicht dem Empfänger in wenigen Worten, worum es in dem Schreiben geht. Der Betreff kann in Fettschrift hervorgehoben werden. Nach dem Betreff sind zwei Leerzeilen bis zur Anrede einzufügen.
Anrede	Wenn der Empfänger nicht namentlich bekannt ist, lautet die Anrede: „Sehr geehrte Damen und Herren“ Richtet sich das Schreiben an einen im Anschriftenfeld genannten Empfänger, ist der Name in der Anrede zu nennen. „Sehr geehrter Herr Schwarz“ Nach der Anrede ist eine Leerzeile bis zum Text einzufügen.

Vorschriften zum Aufbau und zur Gestaltung	
Text	Der Text sollte eine klare Struktur aufweisen und ist in Absätzen zu gliedern. Zwischen den Absätzen ist immer eine Leerzeile einzufügen. Im ersten Absatz sollte deutlich werden, welches Anliegen der Absender hat. In den folgenden Absätzen ist das Anliegen zu erläutern. Der Schlussabsatz kann einen positiven Ausblick enthalten. **Beispiel:** „Wir würden uns freuen, wenn Ihnen unser Angebot zusagt." Fehler in Geschäftsbriefen wirken höchst unprofessionell. Nach der Anrede ist eine Leerzeile bis zur Grußformel einzufügen.
Grußformel	Die Standardgrußformeln lauten: „Mit freundlichen Grüßen" oder „Freundliche Grüße" Nach der Grußformel sind drei Leerzeilen bis zur Unterzeichnung einzufügen.
Unterzeichnung	Wenn zwei Mitarbeiter einen Geschäftsbrief unterzeichnen, steht der Ranghöhere links und der Rangniedrigere rechts. **Beispiel:** Ben Plasberg (Geschäftsstellenleiter) Silke Schröder (Kundenberaterin) Prokuristen unterzeichnen mit dem Zusatz ppa., Handlungsbevollmächtigte mit dem Zusatz i. V. Nach der Unterzeichnung ist eine Leerzeile bis zu Anlagen einzufügen.
Anlagen	Im Text sollte ein Hinweis auf die beigefügten Anlagen erfolgen. **Beispiel:** „Weitere Informationen können Sie der beigefügten Broschüre entnehmen." Das Wort „Anlagen" kann in Fettschrift geschrieben werden. Darunter sind die Anlagen aufzuführen.

Vorschriften zur Schreibweise	
Abkürzungen	Abkürzungen, die im vollen Wortlaut gesprochen werden, erhalten in der Regel einen Punkt. **Beispiele:** Mio., Mrd., z. B., i. V., Tel. Abkürzungen von zwei Wörtern (z. B.) sind durch ein Leerzeichen zu trennen. Abkürzungen, die in Buchstaben gesprochen werden, haben keinen Punkt. **Beispiele:** BGB, GmbH, USD, DIN 5008
Währungsbezeichnungen	Währungsbezeichnungen stehen in der Regel hinter dem Betrag. Nach dem ISO-Code sind Währungen in drei Buchstaben definiert. **Beispiele:** 478,40 EUR, 520,90 USD, 890,00 GBP Zwischen Betrag und Währungsbezeichnung gehört ein Leerzeichen.
Telefonnummern	Nach der Vorwahl ist ein Leerzeichen einzufügen, vor einer Durchwahl ein Bindestrich. **Beispiele:** ohne Durchwahl: Tel. 0221 478565 mit Durchwahl: Tel. 0654 78654-178
Postfach	Die Postfachnummer wird in Zweierblöcken von rechts mit Leerzeichen getrennt. **Beispiele:** Postfach 4 78 89; 67 80 24

Vorschriften zur Schreibweise	
Datum	Nummerische Schreibweise: Tag, Monat, Jahr oder auch umgekehrt **Beispiele:** 05.09.2021 oder 2021-09-05 Alphanumerische Schreibweise: **Beispiele:** 5. Sept. 2021
Uhrzeiten	Uhrzeiten mit Doppelpunkt und jeweils zwei Stellen für Stunden und Minuten **Beispiele:** 09:45 Uhr, 15:30 Uhr
Bankdaten	BLZ: Dreierblöcke von links. **Beispiel:** 412 614 94 IBAN: Viererblöcke von links. **Beispiel:** DE54 3705 0198 0002 6582 68 Konto-Nr.: durchgehend. **Beispiele:** 2658268

Beispiel: Geschäftsbrief

Regio-Bank

Regio-Bank AG, Sonnenmannstraße 99, 60314 Frankfurt am Main
Frau
Sabine Weinheim
Dieburger Straße 56
64257 Darmstadt

Geschäftsstelle: Brüggener Str. 1, 50969 Köln

Ansprechpartner: Silke Schröder
E-Mail: s.schroeder@regio-bank-wvb.de
Telefon: 0221 56612-123

Datum: 10.06.20..

Freistellungsauftrag

Sehr geehrter Herr Becker,

wir haben festgestellt, dass Sie uns bisher keinen Freistellungsauftrag erteilt haben. Bei Ihren Kapitalerträgen haben wir deshalb 25 % Kapitalertragssteuer zuzüglich 5,5 % Solidaritätszuschlag einbehalten und an das Finanzamt abgeführt. Sie können den Steuerabzug jedoch vermeiden, wenn Sie uns einen Freistellungsauftrag erteilen.

Die Erteilung eines Freistellungsauftrages ist bei Alleinstehenden bis zu einem Höchtbetrag von 801,00 EUR möglich. Freistellungsaufträge gelten immer für ein Kalenderjahr und verlängern sich automatisch, wenn Sie uns keine andere Weisung erteilen. Sie können den Freistellungsauftrag auch rückwirkend zum 1. Januar dieses Jahres erteilen. Wir würden Ihnen dann die in diesem Jahr bereits abgeführten Steuern erstatten. Weitere Informationen können Sie der beigefügten Broschüre entnehmen.

Gerne würden wir mit Ihnen weitere Einzelheiten in einem persönlichen Gespräch klären. Bitte kontaktieren Sie Ihre Kundenberaterin Frau Schröder zu einer Terminvereinbarung.

Freundliche Grüße

Regio-Bank AG

Ben Plasberg Silke Schröder

Anlage
Broschüre zum Freistellungsauftrag

Regio-Bank AG
Sonnenmannstraße 99
60314 Frankfurt am Main
Amtsgericht Frankfurt am Main, HRB 32499

Telefon: 069 900-0
Telefax: 069 900-99
www.regio-bank-wvb.de
info@regio-bank-wvb.de

Vorstand: Dr. Thomas Müller (Vorsitzender), Henning Köhler, Paul Lehmann, Dr. Claudia Ohlig, Martin Peters, Lea Schneider
Aufsichtsratsvorsitzender: Dr. Ulrich Kobusch
USt-Id-Nr.: 013 123 45678

1.3.2 Gestaltung von E-Mails

Auch bei der Erstellung von E-Mails gelten die Vorschriften der DIN 5008, sofern es sich nicht um unternehmensinterne E-Mails handelt. Außerdem sind
- gesetzliche Pflichtangaben des Absenders zu beachten,
- sachliche und verständliche Formulierungen zu wählen und
- Rechtschreib-, Grammatik- und Kommafehler zu vermeiden.

Beispiel: E-Mail

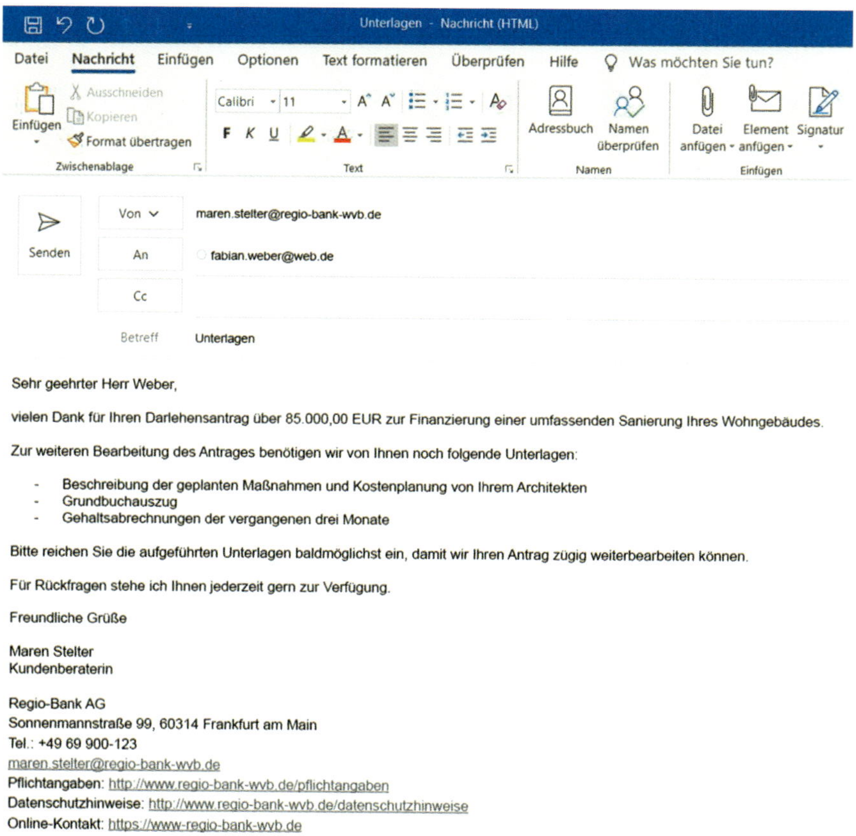

maren.stelter@regio-bank-wvb.de

fabian.weber@web.de

Unterlagen

Sehr geehrter Herr Weber,

vielen Dank für Ihren Darlehensantrag über 85.000,00 EUR zur Finanzierung einer umfassenden Sanierung Ihres Wohngebäudes.

Zur weiteren Bearbeitung des Antrages benötigen wir von Ihnen noch folgende Unterlagen:

- Beschreibung der geplanten Maßnahmen und Kostenplanung von Ihrem Architekten
- Grundbuchauszug
- Gehaltsabrechnungen der vergangenen drei Monate

Bitte reichen Sie die aufgeführten Unterlagen baldmöglichst ein, damit wir Ihren Antrag zügig weiterbearbeiten können.

Für Rückfragen stehe ich Ihnen jederzeit gern zur Verfügung.

Freundliche Grüße

Maren Stelter
Kundenberaterin

Regio-Bank AG
Sonnenmannstraße 99, 60314 Frankfurt am Main
Tel.: +49 69 900-123
maren.stelter@regio-bank-wvb.de
Pflichtangaben: http://www.regio-bank-wvb.de/pflichtangaben
Datenschutzhinweise: http://www.regio-bank-wvb.de/datenschutzhinweise
Online-Kontakt: https://www-regio-bank-wvb.de

In der Praxis erleichtern Formatvorlagen die Gestaltung von E-Mails, da hier schon die Schriftart vorgegeben ist und die Pflichtangaben bereits eingetragen sind.

Für längere Texte sind E-Mails eher nicht geeignet. Zusatzinformationen und ausführliche Beschreibungen können jedoch als Anhänge beigefügt werden.

E-Mails sind schnell geschrieben und mit einem Klick versandt. Danach ist es zu spät: Unbedachte Äußerungen und Fehler können nicht mehr zurückgenommen bzw. korrigiert werden. Deshalb sollten E-Mails vor dem Versand noch einmal gründlich gelesen und überdacht werden. Es ist auch prüfen, ob der richtige Empfänger genannt ist. Ein Klick auf eine falsche E-Mail-Adresse im Adressverzeichnis kann zu schlimmen Folgen führen.

Gestaltung von E-Mails	
Empfänger	Die E-Mail kann an einen oder an mehrere Empfänger („An-Feld“) versandt werden. Mehrere E-Mail-Adressen sind in der Regel durch ein Semikolon zu trennen. Zudem können Kopien an Dritte versandt werden. • Kopie (Cc / Carbon Copy): Person/en, die diese E-Mail als Kopie erhalten soll/en. Die Kopie-Empfänger sehen, welche anderen Personen die E-Mail ebenfalls als Empfänger oder in Kopie (Cc) erhalten haben. Kopien sollten nur versandt werden, wenn der Kopie-Empfänger diese Information auch benötigt. Unnötige Kopien „überfluten“ nur die Postfächer der Kopie-Empfänger und rauben Zeit. • Blindkopie (Bcc / Blind Carbon Copy): Im Unterschied zur „normalen“ Kopie sieht der Empfänger nicht, welche anderen Personen die E-Mail ebenfalls als Blindkopie erhalten haben. Insbesondere wenn sich die Adressaten nicht kennen oder die E-Mail sich an viele Empfänger richtet und die anderen Empfänger aus Gründen des Datenschutzes oder aus betriebsinternen Gründen die anderen E-Mail-Adressen nicht erfahren dürfen.
Betreff	Der Betreff sollte kurz und aussagekräftig sein.
Anrede	Bei E-Mails an externe Adressaten (Kunden, Geschäftspartner) sind grundsätzlich förmliche Anreden zu wählen: „Sehr geehrte Damen und Herren“ oder „Sehr geehrter Herr Weber“ Nur wenn sich die Beteiligten persönlich besser kennen, sind im Geschäftsverkehr „lockere“ Formulierungen erlaubt. Dies gilt auch für interne Mails an Kolleginnen und Kollegen. „Hallo Herr Weber“ oder „Guten Tag Herr Weber“ oder „Lieber Herr Weber“
Text	Der Aufbau von E-Mails sollte dem Aufbau von Geschäftsbriefen entsprechen. Der Text sollte eine <u>klare Struktur</u> aufweisen und ist in <u>Absätze</u> zu gliedern. Verfasser sollten den Text als Fließtext ohne Worttrennungen schreiben, da die E-Mail-Programme des Empfängers den Zeilenumbruch automatisch nach der Fenstergröße des Computers durchführen. Zwischen den Absätzen ist eine Leerzeile einzufügen. Der Absender sollte E-Mails vor dem Versand noch einmal sorgfältig lesen, um Fehler zu korrigieren. Groß- und Kleinschreibung sind zu beachten.
Grußformel	Die Standardgrußformeln lauten: „Mit freundlichen Grüßen“ oder „Freundliche Grüße“ Auch hier sind „lockere“ Formulierungen nur angebracht, wenn sich die Beteiligten persönlich besser kennen *(z. B. Mail an Kollegen)*. „Viele Grüße“ oder “Liebe Grüße“ Abkürzungen und sehr persönliche Grußformeln sind im Geschäftsleben nur in Ausnahmefällen zulässig. „mfg“ für „Mit freundlichen Grüßen“ oder “GLG“ für „Ganz liebe Grüße“
Absender und Pflichtangaben	Nutzer können in den E-Mail-Programmen eine Signatur mit allen Angaben des Absenders anlegen, die automatisch in jeder E-Mail angezeigt werden. Bei den Pflichtangaben *(z. B. Namen der Vorstandsmitglieder einer AG)* und Datenschutzhinweisen genügt auch ein Verweis auf die entsprechenden Internetseiten.

Gestaltung von E-Mails	
Anlagen	Im Text sollte ein Hinweis auf die beigefügten Anlagen erfolgen. Aus Sicherheitsgründen sollten Anlage in der Regel im PDF-Format versandt werden. Wenn Anhänge ein bestimmtes Datenvolumen *(z. B. größer als 10 MB)* übersteigen, ist eine Zustellung per E-Mail oft nicht möglich. In diesen Fällen können Daten komprimiert übermittelt oder über eine Cloud zum Download bereitgestellt werden.

Darüber hinaus sind weitere allgemeine Regeln beim E-Mail-Verkehr zu beachten.

- Die **Beantwortung** von E-Mails sollte **zeitnah** beantworten, in der Regel innerhalb eines Tages. Benötigt der Empfänger eine längere Zeit, sollte er eine kurze Zwischennachricht an den Absender schicken, in der er den Erhalt der Nachricht bestätigt und einen Termin für eine Antwort benennt.
- Die Einrichtung von Ordnern und die Kennzeichnung von bearbeiteten E-Mails („Erledigt-Vermerk“) erleichtern die Arbeit und die Übersicht.
- Bei **längerfristiger Abwesenheit** des Mitarbeiters von seinem Arbeitsplatz *(z. B. Urlaub)*, sollte der Absender eine automatische Rückmeldung mit den Hinweisen erhalten, wann der Mitarbeiter wieder an seinem Arbeitsplatz ist und an wen sich der Absender in dringenden Fällen auch früher wenden kann.
- **Wichtige E-Mails** kann der Absender mit dem Hinweis „**Priorität: hoch**“ versehen. Ein rotes Ausrufezeichen weist den Empfänger auf die Dringlichkeit der E-Mail hin. Der Absender sollte bei wirklich wichtigen E-Mails diesen Hinweis hinzufügen. Der Absender kann auch eine **Lesebestätigung** vom Empfänger anfordern.
- Eine **Antwort an alle Empfänger** der Nachricht („Allen antworten“) sollte nur gewählt werden, wenn dies inhaltlich gerechtfertigt ist und die Rückmeldung für alle von Bedeutung ist. Insbesondere negative Aussagen führen bei solchen „Rundmails“ oftmals zu erheblichen Verärgerungen und sogar Verletzungen.
- Bei der **Weiterleitung** von E-Mails **an Dritte** sind der Datenschutz und die Vertraulichkeit *(Post-, Fernmeldegeheimnis)* zu wahren. Wie bei einem Brief unterliegt auch eine E-Mail, die an eine bestimmte Person gerichtet ist, dem Postgeheimnis *(Art. 10 Grundgesetz)*. Das Öffnen einer fremden E-Mail sowie eine Veröffentlichung oder eine unbefugte Weiterleitung an Dritte sind strafbar *(§ 206 StGB)*.

1.3.3 Videoberatung

Viele Kreditinstitute bieten ihren Kunden im Rahmen einer **Multikanal-Strategie** (Multichannel-Strategy) unterschiedliche Zugangskanäle für eine Kontaktaufnahme oder eine Beratung an. Der Kunde kann sich zum Beispiel im Internet die Merkmale von Finanzprodukten in Ruhe anschauen und weitere Informationen per E-Mail oder Chat einholen. Ein Geschäftsabschluss ist oftmals per Mausklick möglich.

Kernkompetenz der Kreditinstitute ist jedoch eine **individuelle Beratung** des Kunden, in der ihm auf der Grundlage seiner persönlichen und wirtschaftlichen Verhältnisse, seiner Ziele und Präferenzen geeignete Finanzprodukte empfohlen werden. Aufgrund der Komplexität von Beratungssituationen können Chats oder Telefonate das persönliche Gespräch in einer Geschäftsstelle nur eingeschränkt ersetzen. Bei einer **Videoberatung**, in der Berater und Kunde sich auf dem Bildschirm sehen und miteinander kommunizieren, entsteht jedoch eine ähnliche Situation wie bei einem Beratungsgespräch in der Filiale. Die Videoberatung kann eine **Ergänzung** oder eine **Alternative** zu einer persönlichen Beratung in der Geschäftsstelle sein.

Videoberatung als Ergänzung	Videoberatung als Alternative
Als **Ergänzung** bieten Kreditinstitute bei einer Beratung in der Filiale die Videoberatung an, wenn in dem Gespräch die besondere Expertise von Fachleuten *(z. B. bei Versicherungen, Baufinanzierungen, Wertpapiergeschäften, Existenzgründungen)* gefordert ist. Die Expertin bzw. der Experte werden per Videoübertragung zugeschaltet. **Beispiel:** Bei einer ganzheitlichen Beratung spricht der Berater das Risiko der Berufsunfähigkeit an. Für eine genauere Analyse und Beratung zu diesem Thema wird ein Versicherungsexperte per Video zugeschaltet.	Viele Banken bieten Kunden auf ihren Webseiten eine Videoberatung als **Alternative** zu einer Beratung in der Geschäftsstelle an. Der Kunde kann von zu Hause und oft auch von automatisierten Geschäftsstellen ohne Personal per Videoschaltung Kontakt mit seiner Beraterin bzw. seinem Berater aufnehmen. Diese Form der Beratung ist eher für weniger komplexe Geschäfte geeignet. **Beispiele:** – Beantragung von Kreditkarten – Geldanlagen auf Konten

Die Videoberatung bietet folgende Vorteile:

- **Kommunikation**
  Die Videoberatung schafft eine ähnliche Situation wie ein Gespräch in der Geschäftsstelle. Es ist ein Dialog möglich, in den sich die Beteiligten durch ihr verbales und nonverbales Verhalten umfassend einbringen.

- **Präsentation von Unterlagen**
  Vertragsunterlagen und Grafiken kann der Berater von seinem PC per Screen-Sharing in ein Browserfenster auf den Bildschirm des Kunden übertragen und zum Beispiel mit Zeigepfeilen verdeutlichen, welche Felder der Kunde ausfüllen muss bzw. welche Informationen hier von Bedeutung sind. Auch Verkaufsunterlagen in Papierform und handschriftliche Skizzen kann der Berater vor die Kamera halten und dem Kunden zeigen.
  Per Video ist auch eine Legitimationsprüfung des Kunden möglich, indem er seinen Personalausweis vor die Kamera hält und nach Weisung des Beraters kippt. Mit einem Screenshot kann der Berater ein Foto vom Ausweis anfertigen.

- **Kundenbindung**
  Anders als bei einer telefonischen Beratung, sehen sich Kunde und Berater. Das Gespräch wirkt weniger anonym. Der Berater kann durch sein höfliches und kompetentes Verhalten Vertrauen zum Kunden aufbauen.

- **Zeitliche Flexibilität**
  Kunde und Berater können Termine auch außerhalb der üblichen Öffnungszeiten vereinbaren. Viele Banken sind per Videochat auch spät abends und samstags erreichbar.

- **Kosten- und Zeitersparnis**
  Das Kreditinstitut kann Fachpersonal effizienter einsetzen. Spezialisten für bestimmte Geschäftsbereiche müssen nicht mehr in jeder Filiale vor Ort sein, sondern können bei Bedarf zugeschaltet werden.
  Aus Sicht des Kunden bringt die Videoberatung den Vorteil mit sich, dass er sich den Weg zur Filiale spart. Vor allem in ländlichen Gebieten ist dies ein wichtiges Argument.

Auf der anderen Seite stellt die Beratung per Video besondere Anforderungen an das Kreditinstitut.

- Die Technik muss einwandfrei funktionieren. Bild- und Tonstörungen wirken sich sehr negativ auf das Gespräch aus.
- Mitarbeiterinnen und Mitarbeiter müssen mit der Technik (Hardware und Videosoftware) vertraut sein und mit Licht und Kamera umzugehen wissen. Sie sollten in die Kamera und nicht auf den Monitor schauen.
- Sprache, Mimik und Gestik wirken am Bildschirm anders als bei einer persönlichen Begegnung. Der Berater sollte klar und deutlich sprechen sowie Pausen einlegen, denn die Stimme ist durch die Übertragung tendenziell schwerer zu verstehen als bei einem Gespräch von Angesicht zu Angesicht.
- Auch der Einsatz von Verkaufshilfen, Formularen usw. mittels Screen-Sharing, um dem Kunden bestimmte Inhalte zu veranschaulichen, will gelernt sein.
- Es sind besondere technische Anforderungen im Hinblick auf Wahrung des Bankgeheimnisses und des Datenschutzes zu beachten. Die Vertraulichkeit von Kundendaten und Gesprächsinhalten ist sicherstellen. Dies ist nur gewährleistet, wenn effiziente Verschlüsselungstechniken eingesetzt werden und ein Hosting über sichere Rechenzentralen erfolgt.

2 Digitalisierung

2.1 Datenschutz und Datensicherheit

2.1.1 Datenschutzgrundverordnung (DSGVO)

§

Jede Person hat ein **Grundrecht auf Schutz** der sie betreffenden **personenbezogenen Daten.** Diese Daten dürfen nur nach **Treu und Glauben für festgelegte Zwecke** und mit **Einwilligung** der betroffenen Person oder auf einer sonstigen gesetzlich geregelten legitimen Grundlage verarbeitet werden **(Datenschutz).** Jede Person hat das Recht, **Auskunft** über die eigenen Daten zu erhalten und die Berichtigung von fehlerhaften Daten zu erwirken *(Art. 8 Charta der Grundrechte der Europäischen Union).*

Personenbezogene Daten sind Einzelangaben über persönliche oder sachliche Verhältnisse einer bestimmten oder bestimmbaren natürlichen Person, die Ausdruck der physischen, physiologischen, genetischen, psychischen, wirtschaftlichen, kulturellen oder sozialen Identität dieser natürlichen Person sind *(Art. 4 DSGVO, § 46 BDSG).*

Beispiele

personenbezogene Daten:
Name, Geburtsdatum, Geburtsort, Familienstand, Anschrift, Telefonnummer, IP-Adresse, Kontodaten, Einkommen, Beruf, Vermögen, Religion, Gesundheitsdaten

Die **Verarbeitung** von Daten umfasst alle Vorgänge, in denen mit oder ohne Hilfe automatisierter Verfahren personenbezogene Daten erhoben, erfasst, geordnet, gespeichert, ausgelesen, analysiert und übermittelt werden *(Art. 4 DSGVO)*.

Kreditinstitute müssen als **Verantwortliche** im Sinne der **Datenschutz-Grundverordnung (DSGVO)** den **Datenschutz** und die **Datensicherheit** der personenbezogenen Daten ihrer Kunden **(betroffene Personen)** gewährleisten. Datensicherheit bedeutet, dass die Daten vor einem Verlust und vor einem Missbrauch ausreichend geschützt sind.

Datenschutz und Datensicherheit umfasst nach der Datenschutz-Grundverordnung **vier Bausteine**:

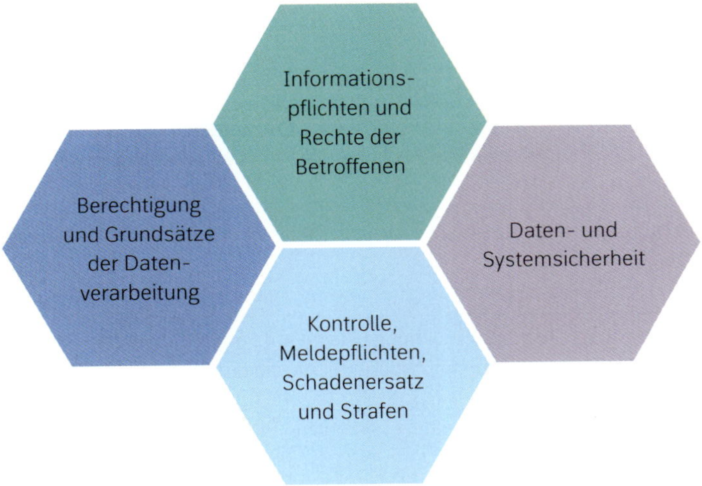

Berechtigung und Grundsätze der Datenverarbeitung	
Berechtigung zur Datenverarbeitung *(Art. 6 DSGVO)*	Die **Verarbeitung von personenbezogenen Daten** ist nur rechtmäßig, wenn mindestens **eine** der nachstehenden Bedingungen erfüllt ist: • Die betroffene Person hat ihre **Einwilligung** zu der Verarbeitung der sie betreffenden personenbezogenen Daten für einen oder mehrere bestimmte Zwecke gegeben. Das Ersuchen um Einwilligung muss in verständlicher und leicht zugänglicher Form erfolgen. Die betroffene Person hat das Recht, ihre Einwilligung jederzeit zu widerrufen *(Art. 7 DSGVO)*. • Die Verarbeitung ist für die **Erfüllung eines Vertrags** mit der betroffenen Person notwendig *(z. B. Lieferadresse bei einem Kaufvertrag)*. • Die Verarbeitung ist zur **Erfüllung einer rechtlichen Verpflichtung** erforderlich *(z. B. Feststellung des wirtschaftlich Berechtigten nach dem Geldwäschegesetz)*.
Grundsätze der Datenverarbeitung *(Art. 5 DSGVO, § 47 BDSG)*	• Verarbeitung der Daten nach Treu und Glauben und in einer für die betroffene Person nachvollziehbaren Weise • Verwendung der Daten nur für die vereinbarten Zwecke („Zweckbindung“) • Beschränkung der Daten auf das für die Zwecke notwendige Maß („Datenminimierung“) • unverzügliche Korrektur oder Löschung unrichtiger Daten („Richtigkeit“); • Speicherung der Daten nur so lange, wie es für die vereinbarten Zwecke erforderlich ist („Speicherbegrenzung“)

Informationspflichten und Rechte der Betroffenen	
Informationspflichten des Verantwortlichen *(z. B. Kreditinstitut)* gegenüber der betroffenen Person bei der Datenerhebung *(Art. 13 DSGVO, § 56 BDSG)*	• Name und Kontaktdaten des Verantwortlichen • Kontaktdaten des Datenschutzbeauftragten • Zwecke, für die die personenbezogenen Daten verarbeitet werden sollen • gegebenenfalls die Empfänger oder Kategorien von Empfängern von personenbezogenen Daten • Dauer der Datenspeicherung bzw. Kriterien für die Festlegung dieser Dauer • Information über Datenschutzrechte des Betroffenen (Auskunftsrecht, Widerspruchsrecht, Löschungsrecht)
Rechte der betroffenen Person	
• **Auskunftsrecht** *(Art. 15 DSGVO, §§ 34, 57 BDSG)*	Auskunftsrecht darüber, ob und gegebenenfalls welche Daten für welche Zwecke und für welchen Zeitraum verarbeitet werden
• **Recht auf Berichtigung** *(Art. 16 DSGVO, § 58 BDSG)*	Recht auf unverzügliche Berichtigung von unrichtigen Daten
• **Recht auf Löschung** *(Art. 17 DSGVO, §§ 35, 58 BDSG)*	Recht auf Löschung („Recht auf Vergessenwerden") der Daten, wenn: – sie für die Zwecke, für die sie erhoben wurden, nicht mehr notwendig sind. – die betroffene Person ihre Einwilligung zur Datenverarbeitung widerruft. – die Daten unrechtmäßig verarbeitet wurden.
• **Recht auf Datenübertragbarkeit** *(Art. 20 DSGVO)*	Recht, die eigenen Daten in einem strukturierten, gängigen und maschinenlesbaren Format zu erhalten, um sie bei einem anderen Unternehmen speichern zu lassen
• **Recht auf Widerspruch** *(Art. 21 DSGVO, § 36 BDSG)*	Recht des Betroffenen, jederzeit Widerspruch gegen die Nutzung der Daten zu Werbezwecken einzulegen
• **Zertifizierung** *(Art. 42 DSGVO)*	Unternehmen (Verantwortliche) können von einer Zertifizierungsstelle *(Art. 43 DSGVO)* nach Prüfung ein **Datenschutzsiegel** erhalten, das die Öffentlichkeit über die Einhaltung der Datenschutzvorschriften informiert. Das Datenschutzsiegel gilt für maximal drei Jahre, kann dann aber nach erneuter Prüfung wieder um drei Jahre verlängert werden.

<table>
<tr><th colspan="2">**Daten- und Systemsicherheit**
Sicherung der Daten vor unbefugter oder unrechtmäßiger Verarbeitung und vor unbeabsichtigtem Verlust, unbeabsichtigter Zerstörung oder unbeabsichtigter Schädigung durch geeignete technische und organisatorische Maßnahmen („Integrität und Vertraulichkeit", *Art. 5 DSGVO*)</th></tr>
<tr><td>**Risikoorientierte Schutzmaßnahmen**
(Art. 24 DSGVO)
Sicherheit der Verarbeitung
(Art. 32 DSGVO)</td><td>In Abhängigkeit von dem Risiko eines **Datenmissbrauchs** *(z. B. Veränderung der Daten, Zugriff von unbefugten Personen auf die Daten)* und **Datenverlustes** sind geeignete **technische und organisatorische Maßnahmen** zu treffen, um sicherzustellen, dass die Verarbeitung gemäß den Anforderungen der DSGVO erfolgt.
Unter Berücksichtigung des Stands der Technik, der Kosten und des Missbrauchsrisikos können folgende Maßnahmen angemessen sein:
• Pseudonymisierung und Verschlüsselung der Daten
Bei einer Pseudonymisierung wird der Name durch eine Buchstaben- oder Zahlenkombination ersetzt, um die Feststellung der Identität des Betroffenen auszuschließen oder wesentlich zu erschweren.
• Sicherung der Datenverarbeitungssysteme:
– sichere Aufbewahrung der Datenträger
– Einrichtung von Zutrittskontrollen zu bestimmten Räumen
– Beschränkung der Zugriffsrechte von Angestellten auf bestimmte Daten
– Zugang nur mittels Legitimation durch Passwörter, PIN usw.
– Protokollierung der Zugriffe
– Firewall zum Schutz von Cyberangriffen
• Datensicherung
Daten sind vor einem Verlust zu schützen. Dies kann durch Speicherung auf mehreren Datenträgern und durch periodisches Duplizieren der Daten (Backup, Sicherungskopien) erfolgen.</td></tr>
<tr><td>**Auftragsverarbeiter**
(Art. 28 DSGVO, § 53 BDSG)</td><td>Auftragsverarbeiter *(z. B. Bankmitarbeiter, SCHUFA)* verarbeiten personenbezogene Daten im Auftrag des Verantwortlichen *(z. B. Kreditinstitut, § 4 DSGVO)*. Es ist sicherzustellen, dass die Auftragsverarbeiter sich zur Vertraulichkeit verpflichtet haben und die Vorschriften zum Datenschutz beachten. Mit Datenverarbeitung befasste Personen dürfen personenbezogene Daten nicht unbefugt verarbeiten (Datengeheimnis).</td></tr>
<tr><td>**Verzeichnis der Verarbeitungstätigkeiten**
(Art. 30 DSGVO)</td><td>Der Verantwortliche muss ein schriftliches oder elektronisches Verzeichnis aller Verarbeitungstätigkeiten mit folgenden Inhalten erstellen:
• Namen und Kontaktdaten des Verantwortlichen und des Datenschutzbeauftragten
• Zwecke der Verarbeitung
• Beschreibung der Kategorien betroffener Personen und der Kategorien personenbezogener Daten
• Kategorien von Empfängern der Daten
• Fristen für die Löschung
• Beschreibung der technischen und organisatorischen Maßnahmen zum Datenschutz</td></tr>
</table>

<table>
<tr><th colspan="2">Kontrolle, Meldepflichten, Schadenersatz und Strafen</th></tr>
<tr><td>Datenschutz-
beauftragter
(Art. 37–39 DSGVO)</td><td>Benennung eines Datenschutzbeauftragten (Art. 37 DSGVO)
• Verantwortliche (Unternehmen), bei denen sich in der Regel mindestens 20 Personen ständig mit der automatisierten Verarbeitung personenbezogener Daten beschäftigen, müssen einen Datenschutzbeauftragten benennen (§ 38 BDSG).
• Der Datenschutzbeauftragte muss über ein ausreichendes Fachwissen auf dem Gebiet des Datenschutzrechts und der Datenschutzpraxis verfügen.
• Die Kontaktdaten des Datenschutzbeauftragten sind zu veröffentlichen und der Aufsichtsbehörde mitzuteilen.

Stellung des Datenschutzbeauftragten (Art. 38 DSGVO)
Der Datenschutzbeauftragte
• ist frühzeitig in alle mit dem Schutz personenbezogener Daten zusammenhängenden Fragen einzubinden.
• hat Anspruch auf die erforderlichen Ressourcen und den Zugang zu personenbezogenen Daten und Verarbeitungsvorgängen.
• erfüllt seine Aufgaben eigenverantwortlich, ohne Anweisungen von Vorgesetzten zu erhalten.
• darf von seinem Arbeitgeber wegen der Erfüllung seiner Aufgaben nicht abberufen oder benachteiligt werden.
• berichtet unmittelbar der höchsten Managementebene des Unternehmens.

Aufgaben des Datenschutzbeauftragten (Art. 39 DSGVO)
• Unterrichtung und Beratung des Verantwortlichen, des Auftragsverarbeiters und der Beschäftigten über die Datenschutzvorschriften
• Schulung der an den Verarbeitungsvorgängen beteiligten Mitarbeiter
• Überwachung der Einhaltung der Datenschutzvorschriften
• Zusammenarbeit mit der Aufsichtsbehörde</td></tr>
<tr><td>Aufsichtsbehörde
(Art. 51–59 DSGVO)</td><td>Jedes Bundesland hat eine eigene Datenschutzaufsichtsbehörde
(z. B. Landesbeauftragte für Datenschutz und Informationsfreiheit Nordrhein-Westfalen, Berliner Beauftragte für Datenschutz und Informationsfreiheit).

Aufgaben der Aufsichtsbehörde (Art. 57 DSGVO)
Die Aufsichtsbehörde
• überwacht die Einhaltung der Datenschutzvorschriften.
• informiert die Öffentlichkeit über den Datenschutz.
• bearbeitet Beschwerden von betroffenen Personen.
• arbeitet mit anderen Aufsichtsbehörden zusammen, um eine einheitliche Anwendung und Durchsetzung des Datenschutzes zu gewährleisten.

Befugnisse der Aufsichtsbehörde (Art. 58 DSGVO)
Die Aufsichtsbehörde kann
• Auskünfte von den Verantwortlichen und von den Auftragsverarbeitern zum Datenschutz verlangen.</td></tr>
</table>

	• Untersuchungen in Form von Datenschutzüberprüfungen durchführen und dabei auch Zugang zu den Räumlichkeiten einschließlich aller Datenverarbeitungsanlagen und -geräte verlangen. • den Verantwortlichen und Auftragsverarbeiter anweisen, Verarbeitungsvorgänge gegebenenfalls auf bestimmte Weise und innerhalb eines bestimmten Zeitraums in Einklang mit den Datenschutzbestimmungen zu bringen. • eine vorübergehende oder endgültige Beschränkung der Verarbeitung personenbezogener Daten verhängen und auch Verbote erteilen.
Schadenersatz und Strafen *(Art. 82, 83 DSGVO, §§ 41, 42, 43 BDSG)*	**Recht auf Schadenersatz** *(Art. 82 DSGVO)* Jede Person, der wegen eines Verstoßes gegen den Datenschutz ein materieller oder immaterieller Schaden entstanden ist, hat Anspruch auf Schadenersatz gegen den Verantwortlichen oder gegen den Auftragsverarbeiter. **Verhängung von Strafen** • **Geldbußen** *(Art. 83 DSGVO)* Die Aufsichtsbehörde kann bei Verstößen gegen die Datenschutzbestimmungen Geldbußen bis zu 10 000 000,00 EUR oder bis zu 2 % des von einem Unternehmen erzielten Jahresumsatzes verhängen. Ordnungswidrigkeiten *(z. B. unzureichende Information des Betroffenen)* können mit einer Geldbuße bis zu 50 000,00 EUR geahndet werden *(§ 43 BDSG)*. • **Freiheitsstrafen** *(§ 42 BDSG)* Bei einem gewerbsmäßigen Missbrauch des Datenschutzes können Gerichte Freiheitsstrafen bis zu drei Jahren verhängen.

2.1.2 Cyberkriminalität

Cyberkriminalität umfasst alle Straftaten, in denen Täter mittels Schadsoftware in digitale Informationssysteme eindringen, um

- persönliche Daten und Zugangsberechtigungen des Nutzers abgreifen und missbräuchlich nutzen zu können (Identitätsdiebstahl),
- darauf befindliche Daten/Dateien des Nutzers mittels sogenannter Ransomware zu verschlüsseln, um „Lösegeld" zu erpressen,
- sie „fernsteuern" zu können, in sogenannten Botnetzen zusammenzuschalten und für weitere kriminelle Handlungen einzusetzen.

Opfer von Cyberkriminalität kann jeder Nutzer von digitalen Systemen sein. Für Kreditinstitute, die vertrauliche Daten und Vermögenswerte ihrer Kunden verwalten, ist das Risiko besonders hoch. Ein Ausfall der IT-Systeme oder ein massenhafter Diebstahl von Kundendaten könnten zu enormen Schäden führen. Kunden sind beim Onlinebanking, bei Internetzahlungen und beim Einsatz von Zahlungskarten gefährdet.

Formen der Cyberkriminalität	
Identitätsdiebstahl	Die Täter greifen auf persönliche Daten und Zugangsberechtigungen durch den Einsatz von Schadsoftware (Malware) beim Nutzer zu, um in seinem Namen rechtswidrige Handlungen zu begehen. Ein Mittel, um in den Besitz der Daten zu kommen, ist das Einschleusen von Malware. Beim Phishing versuchen die Kriminellen, den Nutzer zum Öffnen infizierter Anhänge in unverfänglich wirkenden E-Mails zu verführen oder ihn auf präparierte Webseiten zu locken, um auf diesem Weg den Computer mit Schadsoftware zu infizieren.
Erpressung	Die Täter verschaffen sich Zugang in die Netzwerke von Unternehmen und stehlen Daten oder verschlüsseln diese durch Ransomware, sodass sie vom Unternehmen nicht mehr gelesen und verarbeitet werden können. Anschließend fordern sie von dem Unternehmen ein Lösegeld für die Rückgabe bzw. Entschlüsselung der Daten. Die Kriminellen verlangen oft hohe Lösegelder, die auf Konten von nicht regulierten Drittländern zu überweisen sind, oder Zahlungen in anonymen virtuellen Währungen *(z. B. Bitcoins)*.
Fernsteuerung	Die Täter infizieren Computer mit einer Schadsoftware, durch die sie die Verfügungsgewalt über den Rechner erhalten, ohne dass der Nutzer dies bemerkt. Sie können anschließend die „ferngesteuerten" Computer zu einem Netzwerk aus „Robotern" (Botnet = zusammengesetztes Wort aus *robot* und *network*) verbinden. Die Kriminellen nutzen die infizierten Computer zum Beispiel für • den massenhaften Versand von Spamnachrichten, • die Gewinnung von Zugangsdaten zu Webseiten, zum Onlinebanking oder zu sozialen Netzwerken, • die massenhafte Verbreitung gefälschter Rechnungen, • die Beeinflussung politischer Entscheidungen oder Diskussionen zu gesellschaftlichen Fragen in den sozialen Netzwerken.

Cyberkriminalität ist vor allem deswegen erfolgreich, weil die Betrüger menschliche Schwächen wie Angst, Unsicherheit oder Eitelkeit ausnutzen.

Beispiele

- Telefonanruf einer vorgeblichen Sicherheitsfirma mit dem Hinweis eines „Computerproblems" auf dem Rechner des Nutzers oder wegen „Gefahr durch Hacker"; der Nutzer führt auf Anweisung hin bestimmte Schritte an seinem Rechner aus und installiert dabei unwissentlich die Malware.
- seriös wirkende, gefälschte Mail in der Aufmachung einer Bank oder Sparkasse, die den „Kunden" zu einer „Sicherheitsüberprüfung" des Onlinekontos durch Anklicken eines Links und zur Eingabe von PIN und TAN auffordert
- gefälschte Social-Network-Accounts von Freunden oder Bekannten mit der Bitte um Kontaktaufnahme per Link.

Cyberkriminalität kann nur eingedämmt werden, wenn der Nutzer als das schwächste Glied in der Kette umfassende Maßnahmen zum **Schutz** seiner **digitalen Identität** ergreift.

Maßnahmen zum Schutz der digitalen Identität	
Computersicherheit	• regelmäßige Aktualisierung von – Betriebssystem – Browser – Firewall – Anti-Viren-Software • kein Administratorkonto, sondern ein Benutzerkonto beim Zugriff auf das Internet verwenden
Datensicherung	• regelmäßige Backups (Datensicherung) auf externen Datenträgern durchführen • Daten auf dem Smartphone oder Tablet in einer Cloud durch Synchronisation sichern
Downloadverhalten	• Programme nur aus Originalquellen und Apps nur aus legalen Appstores herunterladen • nur Programme mit Sicherheitszertifikaten installieren • Anti-Viren-Software vor der Installation aktivieren
Nutzerverhalten	• keine Webseiten unseriöser Anbieter aufrufen • keine Werbebanner anklicken • sparsam mit persönlichen Daten in sozialen Netzwerken und bei sonstigen Internetaktivitäten (Recherchen, Angebotsvergleiche usw.) umgehen • starke Passwörter verwenden • keine datensensiblen Vorgänge über öffentliche Internet-Zugangspunkte durchführen • Premium-SMS und Premium-Dienste beim Provider sperren

Schutzmaßnahmen benötigen Zeit und sind lästig. Aber es lohnt sich, weil der Schaden durch Cyberkriminalität immens sein kann. Datenschutzmaßnahmen und ein gesundes Misstrauen sind der Schlüssel für Sicherheit bei der Nutzung digitaler Medien.

2.1.3 Datenorganisation

Bei der **Datenorganisation** geht es darum, Daten nach bestimmten Ordnungskriterien zu speichern, um sie bei Bedarf leicht finden und mit anderen Datensätzen verbinden zu können.

Bei der Kundenberatung und bei der Abwicklung von Geschäftsprozessen müssen Bankmitarbeiter viele Daten aufrufen, aktualisieren und miteinander verknüpfen. Dies erfordert eine effiziente Datenorganisation, bei der ein Nutzer jederzeit mit einem Suchbegriff *(z. B. „Kunde XY")* alle relevanten Dateien finden kann.

Beispiel

In eine Beratung zur Wertpapieranlage fließen nicht nur Stammdaten des Kunden, sondern auch etliche weitere Informationen wie finanzielle Verhältnisse, Kenntnisse, Erfahrungen und Anlageziele des Kunden ein. Außerdem sind Informationen zu den infrage kommenden Produkten und marktbezogene Daten (Kursentwicklungen, Risikobewertungen usw.) einzuholen.

Datenorganisation umfasst logische und physische Elemente.

Logische Elemente der Datenorganisation	Physische Elemente der Datenorganisation
Analyse und Ordnung von Datenbeständen • Schaffung der Voraussetzung für eine einfache Aktualisierung • Datenauswertung im Hinblick auf vielfältige Aspekte • Ermöglichung von flexiblen Verknüpfungen	Datenspeicherung auf periphären Speichergeräten • Ermöglichung eines schnellen Datenzugriffs • optimale Nutzung der verfügbaren Speicherkapazitäten • Schaffung einer hohen Sicherheit: Schutz vor Datenverlust, Datenzerstörung und unbefugtem Zugriff

Beispiel

Ein Kunde, Inhaber eines Wertpapierdepots, hat geheiratet. Die Eheleute können jetzt zusammen Freistellungsaufträge in Höhe von insgesamt 1 602,00 EUR erteilen. Für die Hausbank des Kunden ergeben sich umfangreiche Änderung in den Datenbeständen, z. B.:

- ggfs. Einbeziehung des Ehepartners in die Kundenverbindung
- ggfs. Umschreiben von Konten/Depots auf den Namen der Eheleute
- neuer Freistellungsauftrag
- interne Vermerke zu neuen Beratungsanlässen vor dem Hintergrund der veränderten familiären Situation

Eine effiziente logische Datenorganisation ermöglicht dem Kundenberater eine bequeme Handhabung der vorzunehmenden Änderungen beim Datenbestand des Kunden und seines Ehepartners sowie das Herstellen von Querverbindungen zu weiteren Beratungs- und Informationsgesprächen. Durch eine qualitativ hochwertige physische Datenorganisation werden unnötig lange Wartezeiten bei Datenabruf und -verarbeitung vermieden; zudem wird sichergestellt, dass die sensiblen Kundendaten geschützt sind.

Grundbegriffe der Datenorganisation	
Zeichen	Symbol aus einem Zeichenvorrat **Beispiele:** – Buchstabe aus dem lateinischen Alphabet – Zahl aus der Menge der arabischen Zahlen
Datenfeld	kleinste auswertungsfähige Dateneinheit **Beispiele:** – Kundenname – Kontonummer
Datensatz	Zusammenfassung von Datenfeldern zu einer logischen Einheit **Beispiele:** – Darlehenskonto 12345 Kurt Müller; ursprüngliche Darlehenshöhe 80 000,00 EUR, aktueller Kontostand 65 000,00 EUR – Wertpapierdepot 54321 Jessica Longemann; aktueller Depotwert 35 500,00 EUR

Grundbegriffe der Datenorganisation	
Datei	Zusammenfassung gleichartiger Datensätze **Beispiele:** – Darlehenskonto 12345 Kurt Müller; ursprüngliche Darlehenshöhe 80 000,00 EUR, aktueller Kontostand 65 000,00 EUR Darlehenskonto 23456 Ernst Schmidt; ursprüngliche Darlehenshöhe 100 000,00 EUR, aktueller Kontostand 87 000,00 EUR ... – Wertpapierdepot 54321 Jessica Longemann; aktueller Depotwert 35 500,00 EUR Wertpapierdepot 43210 Markus Heber; aktueller Depotwert 162 800,00 EUR ...

2.2 Grundlagen für die Nutzung digitaler Medien

2.2.1 Zuverlässigkeit von Informationen aus dem Netz

Informationen lassen sich über eine Vielzahl von Endgeräten und schnellen Datennetzen jederzeit und an jedem Ort bequem und einfach beschaffen. Gleichzeitig wächst die Zahl derjenigen, die Informationen ins Netz stellen. Dies alles hat seine Tücken: Es wird zusehends schwieriger, bei der Masse an Informationen diejenigen herauszufiltern, die so zuverlässig sind, dass man sie bei Recherchen zu Sachthemen sinnvoll verwenden kann.

Der Begriff *Fake News* hat sich inzwischen fest in unserem Sprachgebrauch verankert. Man versteht darunter vorgetäuschte, jedoch als angeblich „wahr" dargestellte und mit Links zu sogenannten Fachleuten versehene Nachrichten, die vor allem in sozialen Netzwerken verbreitet werden. Sie sollen die Leser manipulieren. Aber auch unabhängig von dieser bösartigen Variante weisen Informationen aus dem Netz häufig eklatante Mängel auf. Sie sind vielfach unvollständig, schlecht strukturiert, veraltet oder schlicht und einfach falsch.

Wer Informationen aus dem Netz für Präsentationen, Referate oder Argumente in Beratungsgesprächen nutzen möchte, steht somit vor einer großen Herausforderung. Bei jeder Recherche gilt zu entscheiden, ob eine Information den Qualitätsansprüchen hinsichtlich der Wahrheit, Vollständigkeit und Objektivität genügt. Dazu muss die Quelle nach verschiedenen Gesichtspunkten überprüft werden.

Gesichtspunkte bei der Prüfung einer Quelle	
Identifizierung des Domaininhabers	Webseiten, die nicht ausschließlich persönlichen oder familiären Zwecken dienen, müssen ein Impressum mit Angaben enthalten, die eine direkte Kontaktaufnahme ermöglichen. Fehlt ein Impressum, sind Zweifel an der Zuverlässigkeit der Informationen angebracht. Hilfreich ist auch eine „Whois-Abfrage" (englisch für „who is"). Webseiten und Provider stellen Portale für eine Suchanfrage zur Verfügung. Bei einer Abfrage wird übermittelt, • wann die Webseite erstellt wurde, • wer der Domaininhaber ist, • wer technischer Ansprechpartner ist und • welche elektronische Erreichbarkeit (E-Mail-Adresse) besteht.

Gesichtspunkte bei der Prüfung einer Quelle	
Aktualität der Informationen	Anhand des auf der Internetseite angegebenen Veröffentlichungs- oder Aktualisierungsdatums lässt sich feststellen, ob die Daten noch aktuell sind. Doch auch hier gilt es, kritisch zu sein, denn Zeitstempel können vor- bzw. rückdatiert oder mit dem jeweiligen Tagesdatum versehen sein.
Hintergründe von Quellen und Informationen	Um den Wahrheitsgehalt von Beiträgen im Internet zu prüfen, sind folgende Maßnahmen hilfreich: • Vergleich der Aussagen mit denen von anderen Autoren • Informationen zu Motiven, Interessen usw. des Betreibers der Webseite abrufen *(z. B. Rubrik: „Über uns")* • Vernetzung abrufen: Der Befehl „link:" vor der URL der Webseite zeigt an, wie stark die Seite im Internet vernetzt ist. So lässt sich prüfen, ob hier vertrauenswürdige Anbieter auftauchen. • Bei frei verfügbaren Dokumenten von Autoren: Hintergründe und Vernetzungen zum Autor über Suchmaschinen abrufen.

2.2.2 Beachtung der Urheberrechte

Die **Urheber** von Werken der Literatur, Wissenschaft und Kunst genießen für ihre Werke Schutz nach dem **Urheberrechtsgesetz** *(UrhG)*.

§

Das Urheberrecht schützt den Urheber in seinen geistigen und persönlichen Beziehungen zum Werk und in der Nutzung des Werkes. Es dient zugleich der Sicherung einer angemessenen Vergütung für die Nutzung des Werkes *(§ 11 UrhG)*.

Was dies in der Praxis bedeutet, sorgt oft für Verunsicherung.

- Darf ich jeden Beitrag aus YouTube live streamen oder sogar downloaden?
- Wie sieht es aus mit der Verwendung von Filmsequenzen in einem Vortrag?
- Was muss ich bei der Quellenangabe beachten?

Der Urheber, also der „Schöpfer" eines Werkes, hat folgende Rechte:

- **Veröffentlichungsrecht** *(§ 12 UrhG)*
  Der Urheber hat das Recht zu bestimmen, ob und wie sein Werk zu veröffentlichen ist.
- **Verwertungsrecht** *(§ 15 UrhG)*
  Der Urheber hat das ausschließliche Recht
  - sein Werk in körperlicher Form zu verwerten *(z. B. Vervielfältigungsrecht, Ausstellungsrecht)*.
  - sein Werk in unkörperlicher Form **öffentlich** wiederzugeben (Recht der öffentlichen Wiedergabe). Das Recht der öffentlichen Wiedergabe umfasst insbesondere das Vortrags-, Aufführungs- und Vorführungsrecht, das Recht der öffentlichen Zugänglichmachung und das Recht der Wiedergabe durch Bild- oder Tonträger.
    Die Wiedergabe ist öffentlich, wenn sie für eine Mehrzahl von Mitgliedern der Öffentlichkeit bestimmt ist. Zur Öffentlichkeit gehört jeder, der nicht mit demjenigen, der das Werk verwertet, oder mit den anderen Personen, denen das Werk in unkörperlicher Form wahrnehmbar oder zugänglich gemacht wird, durch persönliche Beziehungen verbunden ist.

Unter einem „Werk" versteht man Texte, Bilder, Tonaufzeichnungen, Filme und Computerprogramme. Ein solches Werk oder ein Auszug daraus darf allerdings öffentlich wiedergegeben werden, wenn kein Erwerbszweck damit verfolgt wird. Jedoch ist dem Urheber eine „angemessene Vergütung“ zu zahlen *(§ 52 UrhG)*.

Beispiel

Einige Auszubildende der Regio-Bank AG schließen sich zu einer Band zusammen und spielen in einer Kneipe verschiedene Hits aus den 1990er Jahren. Der Eintritt ist frei und der Kneipenbesitzer (als Veranstalter) verlangt kein Geld für die Überlassung der Räumlichkeiten. In diesem Fall muss für das Recht, die Hits spielen zu dürfen dennoch eine Vergütung gezahlt werden. Sie wird in Deutschland über die GEMA (Gesellschaft für musikalische Aufführungs- und mechanische Vervielfältigungsrechte) berechnet, die die Nutzungsrechte von Komponisten bzw. Produzenten verwaltet.

Hier handelt es sich um eine **öffentliche Wiedergabe**, da die Aufführung sich an eine Vielzahl von Personen richtet, die nicht in persönlicher Beziehung untereinander oder zum Veranstalter stehen. Besteht dagegen ein **enger gegenseitiger Kontakt** zwischen den Teilnehmern oder zum Veranstalter, handelt es sich um eine **nicht-öffentlichen Nutzung**. Sie ist unter anderem in Schulklassen zu unterstellen. Daher ist die Verwendung eines fremden Werkes im Unterricht, zum Beispiel bei einer Präsentation, grundsätzlich nicht nur zulässig, sondern auch „kostenfrei“. Das gilt auch für Livestreams; hierbei ist jedoch Vorsicht geboten, da bei Portalen wie YouTube oftmals Inhalte von Personen eingestellt werden, die selbst nicht im Besitz der Urheberrechte sind.

Beim **Download** und beim **Kopieren** von Inhalten gelten folgende Grundsätze:

- Der Urheber hat das Vervielfältigungsrecht. Folglich sind das Downloaden und Kopieren ohne Erlaubnis des Urhebers verboten.
- Eine Ausnahme ist das Kopieren für den privaten Gebrauch. Sollte auf einem digitalen Medium jedoch ein Kopierschutz vorhanden sein, darf dieser nicht aufgehoben oder umgangen werden.
- Da bei Kopien ein „mittelbarer Erwerbszweck“ gemäß § 53 UrhG unterstellt wird, dürfen private Kopien in der Schule nur eingesetzt werden, wenn „kleine Teile“ *(z. B. kurze Filmszenen)* eines Gesamtwerkes wiedergegeben werden und die Verwendung zur Veranschaulichung des Unterrichts dient.

Der Urheber kann einem anderen jedoch ein **Nutzungsrecht** einräumen, das es diesem gestattet, das Werk auf einzelne oder alle Nutzungsarten zu nutzen. Das Nutzungsrecht kann als einfaches oder ausschließliches Recht sowie räumlich, zeitlich oder inhaltlich beschränkt eingeräumt werden *(§ 31 UrhG)*. Der Urheber hat für die Einräumung von Nutzungsrechten und die Erlaubnis zur Werknutzung Anspruch auf die vertraglich vereinbarte Vergütung. Ist die Höhe der Vergütung nicht bestimmt, gilt eine angemessene Vergütung als vereinbart *(§ 32 UrhG)*.

Es gibt jedoch auch einige gesetzlich zulässige Nutzungen, die ohne Zustimmung des Urhebers erlaubt sind:

- Berichterstattung über Tagesereignisse *(§ 50 UrhG)*
- Zitate *(§ 51 UrhG)*
- Unterricht und Lehre *(§ 60 a UrhG)*.
  Zur Veranschaulichung des Unterrichts und der Lehre an Bildungseinrichtungen dürfen zu nicht kommerziellen Zwecken bis zu 15 % eines veröffentlichten Werkes genutzt werden

Strafen

Wer in anderen als den gesetzlich zugelassenen Fällen ohne Einwilligung des Berechtigten ein Werk oder eine Bearbeitung oder Umgestaltung eines Werkes vervielfältigt, verbreitet oder öffentlich wiedergibt, wird mit **Freiheitsstrafe bis zu drei Jahren oder mit Geldstrafe** bestraft *(§ 106 UrhG)*.

Quellenangaben

Die Übernahme fremden Gedankengutes in wissenschaftlichen Arbeiten und in schulischen Arbeiten ist zu kennzeichnen und mit einer Quellenangabe zu versehen. Andernfalls handelt es sich um einen **Betrugs- bzw. Täuschungsversuch**.

Quellenangaben enthalten folgende Bestandteile:
- Autor und Titel
- Erscheinungsort und Erscheinungsjahr, ggfs. Verlag und Seitenzahlen
- bei Internetquellen: Komplette URL-Adresse mit dem Datum des letzten Zugriffs

Die Kennzeichnung fremden Gedankengutes erfolgt im Text, die Quellenangabe als **Fußnote** auf der entsprechenden Seite oder im Anhang der Arbeit.

Ein Zitat ist die wörtliche Übernahme eines fremden Textes. Zitate sind im Text in Anführungsstrichen zu setzen. Sinngemäße Übernahmen mit dem Wort „vergleiche" oder „vgl." zu versehen.

Beispiele

Zitat: Müller kommt in einer Studie zu dem Ergebnis, „dass die staatliche Förderung der privaten Altersvorsorge dringend reformbedürftig ist".[1)]
Sinngemäße Übernahme: In einer Studie stellt Müller bei der privaten, staatlich geförderten Altersvorsorge einen großen Reformbedarf fest.[2)]
Zitat: „Die Zahl der Wohn-Riesterverträge ist im vergangenen Jahr nur um 43000 gestiegen." [3)]
Quellenangaben:

1) Müller, Lukas, Altersvorsorge im Abseits, Köln 2020, Steuber-Verlag, S. 55

2) Vgl. Müller, Lukas, Altersvorsorge im Abseits, Köln 2020, Steuber-Verlag, S. 55

3) Statistik zur privaten Altersvorsorge (Riester-Rente) – BMAS, ohne Verfasser, https://www.bankeninfo.de, abgerufen am 06.03.2020

2.2.3 Chancen und Risiken bei der Nutzung sozialer Medien

Soziale Medien (Social Media) sind Internetplattformen, die es den Nutzern ermöglichen, digital miteinander zu kommunizieren und Dateien *(z. B. Texte, Fotos, Videos, Musikstücke)* mit anderen Nutzern zu teilen. Im Unterschied zu traditionellen Medien *(z. B. Zeitungen, Fernsehen)* sind die Nutzer Sender <u>und</u> Empfänger von Informationen. Im Rahmen dieser sozialen Interaktion stellen Nutzer eigene Inhalte (Posts; *z. B. Meinungen, Erlebnisberichte, Fotos, Videos)* auf einer Plattform ein und kommentieren die Beiträge anderer Nutzer.

Plattformen von sozialen Medien sind Facebook, YouTube, Twitter, Instagram, Snapchat und viele weitere Blogs, Foto-, Video- und Bewertungsplattformen.

Zu den sozialen Medien gehören **soziale Netzwerke** *(z. B. Facebook)*, auf denen registrierte Nutzer ein **persönliches Profil** von sich veröffentlichen, um sich auf einer Plattform mit Freunden, Bekannten und Kollegen zu vernetzen. Der Nutzer entscheidet, ob die von ihm eingestellten Informationen allen Nutzer oder nur bestimmten Gruppenmitgliedern zugänglich sind.

▶ Social Media als Werbe- und Marketinginstrumente

Eine Analyse der Nutzerprofile ermöglicht zielgenaue Werbe- und Marketingmaßnahmen. Zudem können Kreditinstitute Plattformen *(z. B. YouTube)* für Sachinformationen *(z. B. Erklärvideos)* nutzen, die einen positiven Einfluss auf potenzielle Kunden ausüben. „Influencer", die eine hohe Reichweite in bestimmten Netzwerken haben, eignen sich als Kooperationspartner.

Eine große Bedeutung für das Ansehen und die Wertschätzung haben die in sozialen Netzwerken verbreiteten **Kundenbewertungen** (Reviews). Die Zahl der positiven und negativen Bewertungen im Internet ist für viele Nutzer ein wichtiges Kriterium bei der Wahl ihrer Geschäftspartner. Da jeder Nutzer ungefiltert und ungeprüft seine Meinung äußern darf, kann dies auch eine Gefahr darstellen. Unbedachte Äußerungen, Beiträge und Handlungen von Mitarbeitern können einen Imageschaden oder im Extremfall gar einen „Shitstorm" verursachen. Das Kreditinstitut sollte die eigene Onlinereputation und Kundenzufriedenheit stetig überwachen und bei Bedarf Strategien entwickeln, um diese zu verbessern.

Weitere **Vorteile** von Marketingmaßnahmen auf Social-Media-Plattformen:

- Stärkung der Kundenbeziehung
  Über soziale Medien lassen sich einfach und bequem Kontakte herstellen, pflegen und intensivieren.
- hohe Reichweite der Aktivitäten
  Sehr viele Menschen nutzen Social-Media-Plattformen. So hat Facebook zum Beispiel weltweit fast 2 Mrd. Nutzer. Mehr als 50 % der Nutzer sind mindestens einmal täglich für längere Zeit auf den Facebook-Seiten.
- lange Wirkungsdauer
  Inhalte auf den Portalen bleiben lange online, sodass Nutzer diese auch nach langer Zeit noch aufrufen können.
- Nutzung medialer Vielfalt
  Es sind multimediale Präsentationen *(z. B. Videos, Fotos, Podcasts)* möglich.

Fast alle Kreditinstitute sind in den sozialen Medien aktiv und versuchen durch Weiterempfehlungen und Likes ihre Reichweite zu erhöhen. **Faktoren für die Weiterempfehlung** von Social-Media-Seiten sind

- aktuelle und interessante Inhalte,
- eine lebendige Community und
- die persönliche Ansprache der Nutzer.

Um Nutzer zur Interaktion zu motivieren, kann das Kreditinstitut zum Beispiel Diskussionen eröffnen oder Gewinnspiele anbieten.

Risiken von sozialen Medien

Verminderung des Selbstwertgefühls

Die virtuelle Glitzerwelt hat häufig nur wenig mit der Realität zu tun. Nutzer „schönen" ihre Profile, sie bearbeiten Fotos mit Photoshop vor dem Hochladen und posten ständig „Erfolgsmeldungen" von tollen Partys, Freizeitaktivitäten und Urlaubsreisen. Vor allem Jugendliche, die diese inszenierte digitale Scheinwelt für Realität halten, können dadurch Minderwertigkeitsgefühle entwickeln.

Vor diesem Hintergrund „flüchten" einige der Betroffenen in eine virtuelle Welt, in der sie viel Zeit verbringen, und vernachlässigen ihre realen sozialen Kontakte.

Hetze im Internet

Extremisten nutzen das Internet für Hetzkampagnen gegen Minderheiten, Ausländer und politisch Andersdenkende. Dabei streuen sie gezielt Falschmeldungen und Übertreibungen, um bestimmte Personengruppen zu diffamieren. Nutzer sollten Informationen aus dem Internet immer auf ihren Wahrheitsgehalt prüfen und Beleidigungen, Drohungen und extremistische Äußerungen dem Provider melden und bei der Polizei anzeigen.

Cybermobbing

Beim Cybermobbing wird eine Person in den sozialen Medien über eine längere Zeit hinweg regelmäßig durch andere schikaniert, seelisch verletzt oder gequält. Viele Jugendliche waren schon Opfer von Cybermobbing.

Eine niedrige Hemmschwelle sowie die große Reichweite und dauerhafte Verfügbarkeit digitaler Medien fördern das Cybermobbing.

Niedrige Hemmschwelle durch „unechte" Kommunikation	• Die Täter müssen dem Opfer nicht „in die Augen schauen". • Die Kommunikation verläuft (zunächst) nur in eine Richtung; Täter können ihre Bösartigkeiten ohne eine prompte Gegenreaktion des Opfers „abladen". • Die Täter haben die Möglichkeit, sich über gefälschte Profile oder nicht nachvollziehbare Posts anonym zu äußern.
Große Reichweite	In realen Situationen *(z. B. innerhalb einer Klasse oder eines Teams am Arbeitsplatz)* erreichen Täter mit beleidigenden und herabsetzenden Beiträgen nur einen begrenzten Personenkreis; beim Cybermobbing können sie alle Nutzer einer Plattform oder Community einbeziehen.
Dauerhafte Verfügbarkeit	• Das Internet steht den Tätern rund um die Uhr offen. • Das Internet vergisst nicht; was einmal gepostet wird, ist in der Regel immer wieder abrufbar.

Jeder sollte sich vor gezielten Anfeindungen im Internet schützen. Dabei kommt es darauf an, den potenziellen Tätern keine Angriffsfläche zu bieten.

Tipps zum Schutz vor Cybermobbing
1. Seien Sie vorsichtig und sparsam beim Umgang mit persönlichen Daten im Netz!
Allzu intime Dinge sollten Sie nicht über das Internet teilen. Aber auch harmlose Bilder oder Darstellungen können durch Manipulationen zur gefährlichen Cybermobbing-Waffe werden.
2. Seien Sie kritisch im Umgang mit „Freunden"!
In den sozialen Medien bieten sich regelmäßig Menschen als „Freunde" an, die man im wirklichen Leben gar nicht kennt. Diesen Personen sollten Sie Privates nicht zugänglich machen.
3. Seien Sie angemessen zurückhaltend und sachlich in Diskussionen!
Es ist wichtig eine Meinung zu haben und Position zu beziehen. Dabei sollten Sie jedoch sachlich bleiben und nicht zu emotional agieren, vor allem nicht zu persönlich im Ton, auch wenn Sie sich über die Meinung oder Einstellung einer anderen Person noch so sehr ärgern.

Verletzung des Urheberrechts

Bei der Veröffentlichung von fremden Texten, Fotos, Videos und Musik sind die Rechte des Urhebers zu beachten. Das unbedachte Hochladen und Herunterladen fremder Werke kann zu hohen Strafen führen.

Sicherheitsrisiken

Kriminelle nutzen soziale Netzwerke, um an sensible Daten von Nutzern wie Passwörter und PINs zu kommen. Dazu nutzen Sie auch Schadsoftware *(Viren, Trojaner usw.)*. Bei diesem „Identitätsdiebstahl" begehen sie strafbare Handlungen unter dem Namen eines ahnungslosen Nutzers.

2.3 Anwendungs-Know-how für die Nutzung digitaler Medien

2.3.1 Informationsbeschaffung aus dem Internet

Die Informationsbeschaffung aus dem Internet scheint leicht zu sein. Führt doch die Eingabe eines Begriffes bei Google im Bruchteil von Sekunden oft zu mehreren Millionen Ergebnissen. Diese Zahl sagt jedoch nicht über die Qualität und Seriosität der angezeigten Internetseiten aus.

Für eine Internetrecherche kommen vor allem drei Quellen in Frage:
- Suchmaschinen *(z. B. Google)*
- Wikipedia
- Soziale Medien *(z. B. Facebook)*

Suchmaschinen	
Hintergründe	Suchmaschinen arbeiten als *Webcrawler*, die sich über Links von Webseite zu Website hangeln. Die Ergebnisse erscheinen in einer Rangfolge *(PageRank)*, die nach einem Algorithmus bestimmt wird, dessen Funktionsweise jedoch nur dem Betreiber der Suchmaschine bekannt ist. Dabei berücksichtigt der Anbieter auch das Suchverhalten des Nutzers in der Vergangenheit. Dies führt zum Beispiel dazu, dass unterschiedliche Nutzer bei einem gleichen Stichwort unterschiedliche Ergebnisse erhalten. Die ausgewiesene Rangfolge lässt keine Rückschlüsse auf Güte und Zuverlässigkeit eines Beitrages zu.
Tipps für den Gebrauch	Suchmaschinen greifen eine riesige Menge an Webseiten ab. Der Suchindex des Marktführers Google beispielsweise umfasst Milliarden von Webseiten und ist über 100 Mio. Gigabyte groß. Bei einer gezielten Suche sollte man die Eingabe verfeinern, z. B. durch • Verwendung von Operatoren wie „und“, „oder“ (bzw. „and“, „or“). • genauere Angabe der gesuchten Informationen (Bilder, Videos usw.). • erweiterte Einstellungen (Suche nach bestimmten Wörtern in Verbindung mit dem gesuchten Begriff, Eingrenzung auf Sprache, Region usw.)

Wikipedia	
Hintergründe	Wikipedia ist eine freie, durch Beiträge ehrenamtlicher und freiwilliger Autoren bestückte Online-Enzyklopädie. Der Name setzt sich zusammen aus *wiki* (hawaiianisch für „schnell“) und den beiden letzten Silben des englischen Wortes *encyclopedia*. Die Wikipedia in deutscher Sprache ist mit ca. 2,5 Mio. Einträgen die viertgrößte. Die englischsprachige Wikipedia steht mit etwa 6 Mio. Einträgen an der Spitze.
Tipps für den Gebrauch	Wikipedia verfügt zwar über ein Qualitätsmanagement, dennoch besteht die Gefahr, dass (zumindest zeitweise) fehlerhafte, unvollständige oder einseitige Texte auftauchen. Bei der Informationsbeschaffung über Wikipedia sollte man daher Maßnahmen zur Überprüfung der Qualität ergreifen: • Hintergrundinformationen zu einem Artikel abrufen (Anklicken am Ende des Beitrags) – zur Bearbeitungshistorie (Hinweise zur Entstehungsgeschichte des Beitrages und seiner Fachbegriffe). – zur Abrufstatistik (Seitenaufrufe, Bearbeitungen). – zu den Autoren (ggfs. biografische Daten, Verweise auf andere Beiträge des Autors). • Werkzeuge zur Beurteilung der Qualität von Beiträgen *(z. B. WikiWatch)* nutzen, um Artikel und Autoren zu bewerten.

Social Media	
Hintergründe	Über Facebook, Twitter, YouTube und Co. werden riesige Mengen an Fotos, Videos, Texten usw. veröffentlicht. Social-Media-Angebote stellen daher eine wichtige Quelle für aktuelle Informationen aus dem Internet dar. Ein sehr großer Teil der Informationen wird von Menschen zur Verfügung gestellt, die dem Informationssuchenden nicht bekannt sind.
Tipps für den Gebrauch	Personen- und Unternehmensprofile werden bei den Social-Media-Plattformen in der Regel nicht verifiziert. Bei der Informationsbeschaffung über Social-Media-Angebote sollte der Nutzer daher zunächst Hintergründe zu einem Profil und zu den dort aufgefundenen Materialen klären, indem er Antworten auf folgende Fragen sucht: • Wie lange ist das Profil bereits online? • Liegen unter dem Profil regelmäßige Einträge vor? • Ist die Profilbeschreibung nachvollziehbar? • Unterhält der Profil-Nutzer auch Profile bei anderen Social-Media-Angeboten? • Werden Einträge häufig geteilt? • Wirken Fotos oder Videos glaubhaft?

2.3.2 Office-Programme

Im Beruf, in der Schule, im Studium und im Privatleben müssen Bankkaufleute Office-Programme beherrschen. Dazu gehören insbesondere folgende Programme:
- Textbearbeitungsprogramme *(z. B. Word)*
- Tabellenkalkulationsprogramme *(z. B. Excel)*
- Präsentationsprogramme *(z. B. PowerPoint)*
- E-Mail-Programme *(z. B. Outlook)*
- Programme zum Führen elektronischer Notizbücher *(z. B. OneNote)*
- Datenbankprogramme *(z. B. Access)*
- Cloudprogramme *(z. B. OneDrive)*

Die Programme der verschiedenen Anbieter beinhalten zwar ähnliche Nutzungsmöglichkeiten, unterscheiden sich jedoch in den einzelnen Funktionen und in den Benutzeroberflächen. Es kann Probleme geben, wenn die in einem bestimmten Programm *(z. B. Microsoft Office)* erstellten Dateien später auf einem anderen Rechner mit einer anderen Software *(z. B. Apple Office, Google Office, OpenOffice)* verwendet werden sollen.

Hilfefunktionen in den Apps, Erklärungen auf den Webseiten der Anbieter und Erklärvideos *(z. B. auf YouTube)* helfen beim Erlernen der für die Nutzung der Programme notwendigen Kenntnisse.

2.3.2.1 Erstellung von Dokumentenvorlagen

Dokumentenvorlagen erleichtern die Erstellung von Schriftstücken *(z. B. Geschäftsbriefe, Rechnungen, Einladungen)*, Tabellenkalkulationen und Präsentationen, da sie für die verschiedenen Verwendungen gestaltet und formatiert wurden. Sie können für wiederkehrende Aufgaben immer wieder verwendet werden.

Die Microsoft Office-Programme Word, Excel und PowerPoint bieten eine Vielzahl von vorgefertigten Vorlagen, die der Nutzer an seine Bedürfnisse anpassen kann. Er kann aber auch völlig neue Vorlagen erstellen.

Die Vorlagen werden bei Microsoft Office wie folgt aufgerufen:

Registerkarte „Datei", dann auf „Neu" klicken.

Beispiel: Vorlagen Word-Geschäftsbriefe

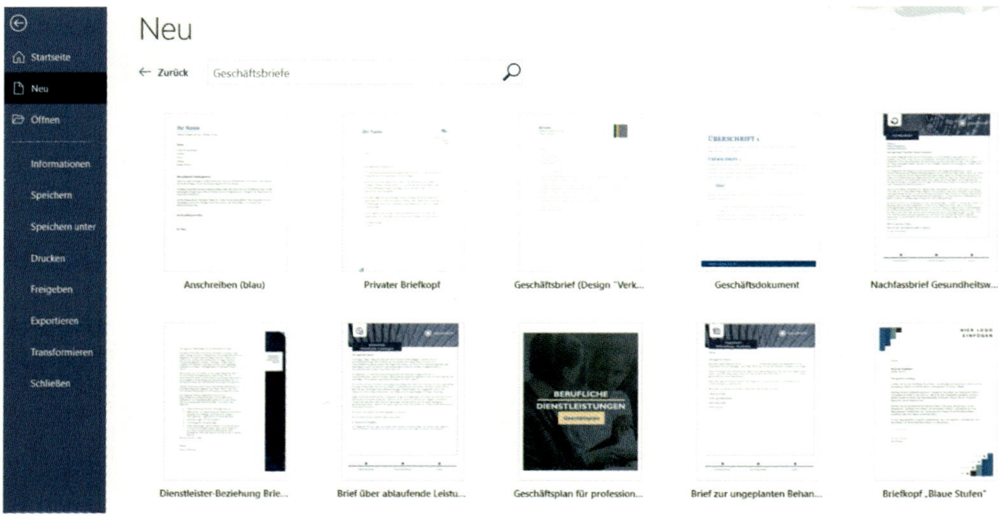

Vorlagen haben eine andere Endung als Dokumente und werden im Ordner „Vorlagen" gespeichert.

Beispiel

Endung bei Word-Dokument: „docx"
Endung bei Vorlagen: „dotx"

Vorlagen werden automatisch als Dokumente geöffnet *(z. B. als Worddokument mit der Endung „docx")*. Die neuen Dokumente kann der Nutzer dann an einem beliebigen Ort speichern. Die Vorlage bleibt unverändert an ihrem Speicherplatz erhalten und kann immer wieder aufgerufen werden. Möchte der Nutzer ein Dokument als Vorlage speichern, muss er die Endung „dotx" anfügen oder bei der Registerkarte „Start" – „Speichern unter" in dem Ausklappmenü unter dem Dateinamen als Format „Word-Vorlage (*dotx)" anklicken.

Beispiel: Excel-Vorlage

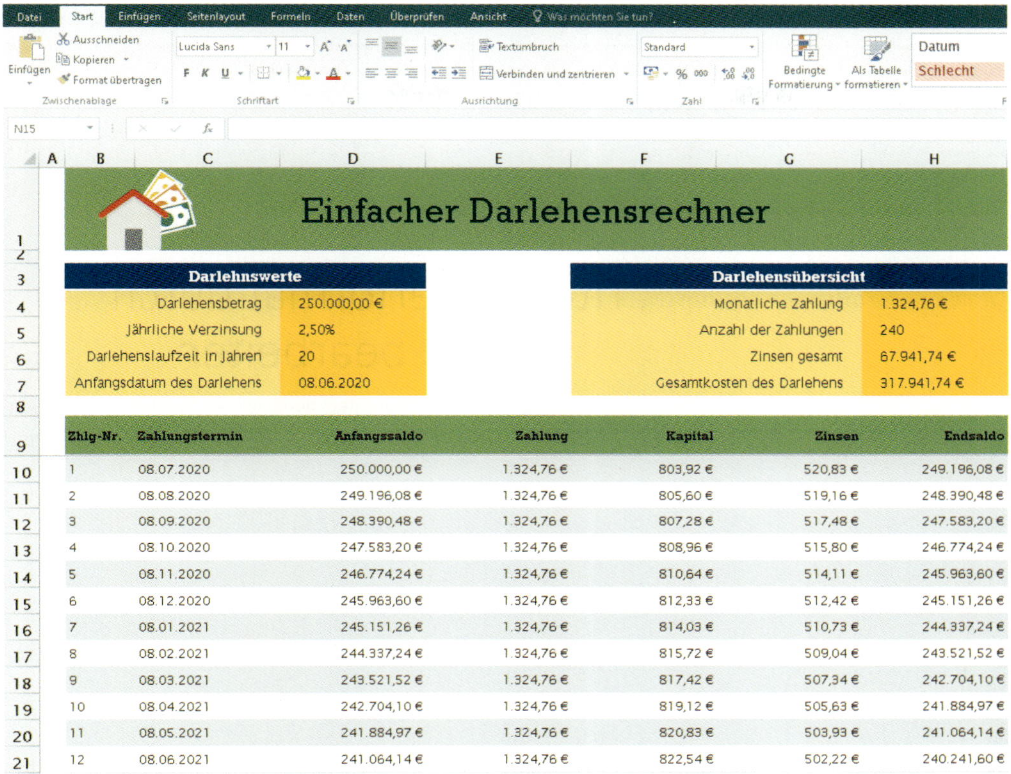

Darlehnswerte	
Darlehensbetrag	250.000,00 €
Jährliche Verzinsung	2,50%
Darlehenslaufzeit in Jahren	20
Anfangsdatum des Darlehens	08.06.2020

Darlehensübersicht	
Monatliche Zahlung	1.324,76 €
Anzahl der Zahlungen	240
Zinsen gesamt	67.941,74 €
Gesamtkosten des Darlehens	317.941,74 €

Zhlg-Nr.	Zahlungstermin	Anfangssaldo	Zahlung	Kapital	Zinsen	Endsaldo
1	08.07.2020	250.000,00 €	1.324,76 €	803,92 €	520,83 €	249.196,08 €
2	08.08.2020	249.196,08 €	1.324,76 €	805,60 €	519,16 €	248.390,48 €
3	08.09.2020	248.390,48 €	1.324,76 €	807,28 €	517,48 €	247.583,20 €
4	08.10.2020	247.583,20 €	1.324,76 €	808,96 €	515,80 €	246.774,24 €
5	08.11.2020	246.774,24 €	1.324,76 €	810,64 €	514,11 €	245.963,60 €
6	08.12.2020	245.963,60 €	1.324,76 €	812,33 €	512,42 €	245.151,26 €
7	08.01.2021	245.151,26 €	1.324,76 €	814,03 €	510,73 €	244.337,24 €
8	08.02.2021	244.337,24 €	1.324,76 €	815,72 €	509,04 €	243.521,52 €
9	08.03.2021	243.521,52 €	1.324,76 €	817,42 €	507,34 €	242.704,10 €
10	08.04.2021	242.704,10 €	1.324,76 €	819,12 €	505,63 €	241.884,97 €
11	08.05.2021	241.884,97 €	1.324,76 €	820,83 €	503,93 €	241.064,14 €
12	08.06.2021	241.064,14 €	1.324,76 €	822,54 €	502,22 €	240.241,60 €

2.3.2.2 Präsentationsprogramme

Präsentationsprogramme unterstützen die Erarbeitung und Präsentation eines Vortrages. Die erstellten Folien können Texte, Bilder, Grafikclips, Tabellen, Diagramme, Filmausschnitte und Musikdateien in einem einheitlichen Layout darstellen. Es gibt eine Fülle von Präsentationsprogrammen *(z. B. KeyNote, Prezi, PowerPoint oder Google Slides)*. Besonders verbreitet ist die Nutzung von PowerPoint, das zum Office-Programm von Microsoft gehört.

Die zentralen Herausforderungen im Umgang mit Präsentationsprogrammen liegen weniger in der technischen Bedienung des Programms selbst, sondern vielmehr in Fragen des Layouts und der sonstigen Gestaltung (Einfügen von Objekten, Animation).

▶ Folienmaster

Eine Präsentationsfolie besteht aus zwei Ebenen. Die untere Ebene, der sogenannte Folienmaster, zeigt die Elemente, die auf allen Folien zu sehen sein sollen. Dazu zählen vor allem Hintergrundbilder, Kopf- und Fußzeilen oder sonstige Platzhalter *(z. B. Firmenlogo)*. Die obere Ebene enthält Elemente, die jeweils nur auf einer bestimmten Folie gezeigt werden sollen. Als Platzhalter lassen sich das Datum oder die Foliennummer einfügen, die dann automatisch generiert werden. Des Weiteren kann für die Überschrift der jeweiligen Folie (obere Ebene) auf dem Master (untere Ebene) ein Platzhalter erstellt werden.

Über *Ansicht* → *Folienmaster* kann der Folienmaster aufgerufen werden.

Beispiel: Folienmaster bei PowerPoint

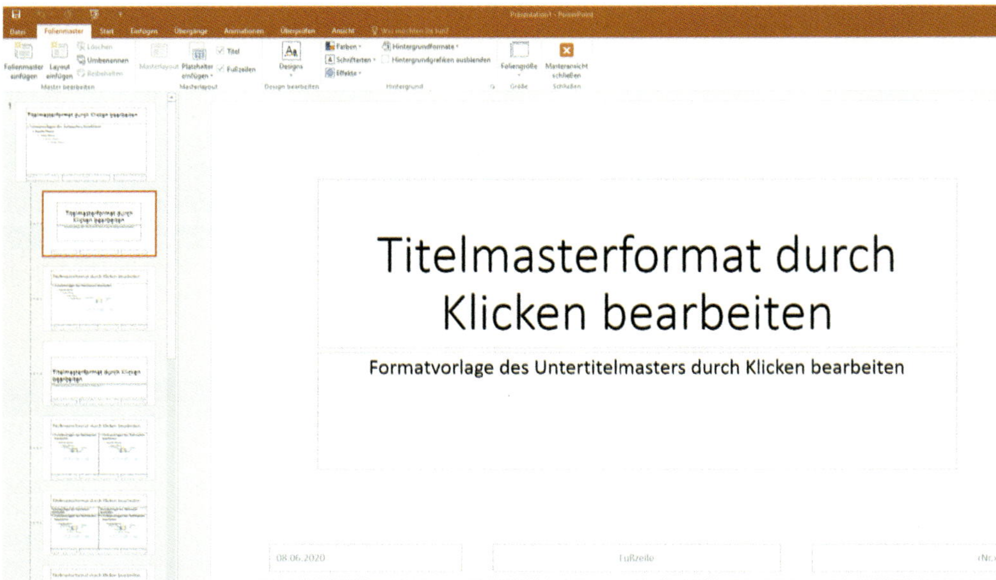

▸ Farbliche Grundgestaltung

Für eine positive Wirkung auf die Zuhörer ist die farbliche Grundgestaltung ein wichtiger Faktor. Es sollten deutliche, gedeckte Kontraste verwendet werden. Am besten eignet sich hierfür ein weißer Hintergrund mit einer schwarzen Schrift. Nach dem Grundsatz: „Nicht zu bunt, nicht zu grell!" sollte die Anzahl an Farben beschränkt werden.

▸ Einfügen von Objekten

Bilder, Formen, Cliparts, Diagramme, Video- und Audiodateien und sonstige Objekte *(z. B. Excel-Tabellen, Word-Dokumente)* lassen sich über das Element „Einfügen" ansteuern und so leicht in eine Folie integrieren. Formeln können über einen Formeleditor generiert werden. Auch Verknüpfungen zu Internetlinks können hergestellt werden.

Beispiel: Bereich „Einfügen" bei PowerPoint

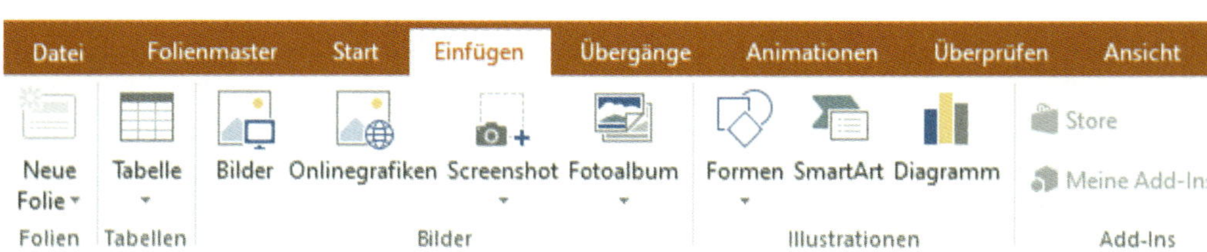

Bei Fotos, Video- oder Audiodateien ist zu beachten, dass sie je nach Format viel Speicherplatz in Anspruch nehmen. Zu viele solcher Dateien erschweren daher das Senden der Datei per E-Mail und bei „schwächerer" Hardware die Durchführung der Präsentation.

▸ **Animationen**

Animationen können eine Präsentation anschaulicher und lebhafter machen. Wenn zum Beispiel bei einer komplexen Grafik die Elemente sukzessiv eingeblendet werden, erleichtert dies dem Zuhörer mit den entsprechenden Erläuterungen des Referenten das Verständnis. Aber es gilt der Grundsatz: Keine Überfrachtung! Präsentationsprogramme bieten eine reichhaltige Fülle von Animationen hinsichtlich Schrift-, Füllfarbe, Einblenden von Bestandteilen usw. Es ist sinnvoll, aus den Animationsmöglichkeiten einige passend erscheinende Formen auszuwählen und immer die gleiche Animation für den gleichen Elementtyp, zu verwenden, zum Beispiel „Erscheinen" für Überschrift 1, „Blenden" für Überschrift 2 usw.

Beispiel: Bereich „Animationen" bei PowerPoint

2.3.3 Kollaboratives Arbeiten

Beim **kollaborativen Arbeiten** erstellen die Mitglieder eines Teams **gemeinsam und gleichzeitig** mithilfe eines digitalen Werkzeugs Dokumente, koordinieren Termine und kommunizieren miteinander.

Kollaboration ist mehr als Kooperation. In kooperativen Arbeitsformen wird die Arbeit an einer komplexen Aufgabe unter den Gruppenmitgliedern aufgeteilt, sodass die erarbeiteten Teilprodukte später zu einem Endprodukt zusammengeführt werden können. Kollaboratives Arbeiten erfolgt hingegen auf einer gemeinsamen digitalen Plattform. Die Dokumente und Unterlagen *(z. B. Terminpläne, Kalkulationen, Ablaufpläne)* sind in einer Cloud gespeichert, auf die alle Teilnehmer zugreifen können. Sie können Änderungen vornehmen und neue Inhalte einstellen. In der Cloud ist stets der aktuelle Zustand sichtbar.

Beispiel

Eine Arbeitsgruppe soll einen Gesprächsleitfaden zur Beratung bei der Eröffnung eines Kontos für einen Neukunden erarbeiten.
Bei einer traditionellen Gruppenarbeit teilen sich die Mitglieder die Arbeit oft auf. So beschäftigen sich beispielsweise zwei Personen mit kommunikativen Aspekten (Begrüßung, Abschluss des Gesprächs usw.) und die anderen mit inhaltlichen Aspekten (Kontoart, Identitätsfeststellung usw.). Ihre Teilergebnisse führen sie dann zusammen und erstellen aus mehreren Dokumenten den Leitfaden.
Bei der kollaborativen Bearbeitung arbeiten alle Gruppenmitglieder von vornherein in einem gemeinsamen Dokument.

Kollaborative Arbeiten auf einer digitalen Plattform ermöglicht es den Teilnehmer, gemeinsam
- Ablauf- und Arbeitspläne zu entwickeln,
- Dokumente und Präsentationen zu erstellen,
- Terminabsprachen zu treffen,
- Probleme zu diskutieren (Chat, Audio- und Videobesprechungen),
- Absprachen und Teilergebnisse festzuhalten und

- die Ergebnisse und den Bearbeitungsprozess zu bewerten.

Kollaboratives Arbeiten hat in der Praxis eine zunehmende Bedeutung. Für die Erledigung größerer Aufgabenstellungen setzen Unternehmen Teams ein, deren Mitglieder oft aus unterschiedlichen Fachabteilungen kommen.

Kollaborative Arbeitsformen weisen gegenüber kooperativen Arbeitsformen viele **Vorteile** auf.

- Der Einsatz digitaler Werkzeuge ermöglicht sowohl zeitgleiches als auch zeitversetztes Arbeiten. Die Teammitglieder sind außerdem nicht zwingend an einen bestimmten physischen Ort gebunden.
- Die Zusammenarbeit der Mitglieder ist viel intensiver, da alle von vorneherein zur gemeinsamen Arbeit an jeweils einem Teilprodukt angehalten sind – bis hin zum fertigen Endprodukt.
- Die Intensivierung der Zusammenarbeit bringt eine verbesserte Motivation, eine stärkere Gruppendynamik und ein höheres Gemeinschaftsgefühl mit sich. Außerdem steigt der Identifikationswert in Bezug auf das Ergebnis des Erarbeitungsprozesses.
- Die veränderten Prozesse erleichtern die Kommunikation und schaffen Transparenz für alle Teammitglieder.

Digitale Werkzeuge für kollaboratives Arbeiten		
Logo	**Bezeichnung**	**Einsatzmöglichkeiten**
	Microsoft Teams	• gemeinsame Erstellung von Textdokumenten, Tabellen, Präsentationen • Chatfunktion, Audio- und Videokonferenzen • Terminkalender • To-Do-Listen
	Google Docs Google Tabellen Google Präsentationen	gemeinsame Erstellung von Textdokumenten, Tabellen, Präsentationen
	KAHOOT!	Umfragen und Lernspiele
	ZUMpad	gemeinsame Textverarbeitung
	Edkimo	Feedback und Evaluation von Lernprozessen
:Padlet	padlet	Online-Zusammenarbeit über Texte, Fotos, Links und andere Inhalte

2.4 Informatische Grundlagen

Der Umgang mit digitalen Medien erfordert Grundlagenkenntnisse über die Gefahren, die in der virtuellen Welt lauern, und wie sich der Nutzer vor ihnen schützen kann. Ziel ist es
- den eigenen PC von Cyberangriffen zu schützen,
- Sicherheitsaspekte bei E-Mails zu beachten und
- sicher im Internet zu surfen.

Informatorische Grundlagenkenntnisse erstrecken sich auch auf das Verständnis von der Art und Weise, wie Computer arbeiten. Computer „denken“ in Algorithmen. Ein **Algorithmus** ist eine eindeutige Handlungsvorschrift (Folge von Anweisungen) zur Lösung einer Aufgabe. Computerprogramme beruhen auf Algorithmen. Sie enthalten definierte Anweisungen, die der Rechner Schritt für Schritt abarbeitet, um ein bestimmtes Ergebnis zu erreichen.

Die Arbeit mit Tabellenkalkulationsprogrammen (Excel) verdeutlicht den Aufbau von einfachen Programmierungen.

2.4.1 Sicherheit des PC

2.4.1.1 Passwörter und Passwortmanager

▶ Passwörter

Passwörter sollen den Zugang zu sozialen Medien, E-Mail-Konten, Onlineshops und Bankkonten schützen und verhindern, dass Unbefugte vertrauliche Daten einsehen oder vielleicht sogar für kriminelle Handlungen nutzen.

Dazu werden jedoch **starke Passwörter** benötigt, denn schwache Passwörter *(z. B. „123456“ oder „qwert“)* sind von Hackern leicht zu knacken. Diese haben Werkzeuge, die vollautomatisch alle möglichen Zeichenkombinationen ausprobieren, ganze Wörterbücher einschließlich gängiger Kombinationen aus Worten und angefügten Zahlen testen oder einmal im Internet veröffentlichte Zugangsdaten bei allen möglichen Diensten durchprobieren. Um dies zu verhindern, sollte ein Passwort bestimmte **Qualitätsanforderungen** erfüllen und immer **nur für einen Zugang** genutzt werden.

Grundsätzlich gilt, **je länger desto sicherer** ist das Passwort. Als ausreichende Länge gelten in der Regel

- acht bis zwölf Zeichen, wenn das Passwort nur aus zusammenhanglosen Groß- und Kleinbuchstaben, Zahlen und Sonderzeichen besteht.
- 20 bis 25 Zeichen, bei nur zwei Zeichenarten.
- acht Zeichen, bei zwei Zeichenarten und einem zusätzlichen Authentifizierungsinstrument (Mehr-Faktor-Authentisierung; *z. B. Fingerabdruck oder TAN*).

Nicht als Passwörter geeignet sind Angaben aus dem privaten Umfeld des Nutzers, zum Beispiel Namen von Familienmitgliedern, des Haustiers, des besten Freundes, des Lieblingsstars, Geburtsdaten usw. Das vollständige Passwort sollte möglichst nicht in Wörterbüchern vorkommen. Es sollte zudem nicht aus gängigen Varianten und Wiederholungs- oder Tastaturmustern wie „asdfgh“ oder „1234abcd“ bestehen.

Allerdings sind die Fähigkeiten des Menschen, sich viele komplexe Passwörter zu merken, sehr begrenzt. Hilfreich sind „Eselsbrücken“. Man bildet einen einprägsamen Satz und verwendet als Passwort Buchstaben aus den einzelnen Wörtern *(z. B. erster oder zweiter Buchstabe)*, ergänzt um Zahlen und Sonderzeichen.

Beispiel

Merksatz: **M**arkus **w**ohnt **i**n **B**erlin **u**nd **h**at **a**m **4 .** **J**anuar **G**eburtstag**!**
Das Passwort weist zwölf Zeichen mit unterschiedlichen Zeichenarten auf.
Das Passwort lautet:
MwiBuha4.JG!

▸ Passwortmanager

In der Praxis hat ein Nutzer oft viele Accounts, für die er sich nur schwer verschiedene komplexe Passwörter merken kann. Gleiche Passwörter für alle Zugänge zu verwenden, kann aber verheerende Folgen haben, denn haben Hacker dieses Passwort einmal geknackt, testen sie es oft auch bei anderen Internetkonten und erhalten dann Zugang zur gesamten digitalen Identität des Nutzers.

Hilfreich sind **Passwortmanager-Programme**, die Passwörter und Benutzernamen mittels Verschlüsselung und eines komplexen Masterpassworts digital verwahren. Das Programm generiert für alle Zugangskanäle eigene, komplexe Passwörter. Für den Zugang zu diesen Passwörtern benötigt der Nutzer ein **Masterpasswort**. Vergleichbar ist dies mit einem Notizbuch mit vielen Passwörtern, das in einer Schublade eingeschlossen ist. Mit dem Schlüssel (Masterpasswort) kann sich der Besitzer Zugang zum Notizbuch (Passwörter) verschaffen.

Dieses Verfahren hat den Vorteil, dass der Nutzer sich nur ein **Masterpasswort** merken muss und trotzdem alle Internetkonten durch verschiedene Passwörter geschützt sind.

Bei Passwortmanagern gibt es zwei Programmvarianten:

- **im Browser integrierte Passwortmanager**
  Viele Webbrowser verfügen über integrierte Passwortmanager, die beim Aufrufen einer Website automatisch die gespeicherten Zugangsdaten in die entsprechenden Felder eintragen. Dieses Verfahren gilt jedoch nicht als sicher, weil die Zugangsdaten relativ einfach von Schadsoftware extrahiert und somit von einem Angreifer abgegriffen werden können.
- **eigenständiges Passwortmanager-Programm**
  Dies ist die sicherere Variante. Wenn der Nutzer von einem Onlinedienst zur Eingabe von Nutzernahmen und Passwort aufgefordert wird, erscheint auf dem Bildschirm ein Pop-up-Fenster für die Eingabe des Masterpasswortes. Dann gibt das Programm das entsprechende Passwort für diesen Account frei.
  Je nach Software und Anbieter werden die Daten entweder verschlüsselt in der Cloud oder lokal auf dem Rechner des Nutzers abgelegt. Eine Speicherung in der Cloud hat den Vorteil, dass der Nutzer mit all seinen Geräten darauf zugreifen kann.

Bei der Nutzung eines Masterpassworts ist jedoch zu bedenken, dass im schlechtesten Fall alle Passwörter verloren sind, wenn der Nutzer das Masterpasswort vergisst. Dies bedeutet oftmals viel Arbeit, da die einzelnen Zugänge zu den Konten individuell wiederhergestellt werden müssen. Wenn Kriminelle es schaffen, das Masterpasswort auszuspähen, haben sie natürlich ebenfalls Zugriff auf alle Passwörter.

2.4.1.2 Firewall und Antivirenprogramme

▶ Firewall

Computer, die mit dem Internet verbunden sind, haben einen ständigen wechselseitigen Datenfluss mit der Außenwelt. Eine **Firewall** schützt den Rechner vor Cyberangriffen und verhindert, dass über das Internet Schadsoftware (z. B. Malware) auf den Computer gelangt und ungewollt eigene Daten abfließen. Dieser „digitale Türsteher" filtert bzw. blockiert den Datenstrom und entscheidet nach vordefinierten Regeln, welche Datenpakete die Ein- und Ausgänge (Ports) passieren dürfen.

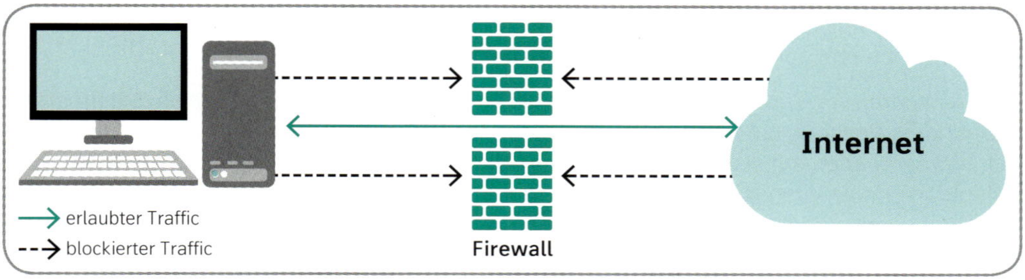

Die Firewall blockiert verdächtige Zugriffsversuche von fremden Computern auf den Rechner und informiert den Nutzer darüber. Der Nutzer kann den Zugriff dann genehmigen oder ablehnen.

Eine **Firewall** bietet folgende **Schutzfunktionen**:
- Kontrolle der Zugriffe auf Internet und Netzwerk
- Absicherung des Datenverkehrs bei ein- und ausgehenden Verbindungen
- aktive Kontrolle von Anwendungen
- Schutz der Privatsphäre
- Alarmierung bei verdächtigen Aktivitäten

Firewalls gibt es in zwei **Varianten**:

- **Personal Firewall** (Desktop Firewall)
  Die Firewall ist auf dem Rechner selbst installiert.

- **externe Firewall**
  Eine Firewall ist auf einer eigenen Hardware installiert, die den Datenfluss zwischen Rechner und Internet kontrolliert. Diese Variante ist bei Firmennetzwerken üblich. Die Schutzfunktionen sind in der Regel deutlich umfangreicher als bei Personal Firewalls.

DSL-Router sind regelmäßig mit einer Firewall ausgestattet, die einen guten Schutz gegen Gefahren aus dem Internet bieten.

Ein Router ist als eigene Hardware beim Datenaustausch zwischen Computer (privates Netzwerk) und dem Internet (öffentliches Netzwerk) geschaltet und bietet als externe Firewall einen guten zusätzlichen Schutz gegen Gefahren aus dem Internet. Zudem ist der Router aufgrund seiner Konfiguration und seines Betriebssystems weniger anfällig für Attacken von Cyberkriminellen.

Zur Sicherheit sollten beim Router folgende Maßnahmen beachtet werden:
- automatische Installation von regelmäßigen Updates, um Sicherheitslücken zu schließen
- Deaktivierung der Funktion Universal Plug and Play (UPnP)
- sicheres Passwort mit mindestens 20 Zeichen verwenden
- sicheres Verschlüsselungsverfahren für WLAN einstellen *(z. B. WPA, WPA2)*

Die meisten DSL-Router blocken Angriffe aus dem Internet zwar ab, doch sie verhindern nicht, dass der PC selbst nach einer Infizierung mit Trojanern, Bots und anderen Schädlingen ungewollt Daten versendet. Deshalb ist eine Desktop-Firewall eine gute Ergänzung zu dem Schutz durch einen DSL-Router.

▸ Antivirenprogramme

Antivirenprogramme sollen auf einem Computer Schadsoftware *(z. B. Viren, Würmer, Trojaner)* aufspüren, blockieren und beseitigen. Die Schädlinge können aus dem Internet trotz einer Firewall bis zum PC vorgedrungen sein oder von anderen Datenträgern *(z. B. USB-Stick)* stammen. Wichtig ist, frühzeitig die Bedrohung zu erkennen, **bevor** Schaddateien den Rechner infiziert haben und dann oft nur noch schwer zu beseitigen sind.

Zum Aufspüren von Schadsoftware scannen die Antivirenprogramme die Dateien und Programme auf dem Rechner, um festzustellen, ob diese Merkmale („Fingerabdrücke") von bekannten Schadprogrammen aufweisen. Demnach kann das Programm in der Regel nur bekannte Viren aufspüren. Einige Virenscanner versuchen zwar anhand bestimmter Merkmale (heuristisches Verfahren) auch unbekannte Viren zu erkennen, jedoch ist dies in der Praxis nur eingeschränkt möglich.

Da täglich neue Schädlinge im Internet auftauchen, erfordert ein wirksamer Schutz des Rechners, dass das Antivirenprogramm stets auf neuesten Stand ist. Die Hersteller aktualisieren die Schutzprogramme laufend im Hinblick auf das Erkennen von neuer Schadsoftware. Durch die Nutzung einer automatischen Aktualisierung (Update-Funktion) kann der Nutzer das Programm immer auf dem neuesten Stand halten.

Echtzeit-Virenscanner

Üblich sind Echtzeitscanner, die schon beim Systemstart automatisch aktiviert werden („Auto-Protect-Funktion") und dann im Hintergrund permanent alle Aktivitäten prüfen. Entdeckt das Programm etwas Verdächtiges, erhält der Nutzer in einem Fenster eine entsprechende Mitteilung und kann entscheiden, was mit der Datei geschehen soll:
- Blockieren des Zugriffs
- Löschen der Datei
- Reparaturversuch (Reinigungsversuch), um das Virus aus der Datei zu entfernen
- Verschieben in einen abgeschotteten Quarantänebereich, in dem das Virus keinen Schaden anrichten kann

Da Echtzeitscanner permanent alle Daten prüfen, binden sie hohe Rechnerleistungen; der Computer kann dadurch bei Anwendungen erheblich langsamer werden. Um die Belastung durch das Programm zu verringern, werden oft einige Dateiformate nur zum Teil oder gar nicht gescannt. Daher sollte man zusätzlich auch einen manuellen Virenscanner einsetzen.

Manueller Virenscanner

Ein manueller Virenscanner gewährleistet, dass **alle** Programme und Dateien auf Schädlinge untersucht werden. Er muss vom Nutzer ausdrücklich oder zeitgesteuert gestartet werden. Dieses Verfahren ist nur ratsam, wenn der Rechner nicht mit dem Internet verbunden ist und keine externen Datenträger verwendet werden. Die Leistung des Computers wird nicht durch ein Virenprogramm geschmälert.

Online-Virenscanner

Das Antivirenprogramm ist nicht auf dem Rechner installiert, sondern scannt die Dateien online über das Internet. Diese Variante hat zwei Nachteile:

- Anders als bei einem Virenscanner auf dem eigenen Computer gibt es bei Online-Virenscannern keinen permanenten Hintergrund-Wächter.
- Online-Anti-Virenprogramme erfordern oft die Aktivierung einer App (ActiveX-Steuerelement), das dem Programm den Zugriff auf alle Dateien erlaubt. Dieses offene Tor (Port) können Hacker jedoch auch gezielt für ihre Angriffe nutzen.

Online-Virenscanner können jedoch in folgenden Fällen hilfreich sein:

- Hat ein Nutzer den Verdacht, dass eine Datei infiziert ist, kann er sie online prüfen lassen. Auch eine Prüfung des gesamten Rechners ist möglich.
- Bestimmte Schädlinge verhindern, dass das installierte Antivirenprogramm diese beseitigen können. Ein Online-Virenscanner kann in diesem Fall die Eindringlinge vielleicht doch noch beseitigen.

2.4.2 Sicheres Surfen im Internet

Das Internet ist eine „Löwengrube". Überall lauern Gefahren. Hacker versuchen, fremde Rechner mit Spyware, Würmern, Viren und Trojanern zu infizieren. Wenn ihnen das gelingt, können sie vertrauliche Daten des Nutzers abgreifen, seine Bankkonten plündern und seinen Rechner lahmlegen.

Neben den allgemeinen Schutzmaßnahmen wie der Einrichtung von **Firewall** und **Antivirenprogrammen** sowie die Verwendung **starker Passwörter** gibt es einige weitere Sicherheitsmerkmale, auf die der User beim Surfen im Internet achten sollte.

Maßnahmen	Beschreibung
System-Updates durchführen	Das **Betriebssystem** *(z. B. Windows)* ist laufend zu **aktualisieren**. In regelmäßigen Updates werden bekannt gewordene Sicherheitslücken geschlossen und somit ein Zugriff auf die Daten verhindert.
Daten verschlüsseln	Onlinebanking-Seiten oder Internetshops sollten https-verschlüsselt sein. Der Hinweis „https" in der Adresszeile und ein geschlossenes grünes Schloss-Symbol in der Statuszeile des Browsers zeigen an, dass es sich um eine geschützte Verbindung handelt.
Download nur aus sicheren Quellen	Digitale Zertifikate bescheinigen die Vertrauenswürdigkeit von Kommunikationspartnern im Internet, z. B. durch einen grünen oder blauen Balken vor der Adresszeile im Webbrowser „Firefox".
Sicherungskopien anfertigen	Das regelmäßige Erstellen von Sicherungskopien der Dateien ist unabdingbar. Sicherungskopien können auf externen Speichermedien *(z. B. USB-Stick, Festplatten)* oder in der Cloud erstellt werden. So kann der Nutzer einen Datenverlust nach einer Infektion des Systems verhindern.
neue Technologien/ Software verwenden	Veraltete Technologien sind oft ein Einfallstor für Schadsoftware. Der Flash-Player beispielsweise ist solch eine veralte Technologie und sollte daher sicherheitshalber deinstalliert werden.

Maßnahmen	Beschreibung
Cookies löschen	Cookies („Kekse" oder „Plätzchen") sind kleine Dateien, die beim Surfen im Internet auf dem eigenen Rechner abgelegt werden. Sie erlauben einem Anbieter, Informationen auf dem Gerät des Nutzers zu hinterlegen und entsprechend seines Surfverhaltens Nutzerprofile anzulegen. Auch Flash-Cookies sollten regelmäßig gelöscht werden. Hierbei handelt es sich um Dateien, die von Webseiten, die den Adobe-Flash-Player einbinden, benutzerspezifische Daten auf das Gerät des Nutzers schreiben und später wieder auslesen können. Flash-Cookies unterliegen denselben Regeln wie die herkömmlichen Cookies. Die Informationsmenge, die sie zu speichern in der Lage sind, ist jedoch um ein Vielfaches größer. Cookies und Flash-Cookies sollten am besten nach jeder Sitzung gelöscht werden. Ein automatisiertes Löschen kann oftmals im Browser unter „Einstellungen" ausgewählt werden.
WLAN-Zugang verschlüsseln	Bei der Verwendung von Funknetzen ist auf die Verschlüsselung der Kommunikation zu achten. Dabei sollte mindestens der **WPA2-Standard** verwendet werden. Die Sicherheit der Internetverbindung in Internetcafés und an öffentlichen Terminals kann vom Nutzer nicht eingeschätzt werden. Er sollte deshalb an diesen Orten keine vertraulichen Anwendungen vornehmen *(z. B. kein Onlinebanking)*.
keine unbekannten Anhänge von E-Mails öffnen	E-Mails mit unbekannten Anhängen sind mit großer Vorsicht zu genießen. Verdächtige E-Mails sollten sofort gelöscht werden, ohne diese vorher zu öffnen.

2.4.3 Sicherheitsaspekte von E-Mails

Mit einer **E-Mail** kann der Absender elektronische Texte und Daten (Anhänge) über Netzwerke direkt an einen oder mehrere bestimmte Empfänger versenden. Allerdings sind mittlerweile rund 80 % aller versandten E-Mails Spam-Mails. Spam-Mails sind unerwünschte Mails, durch die sich der Empfänger belästigt fühlt oder die sogar **Schadprogramme** wie Trojaner oder Viren enthalten können. Auch sogenannte **Phishing-Mails** haben sich zu einem Problem entwickelt. Hierbei handelt es sich um gefälschte E-Mails, die den Eindruck erwecken, beispielsweise von einer Bank oder einem sozialen Netzwerk zu stammen, und über die versucht wird, Passwörter auszuspionieren.

Grundsätzlich gilt:

- Ein Nutzer sollte **nie Anhänge** unbekannter Herkunft **öffnen**, da diese Schadprogramme enthalten können.
- Ein Nutzer sollte **nur in Ausnahmefällen** *(z. B. Link zur Bestätigung bei der Eröffnung eines User-Accounts)* auf einen in der E-Mail hinterlegten **Link klicken**, um eine bestimmte Internetseite aufzurufen. Sie könnten den Leser der E-Mail auf gefälschte Internetseiten weiterleiten, auf denen Datendiebe lauern.
- Ein Nutzer sollte **nie** einer E-Mail-Aufforderung nachkommen, einen Link anzuklicken und dann **Passwörter und PIN einzugeben**. Kreditinstitute fordern ihre Kunden niemals per E-Mail zur Eingabe von Sicherheitsmerkmalen auf. Sollten es doch einmal passieren, dass Daten auf einer gefälschten Seite eingegeben wurden oder eine betrügerische Mail geöffnet wurde, sollte der Betroffene sein Konto sofort sperren lassen.

Auch das E-Mail-Absender-Feld ist kein eindeutiger Hinweis auf die Echtheit des Absenders. Mit geringem Aufwand lassen sich Absenderadressen von E-Mails fälschen und somit die tatsächliche Herkunft verbergen.

Um die E-Mail-Kommunikation effektiv zu schützen, sollten **drei Bereiche verschlüsselt** werden:

Verschlüsselungsbereiche bei E-Mails	
Bereich	**Erläuterungen**
Verbindung zum E-Mail-Anbieter	Das Abrufen oder Versenden von E-Mails ist nur so sicher wie die Verbindung zum E-Mail-Anbieter. Ist die Verbindung ungeschützt, können andere Nutzer im Netzwerk einfach die Login-Daten abgreifen. Die Nutzung eines öffentlichen Netzwerks beispielsweise oder auch eine unverschlüsselte Verbindung in Arbeits- und Privatnetzwerken bieten solche Lücken. Deshalb sollte der gesamte Datenaustausch zwischen dem Client-PC/Browser/E-Mail-Programm und dem Server der Gegenseite nur über SSL-Verbindungen (SSL/TLS) laufen.
E-Mails beim Versand	Eine zweite Sicherheitslücke tut sich auf, wenn die E-Mails den Server des E-Mail-Anbieters verlassen. Sie werden zwischen verschiedenen Servern zumeist aus unterschiedlichen Ländern hin und her geroutet. Dabei können sich Hacker leicht in die Kommunikationswege einklinken und Daten abgreifen („Man-in-the-middle-Angriffe"). E-Mail-Nachrichten sollten daher mit S/MIME *(Secure/Multipurpose Internet Mail Extensions)* oder OpenPGP *(Pretty Good Privacy)* verschlüsselt werden, um Inhalte vor solchen Angriffen zu schützen. Es gibt jeweils einen privaten Schlüssel und einen öffentlichen Schlüssel. Um jemandem eine verschlüsselte Nachricht zu schicken, braucht man dessen öffentlichen Schlüssel und seinen eigenen privaten Schlüssel. Ein Nutzer sollte sich immer bewusst machen, dass unverschlüsselte E-Mails nicht sicherer als Postkarten sind; diese Nachrichten können jederzeit von jedem mitgelesen werden. Zudem ist es oft hilfreich, sich für unterschiedliche Anlässe mehrere E-Mail-Konten zuzulegen – darunter auch anonyme.
gespeicherte oder archivierte Mails	Das Lagern von älteren, gespeicherten oder archivierten E-Mails bietet ebenfalls eine gute Angriffsfläche für Datendiebe, selbst wenn das Gerät, das Betriebssystem und das E-Mail-Programm passwortgeschützt sind. Abhilfe schafft hier das Verschlüsseln des gesamten Endgerätes oder zumindest eine Festplattenverschlüsselung durch ein spezielles Programm, zum Beispiel VeraCrypt.

2.4.4 Excel-Programmierungen

Excel ist ein Tabellen-Kalkulationsprogramm von Microsoft, mit dem Zahlen und Texte in Tabellenform zusammengestellt und ausgewertet werden können. Das Programm ermöglicht außerdem die Erstellung von Diagrammen und mathematischen Statistiken. Ähnliche Kalkulationsprogramme werden auch von anderen Anbietern bereitgestellt *(z. B. Numbers von Apple oder Calc von Libre Office)*.

Im Bankenbereich existieren zahlreiche Möglichkeiten zur Anwendung von Tabellenkalkulationsprogrammen.

Beispiele

- Abrechnungen von Giro-, Spar- oder Festgeldkonten
- Erstellung von Wertpapierabrechnungen
- Erstellung von Abschreibungsplänen

▶ Aufbau des Excel-Arbeitsbereichs

Der Excel-Arbeitsbereich besteht aus sogenannten Mappen, die sich weiter in einzelne Blätter aufteilen lassen. Jedes Blatt verfügt über Zellen, in denen die Daten eingegeben werden können.

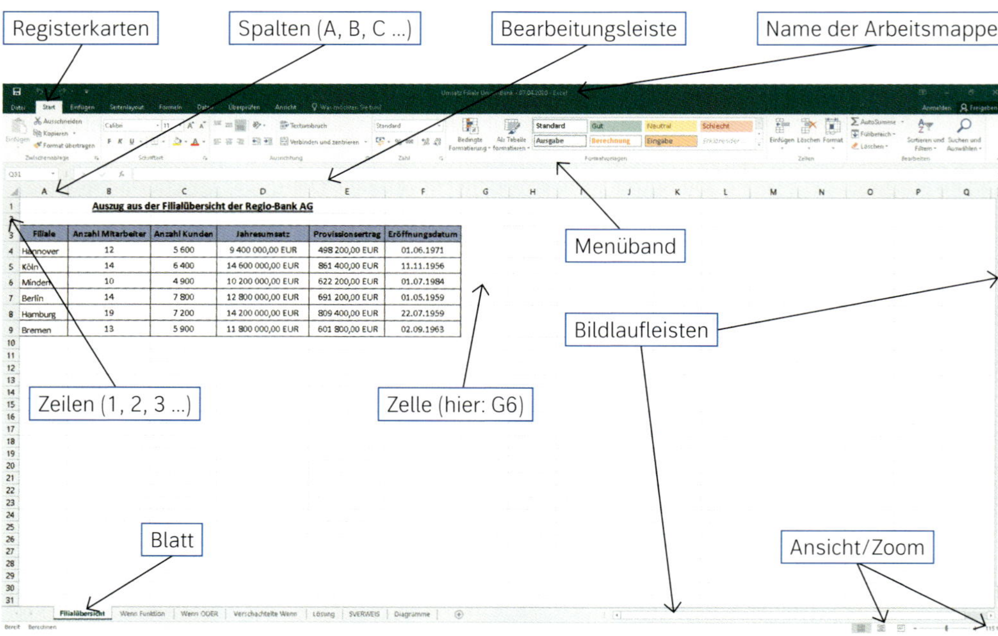

Berechnungen in Excel lassen sich mit Formeln oder Funktionen durchführen. Das Programm verfügt über zahlreiche voreingestellte Funktionen. Zudem können etliche Zellformatierungen *(automatische Währungszeichen, Datum, Uhrzeit ...)* vorgenommen werden.

2.4.4.1 Einfache Formatierungen

Excel-Tabellen lassen sich durch zahlreiche Formatierungsmöglichkeiten optisch ansprechend darstellen beziehungsweise veranschaulichen. Mit einem Klick mit der rechten Maustaste in eine Zelle gelangt man in den Schnellzugriff für Formatierungs-, Einstellungs- und Anpassungsmöglichkeiten. Auch über das Menüband kommt man an die einzelnen Formatierungsmöglichkeiten *(z. B.: Registerkarte Start → Menü Zahl → Zahlenformatierungsoptionen (Symbol in der unteren Ecke im Menü Zahl).*

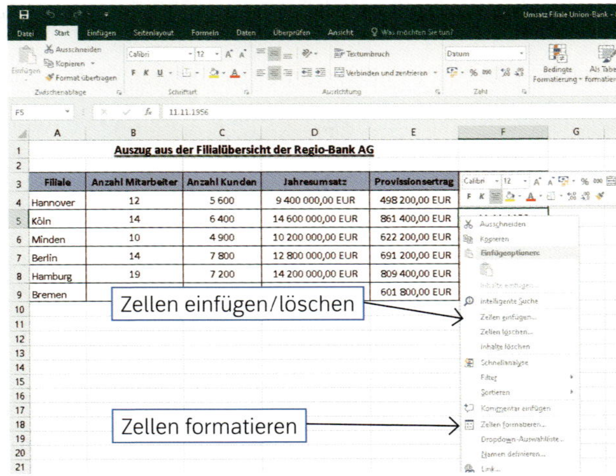

In der Zellformatierung lassen sich beispielsweise Voreinstellungen für *Zahlen* vornehmen *(Währungszeichen, Nachkommastellen, Datum, Uhrzeit …).* Über das Register *Ausrichtung* kann unter anderem die Position des Textes in der Zelle oder auch ein automatischer Textumbruch festgelegt werden. Schriftart, Schriftgröße und Schriftfarbe lassen sich im Register *Schrift* bestimmen. Rahmenart, Rahmenstärke und Art des Rahmens werden im Register *Rahmen* festgelegt. Im Register *Ausfüllen* entscheidet man über die Hintergrundfarbe und das Musterformat. Das letzte Register *Schutz* ermöglicht das Sperren oder Ausblenden von Zellen. Diese Optionen stehen nur zur Verfügung, wenn zuvor das Blatt als geschützt eingestellt wurde. (Registerkarte Überprüfen → Schützen → Schaltfläche Blatt schützen).

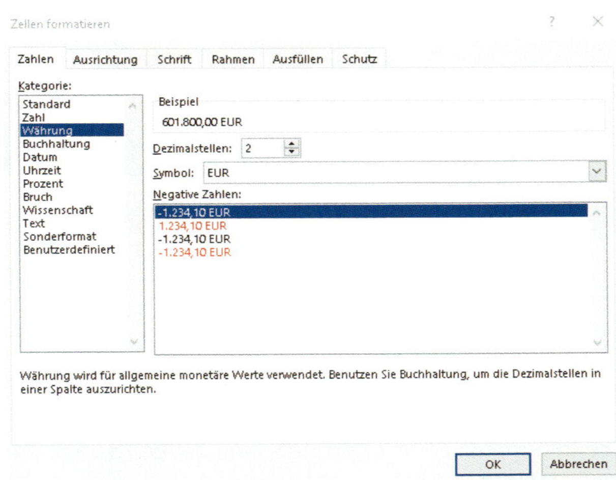

2.4.4.2 Formeln und Funktionen

Formeln werden direkt in die Zelle eingetragen und benötigen immer sogenannte Rechenoperatoren.

Rechenart	Rechenoperator	Rechenart	Rechenoperator
Addition	+	Multiplikation	*
Subtraktion	–	Division	/
Prozent	%		

Funktionen in Excel sind vordefinierte bzw. vorprogrammierte Anweisungen, die Berechnungen in einer bestimmten Reihenfolge ausführen. In Funktionen werden keine mathematischen Operatoren wie + oder – verwendet, sondern nur ein Semikolon (;) oder ein Doppelpunkt (:).

Semikolon: einzelne Zellen werden ausgewählt, z. B. A2;A4 bedeutet A2 UND A4

Doppelpunkt: ein Bereich wird festgelegt, A2:A4 bedeutet A2 BIS A4 (also auch A3)
Der Aufruf von Funktionen ist auf zwei Eingabewegen möglich. Für die Summe von Zahlen bedeutet das zum **Beispiel:**

- **direkte Eingabe: =*Summe(***
  Schon nach der Eingabe der ersten Buchstaben zeigt Excel mögliche Funktionen mit diesen Buchstaben an. Durch Anklicken der Funktion „SUMME" erscheint diese im Eingabefeld, das nun durch Eingabe der Bereiche bzw. Zellen vervollständigt werden können. Die Funktion ist durch eine Klammer zu schließen.
- **Funktionsassistent: „Formeln" – „Funktion einfügen"** – Über Funktion suchen oder auswählen klickt man **„SUMME"** an. Über „Funktionsargumente" können nun die Bereiche (z. B. B4:B8), einzelne Zellen oder mehrere Zellen (z. B. B12+B15) eingeben werden.

Beispiel: Filialen der Regio-Bank AG

	A	B	C	D	E	F
1	**Auszug aus der Filialübersicht der Regio-Bank AG**					
2						
3	**Filiale**	**Anzahl Mitarbeiter**	**Anzahl Kunden**	**Jahresumsatz**	**Provissionsertrag**	**Eröffnungsdatum**
4	Hannover	12	5 600	9 400 000,00 EUR	498 200,00 EUR	01.06.1971
5	Köln	14	6 400	14 600 000,00 EUR	861 400,00 EUR	11.11.1956
6	Minden	10	4 900	10 200 000,00 EUR	622 200,00 EUR	01.07.1984
7	Berlin	14	7 800	12 800 000,00 EUR	691 200,00 EUR	01.05.1959
8	Hamburg	19	7 200	14 200 000,00 EUR	809 400,00 EUR	22.07.1959
9	Bremen	13	5 900	11 800 000,00 EUR	601 800,00 EUR	02.09.1963

Die Informationen aus den einzelnen Zellen können mithilfe einzelner Funktionen näher ausgewertet werden.

Funktion	Beschreibung	Beispiele	Ergebnis
SUMME	addiert die zugehörigen Argumente	=SUMME(B4:B9)	82
MAX	gibt den größten Wert in einer Liste mit Argumenten zurück	=MAX(B4:B9)	19
MIN	gibt den kleinsten Wert in einer Liste mit Argumenten zurück	=MIN(B4:B9)	10
RANG	gibt den Rang zurück, den eine Zahl innerhalb einer Liste von Zahlen einnimmt (hier: nach Jahresumsatz absteigend sortiert)	=RANG(D4;$D$4:$D$9;0)	6

Funktion	Beschreibung	Beispiele	Ergebnis
MITTELWERT	gibt den Mittelwert der zugehörigen Argumente zurück (hier: Mittelwert der Kunden pro Filiale)	=MITTELWERT(C4:C9)	6300
ANZAHL	zählt die Zellen, <u>die Zahlen enthalten</u>, sowie Zahlen innerhalb der Liste mit Argumenten	=ANZAHL(B4:B9)	6
ANZAHL2	Es wird ermittelt, wie viele Zellen in einem Bereich nicht leer sind (hier: Anzahl der Filialen).	=ANZAHL2(A4:A9)	6
RUNDEN	rundet eine Zahl auf eine bestimmte Anzahl (hier 2) von Dezimalstellen (kaufmännisch)	=RUNDEN(E4/D4);2) ← Stellen nach dem Komma	0,05
ABRUNDEN	rundet die Zahl auf x Anzahl Stellen ab	=ABRUNDEN(E5/D5);2)	0,05
AUFRUNDEN	rundet die Zahl auf x Anzahl Stellen auf	=AUFRUNDEN(E5/D5);2)	0,06
TAGE360	berechnet die Anzahl der Tage, ausgehend von einem Jahr mit 360 Tagen und einem Monat mit 30 Tagen	=TAGE360(F7;F8;WAHR) „WAHR" bedeutet, dass der Monat zu 30 Zinstagen gerechnet wird.	81

Anweisungen können kopiert werden, indem man die Zelle, in der sich die Anweisung befindet, durch ein Anklicken aktiviert. Im Anschluss daran geht man mit dem Mauscursor auf das schwarze Kästchen, welches sich am unteren rechten Rand der Zelle befindet. Der Mauscursor verändert sich zu einem schwarzen Kreuz. Anschließend die linke Maustaste drücken und die Anweisung in die entsprechende Zelle kopieren. Bei dieser Vorgehensweise passt Excel die Zellbezüge beim Kopieren automatisch an.

▸ Relative und absolute Bezüge

Werden Formeln kopiert, passt Excel die Zelladressen, die sich in den zu kopierenden Zellen befinden, im Zellbereich automatisch an ihre neue Position an. Adressen bzw. Bezüge, die beim Kopieren automatisch angepasst werden, heißen relative Bezüge.

Möchte man eine Zelle „festhalten", muss man sie **absolut adressieren**. Dies macht man, indem vor die Zeilen- und Spaltenbezeichnung **Dollarzeichen ($)** gesetzt werden.

Beispiel

C2 soll bei der Berechnung der Zinsen gleichbleiben und wird daher zu $C$2. Die Eingabe erfolgt entweder manuell oder indem man vor den Buchstaben klickt und die Taste F4 betätigt.

Relative Bezüge

Im Beispiel a) lautet die Formel zur Berechnung der Zelle C6: =**A6*B6**

Die Formel zur Berechnung der Zelle C7 lautet: =**A7*B7**

Möchte man diese Formel nicht für jede Zeile einzeln eingeben, kann man die Formel aus Zelle C6 kopieren, indem man die Zelle anklickt und den Mauszeiger in die rechte untere Ecke bewegt. Dort erscheint dann ein schwarzes Kreuz. Hält man die linke Maustaste fest und zieht die Maus nach unten, kopiert Excel die Formel aus Zelle C6 in die darunterliegenden Zellen C7, C8 usw. Dabei schreibt Excel die Formel passend für die neue Zeile um. Das Programm ändert also die Eingabe =**A6*B6** in die Eingabe =**A7*B7.**

	A	B	C
1	**Realtive und absolute Bezüge**		
2			
3	**a) relative Bezüge**		
4			
5	**Stück**	**Preis**	**Gesamtpreis**
6	4	21,00 EUR	84,00 EUR
7	6	15,00 EUR	90,00 EUR
8	5	8,00 EUR	40,00 EUR
9	3	9,00 EUR	27,00 EUR
10	8	18,00 EUR	144,00 EUR
11	3	25,00 EUR	75,00 EUR
12	4	5,00 EUR	20,00 EUR
13	Summe		480,00 EUR
14			
15			
16	**b) absolute Bezüge**		
17			
18	Preis pro Stück	16,40 EUR	
19			
20	**Datum**	**Stück**	**Gesamtpreis**
21	12.05.	130	2 132,00 EUR
22	23.06.	35	574,00 EUR
23	08.08.	348	5 707,20 EUR
24	26.09.	68	1 115,20 EUR
25	14.10.	122	2 000,80 EUR
26	28.11.	17	278,80 EUR
27	03.12.	186	3 050,40 EUR
28	**Summe**	**906**	**14 858,40 EUR**

Absolute Bezüge

Im Beispiel b) lautet die Formel zur Berechnung der Zelle C21 =**B21*B18**. Die Formel zur Berechnung der Zelle C22 lautet =**B22*B18**. Die Zelle B18 soll sich beim Kopieren somit nicht verändern und muss daher bei der Eingabe in Zelle C21 „festgesetzt" werden. Die Formel lautet dann =**B21*$B$18.** Beim Kopiervorgang in Zelle C22 verändert sich nun nur noch der Wert B21 in B22, $B$18 bleibt gleich.

2.4.4.3 WENN-Funktion

Die WENN-Funktion ist eine der am häufigsten verwendeten Funktionen in Excel. Sie ermöglicht den logischen Vergleich zwischen einem aktuellen Wert und einem erwarteten Wert. Diese Funktion wird sehr häufig eingesetzt, wenn es darum geht, eine Rechnung nur dann vorzunehmen, wenn bestimmte Bedingungen erfüllt sind. Zur WENN-Funktion gibt es mehrere Varianten.

Varianten der WENN-Funktion		
Funktion	**Beschreibung**	**Aufbau**
einfache WENN-Funktion	Die einfache WENN-Funktion überprüft eine Zelle und gibt daraufhin das Ergebnis WAHR oder FALSCH heraus.	**=WENN(Wahrheitstest;[Wert_Wenn_wahr];[Wert_Wenn_falsch])**
WENN-UND-Funktion	Die Funktion **UND** bestimmt, ob alle von mehreren Bedingungen in einer Prüfung wahr sind.	**=WENN(UND(Wahrheitswert1;Wahrheitswert 2...);[Wert_Wenn_wahr];[Wert Wenn falsch])**

Varianten der WENN-Funktion		
Funktion	**Beschreibung**	**Aufbau**
WENN-ODER-Funktion	Die Funktion **ODER** bestimmt, ob eine von mehreren Bedingungen in einer Prüfung wahr ist.	**=WENN(ODER(Wahrheitswert1;Wahrheitswert 2...);[Wert_Wenn_wahr];[Wert_Wenn_falsch])**
verschachtelte WENN-Funktion	Diese Funktion überprüft mehrere Zellen und gibt daraufhin das Ergebnis WAHR oder FALSCH heraus	**=WENN(Wahrheitstest1;[Wert_Wenn_wahr]; WENN(Wahrheitstest2;[Wert_Wenn wahr];[Wert_Wenn_falsch])**

▸ Einfache WENN-Funktion

Die WENN-Funktion bietet dem Anwender verschiedene Möglichkeiten. Er kann den Inhalt einer Zelle überprüfen und eine entsprechende Aktion bewirken. Darüber hinaus kann die WENN-Funktion Formeln und Funktionen miteinander verbinden. Die einfache WENN-Funktion besteht aus drei Teilen. Alle drei Teile bzw. Argumente werden durch ein Semikolon (;) voneinander getrennt und sind von einer Klammer eingeschlossen. Sollen Texte bzw. Buchstaben gesucht oder als Ergebnis angegeben werden, müssen diese **immer** in Anführungszeichen („") gesetzt werden.

=WENN(Prüfung;Dann_Wert;Sonst_Wert)

Jede **Prüfung** besteht mindestens aus *drei Teilen*.

1. Der **erste Teil** besteht immer aus der Zelle bzw. dem Bereich, der überprüft werden soll z. B. B3
2. Im z**weiten Teil** muss ein Vergleich mit dem ersten Teil stattfinden. Es gibt sechs verschiedene Möglichkeiten, einen Vergleich durchzuführen:

Zeichen	Bedeutung
=	gleich
<	kleiner als
<=	kleiner und gleich
>	größer
>=	größer und gleich
<>	ungleich

3. Im **dritten Teil** muss eine Zelle bzw. Wert mit dem ersten Teil verglichen werden.

Daher kann eine WENN-Anweisung zwei Ergebnisse haben. Das erste Ergebnis wird ausgegeben, wenn der Vergleich wahr ist, das zweite, wenn der Vergleich falsch ist.

Beispiel

Bei „=WENN(C2="Ja";1;2)" lautet die Anweisung: WENN(C2 = Ja, dann 1 zurückgeben, andernfalls 2 zurückgeben).

Fallbeispiel

Einfache WENN-Funktion

Die Provisionserträge der Regio-Bank-AG-Filialen dienen als Grundlage zur Festlegung, ob ein Bonus in Höhe von 2 000,00 EUR an die Mitarbeiter ausgezahlt werden soll oder nicht. Liegt der Ertrag über 610 000,00 EUR, dann soll der Bonus gezahlt werden.

G4 =WENN(E4>610000;2000;0)

Auszug aus der Filialübersicht der Regio-Bank AG

Filiale	Anzahl Mitarbeiter	Anzahl Kunden	Jahresumsatz	Provisionsertrag	Eröffnungsdatum	Bonus
Hannover	12	5 600	9 400 000,00 EUR	498 200,00 EUR	01.06.1971	0,00 EUR
Köln	14	6 400	14 600 000,00 EUR	861 400,00 EUR	11.11.1956	
Minden	10	4 900	10 200 000,00 EUR	622 200,00 EUR	01.07.1984	
Berlin	14	7 800	12 800 000,00 EUR	691 200,00 EUR	01.05.1959	
Hamburg	19	7 200	14 200 000,00 EUR	809 400,00 EUR	22.07.1959	
Bremen	13	5 900	11 800 000,00 EUR	601 800,00 EUR	02.09.1963	

Die Prüfung für die Filiale Hannover lautet daher: Wenn der Wert in Zelle E4 größer als 610 000,00 EUR ist, dann soll in Zelle F4 der Wert 2 000,00 EUR erscheinen, wenn der Ertrag weniger als 610 000,00 EUR beträgt, soll der Wert 0,00 EUR (kein Bonus) erscheinen.

In eine WENN-Funktion umgewandelt, sieht die Prüfung wie folgt aus:
=WENN(E4>610000;2000;0)

Auch diese Funktionen können kopiert und mit absoluten Bezügen versehen werden.

▸ WENN-ODER- und WENN-UND-Funktion

Häufig müssen mehrere Teilbedingungen gleichzeitig oder wahlweise erfüllt werden. Hier kann man mit den logischen Funktionen UND( ) und ODER( ) innerhalb der WENN-Funktion arbeiten. Diese Funktionen können auch ohne WENN-Funktion benutzt werden.

UND(Bedingung1;Bedingung2;...) → alle Bedingungen sind zu erfüllen
Diese Funktion liefert das Ergebnis wahr (richtige Lösung), wenn alle Bedingungen erfüllt sind.

=ODER(Bedingung1;Bedingung2;...) → eine der Bedingungen ist zu erfüllen
Diese Funktion liefert das Ergebnis wahr (richtige Lösung), wenn eine der Bedingungen erfüllt ist.

Fallbeispiel

UND-Funktion

Als Grundlage dient wieder die Tabelle mit den Umsatzzahlen der Filialen. Sowohl die Provisionserträge als auch die Umsatzzahlen der Filialen dienen jetzt als Grundlage zur Festlegung, ob ein Bonus in Höhe von 2000,00 EUR an die Mitarbeiter ausgezahlt werden soll oder nicht. Liegen der Ertrag über 610000,00 EUR und der Umsatz über 10000000,00 EUR, dann soll der Bonus gezahlt werden.

Die Prüfung für die Filiale Hannover lautet daher: Wenn der Wert in Zelle E4 größer als 610000,00 EUR ist und der Umsatz größer als 10000000,00 EUR, dann soll in Zelle G4 der Wert 2000,00 EUR erscheinen, wenn einer der Werte die Grenze unterschreitet, soll der Wert 0,00 EUR (kein Bonus) erscheinen.

In eine WENN-Funktion umgewandelt, sieht die Prüfung wie folgt aus:
=WENN(UND(E4>610000;D4>10000000);2000;0)

	1. Schritt	2. Schritt	3. Schritt
mit Worten	**Wenn** der Umsatz über 10000000,00 EUR liegt und die Erträge über 610000,00 EUR	**dann** sollen 2000,00 EUR Bonus je Mitarbeiter gezahlt werden	**sonst** soll kein Bonus (0,00 EUR) gezahlt werden
Bezeichnung der Argumente	Prüfung	**Dann_Wert**	**Sonst_Wert**
Zelladresse	**(UND(E4>610000;D4>10000000)**	**2000**	**0**
WENN-Funktion mit Zelladressen	**=Wenn(UND(E4>610000;D4>10000000);2000;0)**		

Fallbeispiel

ODER-Funktion

Die Provisionserträge und die Zahl der Mitarbeiter sollen als Grundlage zur Entscheidung dienen, ob eine Filiale erhalten oder geschlossen werden soll. Allerdings soll nur eine Bedingung als Voraussetzung für die Schließung erfüllt sein. Es heißt jetzt: Hat die Filiale mindestens 14 Mitarbeiter oder die Provisionserträge übersteigen die Höhe von 610000,00 EUR, dann bleibt die Filiale bestehen, andernfalls wird sie geschlossen.

G4 =WENN(ODER(B4>=14;E4>610000);"halten";"schließen")

	A	B	C	D	E	F	G
1	**Auszug aus der Filialübersicht der Regio-Bank AG**						
2							
3	**Filiale**	**Anzahl Mitarbeiter**	**Anzahl Kunden**	**Jahresumsatz**	**Provissionsertrag**	**Eröffnungsdatum**	**Status**
4	Hannover	12	5 600	9 400 000,00 EUR	498 200,00 EUR	01.06.1971	schließen
5	Köln	14	6 400	14 600 000,00 EUR	861 400,00 EUR	11.11.1956	
6	Minden	10	4 900	10 200 000,00 EUR	622 200,00 EUR	01.07.1984	
7	Berlin	14	7 800	12 800 000,00 EUR	691 200,00 EUR	01.05.1959	
8	Hamburg	19	7 200	14 200 000,00 EUR	809 400,00 EUR	22.07.1959	
9	Bremen	13	5 900	11 800 000,00 EUR	601 800,00 EUR	02.09.1963	

Die Prüfung für die Filiale Hannover lautet daher: Wenn der Wert in Zelle B4 größer oder gleich 14 ist oder der Provisionsertrag in Zelle E4 größer als 610000,00 EUR ist, dann soll in Zelle G4 das Wort „halten" stehen, ansonsten das Wort „schließen".

In eine Wenn-Funktion umgewandelt, sieht die Prüfung wie folgt aus:
=WENN(ODER(B4>=14;E4>610000);"halten";"schließen")

Die Worte „halten" und „schließen" müssen in Anführungszeichen gesetzt werden. Die Zahl der geöffneten Klammern muss mit der Zahl der geschlossenen Klammern übereinstimmen. **Tipp**: Soll eine Zelle leer bleiben, sind nur die Anführungszeichen und ein leeres Feld anzugeben (" ").

	1. Schritt	2. Schritt	3. Schritt
mit Worten	Wenn die Mitarbeiterzahl mindestens 14 Personen beträgt **oder** die Erträge 610000,00 EUR übersteigen	**dann** soll das Wort halten erscheinen	**sonst** soll das Wort schließen erscheinen
Bezeichnung der Argumente	Prüfung	**Dann_Wert**	**Sonst_Wert**
Zelladresse	ODER(B4>=14;E4>610000)	halten	schließen
WENN-Funktion mit Zelladressen	=WENN(ODER(B4>=14;E4>610000);"halten";"schließen")		

▸ Die verschachtelte WENN-Funktion

Mit WENN-Anweisungen lassen sich auch komplexere Szenarien auswerten, die das „Schachteln" von mehr als drei WENN-Funktionen erfordern. Als „Schachteln" wird das Zusammenführen mehrerer Funktionen in einer Formel bezeichnet.

Dabei ist zu beachten, dass nur die letzte verschachtelte WENN-Funktion einen Sonst_Wert erhält.

=WENN(Wahrheitswert;Dann_Wert;
↓
WENN(Wahrheitswert;Dann_Wert;Sonst_Wert)

Fallbeispiel

Verschachtelte WENN-Funktion

Die Filialen der Regio-Bank AG sollen in verschiedene Kategorien (A, B, C) eingeteilt werden. Wenn der Umsatz der Filialen unter 10 Mio. EUR liegt, dann soll die Filiale in Kategorie C eingestuft werden. Liegt der Umsatz über 14 Mio. EUR, dann handelt es sich um eine Filiale der Kategorie A. Liegt der Umsatz dazwischen, ist es eine Filiale der Kategorie B.

G4 =WENN(D4<10000000;"C";WENN(D4>14000000;"A";"B"))

	A	B	C	D	E	F	G
1		**Auszug aus der Filialübersicht der Regio-Bank AG**					
2							
3	**Filiale**	**Anzahl Mitarbeiter**	**Anzahl Kunden**	**Jahresumsatz**	**Provisionsertrag**	**Eröffnungsdatum**	**Status**
4	Hannover	12	5 600	9 400 000,00 EUR	498 200,00 EUR	01.06.1971	C
5	Köln	14	6 400	14 600 000,00 EUR	861 400,00 EUR	11.11.1956	
6	Minden	10	4 900	10 200 000,00 EUR	622 200,00 EUR	01.07.1984	
7	Berlin	14	7 800	12 800 000,00 EUR	691 200,00 EUR	01.05.1959	
8	Hamburg	19	7 200	14 200 000,00 EUR	809 400,00 EUR	22.07.1959	
9	Bremen	13	5 900	11 800 000,00 EUR	601 800,00 EUR	02.09.1963	
10							

Die Prüfung für die Filiale Hannover lautet daher: Wenn der Wert in Zelle D4 kleiner 10 Mio. EUR ist, dann soll ein C erscheinen. Wenn der Umsatz größer 14 Mio. EUR beträgt, dann soll ein A erscheinen, sonst ein B.

In eine Wenn-Funktion umgewandelt, sieht die Prüfung wie folgt aus:
=WENN(D4<10000000;“C“;WENN(D4>14000000;“A“;“B“))

Die Reihenfolge kann auch anders gewählt werden
=WENN(D4<10000000;“C“;WENN(D4<14000000;“B“;“A“))

	1. Schritt	2. Schritt	3. Schritt	4. Schritt	5. Schritt
Mit Worten	*Wenn der Wert in Zelle D4 kleiner 10 Mio. EUR ist*	**dann** soll *C* erscheinen.	*Wenn der Wert in Zelle D4 größer 14 Mio. EUR ist*	**dann** soll *A* erscheinen.	**sonst** soll ein *B* erscheinen.
Bezeichnung der Argumente	**Prüfung**	**Dann_Wert**	**Prüfung**	**Dann_Wert**	**Sonst_ Wert**
Zelladresse	D4<10000000	C	D4>14000000	A	B
WENN-Funktion mit Zelladressen	=WENN(D4<10000000;“C“;WENN(D4>14000000;“A“;“B“))				

Tipp: Die Anzahl der Verschachtelungen gibt die Anzahl der Klammern an, die am Ende geschlossen werden müssen. Excel unterstützt beim Zusammenstellen der Formel, indem verschiedene Teile während der Bearbeitung farblich gekennzeichnet werden.

2.4.4.4 SVERWEIS

Der SVERWEIS wird benötigt, wenn Elemente in einer Tabelle oder einem Bereich gesucht werden. Dies ist zum Beispiel der Fall, wenn man aus einer umfangreichen Tabelle mit Namen und Identifikationsnummern von Mitarbeitern einen bestimmten Mitarbeiter über die Identifikationsnummer sucht.

=SVERWEIS(Suchkriterium; Matrix; Spaltenindex; [Bereich_Verweis])

Die Funktion besagt Folgendes: = SVERWEIS (Nachschlagewert, Bereich, der den Nachschlagewert enthält, die Spaltennummer im Bereich mit dem Rückgabewert, ungefähre Übereinstimmung (wahr) oder exakte Übereinstimmung (falsch)).

Es gibt vier Arten von Informationen, die zum Erstellen der SVERWEIS-Syntax benötigt werden:

1. Den Wert (Suchkriterium), den man nachschlagen möchte. Er wird auch als „Nachschlagewert" bezeichnet.
2. Den Bereich, in dem sich der Nachschlagewert befindet. Der Nachschlagewert sollte immer in der ersten Spalte des Bereichs stehen, damit SVERWEIS ordnungsgemäß funktioniert. Wenn der Nachschlagewert z. B. in Zelle C2 steht, sollte der Bereich mit „C" beginnen.
3. Die Spaltennummer in dem Bereich, der den Rückgabewert enthält. Wenn beispielsweise B2: D11 als Bereich angegeben wird, sollte B als erste Spalte, C als zweite usw. zählen.
4. Optional kann man WAHR angeben, wenn eine ungefähre Übereinstimmung, oder FALSCH angeben, wenn eine genaue Übereinstimmung des Rückgabewerts benötigt wird. Wenn nichts angegeben wird, lautet der Standardwert immer WAHR oder ist eine ungefähre Übereinstimmung.

Fallbeispiel

SVERWEIS

Aus der gesamten Statistik über die Filialen der Regio-Bank AG soll die Anzahl der Mitarbeiter der Filiale Köln herausgefiltert werden.

B11 fx =SVERWEIS(A11;A4:F9;2;FALSCH)

	A	B	C	D	E	F
1	**Auszug aus der Filialübersicht der Regio-Bank AG**					
2						
3	**Filiale**	**Anzahl Mitarbeiter**	**Anzahl Kunden**	**Jahresumsatz**	**Provisionsertrag**	**Eröffnungsdatum**
4	Hannover	12	5 600	9 400 000,00 EUR	498 200,00 EUR	01.06.1971
5	Köln	14	6 400	14 600 000,00 EUR	861 400,00 EUR	11.11.1956
6	Minden	10	4 900	10 200 000,00 EUR	622 200,00 EUR	01.07.1984
7	Berlin	14	7 800	12 800 000,00 EUR	691 200,00 EUR	01.05.1959
8	Hamburg	19	7 200	14 200 000,00 EUR	809 400,00 EUR	22.07.1959
9	Bremen	13	5 900	11 800 000,00 EUR	601 800,00 EUR	02.09.1963
10						
11	**Köln**	**14**				

Die Suche für die Filiale Köln lautet daher: Wie viele Mitarbeiter sind in der Filiale Köln zurzeit beschäftigt. Gesucht wird für die Filiale Köln (Suchkriterium) über die Zellen A4 bis F9 (Matrix) die Zahl der Mitarbeiter in der zweiten Spalte B (Spaltenindex) und zwar die genaue Zahl der Mitarbeiter (Bereich Verweis).

In einen SVERWEIS umgewandelt, sieht die Suche wie folgt aus:
=SVERWEIS(A11;A4:F9;2;FALSCH)

	1. Schritt	2. Schritt	3. Schritt	4 Schritt
mit Worten	*Gesucht wird für die Filiale Köln*	über die Zellen A4 bis F9	die Zahl der Mitarbeiter, also der 2. Spalte der Matrix (Spalte B)	und zwar die genaue Anzahl der Mitarbeiter
Bezeichnung der Argumente	Suchkriterium	Matrix	Spaltenindex	Bereich Verweis
Zelladresse	A11	A4:F9	2	FALSCH
SVERWEIS mit Zelladressen	**=SVERWEIS(A11;A4:F9;2;FALSCH)**			

Tipp: Beim SVERWEIS sind Daten so zu organisieren, dass der Wert, der nachgeschlagen werden soll (Köln), links neben dem gesuchten Rückgabewert (Anzahl Mitarbeiter) liegt.

2.4.4.5 Diagramme

In Excel, aber auch in den anderen Office-Programmen lassen sich Diagramme einfügen. Dadurch können Daten visualisiert und Inhalte verdeutlicht werden. Die Informationen werden somit für den Leser oder Zuhörer anschaulicher. Zu den Diagrammtypen gehören, Säulendiagramme, Liniendiagramme, Kreisdiagramme, Balkendiagramme, Flächendiagramme, Punktdiagramme, Kursdiagramme, Netzdiagramme, Treemap-Diagramme, Sunburst-Diagramme, Histogramme, Kastengrafikdiagramme und Wasserfalldiagramme. Diese Diagramme lassen sich aus den vorhandenen Daten einer Tabelle sehr schnell und einfach erstellen.

Fallbeispiel

Kreisdiagramm

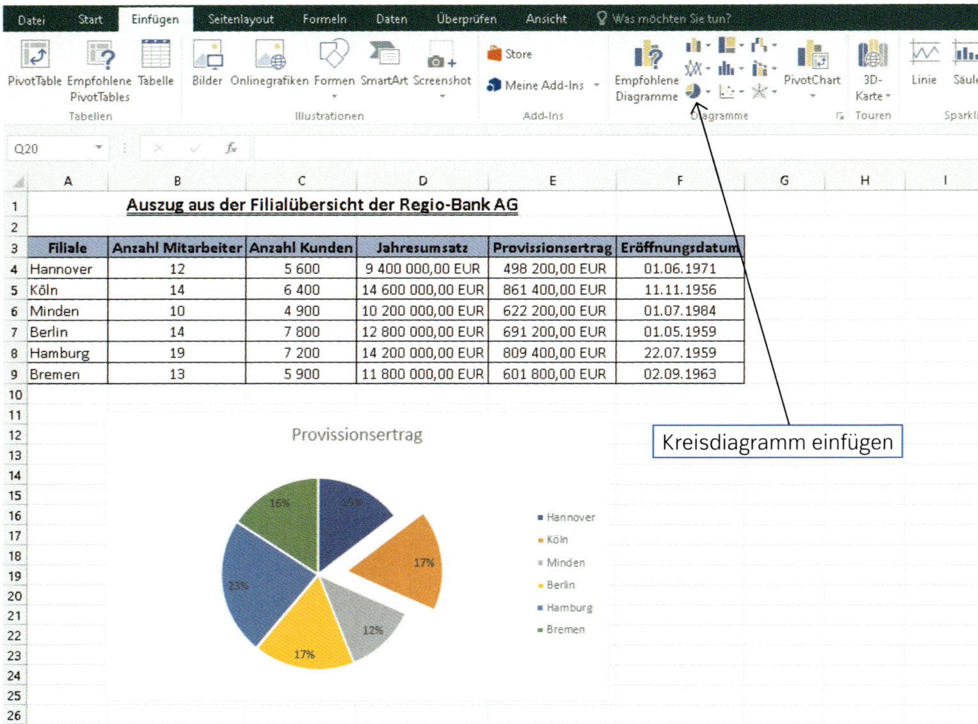

Auszug aus der Filialübersicht der Regio-Bank AG

Filiale	Anzahl Mitarbeiter	Anzahl Kunden	Jahresumsatz	Provisionsertrag	Eröffnungsdatum
Hannover	12	5 600	9 400 000,00 EUR	498 200,00 EUR	01.06.1971
Köln	14	6 400	14 600 000,00 EUR	861 400,00 EUR	11.11.1956
Minden	10	4 900	10 200 000,00 EUR	622 200,00 EUR	01.07.1984
Berlin	14	7 800	12 800 000,00 EUR	691 200,00 EUR	01.05.1959
Hamburg	19	7 200	14 200 000,00 EUR	809 400,00 EUR	22.07.1959
Bremen	13	5 900	11 800 000,00 EUR	601 800,00 EUR	02.09.1963

Mithilfe der Daten aus dem Auszug aus der Filialübersicht der Regio-Bank AG soll zur Veranschaulichung ergänzend ein Kreisdiagramm („Tortendiagramm“) eingefügt werden. Das Diagramm soll die Anteile der einzelnen Filialen am gesamten Provisionsertrag der sechs Filialen darstellen. Über die Registerkarte „Einfügen“ und dem Menü „Diagramme“ lässt sich direkt das Kreisdiagramm auswählen. In diesem Fall wurde ein einfaches 2D-Kreisdiagramm ausgewählt.

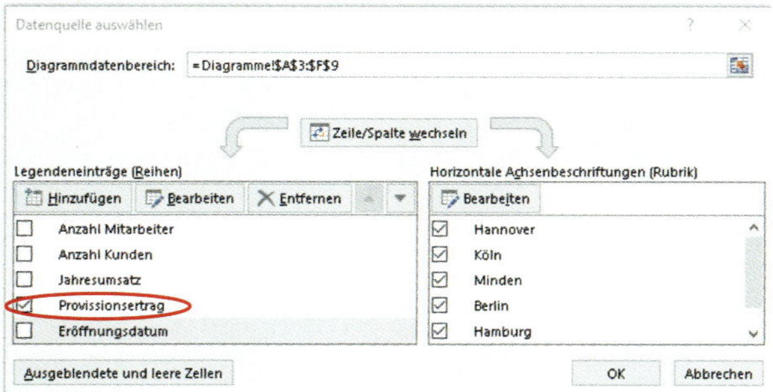

Ist das Diagramm ausgewählt, muss unter der Registerkarte Entwurf der Button „Daten auswählen“ angeklickt werden, um die Datenquelle festzulegen. Dabei kann zunächst die gesamte Tabelle über die Zellen A3 bis F9 ausgewählt werden. Durch das Setzen der Häkchen in der Übersicht lässt sich der genaue Datenbereich festlegen. Da in diesem Beispiel nur der Provisionsertrag in den Filialen eine Rolle spielen soll, ist bei den Legendeneinträgen auch nur ein Häkchen an dieser Stelle gesetzt worden. Über die Registerkarte Entwurf und den Button Schnelllayout lässt sich das Gesamtlayout des Diagrammes anpassen.

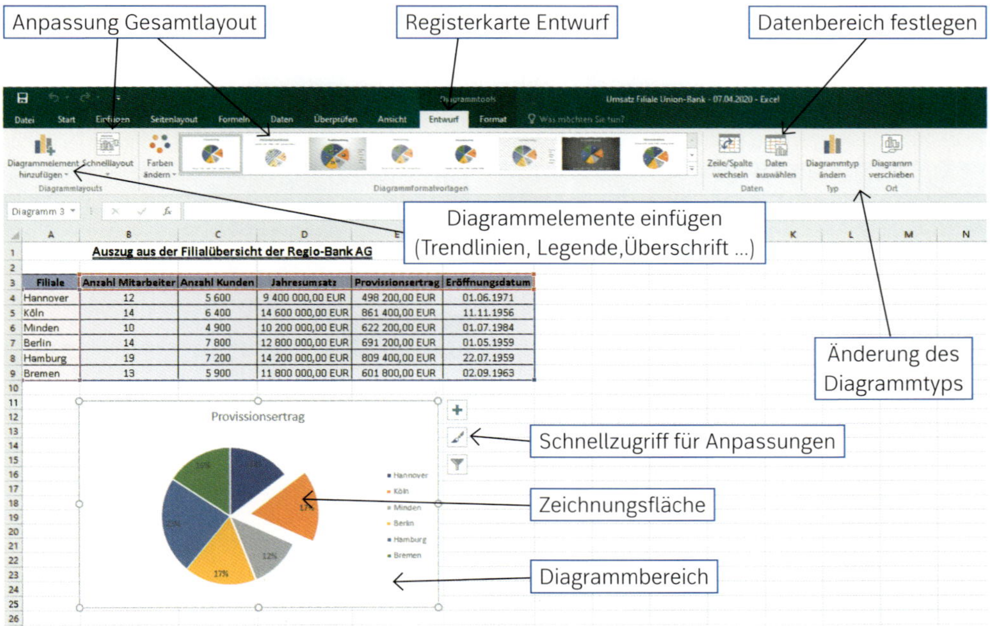

3 Grundlagen des kaufmännischen Rechnens

3.1 Dreisatz und Kettensatz

3.1.1 Dreisatz

Bei der Dreisatzrechnung wird von drei bekannten Größen auf eine vierte, unbekannte Größe geschlossen.

Dreisatzverhältnisse

Dreisatz mit geradem Verhältnis

- Die Werte verändern sich proportional.

Beispiel

Je höher der Umsatz eines Vertreters ist, desto höher ist seine Provision.

Dreisatz mit ungeradem Verhältnis

- Die Werte verändern sich gegenläufig.

Beispiel

Je mehr Arbeitskräfte tätig sind, desto geringer ist die benötigte Zeit für eine bestimmte Arbeit.

Die Ermittlung des Ergebnisses erfolgt in drei Sätzen.

Beispielaufgabe mit Lösung:

Dreisatz mit geradem Verhältnis

Ein Vertreter erhielt im letzten Monat bei einem Umsatz von 21 500,00 EUR eine Umsatzprovision von 860,00 EUR. In diesem Monat erzielte er einen Umsatz von 22 750,00 EUR. Wie viel Euro Provision erhält er?

Lösungsschritte	Berechnung
Bedingungssatz **Fragesatz**	21 500,00 EUR Umsatz – 860,00 EUR Provision 22 750,00 EUR Umsatz – x EUR Provision
1. Satz	Bei 21 500,00 EUR Umsatz beträgt die Provision 860,00 EUR.
2. Satz (Schluss auf eine Einheit)	Bei 1,00 EUR Umsatz beträgt die Provision: $\frac{860{,}00}{21\,500{,}00}$
3. Satz (Schluss auf die gesuchte Größe)	Bei 22 750,00 EUR Umsatz beträgt die Provision: $\frac{860{,}00 \cdot 22\,750{,}00}{21\,500{,}00}$ = 910,00 EUR

Beispielaufgabe mit Lösung:

Dreisatz mit ungeradem Verhältnis

Bei einem Kraftstoffverbrauch von zehn Liter je 100 km reicht der Tankinhalt für eine Strecke von 420 km.
Für wie viel Kilometer reicht der Tankinhalt, wenn der Kraftstoffverbrauch auf acht Liter gesenkt werden kann?

Lösungsschritte	Berechnung
Bedingungssatz **Fragesatz**	10 l je 100 km Kraftstoffverbrauch – 420 km Strecke 8 l je 100 km Kraftstoffverbrauch – x km Strecke
1. Satz	Bei 10 l Kraftstoffverbrauch je 100 km beträgt die Strecke 420 km.
2. Satz (Schluss auf eine Einheit)	Bei 1 l Kraftstoffverbrauch je 100 km beträgt die Strecke 420 · 10
3. Satz (Schluss auf die gesuchte Größe)	Bei 8 l Kraftstoffverbrauch je 100 km beträgt die Strecke $\frac{420 \cdot 10}{8} = \underline{\underline{525 \text{ km}}}$

3.1.2 Kettensatz

Der Kettensatz ist ein schematisches Rechenverfahren zur Lösung von **Dreisatzaufgaben mit einem geraden Verhältnis**. Die meisten banktypischen Aufgabenstellungen (z. B. Zinsrechnen, Währungsrechnen) beruhen auf geraden Dreisatzverhältnissen und können mit dem Kettensatz gelöst werden.

Regeln

- *Die Kette beginnt mit der Ausgangsfrage.*
- *Die am Zeilenende stehende Bezeichnung steht auch am Anfang der nächsten Zeile (z. B. EUR – EUR).*
- *Die Kette schließt mit der Bezeichnung der gesuchten Größe (z. B. JPY), mit der auch die Kette begann.*
- *Der linke Teil der Kette steht im Nenner des Bruches, der rechte Teil der Kette steht im Zähler des Bruches.*

Insbesondere bei mehreren aufeinanderfolgenden Dreisätzen bietet dieses Rechenverfahren Vorteile.

Beispielaufgabe mit Lösung:

Währungsrechnen

28 000,00 EUR sind in Japanische Yen umzurechnen. Es gelten folgende Umrechnungskurse:
1,00 EUR = 1,1320 USD
1 000,00 JPY = 8,4380 USD

Nenner	x JPY	– 28 000,00 EUR		**Zähler**
	1,00 EUR	– 1,1320 USD		
	8,4380 USD	– 1 000,00 JPY		

$$x = \frac{28\,000{,}00 \cdot 1{,}1320 \cdot 1\,000{,}00}{1{,}00 \cdot 8{,}4380} = \underline{\underline{3\,756\,340{,}37 \text{ JPY}}}$$

3.2 Durchschnittsrechnung: Gewogener Durchschnitt

Beim Durchschnittsrechnen wird ein statistischer Mittelwert errechnet.

$$\text{Gewogener Durchschnitt } \frac{\text{Summe der gewichteten Größen}}{\text{Gesamtzahl der einzelnen Größen}}$$

Beispielaufgabe mit Lösung:

Aktienbewertung

Zum Aktienbestand der Rheinbank gehören DataSoft-Aktien, die am Jahresende zu den durchschnittlichen Anschaffungskosten bewertet werden.

Kaufdatum	Menge	Kaufkurs	Kurswert
12.02.20..	1 300	48,00	62 400,00
24.04.20..	1 800	54,00	97 200,00
14.05.20..	1 500	51,00	76 500,00
09.07.20..	1 100	58,00	63 800,00
28.10.20..	1 600	59,00	94 400,00
07.11.20..	2 100	57,00	119 700,00
	9 400		514 000,00

$$\text{Durchschnittlicher Erwerbskurs} = \frac{514\,000{,}00}{9\,400} = \underline{\underline{54{,}68 \text{ EUR}}}$$

3.3 Prozent- und Promillerechnung

3.3.1 Ermittlung von Prozent-(Promille-)wert, Prozent-(Promille-)satz und Grundwert

Merksatz

Die Prozent- und Promillerechnung ist eine Bruchteilsrechnung:
In der Prozentrechnung beträgt der Bruchteil 100, in der Promillerechnung 1 000.

Beispielaufgaben mit Lösung:

14 % = $^{14}/_{100}$ = 0,14
14 % **(Prozentsatz)** von 4 600,00 EUR **(Grundwert)**

100 % – 4 600,00 EUR
14 % – x EUR

$$x = \frac{4\,600{,}00 \cdot 14}{100} = \underline{\underline{644{,}00 \text{ EUR}}}$$ **(Prozentwert)**

3 ‰ = $^{3}/_{1\,000}$ = 0,003
3 ‰ **(Promillesatz)** von 32 400,00 EUR **(Grundwert)**

1 000 ‰ – 32 400,00 EUR
3 ‰ – x EUR

$$x = \frac{32\,400{,}00 \cdot 3}{1\,000} = \underline{\underline{97{,}20 \text{ EUR}}}$$ **(Promillewert)**

▸ Ermittlung von Prozent- und Promillewert

$$\text{Prozent-(Promille-)wert} = \frac{\text{Grundwert} \cdot \text{Prozent-(Promille-)Satz}}{100\ (1\,000)}$$

Beispielaufgabe mit Lösung:

Olaf Reichert kauft 300 DataSoft-Aktien zum Kurs von 56,00 EUR. In der Abrechnung sind 0,75 % Provision und 0,8 ‰ Courtage jeweils vom Kurswert zu berücksichtigen.

Kurswert	16 800,00 EUR
+ 0,75 % Provision	126,00 EUR
+ 0,8 ‰ Courtage	13,44 EUR
Belastung	16 939,44 EUR

▸ Ermittlung des Prozent- und Promillesatzes

$$\text{Prozent-(Promille-)satz} = \frac{\text{Prozent-(Promille-)wert} \cdot 100\ (1\,000)}{\text{Grundwert}}$$

Beispielaufgaben mit Lösung:

Der Kurs der DataSoft-Aktien ist von 56,00 EUR auf 63,00 EUR gestiegen. Wie viel Prozent beträgt die Kurssteigerung?

56,00 EUR – 100 %
7,00 EUR – x

$$x = \frac{100 \cdot 7}{56} = \underline{\underline{12{,}5\,\%}}$$

Die Lebenshaltungskosten sind im vergangenen Jahr um 2,5 Prozentpunkte auf nunmehr 108,2 % gestiegen.
Um wie viel Prozent sind die Lebenshaltungskosten gestiegen?

108,2 – 2,5 = 105,7 % Lebenshaltungskosten zu Beginn des Jahres

105,7 % – 100 %
2,5 % – x

$$x = \frac{100 \cdot 2{,}5}{105{,}7} = \underline{\underline{2{,}37\,\%}}$$

▸ Ermittlung des Grundwertes

$$\text{Grundwert} = \frac{\text{Prozent-(Promille-)wert} \cdot 100\ (1\,000)}{\text{Prozent-(Promille-)satz}}$$

Beispielaufgabe mit Lösung:

Die Rheinbank stellt bei Aktienkäufen eine Provision von 0,75 % des Kurswertes, mindestens aber 20,00 EUR in Rechnung.
Welches Mindestvolumen sollte ein Auftrag haben, um eine relativ erhöhte Provision zu vermeiden?

0,75 % – 20,00 EUR
100,00 % – x

$$x = \frac{20{,}00 \cdot 100}{0{,}75} = \underline{\underline{2\,666{,}67\ \text{EUR}}}$$

3.3.2 Prozent-(Promille-)rechnen vom vermehrten und verminderten Grundwert

Merksatz

Der vermehrte Grundwert ist um einen bestimmten Prozent- bzw. Promillewert erhöht; der verminderte Grundwert ist entsprechend um einen bestimmten Prozent- bzw. Promillewert vermindert.

Beispielaufgaben mit Lösung:

1. Der Kurs der DataSoft-Aktie ist um 8,5 % auf 65,10 EUR gestiegen.
   Wie hoch war der Kurs vor dem Anstieg?

Alter Aktienkurs	**60,00 EUR**	100,0 %	↑
+ 8,5 % Kursanstieg	5,10 EUR	+ 8,5 %	
= neuer Aktienkurs	65,10 EUR	108,5 %	

108,5 % – 65,10 EUR
100 % – x

$$x = \frac{65{,}10 \cdot 100}{108{,}5} = \underline{\underline{60{,}00\ \text{EUR}}}$$

2. Nach einiger Zeit verkauft Olaf Reichert seine 300 DataSoft-Aktien. Unter Berücksichtigung von 0,75 % Provision und 0,8 ‰ Courtage erhält er eine Kontogutschrift von 19 040,64 EUR.
   Zu welchem Kurs wurden die Aktien verkauft?

Kurswert	**19 200,00 EUR**	**100,00 %**	↑
– 0,75 % Provision	144,00 EUR	– 0,75 %	
– 0,8 ‰ Courtage	15,36 EUR	– 0,08 %	
Gutschrift	19 040,64 EUR	99,17 %	

$$\text{Kurswert} = \frac{19\,040{,}64 \cdot 100}{99{,}17} = \underline{\underline{19\,200{,}00\ \text{EUR}}}$$

$$\text{Aktienkurs} = \frac{19\,200{,}00}{300} = \underline{\underline{64{,}00\ \text{EUR}}}$$

3. In einem Anlegermagazin steht folgende Aussage:
   „Während die DataSoft-Aktien im ersten Quartal eine erfreuliche Kursentwicklung aufwiesen und um 20 % gestiegen waren, verlor die Aktie im zweiten Quartal 15 % ihres Wertes." Die Aktie notiert heute zu 66,30 EUR.
   Wie hoch war der Kurs am Anfang des Jahres?

Kurs zu Beginn des 1. Quartals	**65,00 EUR**			100 %	↑
+ 20 % Kurssteigerung	13,00 EUR			+ 20 %	
= Kurs zu Beginn des 2. Quartals	78,00 EUR	100 %	↑	120 %	
– 15 % Kursverlust	11,70 EUR	– 15 %			
= Kurs am Ende des 2. Quartals	66,30 EUR	85 %			

3.4 Zinsrechnen

3.4.1 Ermittlung von Zinsen, Kapital, Zinssatz und Laufzeit

Merksatz

Zinsen sind ein Entgelt für die Überlassung von Kapital für eine bestimmte Zeit. Die Zinsrechnung ist eine Anwendungsform der Prozentrechnung, jedoch erweitert um den Zeitfaktor.

Bezeichnungen:	
Kapital:	**K**
Zinsen:	**Z**
Zinssatz:	**P**
Zinstage:	**T**
Zinsmonate:	**M**

Der Zinssatz bezieht sich in der Regel auf ein Jahr, auch wenn der Zusatz p. a. (pro anno, per annum) nicht angegeben ist.

Beispielaufgabe mit Lösung:

Ermittlung der Zinsen

Der Kredit von 22 000,00 EUR (**K**) wird zu 8 % p. a. (**P**) verzinst und nach 160 Tagen (**T**) zurückgezahlt. Das Jahr wird zu 360 Zinstagen gerechnet. Wie viel Euro Zinsen sind zu zahlen?

100,00 EUR – 360 Zinstage – 8,00 EUR Zinsen
22 000,00 EUR – 160 Zinstage – x EUR Zinsen

$$x = \frac{22\,000{,}00 \cdot 8{,}00 \cdot 160}{100 \cdot 360} = \underline{\underline{782{,}22 \text{ EUR}}}$$

▶ Gleichungen zur Zinsrechnung

Ermittlung der Zinsen	$Z = \frac{K \cdot P \cdot T}{100 \cdot 360\ (365/366)}$	$Z = \frac{K \cdot P \cdot M}{100 \cdot 12}$
Ermittlung des Kapitals	$K = \frac{Z \cdot 100 \cdot 360\ (365/366)}{P \cdot T}$	$K = \frac{Z \cdot 100 \cdot 12}{P \cdot M}$
Ermittlung des Zinssatzes	$P = \frac{Z \cdot 100 \cdot 360\ (365/366)}{K \cdot T}$	$P = \frac{Z \cdot 100 \cdot 12}{K \cdot M}$

Ermittlung der Zinstage bzw. Zinsmonate	$T = \frac{Z \cdot 100 \cdot 360\ (365/366)}{K \cdot P}$	$M = \frac{Z \cdot 100 \cdot 12}{K \cdot P}$

▶ Zinsrechnungsmethoden

Deutsche kaufmännische Zinsrechnung (30/360)	Taggenaue Zinsrechnung (act/act)	Eurozinsrechnung (act/360)
• Zinstage: Monat zu 30 Zinstagen (T) (Der 31. des Monats ist kein Zinstag.) • Jahr zu 360 Zinstagen	• Zinstage: kalendermäßig (act) • Jahr zu 365 bzw. 366 Zinstagen (act)	• Zinstage: kalendermäßig (act) • Jahr zu 360 Zinstagen
$Z = \frac{K \cdot P \cdot T}{100 \cdot 360}$	$Z = \frac{K \cdot P \cdot act}{100 \cdot 365/366}$	$Z = \frac{K \cdot P \cdot act}{100 \cdot 360}$
Anwendungsbeispiele		
– Sparkonten – Kunden-Festgeldkonten – Kontokorrentkonten – Ratenkredite – langfristige Darlehen	– Bundesanleihen mit festem Zins – Bundesobligationen – Bundesschatzanweisungen – andere börsennotierte Anleihen	– Bundesanleihen und andere Anleihen mit variablem Zins (Floating Rate Notes) – Unverzinsliche Schatzanweisungen (U-Schätze, „Bubills") – Geldmarktkredite – Refinanzierungen und Geldanlagen bei der EZB

Bei Spareinlagen, Festgeldern, Geldmarktkrediten, Anleihen und vielen Darlehen beginnt die Verzinsung am **Tag der Einzahlung** bzw. Bereitstellung des Geldes und endet am **Kalendertag vor der Rückzahlung**.

Beispielaufgabe mit Lösung:

Einzahlung auf ein Sparkonto am 15.12.20.., am Jahresende werden die aufgelaufenen Zinsen kapitalisiert. Wie viele Zinstage sind zu berücksichtigen?

Es sind 16 Zinstage im Jahr 20.. zu berücksichtigen (→ 15.12. einschl. bis 30.12. einschl.).

Um die **Differenzmethode** zur Ermittlung der Zinstage anwenden zu können, empfiehlt sich die Einführung einer Wertstellung (Valuta). Die Wertstellung ist der Kalendertag vor der Einzahlung bzw. vor der Rückzahlung. Bei der Fristberechnung nach der Wertstellung wird der erste Tag nicht mitgerechnet, wohl aber der letzte.

Beispielaufgabe mit Lösung:

Abrechnung von Sparkonten (30/360-Methode)

Einzahlung am 15.12.20.., Rückzahlung am 20.03. des Folgejahres.
Wie viele Zinstage sind in den beiden Jahren jeweils zu berücksichtigen?

Jahre	Datum	Wertstellung	Zinstage
Jahr 1	Einzahlung am 15.12. Zinskapitalisierung am 31.12. → Zinsen vom 15.12. einschl. bis zum 30.12.20.. einschl. (Der 31.12. ist kein Zinstag.)	14.12.20.. 31.12.20..	14.12. bis 30.12.20.. = <u>16 Tage</u> (30 – 14 = 16)
Jahr 2	Rückzahlung am 20.03. → Zinsen vom 01.01. einschl. bis zum 19.03. einschl.	19.03. des Folgejahres	31.12. des Vorjahres bis zum 19.03. des Folgejahres = <u>79 Tage</u> (2 Monate + 19 Tage)

Beispielaufgabe mit Lösung:

Ermittlung der Zinstage nach der deutschen kaufmännischen Zinsrechnung

- Zinslauf vom 12.03. bis 15.03. = 3 Zinstage
- Zinslauf vom 30.04. bis 31.05. = 30 Zinstage
- Zinslauf vom 30.01. bis 28.02. = 28 Zinstage
- Zinslauf vom 26.02. bis 01.03. = 5 Zinstage (kein Schaltjahr)
- Zinslauf vom 01.04. bis 30.04. = 29 Zinstage

Beispielaufgabe mit Lösung:

Zinsrechnungsmethoden

Ein Kapital von 850 000,00 EUR ist vom 15.05.20.. bis zum 20.09.20.. (kein Schaltjahr) zu 4 % zu verzinsen.

a) Zinsberechnung nach der deutschen kaufmännischen Zinsrechnung (30/360)

$$Z = \frac{850\,000{,}00 \cdot 4 \cdot 125}{100 \cdot 360} = \underline{\underline{11\,805{,}56 \text{ EUR}}}$$

b) Zinsberechnung nach der taggenauen Zinsrechnung (act/act)

$$Z = \frac{850\,000{,}00 \cdot 4 \cdot 128}{100 \cdot 365} = \underline{\underline{11\,923{,}29 \text{ EUR}}}$$

c) Zinsberechnung nach der Eurozinsrechnung (act/360)

$$Z = \frac{850\,000{,}00 \cdot 4 \cdot 128}{100 \cdot 360} = \underline{\underline{12\,088{,}89 \text{ EUR}}}$$

Beispielaufgabe mit Lösung:

Ermittlung des Kapitals (Zinsberechnung 30/360)

Welches Kapital bringt bei einem Zinssatz von 6 % und einer Laufzeit von 240 Zinstagen 500,00 EUR Zinsen?

$$K = \frac{500{,}00 \cdot 100 \cdot 360}{6 \cdot 240} = \underline{\underline{12\,500{,}00 \text{ EUR}}}$$

Beispielaufgabe mit Lösung:

Ermittlung des Zinssatzes (Zinsberechnung 30/360)

Die Rheinbank zahlt bei einem Festgeld von 30 000,00 EUR und einer Laufzeit von 90 Tagen 243,75 EUR Zinsen.
Welcher Zinssatz wurde für das Festgeld vereinbart?

$$P = \frac{243{,}75 \cdot 100 \cdot 360}{30\,000{,}00 \cdot 90} = \underline{\underline{3{,}25\,\%}}$$

Beispielaufgabe mit Lösung:

Ermittlung der Zinstage (Laufzeit) (Zinsberechnung act/360)

Die Rheinbank hat einen Geldmarktkredit von 8 000 000,00 EUR zu einem Zinssatz von 3,75 % aufgenommen, den sie am 10.04.20.. einschließlich Zinsen mit 8 015 000,00 EUR zurückzahlt.
An welchem Tag wurde der Kredit bereitgestellt?

$$T = \frac{15\,000{,}00 \cdot 100 \cdot 360}{8\,000\,000{,}00 \cdot 3{,}75} = \underline{\underline{18 \text{ Tage}}}$$

Der Kredit wurde am 23.03.20.. bereitgestellt.

3.4.2 Zinsrechnen vom vermehrten und verminderten Kapital

Das vermehrte Kapital ist um einen bestimmten Prozent- bzw. Promillewert erhöht; das verminderte Kapital ist entsprechend vermindert. Wurde das Kapital durch Zinsen erhöht bzw. vermindert, ist es zweckmäßig, den Zinssatz p. a. in einen Zeitzinssatz umzurechnen.

$$\text{Zeitzinssatz} = \frac{\text{Zinssatz p. a.} \cdot \text{Zinstage}}{360 \text{ bzw. } 365/366}$$

Beispielaufgabe mit Lösung:

Vermehrtes Kapital

Ein Darlehen mit einem Zinssatz von 7,5 % wird nach 210 Tagen einschließlich Zinsen mit 23 380,00 EUR zurückgezahlt.
Ermitteln Sie den Darlehensbetrag (Zinsberechnung 30/360).

360 Zinstage – 7,5 % Zinsen
210 Zinstage – x

$$x = \frac{7{,}5 \cdot 210}{360} = 4{,}375\,\%\ \text{Zeitzinssatz}$$

Darlehensbetrag	**22 400,00 EUR**	100,000 %	↑
+ 7,5 % Zinsen für 210 Tage	980,00 EUR	+ 4,375 %	
= Rückzahlungsbetrag	23 380,00 EUR	104,375 %	

104,375 % – 23 380,00 EUR
100,000 % – x

$$x = \frac{23\,380{,}00 \cdot 100}{104{,}375} = \underline{\underline{22\,400{,}00\ \text{EUR}}}$$

Beispielaufgabe mit Lösung:

Vermindertes Kapital

Claudia Wolter erwirbt abgezinste Zero-Bonds (Anleihe ohne laufende Zinszahlung) mit einer Restlaufzeit von 358 Zinstagen. Die Zinsen von 4,2 % werden vom Nennwert abgezogen, sodass der Kaufpreis 13 423,28 EUR beträgt. Die Rückzahlung erfolgt zum Nennwert; Zinsberechnung act/act (kein Schaltjahr).
Ermitteln Sie den Nennwert der von Claudia Wolter erworbenen Zero-Bonds.

365 Zinstage – 4,2 % Zinsen
358 Zinstage – x

$$x = \frac{4{,}2 \cdot 358}{365} = \underline{4{,}1194\,\%}\ \text{Zeitzinssatz}$$

Nennwert	**14 000,00 EUR**	100,0000 %	↑
+ 4,2 % Zinsen für 358 Tage	576,72 EUR	– 4,1194 %	
= Rückzahlungsbetrag	13 423,28 EUR	95,8806 %	

95,8806 % – 13 423,28 EUR
100,000 % – x

$$x = \frac{13\,423{,}28 \cdot 100}{95{,}8806} = \underline{\underline{14\,000{,}00\ \text{EUR}}}$$

3.4.3 Zinseszinsrechnung

Bei der Zinseszinsrechnung werden die jeweils kapitalisierten Zinsen in der nächsten Zinsperiode mitverzinst (Zinseszinseffekt).

K_0: Anfangskapital
K_n: Endkapital
n: Anzahl der Jahre
r: jährliche Raten
q: $1 + \frac{P}{100}$

Aufzinsung	Abzinsung	Rentenrechnung
Ermittlung des Kapitalendwertes eines bestimmten Anfangskapitals bei gegebenem Zinssatz $K_n = K_0 \cdot q^n$	Ermittlung des heutigen Zeitwertes einer bestimmten zukünftigen Zahlung bei gegebenem Zinssatz $K_0 = K_n \cdot \frac{1}{q^n}$	Ermittlung des Kapitalendwertes von regelmäßigen jährlichen Einzahlungen am Jahresanfang bei gegebenem Zinssatz $K_n = r \cdot q \cdot \frac{q^n - 1}{q - 1}$
Aufzinsungsfaktor: (q^n) $q^n = \left(1 + \frac{P}{100}\right)^n$	**Abzinsungsfaktor:** $\frac{1}{qn}$ $\frac{1}{q^n} = \frac{1}{\left(1 + \frac{P}{100}\right)^n}$	Ermittlung der Rate bei gegebenem Endkapital $r = K_n \cdot \frac{q - 1}{q\,(qn - 1)}$
Anwendungsbeispiele		
– Aufzinsungssparbriefe – Zerobonds (aufgezinst)	– Abzinsungssparbriefe – Zerobonds (abgezinst)	– Sparverträge – Lebensversicherungen

Beispielaufgabe mit Lösung:

Aufzinsung

20 000,00 EUR werden zu 5,5 % für acht Jahre angelegt. Die Zinsen werden am Jahresende kapitalisiert und dann mitverzinst.
Ermitteln Sie das Endkapital.

K_n = 20 000,00 · 1,0558 = <u>30 693,74 EUR</u>

Beispielaufgabe mit Lösung:

Abzinsung

Eine Anleihe ohne laufende Zinszahlung wird in zwölf Jahren zum Nennwert von 10 000,00 EUR zurückgezahlt (Zerobond). Der Anleger erwartet beim Kauf des Papiers eine Verzinsung von 7 %. Welchen Preis wird er bereit sein zu zahlen?

$$K_0 = 10\,000{,}00 \cdot \frac{1}{1{,}07^{12}} = \underline{\underline{4\,440{,}12 \text{ EUR}}}$$

Beispielaufgaben mit Lösung:

Rentenrechnung

Ein Sparer zahlt 15 Jahre lang jährlich jeweils 1 000,00 EUR auf sein Sparkonto ein. Die Spareinlagen werden mit 5 % verzinst.
Ermitteln Sie das Endkapital.

$$K_0 = 1\,000{,}00 \cdot 1{,}05 \cdot \frac{1{,}05^{15} - 1}{1{,}05 - 1} = \underline{\underline{22\,657{,}51 \text{ EUR}}}$$

Zur privaten Altersvorsorge möchte ein Arbeitnehmer bei Eintritt in das Rentenalter in 20 Jahren ein Kapital von 150 000,00 EUR zur Verfügung haben. Wie viel Euro muss er jährlich zu einem Zinssatz von 6 % anlegen?

$$r = 150\,000{,}00 \cdot \frac{1{,}06 - 1}{1{,}06\,(1{,}06^{20} - 1)} = \underline{\underline{3\,846{,}87 \text{ EUR}}}$$

Lernfeld 3:

Konten für Geschäfts- und Firmenkunden führen und den Zahlungsverkehr abwickeln

3

Zielbeschreibung:

Sie verfügen über die Kompetenz, Geschäfts- und Firmenkunden über Kontokorrentkonten und Zahlungsinstrumente zu beraten, Konten zu eröffnen und nationale sowie internationale Zahlungen abzuwickeln.

Lernfeld 3: Konten für Geschäfts- und Firmenkunden führen und den Zahlungsverkehr abwickeln

Zur Vorbereitung auf Gespräche mit Geschäfts- und Firmenkunden informieren Sie sich über **Grundlagen des Handelsrechts** (Kaufleute nach dem Handelsgesetzbuch, Handelsregister, Firma) und unterscheiden **Rechtsformen von Unternehmen** (Einzelunternehmung, GbR, OHG, KG, GmbH, GmbH & Co. KG, AG, Europäische Gesellschaft, e. V.) nach Merkmalen, die bei der Kontoführung von Bedeutung sind (Registereintragung, gesetzliche Vertretung, Haftung).

Sie planen den Ablauf von Beratungsgesprächen und holen dazu auch auf digitalen Kanälen Informationen über Kunden ein. Sie fordern von Kunden benötigte Unterlagen an und informieren sich über deren **Verfügungsberechtigungen** (Einzelvertretung, gemeinschaftliche Vertretung, Handlungsvollmacht, Prokura).

In Beratungsgesprächen zu Kontoeröffnungen kommunizieren Sie adressatengerecht mit Kunden und bauen gegenseitiges Vertrauen zur Stärkung einer längerfristigen Geschäftsbeziehung auf. Sie analysieren den Bedarf und die Wünsche von Kunden, empfehlen ihnen **Kontomodelle** und beraten sie über Zugangskanäle, Nutzungsmöglichkeiten und Kosten.

Sie beurteilen die Rechts- und Geschäftsfähigkeit von Kunden und schließen unter Beachtung rechtlicher Vorgaben (Allgemeine Geschäftsbedingungen, Geldwäschegesetz, Abgabenordnung) **Kontoverträge** ab. Zur **Identifizierung** von Kunden und Vertretungsberechtigten (Registerauszug, amtlicher Lichtbildausweis) nutzen Sie unter Beachtung der Datensicherheit auch digitale Verfahren.

Sie beraten Kunden über **Zahlungsinstrumente** bei inländischen Zahlungen (Kartenzahlungen, Internetbezahlverfahren, Mobile Payment, Lastschrift) und bei internationalen Zahlungen (Auslandsüberweisung, Bankenorderscheck). Sie ermitteln bei **Fremdwährungszahlungen** den entsprechenden Euro-Betrag (Devisenkassakurse) und erstellen Kundenabrechnungen. Bei Ex- und Importgeschäften Ihrer Kunden analysieren Sie die damit verbundenen Risiken und identifizieren Absicherungsmöglichkeiten. Zur Absicherung von Währungsrisiken bieten Sie Kunden **Devisentermingeschäfte** an und erstellen die Kundenabrechnungen.

Zur Absicherung von Zahlungsrisiken bei Auslandsgeschäften informieren Sie Kunden über den Ablauf von **dokumentären Zahlungsformen** (Dokumenteninkasso gegen Zahlung, Dokumentenakkreditiv). Sie erklären Kunden die Bedeutung der Incoterms® (Free on Board; Cost, Insurance and Freight) und der Dokumente (Handelsrechnung, Bordkonnossement) bei diesen Zahlungsformen. Dabei nutzen Sie auch Unterlagen in einer Fremdsprache.

Sie holen Rückmeldungen zu Ihrem **Kommunikationsverhalten** und zu Ihrer Arbeitsweise ein und gehen konstruktiv mit Kritik um. Sie werten die aus der Kontoführung gewonnenen Daten unter Beachtung des Datenschutzes aus und ermitteln neue Kundenbedürfnisse.

1 Grundlagen des Handelsrechts

1.1 Kaufleute nach HGB

Istkaufmann	Kannkaufmann	Formkaufmann
Kaufmann kraft eines in kaufmännischer Weise eingerichteten Gewerbebetriebs	Kaufmann kraft freiwilliger Eintragung ins Handelsregister	Kaufmann kraft Rechtsform des Unternehmens

Die **Registereintragung** *(§ 2 HGB)* hat für die Entstehung der Kaufmannseigenschaft

... rechtsbekundende (deklaratorische) Wirkung. (Istkaufmann)

Der Erwerb der Kaufmannseigenschaft erfolgt mit Aufnahme der Geschäfte.

... rechtserzeugende (konstitutive) Wirkung. (Kannkaufmann, Formkaufmann)

Der Erwerb der Kaufmannseigenschaft erfolgt mit der Eintragung ins Handels- bzw. Genossenschaftsregister.

3

▸ Istkaufmann

§

Kaufmann ist, wer ein Handelsgewerbe betreibt.
Handelsgewerbe ist jeder **Gewerbebetrieb**, es sei denn, dass das Unternehmen nach Art und Umfang einen in kaufmännischer Weise eingerichteten Geschäftsbetrieb nicht erfordert *(§ 1 HGB)*.

Ein in kaufmännischer Weise eingerichteter Geschäftsbetrieb ist erforderlich, wenn das Unternehmen in Abhängigkeit von der Branche eine bestimmte Größenordnung *(z. B. Jahresumsatz über 300 000,00 EUR oder Betriebsvermögen über 100 000,00 EUR oder mehr als fünf Beschäftigte)* erreicht hat. Ein Kaufmann ist verpflichtet, sich in das Handelsregister eintragen zu lassen.

Typische Merkmale eines Handelsgewerbes sind
- eine **selbstständige**,
- auf **Dauer** angelegte,
- **nach außen** in Erscheinung tretende Tätigkeit
- mit **Gewinnerzielungsabsicht**.

Gelegentliche Erwerbsgeschäfte begründen kein Handelsgewerbe.

Die Tätigkeit der **freien Berufe** gilt ebenso wie die rein **wissenschaftliche** und **künstlerische Tätigkeit** nicht als Gewerbe. Diese Personen sind keine Kaufleute, obwohl sie am Wirtschaftsleben häufig wie Kaufleute teilnehmen. Ihnen wird nicht die Gewinnerzielungsabsicht als primäres Motiv ihrer Tätigkeit unterstellt.

Beispiele

Rechtsanwälte, Notare, Ärzte, Steuerberater, Wirtschaftsprüfer, freischaffende Künstler

Wenn Angehörige eines freien Berufs jedoch ihre Tätigkeit in der Rechtsform einer GmbH oder einer AG ausüben, ist die Gesellschaft Kaufmann kraft Rechtsform (Formkaufmann).

Beispiel

Deutsche Treuhand Wirtschaftsprüfungsgesellschaft mbH

▸ Kannkaufmann

§

Der **Kannkaufmann** ist Kaufmann kraft freiwilliger Eintragung: Er ist berechtigt, aber nicht verpflichtet, sich ins Handelsregister eintragen zu lassen *(§§ 2, 3 HGB)*.

Kannkaufleute sind:

- **Kleingewerbetreibende/Kleinunternehmer**, also Unternehmen, die nach Art und Umfang ihrer Geschäfte einen in kaufmännischer Weise eingerichteten Geschäftsbetrieb nicht benötigen.

  Beispiele

  kleine Gaststätten, kleine Ladengeschäfte

- **Land- oder forstwirtschaftliche Unternehmen** oder damit verbundene **Nebengewerbe**, die nach Art und Umfang einen in kaufmännischer Weise eingerichteten Geschäftsbetrieb erfordern.

  Beispiele

  Land- und forstwirtschaftliche Unternehmen: Gutshöfe, Weingüter
  Land- und forstwirtschaftliche Nebengewerbe: Mühlen, Sägewerke

§

Scheinkaufmann: Wer sich ins Handelsregister eintragen lässt, obwohl er kein Kaufmann ist oder sich im Wirtschaftsleben den Anschein eines Kaufmanns gibt, muss sich wie ein Kaufmann behandeln lassen *(§ 5 HGB)*.

▸ Formkaufmann

§

Der **Formkaufmann** ist Kaufmann kraft Rechtsform des Unternehmens *(§ 6 HGB)*.

Formkaufleute sind alle **Kapitalgesellschaften** (GmbH und AG) und Genossenschaften (eG), unabhängig davon, ob sie eine gewerbliche Tätigkeit ausüben oder nicht. Alle Unternehmen mit einer solchen Rechtsform gelten als Handelsgesellschaft *(§ 3 AktG, § 1 GmbHG)*.

Alle Kaufleute haben die Pflicht

- zur Führung einer Firma unter Hinzufügung eines die Rechtsform des Unternehmens kennzeichnenden Zusatzes.
- zur Angabe der Firma, des Ortes ihrer Niederlassung, des Registergerichts und der Nummer, unter der sie im Handelsregister eingetragen sind, in allen Geschäftsbriefen, die an einen bestimmten Empfänger gerichtet sind.
- zur Führung von Handelsbüchern entsprechend den Grundsätzen ordnungsgemäßer Buchführung *(§§ 238–241 HGB)* und zur Aufbewahrung von Unterlagen zu den Geschäftsvorfällen (GoBD).
  Ausnahme: Einzelkaufleute sind nur dann buchführungspflichtig, wenn die Umsatzerlöse 600 000,00 EUR oder der Gewinn 60 000,00 EUR übersteigt *(§ 141 AO)*.

Alle Kaufleute haben das Recht
- zur Erteilung von Handlungsvollmacht und Prokura,
- zur Abgabe einer mündlichen Bürgschaftserklärung,
- zur Festsetzung eines vom Kalenderjahr abweichenden Geschäftsjahres.

3

1.2 Handelsregister

Das **Handelsregister** ist das amtliche Verzeichnis der Kaufleute eines Amtsgerichtsbezirks. Daneben wird ein **Genossenschaftsregister** für Genossenschaften, ein **Partnerschaftsregister** für Partnerschaftsgesellschaften und ein **Vereinsregister** für eingetragene Vereine geführt.

Die Register werden beim zuständigen Amtsgericht („Registergericht") elektronisch geführt *(§ 8 Abs. 1 HGB)*. Sie unterrichten die Öffentlichkeit über die grundlegenden Rechtsverhältnisse der Unternehmen bzw. Vereine.

Anmeldungen zur Eintragung in das Register sind elektronisch in öffentlich-beglaubigter Form einzureichen *(§ 12 HGB)*.

Die Einsichtnahme in das Register ist jedem zu Informationszwecken gestattet *(§ 9 HGB)*. Der Abruf der Registerdaten ist aber gebührenpflichtig. Registeränderungen werden im elektronischen Bundesanzeiger öffentlich bekannt gemacht *(§§ 10, 11 HGB)*. Der Abruf dieser Bekanntmachungen im Internet ist kostenfrei.

Handelsregister	
Abteilungen des Handelsregisters	Abteilung A: Einzelunternehmen, Personenhandelsgesellschaften (OHG, KG)
	Abteilung B: Kapitalgesellschaften (GmbH, AG)
Inhalt der Eintragungen	• Firma, Sitz, bei juristischen Personen auch: Gegenstand des Unternehmens • Geschäftsleitung (Geschäftsinhaber bzw. Gesellschafter bzw. Geschäftsführer bzw. Vorstand) • Prokura • von der gesetzlichen Regelung abweichende Vertretungsberechtigung • Höhe des Stamm-, Grund-, Kommanditkapitals
Wirkung der Eintragungen	• deklaratorisch: Die Eintragung bekundet einen bestehenden Rechtszustand. **Beispiele:** – Eintragung als Istkaufmann (§ 1 HGB) – Erteilung und Widerruf der Prokura • konstitutiv: Die Eintragung erzeugt einen neuen Rechtszustand. **Beispiele:** – Kaufmannseigenschaft als Kann- oder Formkaufmann (§§ 2, 3, 6 HGB) – Erlangung der Rechtsfähigkeit bei den Kapitalgesellschaften

▸ Publizität der Registereintragungen *(§ 15 HGB)*

- Solange eine in das Handelsregister einzutragende Tatsache nicht eingetragen und bekannt gemacht ist, kann sie einem Dritten nicht entgegengesetzt werden, es sei denn, dass sie diesem bekannt war (**negative Publizität**).
- Ist die Tatsache eingetragen und bekanntgemacht worden, so muss ein Dritter sie gegen sich gelten lassen. Dies gilt nicht bei Rechtshandlungen, die innerhalb von fünfzehn Tagen nach der Bekanntmachung vorgenommen werden, sofern der Dritte beweist, dass er die Tatsache weder kannte noch kennen musste.
- Ist eine einzutragende Tatsache unrichtig bekannt gemacht, so kann sich ein Dritter darauf berufen, es sei denn, dass er die Unrichtigkeit kannte (**positive Publizität**).

Über die Internetadresse www.unternehmensregister.de sind zugänglich *(§ 8b Abs. 2 HGB)*:

- Veröffentlichungen und Bekanntmachungen im elektronischen Bundesanzeiger,
- Eintragungen im elektronischen Handels-, Genossenschafts- und Partnerschaftsregister sowie deren Bekanntmachungen,
- zum Handels-, Genossenschafts- und Partnerschaftsregister eingereichte Dokumente,
- unternehmensrelevante Mitteilungen der Wertpapieremittenten,
- Bekanntmachungen der Insolvenzgerichte gem. *§ 9 InsO* und *§ 32 HGB*.

Nach den **AGB der Banken und Sparkassen** sind Unternehmen verpflichtet, jede **Änderung der Vertretungs- und Verfügungsbefugnisse** dem Kreditinstitut **mitzuteilen**. Dies gilt auch für Vertretungsbefugnisse, die in einem öffentlichen Register eingetragen sind *(AGB-Banken Nr. 11, Abs. 1; AGB-Sparkassen Nr. 4 Abs. 1)*.

1.3 Firma

§

Die **Firma** eines Kaufmanns ist der Name, unter dem er
- seine Geschäfte betreibt,
- die Unterschrift abgibt,
- klagen und verklagt werden kann *(§ 17 HGB)*.

Sie muss als **Zusatz zwingend** enthalten:

- bei **Gesellschaftsunternehmen** die Bezeichnung der **Rechtsform** oder eine übliche Abkürzung dieser Bezeichnung *(§ 19 HGB, § 4 AktG, § 4 GmbHG)*,
- bei **Einzelkaufleuten** die Bezeichnung „eingetragener Kaufmann", „eingetragene Kauffrau" oder eine übliche Abkürzung dieser Bezeichnung, insbesondere „e. K.", „e. Kfm." oder „e. Kfr." *(§ 19 HGB)*.

Firmenarten

Personenfirma	Sachfirma	Fantasiefirma
Die Firma besteht aus einem oder mehreren bürgerlichen Namen.	Die Firma beinhaltet den Gegenstand (Tätigkeitsbereich) des Unternehmens.	Die Firma ist ein Fantasieprodukt.
Beispiel: Robert Bosch GmbH	**Beispiel:** Deutsche Bank AG	**Beispiel:** E.ON SE

Für die **Firma** eines Unternehmens gelten folgende Grundsätze:

- **Firmenöffentlichkeit**
  Die Firma muss zum Handelsregister angemeldet, eingetragen und bekannt gemacht werden. Die Eintragung begründet den Schutz der Firma *(§§ 29, 37 HGB)*.
- **Firmenwahrheit**
  Die Firma darf keine irreführenden Angaben enthalten *(§ 18 HGB)*.
- **Firmenbeständigkeit**
  Die Firma darf unverändert fortgeführt werden, auch wenn sie den tatsächlichen Verhältnissen nicht mehr entspricht *(§§ 21, 22 HGB)*.
- **Firmenausschließlichkeit**
  Die gewählte Firma muss sich von den am selben Ort bestehenden Firmen deutlich unterscheiden *(§ 30 HGB)*.

➡ **Kompetenzcheck „Grundlagen des Handelsrechts" siehe Seite 364**

2 Rechtsformen von Unternehmen

Zu den Geschäfts- und Firmenkunden gehören Einzelunternehmen, Gesellschaften und eingetragene Vereine.

Geschäfts- und Firmenkunden

Einzelunternehmen
- Gewerbetreibende
- Handwerker
- Freiberufler
- Land- und Forstwirte

Vereine
- eingetragener, nicht wirtschaftlicher Verein (Idealverein)
- nicht eingetragener Verein

Gesellschaften

Personengesellschaften
- Gesellschaft bürgerlichen Rechts (GbR)
- Offene Handelsgesellschaft (OHG)
- Kommanditgesellschaft (KG)
- Partnerschaftsgesellschaft

Kapitalgesellschaften
- Gesellschaft mit beschränkter Haftung (GmbH)
- Unternehmergesellschaft (UG)
- Aktiengesellschaft (AG)
- Europäische Aktiengesellschaft (SE)

Mischformen
- GmbH Co. KG
- Kommanditgesellschaft auf Aktien (KGaA)

Genossenschaften

Einzelunternehmen und **Gesellschaften** sind **Unternehmer** im Sinne des BGB, wenn sie beim Abschluss eines Rechtsgeschäfts in Ausübung ihrer **gewerblichen** oder **selbständigen** beruflichen Tätigkeit handeln *(§ 14 Abs. 1 BGB)*.

Als **Gewerbetreibender zählt jeder selbstständige Unternehmer, der ein Gewerbe angemeldet hat und dieses langfristig ausführt** *(z. B. Handel, Industrie, Spedition, Finanzdienstleister, Gastronomie)*.

Freiberufler sind **selbstständig** und erbringen auf der Grundlage ihrer besonderen beruflichen Qualifikationen Dienstleistungen im Interesse ihrer Auftraggeber *(z. B. Ärzte, Zahnärzte, Rechtsanwälte, Notare, Architekten, Wirtschaftsprüfer, Steuerberater, Journalisten)*. Sie unterliegen einem besonderen **Standesrecht** *(§ 18 EStG)*.

Zulassungspflichtige **Handwerksbetriebe** *(z. B. Bäcker, Friseure, Augenoptiker, Sanitär und Heizungsinstallateure)* sind in der Handwerksrolle eingetragene natürliche und juristische Personen und Personengesellschaften *(§§ 1, 4 und Anlage A Handwerksordnung)*. Der Betriebsleiter muss über eine Meister- oder Ingenieurprüfung verfügen. Für nicht zulassungspflichtige Handwerksbetriebe *(Anlage B Handwerksordnung; z. B. Uhrmacher, Schneider)* gelten diese Vorschriften nicht.

Bei einer **rechtsfähigen Personengesellschaft** (GbR, OHG, KG) betreiben mehrere natürliche oder juristische Personen auf der Grundlage eines Gesellschaftsvertrages ein Unternehmen zur Erzielung eines gemeinsamen Zwecks. Sie gelten als „quasi juristische Personen", weil sie unter ihrem Namen bzw. unter ihrer Firma
- Rechte und Eigentum erwerben,

- Verbindlichkeiten eingehen,
- vor Gericht klagen bzw. verklagt werden können *(§ 14 Abs. 2 BGB, § 124 HGB)*.

Kapitalgesellschaften (GmbH, AG) und **eingetragene Vereine** sind **juristische Personen** mit eigener Rechtspersönlichkeit, die selbst Träger von Rechten und Pflichten sein können. Sie entstehen bei Eintragung in das Handels- bzw. Vereinsregister (konstitutive Wirkung der Eintragung) und werden durch ihre gesetzlichen Organe (Geschäftsführer, Vorstand) vertreten.

Unterschiede zwischen rechtsfähigen Personengesellschaften und juristischen Personen		
Merkmale	**rechtsfähige Personengesellschaften**	**juristische Personen**
Vertretung	... durch Gesellschafter	... durch gesetzliche Organe (z. B. Vorstand)
Haftung	Gesellschaftsvermögen und persönliche Haftung von Gesellschaftern	nur Gesellschaftsvermögen
Steuern	Gesellschafter erzielen Einkünfte aus Gewerbebetrieb	• Gesellschaft zahlt Körperschaftsteuer • Gesellschafter bzw. Aktionäre erzielen Einkünfte aus Kapitalvermögen

Die Rechtsform von Unternehmen ist für Kreditinstitute insbesondere im Hinblick auf folgende Fragestellungen von Bedeutung:

- Ist das Unternehmen im Handelsregister eingetragen oder nicht?
  Für im Handelsregister eingetragene Unternehmen sind die Vorschriften des HGB zu beachten.
- Wer und was haftet für die Verbindlichkeiten des Unternehmens?
  Bei Einzelunternehmen und bei Personengesellschaften haften das Betriebsvermögen und das Privatvermögen der persönlich haftenden Gesellschafter. Bei Kapitalgesellschaften (GmbH, AG) haftet nur das Gesellschaftsvermögen für die Verbindlichkeiten der Gesellschaft.
- Welche Personen vertreten in welcher Weise das Unternehmen?
  Dabei sind die Begriffe Geschäftsführung und Vertretung zu unterscheiden:
  Geschäftsführung umfasst die Entscheidungsbefugnisse innerhalb des Unternehmens. Die gesetzlichen Regelungen zur Geschäftsführung (Einzel- oder Gesamtgeschäftsführung) können im Gesellschaftsvertrag geändert werden. Die Art der Geschäftsführung ist **nicht** im Handelsregister eingetragen.
  Vertretung umfasst die Befugnisse, das Unternehmen gegenüber Dritten zu vertreten und im Namen des Unternehmens Willenserklärungen abzugeben und Rechtsgeschäfte abzuschließen.

Beispiel

Der alleinige Geschäftsführer der DataSoft GmbH ist Dr. Thomas Schlüter.

Geschäftsführung (Innenverhältnis)	Vertretung (Außenverhältnis)
Thomas Schlüter beschließt, einen neuen Mitarbeiter einzustellen.	Er schließt mit Beate Weirich einen Arbeitsvertrag.
Thomas Schlüter beschließt, eine neue Produktionsmaschine zu kaufen und diese mit einem Darlehen zu finanzieren.	Er schließt mit der Maschinenbau AG einen Kaufvertrag und mit der Regio-Bank AG einen Kreditvertrag ab.

Beim Abschluss von Geschäften mit Geschäfts- und Firmenkunden muss das Kreditinstitut bei Gesellschaften mit mehreren vertretungsberechtigten Personen prüfen, in welcher Weise diese handeln dürfen:

- Bei einer Einzelvertretung ist jede berechtigte Person allein zur Vertretung berechtigt.
- Bei gemeinschaftlicher Vertretung (Gesamtvertretung) sind mehrere Personen nur gemeinschaftlich zur Vertretung berechtigt.

Die gesetzlichen Regelungen zur Vertretung (Einzel- oder Gesamtvertretung) gelten nur, wenn die Gesellschafter im Gesellschaftsvertrag keine abweichende Regelung getroffen haben. Eine vom Gesetz abweichende Regelung ist Dritten gegenüber nur wirksam, wenn sie im Handelsregister eingetragen ist.

Beispiele

- GmbH: Sind mehrere Geschäftsführer bestellt, sind sie alle nur gemeinschaftlich zur Vertretung der Gesellschaft befugt, es sei denn, dass der Gesellschaftsvertrag etwas anderes bestimmt *(§ 35 Abs. 2 GmbHG)*.
- OHG: Zur Vertretung der Gesellschaft ist jeder Gesellschafter allein ermächtigt. Im Gesellschaftsvertrag kann bestimmt werden, dass alle oder mehrere Gesellschafter nur in Gemeinschaft zur Vertretung der Gesellschaft ermächtigt sein sollen (Gesamtvertretung; § 125 Abs. 1, 2 HGB).

Gesellschaft	Vertretung nach Gesetz	Mögliche Regelungen im Gesellschaftsvertrag
OHG	Einzelvertretung durch Gesellschafter	• Gesamtvertretung • Vertretung durch jeweils zwei Gesellschafter • Ausschuss einzelner Gesellschafter von der Vertretung
KG	Einzelvertretung durch persönlich haftende Gesellschafter	
GmbH	Gesamtvertretung durch Geschäftsführer	• Einzelvertretung • Vertretung durch jeweils zwei Geschäftsführer bzw. Vorstände
AG	Gesamtvertretung durch Vorstand	
	↓	↓
	rechtswirksam ohne Handelsregistereintragung	**rechtswirksam mit Handelsregistereintragung**

Unternehmen nach zusammengefassten Rechtsformen					
Rechtsformen	Unternehmen				
	Insgesamt	davon mit ... bis ... sozialversicherungspflichtig Beschäftigten 2020			
		0 bis 9	10 bis 49	50 bis 249	250 und mehr
Einzelunternehmer	1 995 622	1 902 119	89 678	3 725	100
Personengesellschaften (zum Beispiel OHG, KG)	405 500	325 362	62 498	14 479	3 161
Kapitalgesellschaften (GmbH, AG)	764 904	535 724	171 040	47 332	10 808
Sonstige Rechtsformen	208 557	168 666	29 779	7 506	2 606
Insgesamt	3 374 583	2 931 871	352 995	73 042	16 675

Eigene Darstellung nach Zahlen vom Statistischen Bundesamt (Stand 31.10.2020)

2.1 Einzelunternehmen

Definition

Der **Einzelunternehmer** (Inhaber) betreibt **selbstständig**
- einen **Gewerbebetrieb** mit der Absicht, Gewinne zu erzielen *(§ 1 HGB, § 15 Abs. 2 EStG)*,
- einen **land- und forstwirtschaftlichen Betrieb** *(§ 13 Abs. 1 EStG)* oder ist als
- **Freiberufler** *(§ 18 Abs. 1 EStG)* tätig.

Der Einzelunternehmer bringt allein das Kapital auf und trägt allein das Risiko.

Merkmale	Erläuterungen
Gründung	Die Gründung erfolgt durch selbstständiges Betreiben eines Gewerbes. Das Unternehmen ist beim Gewerbeamt anzumelden.
Eintragung	Soweit der Einzelunternehmer Kaufmann ist *(§§ 1–3 HGB)*, wird er in das Handelsregister Abteilung A eingetragen.
Name/Firma	Kleingewerbe (nicht im Handelsregister eingetragen): Name des Einzelunternehmers ggf. mit Zusatz (z. B. Felix Kruse, Hausmeisterservice) Kaufleute (im Handelsregister eingetragen): Firma mit Zusatz „e. K“, „e. Kfm.“ oder „e. Kfr.“ gemäß Handelsregistereintragung
Haftung	Der Einzelunternehmer haftet mit seinem gesamten Geschäfts- und Privatvermögen.
Geschäftsführung/ Vertretung	Die Geschäftsführung und die Vertretung erfolgt durch den Einzelunternehmer.
Gewinn/Verlust	Dem Einzelunternehmer steht der gesamte Gewinn zu, er trägt allein die Verluste.

Merkmale	Erläuterungen
Auflösung	Das Einzelunternehmen wird aufgelöst, wenn der Unternehmer den Geschäftsbetrieb einstellt, das Betriebsvermögen veräußert oder in das Privatvermögen überführt.

Das Kreditinstitut muss Betriebskonten und Privatkonten des Inhabers getrennt führen, weil für sie unterschiedliche Regelungen gelten. So kann zum Beispiel der Inhaber bei Privatkonten mit einem Freistellungsauftrag den Steuerabzug bei Zinserträgen vermeiden. Dies ist bei Betriebskonten nicht möglich.

2.2 Personengesellschaften

2.2.1 Gesellschaft bürgerlichen Rechts

§

Bei einer **Gesellschaft bürgerlichen Rechts (GbR)** verpflichten sich die Gesellschafter, die Erreichung eines gemeinsamen Zweckes in der durch den Vertrag bestimmten Weise zu fördern, insbesondere die vereinbarten Beiträge zu leisten *(§ 705 BGB)*.

Gesellschaften bürgerlichen Rechts können privaten oder unternehmerischen Zwecken dienen. Sie können zeitlich befristet oder unbefristet bestehen.

		Beispiele:
Private GbR	**befristet**	– Fahrgemeinschaft zur Berufsschule – Urlaubsgemeinschaft, die eine Skihütte mietet und Lebensmittel einkauft
	unbefristet	– Tippgemeinschaft, die regelmäßig Lotto spielt – Wohngemeinschaft von drei Freunden
Unternehmerische GbR	**befristet (Arbeitsgemeinschaften)**	– Bankenkonsortium mehrerer Kreditinstitute, die Aktien der Bayer AG am Markt platzieren – Baukonsortium mehrerer Bauunternehmen, die gemeinsam ein Klinikum errichten
	unbefristet	– Gemeinschaftspraxis Dr. Jana Trost und Dr. David Köhler GbR – Autowerkstatt Tim Wiese und Jan Becker GbR (Kleingewerbe)

Eine auf Dauer angelegte, unternehmerische GbR können Freiberufler (Praxisgemeinschaft, Sozietät) immer errichten, Gewerbetriebe jedoch nur, wenn sie keinen in kaufmännischer Weise eingerichteten Geschäftsbetrieb erfordern *(§ 1 Abs. 2 HGB)*. Größere Gewerbebetriebe gelten ansonsten automatisch als OHG.

Merkmale	Erläuterung
Gründung	Die Gründung kann durch einen formfreien Gesellschaftsvertrag von mindestens zwei Personen erfolgen *(§ 705 BGB)*. Aus Beweisgründen empfiehlt sich aber der Abschluss eines schriftlichen Vertrages mit einer genauen Beschreibung der Rechte und Pflichten der Gesellschafter.
Eintragung	keine Eintragung in ein öffentliches Register
Name	Rechtsfähig ist eine GbR als quasi juristische Person nur, wenn sie nach außen erkennbar als GbR („Außen-GbR") auftritt. Im Namen der GbR sollten zumindest der Name eines Gesellschafters und der Zusatz „GbR" enthalten sein.
Kapital	Die Gesellschafter haben in Ermangelung einer anderen Vereinbarung gleiche Beiträge zu leisten *(§ 706 BGB)*.
Haftung	Für die Verbindlichkeiten der GbR haften das Gesellschaftsvermögen und die Privatvermögen der Gesellschafter. Die Gesellschafter haften gegenüber den Gläubigern der Gesellschaft persönlich, gesamtschuldnerisch und unbeschränkt *(§ 128 HGB, § 421 BGB)*.
Geschäftsführung/ Vertretung	Die Geschäftsführung und Vertretung erfolgen durch die Gesellschafter gemeinschaftlich, soweit nichts anderes im Gesellschaftsvertrag bestimmt ist *(§§ 709, 714 BGB)*.
Gewinn-/ Verlustverteilung	Sind die Anteile der Gesellschafter am Gewinn und Verlust nicht bestimmt, so hat jeder Gesellschafter ohne Rücksicht auf die Art und die Größe seines Beitrags einen gleichen Anteil am Gewinn und Verlust *(§ 722 BGB)*.

2.2.2 Personenhandelsgesellschaften (OHG, KG)

Definition

Zu den **Personenhandelsgesellschaften** gehören die **offene Handelsgesellschaft** (OHG) und die **Kommanditgesellschaft** (KG).

Bei einer **Personenhandelsgesellschaft** betreiben mehrere Personen ein **Handelsgewerbe** unter **gemeinschaftlicher Firma**.

- Bei der **OHG** ist bei **keinem der Gesellschafter die Haftung** gegenüber den Gesellschaftsgläubigern **beschränkt** *(§ 105 Abs. 1 HGB)*.
- Bei der **KG** gibt es **unbeschränkt haftende Gesellschafter (Komplementäre**) und **beschränkt haftende Gesellschafter (Kommanditisten)**, deren Haftung auf den Betrag einer bestimmten Vermögenseinlage beschränkt ist *(§ 161 Abs. 1 HGB)*.

<table>
<tr><th>Merkmale</th><th>OHG</th><th>KG</th></tr>
<tr><td>Gründung</td><td colspan="2">Die Gründung kann durch einen formfreien Gesellschaftsvertrag von mindestens zwei Personen erfolgen. Aus Beweisgründen empfiehlt sich aber der Abschluss eines schriftlichen Vertrages mit einer genauen Beschreibung der Rechte und Pflichten der Gesellschafter.</td></tr>
<tr><td>Eintragung</td><td colspan="2">Handelsregister Abteilung A</td></tr>
<tr><td>Firma</td><td>Zusatz „OHG“ oder „offene Handelsgesellschaft“</td><td>Zusatz „KG“ oder „Kommanditgesellschaft“</td></tr>
<tr><td>Kapital</td><td>• keine Mindesteinlage der Gesellschafter
• Höhe der Einlage richtet sich nach dem Gesellschaftervertrag.
• keine Eintragung der Kapitalhöhe in das Handelsregister
• Kapitaleinlage der Gesellschafter ist variabel und ändert sich z. B. durch Einlagen und Entnahmen.</td><td>• Für Komplementäre gelten gleiche Regelungen wie für OHG-Gesellschafter.
• Kommanditisten tätigen eine feste Kapitaleinlage, deren Höhe im Handelsregister eingetragen ist. Eine Erhöhung oder Verminderung ihrer Einlage ist eintragungspflichtig.</td></tr>
<tr><td>Haftung</td><td>• unbeschränkt mit dem Geschäfts- und Privatvermögen der Gesellschafter
• persönlich (direkt, unmittelbar)
• gesamtschuldnerisch (solidarisch) Jeder Gesellschafter haftet für die gesamten Verbindlichkeiten der Gesellschaft.</td><td>• Komplementäre haften wie OHG-Gesellschafter.
• Die unmittelbare (persönliche) Haftung des Kommanditisten für die Verbindlichkeiten der Gesellschaft ist auf den Teil der Kommanditeinlage beschränkt, den er noch nicht geleistet hat.</td></tr>
<tr><td>Geschäftsführung</td><td>• Einzelgeschäftsführung bei gewöhnlichen Geschäften
• Gesamtgeschäftsführung bei außergewöhnlichen Geschäften oder
• vertragliche Regelung</td><td>• nur durch Komplementäre
• Umfang wie OHG-Gesellschafter
• Widerspruchsrecht der Kommanditisten bei außergewöhnlichen Geschäften</td></tr>
<tr><td>Vertretung</td><td>Einzelvertretung oder vertragliche Regelung</td><td>• nur durch Komplementäre
• Umfang wie OHG-Gesellschafter</td></tr>
<tr><td rowspan="2">Gewinn-/ Verlustverteilung</td><td>• Gewinnverteilung
– 4 % Verzinsung der Kapitaleinlage
– Rest nach Köpfen
• Verlust nach Köpfen
• oder vertragliche Regelungen</td><td>• Gewinnverteilung
– 4 % Verzinsung der Kapitaleinlage
– Rest in angemessenem Verhältnis
• Verlust in angemessenem Verhältnis
• oder vertragliche Regelungen</td></tr>
<tr><td colspan="2">Beispiele für vertragliche Regelungen:
höhere Verzinsung der Kapitaleinlage, Entgelt für Arbeitsleistungen, Verteilung des Gewinns nach Kapitaleinlagen</td></tr>
</table>

2.3 Kapitalgesellschaften

Definition

Zu den **Kapitalgesellschaften** gehören die **Gesellschaft mit beschränkter Haftung (GmbH)** und die **Aktiengesellschaft (AG)**.

Kapitalgesellschaften
- können von **einer oder mehreren Personen** zu jedem gesetzlich zulässigen Zweck errichtet werden,
- besitzen eine **eigene Rechtspersönlichkeit** (juristische Person),
- **haften** gegenüber ihren Gläubigern nur mit dem **Gesellschaftsvermögen**,
- sind **Handelsgesellschaften** im Sinne des Handelsgesetzbuches *(§§ 1, 13 GmbHG, §§ 1, 2, 3 AktG)*.

Die **Gesellschaft mit beschränkter Haftung (GmbH)** hat ein **Stammkapital,** das anteilig von den Gesellschaftern übernommen wird *(§ 5 GmbHG)*. Die **Geschäftsanteile** sind **nicht** an der Börse **handelbar.**

Die **Aktiengesellschaft (AG)** hat ein **in Aktien zerlegtes Grundkapital**. Bei börsennotierten Aktiengesellschaften sind die Aktien leicht handelbar *(§ 3 Abs. 2 AktG)*. Dieser Zugang zum **Kapitalmarkt erleichtert** den Gesellschaften die **Kapitalbeschaffung.**

3

Merkmale	GmbH	AG
Gründung	Gründung von einer Person oder mehreren Personen durch einen **notariell beurkundeten Gesellschaftsvertrag** *(§ 2 GmbHG, § 23 AktG)*. Die Gesellschaft erlangt ihre **Rechtsfähigkeit** erst mit der **Eintragung in das Handelsregister** (konstitutive Wirkung der Eintragung).	
Eintragung	Handelsregister Abteilung B	
Firma	Zusatz „GmbH" oder „Gesellschaft mit beschränkter Haftung"	Zusatz „AG" oder „Aktiengesellschaft"
Kapital	• Mindeststammkapital 25 000,00 EUR *(§ 5 GmbHG)* • Geschäftsanteile müssen auf volle Euro lauten. • Mindesteinzahlung ein Viertel des Geschäftsanteils, insgesamt aber mindestens 12 500,00 EUR *(§ 7 Abs. 2 GmbHG)* **Beispiele:** – Das Stammkapital der Alpha GmbH beträgt 200 000,00 EUR. Die Gesellschafter müssen mindestens ein Viertel ihrer Geschäftsanteile (50 000,00 EUR) einzahlen. – Das Stammkapital der Beta GmbH beträgt 25 000,00 EUR. Die Gesellschafter müssen mindestens 12 500,00 EUR einzahlen.	• Mindestgrundkapital 50 000,00 EUR *(§ 7 AktG)* • Nennbetragsaktien müssen auf mindestens einen Euro lauten; höhere Nennwerte auf volle Euro *(§ 8 Abs. 2 AktG)*. • Stückaktien haben keinen Nennwert. Ihr rechnerischer Anteil am Grundkapital bestimmt sich nach der Zahl der ausgegebenen Aktien und muss mindestens einen Euro betragen *(§ 8 Abs. 4 AktG)*. **Beispiel:** Das Grundkapital der Gamma AG beträgt 200 000,00 EUR. Die Gesellschaft hat 40 000 Stückaktien herausgegeben. Der rechnerische Anteil einer Stückaktie am Grundkapital beträgt 5,00 EUR.

Merkmale	GmbH	AG
Haftung	Für die Verbindlichkeiten der Gesellschaft **haftet nur das Gesellschaftsvermögen**.	
Geschäftsführung	Gesamtgeschäftsführung durch Geschäftsführer bzw. Vorstand oder vertragliche Regelung	
Vertretung	Gesamtvertretung durch Geschäftsführer bzw. Vorstand oder vertragliche Regelung, die im Handelsregister eingetragen ist	
Gewinnverteilung	nach Kapitalbeteiligung	

Organe von Kapitalgesellschaften		
	GmbH	**AG**
Geschäftsführung und Vertretung	Geschäftsführer *(§§ 6, 35 GmbHG)*	Vorstand *(§§ 76, 77, 78 AktG)*
Aufsichtsrat	Ein Aufsichtsrat ist zu bestellen, wenn der Gesellschaftsvertrag dies vorsieht oder wenn die Gesellschaft mehr als 2000 Arbeitnehmer beschäftigt. Der Aufsichtsrat überwacht die Geschäftsführer *(§ 52 GmbHG)*.	Ein Aufsichtsrat ist immer zu bestellen. Er hat folgende Aufgaben: • Überwachung des Vorstands *(§ 111 AktG)* • Bestellung und Abberufung des Vorstands *(§ 84 AktG)* • Einberufung einer außerordentlichen Hauptversammlung *(§ 111 AktG)*
Gesellschafter- bzw. Hauptversammlung Die Gesellschafter bzw. Aktionäre üben ihre Rechte in der Gesellschafter- bzw. Hauptversammlung aus. **Beschlüsse** werden **nach Kapitalmehrheiten** gefasst.	Aufgaben *(§ 46 GmbHG)*: • Feststellung des Jahresabschlusses • Verwendung des Gewinns • Bestellung, Abberufung und Überwachung der Geschäftsführer • Bestellung von Prokuristen und von Handlungsbevollmächtigten zum gesamten Geschäftsbetrieb • Änderung des Gesellschaftsvertrages	Aufgaben *(§ 118 AktG)*: • Bestellung der Mitglieder des Aufsichtsrats (Aktionärsvertreter) • Verwendung des Bilanzgewinns • Entlastung der Mitglieder des Vorstands und des Aufsichtsrats • Bestellung des Abschlussprüfers • Satzungsänderungen • Kapitalerhöhungen

▶ Unternehmergesellschaft *(§ 5a GmbHG)*

Bei der **Unternehmergesellschaft (UG)** ist die Haftung auf das Gesellschaftsvermögen beschränkt. Die Unternehmergesellschaft wird auch als sogenannte **Mini-GmbH** bezeichnet.

Merkmale	UG	GmbH
Mindest-Stammkapital	1,00 EUR	25 000,00 EUR (Einzahlung mind. 25 % je Stammeinlage, insgesamt mindestens aber 12 500,00 EUR)
Gründung	• Verwendung einer Mustersatzung • Eintragung in das Handelsregister • niedrige Gründungskosten	• individueller Gesellschaftsvertrag • Eintragung in das Handelsregister • höhere Gründungskosten
Haftung	Gesellschaftsvermögen	Gesellschaftsvermögen
Gewinn-verwendung	Ein Viertel des um einen Verlustvortrag geminderten Jahresüberschusses ist in eine gesetzliche Rücklage einzustellen, bis ein Mindeststammkapital von 25 000,00 EUR erreicht ist *(§ 5 GmbHG)*.	Die Gesellschafterversammlung entscheidet über die gesamte Gewinnverwendung.

3

▶ Europäische Aktiengesellschaft (Societas Europaea – SE)

Die Europäische Aktiengesellschaft (SE) ist eine Rechtsform für Unternehmen, die in mindestens zwei Mitgliedstaaten der Europäischen Union tätig sind.

Beispiele

Allianz SE, BASF SE, Porsche Automobil Holding SE, Conrad Electronic SE

Merkmale	Europäische Aktiengesellschaft (Societas Europaea – SE)	Aktiengesellschaft (AG)
Mindest-kapital	120 000,00 EUR	50 000,00 EUR
Eintragung	Eintragung am Sitz der Gesellschaft, Deutschland: Handelsregister Abt. B	Handelsregister Abt. B
Firma	Zusatz „SE“	Zusatz „AG“ oder „Aktiengesellschaft“
Haftung	Gesellschaftsvermögen	Gesellschaftsvermögen
Geschäfts-führung und Aufsicht	• Monistisches System Der **Verwaltungsrat** leitet die Gesellschaft, bestimmt die Grundlinien ihrer Tätigkeit und überwacht deren Umsetzung. Er ist damit zugleich Geschäftsführungs- und Überwachungsorgan. Im Verwaltungsrat gibt es zumindest einen geschäftsführenden Direktor sowie weitere nicht geschäftsführende Mitglieder. oder • dualistisches System (vgl. AG)	Dualistisches System Der **Vorstand** führt die Geschäfte. Der **Aufsichtsrat** kontrolliert und überwacht die Geschäfte.

2.4 GmbH & Co. KG

Definition

Die GmbH & Co. KG ist eine **Kommanditgesellschaft**, bei der
- eine GmbH persönlich haftender Gesellschafter (Komplementär) ist und
- andere Personen (häufig Gesellschafter der GmbH) Kommanditisten sind.

Fallbeispiel

Entstehung einer „Ein-Mann-GmbH & Co.KG"

Josef Becker betreibt eine Spedition. Er gründet folgende Gesellschaften:

- **„Becker Transporte GmbH"**
  Die Gesellschaft wird durch einen notariellen Vertrag gegründet. **Josef Becker** ist alleiniger Gesellschafter und bestellt sich selbst zum Geschäftsführer. Mit der Eintragung in das **Handelsregister Abteilung B** wird die GmbH rechts- und handlungsfähig.

- **„Becker Transporte GmbH & Co. KG"**
  Die Gesellschaft wird durch formfreien Vertrag von der Becker Transporte GmbH (als Komplementär) und von **Josef Becker** (als Kommanditist) gegründet und in das **Handelsregister Abteilung A** eingetragen.

Becker Transporte GmbH & Co. KG = Kommanditgesellschaft

Gesellschafter

Becker Transporte GmbH = Komplementär
- Die GmbH haftet mit dem Gesellschaftsvermögen für die Verbindlichkeiten der KG.
- Die GmbH übernimmt die Geschäftsführung und Vertretung der KG. Vertreten wird die GmbH dabei durch ihren Geschäftsführer **Josef Becker**.

Josef Becker = Kommanditist

Das Risiko des Kommanditisten **Josef Becker** ist auf den Verlust der Kommanditeinlage begrenzt.
Sofern er seine Kommanditeinlage geleistet hat, haftet er nicht mehr persönlich für die Verbindlichkeiten der Gesellschaft.

Gründe für die Wahl der GmbH & Co. KG als Rechtsform

- Haftungsbeschränkung
- Bei Neugründungen wird die Rechtsform der GmbH & Co. KG oft aus steuerlichen Gründen gewählt. Wenn z. B. in den ersten Jahren der Geschäftstätigkeit Verluste erwartet werden, erfolgen bei der KG die Verlustzuweisungen direkt an die Gesellschafter, die ihre negativen Einkünfte aus Gewerbebetrieb mit anderen positiven Einkünften verrechnen können.

2.5 Eingetragener Verein

§

Ein **eingetragener Verein** (e.V.) ist ein auf Dauer angelegter Zusammenschluss von Personen, die unabhängig von einem Mitgliederwechsel einen gemeinsamen Zweck verfolgen. Er besitzt eine **eigene Rechtspersönlichkeit** und verfolgt in der Regel **nicht wirtschaftliche Zwecke (Idealverein)** *(§ 21 BGB).*

Idealvereine haben **keine Gewinnerzielungsabsicht** und werden zu folgenden Zwecken gegründet:

- Sie dienen der Durchführung von Hobbys oder Freizeitaktivitäten ihrer Mitglieder.

Beispiele

Sportverein, Tanzverein, Karnevalsverein, Schützenverein, Taubenzüchterverein

- Sie verfolgen kulturelle, ökologische und soziale Ziele.

Beispiele

Kulturverein, Umweltschutzverein, Jugendverein

- Sie unterstützen ihre Mitglieder oder externe Gruppen und Institutionen.

Beispiele

Anonyme Alkoholiker, Förderverein

Das Finanzamt kann einen Verein als **gemeinnützig** anerkennen, wenn seine Tätigkeit darauf gerichtet ist, die Allgemeinheit auf materiellem, geistigem oder sittlichem Gebiet selbstlos zu fördern *(§ 52 AO).* Die Erträge von gemeinnützigen Vereinen sind nicht steuerpflichtig. Spenden und Beiträge kann der Zahler steuermindernd als Sonderausgaben geltend machen.

Die **Mitgliederversammlung** beschließt die Satzung und wählt den Vorstand. Bei der Beschlussfassung entscheidet die Mehrheit der abgegebenen Stimmen *(§ 32 BGB).*

Merkmale	Erläuterung
Gründung	Zur Gründung eines Vereins müssen mindestens sieben Personen eine Vereinssatzung beschließen. Die Satzung muss den Zweck, den Namen und den Sitz des Vereins enthalten und ergeben, dass der Verein eingetragen werden soll *(§§ 25, 56, 57 BGB).*
Eintragung	Der **nicht** wirtschaftliche Verein erlangt seine **Rechtsfähigkeit** erst mit der **Eintragung in das Vereinsregister** (konstitutive Wirkung der Eintragung; *§ 21 BGB*). Das Vereinsregister wird beim Amtsgericht geführt.
Name	Vereinsname mit dem Zusatz „e. V." oder „eingetragener Verein" *(§ 65 BGB)*
Kapital	Der Verein erwirbt Kapital durch Mitgliedsbeiträge und Spenden.
Haftung	Für die Verbindlichkeiten haftet nur das Vereinsvermögen.

Merkmale	Erläuterung
Geschäftsführung/ Vertretung	Der von der Mitgliederversammlung gewählte Vorstand vertritt den Verein gerichtlich und außergerichtlich. Besteht der Vorstand aus mehreren Personen, so wird der Verein durch die Mehrheit der Vorstandsmitglieder vertreten *(§ 26 BGB)*. In der Satzung können andere Regelungen zur Vertretung getroffen werden *(z. B. Einzelvertretung, Beschränkung der Vertretung)*. Dritten gegenüber sind diese Regelungen wirksam, wenn sie im Vereinsregister eingetragen sind *(§ 64 BGB)*.

Nicht eingetragene Vereine besitzen keine eigene Rechtspersönlichkeit. Für sie gelten die BGB-Vorschriften zur Gesellschaft bürgerlichen Rechts *(GbR; § 705 ff. BGB)*. Die Mitglieder haften für Verbindlichkeiten des Vereins mit ihrem Privatvermögen *(§ 54 BGB)*.

2.6 Sonstige Rechtsformen

▶ Genossenschaften

§

Genossenschaften sind Gesellschaften mit nicht geschlossener Mitgliederzahl, deren Zweck darauf gerichtet ist, den **Erwerb oder die Wirtschaft ihrer Mitglieder** oder deren soziale oder kulturelle Belange durch gemeinschaftlichen Geschäftsbetrieb **zu fördern** *(§ 1 GenG)*.

Genossenschaften sind juristische Personen mit eigener Rechtspersönlichkeit.

Beispiele

- Kreditgenossenschaften (Volks- und Raiffeisenbanken)
- Wohnungsgenossenschaften
- Einkaufsgenossenschaften (z. B. für Dachdecker, Bäcker)
- Winzergenossenschaften

In der Regel können nur Mitglieder die Leistungen der Genossenschaft nutzen *(z. B. nur Mitglieder einer Wohnungsgenossenschaft erhalten von einer Genossenschaft eine Mietwohnung)*.

Der Vorstand führt die Geschäfte und vertritt die Genossenschaft nach außen.

Merkmale	Erläuterung
Gründung	• Mindestens drei Personen • Satzung (Gesellschaftsvertrag)
Eintragung	Eintragung in das Genossenschaftsregister (konstitutive Wirkung)
Firma	Zusatz eG (eingetragene Genossenschaft)
Kapital	Die Mitglieder sind mit ihren Anteilen am Geschäftsguthaben der Genossenschaft beteiligt.

Merkmale	Erläuterung
Haftung	Für die Verbindlichkeiten haftet nur das Gesellschaftsvermögen. (In der Satzung kann jedoch eine Nachschusspflicht für die Mitglieder im Insolvenzfall vereinbart werden.)
Vorstand	Der Vorstand vertritt den Verein gerichtlich und außergerichtlich. Nach dem Gesetz ist eine gemeinschaftliche Vertretung vorgesehen, die aber in der Satzung geändert werden kann.
Aufsichtsrat	Der Aufsichtsrat hat den Vorstand bei dessen Geschäftsführung zu überwachen *(§ 38 GenG)*.
Mitgliederversammlung	Die Mitglieder üben ihre Rechte in der Generalversammlung aus *(§ 43 GenG)*. Bei Genossenschaften mit mehr als 1 500 Mitgliedern kann die Satzung bestimmen, dass die Generalversammlung aus Vertretern der Mitglieder (Vertreterversammlung) besteht *(§ 43a GenG)*. Jedes Mitglied hat in der Regel eine Stimme. Die Mitgliederversammlung beschließt Satzungsänderungen, die Verwendung des Jahresüberschusses und wählt den Vorstand sowie den Aufsichtsrat.

▸ Partnerschaftsgesellschaft

§

Die **Partnerschaft** ist eine Gesellschaft, in der sich **Angehörige freier Berufe** *(z. B. Ärzte, Rechtsanwälte, Steuerberater)* zur Ausübung ihrer Berufe zusammenschließen. Sie übt kein Handelsgewerbe aus. Angehörige einer Partnerschaft können nur natürliche Personen sein *(§ 1 PartGG)*.

Merkmale	Erläuterung
Gründung	Gesellschaftsvertrag von mindestens zwei Freiberuflern
Eintragung	Partnerschaftsregister (konstitutive Wirkung; *§ 7 PartGG*)
Name	Der Name der Partnerschaft muss den Familiennamen mindestens eines Partners, den Zusatz „und Partner“ oder „Partnerschaft“ sowie die Berufsbezeichnungen aller in der Partnerschaft vertretenen Berufe enthalten *(§ 2 PartGG)*.
Haftung	• Für Verbindlichkeiten der Partnerschaft haften den Gläubigern neben dem Vermögen der Partnerschaft die Partner als Gesamtschuldner. • Waren nur einzelne Partner mit der Bearbeitung eines Auftrags befasst, so haften nur die Partnerschaft und die beteiligten Partner für den Schaden. Die anderen Partner haften nicht mit ihrem Privatvermögen. • Für Verbindlichkeiten der Partnerschaft aus Schäden wegen fehlerhafter Berufsausübung haftet den Gläubigern nur das Gesellschaftsvermögen, wenn die Partnerschaft eine zu diesem Zweck durch Gesetz vorgegebene Berufshaftpflichtversicherung unterhält *(§ 8 PartGG)*.
Geschäftsführung/ Vertretung	Einzelvertretung oder andere Regelung gemäß Gesellschaftsvertrag *(§ 7 PartGG)*.

▸ Kommanditgesellschaft auf Aktien

Die Kommanditgesellschaft auf Aktien ist eine Gesellschaft mit eigener Rechtspersönlichkeit (Sonderform der AG), bei der

- mindestens ein Gesellschafter den Gesellschaftsgläubigern unbeschränkt haftet (persönlich haftender Gesellschafter),
- die übrigen Gesellschafter (= Kommanditaktionäre) an dem in Aktien zerlegten Grundkapital beteiligt sind, ohne persönlich für die Verbindlichkeiten der Gesellschaft zu haften *(§§ 278-290 AktG)*.

Beispiele

Merck KGaA, Henkel AG & Co. KGaA, M.M.Warburg & CO KGaA, Drägerwerk AG & Co. KGaA.

Gesellschafter der KGaA

Persönlich haftende Gesellschafter	+	Kommanditaktionäre
... entsprechen in ihrer Rechtsstellung den Komplementären der KG. Die Vorschriften des HGB über die Komplementäre der KG finden Anwendung, soweit es sich um deren Rechtsbeziehungen untereinander, mit Dritten und der Gesamtheit der Kommanditaktionäre handelt.		... entsprechen in ihrer Rechtsstellung den Aktionären der AG. Vorschriften des AktG über die Aktionäre finden grundsätzlich Anwendung.

Bedeutung:
Die KGaA entwickelt sich in der Regel aus einer Personenhandelsgesellschaft, die infolge Eigenskapitalknappheit auf Wachstumsgrenzen stößt. Die persönliche Haftung der Komplementäre verleiht der KGaA eine höhere Kreditwürdigkeit. Die unternehmerischen Fähigkeiten der grundsätzlich unabsetzbaren Komplementäre entscheiden letztlich über die Unternehmensentwicklung.

▸ Stille Genossenschaft (§§ 230-236 HGB)

Kennzeichen der stillen Gesellschaft sind:

- Ein stiller Gesellschafter (natürliche oder juristische Person) ist mit einer Kapitaleinlage am Handelsgewerbe eines Kaufmanns (Einzelunternehmen oder Handelsgesellschaft) beteiligt.
- Das Gesellschaftsverhältnis zwischen dem stillen Gesellschafter („Stiller“) und dem Kaufmann tritt nach außen nicht in Erscheinung. Es erfolgt **keine Eintragung ins Handelsregister**.

Im Insolvenzfall kann der stille Gesellschafter seine Forderung als Insolvenzgläubiger geltend machen, wenn seine Einlage den auf ihn entfallenden Verlust übersteigt.

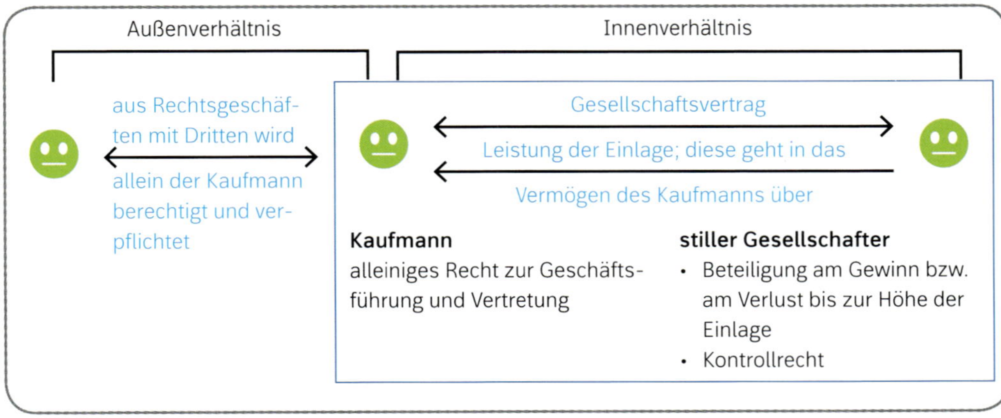

➡ **Kompetenzcheck „Rechtsformen von Unternehmen" siehe Seite 364**

3 Handlungsvollmacht und Prokura

Geschäfts- und Firmenkunden, die ein Handelsgewerbe betreiben, können Angestellten eine **Handlungsvollmacht** oder **Prokura** erteilen, die sie ermächtigt, im Namen des Unternehmens Rechtsgeschäfte mit Dritten zu schließen. Alle Kaufleute einschließlich der Kleingewerbetreibenden können eine Handlungsvollmacht erteilen, Prokura jedoch nur im Handelsregister eingetragene Unternehmen.

Merkmale	Handlungsvollmacht *(§§ 54–58 HGB)*	Prokura *(§§ 48–53 HGB)*
Erteilung	ausdrücklich (schriftlich/mündlich) oder stillschweigend (Duldung)	nur ausdrücklich (schriftlich/mündlich)
Registereintragung	nicht eintragungsfähig	eintragungspflichtig (deklaratorische Wirkung)
Befugnisse ohne Sondervollmachten	**Allgemeine Handlungsvollmacht:** Vollmacht für alle Geschäfte und Rechtshandlungen, die der Betrieb eines **derartigen Handelsgewerbes** oder die Vornahme derartiger Geschäfte **gewöhnlich** mit sich bringt. **Beispiele:** – Kauf branchenspezifischer Waren – Verfügung über Kontoguthaben und eingeräumte Kredite	Vollmacht für alle Arten von **gerichtlichen und außergerichtlichen** Geschäften und Rechtshandlungen, die der Betrieb eines Handelsgewerbes mit sich bringt. **Beispiele:** – Kauf branchenfremder Waren – Erteilung einer Handlungsvollmacht – Kreditaufnahme – Kauf von Grundstücken – Prozessführung
Befugnisse mit Sondervollmacht	• Veräußerung und Belastung von Grundstücken • Aufnahme von Darlehen • Prozessführung	Veräußerung und Belastung von Grundstücken

Merkmale	Handlungsvollmacht *(§§ 54–58 HGB)*	Prokura *(§§ 48–53 HGB)*
Beschränkungen des Umfanges	Eine Beschränkung des Umfanges der Handlungsvollmacht ist beliebig möglich. • Die Artvollmacht ermächtigt zur Vornahme gleichartiger Geschäfte. **Beispiel:** Einkauf oder Verkauf • Die Spezialvollmacht ermächtigt zur Vornahme eines einzelnen Geschäftes. **Beispiel:** Kauf einer Maschine Beschränkungen braucht ein Dritter nur gegen sich gelten zu lassen, wenn er sie kannte oder kennen musste.	Eine Beschränkung des Umfanges der Prokura ist im **Außenverhältnis nicht möglich** und Dritten gegenüber unwirksam. • Im **Innenverhältnis** kann sie **beliebig eingeschränkt** werden. Tätigt der Prokurist trotzdem weitergehende Geschäfte, kann der Inhaber von ihm Schadenersatz fordern. • Die Prokura kann auf eine oder mehrere Niederlassungen bzw. Filialen beschränkt werden (Niederlassungs-/Filialprokura).
Art der Vertretung	• **Einzelhandlungsvollmacht** (Einzelvertretung) • **Gesamthandlungsvollmacht** (gemeinschaftliche Vertretung)	• **Einzelprokura** (Einzelvertretung) • **Gesamtprokura** (gemeinschaftliche Vertretung)
Unterzeichnung	Firma, Unterschrift mit Zusatz i. V. (in Vertretung) oder i. A. (im Auftrag)	Firma, Unterschrift mit Zusatz pp. oder ppa. (per Prokura)
Erlöschen	• Widerruf • Beendigung des Dienstverhältnisses • Fristablauf • Erledigung der Aufgabe bei Spezialvollmacht	• Widerruf • Beendigung des Dienstverhältnisses Das Erlöschen muss in das Handelsregister eingetragen und bekannt gemacht werden.

Grenzen der Vertretung

Bei besonderen Rechtsgeschäften ist eine rechtsgeschäftliche Vertretung nicht zulässig:
- Unterschreiben der Bilanz, der GuV-Rechnung und der Steuererklärung
- Anmeldung von Handelsregistereintragungen
- Insolvenzanmeldung
- Verkauf des gesamten Geschäftes
- Erteilung der Prokura
- Aufnahme neuer Gesellschafter in eine Personengesellschaft

➡ **Kompetenzcheck „Handlungsvollmacht und Prokura“ siehe Seite 364**

4 Kontoeröffnung

Kreditinstitute teilen Geschäfts- und Firmenkunden in der Regel nach ihrer Größe in unterschiedliche Kategorien ein, die von unterschiedlichen Stellen betreut werden.

Beispiel

	Kleinere Unternehmen	Mittlere Unternehmen	Großunternehmen
Mitarbeiterzahl	bis 10	bis 100	über 100
Umsatz	bis 500 000 EUR	bis 5 000 000,00 EUR	über 5 000 000,00 EUR
Bilanzsumme	bis 1 000 000 EUR	bis 10 000 000,00 EUR	über 10 000 000,00 EUR

Bei Gesellschaften und Vereinen sind die gesetzlichen Vertreter *(z. B. Geschäftsführer, Vorstand)* und Prokuristen zu einer Kontoeröffnung berechtigt. Das Handels- bzw. Vereinsregister gibt darüber Auskunft, ob diese Personen einzeln oder nur gemeinschaftlich handeln können.

Nach der gesetzlichen Regelung vertreten Geschäftsführer und Vorstände die Gesellschaft bzw. den eingetragenen Verein gemeinschaftlich. Demnach müssten beispielsweise bei einer Aktiengesellschaft mit fünf Vorstandsmitgliedern alle fünf den Kontoeröffnungsantrag unterschreiben. Da eine solche Regelung kaum praktikabel ist, ist in den Gesellschaftsverträgen häufig vereinbart, dass **jeweils zwei Vertretungsberechtigte** gemeinsam das Unternehmen vertreten.

4.1 Kontoinhaber

Geschäfts- und Firmenkunden		
Kontoinhaber	**Kontobezeichnung**	**Identitätsfeststellung**
nicht im Handelsregister eingetragene Geschäftskunden: • Handwerker • Kleingewerbetreibende • Freiberufler • Land- und Forstwirte	bürgerlicher Name und auf Wunsch ein Hinweis auf den Geschäftsbereich **Beispiele:** – Dipl.-Kfm. Hans-Peter Krause Steuerberater – Autowerkstatt Martin Bolchek	amtlicher Lichtbildausweis (Personalausweis oder Reisepass mit Meldebescheinigung)
GbR (Gesellschaft bürgerlichen Rechts)	Name der GbR laut Gesellschaftsvertrag oder Namen der Gesellschafter mit dem Zusatz „GbR“ **Beispiele:** – ATC Autoteile GbR – Becker & Köhler Hausmeisterservice GbR	Gesellschaftsvertrag + amtliche Lichtbildausweise aller Gesellschafter

Geschäfts- und Firmenkunden		
Kontoinhaber	**Kontobezeichnung**	**Identitätsfeststellung**
im Handelsregister eingetragene Unternehmen: • Einzelunternehmen • Personenhandelsgesellschaften (OHG, KG) • Kapitalgesellschaften (GmbH, AG, SE)	Firma laut Handelsregistereintragung	Handelsregisterauszug neueren Datums (vom Kunden eingereichte Registerauszüge sollten amtlich beglaubigt sein.) + amtliche Lichtbildausweise der Vertretungsberechtigten
eingetragene Vereine (e. V.)	Name laut Vereinsregister	Vereinsregisterauszug neueren Datums (ggf. beglaubigt) + amtliche Lichtbildausweise der Vertretungsberechtigten

Die Identität prüft die Bankmitarbeiterin bzw. der Bankmitarbeiter persönlich bei Anwesenheit der Vertretungsberechtigten oder durch andere zulässige Verfahren *(z. B. Videoident-Verfahren)*.

Die Lichtbildausweise der vertretungsberechtigten Personen sind zu fotokopieren oder einzuscannen.

In den Kontounterlagen sind festzuhalten:

Firma, Rechtsform, Registernummer, Anschrift der Hauptverwaltung, Namen der gesetzlichen Vertreter *(z. B. Vorstand)*, Wirtschafts-Identifikationsnummer bzw. Umsatzsteuer-Identifikationsnummer

In besonderen Fällen kann das Kreditinstitut auf die Legitimationsprüfung und auf die Herstellung der Auskunftsbereitschaft verzichten *(Nr. 11 Anwendererlass zu § 154 AO)*.

Beispiele

- Vertreter von Unternehmen, die in einem öffentlichen Register eingetragen sind (z. B. Geschäftsführer einer GmbH und Prokuristen)
- Vertreter von Unternehmen, bei denen schon mindestens fünf Personen, die in einem öffentlichen Register eingetragen sind bzw. bei denen eine Legitimationsprüfung stattgefunden hat, eine Verfügungsbefugnis haben

4.2 Feststellung des wirtschaftlich Berechtigten

Bei der Kontoeröffnung muss der Kontoinhaber darüber Auskunft geben, ob er das Konto im eigenen wirtschaftlichen Interesse oder für einen anderen wirtschaftlich Berechtigten eröffnen möchte *(§ 11 GwG)*.

Zur Prüfung des **wirtschaftlich Berechtigten** nimmt das Kreditinstitut Einsicht in die Gesellschaftsverträge, um die von einzelnen Gesellschaftern gehaltenen Anteile zu ermitteln. Eine Gesellschaft hat keinen anderen wirtschaftlich Berechtigten, wenn keiner der Gesellschafter direkt oder indirekt mehr als 25 % der Kapital- oder Stimmrechtsanteile besitzt. Wenn natürliche

Personen mehr als 25 % der Kapital- oder Stimmrechtsanteile der Gesellschaft kontrollieren, sind Name, Geburtsort, Anschrift und Steueridentifikationsnummer des wirtschaftlich Berechtigten festzustellen und Ausweiskopien anzufertigen *(§ 11 Abs. 5 GwG)*.

4.3 Vertretungsberechtigte

Bei der Kontoeröffnung ist festzulegen, welche Personen in welcher Weise über das Konto verfügen dürfen und zu anderen Geschäften mit dem Kreditinstitut berechtigt sind:

- gesetzliche Vertreter
- Prokuristen
- Handlungsbevollmächtigte

Grundsätzlich können die gesetzlichen Vertreter und Prokuristen nur bei Einzelvertretung gemäß Registereintragung allein über das Konto verfügen. Jedoch ist es auch bei einer gemeinschaftlichen Vertretungsberechtigung möglich, diesen Personen eine **eingeschränkte Einzelvollmacht** über das Konto zu erteilen. Die eingeschränkte Vollmacht ermöglicht, Geschäfte allein zu tätigen, die unmittelbar mit dem Konto in einem Zusammenhang stehen:

- Verfügungen über Guthaben und eingeräumte Darlehen
- Erteilung von Inkassoaufträgen
- Entgegennahme von Abrechnungen, Kontoauszügen und anderen Schriftstücken

Eine Kontovollmacht kann auch Handlungsbevollmächtigten und Bevollmächtigten nach dem BGB eingeräumt werden. Bei einer allgemeinen Handlungsvollmacht ohne Sonderbefugnisse darf der Bevollmächtigte keine Darlehen aufnehmen, sondern nur über Guthaben und eingeräumte Darlehen verfügen. Bei Bevollmächtigten nach dem BGB ist der Umfang der Vollmacht bei der Kontoeröffnung festzulegen.

Es ist auch möglich zu vereinbaren, dass bestimmte Bevollmächtigte *(z. B. Handlungsbevollmächtigte)* nur mit bestimmten anderen Personen *(z. B. Prokuristen)* gemeinsam handeln dürfen.

Alle Vertretungsberechtigten müssen sich legitimieren; ihre Daten (Name, Geburtsdatum und -ort, Anschrift, Personalausweisdaten) sind festzuhalten, die Ausweise zu fotokopieren oder einzuscannen. Sie leisten Unterschriftsproben, um im späteren Geschäftsverkehr diese prüfen zu können.

Beispiel

Ahlers, Berger und Chari sind Geschäftsführer der Taurus GmbH. Dohle und Engel sind Gesamtprokuristen. Förster und Gerster haben eine allgemeine Handlungsvollmacht ohne Sonderbefugnisse.
Im Handelsregister finden sich folgende Eintragungen:
„Die Gesellschaft wird von jeweils zwei Geschäftsführern gemeinschaftlich vertreten. Die Prokuristen handeln in Gemeinschaft mit einem anderen Prokuristen oder einem Geschäftsführer."
Berger soll eine Einzelvertretungsberechtigung erhalten.
Die Handlungsbevollmächtigten sollen nur in Gemeinschaft mit einem Geschäftsführer oder Prokuristen handeln dürfen.

Regio-Bank AG				
Vertretungsberechtigung und Unterschriftsproben				
Name der Inhaber, persönlich haftenden Gesellschafter, Vorstandsmitglieder, Geschäftsführer		**Vertretungsberechtigung gegenüber der Bank**[1]	**eingeschränkte Vollmacht**	**Unterschriftsproben**
1	Ahlers	G	Nein	
2	Berger	E	Ja	
3	Chari	G	Nein	
Name der Prokuristen		**Vertretungsberechtigung gegenüber der Bank**[1]	**eingeschränkte Vollmacht**	**Unterschriftsproben**
4	Dohle	G	Nein	
5	Engel	G	Nein	
Name der Handlungsbevollmächtigten mit Befugnis zur Kreditaufnahme und zur Bestellung von Sicherheiten		**Vertretungsberechtigung gegenüber der Bank**[1]	**eingeschränkte Vollmacht**	**Unterschriftsproben**
6	---			
7	---			
Name der Handlungsbevollmächtigten <u>ohne</u> Befugnis zur Kreditaufnahme und zur Bestellung von Sicherheiten		**Vertretungsberechtigung gegenüber der Bank**[1]	**eingeschränkte Vollmacht**	**Unterschriftsproben**
8	Förster	G mit 1 bis 5	Ja	
9	Gerster	G mit 1 bis 5	Ja	

1 E = Einzelvertretungsberechtigung;
G = gemeinschaftliche Vertretung mit einem anderen Berechtigen;
G mit Ziffern der Berechtigten = gemeinschaftliche Vertretung nur mit bestimmten Berechtigten

➡ Kompetenzcheck „Kontoeröffnung" siehe Seite 365

5 Zahlungsinstrumente

5.1 Zahlungsinstrumente für inländische Zahlungen

Unternehmen, die Geschäfte mit Verbrauchern tätigen, müssen ihren Kunden aus Wettbewerbsgründen attraktive Zahlungsformen anbieten.

5.1.1 Kartenzahlungen

Der weitaus größte Teil der Verbraucher besitzt Zahlungskarten (Debit- und Kreditkarten) und erwartet von Händlern (stationärer Einzelhandel und E-Commerce-Händler) und anderen Unternehmen (z. B. Hotels, Restaurants, Kfz-Werkstätten), dass diese bei Zahlungen akzeptiert werden. Darüber hinaus bieten Kartenzahlungen Unternehmen folgende Vorteile:

- Zeit- und Kostenersparnis bei Kartenzahlungen im Vergleich zu Barzahlungen (insbesondere bei kontaktlosen Zahlungen)
- Verringerung der Bargeldbestände und der damit verbundenen Kosten und Risiken (Falschgeld, Kassendifferenzen, Diebstahl)
- höherer Umsatz durch Spontankäufe von Kunden, die keine ausreichenden Bargeldbestände mitführen

Um Kartenzahlungen akzeptieren zu können, benötigt das Unternehmen eine Vereinbarung mit seinem Kreditinstitut und mit einem Zahlungsdienstleister (Payment Service Provider, Netzbetreiber).

▸ Girocardzahlungen

Grundlage für Zahlungen mit der Girocard ist die „**Vereinbarung über ein institutsübergreifendes System zur Zahlung an automatisierten Kassen**" (electronic-cash-System, Girocard-System) der deutschen Kreditwirtschaft.

Händler beauftragen für die Abwicklung der Girocard-Zahlungen einen **zertifizierten Netzbetreiber** (Zahlungsdienstleister, Payment Service Provider; PSP),
- der die technische Infrastruktur (stationäre und mobile Terminals) bereitstellt,
- die Autorisierungsabfragen (Gültigkeit der Karte, PIN, Kontodeckung) durchführt und
- Lastschriftdateien für den Forderungseinzug bei der Bank des Händlers einreicht.

Der Anschluss von Unternehmen an das Girocard-System erfolgt auf der Grundlage der „**Bedingungen für die Teilnahme am electronic cash-System der deutschen Kreditwirtschaft**" (Händlerbedingungen).

Der Netzbetreiber hat sicherzustellen, dass die von der Kreditwirtschaft vorgegebenen Sicherheitsanforderungen eingehalten werden (Nr. 3 Händlerbedingungen).

Mit einer positiven Autorisierung garantiert das kartenausgebende Institut die Einlösung der späteren Lastschrift. Für den Betrieb des electronic-cash-Systems und für die Autorisierung der Zahlungen erhält das kartenausgebende Institut vom Händler eine Provision von maximal 0,2 % des Umsatzes.

In der Regel reicht der Netzbetreiber die Lastschriftdateien für den Einzug der Forderungen einmal täglich bei der Bank des Händlers ein.

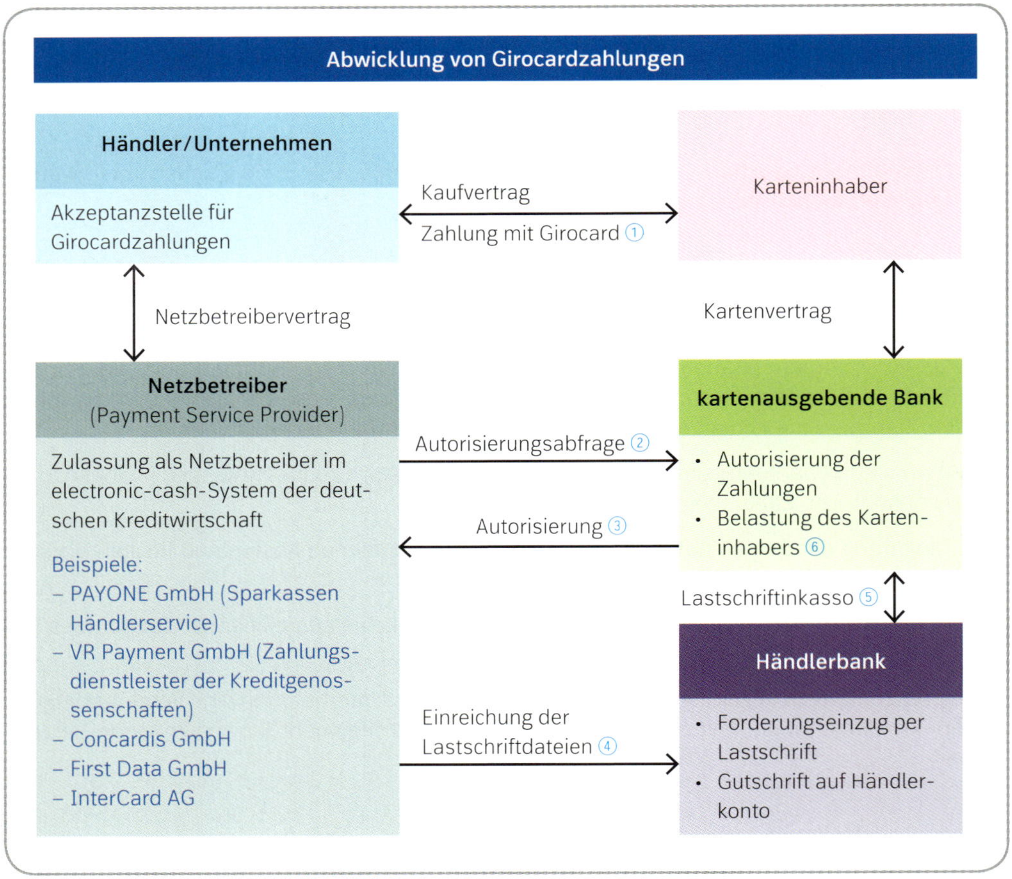

① Bei der Zahlung ist die Girocard in das Terminal einzuführen oder bei kontaktlosen Zahlungen nah an das Terminal zu halten. Die Kartendaten werden eingelesen und der Karteninhaber zur Eingabe der PIN aufgefordert (Ausnahme: kontaktlose Zahlungen bis 50,00 EUR).

② Der Netzbetreiber stellt eine Autorisierungsabfrage bei der kartenausgebenden Bank bzw. bei deren Autorisierungszentrale.

③ Nach Prüfung der Gültigkeit der Karte, Sperre der Karte, der PIN und der Kontodeckung bzw. des Verfügungsrahmens autorisiert die kartenausgebende Bank die Zahlung.

④ In der Regel reicht der Netzbetreiber einmal täglich die Lastschriftdateien über die Zahlungen bei der Händlerbank zum Inkasso ein. Der Händler benötigt dazu eine entsprechende Lastschriftvereinbarung mit seinem Institut.

⑤ Das Lastschriftinkasso erfolgt über die banküblichen Verrechnungswege *(z. B. Bundesbank)*. Der Händler erhält eine entsprechende Gutschrift auf seinem Konto.

⑥ Das kartenausgebende Institut belastet den Karteninhaber mit dem Zahlungsbetrag. Eine Rückgabe der Lastschrift mangels Kontodeckung oder Widerruf ist nicht möglich.

Händler können Bank- und Sparkassenkarten auch für das **elektronische Lastschriftverfahren** (ELV) nutzen. Der Karteninhaber steckt wie beim Girocard-System die Karte in das Terminal, die Kartendaten (Kontoinhaber, IBAN) werden ausgelesen und auf dieser Basis erteilt der Karteninhaber ein SEPA-Basismandat.

Im Unterschied zum Girocard-System erfolgt beim Elektronischen Lastschriftverfahren **keine Autorisierung und keine Garantie der Zahlung** durch das kartenausgebende Kreditinstitut.

Der Händler trägt das **Zahlungsrisiko**,
- da die Lastschrift nur bei ausreichender Kontodeckung eingelöst wird,
- da der Zahlungspflichtige die Lastschrift wegen Widerspruchs zurückgeben kann,
- wenn eine gestohlene oder gefälschte Karte missbräuchlich verwendet wurde.

Um im Vergleich zum Girocard-System Kosten zu sparen, nehmen Händler das höhere Risiko in Kauf.

Zur **Risikobegrenzung** haben Händler folgende Möglichkeiten:

- Prüfung der persönlichen Legitimation des Karteninhabers
- Abfrage von Sperrdateien
  Verlorene oder gestohlene Debit- und Kreditkarten werden von der Polizei in der bundesweiten „**KUNO**-Datenbank" (**K**riminalitätsbekämpfung im **u**nbaren Zahlungsverkehr unter **N**utzung nichtpolizeilicher **O**rganisationsstrukturen) erfasst, sofern der rechtmäßige Karteninhaber bei Anzeige des Diebstahls bzw. des Verlustes dazu seine Zustimmung erteilt hat.
  Netzbetreiber ***(z. B. easycash, TeleCash)*** führen zudem Sperrdateien für
  – verlorene oder gestohlene Karten (Grundlage: „KUNO-Sperrdatei") und
  – für Karten, bei denen Lastschriften mangels Kontodeckung nicht bezahlt oder wegen Widerspruchs zurückgegeben wurden. Ein Eintrag wird wieder gelöscht, wenn der Karteninhaber den offenen Betrag bezahlt hat.

Händler können auch beide Zahlungssysteme (Girocard-System und ELV) parallel verwenden. Sie vereinbaren mit dem Netzbetreiber, wann welches System zum Einsatz kommt. Für den Karteninhaber ist das Verfahren nur dadurch erkennbar, dass er beim Girocard-System die PIN eingeben muss, während er beim ELV ein SEPA-Basislastschriftmandat unterschreibt.

Auf Bank- und Sparkassenkarten sind zudem Co-Badging-Systeme internationaler Zahlungsanbieter (Mastercard, VPay von Visa) verfügbar. Die Verrechnung der Zahlungen erfolgt über die Abrechnungssysteme der Anbieter.

▸ Kreditkartenzahlungen

Viele Unternehmen *(z. B. Einzelhändler, Hotels, Gaststätten, Restaurants, Reisebüros, Autowerkstätten)* akzeptieren **Kreditkartenzahlungen** von ihren Kunden. Kreditinstitute bieten ihren Geschäfts- und Firmenkunden vorrangig Kreditkarten von **Mastercard** und von **Visacard** an. Die Unternehmen werden zu **Akzeptanzstellen** dieser Kreditkartengesellschaften.

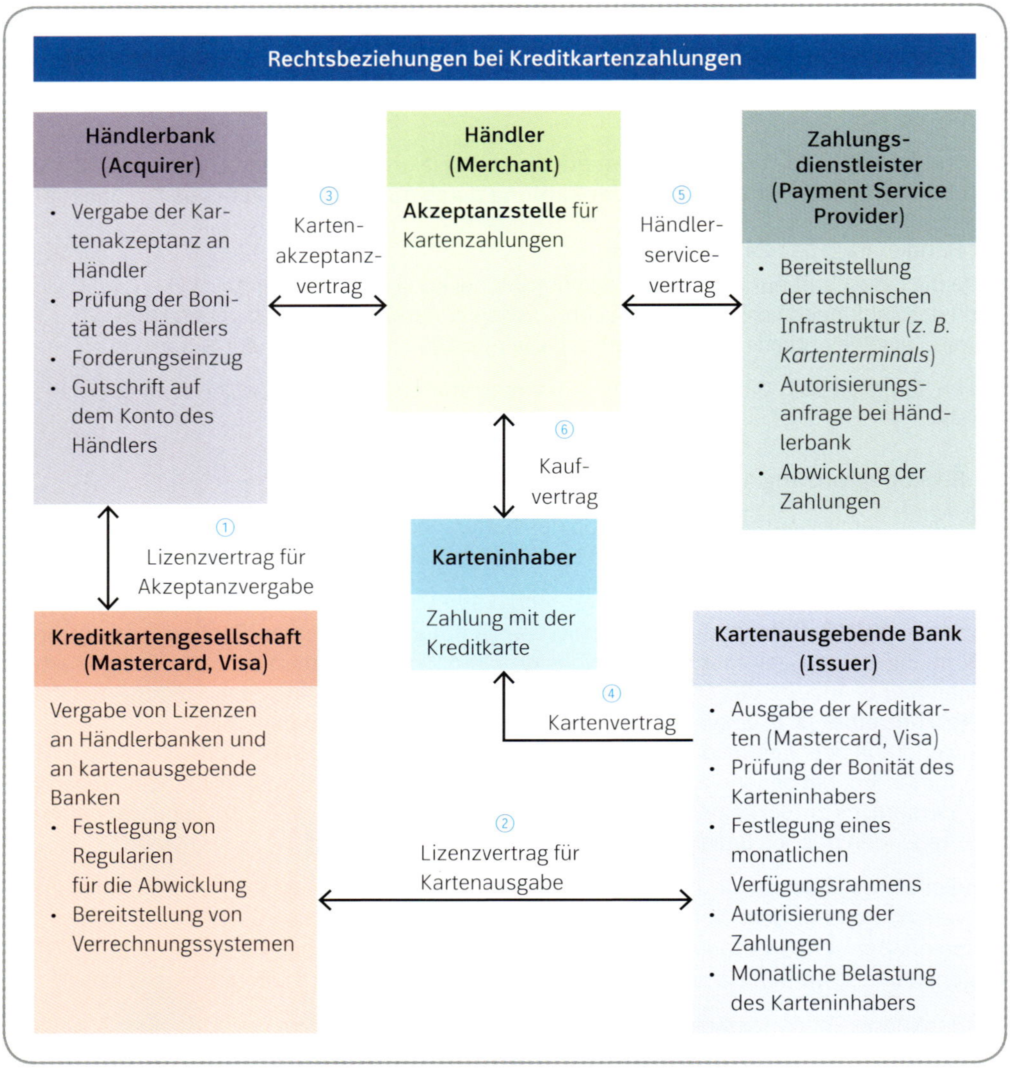

Mastercard und Visacard ermächtigen in Lizenzverträgen Kreditinstitute (Acquirer) dazu, Kartenakzeptanzverträge mit Händlern und anderen Unternehmen zu schließen. Nach der Autorisierung der Zahlung durch die Autorisierungssysteme von Mastercard bzw. Visa hat der Händler eine Zahlungsgarantie. Die Verrechnung der Zahlungen erfolgt über zentrale Datennetze der Kreditkartengesellschaften.

Bei Kreditkartenzahlungen sind folgende Rechtsverhältnisse zu unterscheiden:

① **Lizenzvertrag** für **Akzeptanzvergabe**
Kreditinstitute (Acquirer Banken) vergeben aufgrund einer Lizenzvereinbarung mit Kreditkartengesellschaften *(z. B. Mastercard, Visa)* Akzeptanzrechte an Händler und andere Unternehmen. In dem Vertrag verpflichten sich die Acquirer-Banken zu einer Risikoübernahme bei missbräuchlichen Zahlungseinzügen der Akzeptanzstellen und zur Einhaltung bestimmter Sicherheitsstandards bei der Zahlungsabwicklung.

② **Lizenzvertrag für Kartenausgabe**
Kartenausgebende Kreditinstitute (Issuer) schließen mit Kartengesellschaften eine Lizenzvereinbarung, um die eigenen Kreditkarten mit dem Logo der Kreditkartengesellschaft ausstatten zu dürfen. Die kartenausgebende Bank autorisiert die Zahlungen des Karteninhabers, erstellt in der Regel einmal monatlich eine Abrechnung und belastet den Kunden mit dem Gesamtbetrag aller Verfügungen in diesem Monat.

③ **Kartenakzeptanzvertrag**
Händlerbanken (Acquirer Banken) schießen mit Händlern und anderen Unternehmen einen Kreditkartenakzeptanzvertrag, der es den Unternehmen gestattet, Kartenzahlungen zu akzeptieren und den Gegenwert über die Händlerbank einzuziehen. Die Händlerbanken prüfen die Seriosität und Bonität des Händlers, da sie das Risiko von nicht autorisierten Zahlungen tragen.
Bei Kartenzahlungen leitet die Acquirer Bank die Daten an die kartenausgebende Bank (Issuer) weiter, die dann die Zahlung autorisiert oder zurückweist. Auch das Inkasso der Kartenzahlungen übernimmt die Acquirer Bank.

④ **Kartenvertag**
Das kartenausgebende Kreditinstitut (Issuer) schließt mit dem Karteninhaber einen Kreditkartenvertrag, in dem die Nutzungsbedingungen und Entgelte festgelegt sind. Die Bank prüft die Bonität des Kunden und legt bei Kreditkarten einen Verfügungsrahmen fest, da sie bei fehlender Kontodeckung für den Schaden haftet.

⑤ **Händlerservicevertrag**
Der Zahlungsdienstleister (Payment Service Provider) stellt die technische Infrastruktur (stationäre und mobile Kartenterminals) bereit und übermittelt die Zahlungsdaten an die Acquirer Bank. Die Abwicklung der Zahlung erfordert hohe Sicherheitsstandards (Payment Card Industry Data Security Standard). Kreditinstitute vermitteln ihren Geschäfts- und Firmenkunden zertifizierte Zahlungsdienstleister.

⑥ **Kaufvertrag**
Der Karteninhaber schließt mit dem Händler einen Kaufvertrag und zahlt mit seiner Karte. Der Karteninhaber legitimiert sich durch Unterschrift oder Eingabe der PIN. Die Zahlungsdaten werden online bei der Autorisierungsstelle geprüft:
- Gültigkeit der Karte
- Kartensperre
- PIN
- Verfügungsrahmen

Mit der Autorisierung erhält der Händler eine Zahlungsgarantie.

5.1.2 Internetbezahlverfahren

Internetbezahlverfahren (E-Payment-Zahlungen) basieren auf Überweisungen im Onlinebanking des Zahlers (z. B. *giropay, Sofort-Überweisung*) oder ermöglichen einen Forderungseinzug vom Zahlungs- bzw. Kreditkartenkonto des Zahlers per **Lastschrift** (z. B. *PayPal, Amazon Pay, Apple Pay, Google Pay*).

Bei den überweisungsbasierten Zahlungen wird der Kunde beim Onlinekauf auf die Internetseite seines Kreditinstitutes geleitet, loggt sich dort mit seinen Zugangsdaten (PIN, Passwort) ein und gibt die Überweisung mit einer TAN frei. Bei Zahlungen bis 30,00 EUR können die Kreditinstitute auf die Eingabe der TAN verzichten. Der Händler hat sofort eine Zahlungsgewissheit, da die Zahlung nur bei ausreichender Kontodeckung ausgeführt wird.

Auch bei **lastschriftbasierten Zahlungen** (Ausnahme: SEPA-Lastschrifteinzug, ELV) erhält der Händler sofort eine Zahlungsbestätigung. Bei der Zahlung loggen sich die Käufer auf der Internetseite des Bezahldienstes ein, legitimieren sich durch Eingabe der Benutzerdaten und autorisieren die Zahlung.

Grundlage für das Bezahlverfahren ist ein Vertrag zwischen dem Onlinehändler und dem Anbieter des Verfahrens. Für die technische Infrastruktur und sichere Übertragung der Daten wird ein Zahlungsdienstleister (Payment Service Provider) eingeschaltet. In der Praxis wickelt der Zahlungsdienstleister alle von dem Onlinehändler angebotenen Zahlungsformen ab.

Beispiele

- Giropay
- PayPal
- Kreditkarte
- SEPA-Lastschrifteinzug
- Sofortüberweisung

Die Anbieter der Bezahlverfahren stellen dem Händler eine Provision in Rechnung.

5.1.3 Mobile Payment

Mobile Bezahlverfahren führt der Kunde kontaktlos mittels eines Smartphones durch, das mit einem NFC-Chip ausgestattet ist. Einer mobilen Zahlung liegt im Regelfall eine Kartenzahlung, eine Lastschrift oder eine Überweisung zugrunde.

Bei **Kartenzahlungen** (Girocard, Kreditkarte) sind die Daten der Karte in einer App auf dem Smartphone gespeichert. Bei der Zahlung hält der Zahler sein Handy nahe an das Terminal. Die Daten werden erfasst und die Zahlung vom Zahler autorisiert. Die Abwicklung der Zahlung unterscheidet sich nicht von der bei „normalen" Kartenzahlungen.

Bei einer **Echtzeitüberweisung** erhält der Händler nach wenigen Sekunden eine unwiderrufliche Kontogutschrift.

5.1.4 Lastschrift

Geschäfts- und Firmenkunden nutzen oft Lastschriften zum Einzug fälliger Forderungen.

▸ Rechtliche Grundlagen

Voraussetzungen für den Forderungseinzug mittels Lastschrift:

- Vereinbarung zwischen dem Zahlungsempfänger und seinem Kreditinstitut (1. Inkassostelle) über den Lastschrifteinzug (Inkassovereinbarung)
- Anerkennung der „Bedingungen für Zahlungen mittels Lastschrift im SEPA-Basis-Lastschriftverfahren bzw. SEPA-Firmen-Lastschriftverfahren"
- schriftliche Zustimmung des Schuldners (Zahlungspflichtiger) zum Forderungseinzug durch Lastschrift (SEPA-Lastschriftmandat).

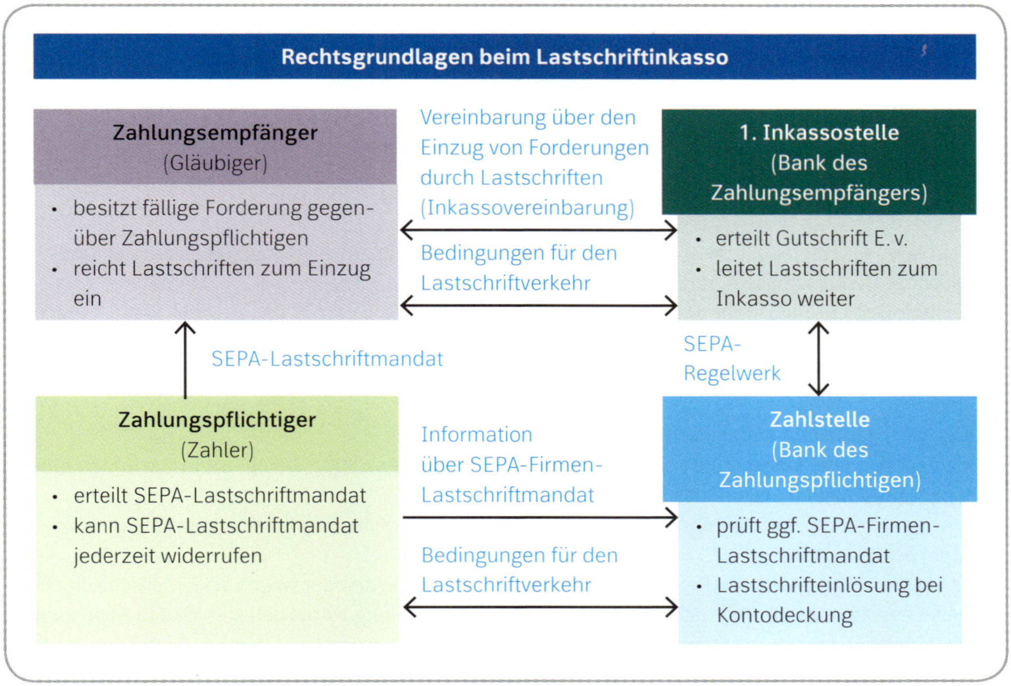

Inkassovereinbarung zwischen Zahlungsempfänger und 1. Inkassostelle

Zum Einzug eingereichte Lastschriften werden unter dem Vorbehalt der Einlösung und des Einganges des Gegenwertes gutgeschrieben (Gutschrift E. v.). Im Fall der Nichteinlösung ist das Kreditinstitut zu einer Rückbelastung berechtigt, und zwar auch nach einem zwischenzeitlich erfolgten Rechnungsabschluss *(AGB Nr. 9 der Sparkassen + Banken)*.

Der Einreicher kann bei einer Gutschrift E. v. schon über den Betrag verfügen, bevor Gewissheit über die Einlösung besteht. Vor der Zulassung zum Lastschriftverfahren ist die Bonität des Kunden im Rahmen einer Kreditwürdigkeitsprüfung zu beurteilen. Zur Begrenzung dieses Risikos wird oftmals ein Einreicherlimit festgelegt, bis zu dem innerhalb eines bestimmten Zeitraumes Lastschriften eingereicht werden dürfen.

Inkassovereinbarung

Zahlungsempfänger ⟷ **1. Inkassostelle**

Vereinbarung über den Einzug von Forderungen durch Lastschriften

Inhalte der Vereinbarung

- Der Zahlungsempfänger verpflichtet sich, nur Lastschriften einzureichen, bei denen der Zahlungspflichtige dem Einzugsverfahren zugestimmt hat.
- Es dürfen nur fällige Forderungen eingezogen werden.
- Die Lastschriften sind eine bestimmte Anzahl von Geschäftstagen vor Fälligkeit einzureichen.
- Die Summe der eingereichten Lastschriftbeträge darf das vereinbarte Einreicherlimit nicht übersteigen.
- Der Einzug erfolgt grundsätzlich beleglos.
- Beleggebundene Lastschriften sind mit einem Sammeleinzugsauftrag, beleglose Lastschriften mit einem Begleitzettel einzureichen.
- Die Gutschrift erfolgt E. v. Bei der Wertstellung werden die vereinbarten Inkassotage (Bankarbeitstage) berücksichtigt.
- Es wird ein Einzugsentgelt (Provision) vereinbart. Nicht eingelöste oder wegen Widerspruch zurückgegebene Lastschriften werden mit der Einreichungswertstellung zurückbelastet. Das Kreditinstitut ist berechtigt, fremde und eigene Kosten in Rechnung zu stellen und kann gemäß Vereinbarung eine eigene Provision verlangen.

SEPA-Firmen-Lastschriftverfahren

Das **SEPA-Firmen-Lastschriftverfahren** kann nur mit Zahlungspflichtigen, die **keine** Verbraucher sind, vereinbart werden. Im Unterschied zum SEPA-Basis-Lastschriftverfahren hat der Zahlungspflichtige bei autorisierten Zahlungen nach der Einlösung der Lastschrift **keinen Erstattungsanspruch** auf Wiedergutschrift des Lastschriftbetrages. Damit hat der **Zahlungsempfänger** nach der Lastschrifteinlösung eine **Zahlungssicherheit,** da eine spätere Rückgabe der Lastschrift ausgeschlossen ist.

Der Zahlungspflichtige erteilt dem Zahlungsempfänger ein SEPA-Firmen-Lastschriftmandat (SEPA Business-to-Business Direct Debit Mandate). Die Erteilung des Mandats bestätigt er zudem seinem Kreditinstitut (Zahlstelle) durch Mitteilung der Daten oder durch Zusendung einer Kopie des Mandats. Die Mitteilung ist zu unterschreiben oder in sonstiger Weise zu authentifizieren.

Die Lastschriften müssen der Zahlstelle **spätestens einen Geschäftstag** vor Fälligkeit vorliegen. Lastschriften im SEPA-Firmen-Lastschriftverfahren sind eingelöst, wenn die Belastungsbuchung nicht spätestens am dritten Bankarbeitstag nach ihrer Vornahme rückgängig gemacht wird *(AGB Nr. 9, Abs. 2 der Sparkassen + Banken)*.

Anwendung

Einzug von (größeren) Forderungsbeträgen aus Lieferungen und Leistungen zwischen Unternehmen, die in regelmäßigem Geschäftskontakt stehen.

Beispiele

- Ein Großhändler beliefert laufend Einzelhandelsgeschäfte.
- Eine Brauerei beliefert regelmäßig Gaststätten.

▸ Lastschriftinkasso

Der **Zahlungsempfänger** (Gläubiger) reicht Lastschriften bzw. Lastschriftdateien bei seinem Zahlungsdienstleister (1. Inkassostelle) zum Einzug ein. Die 1. Inkassostelle leitet die Lastschrift an den Zahlungsdienstleister des Zahlungspflichtigen (Zahlstelle) weiter. Die Zahlstelle belastet bei Fälligkeit (Verrechnungstag) der Lastschrift das Konto des Zahlungspflichtigen und informiert ihn durch einen Ausdruck im Kontoauszug. Am Fälligkeitstag erfolgt auch die Verrechnung zwischen den Kreditinstituten und die Gutschrift für den Zahlungsempfänger (Gutschrift Eingang vorbehalten, *Ziff. 2.3ff. SEPA-Basis-Lastschriftbedingungen*).

Der Lastschriftverkehr wird zwischen den Kreditinstituten beleglos abgewickelt.

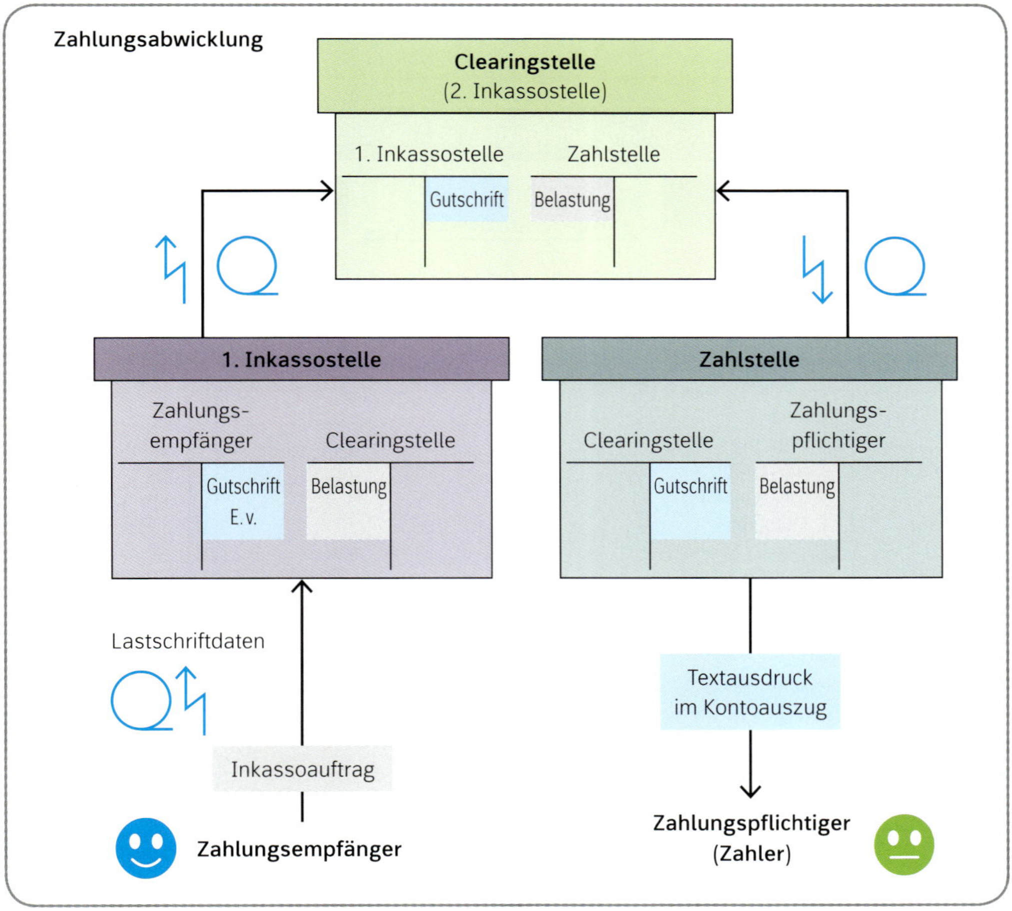

Die zum Einzug eingereichten Lastschriften leitet die 1. Inkassostelle gegebenenfalls unter Einschaltung von Clearingstellen beleglos an die Zahlstelle zur Einlösung weiter.

Rechtsgrundlagen für die Abwicklung zwischen den Kreditinstituten sind die **EPC-SEPA-Regelwerke** *(SEPA Core Direct Debit Scheme Rulebook, SEPA Business to Business Direct Debit Scheme Rulebook)* des **E**uropean **P**ayments **C**ouncil und das **Abkommen über SEPA-Inlandslastschriften** der deutschen Kreditwirtschaft. Sie dienen einer rationellen Abwicklung des Lastschriftverkehrs und regeln die Rechte und Pflichten der beteiligten Kreditinstitute.

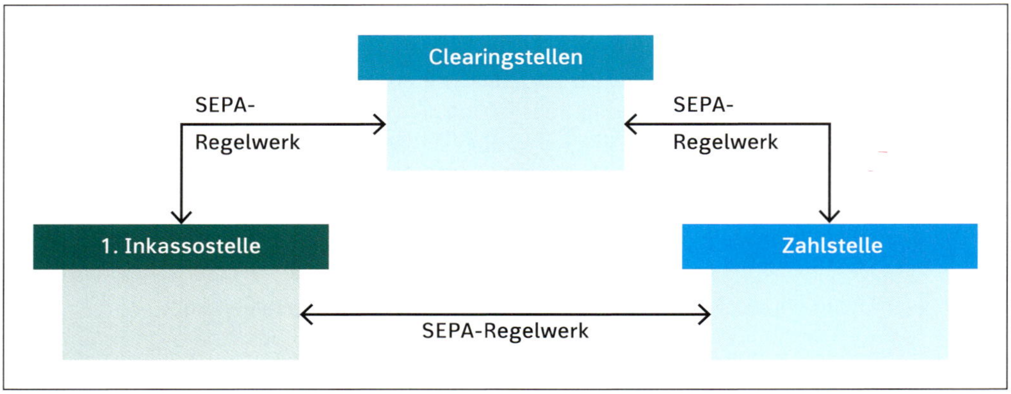

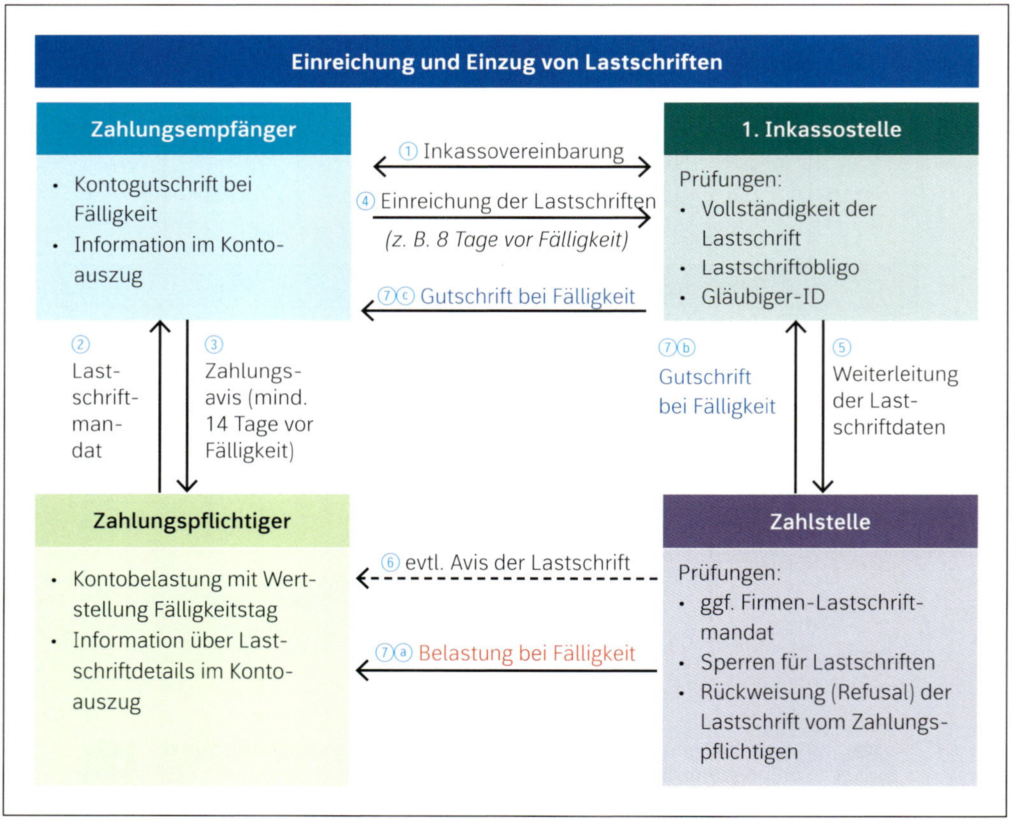

In einer Lastschrift müssen folgende Daten enthalten sein:

- Gläubiger-ID
- Mandatsreferenz
- Datum der Mandatserteilung
- Name des Zahlungspflichtigen
- Adresse des Zahlungspflichtigen (optional)
- Betrag
- IBAN des Zahlungspflichtigen
- BIC der Bank des Zahlungspflichtigen
- Art der Lastschrift (Basis- oder Firmen-lastschrift)
- Typ der Lastschrift (Erst-, Folge-, Einmal-Lastschrift)
- Fälligkeitstermin der Lastschrift

Da SEPA-Lastschriften schon vor Fälligkeit bei der Zahlstelle vorliegen müssen, muss der Zahlungsempfänger bei seiner Bank bestimmte Einreichungsfristen („Settlement Cut-off-Zeiten") einhalten.

Die 1. Inkassostelle prüft die Lastschrift auf Vollständigkeit und auf Gültigkeit der Gläubiger-ID. Fehlerfreie Lastschriften leitet sie direkt oder über eine Verrechnungsstelle *(z. B. Deutsche Bundesbank)* an die Zahlstelle weiter. Die Zahlstelle prüft, ob Lastschriftsperren vorliegen, denn ein Kunde kann sein Kreditinstitut anweisen, Zahlungen aus SEPA-Basis-Lastschriften zu begrenzen oder nicht zuzulassen *(Ziff. 2.2.2 Lastschriftbedingungen)*. Ist das Konto für SEPA-Lastschriften generell oder aufgrund von speziellen Kriterien für die vorliegende Lastschrift gesperrt, weist die Zahlstelle die Lastschrift zurück.

Die Zahlstelle kann den Zahlungspflichtigen auch noch einmal über den anstehenden Lastschrifteinzug informieren *(z. B. Information im Onlinebanking oder im Kontoauszug)*. Es liegt im Ermessen der Zahlstelle, ob sie die Belastungsbuchung mit der Wertstellung „Fälligkeitstermin" sofort oder erst bei Fälligkeit durchführt.

Am Fälligkeitstermin (Verrechnungstag) verrechnet die Zahlstelle den Lastschriftbetrag mit der 1. Inkassostelle. In der Regel erhält auch der Zahlungsempfänger an diesem Tag eine entsprechende Kontogutschrift.

➡ Kompetenzcheck „Zahlungsinstrumente für inländische Zahlungen" siehe Seite 365

5.2 Zahlungsinstrumente für internationale Zahlungen

▸ Grundlagen des Außenwirtschaftsverkehrs

§

Der **Außenwirtschaftsverkehr** umfasst den Güter-, Dienstleistungs-, Kapital-, Zahlungs- und sonstigen Wirtschaftsverkehr mit dem Ausland sowie den Verkehr mit Auslandswerten und Gold zwischen Inländern *(§§ 1 und 2 AWG)*.

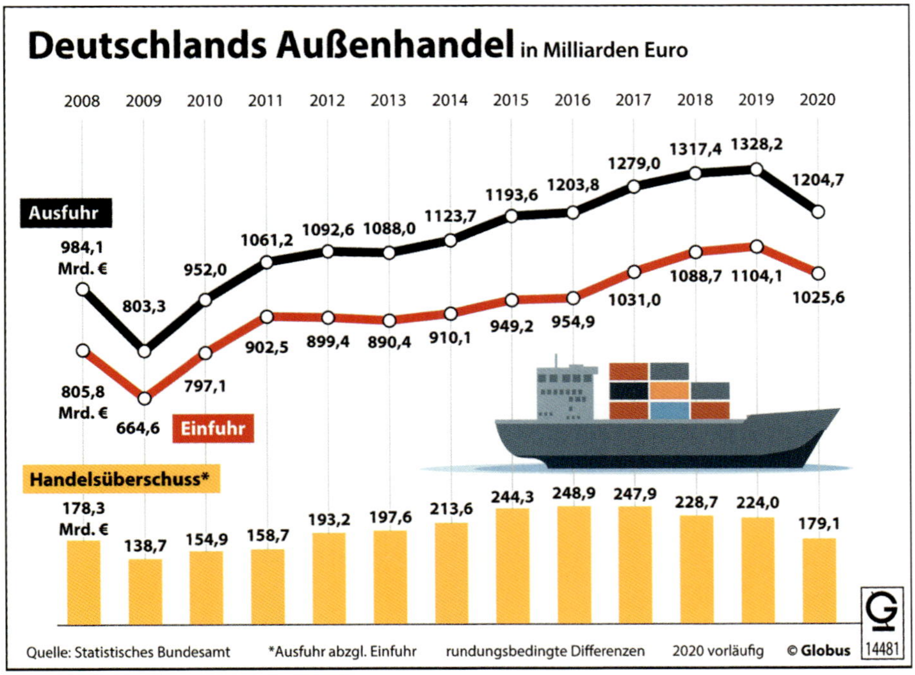

3

Ein großer Teil der in Deutschland hergestellten Waren wird in andere Länder exportiert *(z. B. Fahrzeuge, Maschinen, pharmazeutische und chemische Produkte)*. Im Gegenzug importieren inländische Unternehmen viele Güter aus dem Ausland *(z. B. Rohstoffe, Unterhaltungselektronik, Computer)*.

Der Außenwirtschaftsverkehr ist grundsätzlich frei *(§ 1 AWG)*. Beschränkungen sind jedoch möglich, um Schaden für das eigene Wirtschaftsgebiet abzuwenden. Bei Geschäften zwischen Inländern und Ausländern sind die Vorschriften des Außenwirtschaftsgesetzes (AWG) und der Außenwirtschaftsverordnung (AWV) zu beachten. Dabei beziehen sich die Begriffe „Inländer" und „Ausländer" nicht auf die Staatsangehörigkeit, sondern auf den gewöhnlichen Aufenthaltsort einer natürlichen Person bzw. auf den Sitz von Unternehmen *(§ 2 Abs. 15 AWG)*.

Inländer sind ...	**Ausländer sind ...**
• natürliche Personen mit Wohnsitz oder gewöhnlichem Aufenthalt (mehr als sechs Monate) ... • juristische Personen und Personenhandelsgesellschaften mit Sitz oder Leitung ... • Zweigniederlassungen bzw. Betriebsstätten (Gebietsfremder mit Leitung bzw. Verwaltung) ...	
↓	↓
in Deutschland	**im Ausland**

▸ Internationale Handelsusancen (Handelsbräuche) und Richtlinien

Die Rechtsordnungen in den verschiedenen Ländern sind unterschiedlich. Zur Begrenzung der sich bei grenzüberschreitenden Geschäften ergebenen Rechtsunsicherheiten hat die Internationale Handelskammer in Paris (**I**nternational **C**hamber of **C**ommerce, **ICC**) folgende Usancen/Richtlinien entwickelt:

- **In**ternational **Co**mmercial **T**erms (**Incoterms®**)
- **E**inheitliche **R**ichtlinien für **I**nkassi (**ERI**)
- **E**inheitliche **R**ichtlinien und Gebräuche für Dokumentenakkreditive (**ERA**)

Diese Usancen/Richtlinien haben keinen Gesetzescharakter, sondern sie erhalten erst durch die ausdrückliche Vereinbarung in einem Vertrag Rechtskraft.

▸ Risiken und Risikobegrenzung im Außenhandel

Die Risiken sind bei Außenhandelsgeschäften aufgrund der unterschiedlichen Rechtsordnungen, verschiedenen Währungen und größeren Entfernungen tendenziell größer als bei Inlandsgeschäften. Neben den in der Person des Käufers bzw. Verkäufers liegenden Risiken *(z. B. Insolvenz eines Vertragspartners)* kommen bei Auslandsgeschäften unter Umständen politische Risiken hinzu, die eventuell die Erfüllung des Vertrages verhindern.

Politische Risiken

- **Transferrisiko**
  Aufgrund von Devisenmangel verbietet der Staat Zahlungen in Fremdwährung.
- **Lieferungsrisiko**
  Der Staat verbietet die Ausfuhr bestimmter Güter. Auch politische Unruhen oder Kriege können die Lieferung der Ware verhindern.

Wirtschaftliche Risiken

Risiken		Möglichkeiten der Risikobegrenzung
Erfüllungsrisiken für den Importeur • Lieferungsrisiko • Qualitätsrisiko	→	• Bankgarantie • Vorlage von Qualitätszeugnissen • Zahlung erst nach Lieferung und Qualitätsprüfung
Erfüllungsrisiken für den Exporteur • Zahlungsrisiko • Abnahmerisiko	→	• Vorauszahlung des Kaufpreises durch den Importeur • Vereinbarung besonderer Zahlungsformen (Dokumenteninkasso, Dokumentenakkreditiv)
Transportrisiko	→	• Abschluss eindeutiger Verträge, in denen der Gefahrenübergang geregelt ist (Vereinbarung einer Incoterms®-Klausel) • Abschluss einer Transportversicherung
Währungsrisiko	→	• Fakturierung (Rechnungsstellung) in Euro • Abschluss eines Kurssicherungsgeschäftes (Devisentermin- oder Devisenoptionsgeschäft)

▶ Bankgeschäfte im Außenwirtschaftsverkehr

Zahlungsverkehrsleistungen	• nicht dokumentäre Zahlungen (clean payment) – Überweisungen – Scheckzahlungen • dokumentäre Zahlungen – Dokumenteninkasso – Dokumentenakkreditiv
Devisengeschäft	• Devisenkassageschäft • Devisentermingeschäft • Devisenoptionsgeschäft
Kreditgeschäft	• Exportfinanzierung • Importfinanzierung • Avalkredite (Bankgarantien)

▶ Zahlungsabwicklung im Außenwirtschaftsverkehr

Die Abwicklung des Auslandszahlungsverkehrs erfolgt bei

- **Euro-Zahlungen**
  über **EUR-Lorokonten** ausländischer Kreditinstitute bei ihren inländischen Korrespondenzbanken.
- **FW-Zahlungen**
  über **FW-Nostrokonten** inländischer Kreditinstitute bei ihren ausländischen Korrespondenzbanken.

Besteht zwischen Auftraggeber- und Empfängerbank keine direkte Kontoverbindung, so erfolgt die Zahlungsabwicklung unter Einschaltung entsprechender Verrechnungsstellen (inländische und/oder ausländische Kreditinstitute).

Der Austausch von Nachrichten zwischen den beteiligten Banken erfolgt über S.W.I.F.T. (**S**ociety for **W**orldwide **I**nterbank **F**inancial **T**elecommunication). In diesem internationalen Datenfernübertragungssystem der Banken können Zahlungsaufträge und andere Mitteilungen übermittelt werden.

Für Kunden, die umfangreiche Fremdwährungs-Transaktionen abzuwickeln haben, empfiehlt es sich oftmals, bei ihrem Kreditinstitut ein Fremdwährungs-Konto zu unterhalten.

Vorteile eines Fremdwährungskontos
• Einschränkung des Kursrisikos aufgrund sich ggf. ergebender Kompensationsmöglichkeiten von FW-Eingängen und FW-Ausgängen • Vermeidung des beim An- und Verkauf von Devisen sich ergebenden Kursschnitts (Geld-/Briefspanne) sowie der anfallenden Courtage • Möglichkeit der kurzfristigen FW-Kreditaufnahme bzw. FW-Geldanlage zum Zinssatz des jeweiligen Fremdwährungsgebietes • Erleichterung der Disposition der FW-Bestände

Bei der Zahlungsabwicklung im Außenwirtschaftsverkehr werden unterschieden:

- **nicht dokumentäre Zahlungen** (Clean Payment)
- **dokumentäre Zahlungen**
  Der Zahlungsvorgang wird veranlasst aufgrund der Vorlage von Außenhandelsdokumenten, die eine ordnungsgemäße Vertragserfüllung durch den Exporteur belegen sollen.

Die **Ausführung der Zahlung** kann erfolgen durch:

- Überweisung
- Scheckzahlung

▸ Zahlungsbedingungen im Außenhandel

Durch die Zahlungsbedingung wird von den Vertragspartnern **Art, Zeitpunkt** und **Ort der Zahlung** festgelegt.

Vorauszahlung bzw. Anzahlung	Der Importeur zahlt den Kaufpreis ganz oder teilweise vor Lieferung der Ware.	**Risiko des Importeurs**
Dokumenten-akkreditiv	Der Importeur beauftragt sein Kreditinstitut, dem Exporteur ein Zahlungsversprechen abzugeben. Die eröffnende Bank verpflichtet sich, gegen Vorlage akkreditivgemäßer Dokumente Zahlung zu leisten.	
Dokumenten-inkasso	Der Importeur verpflichtet sich, bei Vorlage der vereinbarten Dokumente Zahlung zu leisten oder eine auf ihn gezogene Tratte zu akzeptieren.	
Zahlung nach Erhalt der Ware	Der Exporteur versendet die Ware an den Importeur; dieser zahlt sofort nach Erhalt der Ware oder nach Ablauf eines ggf. vereinbarten Zahlungszieles.	**Risiko des Exporteurs**

▸ Meldevorschriften für Auslandszahlungen

In Deutschland kann jedermann ohne Beschränkungen oder behördliche Genehmigungen Zahlungen in das Ausland leisten oder Zahlungen aus dem Ausland empfangen. Bestimmte Zahlungen sind jedoch an die Deutsche Bundesbank zu melden. Über das **Allgemeine Meldeportal Statistik (AMS)** können Meldepflichtige außenwirtschaftliche Zahlungsmeldungen erstellen und elektronisch an die Deutsche Bundesbank übermitteln. Die Datenerfassung durch die Bundesbank dient ausschließlich statistischen Zwecken. Einzelangaben dürfen weder veröffentlicht noch an andere Stellen *(z. B. Finanzamt)* weitergegeben werden *(§§ 67–71 AWV)*.

Inländer (Gebietsansässige = natürliche und juristische Personen mit gewöhnlichem Aufenthalt, Wohnsitz oder Sitz in der Bundesrepublik Deutschland) haben Zahlungen von mehr als **12500,00 EUR** (oder Gegenwert in fremder Währung) zu melden, die sie

- **von Ausländern** (Gebietsfremden) oder für deren Rechnung von Inländern entgegennehmen (eingehende Zahlungen) bzw.
- **an Ausländer** oder für deren Rechnung an Inländer leisten (ausgehende Zahlungen).

Als Zahlungen gelten:
- **Bar-, Scheck- und Wechselzahlungen**
- **Überweisungen** über Kreditinstitute in Euro und in Fremdwährung
- **Aufrechnungen und Verrechnungen**

Ausgenommen von der Meldepflicht sind:

- Ein- und Ausfuhrerlöse (Meldung erfolgt durch Importeur/Exporteur beim Bundesamt für Wirtschaft und Ausfuhrkontrolle)
- Auszahlung und Rückzahlung von Krediten und Einlagen mit einer Laufzeit bis zu zwölf Monaten

Meldepflichtige Zahlungen muss der Kunde an die Bundesbank melden.

➡ Kompetenzcheck „Grundlagen des Außenwirtschaftsverkehrs“ siehe Seite 365

5.2.1 Devisen

Beim Abschluss von Kaufverträgen mit ausländischen Unternehmen vereinbaren die Vertragspartner oftmals einen Kaufpreis in einer Fremdwährung.

Beispiele

- Ein deutscher Importeur kauft Computer in Südkorea und muss als Kaufpreis 495000,00 USD zahlen.
- Ein deutscher Exporteur verkauft Maschinen nach England und erhält als Kaufpreis 340000,00 GBP.

Importeure kaufen von dem Kreditinstitut Devisen, um eine Rechnung in einer Fremdwährung begleichen zu können.

Exporteure erhalten beim Verkauf von Waren in einer Fremdwährung Devisen, die sie an das Kreditinstitut verkaufen.

Devisen sind **Fremdwährungsguthaben** von Inländern bei ausländischen Banken (Buchgeld).

Zum Ausgleich der Kundengeschäfte kaufen bzw. verkaufen Banken Devisen am **Devisenmarkt.** Der Devisenmarkt ist ein sehr liquider Markt, auf dem große Banken Fremdwährungen handeln.

Voraussetzung für den Devisenhandel ist die **freie Konvertierbarkeit** der Währung *(z. B. EUR, USD, GBP, CHF, JPY)*, d. h., die Währung kann in beliebigem Umfang und zu frei vereinbarten Kursen in fremde Währungen umgetauscht werden.

ISO-Codes (**I**nternational **O**rganization for **S**tandardization) dienen zur Identifizierung der einzelnen Währungen. Jede Währung ist durch drei Buchstaben eindeutig definiert.

Beispiele

USD = US-Dollar	GBP = Britisches Pfund
EUR = Euro	JPY = Japanischer Yen

Nach dem **Erfüllungszeitpunkt** sind **Kassa**- und **Termingeschäfte** zu unterscheiden.

Devisengeschäfte

Kassageschäfte	Termingeschäfte
• Kauf/Verkauf von Devisen per Kasse • Erfüllung innerhalb von **zwei Bankarbeitstagen** nach Geschäftsabschluss	**Outright-/Sologeschäfte** • Kauf/Verkauf von Devisen auf Termin • Erfüllung **mindestens drei Bankarbeitstage** nach Geschäftsabschluss

5.2.1.1 Devisenkassageschäfte

Kreditinstitute schließen mit Kunden Devisenkassageschäfte zur Ausführung von Fremdwährungszahlungen ab.

Beispiele

- Ein Importeur muss 43 200,00 USD überweisen. Die Bank verkauft ihm die USD, führt die Überweisung in Fremdwährung aus und belastet den Importeur mit dem EUR-Gegenwert.
- Ein Exporteur erhält einen Überweisungseingang über 26 700,00 USD. Die Bank kauft ihm die USD ab schreibt ihm den Gegenwert in EUR gut.

In **„Euroland“** werden die Devisenkurse als **Mengennotierungen** dargestellt. Bei der Mengennotierung bedeuten steigende Devisenkurse (steigende Währungsmenge je Euro), dass der Euro an Wert gewinnt (Aufwertung), während die Fremdwährung an Wert verliert (Abwertung). Sinkende Devisenkurse bedeuten, dass der Euro an Wert verliert (Abwertung), während die Fremdwährung an Wert gewinnt (Aufwertung).

Beispiel

Der Kurs des USD steigt von 1,1550 USD auf 1,3820 USD je EUR.
Ein deutscher Importeur muss eine Rechnung über 15 000,00 USD begleichen.
Ein deutscher Exporteur erhält eine Zahlung von 15 000,00 USD.

alter Kurs 1,1550 USD	neuer Kurs 1,3820 USD
$\frac{15\,000{,}00}{1{,}1550} = \underline{\underline{12\,987{,}01 \text{ EUR}}}$	$\frac{15\,000{,}00}{1{,}3820} = \underline{\underline{10\,853{,}84 \text{ EUR}}}$

Der Importeur profitiert von der Aufwertung des Euros, da sich seine Belastung um 2 133,17 (12 987,01 – 10 853,84) vermindert. Der Exporteur ist hingegen benachteiligt, da sich sein Exporterlös um 2 133,17 EUR mindert.

Da Kreditinstitute beim Kauf und Verkauf von Devisen eine positive Marge erzielen möchten, sind Geld- und Briefkurse zu unterscheiden. Banken kaufen Euro gegen Fremdwährung (Verkauf von Fremdwährung) zum Geldkurs und verkaufen Euro (Kauf von Fremdwährung) zum Briefkurs.

Geldkurs	Briefkurs
aus der Sicht des Kreditinstitutes	
• Kauf von Euro • Verkauf der Fremdwährung	• Verkauf von Euro • Kauf von Fremdwährung

Die Differenz zwischen Geld- und Briefkurs nennt man **Spanne** (Spread). Während im Interbankenhandel die Spanne nach der Interessen- und Marktlage schwankt, berücksichtigen Kreditinstitute in der Regel bei der Abrechnung von Kundengeschäften einheitliche Spannen. Beim USD beträgt die Spanne üblicherweise 60 Basispunkte. Als **Basispunkte** bezeichnet man die letzten beiden Stellen der Kursnotierung.

Zum **Sichtkurs (Scheckankaufskurs)** kaufen Kreditinstitute Fremdwährungsschecks von Kunden an, die sie den Kunden sofort „Eingang vorbehalten" gutschreiben. Der Sichtkurs liegt in der Regel eine halbe Spanne über dem Briefkurs. Schecks, die erst nach Eingang des Gegenwertes gutgeschrieben werden, rechnen Banken zum Briefkurs ab.

Abrechnung von Kundengeschäften		
Geldkurs	**Briefkurs**	**Sichtkurs**
z. B. 1,00 EUR = 1,1420 USD	*z. B. 1,00 EUR = 1,1480 USD*	*z. B. 1,00 EUR = 1,1510 USD*
Spanne 60 Basispunkte = 0,0060 USD		Briefkurs + ½ Spanne (= 30 Basispunkte)
• Fremdwährungsüberweisungsauftrag eines Kunden • Verkauf von Fremdwährungsreiseschecks • Belastung von Kreditkartenabrechnungen	• Fremdwährungsüberweisungseingang für Kunden • Fremdwährungsgutschrift aus Dokumenteninkasso • Gutschrift von Fremdwährungsschecks nach Geldeingang	Ankauf von Fremdwährungsschecks E. v.

Beispiel

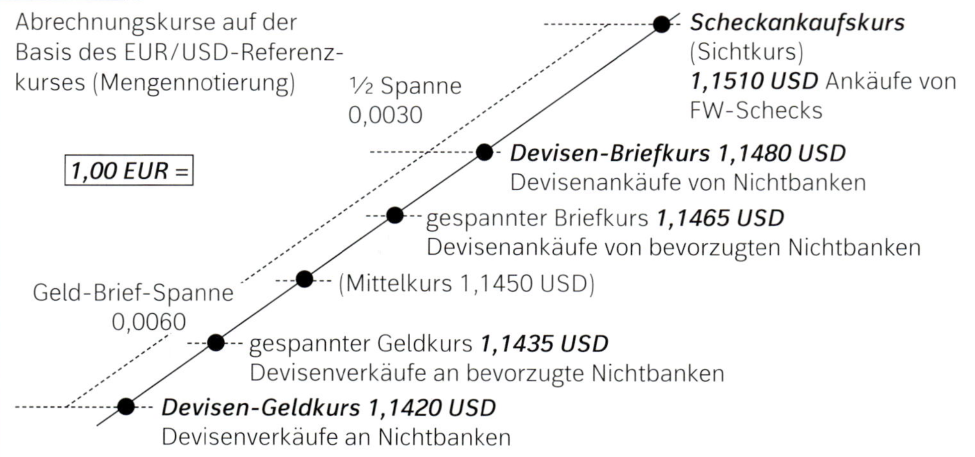

Beispiele

1. Fall: Ein Importeur benötigt zur Begleichung einer Rechnung 73 650,00 USD.
Das Konto des Importeurs wird mit 64 492,12 EUR belastet.

1,1420 USD (Geldkurs) – 1,00 EUR
73 650,00 USD – x

$$x = \frac{73\,650{,}00}{1{,}1420} = \underline{\underline{64\,492{,}12 \text{ EUR}}}$$

2. Fall: Ein Exporteur erzielt einen Verkaufserlös von 134 380,00 USD.
Die Bank erteilt dem Exporteur eine Kontogutschrift von 117 055,75 EUR.

1,1480 USD (Briefkurs) – 1,00 EUR
134 380,00 USD – x

$$x = \frac{134\,380{,}00}{1{,}1480} = \underline{\underline{117\,055{,}75 \text{ EUR}}}$$

Der **Mittelkurs** liegt in der Mitte zwischen Geld- und Briefkurs.

Aufgrund einer besonderen Vereinbarung *(z. B. mit Firmenkunden)* werden Devisengeschäfte zu gespannten Kursen abgerechnet. Der **gespannte Geldkurs** liegt in der Mitte zwischen Geld- und Mittelkurs, der **gespannte Briefkurs** in der Mitte zwischen Mittel- und Briefkurs. Diese Kurse sind aus der Sicht des Kunden günstiger als der Geld- bzw. Briefkurs.

▸ Devisenreferenzkurse von Kreditinstituten

Devisen werden „rund um die Uhr" gehandelt; die Kurse verändern sich laufend. Kreditinstitute ermitteln einmal täglich für Fremdwährungen **Devisenreferenzkurse**, um für alle Kundengeschäfte eines Tages eine einheitliche Abrechnungsgrundlage zu haben.

Auf der Grundlage der Devisenreferenzkurse erfolgt die Abrechnung aller Kundengeschäfte, für die keine besondere Kursvereinbarung getroffen wurde:

- Überweisungen in das Ausland

- Überweisungsgutschriften aus dem Ausland
- Einreichungen von Auslandsschecks

Viele Kreditinstitute, insbesondere **Großbanken**, ermitteln für jeden Geschäftstag zu einer bestimmten Uhrzeit *(z. B. 13:00 Uhr)* auf der Grundlage der im internationalen Devisenhandel notierten Kurse **hausinterne Referenzkurse**, zu denen sie alle Kundengeschäfte eines Tages abrechnen.

Kreditgenossenschaften verwenden in der Regel die von der DZ Bank AG ermittelten Referenzkurse (**„GenoFX Devisenkurse“**).

Viele **Sparkassen** rechnen ihre Kundengeschäfte nach den von der Landesbank Hessen-Thüringen (Helaba) veröffentlichten Referenzkursen (**„Helaba FX Referenzkurse“**) ab.

▶ Devisenreferenzkurse der EZB

Die EZB ermittelt täglich um circa 14:15 Uhr Referenzkurse für 17 Währungen, die aufgrund von Kursmeldungen der nationalen Zentralbanken gebildet werden. Die Referenzkurse der EZB sind z. B. für die Bewertung von Währungsbeständen in Jahresabschlüssen und für statistische Meldungen von Bedeutung.

5.2.1.2 Devisentermingeschäfte

Definition

Bei einem **Devisentermingeschäft** kaufen bzw. verkaufen die Beteiligten eine Fremdwährung zu einem bei Vertragsabschluss festgelegten Kurs mit der Vereinbarung, dass die Zahlungen (EUR-Zahlung und Fremdwährungs-Zahlung) erst zu einem späteren Zeitpunkt (Fälligkeitstag) erfolgen sollen.

Für Exporteure und Importeure bestehen Währungsrisiken, wenn sie Fremdwährungszahlungen vereinbaren, die erst später fällig sind. Sie können das Kursrisiko ausschließen, indem sie die erwartete Fremdwährungszahlung auf Termin an das Kreditinstitut verkaufen bzw. von dem Kreditinstitut kaufen.

Beispiele

Kreditinstitut kauft USD auf Termin. (Verkauf EUR gegen USD)	**Kreditinstitut verkauft USD auf Termin. (Kauf EUR gegen USD)**
Ein deutscher Exporteur erwartet aus dem Verkauf von Maschinen in drei Monaten einen Zahlungseingang von 650 000,00 USD.	Ein deutscher Importeur muss für den Kauf von Rohstoffen in drei Monaten 480 000,00 USD zahlen.
↓	↓
Zum Ausschluss des Kursrisikos verkauft der Exporteur die Devisen auf Termin an die Regio-Bank AG.	Zum Ausschluss des Kursrisikos kauft der Importeur die Devisen auf Termin von der Regio-Bank AG.
Die Regio-Bank AG bietet Termingeschäfte in USD mit einer Laufzeit von drei Monaten zu folgenden Kursen an: 1,00 EUR: 1,1420 USD Geld – 1,1480 USD Brief Zum Geldkurs ist die Regio-Bank AG bereit, EUR gegen USD zu kaufen bzw. USD gegen EUR zu verkaufen. Zum Briefkurs ist die Regio-Bank AG bereit, EUR gegen USD zu verkaufen bzw. USD gegen EUR zu kaufen.	
Abrechnung zum Briefkurs: $\frac{650\,000{,}00}{1{,}1480} = \underline{\underline{566\,202{,}09 \text{ EUR}}}$ Bei Fälligkeit des Termingeschäftes zahlt der Exporteur 650 000,00 USD an die Regio-Bank AG und erhält dafür eine Gutschrift von 566 202,09 EUR.	Abrechnung zum Geldkurs: $\frac{480\,000{,}00}{1{,}1420} = \underline{\underline{420\,315{,}24 \text{ EUR}}}$ Bei Fälligkeit des Termingeschäftes erhält der Importeur 480 000,00 USD von der Regio-Bank AG und zahlt dafür 420 315,24 EUR.

Devisentermingeschäfte verschaffen Exporteuren und Importeuren eine sichere Kalkulationsgrundlage bei der Preiskalkulation ihrer Auslandsgeschäfte. Durch die Vereinbarung von Terminkursen mit dem Kreditinstitut schließen sie Kursrisken aus, die ansonsten in der Zeit zwischen Geschäftsabschluss und Zahlung des Kaufpreises entstehen.

Mit dem Abschluss eines Devisentermingeschäftes mit dem Kunden entsteht für das Kreditinstitut ein Kursrisiko, das es jedoch durch entsprechende Gegenschäfte mit anderen Kreditinstituten ausschließen kann.

Devisenterminkurse sind abhängig
- vom Kassakurs der Währung,
- von der Laufzeit des Geschäftes und
- von der Zinsdifferenz zwischen den Wahrungen.

Die Erwartung über die zukünftige Kursentwicklung der Währung (Auf- oder Abwertung) hat bei der Bestimmung des Terminkurses keine Bedeutung.

Fallbeispiel

Der Kassakurs des USD beträgt 1,1420 USD je EUR.

Zinssätze für 3-Monats-Geldanlagen	
in Euro (EUR)	in US-Dollar (USD)
3 % p. a.	5 % p. a.

Ein marktgerechter Terminkurs führt dazu, dass der Zinsvorteil einer Währung wieder aufgehoben wird. Ansonsten könnten Anleger die Zinsdifferenz zu ihrem Vorteil nutzen und risikolos einen Mehrertrag im Vergleich zu einer inländischen Anlage erzielen (Zinsarbitrage). Wenn der Terminkurs beispielsweise die gleiche Höhe wie der Kassakurs (1,1420) hätte, würden inländische Anleger sofort USD per Kasse kaufen und gleichzeitig wieder auf Termin verkaufen. Ohne ein Kursrisiko einzugehen, könnten sie durch die Anlage des Geldes in USD einen Mehrertrag von 2 % p. a. im Vergleich zu einer Euro-Geldanlage erzielen. Wenn aber viele Anleger USD auf Termin nachfragen, steigt der USD-Terminkurs und zwar so lange, bis der Zinsvorteil aufgezehrt ist. Dies ist bei einem Terminkurs von 1,1477 USD der Fall.

Der **Swapsatz** ist die Differenz zwischen Kassa- und Terminkurs. Der Swapsatz kann ein Report oder ein Deport sein.

Der Terminkurs ist höher als der Kassakurs, wenn die Zinsen im Inland niedriger sind als die Fremdwährungszinsen. Den Aufschlag bezeichnet man als **Report**.

Der Terminkurs ist niedriger als der Kassakurs, wenn die Zinsen im Ausland niedriger sind als die inländischen Zinsen. Den Abschlag bezeichnet man als **Deport**.

EUR-Zinssatz < Fremdwährungszinsen: Terminkurs = Kassakurs + Report
EUR-Zinssatz > Fremdwährungszinsen: Terminkurs = Kassakurs – Deport

Der Swapsatz lässt sich mit folgender Formel errechnen:

$$\text{Swapsatz} = \frac{\text{Kassakurs} \cdot (\text{Fremdwährungszinssatz} - \text{EUR-Zinssatz}) \cdot \text{Tage}}{100 \cdot 360}$$

Beispiele

Der Kassakurs für USD beträgt 1,1420. Das Termingeschäft hat eine Laufzeit von 90 Tagen.

1. Fall: EUR-Zinssatz < USD-Zinssatz

Zinssatz für 3-Monats-Gelder	
EUR-Anlagen	USD-Anlagen
3,00 % p. a.	5,00 % p. a.

$$\text{Swapsatz} = \frac{1{,}1420 \cdot (5{,}00 - 3{,}00) \cdot 90}{100 \cdot 360} = \underline{\underline{0{,}0057\ \text{USD}}}\ \text{Report}$$

Terminkurs = 1,1420 + 0,0057 = $\underline{\underline{1{,}1477\ \text{USD}}}$ je EUR

2. Fall: EUR-Zinssatz > USD-Zinssatz

3. Zinssatz für 3-Monats-Gelder	
EUR-Anlagen	USD-Anlagen
3,50 % p. a.	1,00 % p. a.

$$\text{Swapsatz} = \frac{1{,}1420 \cdot (1{,}00 - 3{,}50) \cdot 90}{100 \cdot 360} = \underline{\underline{-\,0{,}0071\ \text{USD}}}\ \text{Deport}$$

Terminkurs = 1,1420 – 0,0071 = $\underline{\underline{1{,}1349\ \text{USD}}}$ je EUR

USD-Terminkurse werden in der Praxis meist mit vier Nachkommastellen veröffentlicht, sodass sich ein gerundeter Terminkurs von 1,1477 USD je EUR ergibt. Die Gewinnmarge der Kreditinstitute ergibt sich aus der Spanne zwischen Geld- und Briefkurs.

USD-Terminkurse	
Geldkurs	**Briefkurs**
• Die Bank verkauft USD auf Termin. • Der Kunde *(z. B. Importeur)* kauft USD auf Termin.	• Die Bank kauft USD auf Termin. • Der Kunde *(z. B. Exporteur)* verkauft USD auf Termin.

Fallbeispiel

Ein Exporteur erwartet in sechs Monaten (180 Tage) einen Zahlungseingang von 250 000,00 USD, die er auf Termin an seine Hausbank verkaufen möchte.

Es gelten folgende Daten:

- Kassakurs *EUR/USD 1,1210 Geld – 1,1270 Brief*
- Zinsen für 6-Monatsgelder
  - USD 2,5 % p. a. (Auslandszinssatz < EUR-Zinssatz)
  - EUR 5,5 % p. a. 2,5 % – 5,5 % = – 3,0 %

Die Bank bietet dem Kunden folgenden Terminbriefkurs an:

$$\text{Swapsatz} = \frac{1{,}1270 \cdot (2{,}5 - 5{,}5) \cdot 180}{100 \cdot 360} = -0{,}0169 \text{ USD Deport}$$

(Auslandszinssatz < EUR-Zinssatz)

Kassabriefkurs	1,1270 USD
– Deport	– 0,0169 USD
Terminbriefkurs	1,1101 USD

Exporteure und Importeure können die aus Außenhandelsgeschäften entstehenden Kursrisiken auch durch den Kauf von **Devisenoptionen** ausschließen.

Definition

Devisenoptionen räumen dem Optionsinhaber das Recht ein,

- gegen Zahlung einer einmaligen Optionsprämie
- am letzten Tag der Laufzeit (europäische Version) oder an jedem Tag vom Erwerb bis zum Ende der Laufzeit (amerikanische Version)
- einen vereinbarten Währungsbetrag
- zu einem fest vereinbarten Kurs (Basispreis)
- zu kaufen (Call-Option) oder zu verkaufen (Put-Option).

Im Gegensatz zum Devisentermingeschäft hat der Käufer einer Devisenoption das Recht, aber nicht die Pflicht, den Fremdwährungskauf bzw. -verkauf vorzunehmen. Ist die Kurs- entwicklung im Vergleich zum vereinbarten Basispreis für den Käufer der Option günstig, wird er auf die Erfüllung des Vertrages verzichten. Ist die Kursentwicklung ungünstig, wird er auf Erfüllung bestehen. Optionsgeschäfte kommen somit einer Art „Versicherung gegen Kursrisiken“ nahe, wobei die vom Käufer zu zahlende Optionsprämie als „Versicherungsprämie“ angesehen werden kann.

➡ **Kompetenzcheck „Devisen“ siehe Seite 366**

3

5.2.2 Nicht dokumentäre Zahlungen

Zahlungsinstrumente für nicht dokumentäre, internationale Zahlungen sind insbesondere Auslandsüberweisungen und Bankenorderschecks.

5.2.2.1 Auslandsüberweisung

▸ SEPA-Überweisungen

Grenzüberschreitende Euro-Überweisungen innerhalb der Europäischen Union (EU) und mit den Ländern des Europäischen Wirtschaftsraums (EWR) werden als SEPA-Überweisungen ausgeführt. Die Kosten, Ausführungsfrist und Wertstellung entsprechen den Bedingungen für inländische Zahlungen. Es gelten die BGB-Bestimmungen zum Überweisungsverkehr *(§ 676a–g BGB)*.

▸ Zahlungsauftrag im Außenwirtschaftsverkehr

Die **Auftragserteilung** bei Überweisungen in Fremdwährung und bei Zahlungen in Länder außerhalb der EU und der EWR-Länder (Nicht-SEPA-Länder) erfolgt auf dem Formular „**Zahlungsauftrag im Außenwirtschaftsverkehr**".

Der Auftrag des Kunden muss einen Hinweis über die Kostenverteilung enthalten.

Beispiele

- Der Auftraggeber bezahlt das Entgelt seines Kreditinstitutes, der Begünstigte trägt die im Ausland anfallenden Kosten.
- Der Auftraggeber bezahlt alle Entgelte, der Begünstigte erhält den Überweisungsbetrag ohne Abzug.

Euro-Überweisung	FW-Überweisung
Das Konto des Auftraggebers wird in Euro belastet.	• Auftraggeber unterhält EUR-Konto: – Belastung in Euro – Umrechnung zum Devisen-Geldkurs • Auftraggeber unterhält FW-Konto: – Belastung des FW-Überweisungsbetrages auf dem FW-Konto – Belastung der Kosten auf dem EUR-Konto
Das Kreditinstitut schreibt den Betrag dem (Loro-) Konto eines A-Korrespondenten als Deckung für den erteilten Auftrag gut.	Das Kreditinstitut erteilt einem A-Korrespondenten den Auftrag, die Überweisung zulasten des bei dieser Auslandsbank geführten Fremdwährungskontos vorzunehmen.

Die Ausführung des Auftrages erfolgt im Allgemeinen per S.W.I.F.T.

▸ Target 2

Die Abwicklung grenzüberschreitender Euro-Zahlungen in andere EU-Länder kann über Target vorgenommen werden. Target steht für **T**rans European **A**utomated **R**eal Time **G**ross Settlement **E**xpress **T**ransfer System. Die Verrechnung und Abwicklung erfolgt über die Zentralbanken der EU. Die Zahlungen werden erst dann dem Empfänger gutgeschrieben, wenn sichergestellt ist, dass das Kreditinstitut, welches die Zahlung ausgelöst hat, auch belastet werden konnte (Interlinking). Hierdurch wird das Empfängerinstitut vor eventuellen Zahlungsschwierigkeiten des Auftraggeberinstituts geschützt.

Beispiel

Target-Zahlung Deutschland nach Frankreich

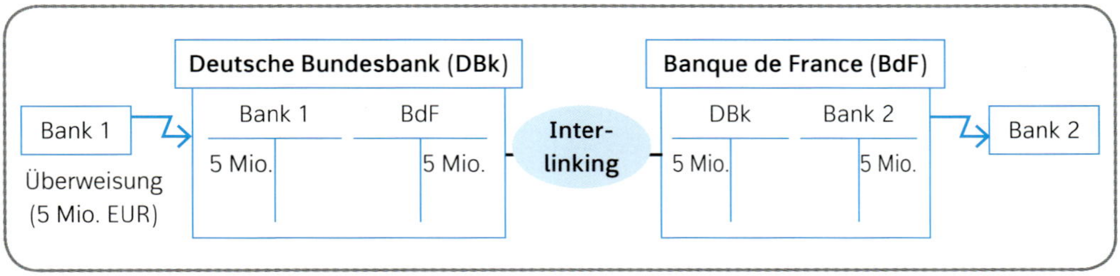

Neben Target und herkömmlichen S.W.I.F.T.-Überweisungen werden Zahlungen auch über hauseigene Systeme bzw. Verbundsysteme ausgeführt *(z. B. Tipanet-Kreditgenossenschaften, Interpay-Sparkassen)*.

▸ Abwicklung eines Zahlungsauftrages im Außenwirtschaftsverkehr

Beispiel

Ein Kunde erteilt der Regio-Bank AG den Auftrag, 80 000,00 USD auf das Konto seines Geschäftspartners in den USA zu überweisen.
Bankverbindung des Begünstigten: Citibank New York.
Die Regio-Bank AG unterhält ein FW-Konto bei der Citibank New York.

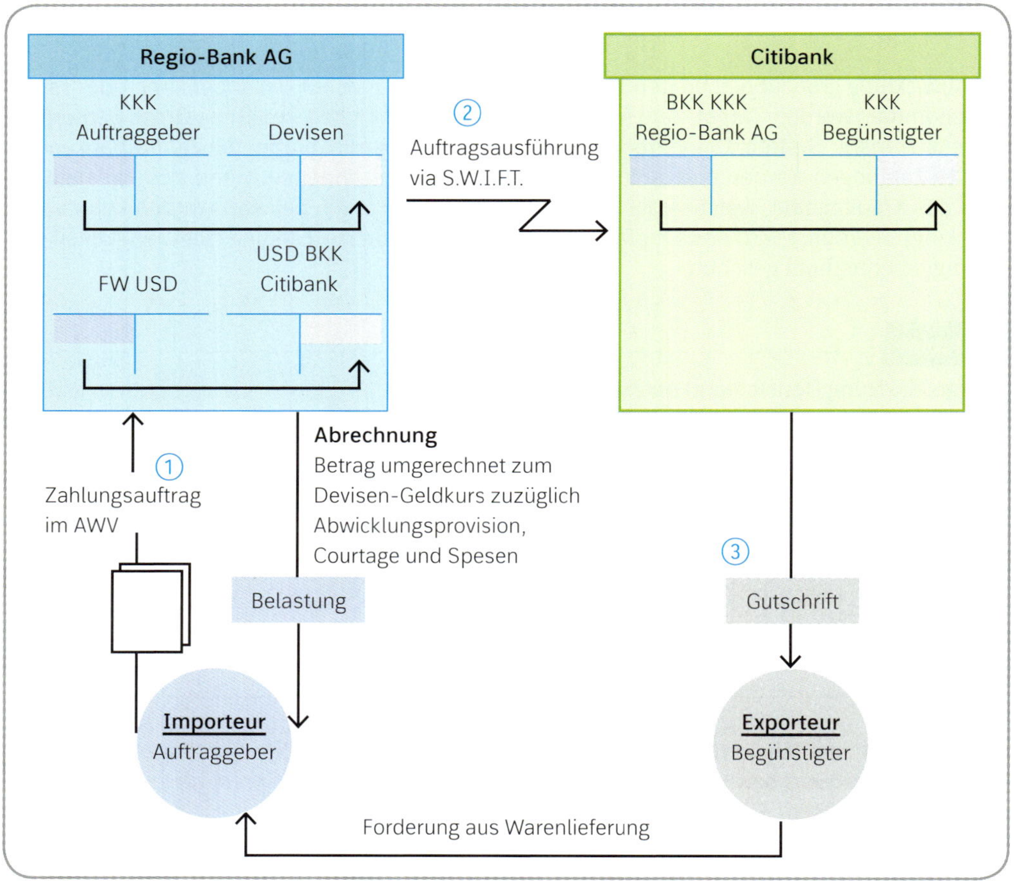

▸ Überweisungseingänge

Überweisungseingänge in Euro

Das Kreditinstitut belastet das (Loro-)Konto des auftraggebenden A-Korrespondenten und schreibt den Betrag dem Konto des Begünstigten unter Abzug von Abwicklungsgebühren und Spesen gut.

Überweisungseingänge in FW

Das Kreditinstitut erhält Gutschrift auf seinem Fremdwährungskonto bei einem A-Korrespondenten.

Der Begünstigte kann entscheiden, ob er Gutschrift in Euro oder FW haben möchte:

- *bei EUR-Gutschrift:* Abrechnung zum Devisen-Briefkurs unter Abzug von Abwicklungsgebühren, Courtage und Spesen
- *bei FW-Gutschrift:* Gutschrift auf dem FW-Konto des Kunden unter Abzug von Abwicklungsgebühren und Spesen

AGB-Regelung:

Geldbeträge in ausländischer Währung darf das Kreditinstitut mangels ausdrücklicher gegenteiliger Weisung des Kunden in Euro gutschreiben, sofern es nicht für den Kunden ein Konto in der betreffenden Währung führt *(AGB-Sparkassen Nr. 14)*.

5.2.2.2 Bankenorderscheck

Bei der Zahlung mittels eines **Bankenorderschecks** beauftragt der Zahlungspflichtige sein Kreditinstitut, für seine Rechnung einen Orderscheck zugunsten des Zahlungsempfängers oder zugunsten der Bank des Zahlungsempfängers auszustellen. Bei einer Zahlung in Fremdwährung zieht die Bank des Zahlungspflichtigen (Aussteller) nun einen Scheck auf ihre ausländische Korrespondenzbank (Bezogener). Als Schecknehmer wird entweder der Zahlungsempfänger oder die Bank des Zahlungsempfängers in das Formular eingetragen.

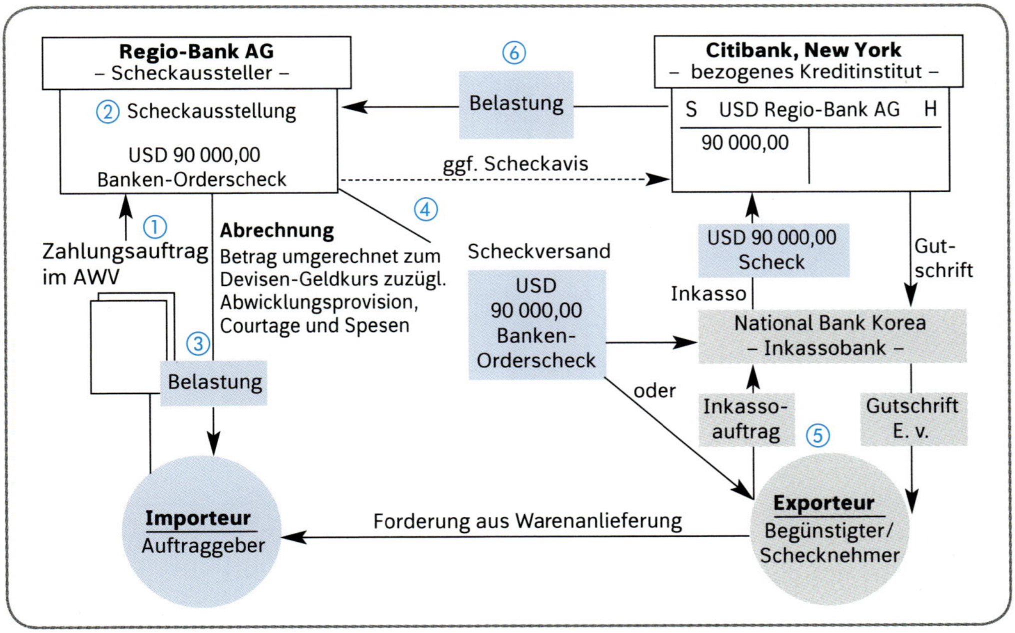

Fallbeispiel

Die Impex GmbH, Kundin der Regio-Bank AG, hat elektronische Bauteile aus Korea von der Daikay Ltd. bezogen. Die Zahlung des Kaufpreises soll mittels eines Bankenorderschecks über 90 000,00 USD erfolgen. Die Daikay Ltd. unterhält ein Konto bei der National Bank Korea. Die Regio-Bank AG unterhält eine A-Korrespondenz zur Citibank New York.

1. Auftragserteilung	Die Impex GmbH erteilt der Regio-Bank AG einen „Zahlungsauftrag im Außenwirtschaftsverkehr" mit dem Hinweis, dass die Zahlung mittels eines Bankenorderschecks erfolgen soll.
2. Scheckausstellung	**Aussteller:** Regio-Bank AG (Bank des Zahlungspflichtigen) **bezogene Bank:** Citibank New York (ausländische Korrespondenzbank der Regio-Bank AG) **Schecknehmer:** An die Order ... • der Daikay Ltd. (Zahlungsempfänger) oder • der National Bank Korea mit dem Auftrag, den Betrag der Daikay Ltd. gutzuschreiben
3. Belastung des Auftraggebers	Die Impex GmbH wird in der Regel direkt nach Scheckausstellung mit dem Gegenwert belastet. Die Währungsumrechnung erfolgt zum Geldkurs.
4. Scheckversand an den Schecknehmer	Der Scheck wird nach Weisung des Auftraggebers an den Schecknehmer (Zahlungsempfänger oder an die Bank des Zahlungsempfängers) versandt. Alternativ kann der Scheck auch dem Kunden ausgehändigt werden, wenn er ihn selbst versenden möchte.
5. Scheckinkasso	Die Daikay Ltd. reicht den Bankenorderscheck bei der National Bank Korea zum Inkasso ein, sofern der Scheck nicht direkt schon an diese Bank versandt wurde. Der Einreicher erhält eine Gutschrift E. v. (Eingang vorbehalten) oder eine Gutschrift nach Eingang des Gegenwertes. Die National Bank Korea leitet den Scheck auf dem Inkassoweg an das bezogene Institut, Citibank New York, weiter und erhält eine Gutschrift über den Scheckbetrag.
6. Belastung des Scheckausstellers	Nach der Vorlage des Schecks bei der Citibank New York belastet sie das Konto der Regio-Bank AG.

Aus dem Ausland erhaltene Schecks kann der Schecknehmer an sein Kreditinstitut verkaufen oder bei seinem Kreditinstitut zum Inkasso einreichen.

Euro-Schecks

Das Kreditinstitut erteilt dem Scheckeinreicher Gutschrift „Eingang vorbehalten" und zieht den Scheckbetrag beim bezogenen Kreditinstitut ein.

FW-Schecks

Der Scheckeinreicher kann entscheiden, ob er Gutschrift in Euro oder FW haben möchte. Für eine Gutschrift in FW benötigt er ein Währungskonto.

Bei sofortiger Euro-Gutschrift: Abrechnung zum **Scheckankaufskurs** abzüglich Abwicklungsprovision, Courtage und Spesen.

Der Scheckankaufskurs (Sichtkurs) liegt in der Regel eine halbe Geld-/Brief-Spanne über dem Briefkurs. Gründe für den **Sichtaufschlag** beim Ankauf von FW-Schecks:

- Ausgleich des Zinsverlustes, den das Kreditinstitut für die Zeit von der Gutschrift auf dem Konto des Einreichers bis zur Gutschrift auf dem eigenen FW-Konto bei einer Korrespondenzbank trägt
- Übernahme des Kursrisikos durch das Kreditinstitut für diesen Zeitraum

Bei Euro-Gutschrift nach Eingang des Gegenwertes: Abrechnung zum Devisen-Briefkurs abzüglich Abwicklungsgebühr, Courtage und Spesen

Bei FW-Gutschrift: Gutschrift auf dem FW-Konto des Kunden abzüglich Abwicklungsgebühr und Spesen

Das Kreditinstitut zieht den Scheck unter Einschaltung eines A-Korrespondenten zugunsten seines (Nostro-)Kontos beim bezogenen Kreditinstitut ein.

Fremdwährungsschecks, die aus dem Ausland unbezahlt zurückkommen, werden dem Einreicher zurückgegeben unter Belastung des Scheckgegenwertes zuzüglich ausländischer Rückscheckkosten zum Devisen-Geldkurs, sofern der Scheckgegenwert dem Einreicher bereits E. v. gutgeschrieben wurde. Bei der Rückgabe eines nicht eingelösten Inkassoschecks, der dem Kundenkonto noch nicht gutgeschrieben wurde, werden dem Einreicher lediglich die Auslandsgebühren zum Geldkurs (zuzüglich Inlandsgebühren) belastet.

➡ **Kompetenzcheck „Nicht dokumentäre Zahlungen“ siehe Seite 366**

5.2.3 Dokumentäre Zahlungen

Zahlungsinstrumente für dokumentäre, internationale Zahlungen sind insbesondere Dokumenteninkassi und Dokumentenakkreditive.

Bei Export- und Importgeschäften vereinbaren die Beteiligten in den Kaufverträgen in der Regel international übliche Lieferbedingungen (Incoterms®).

Dokumente können für Inkassi und Akkreditive genutzt werden, da sie die Einhaltung der Lieferbedingungen und weiterer Vertragsbedingungen beweisen.

5.2.3.1 Incoterms® 2020[1]

Definition

Die **Incoterms® 2020** sind von der Internationalen Handelskammer in Paris vorformulierte Lieferbedingungen, die den **Kosten- und Gefahrenübergang** vom Exporteur auf den Importeur regeln. Im internationalen Handel ist es üblich, eine Incoterms® 2020-Klausel **im Kaufvertrag zu vereinbaren**. Die präzisen Formulierungen schaffen Rechtssicherheit für die Beteiligten.

1 *Für die Nutzung der Incoterms® in einem Vertrag empfiehlt sich die Bezugnahme auf den Originaltext des Regelwerks. Incoterms® ist eine eingetragene Marke der Internationalen Handelskammer (ICC). Incoterms®2020 ist einschließlich aller seiner Teile urheberrechtlich geschützt. Die ICC ist Inhaberin der Urheberrechte an den Incoterms® 2020. Bei den vorliegenden Ausführungen handelt es sich um inhaltliche Interpretationen zu den von der ICC herausgegebenen Lieferbedingungen durch die Autoren. Diese sind für den Inhalt, Formulierungen und Grafiken in dieser Veröffentlichung verantwortlich. Der Originaltext kann über ICC Germany unter www.iccgermany.de und www.incoterms2020.de bezogen werden.*

An dem Ort des Gefahrenübergangs geht das Risiko des zufälligen Untergangs der Ware vom Verkäufer (Ausführer) auf den Käufer (Einführer) über. Ab dem Ort des Kostenübergangs trägt der Käufer die Transportkosten.

Die wichtigsten Klauseln der Incoterms® 2020

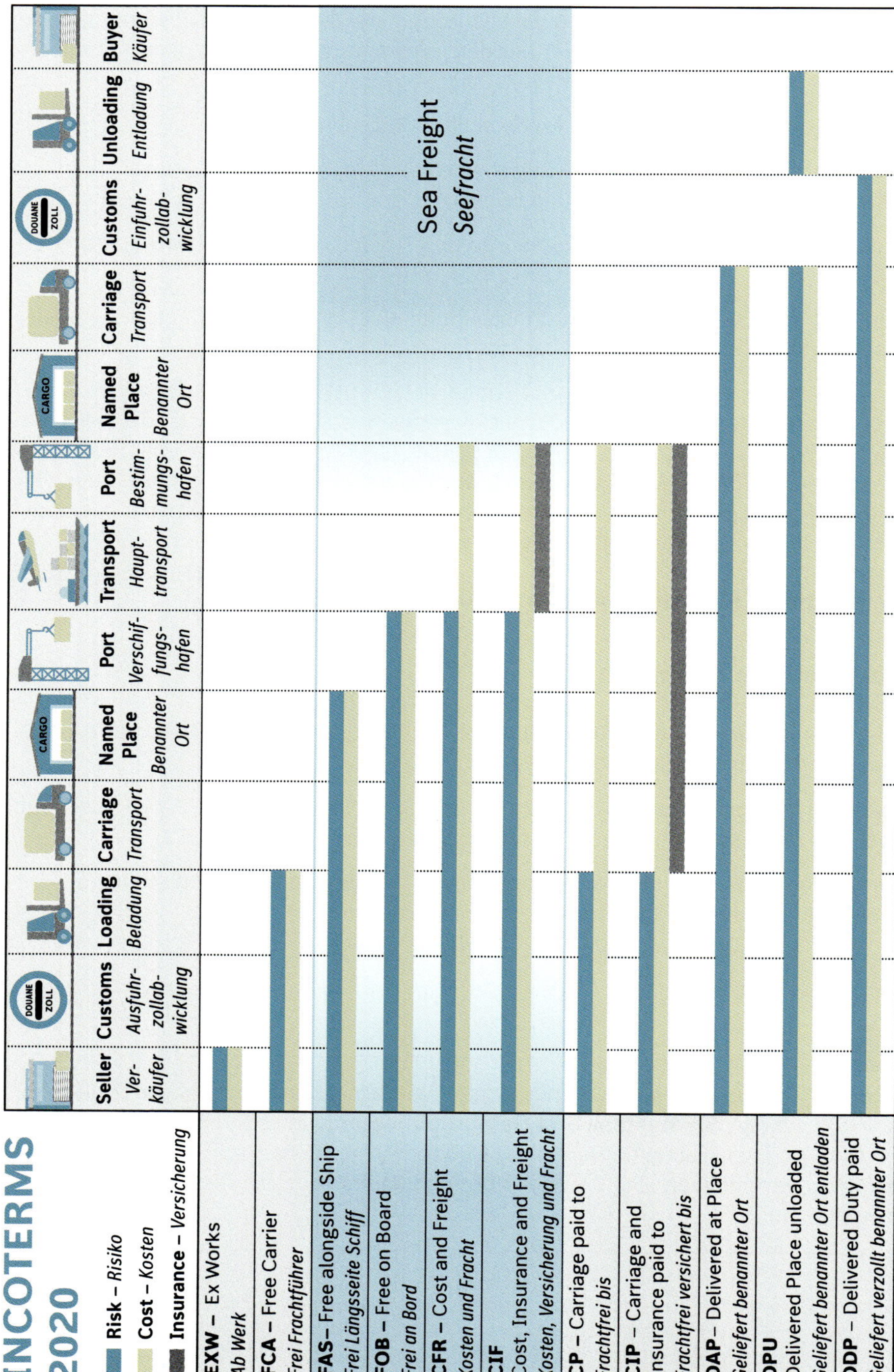

In den Incoterms® 2020 ist auch geregelt,
- wer die vereinbarten Dokumente beschaffen muss und wer die Kosten dafür trägt.
- wer die Transportversicherung abschließen muss und wer die Kosten dafür trägt.

Bei Seetransporten vereinbaren die Vertragspartner häufig die Incoterms® 2020-Klauseln
- FOB (Free on Board) oder
- CIF (Cost, Insurance, Freight).

▸ Incoterms® 2020-Klausel FOB

Bei der Klausel FOB trägt der Verkäufer die Transportkosten und das Risiko, bis sich die Ware **an Bord** eines Schiffes **im Verschiffungshafen** befindet. Der Name des Verschiffungshafens ist der Klausel hinzuzufügen.

Beispiel

Die Maschinenbau AG aus Köln verkauft eine Turbine an einen argentinischen Käufer mit der Vereinbarung „FOB Hamburg". Die Maschinenbau AG muss auf ihre Kosten den Transport der Turbine nach Hamburg und die Verladung auf das Schiff organisieren.

Pflichten des Verkäufers (Exporteurs) und des Käufers (Importeur) bei der Klausel FOB benannter Verschiffungshafen

Pflichten des Exporteurs (Verkäufer)
• kontraktgerechte Lieferung der ordnungsgemäß verpackten Ware an Bord des vom Importeur benannten Schiffes und Benachrichtigung des Importeurs über die erfolgte Verschiffung • Ausstellung einer Handelsrechnung • Nachweis der Lieferung *(z. B. Bordempfangsschein)* • Beschaffung und Kostenübernahme für die Ausfuhrgenehmigung, Erledigung aller Ausfuhr-Zollformalitäten und Zahlung der Ausfuhrzölle • Übernahme aller Kosten und Gefahren, bis die Ware an Bord im Verschiffungshafen ist • Beschaffung von Dokumenten auf Verlangen und Kosten des Importeurs, die im Verschiffungs- oder Ursprungsland ausgestellt werden und vom Importeur für die Einfuhr oder für den Empfang der Ware benötigt werden *(z. B. Ursprungszeugnis, Konnossement)*
Pflichten des Importeurs (Käufer)
• Übernahme der Ware im Verschiffungshafen • rechtzeitige Mitteilung des Schiffsnamens, der Ladestelle und der Lieferzeit an den Exporteur • Übernahme aller Kosten und Gefahren, sobald sich die Ware im Verschiffungshafen an Bord des Schiffes befindet • Beschaffung der Einfuhrbewilligung, Erledigung der Einfuhr-Zollformalitäten und Zahlung der Einfuhrzölle • Kostenübernahme für die Beschaffung der auf seinen Wunsch vom Exporteur beschafften sonstigen Dokumente

Incoterms® 2020-Klausel CIF

Bei der Klausel CIF trägt der Verkäufer alle **Kosten** einschließlich der Seeversicherung bis zur Ankunft der Ware im **Bestimmungshafen**. Das **Risiko** geht jedoch schon auf den Käufer über, wenn sich die Ware an Bord des Schiffes im **Verschiffungshafen** befindet.

Beispiel

Die Maschinenbau AG verkauft eine Turbine an einen argentinischen Käufer mit der Vereinbarung „CIF Buenos Aires". Die Maschinenbau AG trägt alle Transportkosten bis zur Ankunft des Schiffes in Buenos Aires und die Kosten für die Seeversicherung. Die Kosten für die Entladung des Schiffes trägt bereits der Käufer. Das Risiko (Beschädigung oder Verlust der Ware) geht nach der Verladung der Ware auf das Schiff in Hamburg auf den Käufer über.

Pflichten des Verkäufers (Exporteurs) und des Käufers (Importeur) bei der Klausel CIF benannter Bestimmungshafen

Pflichten des Exporteurs (Verkäufer)
• kontraktgerechte Lieferung der ordnungsgemäß verpackten Ware, indem er sie an Bord des Schiffes verbringt • Benachrichtigung des Importeurs über die erfolgte Verschiffung • Ausstellung einer Handelsrechnung • Beschaffung und Kostenübernahme für die Ausfuhrgenehmigung, Erledigung aller Ausfuhr-Zollformalitäten und Zahlung der Ausfuhrzölle • Abschluss des Vertrages über die Beförderung der Ware bis zum benannten Bestimmungshafen und Übernahme der entstehenden Kosten • unverzügliche Beschaffung des üblichen Transportdokumentes, *z. B. eines vollen Satzes reiner begebbarer Orderkonnossemente* („full set, clean, shipped on board B/L, freight prepaid"), und Übernahme der entstehenden Kosten • Abschluss der im Vertrag vereinbarten Transportversicherung zugunsten des Importeurs (Versicherungssumme in der Kontraktwährung: mindestens Kaufpreis zuzüglich 10 % imaginärer Gewinn), Übernahme der entstehenden Kosten und Übermittlung der Versicherungspolice an den Importeur (Den Vertragsparteien steht es offen, sich auf eine geringere oder höhere Deckungssumme zu einigen.) • Beschaffung von weiteren Dokumenten auf Verlangen und Kosten des Importeurs, die im Verschiffungs- oder Ursprungsland ausgestellt werden und vom Importeur für die Einfuhr der Ware benötigt werden *(z. B. Ursprungszeugnis)*
Pflichten des Importeurs (Käufer)
• Entgegennahme der Ware vom Frachtführer im Bestimmungshafen • Beschaffung der Einfuhrgenehmigung, Zollformalitäten und Zahlung der Einfuhrzölle • Übernahme aller Gefahren, sobald sich die Ware im Verschiffungshafen an Bord des Schiffes befindet • Kostenübernahme für die auf seinen Wunsch vom Exporteur beschafften sonstigen Dokumente

5.2.3.2 Außenhandelsdokumente

Definition

Außenhandelsdokumente sind Urkunden, die der Lieferungs- und Zahlungssicherung im internationalen Warenhandel dienen.

Außenhandelsdokumente können

- die kontraktgerechte Erfüllung der Pflichten des Exporteurs beweisen,
- bei ordnungsgemäßer Vorlage die Zahlungspflicht des Importeurs auslösen,
- die Übertragung des Eigentums an der gelieferten Ware ermöglichen,
- als Grundlage für eine Kreditbesicherung dienen.

Außenhandelsdokumente

Transportdokumente (Verladedokumente)	• Konnossement • Ladeschein • Frachtbrief	• int. Spediteurübernahmebescheinigung (FCR) • FIATA Combined Transport Bill of Lading (FBL) Posteinlieferungsschein
Versicherungsdokumente	• Versicherungspolice	• Versicherungszertifikat
Handels- und Zolldokumente	• Handelsrechnung • Ursprungszeugnis	• Qualitätszertifikate und ähnliche Bescheinigungen

▸ Konnossement

§

Das **Konnossement (Bill of Lading, B/L)** ist ein vom Reeder ausgestelltes Wertpapier des Seefrachtverkehrs *(§ 513 ff. HGB)*. Dem Konnossement gleichgestellt ist eine elektronische Aufzeichnung, die dieselben Funktionen erfüllt wie das Konnossement, sofern sichergestellt ist, dass die Authentizität und die Integrität der Aufzeichnung gewahrt bleiben (elektronisches Konnossement; *§ 516 HGB*).

Das **Konnossement** ist auszustellen, sobald der Verfrachter das Gut übernommen hat. Durch das Konnossement bestätigt der Verfrachter den Empfang des Gutes und verpflichtet sich, es zum Bestimmungsort zu befördern und dem aus dem Konnossement Berechtigten gegen Rückgabe des Konnossements abzuliefern *(§ 514 HGB)*.

Das Konnossement ist ein:

- **Traditionspapier** *(§ 524 HGB)*
  Für den Erwerb von Rechten an der „schwimmenden Ware" hat die Übergabe des Konnossements dieselbe Wirkung wie die Übergabe des Gutes *(§ 524 HGB)*. Für einen Eigentums- oder Pfandrechtserwerb *(§§ 929, 1205 HGB)* an der Ware ist deshalb neben der dinglichen Einigung nur die Übergabe des Konnossements notwendig. Die Übergabe des Konnossements ersetzt die Übergabe der Ware.

Ein Orderkonnossement wird durch Einigung und Übergabe der indossierten Urkunde übertragen. Bei einem Blankoindossament, in dem der Name des Empfängers (Indossatar) nicht genannt ist, genügt die Einigung und Übergabe.

- **Präsentationspapier** *(§ 519 HGB)*
  Die Auslieferung der Ware erfolgt nur gegen Vorlage des Konnossements. „Kassatorische Klausel": Bei mehreren Konnossementen erfolgt die Auslieferung der Ware gegen Vorlage eines Originalkonnossements. Die anderen Originale werden damit kraftlos.
- **Beweisurkunde** *(§ 517 HGB)*
  Das Konnossement beweist den Beförderungsvertrag mit dem Reeder und die Übergabe der Ware an ihn. Enthält das Konnossement keine Angabe über die äußerlich erkennbare Verfassung oder Beschaffenheit des Gutes, so begründet das Konnossement die Vermutung, dass der Verfrachter das Gut in äußerlich erkennbar guter Verfassung und Beschaffenheit übernommen hat.

Bord- und Übernahmekonnossement *(§ 514 HGB)*

Bei einem **Bordkonnossement** (Shipped B/L) bestätigt der Reeder, dass die Ware zu dem angegebenen Zeitpunkt an Bord eines namentlich benannten Schiffes verladen wurde.

Bei einem **Übernahmekonnossement** (Received for Shipment B/L) bestätigt der Reeder nur den Erhalt der Ware zur Verschiffung. Die Ware befindet sich aber noch nicht an Bord eines Schiffes.

Bei der **Abwicklung dokumentärer Zahlungen** (Dokumenteninkasso, Dokumentenakkreditiv) werden in der Praxis **folgende Anforderungen** an Konnossemente gestellt.

Vorzulegen sind ...

- **ein vollständiger Satz**
  Alle ausgestellten Originale (full set; *z. B. 3/3*) sind vorzulegen.
- **reingezeichneter,**
  Das Konnossement enthält keine Mängelhinweise des Reeders über sichtbare Beschädigungen an der Ware bzw. Verpackung **(clean B/L)**.
- **an Order ausgestellter und blanko indossierter (issued to order and endorsed in blank)**
- **Bordkonnossemente.**
  Im Konnossement wird bestätigt, dass sich die Ware an Bord eines namentlich benannten Schiffes befindet *(z. B. shipped on board „Santa Maria")*.

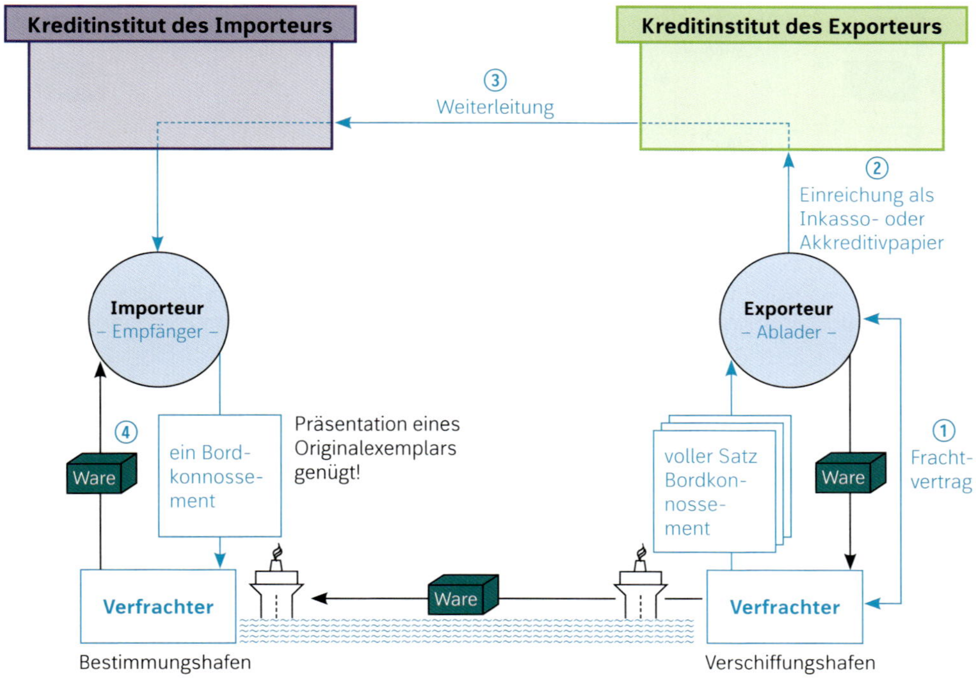

3

▸ Frachtbrief

Definition

Der **Frachtbrief** ist eine vom Frachtführer (z. B. Deutsche Bahn) ausgestellte Beweisurkunde über den Abschluss und Inhalt eines Frachtvertrages (kein Wertpapier).

Der **Frachtvertrag** verpflichtet den Frachtführer, das Gut zum Bestimmungsort zu befördern und dort an den Empfänger abzuliefern *(§ 407 ff. HGB)*.

Das Frachtgut wird bei seinem Eintreffen am Bestimmungsort dem auf der Urkunde genannten Empfänger gegen Quittung ausgehändigt. Während des Transports muss jede Sendung von einem Frachtbrief begleitet sein.

▸ FIATA-Spediteurdokumente[1]

Spediteurdokumente beweisen den Abschluss und Inhalt eines Speditionsvertrages.

Der **Speditionsvertrag** ist ein Dienstvertrag, der die Besorgung von Güterversendungen durch Frachtführer oder durch Verfrachter von Seeschiffen für Rechnung des Versenders zum Gegenstand hat *(§ 453 ff. HGB)*.

Der Spediteur nimmt vom Versender das Gut entgegen, wählt Weg und Art der Beförderung und schließt im eigenen Namen die erforderlichen Frachtverträge ab.

1 FIATA = Internationale Föderation der Speditionsorganisationen

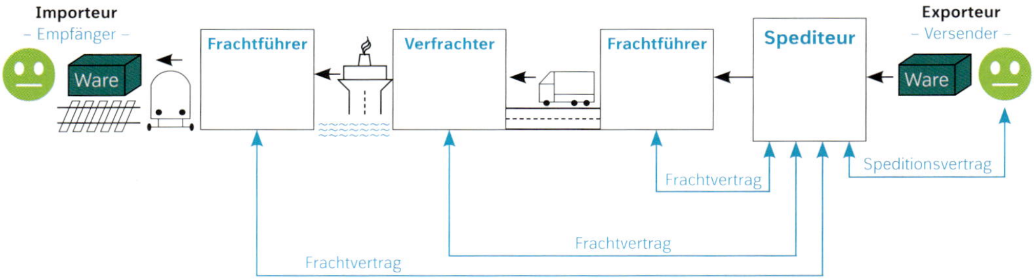

FCR **F**orwarding Agents **C**ertificate of **R**eceipt (internationale Spediteurübernahmebescheinigung)	**FBL** **F**IATA Multimodal Transport **B**ill of **L**ading („Spediteurkonnossement")
Bescheinigung eines Spediteurs, eine genau beschriebene Warensendung zur Beförderung an den im Dokument bezeichneten Empfänger übernommen zu haben	Dokument, das einen Transport durch mindestens zwei verschiedene Beförderungsmittel vorsieht und die sonst für die einzelnen Streckenabschnitte erforderlichen Transportdokumente ersetzt

▸ Versicherungsdokumente

Versicherungsdokumente beweisen den Abschluss und Inhalt einer Transportversicherung und dokumentieren den Versicherungsanspruch.

▸ Einzelpolice

Versicherung eines *einzelnen* Transports.

▸ Generalpolice

(Rahmen-)Versicherung **mehrerer** Transporte, die zu gleichen oder ähnlichen Bedingungen ausgeführt werden. Der Inhaber einer Generalpolice kann sich über die verschiedenen Transporte jeweils ein **Versicherungszertifikat (Insurance certificate)** ausstellen lassen, das den Versicherungsanspruch für die einzelne Sendung beweist.

Transportversicherungspolicen und -zertifikate sind **gekorene Orderpapiere**. Bei dokumentären Zahlungen wird in der Regel eine Blankoindossierung verlangt.

Durch einen allgemeinen Begünstigtenvermerk (**„to the bearer"** oder **„to whom it may concern"**) können sie auch zu Inhaberpapieren gemacht werden.

▸ Handelsrechnung

Die **Handelsrechnung (Faktura)** enthält genaue Informationen über das jeweilige Warengeschäft.

Die vom Exporteur erstellte Handelsrechnung dient
- dem Nachweis der kontraktgerechten Lieferung des Exporteurs,
- als Unterlage für die Einfuhrprüfung und Verzollung im Importland.

Inhalt der Faktura (Invoice):
- Name und Geschäftssitz des Importeurs und des Exporteurs
- Warenbezeichnung
- Warenmenge (Anzahl, Gewicht)
- Verpackung und Markierung der Ware
- Preis (Einzel-/Gesamtpreis)
- Lieferungsbedingung
- Zahlungsbedingung
- Unterschrift des Exporteurs

▶ Ursprungszeugnis

Das **Ursprungszeugnis (Declaration of origin)** bescheinigt den Ursprung der Ware und wird je nach Ursprungsland und Warenart von der örtlichen IHK, Behörden oder sonstigen ermächtigten Stellen ausgestellt. Es dient den Behörden des Importlandes zur Überwachung ggf. existierender Einfuhrbeschränkungen.

▶ Qualitäts-/Gesundheits-/Gewichts-/Analysenzertifikat

In Qualitäts-/Gesundheits-/Gewichts-/Analysenzertifikaten wird von Sachverständigen der mangelfreie Zustand der gelieferten Ware bzw. die Einhaltung gesetzlicher Einfuhrbestimmungen des Importlandes bescheinigt.

➡ Kompetenzcheck „Incoterms® und Dokumente“ siehe Seite 366 f.

5.2.3.3 Dokumenteninkasso gegen Zahlung

Definition

Bei einem **Dokumenteninkasso gegen Zahlung** beauftragt ein Exporteur sein Kreditinstitut, dem Importeur bestimmte Dokumente vorzulegen und gegen Zahlung des Kaufpreises auszuhändigen.

Rechtsgrundlage für die Abwicklung von Dokumenteninkassi sind die von der Internationalen Handelskammer in Paris (ICC) verfassten „Einheitlichen Richtlinien für Inkassi“ (ERI).

Abwicklung des Dokumenteninkassos

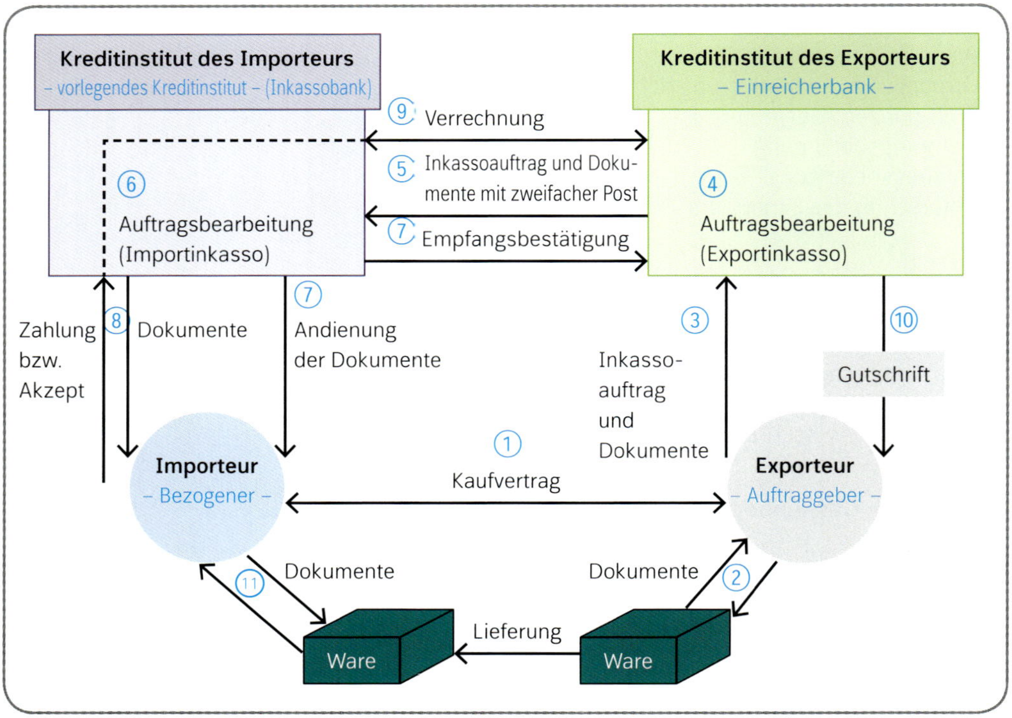

Erläuterungen:

① vereinbarte Zahlungsbedingung: Dokumente gegen Zahlung bzw. Dokumente gegen Akzeptierung

② Warenversand und Beschaffung der mit dem Importeur vereinbarten Dokumente

③ Inkassoauftrag des Exporteurs an sein Kreditinstitut

Inhalt des Auftrags:	
• Auftraggeber (Exporteur) • Bezogener (Importeur) • Bankverbindung des Importeurs • Inkassogegenwert • Auslieferung der Dokumente gegen Zahlung oder gegen Akzeptierung eines Wechsels	• Bezeichnung der Ware • Transportmittel und -weg • Art und Anzahl der zum Inkasso übersandten Dokumente • ERI-Klausel • Unterschrift des Auftraggebers

④ Die Einreicherbank prüft, ob die erhaltenen Dokumente den im Inkassoauftrag aufgezählten Dokumenten zu entsprechen scheinen, und wird vom Fehlen irgendwelcher Dokumente denjenigen Beteiligten sofort verständigen, von dem ihnen der Inkassoauftrag zuging *(ERI Art. 12)*. Die Kreditinstitute haben keine weitere Verpflichtung zur Prüfung der Dokumente. Sie handeln nach Treu und Glauben und mit angemessener Sorgfalt. Die beteiligten Kreditinstitute sind nicht verpflichtet, etwas zum Schutz der Ware zu tun, falls der Importeur die Dokumente nicht aufnimmt.

⑤ Um die Weisungen des Auftraggebers auszuführen, betraut die Einreicherbank als Inkassobank
- das vom Auftraggeber benannte Kreditinstitut oder (mangels einer solchen Benennung)
- ein Kreditinstitut eigener Wahl im Land der Zahlung.

Dokumente und Inkassoauftrag können der Inkassobank direkt oder über ein zwischengeschaltetes anderes Kreditinstitut übersandt werden. Der Versand der Dokumente erfolgt aus Sicherheitsgründen in der Regel in zwei Postsendungen oder durch Kurier.

⑥ Die Inkassobank prüft, ob die erhaltenen Dokumente den im Inkassoauftrag aufgezählten Dokumenten zu entsprechen scheinen.

⑦ Nach Eingang des Inkassoauftrages versendet die Inkassobank ihr Andienungsschreiben an den Bezogenen und schickt gleichzeitig eine Empfangsbestätigung an die Einreicherbank.

⑧ Wenn der Exporteur nichts anderes vorgeschrieben hat, muss der Bezogene die Dokumente **„bei erster Präsentation"** einlösen. Um dem Bezogenen die Möglichkeit zu geben, die Dokumente im Einzelnen zu prüfen, kann die Inkassobank auf eigenes Risiko eine **„Andienung zu treuen Händen"** vornehmen. Bei Nichtaufnahme muss der Bezogene die Dokumente unverzüglich wieder zurückgeben. Die Dokumente dürfen erst nach voller Zahlung bzw. Akzeptleistung durch den Bezogenen freigegeben werden.

⑨+⑩ Verrechnung des Inkassogegenwertes entsprechend den Weisungen der Einreicherbank und anschließend Gutschrift abzüglich Abwicklungsgebühren und Spesen auf dem Konto des Auftraggebers.

⑪ Empfang der Ware durch den Importeur (ggf. gegen Vorlage entsprechender Dokumente).

▶ Beurteilung des Dokumenteninkassos

	Importeur	Exporteur
Vorteile	• Die Zahlungspflicht des Importeurs wird erst ausgelöst, wenn die Dokumente und damit die Verfügungsgewalt über die Ware in seinen Besitz gelangen. • Der Importeur bestimmt den Zeitpunkt der Zahlung.	• Der Importeur kann erst nach Einlösung der Dokumente über die Ware verfügen. • Der Zahlungseingang ist gesichert, sobald der Importeur die angedienten Dokumente aufnimmt.
Nachteile	Der Importeur leistet Zahlung bzw. Akzept, ohne die Qualität der Ware vorher im Einzelnen prüfen zu können.	• Der Exporteur muss Produktion und Transport der Ware vorleisten. • Der Exporteur trägt die Folgen bei Nichtaufnahme der Dokumente durch den Importeur: – Verderb der Ware, – Lagerkosten, – Rückverschiffungskosten, – Verkauf unter Wert.

Fazit:

Das Dokumenteninkasso gewährleistet ein **„Zug-um-Zug-Geschäft"** (Dokumente gegen Geld bzw. Akzept).

- Der Exporteur verliert die Verfügungsgewalt erst bei Zahlung bzw. Akzeptleistung.
- Der Importeur zahlt nur gegen Aushändigung der Dokumente.

Obwohl der Importeur sich im Kaufvertrag verpflichtet hat, bei fristgerechter Vorlage der ordnungsgemäßen Dokumente Zahlung zu leisten, besteht für den Exporteur das Risiko der Nichtaufnahme der Dokumente. Der Exporteur verliert zwar i. d. R. nicht die Verfügungsgewalt über die Ware, es können jedoch bei der weiteren Verwendung einer bereits versandten Ware erhebliche Kosten entstehen.

5.2.3.4 Dokumentenakkreditiv

Definition

Das **Dokumentenakkreditiv** ist ein unwiderrufliches, bedingtes, abstraktes Schuldversprechen des eröffnenden Kreditinstituts,

- im Auftrag und nach den Weisungen eines Kunden
- gegen Übergabe vorgeschriebener Dokumente
- eine Zahlung an einen Dritten (Begünstigten) zu leisten oder vom Begünstigten gezogene Wechsel zu bezahlen oder zu akzeptieren oder
- ein anderes Kreditinstitut zur Ausführung einer solchen Zahlung oder zur Bezahlung oder Akzeptierung derartiger Wechsel zu ermächtigen, sofern die Akkreditiv-Bedingungen erfüllt sind.

Rechtsgrundlage für die Abwicklung von Dokumentenakkreditiven sind die von der Internationalen Handelskammer in Paris (ICC) verfassten **Einheitlichen Richtlinien und Gebräuche für Dokumentenakkreditive** (ERA).

▸ Rechtsbeziehungen beim Dokumentenakkreditiv

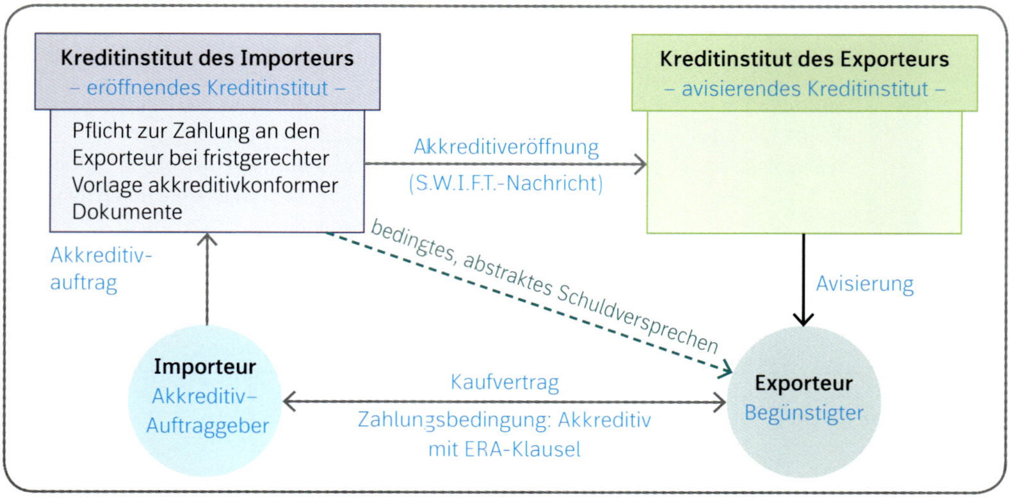

eröffnendes Kreditinstitut – Akkreditiv-Auftraggeber
Das eröffnende Kreditinstitut verpflichtet sich, das Akkreditiv zu stellen und für dessen Avisierung gegenüber dem Begünstigten zu sorgen. Beim unwiderruflichen Akkreditiv geht das eröffnende Kreditinstitut eine Eventualverbindlichkeit ein, da es auch bei Zahlungsunfähigkeit des Auftraggebers zur Zahlung verpflichtet ist. Bei nicht ausreichender Bonität des Auftraggebers kann das eröffnende Kreditinstitut als Sicherheit Akkreditiv-Deckung verlangen.
eröffnendes Kreditinstitut – Begünstigter
Bedingtes, abstraktes Schuldversprechen des eröffnenden Kreditinstituts: • *bedingt,* weil die Zahlung an die fristgerechte Vorlage der vereinbarten Dokumente geknüpft ist • *abstrakt,* weil das Zahlungsversprechen losgelöst von den gegenseitigen Rechten und Pflichten des Importeurs und des Exporteurs aus dem Grundgeschäft besteht
eröffnendes Kreditinstitut – avisierendes Kreditinstitut
Das avisierende Kreditinstitut verpflichtet sich, dem Begünstigten die Akkreditiv-Eröffnung mitzuteilen und bei der Abwicklung des Akkreditivs mitzuwirken. Sofern das eröffnende Kreditinstitut dem avisierenden Kreditinstitut keine Akkreditiv-Deckung anzuschaffen hat, entsteht für die Zeit von der Auszahlung des Akkreditiv-Betrages bis zur Anschaffung des Gegenwertes zwischen beiden Kreditinstituten ein Kreditverhältnis.

Unwiderrufliches, bestätigtes Akkreditiv

Unwiderrufliche Akkreditive können von dem avisierenden Kreditinstitut bestätigt werden.

Gegen eine **Bestätigungsprovision** übernimmt das avisierende Kreditinstitut eine zusätzliche Einlösungsverpflichtung; dem Begünstigten haften nebeneinander wahlweise das Kreditinstitut im eigenen Land und das eröffnende Kreditinstitut.

Grund: Vorsorge gegen Zahlungsunfähigkeit des eröffnenden Kreditinstituts und Transferrisiken im Importland

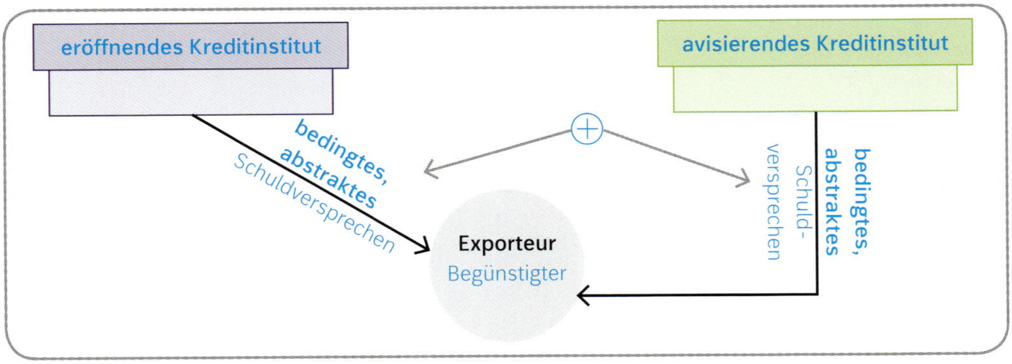

▸ Abwicklung des Dokumentenakkreditivs

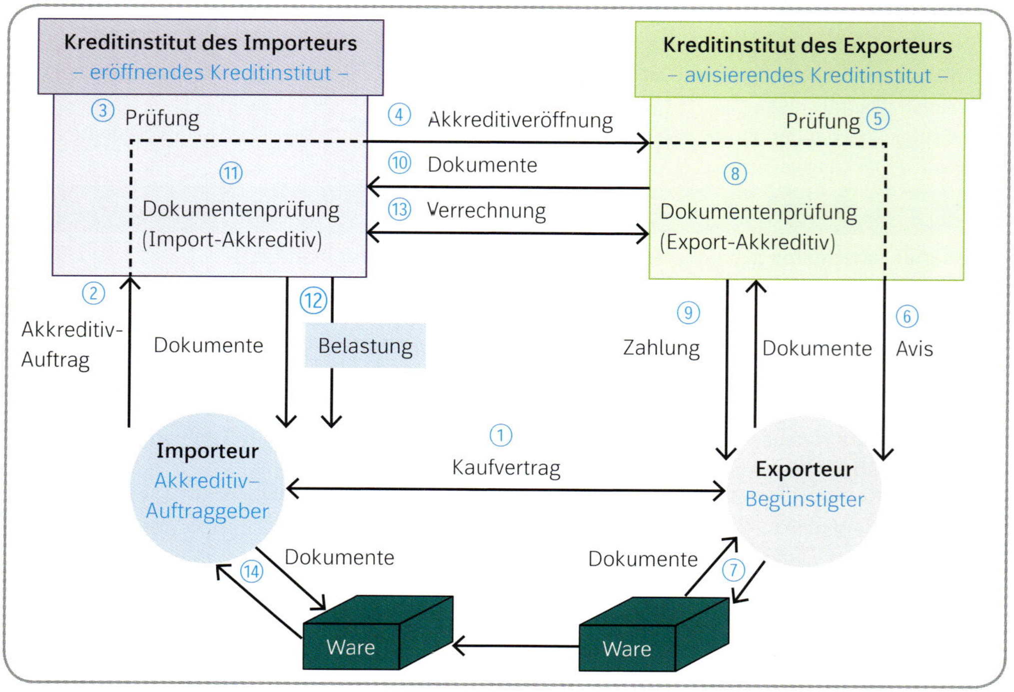

Erläuterungen:

① vereinbarte Zahlungsbedingung: Dokumentenakkreditiv benutzbar durch Zahlung bei Sicht

② Akkreditiv-Auftrag des Importeurs an sein Kreditinstitut

Inhalt des Auftrags:	
• Auftraggeber (Importeur) • Begünstigter (Exporteur) • Akkreditiv-Art • Akkreditiv-Betrag • vorzulegende Dokumente • Laufzeit des Akkreditivs (Verfalldatum)	• Bezeichnung der Ware • Frachtroute (Transportmittel, -weg) • Lieferungsbedingung • Verrechnungskonto • ERA-Klausel • Unterschrift des Auftraggebers

Zudem ist dem Akkreditiv-Auftrag i. d. R. bereits der entsprechende Zahlungsauftrag im AWV beigefügt.

③ Prüfung des Auftrags auf:
- Vollständigkeit der Angaben
- Bonität des Auftraggebers

bei unzureichender Bonität: ggf. Vorabbelastung des Auftraggebers zur Akkreditiv-Deckung

④ Akkreditiv-Eröffnung aufgrund der Weisungen des Auftraggebers (brieflich oder via S.W.I.F.T.); ggf. Anschaffung einer Akkreditiv-Deckung

⑤ Prüfung des Eröffnungsschreibens bzw. der S.W.I.F.T.-Nachricht: Ist das Akkreditiv vollständig und genau?

⑥ Benachrichtigung des Begünstigten, ggf. Akkreditivbestätigung durch das avisierende Kreditinstitut

⑦ Warenversand und Vorlage akkreditivgerechter Dokumente durch den Begünstigten

⑧ Prüfung der Dokumente *(ERA Art. 14, 16, 34, 35)*
- Die Bank muss die Dokumente prüfen und entscheiden, ob die Dokumente ihrer **äußeren Aufmachung nach eine konforme Dokumentenvorlage** zu bilden scheinen. Dabei prüft sie auch die Einhaltung aller Fristen *(z. B. rechtzeitiger Versand der Ware).*

⑨ Zahlung des Akkreditiv-Betrages, wenn das avisierende Kreditinstitut als Zahlstelle benannt wurde – andernfalls erfolgt die Zahlung an den Exporteur erst nach Eingang des Gegenwertes von dem eröffnenden Kreditinstitut

⑩ Der Versand der Dokumente erfolgt aus Sicherheitsgründen i. d. R. in zwei Postsendungen oder durch Kurier.

⑪ Prüfung der zugesandten Dokumente wie ⑧

⑫ Aushändigung der Dokumente an den Auftraggeber unter gleichzeitiger Belastung mit dem Akkreditiv-Betrag zuzüglich Provision und Spesen

⑬ Anschaffung des Akkreditiv-Betrages

⑭ Empfang der Ware durch den Importeur (ggf. gegen Vorlage entsprechender Dokumente)

Beurteilung des Dokumentenakkreditivs

	Importeur	Exporteur
Vorteile	Die Zahlung erfolgt erst nach Vorlage akkreditivgerechter Dokumente, die den Warenversand ausweisen. Durch die zeitliche Festlegung • der Verladung und • der Gültigkeitsdauer des Akkreditivs wird eine termingerechte Erfüllung gewährleistet.	Die Zahlung ist durch das Schuldversprechen des eröffnenden Kreditinstituts (und ggf. zusätzlich des bestätigenden Kreditinstituts) gesichert, sofern die Akkreditiv-Bedingungen erfüllt werden.
Nachteile	Der Importeur leistet Zahlung, ohne die Qualität der Ware vorher prüfen zu können.	

Fazit:

Das Dokumentenakkreditiv bietet die weitestgehende Zahlungs- und Lieferungssicherung, wenn sich die Handelspartner nicht hinreichend kennen bzw. sie die Bonität/Vertragstreue ihres Kontrahenten nicht ausreichend beurteilen können.

➡ Kompetenzcheck „Dokumentäre Zahlungen“ siehe Seite 367

Kompetenzcheck zu Lernfeld 3: Konten für Geschäfts- und Firmenkunden führen und den Zahlungsverkehr abwickeln

Ich kann ...	☑
Grundlagen des Handelsrechts	**Kapitel 1**
... Istkaufmann, Kannkaufmann und Formkaufmann unterscheiden.	
... darlegen, wo das Handelsregister geführt wird und welche Informationen es enthält.	
... die Publizität des Handelsregisters erläutern.	
... den Begriff „Firma" erklären und drei Firmengrundsätze beschreiben.	
Rechtsformen von Unternehmen	**Kapitel 2**
... darlegen, warum die Rechtsform von Geschäfts- und Firmenkunden bei Bankgeschäften von großer Bedeutung ist.	
... die Geschäftsführung, Vertretung und Haftung bei folgenden Rechtsformen beschreiben: • Einzelunternehmen • OHG • KG • GmbH • GmbH & Co. KG • AG • e. V.	
Handlungsvollmacht und Prokura	**Kapitel 3**
... die Befugnisse eines Handlungsbevollmächtigten erläutern.	
... sechs Geschäfte bzw. Rechtshandlungen nennen, die ein Handlungsbevollmächtigter nicht tätigen darf.	
... die Befugnisse eines Prokuristen erläutern.	
... vier Geschäfte bzw. Rechtshandlungen nennen, die ein Prokurist nicht tätigen darf.	

Ich kann ...	✓

Kontoeröffnung	**Kapitel 4**
... dem Handelsregister entnehmen, welche Personen jeweils zur Eröffnung eines Firmenkontos berechtigt sind.	
... bei Geschäfts- und Firmenkunden die Identität des Kontoinhabers feststellen.	
... Konten für Geschäfts- und Firmenkunden eröffnen und die jeweilige Vertretungsberechtigung in den Kontounterlagen erfassen.	

Zahlungsinstrumente für inländische Zahlungen	**Kapitel 5.1**
... Geschäfts- und Firmenkunden über Risiken, Vorteile und über die Abwicklung von Girocard-Zahlungen informieren.	
... Geschäfts- und Firmenkunden über Risiken, Vorteile und über die Abwicklung von ELV-Zahlungen informieren.	
... Geschäfts- und Firmenkunden über Risiken, Vorteile und über die Abwicklung von Kreditkarten-Zahlungen informieren.	
... den Kartenakzeptanzvertrag und den Händlerservicevertrag als Voraussetzung für die Akzeptanz von Kreditkartenzahlungen unterscheiden.	
... Internetbezahlverfahren aus Händlersicht erläutern.	
... Mobile Payment aus Händlersicht erläutern.	
... SEPA-Basis-Lastschriften und SEPA-Firmen-Lastschriften unterscheiden.	
... Geschäfts- und Firmenkunden über Risiken und Vorteile sowie über den Einzug von Forderungen mittels Lastschrift informieren.	
... die Voraussetzungen für den Forderungseinzug mittels Lastschriften beschreiben.	
... das Inkasso von Lastschriften beschreiben und die dabei zu beachtenden Fristen nennen.	

Grundlagen des Außenwirtschaftsverkehrs	**Kapitel 5.2**
... die Bedeutung internationaler Handelsusancen und Richtlinien erklären.	
... die Risiken von Außenhandelsgeschäften beschreiben und Möglichkeiten der Risikobegrenzung aufzeigen.	
... drei Vorteile eines Fremdwährungskontos für Geschäfts-/Firmenkunden nennen.	
... die Meldevorschriften für Auslandszahlungen darlegen.	

Ich kann ...	☑

Devisen	Kapitel 5.2.1
... Devisenkassageschäfte und Devisentermingeschäfte unterscheiden.	
... Geldkurs, Briefkurs und Sichtkurs unterscheiden.	
... Kassageschäfte abrechnen.	
... die Bedeutung von Devisenreferenzkursen beschreiben.	
... die Vorteile von Devisentermingeschäften für Geschäfts-/Firmenkunden darstellen.	
... beschreiben, welche Faktoren die Höhe des Terminkurses beeinflussen.	
... den Begriff „Swapsatz" erklären.	
... Termingeschäfte abrechnen.	

Nicht dokumentäre Zahlungen	Kapitel 5.2.2
... die Abwicklung von Auslandsüberweisungen in Nicht-SEPA-Länder beschreiben.	
... die Verrechnung von Auslandsüberweisungen zwischen den Banken beschreiben.	
... die Beteiligten bei einer Zahlung mittels Bankenorderscheck benennen.	
... die Abwicklung einer Zahlung mittels Bankenorderscheck in einer Grafik (Ablaufschema) darstellen.	
... die Abrechnung für den Ankauf eines Fremdwährungs-Bankenoderschecks erstellen.	

Incoterms® und Dokumente	Kapitel 5.2.3.1 und 5.2.3.2
... darlegen, welche Inhalte die Incoterms® enthalten.	
... erklären, unter welcher Bedingung die Incoterms® bei einem Außenhandelsgeschäft rechtswirksam sind.	
... die Incoterms®-Klauseln FOB und CIF unterscheiden und ihre Bedeutung aus der Sicht von Exporteur und Importeur erläutern.	
... den Rechtscharakter eines Konnossements beschreiben.	
... die qualitativen Anforderungen an ein Konnossement bei dokumentären Zahlungen beschreiben.	

Ich kann ...	✓
Incoterms® und Dokumente — **Kapitel 5.2.3.1 und 5.2.3.2**	
... bei folgenden Dokumenten den Aussteller benennen und die Bedeutung der Papiere erläutern: • Frachtbrief • Versicherungszertifikat • Handelsrechnung • Ursprungszeugnis	

Dokumentäre Zahlungen — Kapitel 5.2.3.3 und 5.2.3.4	
... die Beteiligten bei einem Dokumenteninkasso benennen.	
... die Abwicklung eines Dokumenteninkassos in einer Grafik (Ablaufschema) darstellen.	
... die Vor- und Nachteile eines Dokumenteninkassos für den Importeur und für den Exporteur beschreiben.	
... die Beteiligten bei einem Dokumentenakkreditiv benennen.	
... die rechtliche Bedeutung einer Akkreditiveröffnung erläutern.	
... ein unbestätigtes und ein bestätigtes Akkreditiv unterscheiden.	
... die Abwicklung eines Dokumentenakkreditivs in einer Grafik (Ablaufschema) darstellen.	
... die Vor- und Nachteile eines Dokumentenakkreditivs gegenüber einem Dokumenteninkasso für den Importeur und für den Exporteur beschreiben.	

Lernfeld 4:

Kunden über Anlagen auf Konten und staatlich gefördertes Sparen beraten

4

Zielbeschreibung:

Sie verfügen über die Kompetenz, Kunden unter Berücksichtigung von staatlichen Fördermöglichkeiten über die Formen der Geldanlage auf Konten zu beraten.

Lernfeld 4: Kunden über Anlagen auf Konten und staatlich gefördertes Sparen beraten

Bei Beratungsgesprächen über Geldanlagen erschließen Sie sich zunächst systematisch den **Anlagezweck**, die **Anlagedauer** und die **Risikotoleranz** der Kunden und analysieren aktuelle und zukünftige Bedarfssignale.

Sie informieren sich auch mithilfe digitaler Medien und der entsprechenden Rechtsgrundlagen (Verordnung über die Rechnungslegung der Kreditinstitute und Finanzdienstleistungsinstitute, Sonderbedingungen) über die Merkmale von **Sparkonten** (Vertragsgestaltung, Sparurkunde, Sparvertrag zugunsten Dritter), **Tagesgeldkonten**, **Festgeldkonten**, **Sparbriefen** und **Sonderformen** des eigenen Unternehmens.

Kundengespräche planen Sie systematisch und kundenorientiert und nutzen zielgerichtet **digitale Informations- und Kommunikationssysteme** unter Beachtung des Datenschutzes und der Datensicherheit.

Sie beraten Kunden hinsichtlich der **Verzinsung**, der **Sicherheit** und der **Verfügungsmöglichkeiten** der genannten Anlagekonten (Kündigung, vorzeitige Verfügung und damit verbundene Kosten). Sie erstellen unter Berücksichtigung der Besteuerung (Freistellungsauftrag, Nichtveranlagungsbescheinigung) **Kundenabrechnungen**.

Nachdem Sie sich über Möglichkeiten der **staatlichen Sparförderung** unter Einhaltung der rechtlichen Rahmenbedingungen (Vermögensbildungsgesetz, Wohnungsbau-Prämiengesetz) informiert haben, beraten Sie Kunden über das Bausparen (Merkmale, Bausparsumme, Verwendungs- und Verfügungsmöglichkeiten) und berechnen die monatlichen Raten in der Spar- und Darlehensphase.

Sie führen den **Geschäftsabschluss** herbei und beziehen Zusatzangebote (Cross-Selling) im Hinblick auf eine kundenorientierte Beratung mit ein.

Sie **reflektieren** das **Beratungsgespräch** und leiten Maßnahmen zur Verbesserung ab. Sie beurteilen das Beratungsergebnis hinsichtlich der Kundenmotive und erzielen stabile und langfristige Kundenbeziehungen.

1 Kundenanalyse als Grundlage der Beratung

Grundlage einer **ganzheitlichen Beratung** sind die persönlichen und wirtschaftlichen Verhältnisse des Kunden sowie seine Anlageziele.

Zu den **Anlagezielen** gehören
- Anlagezweck *(z. B. Sparen, um später ein Auto zu kaufen)*,
- die Anlagedauer *(z. B. vier Jahre)* und
- die Risikotoleranz des Kunden (Bereitschaft, ein Verlustrisiko einzugehen).

Zu den **persönlichen und wirtschaftlichen Verhältnissen** des Kunden zählen Merkmale wie Alter, Familienstand, Beruf, Vermögens- und Einkommenssituation. Außerdem sind absehbare zukünftige Entwicklungen in den persönlichen und wirtschaftlichen Verhältnissen des Kunden bei der Auswahl geeigneter Finanzprodukte zu berücksichtigen.

Auf der Basis der eingeholten Kundeninformationen identifiziert die Beraterin bzw. der Berater geeignete Anlageprodukte und erkennt darüber hinaus weitere aktuelle und zukünftige **Bedarfssignale** des Kunden.

2 Einlagen bei Kreditinstituten

Ende des Jahres 2019 verfügten die deutschen Haushalte über ein Geldvermögen von circa 6,5 Billionen EUR.

Das Geld haben die Haushalte wie folgt angelegt:
- Einlagen bei Kreditinstituten
- Geldanlage bei Versicherungen (Kapitallebensversicherungen)
- Geldanlage bei Bausparkassen
- Erwerb von Effekten (Gläubigereffekten, Aktien, Investmentzertifikate, Sonstige)

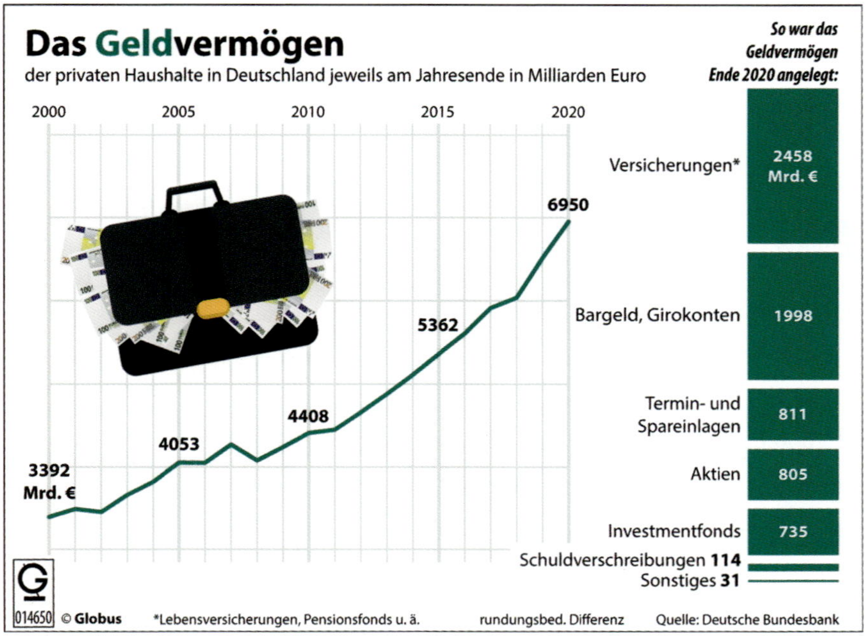

Ein großer Teil des Geldes ist auf Konten bei Kreditinstituten angelegt. Dazu zählen
- Spareinlagen,
- Festgelder (Termineinlagen),
- Guthaben auf Tagesgeldkonten,
- Sparbriefe und
- Sichteinlagen auf Zahlungskonten (Girokonten).

Mit seiner **Einlage** gewährt der Kunde dem Kreditinstitut ein **Darlehen**. Das Kreditinstitut hat als Darlehensnehmer die Pflicht, den geschuldeten Zins zu zahlen und bei Fälligkeit das zur Verfügung gestellte Darlehen zurückzuzahlen *(§ 488 BGB)*.

Einlagen bei Kreditinstituten bieten dem Kunden folgende Vorteile:
- keine Kursrisiken
- vertraglich vereinbarte Erträge
- sichere Rückzahlung
- keine Kosten

2.1 Spareinlagen

Definition

Spareinlagen im Sinne der Rechnungslegungsverordnung für Kreditinstitute *(§ 21 Abs. 4 Rech-KredV)* sind **unbefristete** Einlagen, die

- durch Ausfertigung einer **Urkunde**, insbesondere eines Sparbuches, als Spareinlagen gekennzeichnet sind,
- nicht für den **Zahlungsverkehr** bestimmt sind und
- eine **Kündigungsfrist** von mindestens **drei Monaten** aufweisen.

Spareinlagen können **nicht** von Kapitalgesellschaften, Genossenschaften, wirtschaftlichen Vereinen und Personenhandelsgesellschaften angenommen werden.

Dabei gelten aber folgende Ausnahmen:

- Spareinlagen von Unternehmen, die gemeinnützigen, mildtätigen oder kirchlichen Zwecken dienen
- Mietkautionskonten *(§ 551 Abs. 3 BGB)*

Beispiel

Die Immobilien GmbH kann zur Anlage der Mietkautionen ihrer Mieter Sparkonten eröffnen.

Die Sparbedingungen können dem Kunden das Recht einräumen, in jedem **Kalendermonat maximal 2 000,00 EUR** ohne vorherige Kündigung abzuheben.

Motive für die Geldanlage auf Sparkonten

- Liquiditätsreserve
- Zwecksparen für geplante Anschaffungen
- langfristiger Vermögensaufbau und Altersvorsorgesparen

- Anlage von vermögenswirksamen Leistungen (Die Anlage auf Sparkonten wird allerdings nicht staatlich gefördert.)

2.1.1 Vertragsgestaltung

Vereinbaren das Kreditinstitut und der Kunde die Einrichtung eines Sparkontos zur Annahme von Spareinlagen, kommt ein Sparvertrag zustande. Für die Vertragsgestaltung maßgeblich sind die Bedingungen für den Sparverkehr. In diesen Bedingungen sind unter anderem geregelt:
- der Anlagezweck,
- die Ausstellung der Sparurkunde und die Erfassung der Ein- und Auszahlungen,
- die Legitimationswirkung des Sparbuches,
- die Verzinsung,
- die Kündigung der Spareinlage und
- der Verlust des Sparbuches.

2.1.2 Bedeutung der Sparurkunde

Sparurkunden können als **einheitliche Sparurkunden** (Sparbücher, Sparkassenbücher) oder als **Loseblatt-Sparurkunden** ausgestellt werden. Eine Loseblatt-Sparurkunde besteht aus den Sparkontoauszügen (Sparkontoblättern) und einem dazugehörigen Sparbuchumschlag oder einer **Sparcard** als Authentifizierungsinstrument. Zusammen mit dem jeweils letzten Sparkontoauszug bildet der Sparbuchumschlag bzw. die Sparcard eine Sparurkunde im Sinne von *§ 808 BGB*.

4

§

***§ 808 BGB* Namenspapiere mit Inhaberklausel**
Wird eine Urkunde, in welcher der Gläubiger benannt ist, mit der Bestimmung ausgegeben, dass die in der Urkunde versprochene Leistung an jeden Inhaber bewirkt werden kann, so wird der Schuldner durch die Leistung an den Inhaber der Urkunde befreit. Der Inhaber ist nicht berechtigt, die Leistung zu verlangen *(§ 808 Abs. 1 BGB)*. Der Schuldner ist nur gegen Aushändigung der Urkunde zur Leistung verpflichtet *(§ 808 Abs. 2 BGB)*.

Die Sparurkunde ist …

- **Schuld- und Beweisurkunde**
  Sie enthält das Versprechen des Kreditinstituts, die Spareinlage zurückzuzahlen. Sie beweist die Forderung des Sparers gegenüber dem Kreditinstitut. Maßgeblich ist jedoch der tatsächliche Kontostand. Ein von der Sparbucheintragung abweichendes Guthaben muss das Kreditinstitut jedoch beweisen.

- **qualifiziertes Legitimationspapier**
  Spareinlagen werden grundsätzlich nur gegen Vorlage der Sparurkunde zurückgezahlt. Das Kreditinstitut ist berechtigt, an jeden Vorleger des Sparbuchs ohne Legitimationsprüfung im Rahmen der versprochenen Leistung mit schuldbefreiender Wirkung zu zahlen, sofern kein Missbrauchsverdacht besteht.

  Versprochene Leistung
  - gekündigte Beträge nach Ablauf der Kündigungsfrist
  - ohne Kündigung bis zu 2 000,00 EUR pro Kalendermonat bei Spareinlagen mit einer Kündigungsfrist von drei Monaten

Zum **Schutz vor unberechtigten Verfügungen** kann der Sparer mit dem Kreditinstitut vereinbaren, dass Auszahlungen nur
- an ihn persönlich erfolgen.
- gegen Nennung eines Kennwortes erfolgen.
- gegen Vorlage einer Legitimationskarte erfolgen.

Über die **gesamte Spareinlage** (= Kontoauflösung) kann nur der Kontoinhaber verfügen.

- **„hinkendes“ Inhaberpapier**
  Das Kreditinstitut ist zur schuldbefreienden Leistung an jeden Vorleger der Sparurkunde **berechtigt, aber nicht verpflichtet**. Die Berechtigung zur Geltendmachung der Forderung kann nicht allein aus dem Besitz der Urkunde abgeleitet werden.

  Das Kreditinstitut kann aufgrund der Sorgfaltspflicht eines ordentlichen Kaufmanns eine Legitimationsprüfung vornehmen.

Verlust der Sparurkunde

Der Kontoinhaber hat seine Sparurkunde sorgfältig aufzubewahren. Tritt dennoch ein Verlust der Sparurkunde ein, so ist dieser der kontoführenden Stelle sofort anzuzeigen. Aufgrund der Anzeige wird das Sparguthaben zunächst gesperrt.

<table>
<tr><th colspan="3">Für den Sparer kann eine neue Sparurkunde ausgestellt werden:</th></tr>
<tr><th rowspan="2">ohne Kraftloserklärung der alten Sparurkunde</th><th colspan="2">nach Kraftloserklärung der alten Sparurkunde</th></tr>
<tr><th>aufgrund eines gerichtlichen Aufgebotsverfahrens</th><th>aufgrund eines eigenen Aufgebotsverfahrens (im Sparkassenbereich)</th></tr>
<tr><td rowspan="4">• bei geringem Sparguthaben
• wenn die Vernichtung des Sparbuchs glaubhaft nachgewiesen wird

Aufgrund einer von ihm zu unterzeichnenden Haftungserklärung haftet der Kontoinhaber für alle Schäden, die sich aus dem Missbrauch des in Verlust geratenen Sparbuchs ergeben könnten.</td><td>Auf Antrag erlässt das zuständige Amtsgericht ein Aufgebot, das im Bundesanzeiger veröffentlicht wird.</td><td>Auf Antrag erlässt der Vorstand ein Aufgebot, das in einem für die Bekanntmachungen des Instituts bestimmten Blatt veröffentlicht wird.</td></tr>
<tr><td colspan="2">Wenn der Inhaber des Sparbuchs bis zum Ende der Aufgebotsfrist seine Rechte unter Vorlegung des Sparbuchs nicht angemeldet hat, wird das Sparbuch durch</td></tr>
<tr><td>gerichtliches Ausschlussurteil</td><td>Vorstandsbeschluss</td></tr>
<tr><td colspan="2">für kraftlos erklärt und verliert seine Rechtskraft.</td></tr>
</table>

2.1.3 Sparvertrag zugunsten Dritter

§

Bei einem **Sparvertrag zugunsten eines Dritten** vereinbaren der Kontoinhaber und das Kreditinstitut, dass das Sparguthaben sofort oder nach Eintritt einer bestimmten Bedingung *(z. B. Tod des Kontoinhabers, Heirat)* auf einen Dritten (Begünstigter) übergehen soll *(§ 328 BGB)*.

Sparverträge zugunsten eines Dritten eröffnen oft Personen, die Geld für eine nahestehende Person ansparen möchten und mit dem Kreditinstitut vereinbaren, dass der Begünstigte diese Mittel nach Eintritt einer bestimmten Bedingung erhalten soll.

Beispiel

Theresa Buchner möchte für ihre 5-jährige Enkelin Caroline Geld auf einem Sparkonto ansparen, das diese automatisch an ihrem 18. Geburtstag oder beim Tod von Theresa erhalten soll. Bei Eintritt einer der genannten Bedingungen geht das Sparguthaben auf Caroline über. Sie wird dann Gläubigerin der Einlage.

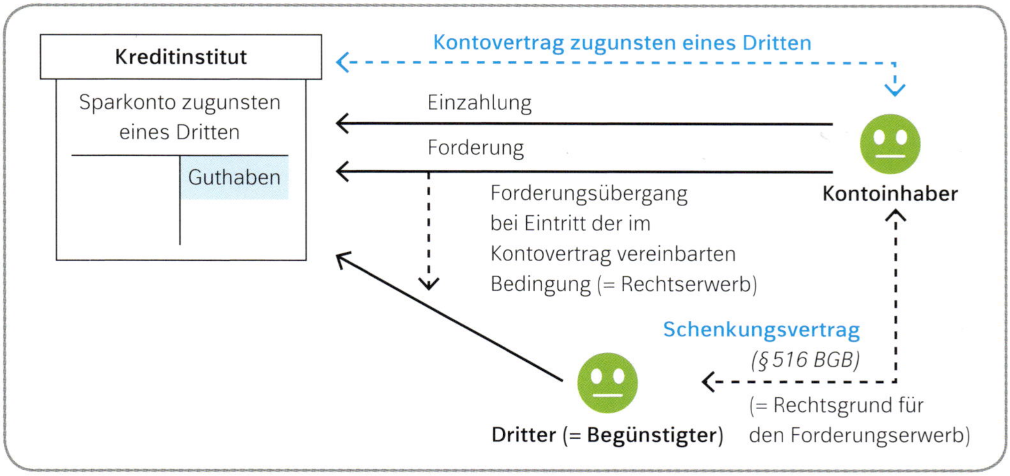

In rechtlicher Hinsicht unterbreitet der Kontoinhaber mit der Kontoeröffnung dem Begünstigten ein Schenkungsangebot. Die Schenkung wird jedoch erst wirksam, wenn der Begünstigte bzw. dessen gesetzlicher Vertreter die Schenkung angenommen hat und die definierte Bedingung des Rechtserwerbs eingetreten ist. Bis zu diesem Zeitpunkt kann der Kontoinhaber ohne Zustimmung des Begünstigten über das Konto verfügen oder auch sein Schenkungsangebot widerrufen.

Merkmale:

- Bei der Kontoeröffnung ist die Legitimation des Kontoinhabers zu prüfen.
- Der Kontoinhaber bleibt bis zum Eintritt der Bedingung Gläubiger der Einlage. Das Konto lautet auf seinen Namen. Er hat die Zinserträge zu versteuern, kann aber einen Freistellungsauftrag erteilen.
- Mit dem Eintritt der Bedingung geht die Forderung auf den Begünstigten über (Rechtserwerb). Um im Verhältnis zum Kontoinhaber tatsächlich berechtigt zu sein, bedarf es eines wirksamen Schenkungsvertrages (Rechtsgrund). Der Begünstigte muss das Schenkungsangebot des Kontoinhabers noch annehmen, falls die Annahme nicht schon zu einem früheren Zeitpunkt erfolgte. Der Begünstigte als neuer Gläubiger der Einlage muss sich spätestens bei der ersten Verfügung durch einen amtlichen Lichtbildausweis legitimieren.
- Beim Rechtserwerb im Todesfall des Kontoinhabers gilt Folgendes: Das Guthaben, der Name und die Anschrift des Begünstigten sind dem Finanzamt zu melden *(§ 33 ErbStG)*.

  Probleme können auftreten, wenn der Begünstigte die Schenkung bisher noch nicht angenommen hat und die Erben als Gesamtrechtsnachfolger des Kontoinhabers Ansprüche geltend machen. Auch wenn der Kontoinhaber für sich und seine Erben im Kontovertrag ausdrücklich auf ein Widerrufsrecht verzichtet hat, können die Erben die Auszahlung des Geldes auf der Grundlage der ungerechtfertigten Bereicherung *(§ 812 BGB)* verlangen, da es

4

ohne einen Schenkungsvertrag noch keinen Rechtsgrund für den Forderungserwerb durch den Begünstigten gibt. Es ist deshalb ratsam, dass der Begünstigte schon zu Lebzeiten des Kontoinhabers die Schenkung annimmt *(z. B. durch Unterschrift auf dem Kontoeröffnungsantrag)*.

2.1.4 Verfügungen über Spareinlagen

1. Regel: Spareinlagen sind erst nach Kündigung und Ablauf der Kündigungsfrist fällig.

- Die **Regelkündigungsfrist** beträgt **drei Monate**.
- Eine längere Kündigungsfrist *(z. B. 6, 12, 48 Monate)* und eine Kündigungssperrfrist sind in der Praxis eher selten und müssen ausdrücklich vereinbart und in der Sparurkunde vermerkt werden.
- **Abhebungsfreibetrag**: Bei Spareinlagen mit dreimonatiger Kündigungsfrist können ohne Kündigung bis zu **2000,00 EUR pro Kalendermonat** und Sparkonto zurückgefordert werden.

Über kapitalisierte Zinsen kann innerhalb eines Zeitraums von zwei Monaten nach Gutschrift frei verfügt werden. Danach unterliegen sie der vereinbarten Kündigungsregelung. Stimmt das Kreditinstitut ausnahmsweise einer vorzeitigen Verfügung zu, ist es berechtigt, für die vorzeitige Verfügung, soweit diese den Abhebungsfreibetrag übersteigt, nach eigenem Ermessen ein **Vorfälligkeitsentgelt/Vorschusszinsen** zu berechnen.

Auf die Berechnung von **Vorschusszinsen** wird in der Regel **verzichtet** bei einer

- wirtschaftlichen Notlage des Sparers,

Beispiel

Erwerbsunfähigkeit

- Geldanlage in anderer Form, soweit diese im eigenen Haus erfolgt und mindestens gleich lang befristet ist.

Beispiel

Erwerb von Wertpapieren

Vorzeitige Verfügungen dürfen nur durch den Kontoinhaber bzw. seinen Vertreter erfolgen. Das Kreditinstitut ist im Zweifelsfall verpflichtet, die Legitimation des Vorlegers zu prüfen.

2. Regel: Verfügungen über Spareinlagen sind nur
- als Barauszahlung und
- gegen Vorlage der Urkunde möglich.

Ausnahmen:

- **Verfügungen durch Überweisung** werden in Ausnahmefällen zugelassen, wenn das Sparbuch vorgelegt wird.

> **Beispiel**
>
> Überweisung eines Rechnungsbetrages zur Bezahlung einer größeren Anschaffung

- **Ohne Vorlage des Sparbuchs** werden Verfügungen zugelassen
  - in Form von Daueraufträgen zugunsten eines anderen Sparkontos bei demselben Kreditinstitut,
  - bei Belastungen des Sparkontos wegen fälliger Forderungen des Kreditinstituts gegen den Sparer,

> **Beispiele**
>
> - Depotgebühren
> - Darlehenszinsen, Tilgungsraten
> - Kaufabrechnungen über Wertpapiere

  - bei Überweisungen an den Sparer persönlich, wenn dieser aus einem besonderen Grund nicht erscheinen kann und die Vorlage des Sparbuches nicht möglich ist.

> **Beispiele**
>
> längere Erkrankung des Sparers

4

2.1.5 Abrechnung von Sparkonten

Die Abrechnungsmodalitäten sind in den Sonderbedingungen und dem Preis- und Leistungsverzeichnis des jeweiligen Kreditinstituts festgelegt. Dabei gelten oft folgende Regeln:

- Sparkonten werden nach der deutschen kaufmännischen Zinsberechnungsmethode abgerechnet:
  - Jeder Monat wird zu 30 Zinstagen gerechnet.
  - Das Jahr hat 360 Zinstage.
- Die Zinsberechnung erfolgt nach der progressiven Postenmethode.
  Die Zinsen werden stets im Voraus bis zum Jahresende ermittelt. Bei Ein- und Auszahlungen wird der Zinsbetrag entsprechend korrigiert.
- Nach den Sparbedingungen beginnt die Verzinsung mit dem Tage der Einzahlung und endet mit dem der Rückzahlung vorhergehenden Kalendertag. Wertstellungstag ist bei Ein- und Auszahlungen jeweils der vorhergehende Kalendertag.

> **Beispiel**
>
> Ein Betrag wird am 16.03. (Buchungsdatum) eingezahlt und am 18.03. (Buchungsdatum) wieder abgehoben: Einzahlung Wert 15.03. – Auszahlung Wert 17.03. → 2 Zinstage, nämlich der 16.03. und 17.03.

- Das Guthaben wird in der Regel einschließlich der Cent verzinst.
- Die Zinskapitalisierung erfolgt am Jahresende bzw. bei Kontoauflösung.

Beispiel

Beispiel für eine Sparstaffel:

Buchungstag	Text	Betrag	Wert	Zinstage	2 % Zinsen
02.01.20..	Vortrag	5 800,85 EUR	31.12. des Vorjahres	360	116,02 EUR
16.02.20..	Einzahlung	+ 2 300,00 EUR	15.02.20..	315	+ 40,25 EUR
		8 100,85 EUR			156,27 EUR
10.03.20..	Auszahlung	– 3 000,00 EUR	09.03.20..	291	– 48,50 EUR
		5 100,85 EUR			107,77 EUR

Zinserträge sind **einkommensteuerpflichtig** und unterliegen der **Kapitalertragsteuer (KESt, Abgeltungsteuer)** von 25 %, dem **Solidaritätszuschlag (SolZ)** von 5,5 % und ggf. der **Kirchensteuer (KiSt)**. Der SolZ und die KiSt werden von der KESt berechnet. Den Abzug von Steuern kann der Sparer durch einen **Freistellungsauftrag** bis zur Höhe des Sparerpauschbetrages von 801,00 EUR für Alleinstehende bzw. 1 602,00 EUR für Verheiratete vermeiden.

Beispiel

Zinsgutschrift am 31.12.20..:

- mit Freistellungsauftrag: Gutschrift 107,77 EUR
  oder
- ohne Freistellungsauftrag:

Zinsen	107,77 EUR	
– 25 % KESt	26,94 EUR	28,42 EUR Steuerabzug
– 5,5 % Solidaritätszuschlag	1,48 EUR	
Gutschrift	79,35 EUR	

Gehört der Kunde einer Religionsgemeinschaft an, führt das Kreditinstitut zudem die Kirchensteuer (8 % bzw. 9 % von der KESt) an das Bundeszentralamt für Steuern (BZSt) ab. Der Kirchensteuerpflichtige kann allerdings beim BZSt einen Sperrvermerk eintragen lassen. In diesem Fall führt das Kreditinstitut keine Kirchensteuer ab, sondern die Besteuerung erfolgt bei der Einkommensteuerveranlagung.

Bei einer Änderung des Zinssatzes muss der vorgerechnete Zinsbetrag in Höhe der Zinsdifferenz korrigiert werden.

Beispiel

Sparstaffel mit Zinssatzänderung
Zinssatz bis zum 31.05.: 2,75 %; ab 01.06.: 2,5 %
Kontoeröffnung am 13.03.; Freistellungsauftrag liegt vor.
3000,00 EUR wurden zum 17.07.20.. fristgerecht gekündigt.

Buchungstag	Text	Betrag	Wert	Zinstage	Zinsen
13.03.	Einzahlung	1800,00 EUR	12.03.	288	39,60 EUR
26.04.	Einzahlung	+ 7500,00 EUR	25.04.	245	+ 140,36 EUR
		9300,00 EUR			179,96 EUR
01.06.	Zinsänderung	–	31.05.	210	– 13,56 EUR
	– 0,25 %				166,40 EUR
17.07.	Auszahlung	– 3000,00 EUR	16.07.	164	– 34,17 EUR
		6300,00 EUR			132,23 EUR

Das Kreditinstitut ist nur verpflichtet, fällige Gelder auszuzahlen:

- nach Kündigung und Ablauf der Kündigungsfrist;
- 2000,00 EUR Freibetrag bei dreimonatiger Kündigungsfrist je Kalendermonat;

Beispiel

- erste Verfügung 31.07.: 2000,00 EUR frei
- zweite Verfügung 01.08.: 2000,00 EUR frei
- dritte Verfügung 01.09.: 2000,00 EUR frei

- Zinsen binnen zwei Monaten nach Kapitalisierung, d. h. im Januar und Februar.

▶ Berechnung von Vorschusszinsen

- Bei Verfügungen über nicht fällige Gelder werden in der Regel Vorschusszinsen (Vorfälligkeitsentgelt) von einem Viertel des Habenzinssatzes berechnet.
- Die Berechnung erfolgt nach der **90-Tage-Methode** oder nach der **„kaufmännisch-taggenauen“ Methode**, d. h., die zukünftigen Freibeträge von monatlich 2000,00 EUR sind zu berücksichtigen. Für die Berechnung der Vorschusszinsen ist die Abhebungsvaluta maßgeblich.

Beispiele

Verfügung ohne vorherige Kündigung

Auszahlung von 9000,00 EUR am 10.02.; Wert 09.02.; 3 % Zinsen; 260,00 EUR Zinsen wurden am 31.12. des Vorjahres kapitalisiert

1. Möglichkeit: Vorschusszinsberechnung nach der 90-Tage-Methode

Betrag		VZ-Zeitraum	Zinstage	VZ
2000,00 EUR	frei	–	–	
260,00 EUR	Zinsen frei	–	–	
6740,00 EUR	frei in 90 Tagen	09.02.–09.05.	90	12,64 EUR

2. Möglichkeit: VZ-Berechnung nach der „kaufmännisch-taggenauen" Methode

Betrag		VZ-Zeitraum	Zinstage	VZ
2000,00 EUR	frei	–	–	–
260,00 EUR	Zinsen frei	–	–	–
2000,00 EUR	frei am 01.03.	09.02.–30.02.	21	0,88 EUR
2000,00 EUR	frei am 01.04.	09.02.–31.03.	51	2,13 EUR
2000,00 EUR	frei am 01.05.	09.02.–30.04.	81	3,38 EUR
740,00 EUR	frei am 10.05.	09.02.–09.05.	90	1,39 EUR
9000,00 EUR				7,78 EUR

Zinserträge sind einkommensteuerpflichtig und unterliegen der Kapitalertragsteuer (KESt, Abgeltungsteuer) von 25 % und dem Solidaritätszuschlag (SolZ, umgangsprachlich auch Soli) von 5,5 %.

Gehört der Kunde einer Religionsgemeinschaft an, führt das Kreditinstitut zudem 8 % bzw. 9 % (je nach Bundesland) Kirchensteuer (KiSt) an das Bundeszentralamt für Steuern (BZSt) ab. Da die Kirchensteuer als Sonderausgabe abzugsfähig ist und deshalb die Einkommensteuer mindert, ermäßigt sich auch die Kapitalertragsteuer (Abgeltungsteuer), wenn der Anleger Kirchensteuer zahlt:

- in Bundesländern mit 9 % KiSt auf 24,45 %
- in Bundesländern mit 8 % KiSt (Bayern, Baden-Württemberg) auf 24,51 %

Der Kirchensteuerpflichtige kann allerdings beim BZSt einen Sperrvermerk eintragen lassen. In diesem Fall führt das Kreditinstitut keine Kirchensteuer ab, sondern die Besteuerung erfolgt bei der Einkommensteuerveranlagung.

Der SolZ und die KiSt werden von der KESt berechnet.

Die KESt ist kaufmännisch auf- bzw. abzurunden.

Beispiele

- KESt = 18,566 ≈ 18,57 EUR
- KESt = 15,484 ≈ 15,48 EUR

SolZ und KiSt sind immer auf volle Cent abzurunden.

Beispiele

- SolZ = 5,244 ≈ 5,24 EUR
- SolZ = 6,368 ≈ 6,36 EUR

Der Sparer kann den Abzug von Steuern durch
- die Erteilung eines Freistellungsauftrag oder
- durch die Vorlage einer Nichtveranlagungsbescheinigung vermeiden.

Anleger können ihrem Kreditinstitut einen **Freistellungsauftrag** bis zur Höhe des Sparerpauschbetrages von **801,00 EUR für Alleinstehende** bzw. **1602,00 EUR für Verheiratete/Lebenspartner** erteilen.

Auch bei Vorlage einer **Nichtveranlagungsbescheinigung (NV-Bescheinigung)** zahlt das Kreditinstitut die Kapitalerträge ohne Steuerabzug aus. Eine NV-Bescheinigung stellt das Finanzamt auf Antrag des Steuerpflichtigen aus, wenn seine Kapitalerträge voraussichtlich nicht einkommensteuerpflichtig sind. Eine NV-Bescheinigung erhalten zum Beispiel Kinder, wenn ihre gesamten Einkünfte unter dem Grundfreibetrag von 9408,00 (Jahr 2020) liegen.

Beispiel

Zinsgutschrift am 31.12.20..107,77 EUR

Fall A: mit Freistellungsauftrag:

→ Gutschrift	107,77 EUR	
Fall B: ohne Freistellungsauftrag:		
Zinsertrag	107,77 EUR	
– 25 % KESt	– 26,94 EUR	Steuerabzug
– 5,5 % SolZ	– 1,48 EUR	– 30,84 EUR
– 9,0 % KiSt	– 2,42 EUR	
Gutschrift	76,93 EUR	

Beim Zufluss von Kapitalerträgen wird das Freistellungsvolumen schrittweise vermindert. Wenn es durch die Erträge aufgezehrt ist, ist das Kreditinstitut zum Steuerabzug verpflichtet.

Beispiel

Ein Ehepaar erhält aus einem Sparvertrag bei Fälligkeit eine Zinsgutschrift von 1 817,20 EUR. Das Ehepaar hat dem Kreditinstitut einen Freistellungsauftrag in Höhe von 1 200,00 EUR erteilt. Das Ehepaar gehört einer Religionsgemeinschaft an und ist kirchensteuerpflichtig mit 9 %. Die KESt beträgt 24,45 %.

Zinsgutschrift	1 817,20 EUR	1 817,20 EUR
– Freistellungsauftrag	1 200,00 EUR	
Steuerpflichtiger Kapitalertrag	617,20 EUR	
– 24,45 % KESt von 617,20 EUR		– 150,91 EUR
– 5,5 % Solidaritätszuschlag von der KESt		– 8,30 EUR
– 9,0 % Kirchensteuer von der KESt		– 13,58 EUR
Gutschrift nach Steuerabzug (1 817,20 – 172,79)		1 644,41 EUR

2.1.6 Modelle für Sondersparformen

Für die unterschiedlichen Anlageziele bieten Kreditinstitute ihren Kunden besondere Sparformen an.

Art der Geldanlage	Merkmale	Beurteilung
Ultimo-Sparen	Vom Kontokorrentkonto wird an einem bestimmten Termin der bestehende „Bodensatz“ auf das Sparkonto überwiesen.	geeignet für Kunden mit regelmäßigem Einkommen
Sprintsparen	• Mindestanlagezeit: 1 Jahr • nach Laufzeitende Verdoppelung aller gezahlten Zinsen • regelmäßige monatliche Einzahlungen • Verfügungen jederzeit mit dreimonatiger Kündigungsfrist	• Zwecksparen • Verfügung vor Laufzeitende möglich, dann aber keine Zinsverdoppelung • zusätzliche Einzahlungen sind jederzeit möglich
Festzinssparen	• Anlagezeit: 6 bis 36 Monate • feste Zinsen • keine Verfügung während der Festzinszeit • Mindestanlage 2 500,00 EUR	• gut verzinsliche Geldanlage • Zwecksparen

Art der Geldanlage	Merkmale	Beurteilung
Sparplan • **mit Bonuszinsen** • **mit Festzinsoption**	• Anlagezeit: 4 bis 25 Jahre • Verzinsung: – Bonussparen: Grundverzinsung und Bonifizierung der Einzahlungen am Ende der Laufzeit: *(z. B. 10 % Bonus nach 8 Jahren)* – Festzinsoption: fester höherer Zins wird vereinbart	• Altersvorsorge • mittel- und langfristiges Zwecksparen • Kunden, die für Kinder und Enkel Geld anlegen möchten • vorzeitige Verfügung möglich • Risikolebensversicherung auf Kundenwunsch
Entnahmeplan	• Mindestanlagezeit: 4 Jahre • Mindestanlagesumme: *z. B. 20 000,00 EUR* • Auflösung/Kapitalaufstockung jeweils nach Ablauf der vierjährigen Festzinszeit möglich	Entnahmemöglichkeiten: • Kapitalverrentung: Verbrauch des festgelegten Kapitals während der Laufzeit durch regelmäßige Entnahmen • Kapitalerhaltung: Regelmäßige Entnahmen in Höhe der jährlichen Zinsgutschrift

➡ **Kompetenzcheck „Spareinlagen" siehe Seite 401**

4

2.2 Tagesgeldkonten

Guthaben auf Tagesgeldkonten sind täglich fällig. Für die Geldanlage auf Tagesgeldkonten haben Kunden unterschiedliche Motive:

- Das Guthaben auf dem Tagesgeldkonto stellt für Kunden eine Liquiditätsreserve für unerwartete Ausgaben *(z. B. Autoreparatur)* dar, auf die sie jederzeit zurückgreifen können.
- Kunden legen Geld vorübergehend auf Tagesgeldkonten an, um später zu einer anderen attraktiveren Geldanlage zu wechseln oder um Anschaffungen zu tätigen.
- Kunden möchten auch bei einer längerfristigen Geldanlage jederzeit über ihr Guthaben verfügen können.

Tagesgeldkonten sind **keine** Zahlungskonten, sondern dienen ausschließlich der Geldanlage. Das Kreditinstitut gibt keine Zahlungskarten *(z. B. Girocard)* für das Konto aus; der Kunde kann das Konto nicht für Überweisungen und Lastschrifteinlösungen nutzen.

Überweisungen von dem Konto sind in der Regel nur auf ein angegebenes Referenzkonto des Kontoinhabers möglich.

Das Konto kann nur auf **Guthabenbasis** geführt werden, Überziehungen sind also nicht möglich. Einige Kreditinstitue verlangen ein Mindestguthaben *(z. B. 2 000,00 EUR)* auf diesem Konto.

Die **Verzinsung** von Guthaben auf Tagesgeldkonten ist variabel, das heißt, der Zinssatz wird regelmäßig *(z. B. monatlich, vierteljährlich)* an einen Referenzzinssatz angepasst.

Beispiel

Nach den Bedingungen der Regio-Bank AG beträgt der Zinssatz für Tagesgeldkonten 80 % des 3-Monats-EURIBORs (Euro Interbank Offered Rate) mit monatlicher Zinsanpassung. Der EURIBOR ist ein Geldmarktzinssatz, zu dem sich Banken untereinander Geld leihen. Am 31.03.20.. beträgt der 3-Monats-EURIBORs 1,40 %. Der Kunde erhält eine Verzinsung von 1,12 % (80 % von 1,40 %).

Die Zinssätze sind oftmals nach der Guthabenhöhe gestaffelt.

Beispiel

- bis 5 000,00 EUR: 0,84 %
- über 5 000,00 EUR: 1,12 %

Die Zinsberechnung erfolgt nach den Zinsrechnungsmethoden act/360 oder 30/360.

Der Kontoinhaber erhält monatlich oder vierteljährlich eine Zinsgutschrift.

➡ **Kompetenzcheck „Tagesgeldkonten“ siehe Seite 401**

2.3 Festgelder

Festgelder sind **befristete Einlagen** bei Kreditinstituten.

Bei einer Anlage auf einem Festgeldkonto treffen die Beteiligten folgende Vereinbarungen:

- **Höhe des Festgeldes**
  Kreditinstitute verlangen in der Regel einen Mindestanlagebetrag *(z. B. 5 000,00 EUR)*.
- **Laufzeit**
  Die Mindestlaufzeit beträgt in der Regel einen Monat. Kürzere Laufzeiten werden nur bei sehr hohen Beträgen (Millionenbeträge) akzeptiert. Typische Laufzeiten sind ein Monat, drei Monate und sechs Monate. Praxisüblich ist auch die Prolongation von Festgeldern, d. h., das Festgeld wird um die gleiche Laufzeit zu den dann gültigen Marktkonditionen verlängert, wenn der Anleger sich nicht gegenteilig äußert.
- **Zinssatz**
  Die Zinsen werden stets am Ende der Laufzeit vergütet. Die Zinsen werden nach Kundenweisung entweder dem Festgeldkonto gutgeschrieben und dann mitverzinst oder einem anderen Konto des Kunden zugeführt. Formal kurzfristige Festgelder erhalten dadurch manchmal den Charakter von mittel- oder langfristigen Anlagen.

▸ Abrechnung von Festgeldern

Die Zinsberechnung erfolgt in der Regel nach der kaufmännischen Zinsrechnung (30/360). Die Verzinsung beginnt am Tag der Einzahlung und endet am Kalendertag vor der Rückzahlung.

Beispiel

Die Regio-Bank AG nimmt am 12.05. ein 3-Monats-Festgeld von 20 000,00 EUR zu einem Zinssatz von 3,5 % von Susan Pohl herein. Da der Freistellungsauftrag der Kundin bereits ausgeschöpft ist, fallen 25 % KESt und 5,5 % SolZ an.

$$\text{Zinsen} = \frac{20\,000{,}00 \cdot 3{,}5 \cdot 90}{100 \cdot 360} = \underline{\underline{175{,}00 \text{ EUR}}}$$

Festgeld	20 000,00 EUR
+ 3,5 % Zinsen	175,00 EUR
– 25 % KESt	43,75 EUR
– 5,5 % SolZ	2,40 EUR
Rückzahlungsbetrag	20 128,85 EUR

Durch die unterjährige Zinskapitalisierung ist die effektive Verzinsung des Festgeldes höher als der Nominalzins p. a., da die gutgeschriebenen Zinsen selbst wieder zinsbringend angelegt werden können.

Beispiel

Ein 3-Monats-Festgeld der Eheleute Schmitz über 25 000,00 EUR wird zu einem Zinssatz von 3 % p. a. dreimal prolongiert, d. h. die gesamte Anlagedauer beträgt ein Jahr.
Ein ausreichender Freistellungsauftrag liegt vor.

Festgeld	25 000,00 EUR
+ Zinsen nach 3 Monaten	187,50 EUR
= Guthaben nach 3 Monaten	25 187,50 EUR
+ Zinsen nach 6 Monaten	188,91 EUR
= Guthaben nach 6 Monaten	25 376,41 EUR
+ Zinsen nach 9 Monaten	190,32 EUR
= Guthaben nach 9 Monaten	25 566,73 EUR
+ Zinsen nach 12 Monaten	191,75 EUR
= Guthaben nach 12 Monaten	25 758,48 EUR

Die gesamten Zinsen betragen 758,48 EUR

$$\text{effektiver Zinssatz} = \frac{758{,}48 \cdot 100}{25\,000{,}00} = \underline{\underline{3{,}03\,\%}}$$

▶ Vorzeitige Verfügungen

Grundsätzlich sind die Vertragspartner verpflichtet, die vereinbarte Laufzeit einzuhalten. Deshalb sind vorzeitige Verfügungen nur im Einvernehmen mit dem Kreditinstitut möglich. In der Praxis gibt es folgende Regelungen:

- Eine vorzeitige Verfügung wird zugelassen. Es werden aber
  - **keine Zinsen** vergütet,
  - **niedrigere Zinsen für die tatsächliche Laufzeit** vergütet,
  - **Vorfälligkeitsentgelt** analog zum Sparverkehr berechnet.
- Eine vorzeitige Verfügung wird nicht zugelassen, aber es erfolgt die **Bereitstellung eines Kredites** bis zur Fälligkeit.

Fallbeispiel

Ein Anleger hat am 10. Februar eine Festgeldanlage von 40 000,00 EUR mit einer Laufzeit von drei Monaten getätigt. Der Zinssatz beträgt 3,5 % p. a.

- Der Anleger benötigt das Geld bereits am 25. April. Das Kreditinstitut bietet dem Kunden folgende Alternativen an:
  (1) vorzeitige Auszahlung ohne Vergütung von Zinsen
  (2) Bereitstellung eines Kredites bis zur Fälligkeit zu 7,5 % p. a.

  Vergleich der Alternativen:

  $$\text{Festgeldzinsen: } \frac{40\,000{,}00 \cdot 90 \cdot 3{,}5}{100 \cdot 360} = 350{,}00 \text{ EUR}$$

  $$\text{Kreditzinsen: } \frac{40\,000{,}00 \cdot 15 \cdot 7{,}5}{100 \cdot 360} = 125{,}00 \text{ EUR}$$

  Vorteil der Kreditaufnahme: 225,00 EUR

- Ermittlung des Tages, von dem an die Kreditaufnahme günstiger ist als eine vorzeitige Verfügung über das Festgeld

Bedingung:	Festgeldzinsen ≥ Kreditzinsen

  $$350{,}00 \text{ EUR} \geq \frac{40\,000{,}00 \cdot x \cdot 7{,}5}{100 \cdot 360} \qquad (x = \text{Laufzeit des Kredites})$$

  $$350 \geq 8{,}333\,x$$

  $$x \leq 42 \text{ Tage} \qquad \rightarrow 10.05. - 42 \text{ Tage} = 28.03.$$

  Bei einer Laufzeit des Kredits von 42 Tagen sind die Alternativen gleichwertig. Vorteilhaft ist die Kreditaufnahme bei einer kürzeren Laufzeit, also ab dem **29. März**.

➡ **Kompetenzcheck „Festgelder" siehe Seite 402**

2.4 Sparbriefe

Sparbriefe sind längerfristige Einlagen bei Kreditinstituten, die auf einen bestimmten Nennbetrag *(z. B. 1 000,00 EUR)* lauten. Der Anleger hat ein Recht auf Zinszahlung und ein Recht auf Rückzahlung des Sparbriefes zum Nennwert bei Fälligkeit.

Kreditinstitute geben Sparbriefe als
- Namenspapiere (Rektapapiere) oder
- als nicht verbriefte Einlage heraus.

Unabhängig davon, ob ein Sparbrief ausgegeben wurde oder ob der Kunde nur eine Abrechnung bzw. einen Kontoauszug erhalten hat, ist eine Übertragung der Sparbriefrechte nur durch eine Abtretung der Darlehensforderung möglich. Bei einer Abtretung ist in der Regel die Zustimmung des Kreditinstitutes erforderlich. Demnach sind Sparbriefe **keine** Effekten (vertretbare Kapitalwertpapiere), sondern Einlagen.

Die Ansprüche aus Sparbriefen sind durch den **Einlagensicherungsfonds** gesichert.

Merkmale	Erläuterung
Mindestanlagebetrag	1 000,00 bis 5 000,00 EUR
Liquidität	• Sparbriefe werden nicht an der Börse gehandelt. • Sie können nicht vorzeitig zurückgegeben werden. • Kreditinstitute beleihen Sparbriefe bis zu 100 % ihres Wertes.
Laufzeit	1 bis 10 Jahre
Verzinsung	fester Zins während der gesamten Laufzeit
Risiko	• kein Kursrisiko • kein Rückzahlungsrisiko, da durch die Einlagensicherung gesichert
Kosten	keine

▸ Sparbrieftypen

Normalverzinslicher Sparbrief

- Verkauf zum Nennwert
- jährliche Zinsausschüttung und jährliche Versteuerung der Zinsen
- Rückzahlung zum Nennwert

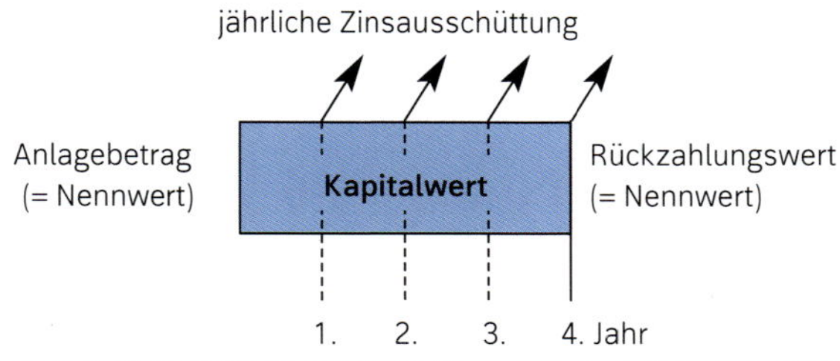

Abzinsungssparbrief

- Verkauf zum Barwert (Nennwert – Zinsen und Zinseszinsen für die gesamte Laufzeit)
- einmalige Zinsausschüttung am Ende der Laufzeit und Versteuerung des gesamten Zinsertrages im Jahr der Rückzahlung
- Rückzahlung zum Nennwert

$$K_0 = K_n \cdot \frac{1}{\left(1 + \frac{P}{100}\right)^n}$$

K_0 = Anlagebetrag (Barwert)
K_n = Rückzahlungswert (Nennwert)
p = Zinssatz
n = Laufzeit in Jahren

einmalige Zinsausschüttung (Zinsen und Zinseszinsen) am Ende der Laufzeit

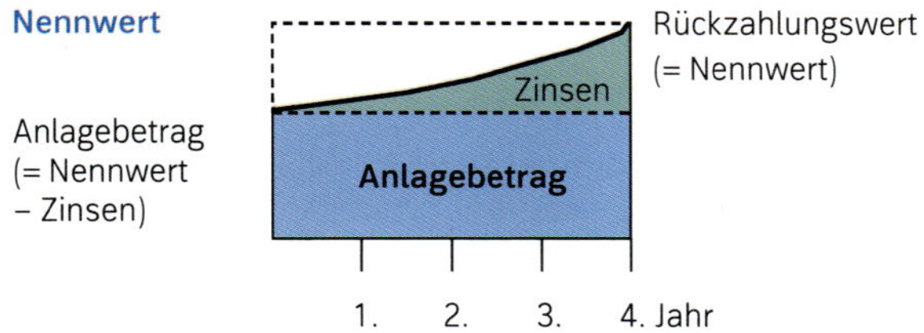

Aufzinsungssparbrief

- Verkauf zum Nennwert
- einmalige Zinsausschüttung am Ende der Laufzeit und Versteuerung des gesamten Zinsertrages im Jahr der Rückzahlung
- Rückzahlung zum Nennwert zuzüglich der aufgelaufenen Zinsen

$$K_n = K_0 \cdot \left(1 + \frac{P}{100}\right)^n$$

K_0 = Anlagebetrag (Nennwert)
K_n = Rückzahlungswert (Nennwert + Zinsen)
p = Zinssatz
n = Laufzeit in Jahren

einmalige Zinsausschüttung (Zinsen und Zinseszinsen) am Ende der Laufzeit

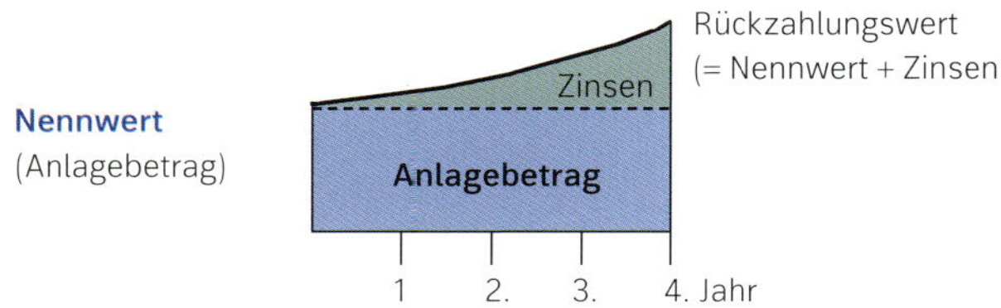

➡ Kompetenzcheck „Sparbriefe“ siehe Seite 402

3 Anlagen nach dem Vermögensbildungsgesetz und dem Wohnungsbau-Prämiengesetz

Anlagen nach dem Vermögensbildungsgesetz

Vermögenswirksame Leistungen sind Geldleistungen, die der **Arbeitgeber für den Arbeitnehmer anlegt** *(§ 2 VermBG)*. Die Zahlungen können auf einer tarifvertraglichen Verpflichtung des Arbeitgebers beruhen oder im Auftrag des Arbeitnehmers aus seinem Gehalt erfolgen. Zulässige Anlageformen sind Bausparen, Beteiligungssparen, Lebensversicherungen und Bankkonten.

Beim **Beteiligungssparen** sind insbesondere folgende Anlageformen möglich:
- Aktienfonds mit einer Aktienquote von mindestens 60 % des Wertes des Sondervermögens
- Aktien des Arbeitgebers, sofern sie an einer deutschen Börse gehandelt werden

Grundsätzlich kann der Arbeitnehmer die Anlageform für die vermögenswirksamen Leistungen frei wählen.

Eine **Arbeitnehmersparzulage** erhalten Sparer bei Anlagen in **Bausparverträgen** und beim **Beteiligungssparen**, wenn Sie bestimmte Einkommensgrenzen nicht überschreiten.

Anlagen nach dem Wohnungsbau-Prämiengesetz

Der Staat fördert Bausparen durch eine **Wohnungsbauprämie**. Förderberechtigt sind alle unbeschränkt einkommensteuerpflichtige Personen, die das **16. Lebensjahr** vollendet haben *(§ 1 WoPG)*. Die Zahlung einer Wohnungsbauprämie ist an Einkommensgrenzen gebunden.

Für Einzahlungen von vermögenswirksamen Leistungen auf einen Bausparvertrag wird nur dann eine Wohnungsbauprämie gewährt, wenn der Arbeitnehmer für diesen Betrag nicht gleichzeitig eine Arbeitnehmersparzulage erhält. Es gibt also keine Doppelförderung von Sparbeiträgen.

Anlagen nach dem 5. VermBG und nach dem WoPG im Überblick					
Rechtsgrundlage	**Fünftes Gesetz zur Förderung der Vermögensbildung der Arbeitnehmer (5. VermBG)**				**Wohnungsbau-Prämiengesetz (WoPG)**
Anlageformen	**Lebensversicherung**	**Kontensparverträge**	**Bausparen**	**Beteiligungssparen** *(z. B. Aktienfonds)*	**Bausparen**
Einzahlungen	Vermögenswirksame Leistungen müssen vom Arbeitgeber für den Arbeitnehmer angelegt werden: • aufgrund einer tarifvertraglichen Vereinbarung • auf Verlangen des Arbeitnehmers weitere Teile des Gehaltes bis zum Höchstbetrag von insgesamt **870,00 EUR** je Arbeitnehmer				• Einzahlungen und Zinsgutschriften auf Bausparverträgen • alle Personen ab dem 16. Lebensjahr
jährlicher Anlagehöchstbetrag	470,00 EUR (Gesamtbetrag für alle drei Anlageformen)			400,00 EUR	700,00 EUR Alleinstehende bzw. 1 400,00 EUR Eheleute
staatliche Förderung	keine		Arbeitnehmersparzulage 9 % max. 43,00 EUR	20 % max. 80,00 EUR	Wohnungsbauprämie 10 % max. 70,00 EUR bzw. 140,00 EUR
Einkommensgrenzen für die staatliche Förderung			maximales zu versteuerndes Jahreseinkommen (unter Berücksichtigung von Kinderfreibeträgen) 17 900,00 EUR Alleinstehende bzw. 35 800,00 EUR Eheleute	20 000,00 EUR Alleinstehende bzw. 40 000,00 EUR Eheleute	35 000,00 EUR Alleinstehende bzw. 70 000,00 EUR Eheleute
Ansparzeit	12 Jahre ab Vertragsschluss	6 Jahre	7 Jahre ab Vertragsschluss <u>oder</u> bei Zuteilung des Bausparvertrages und Verwendung für wohnungswirtschaftliche Maßnahmen	6 Jahre	Fällig bei Zuteilung des Bausparvertrages und Verwendung für wohnungswirtschaftliche Maßnahmen. <u>Ausnahme:</u> freie Verwendung des Guthabens nach 7 Jahren, wenn der Bausparer bei Vertragsschluss das 25. Lebensjahr noch nicht vollendet hatte.
Sperrfrist (Bindungsfrist)		7 Jahre ab 01.01. des Jahres der ersten Einzahlung		7 Jahre ab 01.01. des Jahres der ersten Einzahlung	

Einkommensgrenzen

Das maßgebliche Einkommen für die staatliche Förderung bezieht sich auf das zu versteuernde Einkommen unter Berücksichtigung der Kinderfreibeträge. Einkünfte aus Kapitalvermögen, die der Abgeltungsteuer unterliegen, bleiben bei der Ermittlung der Einkommensgrenzen unberücksichtigt.

Schema zur Ermittlung des maßgeblichen Einkommens
Bruttoeinkommen aus nicht selbstständiger Arbeit – Werbungskosten (mind. 1 000,00 EUR Pauschalbetrag oder tatsächliche Werbungskosten)
Einkünfte aus nicht selbstständiger Arbeit + ggf. Einkünfte aus anderen Einkunftsarten *(z. B. Einkünfte aus Vermietung und Verpachtung)*
Gesamtbetrag der Einkünfte – Sonderausgaben – außergewöhnliche Belastungen
zu versteuerndes Einkommen – Kinderfreibeträge (2022: 8 388,00 EUR pro Kind)
maßgebliches Einkommen

Fallbeispiel

Die Eheleute Maren und Tobias Fischer haben zwei Kinder im Alter von drei und fünf Jahren. Tobias erzielt ein Bruttoeinkommen von 58 000,00 EUR. Maren ist zurzeit nicht berufstätig.

Bruttoeinkommen	58 000,00 EUR
– Werbungskosten	– 1 000,00 EUR
Einkünfte aus nicht selbstständiger Arbeit	57 000,00 EUR
– Sonderausgaben	– 5 950,00 EUR
– außergewöhnliche Belastungen	– 850,00 EUR
zu versteuerndes Einkommen	50 200,00 EUR
– Kinderfreibeträge (8 388,00 EUR pro Kind)	– 16 776,00 EUR
maßgebliches Einkommen	33 424,00 EUR

Das Einkommen der Eheleute liegt unterhalb der Höchstbeträge (35 800,00 EUR bzw. 40 000,00 EUR bzw. 70 000,00 EUR). Sie erhalten eine Arbeitnehmersparzulage und Wohnungsbauprämie.

▶ Maximale staatliche Förderung pro Jahr

	5. Vermögensbildungsgesetz (vermögenswirksame Leistungen)		Wohnungsbau-Prämiengesetz	Summe
	Bausparen	Beteiligungssparen	Bausparen	
Alleinstehende	9 % von 470,00 EUR = 43,00 EUR (aufgerundet)	20 % von 400,00 EUR = 80,00 EUR	10 % von 700,00 EUR = 70,00 EUR	193,00 EUR
Eheleute/ Lebenspartner, einer berufstätig	9 % von 470,00 EUR 43,00 EUR	20 % von 400,00 EUR 80,00 EUR	10 % von 1 400,00 EUR = 140,00 EUR	263,00 EUR
Eheleute/ Lebenspartner, beide berufstätig	9 % von 940,00 EUR = 86,00 EUR (2 · 43,00 EUR)	20 % von 800,00 EUR = 160,00 EUR	10 % von 1 400,00 EUR = 140,00 EUR	386,00 EUR

Hinweis: Die Arbeitnehmersparzulage wird auf volle Euro aufgerundet.

Beispiele

(1):
Der ledige Thomas Rieger hat ein zu versteuerndes Einkommen von 16 000,00 EUR. Der Arbeitgeber zahlt aufgrund einer tarifvertraglichen Vereinbarung monatlich 30,00 EUR (= 360,00 EUR p. a.) vermögenswirksame Leistungen. Thomas Rieger möchte zusätzlich 510,00 EUR aus dem Gehalt vermögenswirksam anlegen, um den Höchstbetrag von 870,00 EUR auszuschöpfen. Da er aufgrund seiner Einkommensverhältnisse eine Arbeitnehmersparzulage erhält, wählt er folgende Anlageformen:

• 470,00 EUR Bausparen	9 % Arbeitnehmersparzulage	=	43,00 EUR	
• 400,00 EUR Beteiligungssparen	20 % Arbeitnehmersparzulage	=	80,00 EUR	123,00 EUR
Zusätzlich zahlt er 700,00 EUR auf seinen Bausparvertrag ein.				
Er erhält 10 % Wohnungsbauprämie.				70,00 EUR
Gesamt staatliche Förderung pro Jahr:				193,00 EUR

(2):
Die kinderlosen Eheleute Karin und Klaus Heuser haben ein zu versteuerndes Jahreseinkommen von 46 000,00 EUR. Der Arbeitgeber von Karin Heuser zahlt monatlich 20,00 EUR vermögenswirksame Leistungen, während der Arbeitgeber von Klaus Heuser 39,17 EUR zahlt.

Sie erhalten keine Arbeitnehmersparzulage, da ihr Einkommen die Grenze von 35 800,00 EUR bzw. 40 000,00 EUR überschreitet. Alle vier Anlageformen (Lebensversicherung, Kontosparvertrag, Bausparen, Lebensversicherung) kommen in diesem Fall in Betracht. Karin Heuser schließt einen Sparvertrag bei einem Kreditinstitut ab. Klaus Heuser lässt die vermögenswirksamen Leistungen von 470,00 EUR p.a. auf seinen Bausparvertrag überweisen. Zusätzlich zahlt er 930,00 EUR selbst auf den Bausparvertrag ein. Da das Einkommen der Eheleute unter 70 000,00 EUR liegt, erhalten sie 140,00 EUR Wohnungsbauprämie (10 % von 1 400,00 EUR). Auch für die vermögenswirksamen Leistungen von 470,00 EUR wird die Wohnungsbauprämie gezahlt, da keine Arbeitnehmersparzulage gewährt wird.

Gesamte staatliche Förderung pro Jahr: 140,00 EUR

▸ Zahlung der staatlichen Förderung

Arbeitnehmersparzulage	Wohnungsbauprämie
Die Investmentgesellschaft bzw. die Bausparkasse teilt der Finanzverwaltung jedes Jahr die Höhe der angelegten vermögenswirksamen Leistungen mit (elektronische Vermögensbildungsbescheinigung). Der Arbeitnehmer beantragt die Arbeitnehmersparzulage bei seiner Einkommensteuererklärung. Nach **Ablauf der Sperrfrist bzw. bei Zuteilung des Bausparvertrages** überweist das Finanzamt die gesamte Arbeitnehmersparzulage.	Der Bausparer beantragt die Wohnungsbauprämie bei der **Bausparkasse** mit der Erklärung, dass die Einkommensgrenze von 35 000,00 EUR bzw. 70 000,00 EUR nicht überschritten wurde. **Bei Zuteilung des Bausparvertrages bzw. bei Ablauf der Bindungsfrist** (Bausparer bei Vertragsschluss unter 25 Jahre) wird die gesamte ermittelte Prämie von der Bausparkasse beim Finanzamt angefordert und dem Bausparkonto gutgeschrieben bzw. ausbezahlt.
Vermögenswirksame Leistungen können auch zur **Entschuldung von Wohnungsbaudarlehen** *(z. B. Tilgung von Bauspardarlehen)* eingesetzt werden *(§ 2 Abs. 1 Nr. 5 VermBG)*. Das Finanzamt überweist die Arbeitnehmersparzulage dann jährlich auf das Darlehenskonto.	Prämienbegünstig sind nur Beiträge an Bausparkassen in der Ansparphase *(§ 2 Abs. 1 Nr. 1 WoPG)*. Deshalb wird für Tilgungsleistungen auf Bauspardarlehen **keine** Wohnungsbauprämie gewährt.
Der Antrag auf Arbeitnehmersparzulage ist spätestens vier Jahre nach Ablauf des Sparjahres zu stellen.	Der Antrag auf Wohnungsbauprämie ist spätestens zwei Jahre nach Ablauf des Sparjahres zu stellen.

Beispiel

Anlage von jährlich 400,00 EUR vermögenswirksamer Leistungen auf einem Investmentsparvertrag (Aktienfonds):

- monatliche Sparrate 33,33 EUR
- erste Einzahlung am 01.04.2022
- letzte Einzahlung am 01.03.2028
- Beginn der Sperrfrist am 01.01.2022
- Ende der Sperrfrist am 31.12.2028
- jährlich festgesetzte Arbeitnehmersparzulage 80,00 EUR (20 % von 400,00 EUR)
- Zahlung der Arbeitnehmersparzulage von 480,00 EUR (80,00 EUR · 6 Jahre) Anfang des Jahres 2029

▸ Vorzeitige Verfügungen

Eine **vorzeitige Verfügung** führt grundsätzlich zu einem Verlust der Arbeitnehmersparzulage und der Wohnungsbauprämie. Unter folgenden Voraussetzungen sind jedoch **vorzeitige, förderunschädliche** Verfügungen möglich:

<table>
<tr><th>Arbeitnehmersparzulage bei Beteiligungssparen (§ 4 VermBG)</th><th>Arbeitnehmersparzulage und Wohnungsbauprämie beim Bausparen (§ 2 WoPG)</th></tr>
<tr><td colspan="2">• Tod oder Erwerbsunfähigkeit des Sparers oder seines Ehegatten
• Arbeitslosigkeit von mindestens einem Jahr</td></tr>
<tr><td>• Heirat, sofern mindestens zwei Jahre seit Beginn der Sperrfrist vergangen sind
• Aufnahme einer selbstständigen Erwerbstätigkeit bei Aufgabe der nicht selbstständigen Arbeit
• Finanzierung einer beruflichen Weiterbildungsmaßnahme</td><td>Zuteilung des Bausparvertrages und Verwendung für wohnungswirtschaftliche Maßnahmen</td></tr>
</table>

➡ **Kompetenzcheck „Anlagen nach dem Vermögensbildungsgesetz und dem Wohungsbau-Prämiengesetz“ siehe Seite 402**

4 Bausparen

§

Bausparkassen sind Kreditinstitute, deren Geschäftsbetrieb darauf gerichtet ist, **Bauspareinlagen** entgegenzunehmen und aus den angesammelten Beträgen den Bausparern **Bauspardarlehen** für wohnungswirtschaftliche Maßnahmen zu gewähren *(§ 1 ff. BauSparkG)*.

Das Bauspargeschäft darf nur von Bausparkassen betrieben werden.

In der Sparphase wird durch regelmäßige oder unregelmäßige Einzahlungen ein Bausparguthaben erworben. Nach der Zuteilung wird die Bausparsumme an den Bausparer ausgezahlt. Die Differenz zwischen der Bausparsumme und dem Bausparguthaben wird als Darlehen gewährt. Das Darlehen (= Annuitätendarlehen) wird durch monatliche Zahlungen getilgt.

Bausparsumme = Bausparguthaben + Bauspardarlehen

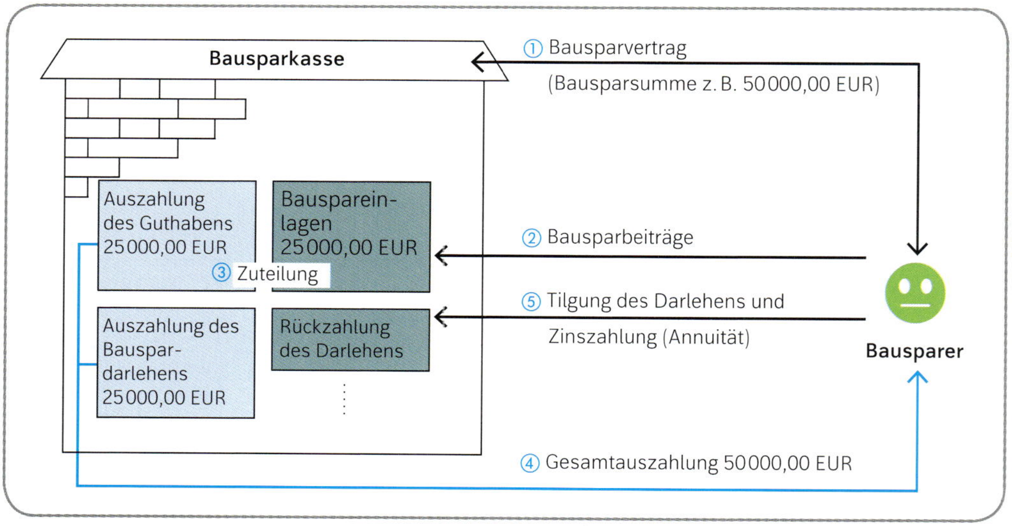

Bauspardarlehen dürfen nur für wohnungswirtschaftliche Maßnahmen verwendet werden *(§ 1 Abs. 3 BauSparkG)*:

- Erwerb von Wohneigentum (Einfamilienhäuser, Eigentumswohnungen)
- Modernisierung von Wohneigentum

Beispiele

Fenster, Heizungsanlage, Fassadenrenovierung, neue Bäder

- Erwerb von Bauland und Erbbaurechten
- Ablösung von Darlehen zur Finanzierung von wohnungswirtschaftlichen Maßnahmen (Umschuldung)

Die Verwendung des Bauspardarlehens für wohnungswirtschaftliche Maßnahmen ist nachzuweisen. Wird der Verwendungsnachweis bei staatlich geförderten Verträgen nicht erbracht, muss die Bausparkasse das Finanzamt benachrichtigen.

4.1 Abschluss von Bausparverträgen

Bauspartarife

Bausparkassen bieten ihren Kunden unterschiedliche Bauspartarife an, die sich insbesondere durch die

- Höhe der Spar- und der Darlehenszinsen,
- Höhe des Mindestsparguthabens und/oder
- Dauer bis zur Zuteilung und Tilgungsdauer des Darlehens (Höhe des Regelsparbeitrages und der Darlehensrate)

unterscheiden.

Der Bausparer wählt nach seinen Zielen und Präferenzen den für ihn passenden Tarif. In vielen Fällen ist während der Ansparphase ein Tarifwechsel möglich.

Die Tarife sind Teil der Marketingpolitik, sodass sich die Tarifangebote der verschiedenen Bausparkassen zum Teil erheblich voneinander unterscheiden. Die Übersicht dient nur als Orientierungshilfe.

	Bausparziele	Tarifangebote
Zielsparer	• Finanzierungsbedarf in 6–8 Jahren • feststehendes Finanzierungsvolumen	• niedriges Mindestguthaben (40 %) • niedrige Guthaben- und Darlehenszinsen **Beispiel:** 2,5 % Guthabenzins 4,5 % Darlehenszins
Schnellsparer	• kurzfristiger Finanzierungsbedarf • schnelle Tilgung	• hoher Regelsparbeitrag • hoher Tilgungsbeitrag • evtl. höheres Mindestguthaben *(z. B. 50 %)*
Vorsorgesparer	• langfristiger Finanzierungsbedarf • günstige Darlehenskonditionen	• niedrige Guthaben- und Darlehenszinsen • niedriger Regelsparbeitrag • niedriger Tilgungsbeitrag
Renditesparer	• hohe Verzinsung des Bausparguthabens • kein absehbarer Finanzierungsbedarf	• hoher Guthabenzins *(z. B. 4 %)* • besonderer Bonus bei Verzicht auf das Bauspardarlehen

Bausparsumme und Regelsparbeitrag

Im Bausparvertrag vereinbaren Kunde und Bausparkasse eine bestimmte **Bausparsumme.** Bestimmungsgrößen für die Bausparsumme sind der **spätere Finanzierungsbedarf** und die **persönlichen Sparmöglichkeiten** des Bausparkunden. Die Bausparsumme ist auch die Bezugsgröße für die Abschlussgebühr sowie für den Regelsparbeitrag und die Monatsrate beim Bauspardarlehen.

Der **Regelsparbeitrag** ist die von der Bausparkasse empfohlene monatliche Sparrate. Wenn der Bausparer diesen Betrag monatlich einzahlt, kann er mit einer Zuteilung seines Vertrages nach einer im Tarif genannten Anzahl von Jahren rechnen. Der Bausparer ist jedoch nicht verpflichtet, den Regelsparbeitrag zu zahlen. Er kann auch höhere oder niedrigere Zahlungen leisten. Niedrigere Zahlungen verlängern die Wartezeit bis zur Zuteilung, höhere verkürzen sie.

Fallbeispiel

Fabian Grohne möchte in circa sieben Jahren eine Wohnimmobilie erwerben. Er hat sich für folgendes Tarifangebot der Bausparkasse entschieden:

Regelsparbeitrag	4,00 ‰ der Bausparsumme
Guthabenzinssatz	0,10 % des jeweiligen Guthabens
Mindestsparguthaben	40 % der Bausparsumme
Sollzinssatz für das Bauspardarlehen	2,20 % des jeweiligen Darlehens
monatliche Darlehensrate	5,50 ‰ der Bausparsumme
voraussichtliche Zuteilung in	8,5 Jahren

Im Beratungsgespräch ist nun die für den Kunden passende Bausparsumme und Sparrate zu ermitteln. Dazu gibt es zwei Ansätze:

- Vorgabe Bausparsumme:
  Fabian Grohne möchte einen Bausparvertrag mit einer Bausparsumme von 80 000,00 EUR abschließen. Er sollte einen monatlich Regelsparbeitrag von 320,00 EUR (80 000,00 EUR · 4,00 ‰) auf den Vertrag einzahlen.
  Nach 8,5 Jahren hat er ein Bausparguthaben von 32 640,00 EUR (320,00 · 12 · 8,5) zuzüglich der Zinsen. Damit hat er mehr als 40 % der Bausparsumme (32 000,00 EUR) eingezahlt und somit eine Zuteilungsvoraussetzung erfüllt.

- Vorgabe Regelsparbeitrag:
  Die Haushaltsrechnung hat ergeben, dass für Fabian Grohne eine Sparrate von monatlich 250,00 EUR angemessen ist. Er sollte eine Bausparsumme von 62 500,00 EUR vereinbaren.

  0,40 % (4,00 ‰) – 250,00 EUR
  100 % – *x*

  $$x = \frac{250{,}00 \cdot 100}{0{,}40} = \underline{\underline{62\,500{,}00 \text{ EUR}}}$$

Die **Abschlussprovision** beträgt circa 1 % bis 2 % der Bausparsumme und wird mit den ersten Einzahlungen verrechnet.

4.2 Abwicklung von Bausparverträgen

BAUSPARSUMME

SPARPHASE

Vertragsabschluss

- Der Bausparvertrag wird über eine bestimmte Summe abgeschlossen *(z. B. Bausparsumme 50 000,00 EUR).*
- Die Abschlussgebühr beträgt zumeist 1,0 %–2,0 % der Bausparsumme.

Sparbedingungen (abhängig von der Tarifvariante)

- **Regelsparbeitrag:** 4 ‰–8 ‰ der Bausparsumme monatlich
- **Guthabenzins:** 0,10 %–1,0 %
  Der spätere Darlehenszinssatz ist abhängig vom gewählten Guthabenzinssatz *(z. B. Darlehenszinssatz = Guthabenzinssatz + circa 2,0 %).*

Zuteilung

Bereitstellung der Bausparsumme *(z. B. 50 000,00 EUR)*

Voraussetzungen

- **Mindestsparguthaben** (40 % bzw. 50 % je nach Tarif)
- **Mindestsparzeit** *(z. B. 24 Monate)*
- **Mindestbewertungszahl**
  - Die Bausparkassen können nur die Mittel als Darlehen gewähren, die sie zuvor durch Sparbeiträge der in der Ansparphase und Tilgungsleistungen der in der Tilgungsphase befindlichen Bausparer erhalten haben. Da die zukünftigen Sparbeiträge nicht vorhersehbar sind, dürfen Bausparkassen einen bestimmten Zuteilungstermin nicht garantieren.
  - Die Zuteilung der Verträge erfolgt nach der Höhe der Bewertungszahl. Die Bausparkassen ermitteln die Bewertungszahlen nach unterschiedlichen Verfahren. Maßgeblich für die Höhe der Bewertungszahl sind jedoch immer die Höhe des Bausparguthabens und die Dauer der Ansparzeit.
- **Antrag auf Zuteilung**

DARLEHENSPHASE

Darlehensbedingungen

- **Darlehenshöhe**

Beispiel:

	Fall 1	Fall 2
Bausparsumme	50 000,00 EUR	50 000,00 EUR
– Bausparguthaben (einschl. Zinsen)	25 000,00 EUR	28 000,00 EUR
= Darlehenshöhe	25 000,00 EUR	22 000,00 EUR

- **Darlehenszinsen** (abhängig von der Tarifvariante): 2,0 % bis 4,0 %
- **Monatsrate** (abhängig von der Tarifvariante): 4 ‰ bis 8 ‰ der Bausparsumme (Die Monatsrate setzt sich aus Zins- und Tilgungsleistung zusammen.)

Beispiel:
5 ‰ von 50 000,00 EUR = 250,00 EUR Monatsrate
Durch die hohe Tilgung werden Bauspardarlehen innerhalb einer relativ kurzen Zeitdauer getilgt (ca. 8–12 Jahre je nach Tarif).

- Darlehenssicherung durch Eintragung einer Grundschuld (Beleihungsgrenze 80 % des Beleihungswertes)

Wenn der Bausparvertrag zuteilungsreif ist, hat der Bausparer folgende **Möglichkeiten**:

- Der Bausparer kann die gesamte Bausparsumme in Anspruch nehmen. Er erhält also sein angespartes Guthaben und ein Bauspardarlehen.
- Der Bausparer verzichtet auf das Darlehen und erhält das angesparte Guthaben ausgezahlt.
- Der Bausparer lässt den Bausparvertrag weiterlaufen und entscheidet später, was er damit macht.

Die **Tilgungsrate** ist bei Bauspardarlehen im Vergleich zu Bankdarlehen hoch. Dies führt zu einer relativ hohen Belastung in der Darlehensphase und zu einer relativ kurzen Laufzeit des Bauspardarlehens.

Beispiel

Maren Kaiser hat ein Bauspardarlehen von 25 000,00 EUR zu einem Sollzinssatz von 2,50 % erhalten. Die Bausparsumme beträgt 50 000,00 EUR. Die monatliche Darlehensrate beträgt 5,0 ‰ der Bausparsumme.

Die Darlehensrate beträgt 250,00 EUR (5,0 ‰ von 50 000,00 EUR).

Die Rate setzt sich aus Zinsen und Tilgungsleistung zusammen.

Im ersten Monat zahlt Maren für das Darlehen 52,08 EUR Zinsen.

$$\text{Zinsen} = \frac{25\,000{,}00 \cdot 2{,}5}{100 \cdot 12} = \underline{\underline{52{,}08\text{ EUR}}}$$

Die Tilgungsleistung beträgt im ersten Monat 197,92 EUR (250,00 EUR – 52,08 EUR).

Durch die hohe Tilgung (anfänglicher Tilgungssatz 9,5 %) ist das Darlehen schon nach neun Jahren und vier Monaten zurückgezahlt. Baudarlehen von Banken haben in der Regel eine erheblich längere Laufzeit von circa 20 bis 30 Jahren.

4.3 Beurteilung des Bausparens aus der Sicht des Bausparers

Vorteile	Nachteile
• niedrige Verzinsung des Bauspardarlehens • Sichere Kalkulationsgrundlage: – Die Höhe der Darlehenszinsen wird schon beim Abschluss des Bausparvertrages vereinbart. – Die Darlehenszinsen ändern sich nicht während der Laufzeit des Darlehens. – Bei Bauspardarlehen sind jederzeit Sondertilgungen möglich, ohne dass ein Vorfälligkeitsentgelt anfällt. • Staatliche Förderung durch Wohnungsbauprämie und Arbeitnehmer-sparzulage, sofern die gesetzlichen Voraussetzungen erfüllt sind. • Nachrangige Absicherung: Das Darlehen wird durch ein nachrangiges Grundpfandrecht gesichert. Die Beleihungsgrenze beträgt 80 % des Beleihungswertes bei vermieteten Wohnobjekten und 100 % bei selbst genutztem Wohneigentum.	• niedrige Verzinsung des Bausparguthabens • Verwendung des Darlehens nur für wohnungswirtschaftliche Maßnahmen • schnelle Tilgung und damit eine hohe monatliche Belastung • Der Zeitpunkt der Zuteilung ist nicht genau bekannt. Es können bis zur Zuteilung ggf. hohe Vor- bzw. Zwischenfinanzierungskosten entstehen.

➡ **Kompetenzcheck „Bausparen" siehe Seite 403**

5 Cross-Selling-Aktivitäten

Definition

Cross-Selling ist das Bemühen der Beraterin bzw. des Beraters, die in einem Beratungs-/Verkaufsgespräch erkannten Bedarfssignale aufzugreifen und dem Kunden weitere Finanzprodukte anzubieten.

In Beratungsgesprächen zur Anlage auf Konten erhalten Berater bzw. Beraterinnen viele Informationen über die Lebensumstände, Ziele und Wünsche des Kunden, die sie für Cross-Selling-Aktivitäten nutzen können.

Beispiele

Cross-Selling-Ansätze

Persönliche und wirtschaftliche Verhältnisse des Kunden			Bedarfssignale und Konsequenzen für das Angebot von Finanzprodukten
persönliche Verhältnisse	**Lebensalter**	**18 Jahre**	Der Kunde ist nun volljährig. Je nach Lebenssituation kommen z. B. folgende Produkte in Betracht: • Sparverträge • Kreditkarte • Dispositionskredit • Privathaftpflichtversicherung
		65–67 Jahre	Mit Rentenbeginn ändert sich die Einkommens- und Lebenssituation. Mögliche Beratungsansätze: • Anlage des Geldes aus fälligen Lebensversicherungen • Entnahmepläne von angespartem Vermögen • Verkauf der Immobilie
	Familienstand	**alleinstehend, keine Kinder**	Alleinstehende haben andere Bedürfnisse als Familien. Mögliche Angebote: • goldene Kreditkarte für Vielreisende • Darlehen zur Finanzierung von Hobbys
		verheiratet, zwei Kinder	• Hinterbliebenenschutz für Kinder und gegebenenfalls für den Ehepartner notwendig • Sparangebote für Kinder
	Beruf	**Angestellter**	• Altersvorsorgeprodukte • Berufsunfähigkeitsversicherung
		Unternehmer	• Altersvorsorgeprodukte, da der Unternehmer selbst für das Alter vorsorgen muss • Berufsunfähigkeitsversicherung

4

Persönliche und wirtschaftliche Verhältnisse des Kunden			Bedarfssignale und Konsequenzen für das Angebot von Finanzprodukten
wirtschaftliche Verhältnisse	**Einkommen**	**niedrig**	Nutzung staatlicher Förderung (VL-Anlage, Wohnungsbauprämie, Riester-Zulagen)
		hoch	Rürup-Vertrag zur Altersvorsorge, um Steuern zu sparen
	Vermögen	**niedrig**	Sparpläne
		hoch	• steueroptimierte Anlagen • Beratung über Vermögensübergang auf die nächste Generation
	Besitz von Wohneigentum	**ja**	• Gebäudeversicherung • Hausratversicherung • Bausparvertrag für spätere Sanierungen
		nein	• Bausparvertrag • Immobilienangebote • Hausratversicherung

➡ **Kompetenzcheck „Cross Selling“ siehe Seite 403**

Kompetenzcheck zu Lernfeld 4: Kunden über Anlagen auf Konten und staatlich gefördertes Sparen beraten

Ich kann ...	✓
Spareinlagen	**Kapitel 2.1**
... drei Merkmale von Spareinlagen nach der Rechnungslegungsverordnung für Kreditinstitute beschreiben.	
... darlegen, welche Personen ein Sparkonto eröffnen können.	
... drei rechtliche Merkmale der Sparurkunde erläutern.	
... Auskunft über Kündigungsfristen und Verfügungsfreibeträge geben.	
... erklären, was bei einem Verlust der Sparurkunde zu tun ist.	
... die zwei Rechtsverhältnisse bei einem Sparvertrag zugunsten eines Dritten erläutern.	
... die Kontoeröffnung bei einem Sparvertrag zugunsten eines Dritten beschreiben.	
... bei einem Sparvertrag zugunsten eines Dritten die Rechtsfolgen bei Eintritt der Bedingung erläutern.	
... Kunden darüber informieren, in welcher Höhe und in welcher Weise Verfügungen über Spareinlagen möglich sind.	
... Sparkonten unter Berücksichtigung von Vorfälligkeitsentgelten und Steuerabzügen abrechnen.	
... die Bedeutung eines Freistellungsauftrages und einer Nichtveranlagungsbescheinigung erklären.	

Tagesgeldkonten	Kapitel 2.2
... drei Merkmale von Tagesgeldkonten beschreiben.	
... die Verzinsung von Tagesgeldern erläutern.	
... Tagesgeldkonten abrechnen.	

Ich kann ...	✓
Festgelder — Kapitel 2.3	
... drei Merkmale von Festgeldern beschreiben.	
... die Verzinsung von Festgeldern erläutern.	
... Festgelder abrechnen.	
Sparbriefe — Kapitel 2.4	
... drei Merkmale von Sparbriefen beschreiben.	
... Sparbriefe mit jährlicher Zinszahlung, Abzinsungssparbriefe und Aufzinsungssparbriefe unterscheiden.	
... den Kaufpreis bei abgezinsten Sparbriefen und den Rückzahlungsbetrag bei aufgezinsten Sparbriefen ermitteln.	
Anlagen nach dem Vermögensbildungsgesetz und dem Wohnungsbau-Prämiengesetz — Kapitel 3	
... bei vermögenswirksamen Leistungen Auskunft geben über • den Personenkreis, der vermögenswirksame Leistungen anlegen kann. • mögliche Anlageformen. • die Zahlung der Sparbeiträge. • Anlagehöchstbeträge. • die Höhe der staatlichen Förderung in den verschiedenen Anlageformen. • Einkommensgrenzen. • Sperrfristen (Bindungsfristen).	
... bei Anlagen nach dem Wohnungsbau-Prämiengesetz (WoPG) Auskunft geben über • den Personenkreis, der Gelder nach dem WoPG anlegen kann. • Anlagehöchstbeträge. • die Höhe der staatlichen Förderung. • Einkommensgrenzen. • Sperrfristen (Bindungsfristen). • Verwendung des Kapitals bei Fälligkeit.	
... anhand von Kundendaten die Höhe der jeweiligen staatlichen Förderung berechnen.	
... die Beantragung und Zahlung der staatlichen Förderung beschreiben.	
... die Konsequenzen bei einer vorzeitigen Verfügung über geförderte Spareinlagen erläutern.	
... zwei Fälle nennen, bei denen eine vorzeitige, aber förderunschädliche Verfügung über geförderte Sparbeiträge möglich ist.	

Ich kann ...	✓
Bausparen	**Kapitel 4**
... das Prinzip des Bausparens erläutern.	
... vier wohnungswirtschaftliche Maßnahmen für die Verwendung eines Bauspardarlehens nennen.	
... drei von meinem Ausbildungsbetrieb angebotene Bauspartarife erläutern.	
... den Begriff „Regelsparbeitrag" erklären und für Kunden die passende Bausparsumme ermitteln.	
... den Begriff „Mindestbewertungszahl" erklären und zwei weitere Voraussetzungen für eine Zuteilung des Bausparvertrages beschreiben.	
... vier Vorteile des Bausparens für Kunden beschreiben.	
... drei Nachteile des Bausparens für Kunden beschreiben.	

Cross Selling	**Kapitel 5**
... den Begriff „Cross Selling" erklären.	
... aus den persönlichen Verhältnissen von Kunden Bedarfssignale ableiten.	
... aus den wirtschaftlichen Verhältnissen von Kunden Bedarfssignale ableiten.	
... aus Bedarfssignalen für den Kunden geeignete Finanzprodukte identifizieren.	

Lernfeld 5:

Allgemein-Verbraucherdarlehensverträge abschließen

5

Zielbeschreibung:

Sie verfügen über die Kompetenz, Kunden über Allgemein-Verbraucherdarlehen zu beraten und entsprechende Verträge abzuschließen.

Lernfeld 5: Allgemein-Verbraucherdarlehens-verträge abschließen

Sie informieren sich über **Kreditarten** und deren Verwendungsmöglichkeiten (Überziehungskredit, Ratenkredit). Sie erkennen Finanzierungsanlässe, sprechen Kunden an und zeigen ihnen passende Finanzierungsmöglichkeiten auf.

Auch mithilfe digitaler Medien informieren Sie sich über die **Rechtsgrundlagen** für Verbraucherdarlehen (vorvertragliche Informationen, Verbraucherdarlehensvertrag, Preisangabenverordnung) und stellen den Prozess der Kreditgewährung systematisch dar.

Anhand vorliegender Kundendaten bereiten Sie **strukturierte Kundengespräche** vor.

Sie bieten den Kunden **Überziehungsmöglichkeiten** (Kreditlinie, Sollzins) auf dem Girokonto an und informieren sie über geduldete Überziehungen. Dabei beachten Sie die gesetzlichen Informations- und Beratungspflichten.

Sie erklären den Kunden den Unterschied zwischen einem **Ratenkredit** und einem **Kraftfahrzeug-Leasingangebot** (Merkmale, Liquidität) und vergleichen beide Finanzierungsmöglichkeiten.

Sie beraten Kunden über Merkmale eines Ratenkredits und prüfen ihre **Kreditfähigkeit** und **Kreditwürdigkeit** (SCHUFA, Selbstauskunft, Haushaltsrechnung, Scoring). Sie bewerten **Sicherheiten**, die das Kreditausfallrisiko vermindern (Abtretung von Lohn und Gehalt, Bürgschaft, Pfandrecht nach den Allgemeinen Geschäftsbedingungen, Sicherungsübereignung), und treffen eine begründete Kreditentscheidung.

Sie erstellen ein **Kreditangebot** unter Berücksichtigung der Kapitaldienstfähigkeit, einer angemessenen Kreditlaufzeit sowie des ermittelten Risikos.

Sie erläutern den Kunden die rechtlichen Bestimmungen und Inhalte des Darlehensvertrages und erfüllen die **vorvertraglichen Informationspflichten**. Sie schließen den **Darlehensvertrag** ab und bestellen die vereinbarten Sicherheiten. Sie bieten den Kunden eine **Restschuldversicherung** an.

Sie begründen die Notwendigkeit der **Kreditüberwachung**. Sie erkennen Signale für die Gefährdung von laufenden Krediten und zeigen Maßnahmen zur Vermeidung von Kreditausfällen auf. Sie informieren die Kunden über die Folgen ausbleibender Zins- und Tilgungsleistungen und wickeln **notleidende Kredite** ab (Kündigung, gerichtliches Mahnverfahren, Sicherheitenverwertung, Erlangung vollstreckbarer Titel, Verbraucherinsolvenzverfahren).

Sie **reflektieren** den **Kreditprozess** und leiten Maßnahmen zur Verbesserung ab.

1 Darlehensarten

§

Allgemein-Verbraucherdarlehen sind Darlehen von einem Unternehmer an einen Verbraucher, die nicht durch ein Grundpfandrecht gesichert sind und nicht der Finanzierung von Immobilien dienen *(§ 491 Abs. 2 BGB).*

Keine Allgemein-Verbraucherdarlehensverträge sind Verträge, bei denen

- der Nettodarlehensbetrag weniger als 200,00 EUR beträgt.
- der Darlehensnehmer das Darlehen binnen drei Monaten zurückzuzahlen hat und nur geringe Kosten vereinbart sind.

Ein **Darlehensvertrag** verpflichtet den Darlehensgeber, dem Darlehensnehmer einen bestimmten Geldbetrag für die vereinbarte Laufzeit zur Verfügung zu stellen. Der Darlehensnehmer verpflichtet sich, die vereinbarten Zinsen zu zahlen und das Darlehen fristgerecht zurückzuzahlen *(§ 488 BGB)*.

Allgemein-Verbraucherdarlehen dienen der Finanzierung von privaten Ausgaben.

Beispiele

- Kauf eines Pkw oder einer Wohnungseinrichtung
- Finanzierung einer Urlaubsreise oder eines Studiums

Die gesetzlichen Vorschriften zu Verbraucherdarlehensverträgen gelten auch für Existenzgründungsdarlehen bis zu einem Höchstbetrag von 75 000,00 EUR *(§ 513 BGB)*.

Allgemein-Verbraucherdarlehen werden bereitgestellt

- als **Überziehungskredit** (Überziehungsmöglichkeit) auf dem Girokonto (Kontokorrentkonto) des Darlehensnehmers *(§ 504 BGB)* oder
- als **Ratenkredit** (Teilzahlungsdarlehen) auf einem besonderen Darlehenskonto.

1.1 Überziehungskredite

Überziehungskredite kann der Darlehensnehmer flexibel nach seinem Geldbedarf auf seinem Kontokorrent-/Girokonto in Anspruch nehmen. Die Rückzahlung erfolgt durch Gutschriften *(z. B. Gehaltseingang)* auf dem Konto.

Überziehungskredite (Dispositionskredite) dienen meist zur Überbrückung von kurzfristigen Liquiditätsengpässen.

Bei Überziehungskrediten sind

- eingeräumte Überziehungen und
- geduldete Überziehungen

zu unterscheiden.

▸ Eingeräumte Überziehungsmöglichkeit *(§ 504 BGB)*

Bei einer **eingeräumten (genehmigten) Überziehung** hat der Darlehensnehmer mit dem Kreditinstitut eine bestimmte Kreditlinie auf seinem laufenden Konto vereinbart. Bei Gehaltskonten mit regelmäßigen Geldeingängen vereinbart das Kreditinstitut mit dem Kunden oft eine Überziehungsmöglichkeit von zwei oder drei Monatsgehältern **(Dispositionskredit).**

Das Kreditinstitut muss den Verbraucher in regelmäßigen Zeitabständen (*z. B. alle drei Monate*) auf einem dauerhaften Datenträger über die wesentlichen Merkmale des Überziehungskredites informieren *(§ 504 BGB, Art. 247 § 16 EGBGB)*:

- Höchstgrenze der Überziehungsmöglichkeit,
- Höhe des Sollzinssatzes,
- Bedingungen, unter denen die Kosten einschließlich des Sollzinssatzes geändert werden können.
  In der Praxis ist die Höhe der Sollzinsen oft an einen Referenzzinssatz *(z. B. EURIBOR)* gebunden.

Das Kreditinstitut muss dem Darlehensnehmer eine **Beratung anbieten**, wenn der Darlehensnehmer eine ihm eingeräumte Überziehungsmöglichkeit ununterbrochen über einen Zeitraum von sechs Monaten in Anspruch genommen hat und die Inanspruchnahme der eingeräumten Überziehung durchschnittlich 75 % des vereinbarten Höchstbetrages übersteigt. Das Beratungsangebot ist dem Darlehensnehmer in Textform zu übermitteln und zu dokumentieren.

In dem Beratungsgespräch ist der Verbraucher auch über kostengünstigere Alternativen (z. B. Ratenkredit) aufzuklären.

Nimmt der Darlehensnehmer das Beratungsangebot nicht an, muss der Darlehensgeber das Beratungsangebot wiederholen *(§ 504a EGB)*.

Bei sogenannten **Rahmenkrediten (Abrufkrediten)** räumt das Kreditinstitut dem Kunden in Abhängigkeit von seiner Bonität einen Kreditrahmen ein, über den er jederzeit verfügen kann. Der in Anspruch genommene Kredit wird auf einem separaten Darlehenskonto erfasst. Der Kreditnehmer kann das Darlehen jederzeit ganz oder teilweise tilgen. Viele Kreditinstitute verlangen jedoch eine monatliche Mindesttilgung.

Dispositionskredite sind oft unbefristet („bis auf Weiteres"). Das Kreditinstitut kann die Rückführung des Kredites innerhalb einer angemessenen Frist fordern. Insbesondere bei einer Verschlechterung der Einkommens- und Vermögenssituation des Kunden kündigt das Kreditinstitut die Kreditlinie.

Eine auf Antrag des Kunden eingeräumte Überziehungslinie wird oft befristet *(z. B. für ein Jahr)* zur Verfügung gestellt und nach Ablauf der Frist prolongiert (verlängert), sofern sich die Einkommens- und Vermögensverhältnisse des Kunden nicht verschlechtert haben.

▸ Geduldete Überziehung *(§ 505 BGB)*

Bei einer **geduldeten (nicht eingeräumten) Überziehung** überzieht der Kreditnehmer sein Konto ohne vorherige Vereinbarung einer Kreditlinie oder er überschreitet die eingeräumte Kreditlinie. Das Kreditinstitut muss schon vor der Inanspruchnahme die Bedingungen *(z. B. Sollzinssatz)* für geduldete Überziehungen mit dem Kunden in Textform vereinbaren *(§ 505 BGB, Art. 247 § 17 EGBGB)*. Die Bedingungen für die geduldete Überziehung und die weiteren **Vertragsinformationen** sind dem Verbraucher zudem in **regelmäßigen Zeitabständen** auf einem dauerhaften Datenträger mitzuteilen.

Bei einer **erheblichen Überziehung** von mehr als einem Monat muss das Kreditinstitut den Darlehensnehmer **unverzüglich** auf einem dauerhaften Datenträger über den Überziehungsbetrag, den Sollzinssatz, etwaige Vertragsstrafen, Kosten und Verzugszinsen informieren.

Verstößt das Kreditinstitut gegen diese Unterrichtungspflichten, kann es über die Rückzahlung des Überziehungskredites hinaus keine Kosten und Zinsen verlangen *(§ 505 Abs. 3 BGB)*.

Beispiel

Die Regio-Bank AG hat Svenja Müller einen Dispositionskredit von 3000,00 EUR eingeräumt. Der aktuelle Kontostand beträgt 2800,00 EUR Soll. An einem Geldautomaten tätigt Svenja nun eine Verfügung in Höhe von 700,00 EUR. Es entsteht eine geduldete Überziehung von 500,00 EUR.

Für die tatsächliche Inanspruchnahme zahlt der Kunde die vereinbarten **Sollzinsen**. In der Praxis ist der Sollzinssatz für geduldete Überziehungen erheblich höher als für eingeräumte Überziehungen.

Beispiel

Sollzinsen für eingeräumte Überziehungen:	8 %
Sollzinsen für geduldete Überziehungen:	12 %

Die Zinsbelastung erfolgt bei der Quartalsabrechnung.

5

Zinsberechnung

Die Zinsen bei Verbraucherdarlehen werden nach der **deutschen kaufmännischen Zinsrechnungsmethode (30/360-Methode)** ermittelt.

- Alle Monate haben demnach 30 Zinstage.
- Das Jahr hat demzufolge 360 Zinstage.

Beispiele

- Zinslauf vom 15.03. bis zum 15.04. = 30 Zinstage
- Zinslauf vom 15.03. bis zum 31.03. = 15 Zinstage
- Zinslauf vom 01.03. bis zum 31.03. = 29 Zinstage
- Zinslauf vom 28.02. bis zum 31.03. = 32 Zinstage

Formel zur Ermittlung der Zinsen

$$Z = \frac{K \cdot p \cdot t}{360 \cdot 100}$$

Z = Zinsen
K = Kapital
p = Zinssatz
t = Zinstage

Beispiel

Ermittlung der Sollzinsen; eingeräumte Kreditlinie 4 000,00 EUR

Wert-stellung	Text	Kontostand		Zins-tage	8 % Sollzinsen für eingeräumte Überziehungen	12 % Sollzinsen für geduldete Überziehungen
31.03.	Vortrag	200,00 EUR	Haben	8	– EUR	– EUR
08.04.	Überweisung	−3 650,00 EUR	Soll			
		−3 450,00 EUR	Soll	7	5,37 EUR	– EUR
15.04.	Gehaltseingang	2 940,00 EUR	Soll			
		−510,00 EUR	Soll	5	0,57 EUR	– EUR
20.04.	Überweisung	−4 700,00 EUR	Soll			
		−5 210,00 EUR	Soll	18	16,00 EUR	7,26 EUR
08.05.	Barauszahlung	−600,00 EUR	Soll			
		−5 810,00 EUR	Soll	7	6,22 EUR	4,22 EUR
15.05.	Gehaltseingang	2 940,00 EUR	Soll			
		−2 870,00 EUR	Soll	17	10,84 EUR	– EUR
02.06.	Bareinzahlung	800,00 EUR	Haben			
		−2 070,00 EUR	Soll	13	5,98 EUR	– EUR
15.06.	Gehaltseingang	2 940,00 EUR	Haben			
30.06.		870,00 EUR	Haben	15	– EUR	– EUR
				90	44,98 EUR	11,48 EUR

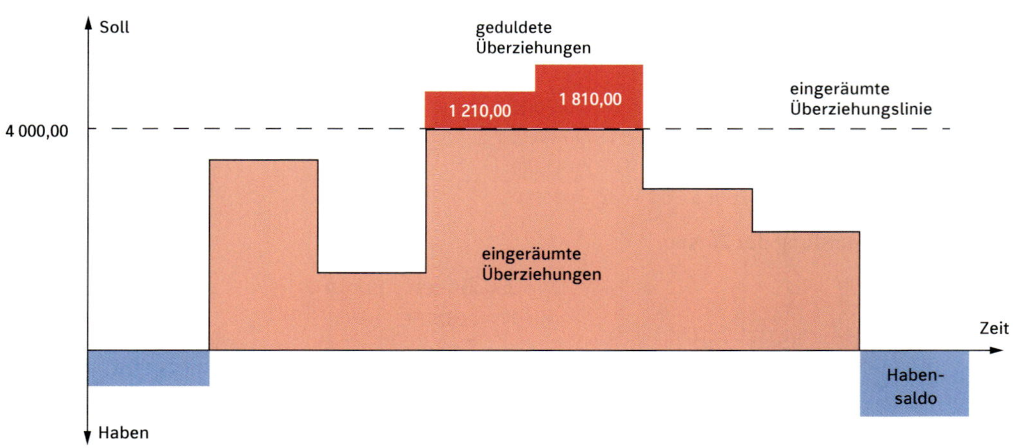

➡ Kompetenzcheck „Überziehungsmöglichkeiten“ siehe Seite 454

1.2 Ratenkredite

Ratenkredite werden in einer Summe auf einem Darlehenskonto bereitgestellt und in festen monatlichen Raten zurückgeführt. In der Praxis sind Laufzeiten von zwölf Monaten bis zu sechs Jahren üblich.

Kreditnehmer beantragen Ratenkredite zur

- Finanzierung von Gebrauchsgütern *(z. B. Wohnungseinrichtung, Pkw)* und Verbrauchsgütern *(z. B. Studium, Urlaubsreise)* sowie zur
- Umschuldung eines Überziehungskredites auf dem laufenden Konto.

Beispiel

Allzweckratenkredit der Regio-Bank AG

Nettodarlehensbetrag (Auszahlungsbetrag)	20 000,00 EUR
Laufzeit	48 Monate
Sollzinssatz (Nominalzinssatz)	6,0 %
effektiver Jahreszins	6,3 %
Monatsrate	469,70 EUR
Gesamtrückzahlungsbetrag	22 545,60 EUR
Abschluss einer Restschuldversicherung	432,50 EUR (Die Kosten sind abhängig von der Darlehenshöhe, der Laufzeit und dem Lebensalter des Darlehensnehmers.)

5

Bei **Werbemaßnahmen** muss das Kreditinstitut den Verbraucher in verständlicher Weise über **alle wesentlichen Bedingungen** des Kreditangebotes informieren, damit der Kreditnehmer auf der Grundlage dieser Informationen die Angebote verschiedener Banken vergleichen und eine fundierte Entscheidung treffen kann.

Zum besseren Verständnis der in der Werbung herausgestellten Vertragsinhalte sind diese mit einem realistischen Beispiel zu versehen. Von dem dabei zugrunde gelegten effektiven Jahreszins muss zu erwarten sein, dass mindestens zwei Drittel der Verträge zu diesem oder zu einem niedrigeren Zinssatz zustande kommen.

Die **Verordnung über Preisangaben** *(§ 5 PAngV)* verpflichtet das Kreditinstitut, Regelsätze für seine Leistungen im standardisierten Privatkundengeschäft in einem **Preisaushang** auszuweisen, der in der Schalterhalle und zusätzlich im Schaufenster oder Schaukasten anzubringen ist.

Beurteilung von Ratenkrediten

Kunde	• sofortige Anschaffungen ohne vorheriges Ansparen sind möglich • Ausnutzen von Skonto bei Barzahlung • feste Monatsraten • schnelle und unbürokratische Bearbeitung des Kreditantrages
Kreditinstitut	• Zinserträge bei relativ geringem Aufwand durch die standardisierte Bearbeitung • geringes Gesamtkreditrisiko aufgrund der breiten Kundenstreuung • Anschlussgeschäfte

2 Prozess der Kreditgewährung

Der Prozess der Kreditgewährung umfasst folgende Phasen:

Kreditantrag

↓

Kreditprüfung
- Prüfung der Geschäftsfähigkeit und des Güterstandes bei Eheleuten
- Prüfung der Kreditwürdigkeit

↓

Kreditangebot und Erfüllung der vorvertraglichen Informationspflichten

↓

Abschluss des Darlehensvertrages, Angebot einer Restschuldversicherung und Bestellung von Sicherheiten

↓

Bereitstellung des Kredites und Kreditüberwachung

↓

Beendigung des Kreditverhältnisses

In der Praxis ist der Prozess vom Darlehensantrag bis zum Abschluss des Darlehensvertrages weitgehend standardisiert. Dadurch ist eine schnelle Entscheidung, ob das Kreditinstitut zu einer Darlehensgewährung bereit ist oder nicht, möglich. Bei einer positiven Entscheidung kann der Darlehensnehmer schon nach kurzer Zeit über das Geld verfügen.

2.1 Kreditantrag

Allgemein-Verbraucherdarlehen können Kunden nach einer Beratung in einer Filiale oder online beantragen.

In einem Beratungsgespräch erörtert die Beraterin bzw. der Berater mit dem Kunden folgende Punkte:

- Höhe und Verwendungszweck des Kredits
- Zeitpunkt der Bereitstellung
- mögliche Kreditsicherheiten
- Konditionen (Zinsen, Provision)
- Laufzeit des Kredits bzw. Rückzahlung
- Einwilligung zur Einholung einer SCHUFA-Auskunft

Wenn nach der Einschätzung der Beraterin bzw. des Beraters eine Kreditvergabe möglich scheint, füllen sie in der Regel gemeinsam am PC einen Darlehensantrag aus.

Der Antrag enthält neben den persönlichen Daten des Kunden sowie den Merkmalen des Darlehens *(z. B. Darlehenshöhe, Laufzeit, Sicherheiten)* auch eine Selbstauskunft über dessen persönliche und wirtschaftliche Verhältnisse. Die Selbstauskunft in Verbindung mit entsprechenden Unterlagen ist eine wichtige Grundlage für die spätere Kreditwürdigkeitsprüfung.

Der Kreditantrag ist rechtlich unverbindlich und verpflichtet den Kunden nicht zum Abschluss des Darlehensvertrages.

2.2 Kreditprüfung

Die Kreditprüfung umfasst die Prüfung
- der Geschäftsfähigkeit (Kreditfähigkeit),
- des Güterstandes bei Eheleuten,
- der Kreditwürdigkeit und
- bei besicherten Darlehen die Werthaltigkeit der Sicherheiten.

2.2.1 Prüfung der Geschäftsfähigkeit und des Güterstandes

▸ Prüfung der Geschäftsfähigkeit

Mithilfe eines amtlichen Lichtbildausweises stellt die Beraterin bzw. der Berater die Identität und das Alter des Kunden fest.

- **Personen sind ab 18. Jahren voll (unbeschränkt) geschäftsfähig**. Sie können allein Darlehensverträge rechtswirksam abschließen.
- **Darlehensnehmer** können auch **beschränkt Geschäftsfähige** (Minderjährige im Alter von sieben Jahren bis unter 18 Jahren) und **Geschäftsunfähige** (Kinder unter sieben Jahren) sein.
  Für den rechtswirksamen Abschluss eines Darlehensvertrages benötigen beschränkt Geschäftsfähige jedoch die Zustimmung der gesetzlichen Vertreter und eine Genehmigung des Familiengerichtes *(§ 1822 BGB)*.
  Eine Genehmigung des Familiengerichtes gibt es nur in seltenen Ausnahmefällen.

Beispiel

Ein Minderjähriger hat eine vermietete Immobilie geerbt und erzielt Mieteinnahmen, aus denen er die Darlehensraten zahlen könnte. Er benötigt nun ein Darlehen für eine Reparatur des Hausdaches.

Bei unter **Betreuung** stehenden Personen ist zu prüfen, ob das Betreuungsgericht einen Einwilligungsvorbehalt für finanzielle Angelegenheiten angeordnet hat. In diesem Fall sind auch die Genehmigungen des Betreuers und des Betreuungsgerichts einzuholen.

▸ Prüfung des Güterstandes

Für die Bestellung von Kreditsicherheiten und für eine Pfändung von Vermögenswerten bei Nichterfüllung des Kreditvertrages ist bei Eheleuten der Güterstand von Bedeutung.

- **Zugewinngemeinschaft** *(§ 1363 ff. BGB)*
  Zustimmung des Ehepartners ist nicht erforderlich.
  Ausnahme: Zustimmung des Ehepartners ist erforderlich bei Verfügungen über das Vermögen im Ganzen *(§ 1365 BGB)*.
- **Gütergemeinschaft** *(§ 1415 ff. BGB)*
  Zustimmung des Ehepartners ist erforderlich.

5

- **Gütertrennung** *(§ 1414 BGB)*
  Zustimmung des Ehepartners ist nicht erforderlich.

In der Praxis wird der Ehepartner in der Regel als Mitantragsteller mitverpflichtet. Antragsteller und Mitantragsteller haften dann als Gesamtschuldner *(§ 427 BGB)*.

2.2.2 Prüfung der Kreditwürdigkeit

Vor dem Abschluss eines Darlehensvertrages muss das Kreditinstitut die Kreditwürdigkeit des Verbrauchers prüfen *(§ 18a KWG, §§ 505a, 505b, 505d BGB)*.

§

Bei einem **Allgemein-Verbraucherdarlehensvertrag** gilt der Darlehensnehmer als **kreditwürdig**, wenn **keine erheblichen Zweifel** daran bestehen, dass er seinen Verpflichtungen vertragsgemäß nachkommen wird *(§ 505a BGB)*.

Zur Beurteilung der Kreditwürdigkeit ermittelt das Kreditinstitut auf der Grundlage der persönlichen und wirtschaftlichen Verhältnisse des Kunden eine Ausfallwahrscheinlichkeit (Kreditausfallrisiko) für das beantragte Darlehen.

Bei der Kreditwürdigkeitsprüfung sind zu unterscheiden:

- **persönliche Kreditwürdigkeit:** Beurteilung der persönlichen Verhältnisse und der Vertrauenswürdigkeit des Kreditnehmers
- **materielle Kreditwürdigkeit:** Beurteilung der wirtschaftlichen Verhältnisse des Kreditnehmers

Kreditwürdigkeit bei Privatkunden

Merkmale	Kriterien	Unterlagen *(siehe §§ 505b BGB)*
persönliche Verhältnisse	• Familienstand, Kinder • berufliche Stellung • Dauer des Arbeitsverhältnisses • ordnungsgemäße Erfüllung bisheriger Verpflichtungen	• Selbstauskunft • Kontounterlagen • SCHUFA-Auskunft • Arbeitsverträge • ggf. Bankauskünfte von anderen Kreditinstituten
wirtschaftliche Verhältnisse	Ermittlung des frei verfügbaren Resteinkommens	• Gehaltsnachweise der letzten drei Monate • Selbstauskunft • Haushaltsrechnung mit einer Gegenüberstellung der monatlichen Einnahmen und Ausgaben • Kontounterlagen
	Vermögen	• Konto- und Depotunterlagen • ggf. Nachweise von Guthaben und Depotbeständen bei anderen Kreditinstituten • ggf. Grundbuchauszug

Haushaltsrechnung

In einer Haushaltsrechnung (Kapitaldienstberechnung) werden Einnahmen und Ausgaben zur Ermittlung des frei verfügbaren Resteinkommens gegenübergestellt, um die Tragbarkeit der monatlichen Belastung zu beurteilen. Nebeneinnahmen und Überstundenentgelte werden nur berücksichtigt, wenn sie dauerhaft sind und nachgewiesen werden. Für die Lebenshaltungskosten legen die Kreditinstitute Pauschalbeträge zugrunde.

Beispiele

Lebenshaltungskostenpauschalen

• Alleinstehende	600,00 EUR
• Ehepaare/zusammenlebende Paare	900,00 EUR
• je Kind	150,00 EUR

Die Pauschalwerte sind heranzuziehen, wenn die Lebensführung der Kreditnehmer den „normalen“ Verhältnissen entspricht. Bei einer aufwendigen Lebensführung sind die Werte höher anzusetzen, bei einer sparsamen Lebensführung können die Werte eventuell niedriger angesetzt werden. Bei bestehenden Kontoverbindungen ist die Plausibilität der Werte durch die Kontoführung zu überprüfen.

Beispiel

Haushaltsrechnung für die Eheleute Monika und Herbert Höhner, zwei Kinder

monatliche Einnahmen		monatliche Ausgaben	
Nettoeinkommen Antragsteller	2010,00 EUR	Miete inkl. Nebenkosten	675,00 EUR
Nettoeinkommen Mitantragsteller	735,00 EUR	Auto (laufende Kosten, Steuern, Versicherungen)	200,00 EUR
Kindergeld (204,00 · 2)	408,00 EUR	Lebenshaltungskosten (Pauschalbetrag)	1 200,00 EUR
sonstige Einnahmen	–	Versicherungen	125,00 EUR
		Kreditraten/Leasingraten	160,00 EUR
		Sparpläne/Bausparraten	–
		sonstige regelmäßige Ausgaben	40,00 EUR
Gesamteinnahmen	3153,00 EUR	Gesamtausgaben	2400,00 EUR

Es verbleibt ein frei verfügbares Resteinkommen von 753,00 EUR (3 153,00 – 2 400,00). Die maximale Monatsrate sollte unter diesem Betrag liegen *(z. B. 20 %)*, um dem Kunden eine Liquiditätsreserve zu belassen.

▸ Kreditscoring

Definition

Das **Kreditscoring** ist ein **Punktbewertungsverfahren** zur Beurteilung des Kreditausfallrisikos (Ausfallwahrscheinlichkeit).

5

Aus den Erfahrungen bei der Abwicklung von Krediten in der Vergangenheit lässt sich statistisch nachweisen, dass ein Zusammenhang (Korrelation) zwischen bestimmten personenbezogenen Merkmalen und dem Kreditausfallrisiko besteht. Mithilfe komplexer statistisch-mathematischer Verfahren bestimmt das Kreditinstitut, mit welcher Wahrscheinlichkeit eine nicht ordnungsgemäße Erfüllung des Kreditvertrages in Abhängigkeit von einzelnen Kundenmerkmalen zu erwarten ist. Insbesondere eine bestimmte Kombination von Kundenmerkmalen erhöht bzw. vermindert das Kreditausfallrisiko.

Vorgehensweise beim Kreditscoring

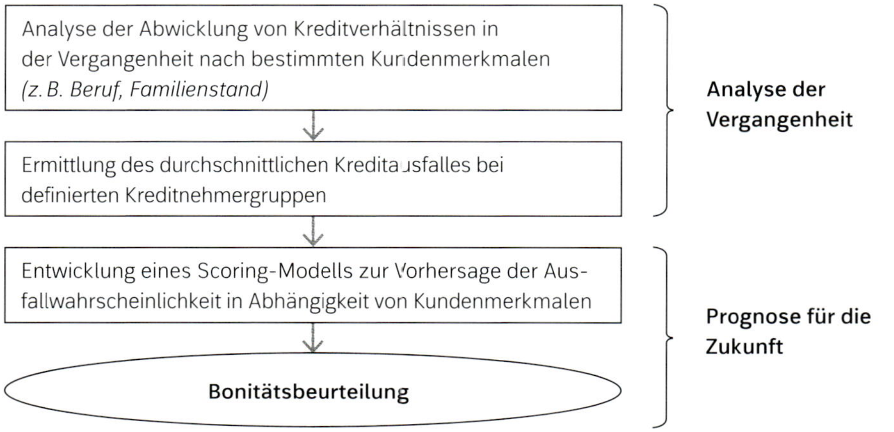

Die einzelnen Kundenmerkmale werden mit unterschiedlichen Punktwerten beurteilt und zu einem Gesamtergebnis zusammengefasst. Aufgrund der erreichten Gesamtpunktzahl wird der Kreditnehmer einer bestimmten Bonitäts-/Risikoklasse zugeordnet.

Folgende Merkmale sind beim Scoring-Verfahren von Bedeutung:
- Alter und Geschlecht
- Beruf und Dauer des Beschäftigungsverhältnisses
- Familienstand und Anzahl der unterhaltsberechtigten Personen
- Höhe und Verwendungszweck des Kredites
- Wohnung (Eigenheim, Mietwohnung, Dauer des Wohnverhältnisses)
- Dauer der Kontoverbindung
- bisherige Zahlungsmoral (Kontoüberziehungen, Kredittilgungen)
- Vermögen *(z. B. Sparguthaben, Wertpapiere)*

Beispiel

Merkmal	Bedeutung	Kategorien	Punktzahl
Alter	Ältere Kreditnehmer geraten seltener in Zahlungsschwierigkeiten als jüngere.	Kreditnehmer 20 Jahre alt	3
		Kreditnehmer 40 Jahre alt	5
Beruf	Kreditnehmer in bestimmten Berufen geraten seltener in Zahlungsschwierigkeiten.	Versicherungsangestellte	8
		Bauhilfsarbeiter	4

Diese Bewertung führt dazu, dass z. B. ein 45-jähriger Versicherungsangestellter einen höheren Scorewert erreicht als ein 30-jähriger Bauhilfsarbeiter, weil nach den statistischen Erfahrungswerten der Vergangenheit die Wahrscheinlichkeit eines Forderungsausfalles bei der erstgenannten Person niedriger ist. Das Verfahren gründet sich auf allgemeine Durchschnittswerte einer Kundengruppe und nicht auf die individuellen Eigenschaften des Kreditnehmers. Daher kann die Einordnung im Einzelfall zu nicht zutreffenden Ergebnissen führen.

Nach Eingabe der Kundendaten in das Terminal errechnet das Programm die Bewertungszahl und bestimmt damit weitgehend die Kreditentscheidung. Eine von der Scoringbewertung abweichende Kreditentscheidung muss der Kreditsachbearbeiter hinreichend begründen.

Beispiel

Score-System der SCHUFA für Banken

Ratingstufe	Punktzahl	Anteil an allen gespeicherten Personen	Risikoquote
A	662 – 1 000	ca. 20 %	0,85 %
B	564 – 661	ca. 20 %	1,69 %
C	517 – 563	ca. 10 %	2,46 %
D	467 – 516	ca. 10 %	3,13 %
E	410 – 466	ca. 10 %	4,16 %
F	341 – 409	ca. 10 %	5,51 %
G	247 – 340	ca. 10 %	8,03 %
H	177 – 246	ca. 5 %	12,17 %
I	137 – 176	ca. 2 %	16,21 %
K	111 – 136	ca. 1 %	19,76 %
L	77 – 110	ca. 1 %	23,96 %
M	0 – 76	ca. 1 %	34,75 %

Arten des Kredit-Scorings

Antrag-Scoring

Anhand der zum Zeitpunkt des Kreditantrags vorliegenden Daten soll die Wahrscheinlichkeit einer ordnungsgemäßen Kreditrückzahlung prognostiziert werden.

↓

Unterstützung der Entscheidung über die Kreditvergabe

Verlauf-Scoring

Bei einem bereits bestehenden Kreditverhältnis sollen durch die regelmäßige Bewertung des Engagements Hinweise auf einen evtl. drohenden Kreditausfall gewonnen werden.

↓

Unterstützung der Kreditüberwachung und ggf. Einleitung entsprechender Maßnahmen, z. B. Verstärkung von Sicherheiten

Vorteile des Scorings

- objektivere Risikobeurteilung, da die persönliche Einflussnahme des Sachbearbeiters weitgehend ausgeschaltet wird
- bessere Kontrolle und damit auch Verbesserung der Qualität des gesamten Kreditportfolios einer Bank im bewerteten Kundensegment
- effiziente, schnelle und damit auch kostengünstige Kreditentscheidungen
- Unterstützung einer an das Risiko des Engagements angepassten Preispolitik
- Vergabe riskanter Kredite nur gegen entsprechende Sicherheiten bzw. nur bei strikter Kontrolle während der Laufzeit

Nach den Eigenmittelvorschriften (Basel III) müssen die Kreditinstitute die Kredite je nach Ausfallrisiko mit unterschiedlichen Eigenmittelsätzen unterlegen. Bei der Kalkulation der Kreditkonditionen sind in Abhängigkeit von der Bonität des Kreditnehmers Eigenmittel- und Risikokosten zu berücksichtigen. Dabei gilt: Je besser die Bonität des Kreditnehmers, desto niedriger sind die Kreditzinsen.

Fallbeispiele

Die Regio-Bank AG bietet Ratenkredite in Abhängigkeit von der Bonität des Kunden zu folgenden Konditionen an:

Höhe der Monatsraten bei einer Kreditsumme von 10000,00 EUR									
Sollzins p. a.	Laufzeit in Monaten								
	24	30	36	42	48	54	60	66	72
3,00 %	429,81 €	346,41 €	290,81 €	251,11 €	221,34 €	198,20 €	179,69 €	164,55 €	151,94 €
3,50 %	432,03 €	348,61 €	293,02 €	253,32 €	223,56 €	200,42 €	181,92 €	166,79 €	154,18 €
4,00 %	434,25 €	350,83 €	295,24 €	255,55 €	225,79 €	202,66 €	184,17 €	169,04 €	156,45 €
4,50 %	436,48 €	353,06 €	297,47 €	257,78 €	228,03 €	204,91 €	186,43 €	171,32 €	158,74 €
5,00 %	438,71 €	355,29 €	299,71 €	260,03 €	230,29 €	207,18 €	188,71 €	173,62 €	161,05 €
5,50 %	440,96 €	357,54 €	301,96 €	262,29 €	232,56 €	209,47 €	191,01 €	175,93 €	163,38 €
6,00 %	443,21 €	359,79 €	304,22 €	264,56 €	234,85 €	211,77 €	193,33 €	178,26 €	165,73 €
6,50 %	445,46 €	362,05 €	306,49 €	266,85 €	237,15 €	214,08 €	195,66 €	180,61 €	168,10 €
7,00 %	447,73 €	364,32 €	308,77 €	269,14 €	239,46 €	216,42 €	198,01 €	182,98 €	170,49 €
7,50 %	450,00 €	366,60 €	311,06 €	271,45 €	241,79 €	218,76 €	200,38 €	185,37 €	172,90 €
8,00 %	452,27 €	368,88 €	313,36 €	273,77 €	244,13 €	221,12 €	202,76 €	187,78 €	175,33 €
8,50 %	454,56 €	371,18 €	315,68 €	276,10 €	246,48 €	223,50 €	205,17 €	190,21 €	177,78 €
9,00 %	456,85 €	373,48 €	318,00 €	278,45 €	248,85 €	225,89 €	207,58 €	192,65 €	180,26 €
9,50 %	459,14 €	375,79 €	320,33 €	280,80 €	251,23 €	228,30 €	210,02 €	195,12 €	182,75 €
10,00 %	461,45 €	378,11 €	322,67 €	283,17 €	253,63 €	230,72 €	212,47 €	197,60 €	185,26 €
10,50 %	463,76 €	380,44 €	325,02 €	285,55 €	256,03 €	233,16 €	214,94 €	200,10 €	187,79 €
11,00 %	466,08 €	382,78 €	327,39 €	287,94 €	258,46 €	235,61 €	217,42 €	202,61 €	190,34 €
11,50 %	468,40 €	385,13 €	329,76 €	290,34 €	260,89 €	238,08 €	219,93 €	205,15 €	192,91 €
12,00 %	470,73 €	387,48 €	332,14 €	292,76 €	263,34 €	240,57 €	222,44 €	207,71 €	195,50 €

Fall 1

Die Eheleute Claudia und Alexander Höhner beantragen bei der Regio-Bank AG zur Finanzierung eines Pkw einen Ratenkredit von 26 000,00 EUR. Die Laufzeit soll 54 Monate betragen.

Die Regio-Bank AG bietet den Eheleuten ein Allgemein-Verbraucherdarlehen mit monatlicher Tilgungsverrechnung zu einem Sollzinssatz (Nominalzinssatz) von 8,50 % an.

Ermittlung der Monatsrate

Bei einer Kredithöhe von 10 000,00 EUR und einem Sollzinssatz von 8,50 % beträgt die Monatsrate nach der Tabelle 223,50 EUR. Für die Eheleute ergibt sich eine Monatsrate von 581,10 EUR.

10 000,00 EUR – 223,50 EUR
26 000,00 EUR – x

$$x = \frac{223{,}50 \cdot 26\,000{,}00}{10\,000{,}00} = \underline{\underline{581{,}10 \text{ EUR}}}$$

oder Ermittlung der Monatsrate mithilfe der finanzmathematischen Formel:

$$MR = ND \cdot \frac{q^m \cdot (q-1)}{(q^m - 1)}$$

$$MR = 26\,000{,}00 \cdot \frac{1{,}00708^{54} \cdot (1{,}00708 - 1)}{(1{,}00708^{54} - 1)}$$

$$MR = \underline{\underline{581{,}10 \text{ EUR}}}$$

MR: Monatsrate
ND: Nettodarlehensbetrag
p: Jahreszinssatz
m: Laufzeit in Monaten

$$q = (1 + \frac{p}{1\,200})$$

$$q = (1 + \frac{8{,}50}{1\,200})$$

$$q = 1{,}00708$$

Ermittlung des Gesamtrückzahlungsbetrages

54 Raten · 581,10 EUR = $\underline{\underline{31\,379{,}40 \text{ EUR}}}$

Ermittlung der Kreditkosten

Gesamtrückzahlungsbetrag	31 379,40 EUR
– Nettodarlehensbetrag (Auszahlungsbetrag)	– 26 000,00 EUR
Kreditkosten	5 379,40 EUR

Fall 2

Pascal Reimann beantragt bei der Regio-Bank AG einen Ratenkredit über 17 000,00 EUR. Der Sollzinssatz beträgt 6,00 %. Die Haushaltsrechnung hat ergeben, dass der Kunde maximal eine monatliche Belastung von 400,00 EUR tragen kann.

Ermittlung der maximalen Monatsrate je 10 000,00 EUR Darlehensbetrag

17 000,00 EUR – 400,00 EUR Rate
10 000,00 EUR – x

$$x = \frac{400{,}00 \cdot 10\,000{,}00}{17\,000{,}00} = \underline{\underline{235{,}29 \text{ EUR}}}$$

Mithilfe der abgebildeten Tabelle kann die für Pascal Reimann „passende“ Laufzeit ermittelt werden. Bei einer Kreditsumme von 10 000,00 EUR beträgt die monatliche Belastung bei einer Laufzeit von 48 Monaten und einem Zinssatz von 6,00 % 234,85 EUR.

Ermittlung der Monatsrate bei einem Darlehensbetrag von 17 000,00 EUR

10 000,00 EUR – 234,85 EUR Rate
17 000,00 EUR – x

$$x = \frac{234{,}85 \cdot 17\,000{,}00}{10\,000{,}00} = \underline{\underline{399{,}25 \text{ EUR}}}$$

Dieser Wert liegt unter der Maximalbelastung von monatlich 400,00 EUR.

Überschlägig (vereinfacht) kann die Laufzeit des Darlehens wie folgt berechnet werden:

Zu Beginn der Darlehensphase beträgt der Darlehensbetrag 17 000,00 EUR, der sich dann durch die Zahlung der Raten jeden Monat verringert. Im letzten Monat steht nur noch eine Rate von 400,00 EUR aus.

Der durchschnittliche Darlehensbetrag ist das arithmetische Mittel dieser Größen.

$$\frac{\text{Höchster Darlehensbetrag} + \text{niedrigster Darlehensbetrag}}{2} = \frac{17\,000{,}00 + 400{,}00}{2} = 8\,700{,}00 \text{ EUR}$$

Die Monatsraten umfassen einen Zins- und einen Tilgungsanteil.

$$\text{Zinsanteil} = \frac{8\,700{,}00 \cdot 6{,}0}{100 \cdot 12} = 43{,}50 \text{ EUR}$$

Tilgungsanteil pro Rate = Monatsrate – Zinsanteil = 400,00 – 43,50 = 356,50 EUR

Innerhalb der Laufzeit ist das Darlehen zu tilgen.

$$\text{Laufzeit} = \frac{\text{Darlehensbetrag}}{\text{Tilgungsanteil pro Rate}} = \frac{17\,000{,}00}{356{,}50} = \mathbf{\underline{\underline{47{,}69 \text{ Monate}}}, \text{ aufgerundet } \underline{\underline{48 \text{ Monate}}}}$$

Die Laufzeit ist auf volle Monate bzw. auf die nächst längere verfügbare Laufzeit aufzurunden.

2.3 Kreditangebot und vorvertragliche Informationspflichten

Bei einer positiven Kreditentscheidung erstellt die Beraterin bzw. der Berater nach den Wünschen des Kunden und unter Berücksichtigung seiner Kapitaldienstfähigkeit ein Darlehensangebot, das in der Praxis direkt aus dem Terminal abrufbar ist. **Für ein rechtlich verbindliches Darlehensangebot ist die Zustimmung eines zweiten Kompetenzträgers notwendig.**

Vor dem Abschluss eines Allgemein-Verbraucherdarlehensvertrages muss das Kreditinstitut gegenüber dem Verbraucher **vorvertragliche Informationspflichten (VVI)** erfüllen *(§ 491a BGB, Art. 247 § 2 EGBGB):*

- **Information des Darlehensnehmers** in Textform über die Inhalte des Darlehensvertrages nach der gesetzlichen Mustervorlage „**Europäische Standardinformation für Verbraucherkredite**“ *(Anlage 4 zu Art. 247 § 2 EGBGB)*

Auf Grundlage dieser Information hat der Verbraucher die Gelegenheit, das Darlehensangebot in Abwesenheit des Beraters eingehend zu prüfen und mit Angeboten von anderen Kreditinstituten zu vergleichen.

Pflichtangaben bei Allgemein-Verbraucherdarlehensverträgen
• Nettodarlehensbetrag • Gesamtbetrag (Gesamtrückzahlungsbetrag) einschließlich aller Zinsen und Kosten • Höhe der Monatsraten und Laufzeit • Sollzinssatz und alle sonstigen Kosten des Kredites • effektiver Jahreszinssatz gemäß *§ 6 PAngV* • Kosten einer Restschuld- oder sonstigen Versicherung, die im Zusammenhang mit dem Kreditvertrag abgeschlossen wird • zu bestellende Sicherheiten • Widerrufsrecht • Recht auf vorzeitige Rückzahlung bzw. Kündigungsrechte • Höhe der Vorfälligkeitsentschädigung bei vorzeitiger Rückzahlung des Kredites • Auszahlungsbedingungen *(z. B. in einer Summe oder in Teilbeträgen)* • Warnhinweis zu den Folgen ausbleibender Zahlungen *(z. B. Mahnkosten)* • Verzugszinssatz

- **Bereitstellung eines Vertragsentwurfes**
  Der Darlehensnehmer kann vom Darlehensgeber einen Entwurf des Darlehensvertrages verlangen *(§ 491a Abs. 2 BGB)*.
- **Angemessene Erläuterungen zum Darlehensvertrag**
  Dem Verbraucher ist zu erläutern, ob der Vertrag dem von ihm verfolgten Zweck und seinen Vermögensverhältnissen gerecht wird und welche Folgen bei einem Zahlungsverzug eintreten *(§ 491a Abs. 3 BGB)*. Die Erläuterungen sollen den Verbraucher über alle Aspekte des Vertrages informieren, damit er auf dieser Grundlage eine fundierte Entscheidung treffen kann.
- **Effektiver Jahreszinssatz** *(§ 6 Preisangabenverordnung – PangV)*
  Der effektive Jahreszinssatz drückt die **tatsächlichen Kosten** des Darlehens als jährlichen Prozentsatz des Nettodarlehensbetrags aus. In die Berechnung des anzugebenden effektiven Jahreszinses sind als Gesamtkosten die vom Verbraucher zu entrichtenden Zinsen und alle sonstigen Kosten einschließlich etwaiger Vermittlungskosten einzubeziehen, die der Verbraucher im Zusammenhang mit dem Allgemein-Verbraucherdarlehensvertrag zu entrichten hat.

5

▸ Widerrufsrecht und Widerrufsbelehrung *(§§ 495, 355 BGB)*

Dem Kreditnehmer steht bei einem Verbraucherdarlehensvertrag ein **Widerrufsrecht** zu *(§ 495 BGB)*. Mit der fristgerechten Erklärung des Widerrufs gegenüber dem Kreditinstitut ist der Kreditnehmer nicht mehr an seine auf den Abschluss des Kreditvertrages gerichtete Willenserklärung gebunden. Der Widerruf ist gegenüber dem Kreditinstitut zu erklären und muss keine Begründung enthalten (*§ 355 Abs. 1 BGB*).

Die **Widerrufsfrist** beträgt **14 Kalendertage**. Zur Fristwahrung genügt die rechtzeitige Absendung des Widerrufs *(§ 355 Abs. 2 BGB)*. Die Frist beginnt mit Vertragsabschluss, jedoch erst, wenn der Darlehensnehmer über sein **Widerrufsrecht belehrt** wurde und er eine ordnungsgemäße **Vertragsurkunde mit allen gesetzlichen Pflichtangaben** *(§ 492 Abs. 2 BGB, Art. 247 §§ 6–13 EGBGB)* erhalten hat. Andernfalls beginnt die Frist erst mit Nachholung dieser Angaben. In diesem Fall beträgt die Widerrufsfrist **einen Monat** *(§ 356b Abs. 2 BGB)*.

Wurde das Darlehen bereits an den Kreditnehmer ausgezahlt, muss der Darlehensnehmer den erhaltenen Betrag binnen **30 Tagen** nach Absendung des Widerrufs zurückzahlen. Der Darlehensnehmer ist aber verpflichtet, für den Zeitraum zwischen der Auszahlung und der Rückzahlung des Darlehens den vereinbarten Sollzins zu zahlen *(§ 357a BGB)*.

Der Kreditnehmer ist bei Vertragsabschluss über sein **Widerrufsrecht** zu **informieren**. Die Widerrufsinformation muss in hervorgehobener und deutlich gestalteter Form den Verbraucher über sein **Widerrufsrecht** und über die **Widerrufsfolgen** aufklären *(Art. 247 § 6 EGBGB)*.

Inhalte der Widerrufsinformation *(gemäß „Muster für eine Widerrufsinformation für Allgemein-Verbraucherdarlehensverträge", Anlage 7 zu Art 247 § 6 Abs. 2 EGBGB)*:

- Hinweis auf das Recht zum Widerruf innerhalb von 14 Tagen ohne Angabe von Gründen
- Hinweis auf Beginn und Dauer der Widerspruchsfrist bei fehlenden Pflichtangaben
- Adressat des Widerrufs (Name und Anschrift des Kreditgebers)
- Hinweis, dass ein bereits ausgezahltes Darlehen innerhalb von 30 Tagen zurückzuzahlen ist, und Angabe des Zinsbetrages pro Tag, der bei einem Widerruf für den Zeitraum zwischen Auszahlung und Rückzahlung des Darlehens zu zahlen ist

2.4 Abschluss des Darlehensvertrages und Bestellung der Sicherheiten

▸ Abschluss des Darlehensvertrages

Der Verbraucherdarlehensvertrag muss klar und verständlich alle für den Darlehensnehmer wesentlichen Vertragsbedingungen enthalten *(§ 492 BGB, Art. 246 EGBGB)*. Ferner muss die für den Darlehensgeber zuständige Aufsichtsbehörde angegeben werden. Der Darlehensnehmer muss darauf hingewiesen werden, dass er nach *§ 492 Abs. 3 Satz 2 BGB* einen Anspruch auf einen Tilgungsplan hat *(Art. 247, § 6 EGBGB)*. Verbraucherdarlehensverträge sind **schriftlich oder in elektronischer Form mit qualifizierter Signatur** abzuschließen *(§ 126a BGB)*. Der Vertrag ist nichtig, wenn die Form nicht eingehalten wurde oder eine der für den Verbraucherdarlehensvertrag vorgeschriebene Angaben fehlt *(§ 494 Abs. 1 BGB)*.

Der Kreditvertrag wird vom Kunden und von zwei Kompetenzträgern des Kreditinstitutes unterschrieben. Damit ist der Kreditvertrag durch zwei übereinstimmende Willenserklärungen geschlossen. Je nach Abwicklung erfolgt die erste Willenserklärung durch das Kreditinstitut oder durch den Kunden.

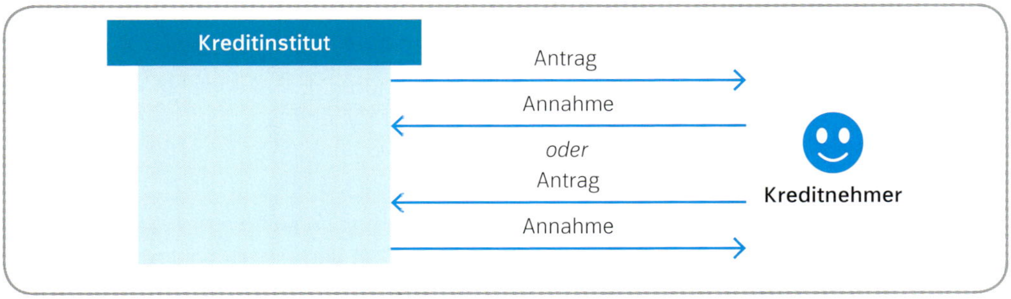

Auch wenn Pflichtangaben in dem Vertrag fehlen, bleibt der Kreditvertrag nach einer Auszahlung des Darlehens rechtswirksam. Fehlt allerdings die Angabe des Sollzinssatzes, des effektiven Jahreszinssatzes oder des Gesamtrückzahlungsbetrages, dann ermäßigt sich der Sollzinssatz des Darlehens auf den gesetzlichen Zinssatz von 4 % *(§§ 494 Abs. 2, 246 BGB)*.

Nicht angegebene Kosten werden vom Kreditnehmer nicht geschuldet. Fehlen im Vertrag Angaben zum Kündigungsrecht, ist der Kreditnehmer jederzeit zur Kündigung berechtigt. Fehlen Angaben zu den Kreditsicherheiten, können diese nicht nachgefordert werden, sofern der Nettokreditbetrag 75 000,00 EUR nicht übersteigt *(§ 494 BGB)*.

Nach Vertragsabschluss stellt der Kreditgeber dem Kreditnehmer eine Abschrift des Kreditvertrages zur Verfügung *(§ 492 Abs. 3 BGB)*.

▸ Bestellung der Sicherheiten

Das Kreditinstitut kann nur die Bestellung derjenigen Sicherheiten verlangen, die im Kreditvertrag aufgeführt sind. Die Bestellung der Sicherheiten erfolgt durch vertragliche Vereinbarung *(z. B. Bürgschaftsvertrag, Sicherungsübereignungsvertrag)*.

▸ SCHUFA-Meldung

Der Kunde erklärt mit der Unterzeichnung der SCHUFA-Klausel sein Einverständnis, dass die Daten des Darlehens der SCHUFA gemeldet werden.

▸ Restschuldversicherung

Der Abschluss einer Restschuldversicherung dient der Absicherung der Zahlungsverpflichtung aus dem Kreditvertrag.

Je nach Ausgestaltung des Vertrages sind folgende Versicherungsleistungen üblich:
- Tod: Zahlung der Restschuld
- Berufsunfähigkeit: Zahlung der Restschuld
- Arbeitslosigkeit: Zahlung der Monatsraten während der Arbeitslosigkeit

Der Versicherte darf die Arbeitslosigkeit nicht selbst verschuldet haben. Oft darf die Arbeitslosigkeit nicht in den ersten drei Monaten nach Vertragsabschluss auftreten. Die Zahlung der Kreditraten ist häufig auf ein Kalenderjahr begrenzt.

Der Versicherungsnehmer kann seine Vertragserklärung innerhalb von 14 Tagen widerrufen. Die Widerrufsfrist beginnt, wenn er die Versicherungsunterlagen und die Widerrufsbelehrung erhalten hat *(§ 8 Abs. 1 VVG)*. Über das Widerrufsrecht ist der Versicherungsnehmer eine Woche nach Abgabe der Vertragserklärung erneut in Textform zu belehren *(§ 7d VVG)*.

Wenn bei der Aufnahme eines Ratenkredites der Abschluss einer Restschuldversicherung für den Kreditnehmer verpflichtend ist, müssen die Kosten der Restschuldversicherung bei der Ermittlung des effektiven Jahreszinses für den Ratenkredit berücksichtigt werden *(§ 492 BGB; Artikel 247 §§ 6–13 EGBGB; § 6 Abs. 3 PAngV)*.

2.5 Bereitstellung des Kredites und Kreditüberwachung

Die Bereitstellung des Kreditbetrages durch das Kreditinstitut kann erfolgen
- auf dem laufenden Konto des Kreditnehmers,
- durch Überweisung an einen Verkäufer zur Begleichung einer Rechnung *(z. B. Pkw-Kauf)*,
- durch Überweisung an ein anderes Kreditinstitut bei Umschuldungen.

Das Kreditinstitut prüft dabei, ob der Darlehensnehmer das Geld tatsächlich für den im Darlehensvertrag genannten Zweck verwendet.

Das Kreditinstitut belastet die Monatsraten bei Fälligkeit dem Girokonto des Darlehensnehmers.

Zur Vermeidung von Forderungsausfällen **überwacht das Kreditinstitut** laufend
- die persönlichen und wirtschaftlichen Verhältnisse des Kunden,
- die Gehaltseingänge,
- den Eingang der Monatsraten und
- die Werthaltigkeit der bestellten Sicherheiten.

Im Rahmen einer automatischen Kreditüberwachung erhält die Kundenbetreuerin bzw. der Kundenbetreuer eine Information, wenn auf dem Konto keine ausreichende Deckung vorhanden ist. In diesem Fall wird der Darlehensnehmer kontaktiert, um die Ursachen zu erfahren und bei Zahlungsschwierigkeiten nach Lösungen zu suchen.

2.6 Beendigung des Kreditverhältnisses

▸ Freigabe von Sicherheiten

Nach kontraktgerechter Rückführung des Darlehens (also nach Zahlung der letzten Rate) ist das Kreditinstitut zur Freigabe der überlassenen Sicherheiten verpflichtet.

▸ Recht des Kreditnehmers auf vorzeitige Rückzahlung des Darlehens

Der Darlehensnehmer kann seine Verbindlichkeiten aus einem Allgemein-Verbraucherdarlehensvertrag jederzeit ganz oder teilweise vorzeitig erfüllen *(§ 500 Abs. 2 BGB)*. Soweit der Kreditnehmer seine Verbindlichkeit vorzeitig erfüllt, vermindern sich die gesamten Kreditkosten um die Zinsen und die sonstigen laufzeitabhängigen Kosten, die in der Zeit nach der Fälligkeit (Rückzahlung) angefallen wären *(§ 501 BGB)*.

Der Kreditgeber kann im Falle einer vorzeitigen Rückzahlung eine angemessene **Vorfälligkeitsentschädigung** *(§ 502 BGB)* für den unmittelbar mit der Rückzahlung zusammenhängenden Schaden *(z. B. Bearbeitungskosten)* verlangen.

Die **Vorfälligkeitsentschädigung** darf folgende Beträge **jeweils** nicht überschreiten:

- 1 % des vorzeitig zurückgezahlten Betrags bei einer Restlaufzeit von über einem Jahr bzw. 0,5 % des vorzeitig zurückgezahlten Betrags, wenn der Zeitraum zwischen der vorzeitigen und der vereinbarten Rückzahlung ein Jahr nicht übersteigt
- Betrag der Sollzinsen, den der Darlehensnehmer in dem Zeitraum zwischen der vorzeitigen und der vereinbarten Rückzahlung noch zu entrichten hätte

Der Anspruch auf Vorfälligkeitsentschädigung ist ausgeschlossen, wenn

- die Rückzahlung aus den Mitteln einer Restschuldversicherung bewirkt wird oder
- im Vertrag die Angaben über die Laufzeit des Vertrags, das Kündigungsrecht des Darlehensnehmers oder die Berechnung der Vorfälligkeitsentschädigung unzureichend sind.

Das Kreditinstitut besitzt nur ein außerordentliches Kündigungsrecht, wenn der Kreditnehmer seinen Verpflichtungen aus dem Vertrag nicht nachkommt *(§ 498 BGB)*.

➡ **Kompetenzcheck „Ratenkredite" siehe Seite 454**

3 Kreditsicherheiten

Kreditinstitute dürfen Verbraucherdarlehen nur gewähren, wenn die persönlichen und wirtschaftlichen Verhältnisse des Kunden eine ordnungsgemäße Erfüllung des Darlehensvertrages erwarten lassen. Aber auch wenn ein Kunde zum Zeitpunkt der Kreditgewährung als kreditwürdig erscheint, kommt es vor, dass er seine Verpflichtungen aus dem Kreditvertrag nicht erfüllt. Zum Schutz vor nicht vorhersehbaren Risiken verlangen Kreditinstitute oftmals eine Besicherung ihrer Ansprüche.

Nach dem Abschluss des Darlehensvertrages ist der Kreditnehmer verpflichtet, die im Vertrag benannten Sicherheiten bereitzustellen. Das Kreditinstitut kann nur die Bereitstellung der Sicherheiten verlangen, die im Darlehensvertrag aufgeführt sind. Die Bestellung der Sicherheiten erfolgt durch vertragliche Vereinbarung.

Im Fall der Verwertung hat das Kreditinstitut bei mehreren Sicherheiten ein Auswahlrecht *(AGB Nr. 21 Abs. 5 Sparkassen, AGB Nr. 17 Abs. 1 Banken).*

Kreditinstitute prüfen die Werthaltigkeit der Sicherheiten und ermitteln dabei den nachhaltig bei einer Verwertung erzielbaren Erlös.

In der Praxis dienen folgende Sicherheiten häufiger zur Besicherung von Allgemein-Verbraucherdarlehen:
- Sicherungsabtretung
- Bürgschaft
- Pfandrecht
- Sicherungsübereignung

5

▶ Akzessorische und fiduziarische Sicherheiten

Bei den Kreditsicherheiten sind **akzessorische** und **fiduziarische Sicherheiten** zu unterscheiden.

akzessorische Sicherheiten	fiduziarische (treuhänderische) Sicherheiten
• **Bürgschaft** • **Pfandrecht an beweglichen Sachen und Forderungen** • **Hypothek**	• **Sicherungsübereignung** • **Sicherungsabtretung** • **Sicherungsgrundschuld**
Forderung und Sicherheit sind **gesetzlich** miteinander verbunden, und zwar • **im Entstehen.** Die Sicherheit steht dem Gläubiger erst bei Entstehen der Forderung zu. • **in der Höhe.** Die dem Gläubiger zustehende Sicherheit kann nicht höher sein als die Forderung. Verringert sich die Forderung, verringert sich auch die Sicherheit entsprechend.	Forderung und Sicherheit sind gesetzlich **nicht** miteinander verbunden. **Außenverhältnis:** Die Sicherheit ist von der Forderung unabhängig. Mit der Bestellung der Sicherheit erwirbt das Kreditinstitut alle Rechte am Sicherheitsgut bis zur Rückübertragung. **Innenverhältnis:** In einer **Sicherungszweckerklärung** wird vereinbart, dass die Bestellung der Sicherheit nur zur Besicherung eines Kredites (= Rechtsgrund) erfolgt. Forderung und Sicherheit sind **vertraglich** miteinander verbunden.

akzessorische Sicherheiten	fiduziarische (treuhänderische) Sicherheiten
• **im Erlöschen.** Mit der Rückzahlung des Kredites erlischt aufgrund der gesetzlichen Bestimmungen auch die dem Gläubiger zustehende Sicherheit. 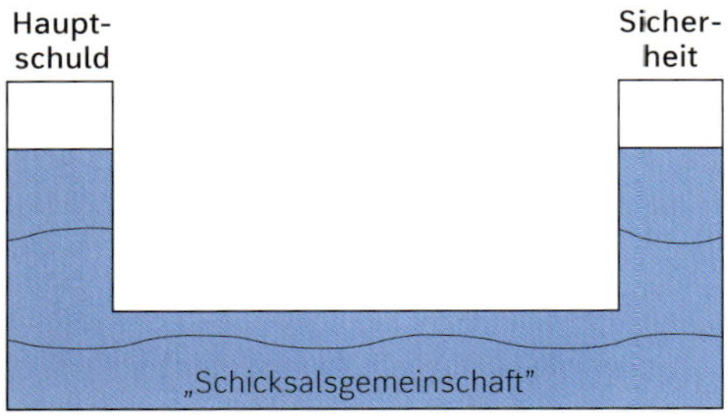	Daraus ergeben sich folgende Besonderheiten: • **eingeschränktes Verwertungsrecht** Das Kreditinstitut darf die Sicherheiten nur bei einer Nichterfüllung des Kreditvertrages bis zur Höhe der zugrunde liegenden Forderung verwerten. • **Deckungsgrenze** Es wird eine Deckungsgrenze vereinbart, denn der **realisierbare** Wert der Sicherheiten darf die Höhe des Kredites nicht wesentlich übersteigen. • **Freigabeverpflichtung** – Das Kreditinstitut ist verpflichtet, den Sicherungsgegenstand nach Beendigung des Kreditverhältnisses zurückzuübertragen. – Schon vor der vollständigen Kredittilgung sind auf Verlangen des Kreditnehmers Sicherheiten teilweise freizugeben, wenn der Wert der Sicherheiten die Ansprüche des Kreditinstitutes (Deckungsgrenze) nicht nur vorübergehend überschreitet.

▸ Prioritätsprinzip

Ist eine Sache oder ein Recht mehrfach mit einem Kreditsicherungsrecht belastet, so hat das früher bestellte Recht Vorrang vor den später bestellten Rechten.

Das Prioritätsprinzip führt bei einer Sicherungsübereignung und Sicherungszession dazu, dass spätere Übereignungen bzw. Abtretungen unwirksam sind. Bei einer mehrfachen Verpfändung von Sachen oder Rechten besitzt der Pfandgläubiger mit dem älteren Recht den ersten Zugriff auf das Pfandgut. Erst wenn der bevorrechtigte Pfandgläubiger vollständig befriedigt wurde, kann ein nachrangiger Pfandgläubiger Ansprüche geltend machen.

Beispiele

- Svenja Lange hat am 25. Mai 20.. eine Lebensversicherung zur Sicherung eines Darlehens an die Regio-Bank AG abgetreten. Da Svenja nun nicht mehr Gläubigerin der Versicherungsansprüche ist, kann sie die Forderung kein zweites Mal rechtswirksam übertragen.
- Werner Lohmann, Kreditnehmer der Regio-Bank AG, ist in Zahlungsschwierigkeiten geraten. Aus einem Kreditverhältnis hat die Region-Bank AG eine Forderung in Höhe von 9 000,00 EUR. Ein Gläubiger betreibt die Zwangsvollstreckung in das Vermögen des Kunden und fordert aufgrund eines Pfändungs- und Überweisungsbeschlusses die Überweisung des Sparguthabens von 7 000,00 EUR. Aufgrund des schon bei der Kontoeröffnung vereinbarten AGB-Pfandrechtes besitzt die Regio-Bank AG das ältere und damit vorrangige Pfandrecht.

3.1 Sicherungsabtretung

Definition

Bei der Sicherungsabtretung (Sicherungszession) überträgt der Sicherungsgeber (Zedent, i. d. R. zugleich Kreditnehmer) treuhänderisch (fiduziarisch) eine Forderung, die er gegenüber einem Dritten (Drittschuldner) besitzt, auf den Sicherungsnehmer (Zessionar, Darlehensgeber) zur Besicherung eines Darlehens. Der Sicherungsnehmer wird neuer (rechtlicher) Gläubiger der Forderung, der Sicherungsgeber bleibt aber wirtschaftlicher Gläubiger der Forderung.

Die Sicherungsabtretung erfolgt nach den allgemeinen Vorschriften zur Übertragung von Forderungen *(§ 398 ff. BGB)*.

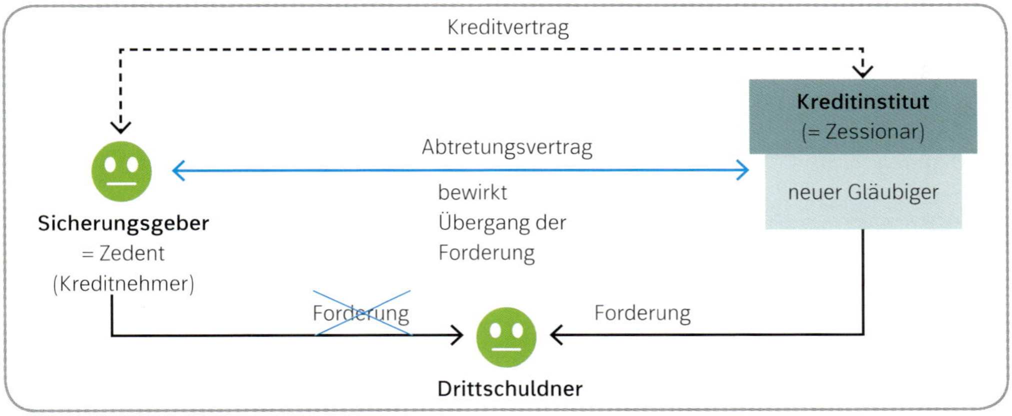

Mit der **Abtretung** geht die Forderung auf den Zessionar (Kreditinstitut) über **(Gläubigerwechsel)**. Der Abtretungsvertrag ist formfrei, jedoch ist die Schriftform banküblich und zur Beweissicherung zweckmäßig. Die Abtretung ist nur wirksam, wenn die als Sicherung dienende Forderung hinreichend „individualisiert" ist, d. h. sich aufgrund einer genauen Bestimmung von allen anderen Forderungen des Zedenten unterscheiden lässt.

Im **Außenverhältnis** gegenüber Dritten ist das Kreditinstitut mit der Abtretung **neuer (rechtlicher) Gläubiger** der Forderung.

In einer **Sicherungszweckerklärung** wird jedoch vereinbart, dass ...

- die Abtretung der Forderung nur **treuhänderisch (fiduziarisch)** zur Absicherung eines bestimmten Darlehens erfolgt,
- die abgetretenen Forderungen den Darlehensbetrag nicht wesentlich übersteigen dürfen **(Deckungsgrenze)**,
- die Forderung nach Beendigung des Kreditverhältnisses auf den Sicherungsgeber (Kreditnehmer) zurückzuübertragen ist **(Freigabeklausel)**.

Durch diese Vereinbarungen sind die Rechte des Kreditinstitutes an der abgetretenen Forderung gegenüber dem Sicherungsgeber im **Innenverhältnis beschränkt**. Das Kreditinstitut erwirbt nur ein **bedingtes Verwertungsrecht** an der Forderung für den Fall, dass der Kreditnehmer seine Verpflichtungen aus dem Darlehensvertrag nicht erfüllt. Dem Sicherungsgeber

(Kreditnehmer) stehen weiterhin eventuelle Zinsansprüche zu und er trägt das Risiko eines Forderungsausfalles. Damit bleibt er **wirtschaftlicher Gläubiger** der Forderung.

Merkmale der Fiduziarität

- **eingeschränktes Verwertungsrecht**
  Das Kreditinstitut darf die abgetretene Forderung nur bis zur Höhe der Kreditverpflichtung des Kreditnehmers geltend machen, sofern dieser seine Zahlungsverpflichtungen nicht erfüllt. Ein ggf. erzielter Verwertungsüberschuss steht dem Sicherungsgeber zu.
- **Anspruch auf Rückübertragung (Freigabeklausel)**
  Das Kreditinstitut ist nach Tilgung der gesicherten Forderung zur Rückübertragung der Forderung verpflichtet.
- **Bilanzierung beim Sicherungsgeber**
  Wegen der Pfandrechtsnähe der Sicherungsabtretung wird die abgetretene Forderung beim Sicherungsgeber bilanziert. Das Risiko des Forderungseingangs trägt der Sicherungsgeber.
- **Absonderungsrecht des Sicherungsnehmers**
  Im Insolvenzverfahren des Sicherungsgebers hat das Kreditinstitut ein Absonderungsrecht.
- **Risiko des Forderungsausfalls**
  Das Risiko der Zahlungsunfähigkeit des Drittschuldners trägt der Sicherungsgeber.

Arten der Abtretung

stille Abtretung
• keine Abtretungsanzeige an den Drittschuldner • Zahlungen des Drittschuldners mit schuldbefreiender Wirkung an den Zedenten möglich *(§ 407 BGB)* • Abführung des Zahlungseingangs an den Zessionar • In der Praxis wird durch entsprechende Angabe der Kontoverbindung auf den Rechnungen dafür gesorgt, dass die Drittschuldner nur auf das laufende Konto des Zedenten beim Zessionar überweisen.
offene Abtretung
• Abtretungsanzeige an den Drittschuldner • Zahlungen des Drittschuldners mit schuldbefreiender Wirkung nur an den Zessionar

Eine stille Zession kann jederzeit durch die Zessionsanzeige an den Drittschuldner zu einer offenen Zession umgewandelt werden. Das Kreditinstitut lässt sich für den Fall einer späteren Offenlegung der Zession vom Kreditnehmer blanko unterzeichnete Benachrichtigungsschreiben aushändigen.

▶ Sicherungsabtretung in der Kreditsicherungspraxis

In der Praxis sind folgende Abtretungen üblich:

	Einzelabtretungen (Abtretung von Forderungen gegenüber einem Drittschuldner)	Rahmenabtretungen (Globalzession) (Abtretung von Forderungen gegenüber mehreren Drittschuldnern)
stille Zession	Lohn- und Gehaltsabtretung	Abtretung von Forderungen aus Lieferungen und Leistungen
offene Zession	• Lebensversicherungsansprüche • Ansprüche aus sonstigen Versicherungen *(z. B. Feuerversicherung, Kaskoversicherung)* • Ansprüche aus Bausparverträgen • Kontoguthaben bei anderen Kreditinstituten	☒

Eine Sicherungsabtretung von Kontoguthaben eigener Kunden (= Gläubiger) an das kontoführende Kreditinstitut (= Schuldnerin) ist nicht möglich, da das Kreditinstitut durch eine Abtretung gleichzeitig Gläubigerin und Schuldnerin der Einlage würde, was zu einem Erlöschen der Forderung führt.

Arten	Erläuterung
Abtretung von Lohn- und Gehaltsansprüchen	• Abtretung der Ansprüche gegen derzeitige und zukünftige Arbeitgeber • Prüfung, ob Abtretung vom Arbeitgeber vertraglich ausgeschlossen wurde • gesetzliches Abtretungsverbot für unpfändbare Forderungen *(z. B. Erziehungsbeihilfen, Waisenrente)* • Begrenzung der Abtretung auf einen Höchstbetrag (i. d. R. Gesamtrückzahlungsbetrag des Darlehens) • Begrenzung der Abtretung auf den pfändbaren Teil des Lohnes/Gehaltes (§ 850c ZPO) • Vorteilhaft für die Kreditüberwachung ist ein Gehaltskonto beim kreditgewährenden Kreditinstitut. • Eine Offenlegung erfolgt nur aus wichtigem Grund *(z. B. Verzug mit zwei Monatsraten)* und nach Androhung und Ablauf einer angemessenen Nachfrist von mindestens einem Monat (analog zum Pfandrecht, *(§ 1234 Abs. 2 BGB)*. • Jeder Arbeitgeberwechsel muss unverzüglich angezeigt werden. Für den Fall, dass der Sicherungsgeber dieser Verpflichtung nicht nachkommt, willigt er ein, dass die Krankenkasse und das Arbeitsamt dem Kreditinstitut den neuen Arbeitgeber mitteilen dürfen.
Abtretung von Ansprüchen aus Bausparverträgen	• Maßgeblich für den Wert der Sicherheit ist das Bausparguthaben. • Nicht zuteilungsreife Bausparverträge werden von Kreditinstituten vorfinanziert. Bei der Zuteilung zahlt die Bausparkasse die Bausparsumme an das Kreditinstitut und tilgt damit den Kredit.

5

Arten	Erläuterung
Abtretung von Kontoguthaben bei anderen Kreditinstituten	• Das kontoführende Kreditinstitut wird um folgende Angaben gebeten: – Mitteilung des aktuellen Kontostandes – Rücktrittserklärung hinsichtlich ihres AGB-Pfandrechts • Sparbücher werden hereingenommen, da das kontoführende Kreditinstitut nur gegen Vorlage der Sparurkunde Zahlung leistet.

Abtretung von Lohn- und Gehaltsansprüchen (stille Zession)

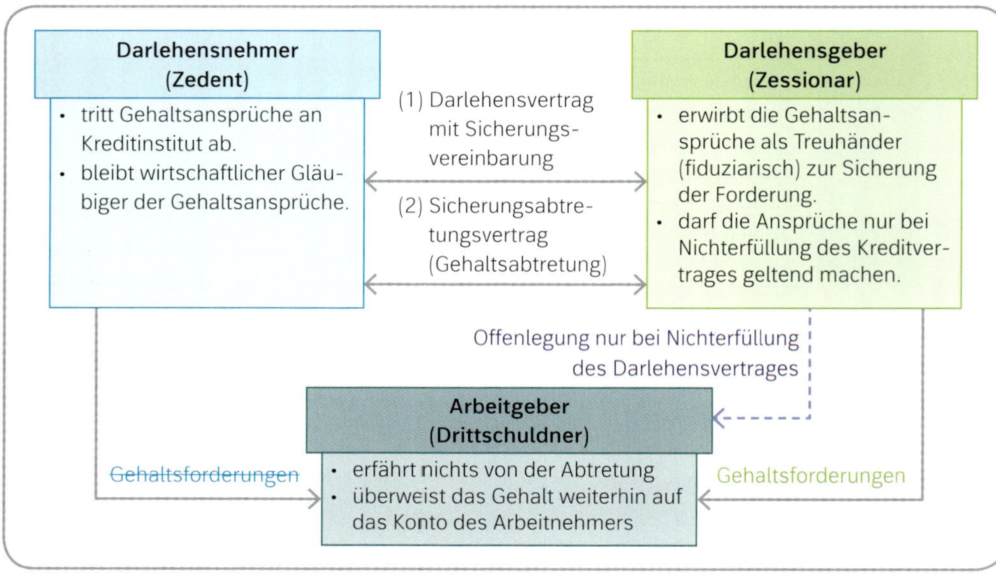

➡ **Kompetenzcheck „Sicherungsabtretung" siehe Seite 455**

3.2 Bürgschaft

§

Durch den Bürgschaftsvertrag verpflichtet sich der Bürge gegenüber dem Gläubiger eines Dritten für die Erfüllung der Verbindlichkeit des Dritten einzustehen. Die Bürgschaft kann auch für eine künftige oder bedingte Verbindlichkeit übernommen werden *(§ 765 BGB)*.

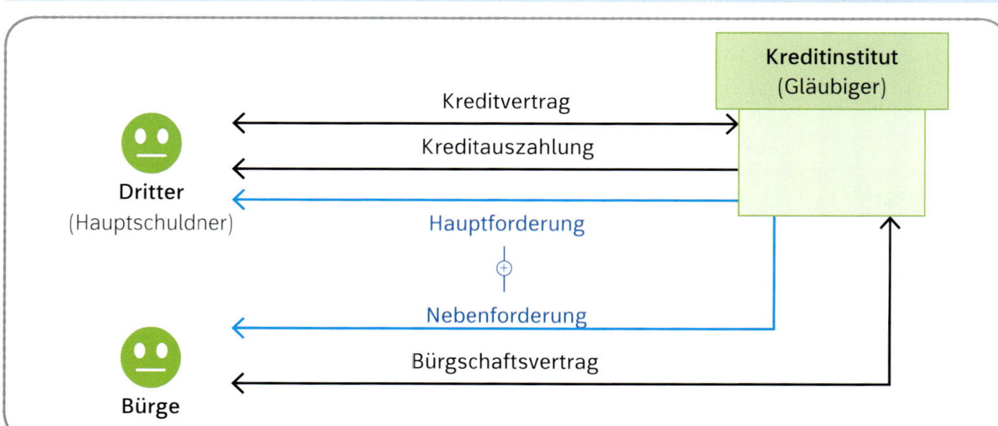

Merkmale	Erläuterung
Rechtsgeschäft	Die Bürgschaft ist ein einseitig verpflichtender Vertrag.
Schriftform	In der Bankpraxis werden aus folgenden Gründen nur **schriftliche** Bürgschaftserklärungen akzeptiert: • Formvorschrift nach BGB Zur Gültigkeit des Bürgschaftsvertrages ist die schriftliche Erteilung der Bürgschaftserklärung erforderlich *(§ 766 BGB)*. Ausnahme: Ein Kaufmann kann im Rahmen eines Handelsgeschäftes auch mündlich bürgen *(§ 350 HGB)*. • Beweissicherheit • Vereinbarung besonderer vertraglicher Regelungen
Akzessorietät	Für die Verpflichtung des Bürgen ist der jeweilige Bestand der Hauptschuld maßgeblich *(§ 767 BGB)*. • Die Verpflichtung aus der Bürgschaft entsteht erst mit dem Bestehen der Hauptschuld. • Verringert sich die Hauptschuld, verringert sich die Bürgschaft. • Erlischt die Hauptschuld, erlischt die Bürgschaft.

3.2.1 Bürgschaftsarten

Arten	Erläuterung
gewöhnliche Bürgschaft 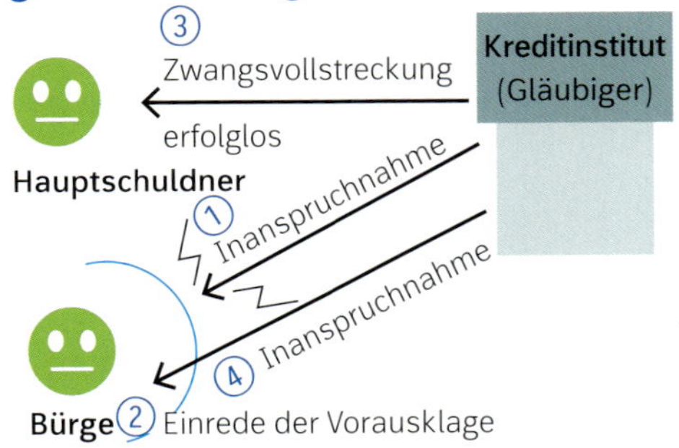 	Der Bürge kann die ① Zahlung (Inanspruchnahme) verweigern, solange der Gläubiger nicht eine Zwangsvollstreckung in das **bewegliche Vermögen** des Hauptschuldners ohne Erfolg versucht hat. → **Einrede der Vorausklage** *(§§ 771, 772 BGB)* Macht der Bürge von der Einrede der Vorausklage ② Gebrauch, muss der Gläubiger zunächst die Zwangsvollstreckung ③ betreiben. Ist die Zwangsvollstreckung erfolglos, kann der Bürge endgültig in Anspruch genommen werden ④.
selbstschuldnerische Bürgschaft 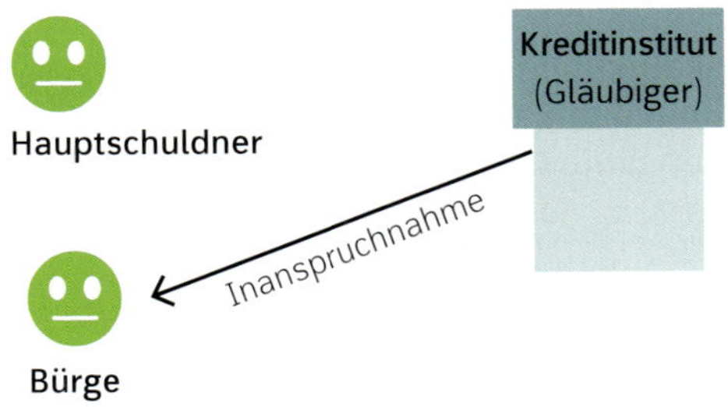 	Der **Bürge verzichtet auf die Einrede der Vorausklage** (selbstschuldnerische Bürgschaft kraft Vertrages, *§ 773 BGB)*. Ist für den Bürgen die Bürgschaft ein Handelsgeschäft, so steht ihm die Einrede der Vorausklage nicht zu (selbstschuldnerische Bürgschaft kraft Gesetzes, *§ 349 HGB)*. Der Bürge haftet wie der Hauptschuldner selbst. Die Zahlungspflicht des Bürgen entsteht bei Fälligkeit der Forderung.

3.2.2 Beendigung des Bürgschaftsverhältnisses

▶ Erlöschen der Bürgschaft

Die **Bürgschaft erlischt**, wenn ...

- die Hauptverbindlichkeit erlischt,
- die Bürgschaft zeitlich befristet war, die Bürgschaftsfrist abgelaufen ist und der Gläubiger den Einzug der Forderung nicht unverzüglich betreibt *(§ 777 BGB)*,
- der Gläubiger ein die Hauptschuld sicherndes Recht ohne Zustimmung des Bürgen aufgibt *(§ 776 BGB)*,
- die Verbindlichkeit des Hauptschuldners ohne Zustimmung des Bürgen von einem Dritten übernommen wird *(z. B. Geschäftsübernahme)*.

Die Bürgschaft **erlischt nicht mit dem Tod des Bürgen**. Die Bürgschaft gehört zu den Nachlassverbindlichkeiten.

Die Bürgschaft **erlischt nicht mit dem Tod des Hauptschuldners**. Die Haftung des Bürgen beschränkt sich auf die beim Tod des Hauptschuldners bestehende Schuld.

▶ Ansprüche des Bürgen nach Befriedigung des Gläubigers

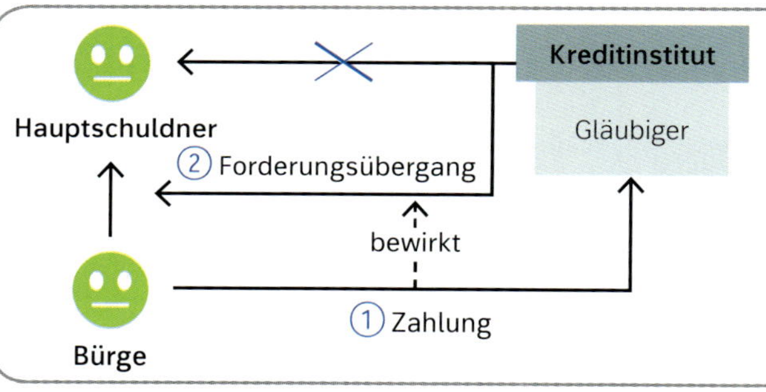

Zahlt der Bürge an den Gläubiger, geht die Forderung gegen den Hauptschuldner auf den Bürgen über *(gesetzlicher Forderungsübergang, § 774 BGB)*.

3.2.3 Bürgschaft in der Kreditsicherungspraxis

▶ Voraussetzungen für die Hereinnahme einer Bürgschaft

- **Geschäftsfähigkeit des Bürgen**
- **Bonität des Bürgen**
  Der Wert der Bürgschaft ist abhängig von der Bonität des Bürgen. Deshalb ist eine Kreditwürdigkeitsprüfung wie beim Kreditnehmer selbst *(z. B. Selbstauskunft, Haushaltsrechnung, Kontoführung, SCHUFA-Anfrage)* sinnvoll.
- **Einwilligung zur SCHUFA-Meldung**
  Mit der Unterzeichnung der SCHUFA-Klausel willigt der Bürge ein, dass das Kreditinstitut der SCHUFA die Daten der Bürgschaftsübernahme *(Bürge, Kreditnehmer, Betrag, Laufzeit, Ratenbeginn des Kredites)* mitteilt.

- **Widerrufsbelehrung**
  Wenn der Bürge die Bürgschaftserklärung in seinen Wohn- oder Geschäftsräumen abgegeben hat, gelten die Vorschriften des BGB über das Widerrufsrecht bei Haustürgeschäften. Der Bürge muss über das Widerrufsrecht von 14 Tagen belehrt werden und die Widerrufsbelehrung unterschreiben. Die Bürgschaft wird wirksam, wenn kein Widerruf binnen 14 Tagen erfolgt *(§§ 312b ff., 355 BGB)*.

▶ Besondere Vertragsinhalte

Inhalt	Erläuterung
selbstschuldnerische Bürgschaft	Kreditinstitute akzeptieren nur selbstschuldnerische Bürgschaften, d. h., der Bürge verzichtet auf das Recht auf Einrede der Vorausklage *(§§ 771, 773 BGB)*.
Höchstbetragsbürgschaft	Die Bürgschaft wird auf einen Höchstbetrag beschränkt. Der Bürge muss maximal für diesen Betrag einstehen, d. h., die Bürgschaftsverpflichtung erhöht sich **nicht** durch Zinsen, Provisionen und andere Kosten über diesen Betrag hinaus.
Sicherungszweck	Insbesondere bei Privatkunden werden nur Bürgschaften mit **enger Sicherungszweckerklärung** vereinbart, d. h., der Bürge haftet für die Erfüllung eines genau bezeichneten Kredites. Die Bürgschaft ist nach den Grundsätzen des BGH auf den Kredit zu beschränken, für den sie hereingenommen wurde. Dient die Bürgschaft zur Besicherung von Krediten mit wechselnden Schuldsalden *(z. B. Kontokorrentkredit)*, muss sich die Bürgschaft auch auf **zukünftige Forderungen** beziehen *(§ 765 Abs. 2 BGB)*.
Haftung mehrerer Bürgen	Mehrere Bürgen haften als Gesamtschuldner, d. h., jeder haftet für den gesamten Kredit *(§ 769 BGB)*. Bei einer Teilbürgschaft haftet jeder Bürge nur für eine Teilschuld.
Kündigung	Bei zeitlich unbefristeten Bürgschaften steht dem Bürgen ein Kündigungsrecht zu. Nach einer Kündigung beschränkt sich die Haftung des Bürgen auf den zum Kündigungszeitpunkt bestehenden Kreditbetrag. Kein Kündigungsrecht besteht bei zeitlich befristeten Bürgschaften und bei Bürgschaften für Kredite mit einer fest vereinbarten Laufzeit.
Verzicht auf Einreden	Der Bürge kann sich nicht darauf berufen, dass das Kreditinstitut die Ansprüche durch Aufrechnung gegen eine fällige Forderung des Hauptschuldners befriedigen kann *(Verzicht auf die Einrede der Aufrechenbarkeit; § 770 BGB)*.

▶ Problematische Bürgschaften

- **Bürgschaften von Kindern**
  Bei minderjährigen Kindern ist neben der Zustimmung der Eltern auch die Einwilligung des Vormundschaftsgerichtes notwendig, die nur in Ausnahmefällen erteilt wird. Auch bei volljährigen Kindern kann die Bürgschaft ein vom Kreditinstitut erkennbarer Verstoß gegen die Verpflichtung zur familiären Rücksichtnahme *(§ 1618a BGB)* und damit nichtig sein. Nur wenn das Kind ein eigenes Interesse an der Kreditgewährung hat *(z. B. spätere Übernahme des Geschäftes)* sollten Bürgschaften von Kindern akzeptiert werden.

- **Bürgschaften von Angehörigen mit geringem Einkommen und Vermögen**
  Da der Sicherungswert der Bürgschaft von der Bonität des Bürgen abhängt, sollten Bürgschaften von Personen ohne ausreichendes Einkommen bzw. Vermögen grundsätzlich nicht akzeptiert werden. Solche Bürgschaften können sittenwidrig und damit nichtig sein *(§ 138 BGB)*, insbesondere wenn
  - ein auffälliges Missverhältnis zwischen der übernommenen Haftung und der Leistungsfähigkeit des Bürgen besteht,
  - der Bürge im „Rahmen der familiären Hilfsbereitschaft" zur Bürgschaft gedrängt wurde,
  - der Bürge auf absehbare Zeit einkommens- und vermögenslos ist und z. B. durch psychische Druckausübung zur Bürgschaftsübernahme veranlasst wurde.

➡ **Kompetenzcheck „Bürgschaft" siehe Seite 455**

3.3 Pfandrecht

§

Das **Pfandrecht** ist ein zur Sicherung einer Forderung bestelltes, dingliches Recht, das dem Pfandgläubiger die Befugnis einräumt, unter bestimmten Voraussetzungen Befriedigung aus dem verpfändeten Gegenstand zu suchen *(§ 1204 ff. BGB)*.

3.3.1 Arten des Pfandrechts

Arten	Entstehung
vertragliches Pfandrecht	Das Pfandrecht entsteht durch **Vertrag** zwischen dem Verpfänder und dem Pfandgläubiger. **Beispiele:** – AGB-Pfandrecht – Pfandvertrag zwischen Kreditnehmer und Kreditgeber
gesetzliches Pfandrecht	Das Pfandrecht besteht **kraft Gesetzes**, ohne dass die beteiligten Parteien ausdrücklich eine Verpfändung vereinbart haben. **Beispiele:** – Pfandrecht des Kommissionärs *(§ 397 HGB)* – Vermieterpfandrecht *(§ 562 BGB)* – Verpächterpfandrecht *(§ 592 BGB)*
Pfändungs-pfandrecht	Das Pfandrecht entsteht im Wege der **Zwangsvollstreckung** in das bewegliche Vermögen eines säumigen Schuldners *(§§ 803, 804 ZPO)*. • Die **Pfändung** der im Gewahrsam des Schuldners befindlichen **beweglichen Sachen** erfolgt dadurch, dass der Gerichtsvollzieher diese Sachen in Besitz nimmt oder durch Anbringung des Pfandsiegels die Pfändung des Gegenstandes deutlich macht *(§ 808 ZPO)*. • Die **Pfändung von Forderungen** erfolgt durch Zustellung eines gerichtlichen Pfändungsbeschlusses *(§ 829 ZPO)*. Die Pfändung eines Kontoguthabens bei einem Kreditinstitut umfasst das am Tag der Pfändungszustellung bestehende Guthaben und die Tagesguthaben der auf die Pfändung folgenden Tage *(§ 833a ZPO)*. Im Überweisungsbeschluss wird der Drittschuldner zur Zahlung an den Gläubiger aufgefordert *(§ 835 ZPO)*.

Die verschiedenen Pfandrechte gewähren dem jeweiligen Pfandgläubiger die gleichen Rechte *(§ 804 ZPO, § 1257 BGB)*.

3.3.2 Pfandrecht an beweglichen Sachen (Mobiliarpfandrecht)

§

Eine bewegliche Sache kann zur Sicherung einer Forderung in der Weise belastet werden, dass der Gläubiger berechtigt ist, Befriedigung aus der Sache zu suchen. Das Pfandrecht kann auch für eine künftige oder eine bedingte Forderung bestellt werden *(§ 1204 BGB)*.

- **„Faustpfandprinzip“:** Die Bestellung erfolgt durch Einigung über die Entstehung des Pfandrechtes und Übergabe der Sache *(§ 1205 BGB)*.
- **bedingtes Verwertungsrecht:** Der Pfandgläubiger kann das Pfand bei Nichterfüllung des Kreditvertrages verwerten *(§ 1228 BGB)*.
- **Akzessorietät:** Das Pfand haftet für die Forderung in ihrem jeweiligen Bestand *(§ 1210 BGB)*. Der Pfandgläubiger erwirbt das Pfandrecht erst bei Entstehung der Forderung.
- **Rückgabepflicht des Pfandes** bei Beendigung des Kreditverhältnisses *(§ 1223 BGB)*

Verpfänder ... (= Kreditnehmer)
- bleibt Eigentümer der Sache und
- mittelbarer Besitzer der verpfändeten Sache.

1. Kreditvertrag ⟷
2. Bestellung des Pfandrechtes
   a) dingliche Einigung ⟷
   b) Übergabe der Sache →
3. Bereitstellung des Kredites ←

Pfandgläubiger ... (= Kreditgeber)
- erwirbt den unmittelbaren Besitz und
- ein bedingtes Verwertungsrecht.

Situation	Abwicklung der Pfandrechtsbestellung bei beweglichen Sachen (§ 1205 BGB)	Beispiele
Gegenstand befindet sich beim Verpfänder.	Verpfänder ⟷ Einigung über die Entstehung des Pfandrechts + Übergabe → (Faustpfandprinzip) Pfandgläubiger 	– Schmuck – Edelmetalle
Gegenstand befindet sich bereits beim Pfandgläubiger *(§ 1205 Abs. 1 BGB; AGB Pfandklausel)*.	Verpfänder ⟷ Einigung über die Entstehung des Pfandrechts Pfandgläubiger 	Effekten, die sich im Depot des Kreditgebers befinden (gilt auch für Girosammelverwahrung)

3.3.3 Pfandrecht an Forderungen

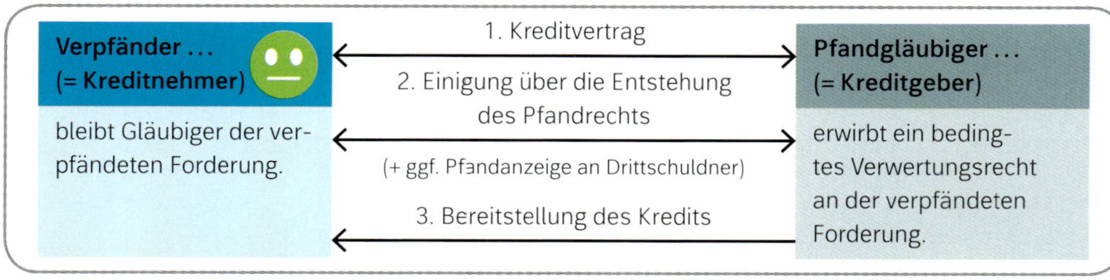

Situation	Abwicklung der Pfandrechtsbestellung bei Kontoguthaben und Versicherungsansprüchen	Beispiele
Forderungen an den Pfandgläubiger *(§§ 1273, 1280 BGB)*	Verpfänder ⟷ Einigung über die Entstehung des Pfandrechts ⟷ **Pfandgläubiger** = kontoführende Stelle ▪ AGB-Pfandrecht ▪ Pfandvertrag	– Kontoguthaben beim Pfandgläubiger (Kreditgeber) – Sparguthaben – Sparbriefe – Festgelder

Publizitätsprinzip: Bei der Verpfändung von Forderungen und von Sachen, die sich im Besitz eines Dritten befinden, ist für die Wirksamkeit des Pfandrechtes eine **Pfandanzeige** erforderlich *(§§ 1280, 1205 BGB)*.

3.3.4 Pfandrecht in der Kreditsicherungspraxis

Schon bei der Kontoeröffnung und der Anerkennung der AGB erwirbt das Kreditinstitut das sogenannte **„AGB-Pfandrecht"**.

> **AGB Banken Nr. 14/AGB Sparkassen Nr. 21**
>
> (1) Der Kunde und die Bank sind sich darüber einig, dass die Bank ein Pfandrecht an den Wertpapieren und Sachen erwirbt, an denen eine inländische Geschäftsstelle im bankmäßigen Geschäftsverkehr Besitz erlangt hat oder noch erlangen wird. Die Bank erwirbt ein Pfandrecht auch an den Ansprüchen, die dem Kunden gegen die Bank aus der bankmäßigen Geschäftsverbindung zustehen oder künftig zustehen werden (z.B. Kontoguthaben).
>
> (2) Das Pfandrecht dient der Sicherung aller bestehenden, künftigen und bedingten Ansprüche, die der Bank mit ihren sämtlichen in- und ausländischen Geschäftsstellen aus der bankmäßigen Geschäftsverbindung gegen den Kunden zustehen.

Aufgrund des AGB-Pfandrechtes besitzt das Kreditinstitut ein Pfandrecht an allen Konto- und Depotguthaben des Kreditnehmers, ohne dass ein besonderer Pfandvertrag geschlossen werden muss. Solange aber der Verwertungsfall nicht eingetreten ist, kann der Kunde jederzeit über die Konten und Depots frei verfügen.

Wenn in einem Kreditvertrag bestimmte Konto-/Depotguthaben als Sicherheit vereinbart werden, erfolgt der Abschluss eines besonderen Pfandvertrages, insbesondere um die Deckungsgrenze und Sicherheitenfreigabe zu regeln. Die Vermögenswerte sind grundsätzlich für die Zeit des Kreditverhältnisses gesperrt. Auch wenn der Kontoinhaber und der Kreditnehmer nicht identisch sind, ist ein besonderer Pfandvertrag notwendig.

Bei der Sicherung des Kredites durch Guthaben des Kreditnehmers ist zunächst immer die Frage zu klären, ob es nicht möglich bzw. sinnvoll ist, anstatt des Kredites das Guthaben für die geplanten Anschaffungen zu verwenden.

Das Kreditinstitut besitzt als Vermieter von Schrankfächern *(§ 562 BGB)* und als Kommissionär bei der Ausführung von Effekten- und Devisenhandelsgeschäften *(§ 397 HGB)* ein gesetzliches Pfandrecht für fällige Ansprüche aus dem Miet- bzw. Kommissionsvertrag.

Der Sicherungswert des Pfandobjektes wird durch die Beleihungsgrenze (Beleihungssatz) bestimmt. Die Höhe der Beleihungsgrenze richtet sich nach der Preisstabilität, der Marktgängigkeit und der Verwertbarkeit des Beleihungsobjektes.

Bei Kontoguthaben (Spareinlagen, Festgelder) ist eine Beleihungsgrenze von 100 % üblich.

3.3.5 Verwertung des Pfandes

▸ Voraussetzungen

1. **Pfandreife**
   Die pfandgesicherte Forderung muss fällig sein *(§ 1228 BGB).*
2. **Androhung** der Pfandverwertung *(§ 1234 BGB)*
3. **Verwertung** nach Ablauf einer **Wartefrist:**
   - bei Privatleuten: ein Monat nach Androhung der Pfandverwertung *(§ 1234 BGB)*
   - bei Kaufleuten: eine Woche nach Androhung der Pfandverwertung *(§ 368 HGB)*

Ein ggf. erzielter Verwertungsüberschuss steht dem Kreditnehmer zu. Ein Fehlbetrag bleibt als Forderung bestehen.

▸ Formen der Verwertung

Pfandobjekt	Formen der Verwertung	Rechtsgrundlage
bewegliche Sachen und Wertpapiere	• **Grundsatz: öffentliche Versteigerung** Zeit und Ort der Versteigerung sind dem Verpfänder mitzuteilen sowie öffentlich bekannt zu machen. Pfandgläubiger und Verpfänder können bei der Versteigerung mitbieten. • **Ausnahme: freihändiger Verkauf durch eine zur öffentlichen Versteigerung befugte Person** Voraussetzung: das Pfand hat einen Börsen- oder Marktpreis *(z. B. Verkauf von Effekten an der Börse).*	*§ 1235 BGB* *§ 1237 BGB* *§ 1239 BGB* *§§ 1221, 1235 BGB* *§§ 1293, 1295 BGB*
Forderungen	**Einziehung der Forderung durch den Pfandgläubiger** Nach der Pfandreife kann der Drittschuldner mit schuldbefreiender Wirkung nur noch an den Pfandgläubiger zahlen.	*§ 1282 BGB*

5

▸ Erlöschen des Pfandrechts

- Der Pfandgegenstand wurde rechtmäßig verwertet *(§ 1242 BGB)*.
- Die Forderung, für die das Pfandrecht bestellt wurde, besteht nicht mehr *(§ 1252 BGB)*.
- Der Pfandgläubiger gibt das Pfand dem Verpfänder zurück *(§ 1253 BGB)*.
- Der Pfandgläubiger verzichtet auf das Pfandrecht *(§ 1255 BGB)*.

➡ **Kompetenzcheck „Pfandrecht" siehe Seite 455**

3.4 Sicherungsübereignung

Definition

Die **Sicherungsübereignung** ist eine Eigentumsübertragung mit der Vereinbarung, dass der Erwerber die übereignete Sache nur bei Nichterfüllung der gesicherten Forderung verwerten darf. Die Eigentumsübertragung erfolgt **sicherungshalber.**

Die Sicherungsübereignung gehört zu den fiduziarischen Kreditsicherheiten. Im **Außenverhältnis** erwirbt das Kreditinstitut das uneingeschränkte (rechtliche) Eigentum am Sicherungsgut. Im **Innenverhältnis** ist in einer Sicherungszweckerklärung festzulegen, unter welchen Voraussetzungen das Kreditinstitut das Sicherungsgut verwerten darf.

▸ Entstehung des Sicherungseigentums

Die Sicherungsübereignung erfolgt nach den allgemeinen Vorschriften über die Eigentumsübertragung durch Einigung und Besitzkonstitut *(§ 930 BGB)*.

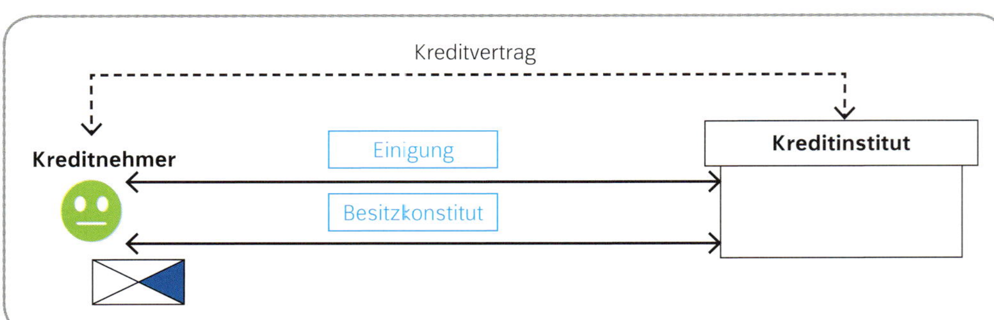

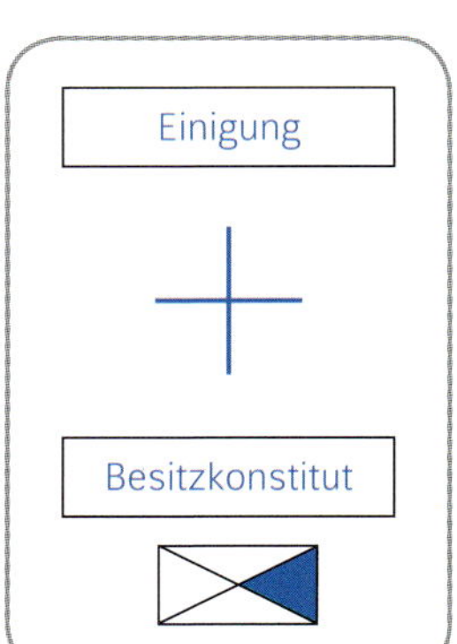

Die Vertragspartner einigen sich darüber, dass das Eigentum sicherungshalber auf das Kreditinstitut übergeht.

Die Übergabe des Sicherungsgutes wird durch einen Vertrag ersetzt, der den Kreditnehmer weiterhin zum unmittelbaren Besitz berechtigt *(z. B. Leihvertrag als Besitzkonstitut)*.

Der Sicherungsübereignungsvertrag ist formfrei, jedoch ist die Schriftform banküblich und aus Beweisgründen zweckmäßig. Die Sicherungsübereignung ist nur wirksam, wenn das Sicherungsgut hinreichend individualisiert ist, d. h. sich aufgrund einer genauen Beschreibung bzw. Kennzeichnung von allen anderen Sachen des Kreditnehmers unterscheiden lässt.

Rechtsfolgen der Sicherungsübereignung

	Sicherungsübereignung	Pfandrecht
Kreditnehmer	• bleibt unmittelbarer Besitzer *(§ 854 BGB)* • bleibt wirtschaftlicher Eigentümer	bleibt Eigentümer und mittelbarer Besitzer
Kreditinstitut	• wird mittelbarer Besitzer und fiduziarischer Eigentümer *(§ 868 BGB)* • erwirbt ein bedingtes Verwertungsrecht	• wird unmittelbarer Besitzer • erwirbt ein bedingtes Verwertungsrecht

Sicherungsübereignung von Kraftfahrzeugen

Im Sicherungsübereignungsvertrag sind die Daten des übereigneten Fahrzeugs festzuhalten:
- Name und Anschrift des Fahrzeughalters
- Fahrzeugart und Hersteller
- amtliches Kennzeichen
- Fahrzeugidentifikationsnummer (FIN)
- Tag der Erstzulassung

Der Darlehensnehmer ist als Halter in der Zulassungsbescheinigung Teil II eingetragen, obwohl er nicht Eigentümer des Fahrzeugs ist. Aus Sicherheitsgründen verlangen einige Kreditinstitute die Herausgabe der Zulassungsbescheinigung Teil II, um unrechtmäßige Verfügungen über das Fahrzeug auszuschließen. Die Übergabe der Zulassungsbescheinigung Teil II hat zwar für den Rechtserwerb keine Bedeutung, jedoch zerstört eine fehlende Zulassungsbescheinigung Teil II den guten Glauben des Erwerbers an das Eigentum des Veräußerers. Es gilt die Vermutung, dass demjenigen, der die Zulassungsbescheinigung Teil II nicht besitzt, auch das Fahrzeug nicht gehört.

Um die Ausstellung einer Zweitschrift der Zulassungsbescheinigung Teil II in betrügerischer Absicht zu verhindern, kann das Kreditinstitut dem Straßenverkehrsamt die Aushändigung der Zulassungsbescheinigung Teil II anzeigen. Das Straßenverkehrsamt bestätigt den Eingang der Anzeige.

Das Kreditinstitut verlangt in der Regel von dem Darlehensnehmer den Abschluss einer Vollkaskoversicherung und lässt sich die Versicherungsansprüche abtreten. Die Versicherung wird über die Abtretung der Ansprüche informiert und schickt als Bestätigung einen **Sicherungsschein** an das Kreditinstitut. In dem **Sicherungsschein** verpflichtet sich die Versicherung dazu, bei Prämienrückständen das Kreditinstitut zu informieren.

Verwertung des Sicherungsgutes

Voraussetzungen der Verwertung

1. **Verwertungsreife**
   Die gesicherte Forderung muss fällig sein.
   Eine fristlose Kündigung und damit die **Fälligstellung** des gesamten Kredites ist zulässig, wenn ein wichtiger Grund vorliegt *(§ 490 BGB, AGB Sparkassen Nr. 26 Abs. 2, AGB Banken Nr. 19 Abs. 3)*.

Beispiele

Es tritt eine wesentliche Verschlechterung der Vermögenslage des Kunden ein.

5

2. **Besitzverschaffung**
   Der Sicherungsnehmer hat mit Eintritt des Verwertungsrechtes einen Herausgabeanspruch gegenüber dem Sicherungsgeber. Verweigert der Sicherungsgeber die Herausgabe, kann die Besitzverschaffung durch Klage auf Herausgabe erzwungen werden.

Die Androhung der Verwertung und die Einhaltung einer Wartefrist wird in der Praxis mit dem Ziel vorgenommen, dem Sicherungsgeber vor Durchführung der Verwertungsmaßnahme die Möglichkeit zu bieten, die gesicherte Forderung zu tilgen bzw. das Sicherungsgut auszulösen.

Möglichkeiten der Verwertung

Das Kreditinstitut berücksichtigt bei der Verwertung des Sicherungsgutes gewöhnlich die gesetzlichen Regeln der Pfandverwertung. Es muss bei der Verwertung die **Interessen des Sicherungsgebers** *(z. B. Erzielung eines möglichst hohen Verwertungserlöses)* wahren und die für den Sicherungsgeber günstigste Verwertungsart wählen *(BGH-Urteil)*.

Freihändiger Verkauf

Das Kreditinstitut schützt sich vor Schadenersatzansprüchen des Sicherungsgebers, indem es diesem vor der Veräußerung des Sicherungsgutes die Auslösung des Gutes zum vorgesehenen Verkaufspreis anbietet oder die Schätzung eines öffentlich bestellten und vereidigten Sachverständigen einholt.

Freihändige/öffentliche Versteigerung

Da der Versteigerungserlös wesentlich vom Engagement des Versteigerers abhängt *(z. B. Unterrichtung entsprechender Interessentenkreise, Hinweise auf die Versteigerung in Zeitungsanzeigen)*, schalten Kreditinstitute nur solche Versteigerer ein, die auf dem Gebiet der Verwertung von Sicherungsübereignungsgut über entsprechende Erfahrungen verfügen oder öffentlich bestellt sind.

▶ Freigabe des Sicherungsgutes

Der Sicherungsnehmer überträgt dabei das Eigentum am Sicherungsgut wieder auf den Sicherungsgeber, wenn der Kreditnehmer das gesicherte Darlehen vollständig zurückgezahlt hat. Wegen der Abstraktheit der Sicherungsübereignung erfolgt die Rückübereignung nicht automatisch mit Tilgung der Forderung. Der Sicherungsgeber hat nach der Tilgung der gesicherten Forderung einen schuldrechtlichen Anspruch auf Rückübereignung des Sicherungsgutes.

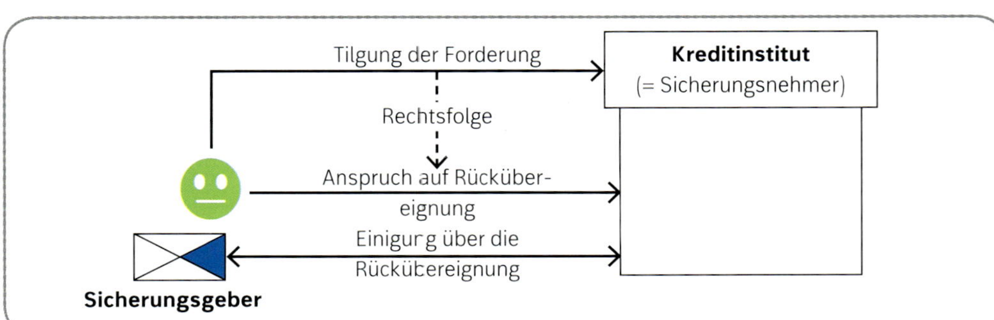

➡ **Kompetenzcheck „Sicherungsübereignung“ siehe Seite 456**

4 Leasing von Kraftfahrzeugen

Definition

Beim Leasing eines Kraftfahrzeuges erwirbt der Leasingnehmer gegen Zahlung der Leasingprämie ein Nutzungsrecht an einem Kraftfahrzeug während der vereinbarten Laufzeit *(z. B. 24 Monate)*.

Der **Leasinggeber** bleibt **Eigentümer** der Sache, der **Leasingnehmer** ist während der Laufzeit **Besitzer** der Sache. Nach Ablauf der Frist gibt der Leasingnehmer das Fahrzeug an den Leasinggeber zurück.

In dem Leasingvertrag können die Beteiligten auch eine Kaufoption vereinbaren. Der Leasingnehmer hat dann das Recht, das Fahrzeug am Ende der Laufzeit zu einem bereits bei Vertragsabschluss festgelegten Preis zu erwerben.

Beim Erwerb eines Pkw ist Leasing eine Alternative zu einem darlehensfinanzierten Kauf.

Circa jedes vierte Auto in Deutschland ist geleast.

Anbieter von Pkw-Leasing

- herstellerverbundene Leasinggesellschaften (circa 80 % der Pkw-Leasing-Verträge)

Beispiele

Volkswagen Leasing, BMW Leasing

- herstellerunabhängige Leasinggesellschaften

Beispiele

CC-Leasing GmbH, Sparkassen Leasing (Ṡ Leasing)

5

Pkw-Leasingverträge haben in der Regel eine Laufzeit von 24 bis 48 Monaten. Beim privaten Pkw-Leasing hat der Leasingnehmer ein **Widerrufsrecht von 14 Tagen** *(§§ 500, 495, 355 BGB)*. Der Vertrag kann während der Laufzeit nicht gekündigt werden.

Höhe der Leasingprämien	Zahlung der Leasingprämien
Für die Höhe der Leasingprämien sind von Bedeutung • das Zinsniveau und • der Wertverlust des Kfz während der Leasingdauer. Der Wertverlust ist die Differenz zwischen dem Kaufpreis und dem kalkulierten Restwert am Ende der Laufzeit des Leasingvertrages. Die Kalkulation des Restwertes orientiert sich an den Erfahrungen der Vergangenheit sowie den Berechnungen von Eurotax Schwacke und der Deutschen Automobil Treuhand (DAT).	• einmalige Sonderzahlung zu Beginn des Vertrages (ca. 20 % des Kaufpreises) • monatliche Leasingraten Je höher die Sonderzahlung ist, desto niedriger sind die monatlichen Leasingraten.

▶ Merkmale von Pkw-Leasing-Verträgen

- Der **Leasinggeber ist Eigentümer** des Fahrzeuges. Die Zulassungsbescheinigung Teil II wird vom Leasinggeber verwahrt.
- Der **Leasingnehmer ist Halter** des Fahrzeugs.
  - Der Pkw wird auf seinen Namen zugelassen.
  - Er trägt sämtliche Unterhaltskosten *(z. B. Steuern, Versicherungen)* sowie Wartungs- und Reparaturkosten.
- Der Leasingnehmer ist verpflichtet, eine Vollkaskoversicherung abzuschließen. Die Versicherungsansprüche werden an den Leasinggeber abgetreten.

Am Ende der Laufzeit endet die Nutzungsvereinbarung. Das Fahrzeug ist in einem ordnungsgemäßen Zustand an den Leasinggeber zurückzugeben.

Zwei Vertragsvarianten sind zu unterscheiden:

Leasingverträge	
Leasing mit Restwertabrechnung	**Leasing mit Kilometerabrechnung**
• Der Leasingnehmer garantiert die Erzielung des kalkulierten Restwertes. • Wenn der **tatsächliche Fahrzeugwert** den **kalkulierten Restwert** übersteigt, ist der Leasingnehmer mit 75 % am Mehrerlös beteiligt. Ist der tatsächliche Fahrzeugwert niedriger als der kalkulierte Restwert, hat der Leasingnehmer die Differenz auszugleichen. • **Der Leasingnehmer trägt das Restwertrisiko.**	• Bei Vertragsabschluss wird die voraussichtliche Gesamtfahrleistung während der Laufzeit vereinbart. • Wenn **die tatsächliche Gesamtfahrleistung** die vereinbarte Gesamtfahrleistung übersteigt, erfolgt eine Nachberechnung der mehr gefahrenen Kilometer. Ist die tatsächliche Gesamtfahrleistung niedriger, erhält der Leasingnehmer eine Vergütung. • **Der Leasinggeber trägt das Restwertrisiko.**

Bei **Leasingverträgen mit Verbrauchern** muss der Leasinggeber gegenüber dem Leasingnehmer die gesetzlichen vorvertraglichen Informationspflichten (VVI) erfüllen *(§ 491a BGB, Art. 247 EGBGB).* Der Vertrag kann schriftlich oder in elektronischer Form geschlossen werden.

Im Leasingvertrag sind folgende Inhalte aufzuführen:

- Beschreibung des Fahrzeugs (*z. B. Fabrikat, Ausstattung, Erstzulassung, amtliches Kennzeichen)*
- Höhe der Leasingraten und gegebenenfalls der Sonderzahlung
- Höhe des kalkulierten Restwertes beim Restwertleasing
- Fahrleistung bei Leasing mit Kilometerabrechnung, Mehrkosten bei Überschreitung, Vergütung bei Unterschreitung
- Vertragsdauer
- Nebenabreden (*z. B. Wartung in einer Vertragswerkstatt, Abschluss einer Vollkaskoversicherung)*

Fallbeispiel

Markus Breuer möchte einen Minivan erwerben. Seine Ersparnisse betragen 5 550,00 EUR. Das Autohaus Plaun & Krüger GmbH bietet den Pkw einschließlich Sonderausstattung zu folgenden Konditionen an.

Bei einem Barkauf muss Markus Breuer einen Kredit von 20 650,00 EUR (= 26 200,00 EUR – 5 550,00 EUR) aufnehmen. Die Regio-Bank AG unterbreitet folgendes Kreditangebot:
- Nominalzinssatz 9,00 % p. a.
- Laufzeit 36 Monate
- Monatsrate 656,67 EUR

Vergleich der Alternativen

	Leasing		Kreditaufnahme und Barkauf	
monatliche Belastung	monatliche Rate	338,08 EUR	monatliche Rate:	656,67 EUR
	Die monatliche Rate ist bei der Kreditfinanzierung um 318,59 EUR höher.			
Gesamtaufwand	Sonderzahlung	5 550,00 EUR	Eigenkapital	5 550,00 EUR
	+ 338,08 EUR · 36 =	12 170,88 EUR	Gesamtkredit (36 · 656,67)	23 640,12 EUR
	Summe	17 720,88 EUR	Summe	29 190,12 EUR
	Der Mehraufwand bei der Kreditfinanzierung beträgt 11 469,24 EUR.			

Beurteilung der Alternativen

- Im Unterschied zum Leasing erwirbt Markus Breuer bei der Kreditfinanzierung das Eigentum an dem Fahrzeug. Entscheidend für die Beurteilung der alternativen Kreditfinanzierung oder Leasing ist der Restwert des Pkw nach drei Jahren.
  - Zeitwert des Pkw > 11 469,24 EUR → Kreditfinanzierung vorteilhaft
  - Zeitwert des Pkw < 11 469,24 EUR → Leasing vorteilhaft

  Das **Restwertrisiko** trägt bei der Kreditfinanzierung Markus Breuer. Hat er das Fahrzeug geleast, übernimmt die Leasinggesellschaft die Verwertung des Pkw. Der Leasinggeber trägt das Restwertrisiko.

- Weist das Fahrzeug bei der Rückgabe an den Leasinggeber Beschädigungen auf, sind diese vom Leasingnehmer zu tragen.
- Der Leasingnehmer hat die Pflicht, das Fahrzeug in einer Vertragswerkstatt warten zu lassen.
- Leasing bietet **Liquiditätsvorteile**, da die monatlichen Leasingraten niedriger als die Kreditraten sind.
- Beträgt die Fahrleistung mehr als 15000 km im Jahr, erhöhen sich die Leasingkosten. Bei einer niedrigeren Fahrleistung vermindern sich die Leasingkosten.
- Wird der Pkw für betriebliche Zwecke genutzt, können die **Leasingraten** in voller Höhe als **Betriebsausgaben** geltend gemacht werden und mindern dadurch den zu versteuernden Gewinn. Bei einer **Kreditfinanzierung** können die **Zinsen und Abschreibungen** steuerlich geltend gemacht werden.

Leasing mit Kilometerabrechnung ist vor allem für Personen eine Alternative,
- die stets ein neuwertiges Fahrzeug besitzen möchten,
- die nicht das Restwertrisiko tragen möchten und
- die sich nicht um einen Verkauf kümmern möchten.

Ob sich Leasing gegenüber der Kreditaufnahme und dem Barkauf lohnt, hängt von den Kosten und den persönlichen Präferenzen des Kunden ab. Der Kunde muss zur Entscheidungsfindung die Vor- und Nachteile des Leasings abwägen und bewerten.

➡ **Kompetenzcheck „Leasing" siehe Seite 456**

5 Notleidender Kredit

Notleidende Kredite sind Darlehen, bei denen der Darlehensnehmer mit seinen Zahlungsverpflichtungen in Verzug gerät und mit einem Forderungsausfall zu rechnen ist.

Ist der Kreditkunde aufgrund einer Verschlechterung seiner wirtschaftlichen Situation nicht mehr in der Lage, die monatlichen Darlehensraten zu zahlen, sollte er sich unverzüglich mit dem Darlehensgeber in Verbindung setzen, seine Rückzahlungsprobleme schildern und gemeinsam mit dem Kreditinstitut nach einer Lösung suchen *(z. B. Umschuldung mit verminderten Raten, Tilgungsaussetzung für einen bestimmten Zeitraum)*. Oft ist die Verschlechterung der finanziellen Situation eines Kunden mit plötzlicher Arbeitslosigkeit, dauerhafter Erkrankung oder anderen persönlichen Schicksalsschlägen verbunden.

Das Ignorieren einer finanziellen Schieflage und damit verbunden eine Verschlechterung der Kapitaldienstfähigkeit erschweren die Lösung des Rückzahlungsproblems. Falls das Kreditinstitut mit dem Kunden keine einvernehmliche Lösung seines Finanzierungsproblems erreichen kann, wird es die Abwicklung des notleidenden Kredites in Gang setzen.

5.1 Abwicklung notleidender Kredite

1. Schritt: Mahnungen bei Zahlungsverzug

Mahnungen
- 1. Mahnung und 2. Mahnung
  - Information des Kunden über den Zahlungsrückstand
  - Zahlungsaufforderung binnen einer bestimmten Frist *(z. B. eine Woche)*
  - Hinweis auf die Rechtsfolgen im Fall der Nichtzahlung
  - Gesprächsangebot (Bitte um Rücksprache bei Zahlungsproblemen)
- 3. Mahnung
  - letzte Fristsetzung
  - Androhung der Kündigung des Kredites
  - Androhung der Sicherheitenverwertung

Maßnahmen des Kreditinstitutes nach erfolglosen Mahnungen:
- Kontosperre
  - Nichteinlösung von Lastschriften und Schecks mangels Kontodeckung
  - Nichtausführung von Überweisungsaufträgen und Daueraufträgen
- Kündigung des Dispositionskredites
- Einzug der Bankkarte und der Kreditkarte

wenn erfolglos

↓

2. Schritt: Fälligstellung von Darlehen

Gesamtfälligstellung von Teilzahlungsdarlehen

Voraussetzungen *(§ 498 BGB)*
- Verzug mit mindestens **zwei aufeinander folgenden Raten** ganz oder teilweise
- Zahlungsrückstand mindestens
  - 10 % der Kreditsumme bei einer Laufzeit bis zu **drei Jahren**
  - 5 % der Kreditsumme bei einer Laufzeit **über drei Jahren**
- **Fristsetzung von 2 Wochen mit der Erklärung der Gesamtfälligstellung** bei Nichtzahlung der rückständigen Raten

Gesprächsangebot

Der Kreditgeber soll dem Verbraucher spätestens mit der Fristsetzung ein Gespräch über die Möglichkeiten einer einverständlichen Regelung anbieten.

Beispiele:
- Herabsetzung der Raten bei Verlängerung der Laufzeit
- Stundung von Raten bei Verlängerung der Laufzeit

Die Fälligstellung des Kredites wird der **SCHUFA** gemeldet.

Ermittlung der Restschuld *(§§ 288, 497, 498 BGB)*

Für den rückständigen Betrag kann das Kreditinstitut **Verzugszinsen** von **5 % p. a. über dem Basiszinssatz** verlangen, wenn nicht im Einzelfall der Kreditgeber einen höheren oder der Verbraucher einen niedrigeren Schaden nachweist. Der Basiszinssatz *(§ 247 BGB)* ist abhängig von dem Zinssatz für Hauptrefinanzierungsoperationen der EZB und wird von der Bundesbank jeweils am 1. Januar und am 1. Juli jedes Jahres für das folgende Halbjahr festgelegt (www.bundesbank.de → Basiszinssatz nach *§ 247 BGB)*.

Die Restschuld mindert sich um die Zinsen und sonstigen laufzeitabhängigen Kosten, die auf die Zeit nach Ablauf der Kündigungsfrist entfallen.

Fallbeispiel

Arndt Kessler hat von der Regio-Bank AG einen Ratenkredit von 16 000,00 EUR zu folgenden Konditionen erhalten:

• Nominalzinssatz	9,50 % p. a.
• Laufzeit	48 Monate
• Monatsrate	401,97 EUR
• Gesamtrückzahlungsbetrag (48 · 401,97 EUR)	19 294,56 EUR
• Kosten insgesamt	3 294,56 EUR

Nach dem Eingang von 14 Monatsraten stellt der Kreditnehmer die Zahlungen ein. Die Regio-Bank AG kündigt nach mehrfachen Mahnungen den Kredit fristgerecht und fordert die Rückzahlung der gesamten Restschuld nach 18 Monaten. Der Basiszinssatz beträgt 3 %.

Monat	Darlehen	Zinsen	Tilgung	Rate	Restschuld
1.	16 000,00 EUR	126,67 EUR	275,30 EUR	401,97 EUR	15 724,70 EUR
2.	15 724,70 EUR	124,49 EUR	277,48 EUR	401,97 EUR	15 447,22 EUR
3.	15 447,22 EUR	122,29 EUR	279,68 EUR	401,97 EUR	15 167,54 EUR
4.	15 167,54 EUR	120,08 EUR	281,89 EUR	401,97 EUR	14 885,65 EUR
5.	14 885,65 EUR	117,84 EUR	284,13 EUR	401,97 EUR	14 601,52 EUR
6.	14 601,52 EUR	115,60 EUR	286,37 EUR	401,97 EUR	14 315,15 EUR
7.	14 315,15 EUR	113,33 EUR	288,64 EUR	401,97 EUR	14 026,51 EUR
8.	14 026,51 EUR	111,04 EUR	290,93 EUR	401,97 EUR	13 735,58 EUR
9.	13 735,58 EUR	108,74 EUR	293,23 EUR	401,97 EUR	13 442,35 EUR
10.	13 442,35 EUR	106,42 EUR	295,55 EUR	401,97 EUR	13 146,80 EUR
11.	13 146,80 EUR	104,08 EUR	297,89 EUR	401,97 EUR	12 848,91 EUR
12.	12 848,91 EUR	101,72 EUR	300,25 EUR	401,97 EUR	12 548,66 EUR
13.	12 548,66 EUR	99,34 EUR	302,63 EUR	401,97 EUR	12 246,03 EUR
14.	12 246,03 EUR	96,95 EUR	305,02 EUR	401,97 EUR	11 941,01 EUR
15.	11 941,01 EUR	94,53 EUR	307,44 EUR	401,97 EUR	11 633,57 EUR
16.	11 633,57 EUR	92,10 EUR	309,87 EUR	401,97 EUR	11 323,70 EUR
17.	11 323,70 EUR	89,65 EUR	312,32 EUR	401,97 EUR	11 011,38 EUR
18.	11 011,38 EUR	87,17 EUR	314,80 EUR	401,97 EUR	10 696,58 EUR

Restschuld nach 18 Monaten lt. Tilgungsplan	10 696,58 EUR
+ eine fällige Rate	401,97 EUR
+ drei rückständige Raten (15., 16. und 17. Rate)	1 205,91 EUR
+ 8 % Verzugszinsen (Basiszinssatz – 5 %) für rückständige Raten	
• 15. Rate: 3 Monate Verzug (401,97 · 3 · 8 : 100 : 12)	8,04 EUR
• 16. Rate: 2 Monate Verzug (401,97 · 2 · 8 : 100 : 12)	5,36 EUR
• 17. Rate: 1 Monat Verzug (401,97 · 1 · 8 : 100 : 12)	2,68 EUR
Rückzahlungsanspruch	12 320,54 EUR

Kündigung von Dispositionskrediten

Unbefristete Kredite kann das Kreditinstitut jederzeit ohne Einhaltung einer Kündigungsfrist kündigen. Dem Kunden wird jedoch eine angemessene Frist zur Rückzahlung eingeräumt *(z. B. 1 Monat)*. Bei einer Kündigung ist aber auf die berechtigten Belange des Kunden Rücksicht zu nehmen *(AGB Nr. 19 Banken, AGB Nr. 26 Sparkassen)*.
Insbesondere bei einer wesentlichen Verschlechterung der Vermögensverhältnisse des Kunden hat das Kreditinstitut ein außerordentliches Kündigungsrecht *(§ 490 BGB)*.

Beispiele:
Kündigungsgründe:
- Scheck- und Lastschriftrückgaben mangels Kontodeckung
- Pfändungen beim Kunden

↓ **nach Androhung und Fristsetzung** ↓

3. Schritt: Verwertung der Sicherheiten

Im Fall der Verwertung hat das Kreditinstitut unter mehreren Sicherheiten ein Wahlrecht *(AGB Nr. 17 Abs. 1 Banken, AGB Nr. 21 Abs. 5 Sparkassen)*. Bei der Verwertung und der Auswahl der zu verwertenden Sicherheiten ist auf die berechtigten Belange des Kunden und eines dritten Sicherungsgebers Rücksicht zu nehmen.
Durch das AGB-Pfandrecht hat das Kreditinstitut das Recht, Konto- und Depotguthaben des Kreditnehmers als Pfand unter Beachtung der gesetzlichen Bestimmungen zu verwerten.
Abgetretene Gehaltsansprüche werden nach Androhung und Einhaltung einer angemessenen Wartefrist (i. d. R. 1 Monat) offengelegt. Der Arbeitgeber wird aufgefordert, den pfändbaren Teil des Gehaltes direkt an das Kreditinstitut zu zahlen.

↓ **bei verbleibender Restforderung** ↓

4. Schritt: Erlangung eines vollstreckbaren Titels

Ein vollstreckbarer Titel ist die Rechtsgrundlage für die Durchführung einer Zwangsvollstreckung in das Vermögen des Schuldners.
Vollstreckbare Titel sind
- Vollstreckungsbescheid,
- Urteil,
- notarielle Schuldurkunden.

➡ **Kompetenzcheck „Notleidende Kredite" siehe Seite 456**

5.2 Gerichtliches Mahnverfahren

§

Das gerichtliche **Mahnverfahren** ist ein formularmäßig durchgeführter, abgekürzter Zivilprozess, der dem Gläubiger (= Antragsteller) schnell und kostengünstig einen Vollstreckungstitel verschafft *(§ 688 ff. ZPO)*.

Der Vollstreckungstitel berechtigt den Gläubiger zur Zwangsvollstreckung in das Vermögen des Schuldners (= Antragsgegner). Grundsätzlich ist das Amtsgericht des Gläubigers für das Mahnverfahren zuständig.
Aus Rationalisierungsgründen werden Mahnsachen zentral *(z. B. für den Oberlandesgerichtsbezirk Köln: Amtsgericht Euskirchen)* bearbeitet.
Der Gläubiger kann seine Ansprüche auch online im **automatisierten gerichtlichen Mahnverfahren** geltend machen.

Ablauf des Mahnverfahrens

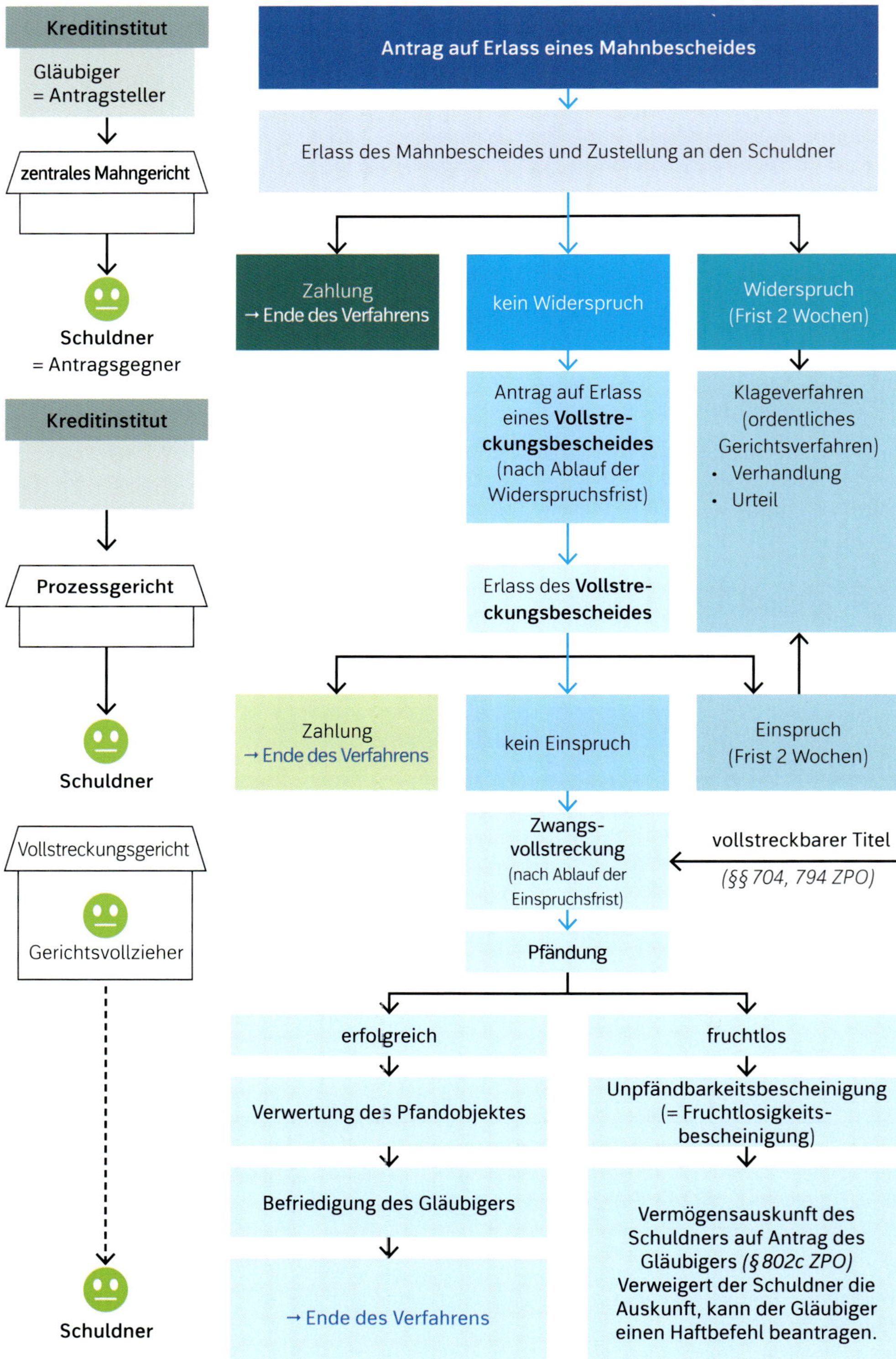

5.3 Klageverfahren

§

Das **Klageverfahren (Zivilprozess)** ist das ordentliche Verfahren der Gerichte zur Klärung von Rechtsstreitigkeiten und zur Durchsetzung von Rechtsansprüchen *(§§ 139, 253 ff. ZPO)*.

Zuständigkeit	
sachlich	**örtlich (Gerichtsstand)**
• **Amtsgericht:** Streitwert bis einschließlich 5 000,00 EUR (ohne Zinsen und Nebenkosten) • **Landgericht:** Streitwert über 5 000,00 EUR	**Gericht des Erfüllungsortes** • **Grundsatz:** Wohnort bzw. Sitz des Schuldners (Beklagter) *(§ 29 Abs. 1 ZPO)* • **Ausnahme:** Eine Erfüllungsortvereinbarung mit Gerichtsstandsfolge ist nur möglich, wenn die Vertragspartner Kaufleute oder juristische Personen des öffentlichen Rechts sind und die Vereinbarung schriftlich erfolgte *(§§ 29, 38 ZPO)*.

Falls die unterlegene Partei mit dem Urteil nicht einverstanden ist, kann sie beim jeweils übergeordneten Gericht Rechtsmittel einlegen. Das übergeordnete Gericht muss dann das Urteil überprüfen.

Rechtsmittel	
Berufung	**Revision**
Die angefochtene Entscheidung wird in **tatsächlicher** und **rechtlicher Hinsicht** neu beurteilt.	Die angefochtene Entscheidung wird in **rechtlicher Hinsicht** überprüft (= korrekte Anwendung der Gesetze); die tatsächlichen Feststellungen werden von der Vorinstanz übernommen. Es erfolgt keine neue Beweisaufnahme.
1. Instanz → **2. Instanz (Berufungsgericht)** Amtsgericht (Urteil) → Landgericht („Endurteil“) Urteile, die ein Landgericht als Berufungsgericht in zweiter Instanz erlassen hat, können nicht mehr angefochten werden. Landgericht (Urteil) → Oberlandesgericht (Urteil) →	**3. Instanz (Revisionsgericht)** → Bundesgerichtshof („Endurteil“)

5.4 Zwangsvollstreckung

Definition

Die **Zwangsvollstreckung** ist ein gerichtliches Verfahren, mit dem ein Gläubiger zwangsweise seine Ansprüche gegen den Schuldner durchsetzen kann.

▸ Voraussetzungen

Voraussetzung für eine Zwangsvollstreckung ist ein **vollstreckbarer Titel**. Vollstreckungstitel sind Urkunden, aus denen die Zwangsvollstreckung betrieben werden kann *(§§ 704, 794 ZPO)*:

- Urteile
- Vollstreckungsbescheide
- notarielle Schuldurkunden

Beispiel

Der Schuldner unterwirft sich bei der Grundschuldbestellung der sofortigen Zwangsvollstreckung in den belasteten Grundbesitz.

▸ Zwangsvollstreckung in bewegliche Sachen und Forderungen

Vollstreckungsmaßnahmen bei	
... beweglichen Sachen *(§ 808 ff. ZPO)*	**... Forderungen** *(§ 828 ff. ZPO)*
Vollstreckungsmaßnahmen werden nur auf Antrag des Gläubigers durchgeführt.	
• Pfändung und Verwertung	• Pfändung und Überweisung der Forderung
Vollstreckungsablauf	
• Die Pfändung erfolgt dadurch, dass der Gerichtsvollzieher die körperlichen Sachen in Besitz nimmt; bei größeren Objekten wird die Pfändung durch Anbringen des Pfandsiegels gekennzeichnet. • Die gepfändeten Sachen sind vom Gerichtsvollzieher öffentlich zu versteigern. Der Verwertungserlös bzw. gepfändetes Geld wird nach Abzug der Vollstreckungskosten an den Gläubiger abgeführt. • Gegenstände, die zur Lebensführung und zur Berufsausübung nötig sind, können nicht gepfändet werden.	• Der Pfändungs- und Überweisungsbeschluss wird dem Drittschuldner *(z. B. Kreditinstitut wegen Kontoguthaben des Hauptschuldners)* durch den Gerichtsvollzieher zugestellt. • Der **Pfändungsbeschluss**[1] bewirkt, dass die gepfändete Forderung zugunsten des Gläubigers beschlagnahmt wird. • Der **Überweisungsbeschluss** bewirkt, dass der Drittschuldner nur noch mit schuldbefreiender Wirkung an den Gläubiger zahlen kann. • Arbeitseinkommen und andere laufende Bezüge sind nur zum Teil pfändbar (Pfändungsfreigrenzen). Nicht pfändbar sind bestimmte Sozialleistungen *(z. B. Kindergeld)*.

1 Vgl. Seite 113 f.

▸ Vermögensauskunft (§ 802c ff. ZPO)

Ein Gläubiger kann sich mittels einer Vermögensauskunft einen Überblick über das vollstreckbare Vermögen des Schuldners verschaffen. Der Schuldner ist nämlich bei einer Vollstreckung verpflichtet, auf Verlangen des Gerichtsvollziehers innerhalb von zwei Wochen Auskunft über sein Vermögen zu erteilen. Der Schuldner hat an Eides statt zu versichern, dass seine Angaben nach bestem Wissen und Gewissen richtig und vollständig sind *(§§ 802c, 802f ZPO)*.

Kommt der Schuldner seiner Pflicht zur Abgabe der Vermögensauskunft nicht nach oder ist keine vollständige Befriedigung des Gläubigers zu erwarten, darf der Gerichtsvollzieher auch Auskünfte bei Dritten *(z. B. Auskunft der Rentenversicherung über Name und Anschrift des Arbeitgebers)* einholen *(§ 802l ZPO)*.

Verweigert der Schuldner die Abgabe der Vermögensauskunft, besteht die Möglichkeit, diese auf Antrag des Gläubigers durch **Erzwingungshaft** herbeizuführen *(§ 802g ZPO)*.

Der Gerichtsvollzieher ordnet von Amts wegen die Eintragung des Schuldners in das Schuldnerverzeichnis an, wenn der Schuldner seiner Pflicht zur Abgabe der Vermögensauskunft nicht nachgekommen ist oder der Schuldner dem Gerichtsvollzieher nicht innerhalb eines Monats nach Abgabe der Vermögensauskunft nachweist, dass er seine Schulden beglichen hat *(§ 882c ZPO)*. Das Schuldnerverzeichnis kann jeder einsehen, der Informationen für die Zwangsvollstreckung oder für eine Kreditwürdigkeitsprüfung benötigt.

5.5 Verbraucherinsolvenzverfahren

§

Das Verbraucherinsolvenzverfahren findet Anwendung bei natürlichen Personen, die keine oder nur eine geringfügige selbstständige Tätigkeit ausüben *(§ 304 InsO)*.

Das Verbraucherinsolvenzverfahren verläuft in vier Stufen:

1. Stufe: Versuch einer außergerichtlichen Einigung

- Der Schuldner muss zunächst auf der Grundlage eines Plans versuchen, mit seinen Gläubigern eine außergerichtliche Einigung (= Vergleich) über eine Schuldenbereinigung zu erzielen.
  Beispiele:
  Stundung, Teilerlass von Forderungen, Ratenzahlungen
- Er muss hierbei die Hilfe geeigneter Personen *(z. B. Schuldnerberatungsstellen, Rechtsanwälte, Steuerberater)* in Anspruch nehmen.
- Die Gläubiger entscheiden über die Annahme des Planes.

↓

Gerichtliches Verbraucherinsolvenzverfahren

Eröffnungsantrag des Schuldners *(§ 305 InsO)*

Folgende Unterlagen sind vom Schuldner einzureichen:

- Antrag auf Eröffnung des Insolvenzverfahrens
- Bescheinigung über den erfolglosen außergerichtlichen Einigungsversuch
- Antrag auf Erteilung einer **Restschuldbefreiung** *(§ 287 InsO)*
- Verzeichnis über die Einkommens- und Vermögensverhältnisse
- Verzeichnis der Gläubiger und ihrer Forderungen

↓

↓

2. Stufe: Versuch eines gerichtlichen Vergleichs

Vor der Eröffnung des Insolvenzverfahrens findet ein zweiter Einigungsversuch unter Mitwirkung des Gerichts statt, sofern dieser nicht von vornherein als aussichtslos erscheint *(§ 802a ZPO)*. Im Unterschied zum außergerichtlichen Vergleich kann die fehlende Zustimmung einzelner Gläubiger durch Gerichtsbeschluss ersetzt werden *(§ 309 InsO)*.

- **Schuldenbereinigungsplan:** Unter Berücksichtigung der Gläubigerinteressen sowie der Vermögens-, Einkommens- und Familienverhältnisse des Schuldners muss ein Schuldenbereinigungsplan vorgelegt werden, der geeignet ist, eine angemessene Schuldenbereinigung durch Stundung oder Teilerlass von Forderungen zu erreichen. In den Plan ist aufzunehmen, ob Bürgschaften, Pfandrechte und andere Sicherheiten der Gläubiger berührt werden sollen.
- **Ruhen des Verfahrens:** Das Insolvenzverfahren ruht bis zur Entscheidung über den Schuldenbereinigungsplan *(§ 306 InsO)*.

Entscheidung der Gläubiger

- Zustellung der Unterlagen an die Gläubiger
- Die Gläubiger werden aufgefordert, binnen eines Monats zu den Verzeichnissen und zu dem Schuldenbereinigungsplan Stellung zu nehmen *(§ 307 InsO)*.
- Hat kein Gläubiger Einwendungen gegen den Schuldenbereinigungsplan erhoben, gilt er als angenommen.
- Hat dem Schuldenbereinigungsplan mehr als die Hälfte der Gläubiger zugestimmt, und beträgt die Summe der Forderungen der zustimmenden Gläubiger mehr als die Hälfte aller Forderungen, so ersetzt das Insolvenzgericht die fehlende Zustimmung einzelner Gläubiger durch Gerichtsbeschluss. Der Schuldenbereinigungsplan ist für alle Gläubiger bindend *(§ 309 InsO)*.

  Ausnahmen:
  - Der Gläubiger wird in dem Schuldenbereinigungsplan im Verhältnis zu den anderen Gläubigern benachteiligt.
  - Der Gläubiger wird schlechter gestellt als bei Durchführung des Insolvenzverfahrens.

↓ **Rechtsfolgen** ↓

Annahme des Schuldenbereinigungsplans ☺

Die Annahme hat die Wirkung eines Vergleichs *(§ 794 ZPO)*.

- Der Schuldenbereinigungsplan wird abgewickelt.
- Die Stundung und der Teilerlass der Forderungen sind rechtswirksam.
- Die Anträge auf Eröffnung des Insolvenzverfahrens und auf Erteilung der Restschuldbefreiung gelten als zurückgenommen *(§ 308 InsO)*.

Ablehnung des Schuldenbereinigungsplans ☹

3. Stufe: Eröffnung eines vereinfachten Insolvenzverfahrens *(§ 311 ff. InsO)*

- Ein vom Gericht bestellter Treuhänder verwertet den pfändbaren Teil des Schuldnervermögens (= Insolvenzmasse) zur gemeinschaftlichen Befriedigung der Gläubigeransprüche.
- Der Treuhänder ist nicht zur Verwertung von Gegenständen berechtigt, an denen Pfandrechte oder andere Absonderungsrechte (Sicherungsübereignung, Sicherungszession) bestehen. Das Verwertungsrecht steht dem Gläubiger zu. Eine Gehaltsabtretung ist jedoch auf eine Dauer von zwei Jahren nach Abschluss des Insolvenzverfahrens begrenzt *(§ 114 InsO)*.

↓

4. Stufe: Restschuldbefreiung *(§ 286 ff. InsO)*

- Der Schuldner kann nach Ablauf einer **„Wohlverhaltensphase"** von **drei Jahren,** in der er versucht, einen möglichst großen Teil seiner Schulden zu tilgen, eine **Restschuldbefreiung** beantragen. Während dieser Phase muss der Schuldner sich um eine Erwerbstätigkeit bemühen und seine Lohn- und Gehaltsansprüche an den Treuhänder abtreten, der den pfändbaren Teil an die Gläubiger weiterleitet. In dieser Zeit sind Zwangsvollstreckungen in das Vermögen des Schuldners nicht möglich *(§§ 287, 294 InsO)*.
- Aus wichtigem Grund kann die Restschuldbefreiung versagt werden *(§ 290 InsO)*.

  Beispiele:
  - „Mehrfachtäter": Erst nach Ablauf von elf Jahren kann der Schuldner einen erneuten Antrag auf Restschuldbefreiung stellen (§ 287a InsO).
  - falsche Angaben des Schuldners über seine Vermögens- oder Einkommensverhältnisse
  - Verletzung der Auskunfts- und Mitwirkungspflichten
  - Verletzung der Erwerbsobliegenheit
  - Straftäter, die in den vergangenen fünf Jahre in betrügerischer Absicht eine Insolvenz herbeigeführt haben
- Während der „Wohlverhaltensphase" hat der Schuldner folgende Pflichten *(§ 295 InsO)*:
  - Er muss eine angemessene Erwerbstätigkeit ausüben bzw. sich darum bemühen.
  - Im Erbfall muss der Schuldner die Hälfte des Erbes an den Treuhänder übergeben.
  - Er muss jeden Wohnsitz- und Beschäftigungswechsel unverzüglich dem Insolvenzgericht und dem Treuhänder mitteilen.
  - Zahlungen zur Befriedigung der Insolvenzgläubiger darf er nur an den Treuhänder leisten und keinem Insolvenzgläubiger einen Sondervorteil verschaffen.
- Das Insolvenzgericht erteilt nach Ablauf der dreijährigen „Wohlverhaltensphase" die **Restschuldbefreiung** mit Wirkung gegen alle Insolvenzgläubiger, sofern der Schuldner seine Pflichten erfüllt hat *(§§ 286, 287 InsO)*.

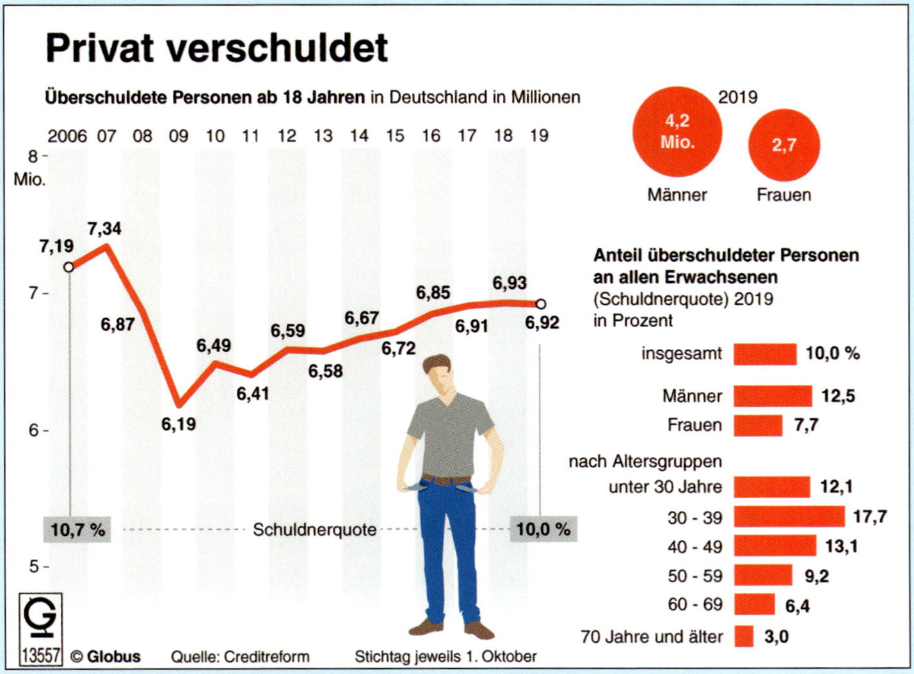

➡ **Kompetenzcheck „Gerichtliches Mahnverfahren, Klageverfahren, Zwangsvollstreckung, Verbraucherinsolvenz" siehe Seite 456 f.**

Kompetenzcheck zu Lernfeld 5: Allgemein-Verbraucherdarlehensverträge abschließen

Ich kann ...	☑

Überziehungsmöglichkeiten	Kapitel 1.1
... Allgemein-Verbraucherdarlehen definieren.	
... Überziehungskredite und Ratenkredite unterscheiden.	
... eingeräumte und geduldete Überziehungen unterscheiden.	
... Zinsen für eingeräumte und geduldete Überziehungen berechnen.	

Ratenkredite	Kapitel 1.2 und 2
... den Prozess einer Kreditgewährung bei Ratenkrediten skizzieren.	
... die Geschäftsfähigkeit von Kreditnehmern beurteilen.	
... die Prüfung der persönlichen und wirtschaftlichen Verhältnisse von Kreditnehmern erläutern.	
... eine Haushaltsrechnung zur Ermittlung des frei verfügbaren Resteinkommens durchführen.	
... das Kreditscoring erklären und fünf Kundenmerkmale nennen, die in das Kreditscoring einfließen.	
... auf der Grundlage von Kundendaten die Monatsrate, den Gesamtrückzahlungsbetrag und die Laufzeit von Ratenkrediten berechnen.	
... die vorvertraglichen Informationspflichten des Kreditinstitutes bei Verbraucherdarlehen beschreiben.	
... Kunden über ihr Widerrufsrecht form- und fristgerecht belehren.	
... den Abschluss von Darlehensverträgen beschreiben.	
... die Merkmale einer Restschuldversicherung erläutern.	
... Kunden über ihr Recht auf vorzeitige Rückzahlung des Darlehens und über die Höhe der Vorfälligkeitsentschädigung informieren.	

Ich kann ...	☑

Sicherungsabtretung	**Kapitel 3.1**
... akzessorische und fiduziarische Kreditsicherheiten unterscheiden.	
... die Bestellung einer Sicherungsabtretung erläutern.	
... die rechtliche und wirtschaftliche Gläubigereigenschaft der abgetretenen Forderung den Beteiligten zuordnen und erklären.	
... begründen, warum der Sicherungsnehmer bei einer Sicherungsabtretung nur ein eingeschränktes Verwertungsrecht besitzt.	
... stille und offene Zessionen unterscheiden.	
... die Abtretung von Lohn- und Gehaltsansprüchen erläutern.	
... die Abtretung von Lebensversicherungsansprüchen erläutern.	

Bürgschaft	**Kapitel 3.2**
... die Bestellung einer Bürgschaft erläutern.	
... gewöhnliche und selbstschuldnerische Bürgschaft unterscheiden.	
... drei Gründe für das Erlöschen einer Bürgschaft nennen.	
... den Wert einer Bürgschaft als Kreditsicherheit beurteilen.	
... eine enge Sicherungszweckerklärung erklären.	

Pfandrecht	**Kapitel 3.3**
... das vertragliche Pfandrecht vom gesetzlichen Pfandrecht und vom Pfändungspfandrecht abgrenzen.	
... die Bestellung eines Pfandrechtes an einer beweglichen Sache erläutern.	
... die Besitz- und Eigentumsverhältnisse nach der Bestellung eines Pfandrechtes an einer beweglichen Sache beschreiben.	
... die Bestellung eines Pfandrechtes an einer Forderung erläutern.	
... erklären, wer Gläubiger der Forderung nach der Bestellung eines Pfandrechtes ist.	
... die Inhalte des AGB-Pfandrechtes wiedergeben.	
... die Voraussetzungen für die Verwertung eines Pfandes beschreiben.	
... die Verwertung von Pfandgütern erläutern.	

Ich kann ...	☑

Sicherungsübereignung Kapitel 3.4	
... die Bestellung einer Sicherungsübereignung erläutern.	
... den Begriff „Besitzkonstitut" erklären.	
... die Besitz- und Eigentumsverhältnisse nach der Sicherungsübereignung beschreiben.	
... die Besonderheiten bei der Sicherungsübereignung von Kraftfahrzeugen darlegen.	
... die Voraussetzungen für die Verwertung von sicherungsübereigneten Gütern beschreiben.	
... die Verwertung von sicherungsübereigneten Gütern erläutern.	

Leasing Kapitel 4	
... die Besitz- und Eigentumsverhältnisse beim Leasing beschreiben.	
... Kfz-Leasingverträge mit Restwertabrechnung und Kilometerabrechnung unterscheiden.	
... vier Nachteile des Kfz-Leasings gegenüber einer Kfz-Kreditfinanzierung erläutern.	
... Vergleichsrechnungen von Kfz-Leasing und einer Kfz-Kreditfinanzierung durchführen.	

Notleidende Kredite Kapitel 5.1	
... Kunden Lösungsmöglichkeiten bei Zahlungsschwierigkeiten aufzeigen.	
... die rechtlichen Voraussetzungen für eine Fälligstellung von Darlehen erläutern.	
... die Restschuld des Kunden bei Gesamtfälligstellung seiner Darlehen ermitteln.	
... darlegen, unter welchen Bedingungen das Kreditinstitut nach den AGB Dispositionskredite (Überziehungskredite) kündigen kann.	
... die Verwertung von Sicherheiten beschreiben.	

Gerichtliches Mahnverfahren, Klageverfahren, Zwangsvollstreckung, Verbraucherinsolvenz Kapitel 5.2 bis 5.5	
... den Ablauf eines gerichtlichen Mahnverfahrens skizzieren.	
... die Dauer der Widerspruchsfrist und der Einspruchsfrist bei einem Mahnverfahren nennen.	
... die rechtliche Bedeutung eines Vollstreckungsbescheides erklären.	
... Klageverfahren (Zivilverfahren) von Strafverfahren unterscheiden.	
... die Rechtsmittel „Berufung" und „Revision" unterscheiden.	
... drei vollstreckbare Titel benennen.	
... den Ablauf einer Zwangsvollstreckung erläutern.	
... die Bedeutung einer Vermögensauskunft erklären.	

Ich kann ...	✓
Gerichtliches Mahnverfahren, Klageverfahren, Zwangsvollstreckung, Verbraucherinsolvenz **Kapitel 5.2 bis 5.5**	
... den Ablauf eines Verbraucherinsolvenzverfahrens skizzieren.	
... die Inhalte eines Schuldenbereinigungsplans beschreiben.	
... darlegen, mit welcher Mehrheit die Gläubiger den Schuldenbereinigungsplan annehmen müssen, damit er rechtswirksam wird.	
... drei Pflichten des Schuldners während der Wohlverhaltensphase nennen.	
... die Frist für eine Restschuldbefreiung benennen.	

Bankwirtschaftliche Formeln und Kennzahlen

Zinsberechnung

Z: Zinsen
K: Kapital
p: Zinssatz

t: Zinstage, d. h. Differenz zwischen der Wertstellung (Valuta) Verzinsungsbeginn und der Wertstellung Verzinsungsende

Ermittlung der Zinsen	Ermittlung des Kapitals	Ermittlung des Zinssatzes	Ermittlung der Zinstage
$Z = \frac{K \cdot p \cdot t}{100 \cdot 360\ (365/366)}$	$K = \frac{Z \cdot 100 \cdot 360\ (365/366)}{p \cdot t}$	$p = \frac{Z \cdot 100 \cdot 360\ (365/366)}{K \cdot t}$	$t = \frac{Z \cdot 100 \cdot 360\ (365/366)}{K \cdot p}$

Zinsrechnungsmethoden

deutsche kaufmännnische Zinsrechnung (30/360)	taggenaue Zinsrechnung (act/act)	Eurozinsrechnung (act/360)
• Zinstage: Monat zu 30 Zinstagen (t) • Jahr zu 360 Zinstagen	**• Zinstage: kalendermäßig (act) • Jahr zu 365 bzw. 366 Zinstagen (act)**	**• Zinstage: kalendermäßig (act) • Jahr zu 360 Zinstagen**
$Z = \frac{K \cdot p \cdot t}{100 \cdot 360}$	$Z = \frac{K \cdot p \cdot act}{100 \cdot 365/366}$	$Z = \frac{K \cdot p \cdot act}{100 \cdot 360}$
Anwendung		
• Sparkonten • Kunden-Festgeldkonten • Kontokorrentkonten • Ratenkredite • langfristige Darlehen	*• Bundesanleihen mit festem Zins • Bundesobligationen • Bundesschatzanweisungen • andere börsennotierte Anleihen*	*• Bundesanleihen und andere Anleihen mit variablem Zins (Floating-Rate-Notes) • unverzinsliche Schatzanweisungen (U-Schätze, „Bubills“) • Geldmarktkredite • Refinanzierungen und Geldanlagen bei der EZB*

Zinseszinsrechnung

K_0: Anfangskapital
K_n: Endkapital
n: Anzahl der Jahre
r: jährliche Raten

$$q = 1 + \frac{p}{100}$$

Aufzinsung	Abzinsung
$K_n = K_0 \cdot q^n$	$K_0 = K_n \cdot \frac{1}{q^n}$
Aufzinsungsfaktor: $q^n = \left(1 + \frac{P}{100}\right)^n$	**Abzinsungsfaktor:** $\frac{1}{q^n} = \frac{1}{\left(1 + \frac{P}{100}\right)^n}$
Anwendung	
Ermittlung des Endkapitals eines bestimmten Anfangskapitals bei gegebenem Zinssatz Beispiele: – Aufzinsungssparbriefe – Zero-Bonds	Ermittlung des heutigen Zeitwertes einer bestimmten zukünftigen Zahlung bei gegebenem Zinssatz Beispiele: – Abzinsungssparbriefe – Zero-Bonds

Rentenrechnung

Endkapital	jährlicher Anlagebetrag
$K_n = r \cdot q \frac{q^n - 1}{q - 1}$	$r = Kn \frac{q - 1}{q\,(q^n - 1)}$
Anwendung	
Ermittlung des Endkapitals bei einem gegebenen jährlichen Anlagebetrag (jeweils am Jahresanfang) und einem gegebenen Zinssatz	Ermittlung des jährlichen Anlagebetrages (jeweils am Jahresanfang) bei einem gegebenen Endkapital und einem gegebenen Zinssatz
Beispiele: – Sparpläne – Kapitallebensversicherung	

Effektengeschäft

Kurswertberechnung

Stücknotierung (Aktien und Optionsscheine)
Kurswert = Stückzahl · Stückkurs
Prozentnotierung (Schuldverschreibungen)
$\text{Kurswert} = \frac{\text{Nennwert} \cdot \text{Prozentkurs}}{100}$

Kapitalerhöhung gegen Einlagen

Ermittlung des rechnerischen Werts des Bezugsrechtes

(1) *vor* Beginn des Bezugsrechtshandels	
$BR = \frac{Ka - Kn}{\frac{m}{n} + 1}$	BR: rechnerischer Wert des Bezugsrechts
mit Dividendennachteil: $BR = \frac{Ka - Kn - DN}{\frac{m}{n} + 1}$	Ka: Börsenkurs der alten Aktien
(2) *nach* Beginn des Bezugsrechtshandels	Kn: Ausgabekurs der jungen Aktien
$BR = \frac{K_{exBR} - Kn}{\frac{m}{n}}$	K_{exBR}: Kurs ex Bezugsrecht
mit Dividendennachteil: $BR = \frac{K_{exBR} - Kn - DN}{\frac{m}{n}}$	m: Anzahl der alten Aktien
	n: Anzahl der jungen Aktien
	$\frac{m}{n}$: Bezugsverhältnis
	DN: Dividendennachteil

Ermittlung der Anzahl junger Aktien beim Aktienbezug ohne zusätzlichen Kapitaleinsatz (Opération blanche)

$JA = \frac{BN \cdot BR}{Kn + \left(\frac{m}{n} \cdot BR\right)}$	BN: Anzahl der vorhandenen Bezugsrechte JA: Anzahl der zu beziehenden jungen Aktien

Kapitalerhöhung aus Gesellschaftsmitteln

Ermittlung des Berichtigungsabschlags	
$BA = \frac{Ka}{\frac{m}{n} + 1}$	BA : Berichtigungsabschlag $\frac{m}{n}$: Berichtigungsverhältnis
Ermittlung des rechnerischen Kurses ex BA	
$Ka_{exBA} = \frac{Ka \cdot m}{m + n}$	Ka_{exBA}: Aktienkurs mit Berichtigungsabschlag
Ermittlung der Anzahl der zugeteilten Berichtigungsaktien und des verbleibenden Teilrechtsanspruchs	
$N = \frac{AA \cdot n}{m}$	N: Anzahl der Berichtigungsaktien und Teilrechte AA: Anzahl der vorhandenen alten Aktien

Bewertung von festverzinslichen Schuldverschreibungen

laufende Verzinsung	
$P_{lfd} = \frac{P_{nom} \cdot 100}{K}$	P_{lfd}: laufende Verzinsung P_{nom}: Nominalverzinsung K: Tageskurs
Effektivverzinsung (Rendite)	
$P_{eff} = \frac{\left[P_{nom} + \left(\frac{RK - EK}{J}\right)\right] \cdot 100}{EK}$	P_{eff}: Effektivverzinsung RK: Rückzahlungskurs EK: Erwerbskurs J: Anlagedauer in Jahren
Bestimmung des Kurslimits/Bietungskurses bei gegebener Renditevorstellung	
$EK = \frac{(P_{nom} \cdot J) + RK}{\left(\frac{P_{eff} \cdot J}{100}\right) + 1}$	EK: Erwerbskurs (Kurslimit bzw. Bietungskurs)

Bewertung von Aktien

Dividendenrendite	
$DR = \frac{Bruttodividende}{Aktienkurs} \cdot 100$	DR: Dividendenrendite

Effektivverzinsung (Rendite)	
$P_{eff} = \frac{NE \cdot 100 \cdot 360}{K \cdot T}$	NE: Nettoergebnis K: eingesetztes Kapital T: Anlagezeitraum in Tagen
Kurs-Gewinn-Verhältnis (Price-Earnings-Ratio)	
$KGV = \frac{\text{Aktienkurs}}{\text{Gewinn pro Aktie}}$	$\text{Gewinn pro Aktie} = \frac{\text{erwarteter Gesamtgewinn der AG}}{\text{Anzahl der Aktien der AG}}$
Kurs-Cashflow-Verhältnis	
$KCV = \frac{\text{Aktienkurs}}{\text{Cashflow pro Aktie}}$	$\text{Cashflow pro Aktie} = \frac{\text{erwarteter Cashflow der AG}}{\text{Anzahl der Aktien der AG}}$

Bewertung von Optionsscheinen und Optionen

Hebel	Faktor, um den die prozentuale Kursveränderung des Optionsscheins größer ist als die prozentuale Kursveränderung des Basiswertes $\text{Hebel} = \frac{\text{Aktienkurs}}{\text{Optionsscheinkurs} \cdot \text{Bezugsverhältnis}}$ Beispiel: Ein Bezugsverhältnis von 10 : 1 bedeutet, dass zehn Optionsscheine zum Bezug einer Aktie notwendig sind.
Parität (innerer Wert)	rechnerischer Wert des Optionsscheins ohne Aufgeld **Call:** $\frac{\text{Aktienkurs} - \text{Basispreis}}{\text{Bezugsverhältnis}}$ **Put:** $\frac{\text{Basispreis} - \text{Aktienkurs}}{\text{Bezugsverhältnis}}$
Aufgeld	Vergleich des Direktkaufs bzw. -verkaufs des Basiswertes an der Börse mit dem Bezug bzw. der Abgabe des Basiswertes über den Optionsschein Aufgeld in Euro (absolutes Aufgeld) **Call:** Kurs des Optionsscheins · BV + Basispreis – Aktienkurs = absolutes Aufgeld **Put:** Kurs des Optionsscheins · BV – Basispreis + Aktienkurs = absolutes Aufgeld

	Aufgeld in Prozent (relatives Aufgeld) $= \frac{\text{Aufgeld} \cdot 100}{\text{Aktienkurs}}$ **relatives Aufgeld pro Jahr** $= \frac{\text{Aufgeld in Prozent}}{\text{Restlaufzeit in Jahren}}$ Wert, um den der Kurs des Basiswertes pro Jahr durchschnittlich steigen muss, damit der Anleger keinen Verlust erleidet
Zeitwert	Nicht durch den inneren Wert gedeckter Kursaufschlag des Optionsscheins Kurs des Optionsscheins – positiver innerer Wert des Optionsscheins = Zeitwert Weist der Optionsschein einen negativen inneren Wert auf (out-of-the-money-Option), ergibt sich der Kurs des Optionsscheins vollständig aus dem Zeitwert.

▶ Kreditgeschäft

Bilanzkennzahlen

Anmerkung: Der Bilanzgewinn ist – sofern nicht etwas anderes angegeben wird – als kurzfristiges Fremdkapital anzusehen.

Eigenkapitalquote	$\frac{\text{Eigenkapital} \cdot 100}{\text{Bilanzsumme}}$
Anlagendeckungsgrad I	$\frac{\text{Eigenkapital} \cdot 100}{\text{Anlagevermögen}}$
Anlagendeckungsgrad II	$\frac{(\text{Eigenkapital} + \text{langfristiges Fremdkapital}) \cdot 100}{\text{Anlagevermögen}}$
Cashflow	Betriebsergebnis + ordentliche Abschreibungen + Zuführung zu den langfristigen Rückstellungen
Cashflow-Rate	$\frac{\text{Cashflow} \cdot 100}{\text{Umsatzerlöse}}$
Eigenkapitalrentabilität	$\frac{\text{Betriebsergebnis} \cdot 100}{\text{Eigenkapital}}$
Gesamtkapitalrentabilität	$\frac{(\text{Betriebsergebnis} + \text{Zinsaufwendungen}) \cdot 100}{\text{Bilanzsumme}}$
Umsatzrentabilität	$\frac{\text{Betriebsergebnis} \cdot 100}{\text{Umsatzerlöse}}$

Debitorenziel (Kundenziel)	$\frac{\text{Forderungen aus Lieferungen und Leistungen} \cdot 365}{\text{Umsatzerlöse}}$
Kreditorenziel (Lieferantenziel)	$\frac{\text{Verbindlichkeiten aus Lieferungen und Leistungen} \cdot 365}{\text{Materialaufwand}}$
Verschuldungsgrad in Jahren	$\frac{\text{Effektivverschuldung}}{\text{Cashflow}}$

Ratenkredite

Monatsraten	MR: Monatsrate ND: Nettodarlehensbetrag p: Sollzinssatz m: Laufzeit in Monaten	$q = \left(1 + \frac{p}{1\,200}\right)$ $MR = ND \cdot \frac{q^m \cdot (q-1)}{(q^m - 1)}$
Effektivverzinsung (vereinfachte Methode)	$P_{eff} = \left(\left[1 + \frac{P}{m \cdot 100}\right]^m - 1\right) \cdot 100$	

Ratenkredite

Laufzeit	$m = \frac{\log \frac{1}{\frac{-ND\,(q-1)}{MR} + 1}}{\log(q)}$

Grundstücke als Kreditsicherheit

Ertragswert	[(Jahresreinertrag – Bodenwertverzinsung) · Vervielfältiger] + Bodenwert	
Bodenwertverzinsung	$\frac{\text{Bodenwert} \cdot \text{Kapitalisierungszinssatz}}{100}$	
Vervielfältiger	$\frac{q^n - 1}{q^n \cdot (q-1)}$	p = Kapitalisierungszinssatz n = Restnutzungsdauer $q = \left(1 + \frac{p}{100}\right)$

Effekten als Kreditsicherheit

	Schuldverschreibungen	Aktien
Ermittlung der Beleihungsgrenze	$\frac{\text{Nennwert} \cdot \text{Prozentkurs} \cdot \text{Beleihungssatz}}{100 \cdot 100}$	$\frac{\text{Nennwert} \cdot \text{Stückkurs} \cdot \text{Beleihungssatz}}{100}$
Ermittlung des erforderlichen Pfandes bei gegebenem Kreditbetrag	$\text{Nennwert} = \frac{\text{Kreditbetrag} \cdot 100 \cdot 100}{\text{Prozentkurs} \cdot \text{Beleihungssatz}}$	$\text{Stückzahl} = \frac{\text{Kreditbetrag} \cdot 100}{\text{Stückkurs} \cdot \text{Beleihungssatz}}$

▸ Devisengeschäft

Ermittlung des Swapsatzes	
$S = \frac{KK \cdot ZD \cdot \text{Tage}}{100 \cdot 360 + (\text{EUR-Zinssatz} \cdot \text{Tage})}$	S: Swapsatz KK: Kassakurs ZD = Auslandszinssatz – EUR-Zinssatz
Ermittlung des Devisenterminkurses	
Inlandszinssatz > Auslandszinssatz: TK = KK – Swapsatz (Deport) *Inlandszinssatz < Auslandszinssatz:* TK = KK + Swapsatz (Report)	TK: Terminkurs

Sachwortverzeichnis

A
Abgeltungsteuer 378, 380
Abhebungsfreibetrag 376
Abmahnung 71
Abrechnung von Sparkonten 377
Abschlusssaldo 173
Absonderungsrecht 428
Abzinsung 291
Abzinsungssparbrief 387
AGB-Pfandrecht 436
Aktiengesellschaft (AG) 307, 309
Aktueller Rentenwert 88
Akzeptanzvergabe 324
Akzessorische Sicherheiten 425, 435
Alleineigentum 32
Allgemeine Geschäftsbedingungen 56, 130, 131
Allgemeinverbindlichkeitserklärung 99
Allgemein-Verbraucherdarlehen 412
American Express 163
Amtsgericht 24
Anderkonten 115
Anfechtbarkeit 38
Anforderungen an Kreditinstitute 108
Angebot 40
Anhörungsrecht 95
Anlagekonto 111
Anlageziele 371
Anwendungs-Know-how 251
Arbeitgeberverbände 97
Arbeitnehmersparzulage 388, 391, 392
Arbeitnehmerüberlassungsgesetz (AÜG) 67
Arbeitsgerichtsbarkeit 24
Arbeitslosengeld 89
Arbeitslosenversicherung 89
Arbeitsrecht 64
Arbeitsrechts 106
Arbeitsvertrag 64
Arbeitsweise der Europäischen Union (AEUV) 24
Arbeitszeit 63
Arbeitszeitgesetz (ArbZG) 72
Arbeitszeitregelungen 72
Arbeitszeugnis 75
Argumentationstechniken 202
Artvollmacht 316
Atypische Beschäftigung 67
Aufzinsung 291
Aufzinsungssparbrief 388
Ausbildungsordnung 58
Ausbildungsrahmenplan 58
Ausbildungszeugnis 75
Auslandsüberweisung 344
Außenhandelsdokumente 353
Außenwirtschaftsverkehr 331
Außenwirtschaftsverkehrs 365
Außergewöhnliche Belastungen 80
Auszahlungsgeschäft 150
Authentifizierung 138, 140
Autorisierung 138, 321

B
Bankauskunft 178, 194
Bankenaufsicht 16, 18
Bankengruppen 12
Bankenkennung 143
Bankenorderscheck 347
Bankenregulierung 16
Bankgeheimnis 175, 194
Bankkarte 158, 159, 168
Bankleitzahl 143
Bareinzahlungen 182
Basiskonto 112
Basiszinssatz 52
Bausparen 391, 393, 394, 403
Bausparkassen 15
Bauspartarife 395
Beitragsbemessungsgrenze 93
Benutzernamen 260
Beratungsrecht 95
Berufsausbildungsvertrag 60
Berufsgenossenschaft 91
Berufungsverhandlung 24
Beschäftigungsbeschränkung 63
Beschäftigungsverbot 63, 73
Beschwerdemanagement 190
Besitz 32
Besitzkonstitut 438
Bestallungsurkunde 120
Bestellung 40
Beteiligungssparen 388, 391, 393
Betreuung 122
Betreuungsgeld 74
Betriebskonten 304
Betriebsrat 94
Betriebsvereinbarung 100
Betriebsverfassungsgesetz (BetrVG) 94
Blitzlicht 204
Bordkonnossement 354
Botnet 242
Briefkurs 171, 337
Bruttogehalt 77
Bundesagentur für Arbeit 89
Bundesanstalt für Finanzdienstleistungsaufsicht 17
Bundesurlaubsgesetz (BurlG) 73
Bundesverband der Deutschen Arbeitgeberverbände (BDA) 97
Bürgschaft 430, 455

C
Charge-Card 165
Commercial Banking 15
Credit-Card 165
Cross Selling 403
Cross-Selling 399
Cyberkriminalität 241
Cybermobbing 250

D
Darlehen 11
Darlehensarten 407
Datenorganisation 243
Datenschutz 236
Datenschutzgrundverordnung (DSGVO) 236, 237
Datensicherheit 236
Datensicherung 243
Dauerauftrag 151
Debit Mastercard 160

Debitkarte 158
Deport 341
Depot 11
Depotkonto 111
Deutsche Bundesbank 16
Devisen 171, 335, 366
Devisenkassageschäfte 336
Devisenkurse 171
Devisenmarkt 336
Devisenoptionen 343
Devisenreferenzkurse 338
Devisentermingeschäft 339
Devisenterminkurse 340
Diagramme 277
Dialog 200
Dienstvertrag 64
digitale Produkte 31
Digitalisierung 102, 236
DIN 5008 228
Direktbanken 14
Dispositionskredite 408
Dokumentäre Zahlungen 367
Dokumente 366
Dokumentenakkreditiv 360
Dokumenteninkasso gegen Zahlung 357
Dokumentenvorlagen 254
Doppelförderung 389
Dreisatz 280
Duales System der Berufsausbildung 57, 106
Durchschnittsrechnung 282
Durchschnittssteuersatz 81

E

Echtzeitüberweisung 326
Effektiver Jahreszinssatz 421
Eigenmittel 19
Eigenmittelanforderungen 19
Eigenschaftsirrtum 39
Eigentum 31
Eigentumsvorbehalt 52
Einkommensteuer 78, 81, 83, 107
Einkünfte 78
Einlagen bei Kreditinstituten 371
Einlagensicherung 192
Einlagensicherungsfonds 386
Einzelabtretungen 429
Einzelkaufleute 299
Einzelkonto 111
Einzelunternehmen 300, 303
Einzelvertretung 302
Einzelvollmacht 319
Elektronische Form 37
Elektronischer Massenzahlungsverkehr (EMZ) 145
Elektronisches Lastschriftverfahren (ELV) 159, 162, 167
Elterngeld 74
Elternzeit 73
Entgeltinformation 130
Entgeltpunkte 88
ERA 332, 360
Erbengemeinschaft 188
Erbrecht 26
Erbschein 187
Erfüllungsgeschäft 42
Erfüllungsort 43
Ergänzungskapital 20
ERI 332
Erklärungsirrtum 39
Ersatzkassen 85
Europäische Aktiengesellschaft 309
Europäischer Gerichtshof (EuGH) 25
Europarecht 24

F

Fachliche Aspekte 215
Familiengericht 120
Familienrecht 26
Faustpfandprinzip 435
FBL 356
FCR 356
Feedback 203
Feedback-Regeln 203
Fernabsatzverträge 45
Festgelder 384, 402
Festzinssparen 382
FIATA-Spediteurdokumente 355
Fiduziarische Sicherheiten 425
Filialbanken 14
Finanzdienstleistungsaufsicht 17
Finanzgerichtsbarkeit 24
Firewall 261
Firma 299
Fixkauf 45
Formatierungen 267
Formfreiheit 64
Formkaufmann 295, 296
Formmangel 38
Formvorschrift 36
Frachtbrief 355
Fragetechniken 202
Freiberufler 300
Freistellungsauftrag 304, 378, 381
Freiwillige Gerichtsbarkeit 24
Freiwillig Versicherte 86, 91
Fremdwährungskonto 334
Fristentransformationsfunktion 11
Fristsetzung 51

G

Geduldete Überziehung 128, 408
Gefahrenübergang 43
Gehaltsabrechnung 76, 107
Geheimhaltungspflicht 176
Geldleistungen 86
Geldwäsche 180
Geldwäschebeauftragter 184
Geldwächeprävention 179, 195
Gemeinschaftskonto 111, 112
Generalpolice 356
Generationenvertrag 92
Gerichtliches Mahnverfahren 447
Gerichtsbarkeit 23
Gerichtsstand 44
Geringfügige Beschäftigungsverhältnisse 66
Gesamtvertretung 302
Geschäftsbrief 228
Geschäftsfähigkeit 27, 29, 119, 413
Geschäftsführung 301
Gesellschaft bürgerlichen Rechts 304
Gesellschaft mit beschränkter Haftung (GmbH) 307
Gesellschaftsordnung 23
Gesetzlicher Urlaubsanspruch 73
Gesetzliches Pfandrecht 434
Gesetzliche Vertreter 119, 120
Gesetzliche Vertretung 30
Gesundheitsfonds 92
Gewerbeordnung (GewO) 75
Gewerbetreibender 300
Gewerkschaften 97
Girocard 158, 160, 321

Girocardzahlungen 321
Girokonto 127
Gironetze 145
Giropay 169
GmbH & Co. KG 310
Grad der Behinderung (GbB) 74
Grenzsteuersatz 81
Grundgesetz 24
Grundsicherung 90
Gütergemeinschaft 413
Güterstand 413
Gütertrennung 414
Gutgläubiger Eigentumserwerb 34
Guthabenbasis 383

H

Haftung 150, 167
Haftung bei fehlerhaften Zahlungen 148
Haftung bei Missbrauch 148
Handelsrechnung 356
Handelsrecht 295
Handelsrechts 364
Handelsregister 297, 314
Handlungsvollmacht 315, 364
Handwerksbetriebe 300
Handwerksrolle 300
Hartz IV 89
Haushaltsrechnung 414
Haustürgeschäfte 45
Höchstbetragsbürgschaft 433

I

Identitätsdiebstahl 242, 251
Identitätsfeststellung 132, 317
Incoterms® 366
Incoterms® 2020 332, 349
Inhaltsirrtum 39
Inkassoauftrag 358
Inkassovereinbarung 327
International Bank Account Number 144
Internetbezahlverfahren 169, 325
Investment Banking 15
ISO-Code 230, 336
Istkaufmann 295

J

Judikative 23
Jugendarbeitsschutzgesetz (JArbSchG) 62
Jugend- und Auszubildenden-vertretung (JAV) 95
Juristische Personen 26

K

Kannkaufmann 295, 296
Kapital 286
Kapitalertragsteuer (KESt) 83, 380
Kapitalgesellschaften 296, 301, 307
Kapitalverwaltungsgesell-schaften 15
Kartenzahlungen 321, 326
Kartenzahlungssysteme 167
Kassageschäfte 336
Kaufleute 295
Kaufvertrag 40
Kernkapital 20
Kettensatz 280, 281
Kindergeld 74
Klageverfahren 449, 456
Know-Your-Customer-Grundsatz 181
Koalitionsfreiheit 96
Kollaboratives Arbeiten 257
Kommanditgesellschaft 310
Kommanditist 305
Kommunikationsmittel 227
Kommunikationsmodell 198
Kommunikationsregeln 199
Kommunikationstechniken 200
Komplementär 305
Konfliktverhalten 213
Konkludentes Verhalten 36
Konnossement 353
Konten-Screening 184
Kontenwahrheit 133
Kontoarten 111
Kontoeröffnung 317, 365
Kontoeröffnungsantrag 130
Kontoführung 192
Kontoinformationsdienste 147
Kontokorrentkonten 127
Kontomodelle 128
Kontovertrag 136
Kontovertrag zugunsten eines Dritten 375
Kontovollmacht 123, 319
Kontowechselhilfe 136
Konvertierbarkeit 336
Kooperation 257
Kraftloserklärung 374
Krankenversicherung 85
Kreditangebot 420
Kreditanstalt für Wiederaufbau (KfW) 16
Kreditantrag 412
Kreditgewährung 412
Kreditkarte 162, 168
Kreditkartenzahlungen 323
Kreditprüfung 413
Kreditscoring 415
Kreditsicherheiten 425
Kreditüberwachung 423
Kreditwürdigkeitsprüfung 414
Kundenauthentifizierung 138
Kundenbeschwerden 195
Kundenkennung 143
Kündigung 62, 69
Kündigungsschutz 70
Kündigungsverbot 73

L

Landgericht 24
Lastschrift 326
Lastschriftgeschäft 153
Lastschriftinkasso 329
Laufzeit 286
Laufzeitverträge 55
Leasing 441, 456
Legislative 23
Legitimationspapier 373
Leiharbeitsverhältnis 67
Leistungsbewertung 75
Lieferungsbedingung 44
Lizenzvertrag 324
Lohnsteuer 78
Lohnsumme 92

M

Mahnbescheid 448
Mahnverfahren 456
Malware 242
Mängelbeseitigung 51
Mangelhafte Lieferung 49
Mängelrüge 49
Marketinginstrumente 249
Masterpasswort 260
Mengennotierung 171

Midijobs 66
Mietkautionskonto 117, 118
Minderjährige 119, 122
Minderung 51
Mindestbedingungen 98
Mindestlohn 68
Minijobs 66
Mitbestimmung 94, 108
Miteigentum 32
Mitwirkung 108
Mobile Payment 169, 326
Mobiliarpfandrecht 435
Motivirrtum 39
Multichannel-Strategy 234
Mündel 30
Muster-Widerrufsformular 47
Mutterschutzgesetz (MuSchG) 73

N
Nacherfüllung 51
Nachhaltige Geldanlagen 103
Nachlasskonten 186, 188, 195
Nachweisgesetz (NachwG) 64
Namenspapiere 373
Natürliche Personen 26
Neulieferung 51
Nicht dokumentäre Zahlungen 344, 366
Nichtigkeit von Rechtsgeschäften 38
Nicht-rechtzeitig-Zahlung 51
Nichtveranlagungsbescheinigung 381
Nonverbale Kommunikation 199
Notarielle Beurkundung 37
Notenbank 16
Notleidende Kredite 456
Notleidender Kredit 444
Nutzerprofil 249
Nutzung digitaler Medien 251

O
Offene Abtretung 428
Offene Zession 429
Öffentliche Beglaubigung 37
Öffentliches Recht 25
Office-Programme 253
Ombudsmann 191
Onlinebanking 128
Outright-/Sologeschäfte 336

P
Partnerschaftsgesellschaft 313
Passwörter 259, 260
Passwortmanager 260
Payment Service Directive 2 (PSD 2) 139
Personenbezogene Daten 236
Personengesellschaften 300, 304
Personenhandelsgesellschaften 305
Pfandbriefbanken 15
Pfandrecht 434, 436, 439, 455
Pfändung 448
Pfändungsschutzkonto 113
Pflegegrade 86
Pflegeversicherung 86
Pflichtversicherte 86, 91
Phishing 242
Phishing-Mails 264
Plus-Minus-Technik 224
Präsentationspapier 354
Präsentationsprogramme 255
Prepaid-Card 165
Primärkassen 85
Privatkonten 304
Privatkunden 111
Privatrecht 25
Produkthaftungsgesetz 56
Prokura 315, 364
Promillerechnung 283
Prozent 283
Punktabfrage 204

R
Rahmenlehrplan 58
Ransomware 242
Ratenkredit 411
Ratenkredite 454
Rechnungsabschluss 173, 194
Rechnungsabschluss von Zahlungskonten 173
Rechtsfähigkeit 26, 119
Rechtsformen 300, 364
Rechtsgeschäfte 34, 105
Rechtsgeschäftliche Vertreter 119
Rechtsgrundlagen 105
Rechtsnormen 23
Rechtsobjekte 30
Rechtsordnung 23
Rechtssubjekte 26, 105
Regelsparbeitrag 396
Reisezahlungsmittel 171
Rentenartfaktor 88
Rentenrechnung 291
Rentenversicherung 87
Report 341
Restschuldbefreiung 451, 453
Restschuldversicherung 423
Risikobegrenzung 18
Risikoübernahmefunktion 11
Router 261
Rücktritt 51
Rückübereignung 440
Ruhepausen 63

S
Sachen 31
Sachenrecht 26, 42
Sachleistungen 86
Schadenersatz 51
Schadsoftware 241, 242
Scheingeschäft 38
Scherzgeschäft 38
Schlechtleistung 49
Schriftform 37
SCHUFA 135
SCHUFA-Meldungen 135
Schuldenbereinigungsplan 452
Schuldrecht 26, 42
Schuldverhältnisse 31
Schwerbehinderte 74
Selbstauskunft 412
Selbstschuldnerische Bürgschaft 431
SEPA 144
SEPA-Firmen-Lastschriftverfahren 328
SEPA-Kartenzahlungen 144
SEPA-Länder 171
SEPA-Überweisung 144
Sicherheiten 422
Sicherungsabtretung 427, 455
Sicherungsschein 439
Sicherungsübereignung 438, 439, 456
Sichtkurs 337
Sittenwidrigkeit 39
Social Media 248, 253

Societas Europaea – SE 309
Sonderausgaben 80
Sondersparformen 382
Sorgfaltspflichten 141
Sorten 171
Sozialer Ausgleich 96, 108
Sozialgerichtsbarkeit 24
Sozialgesetzbuch 89
Sozialhilfe 90
Sozialpartner 97
Sozialplan 100
Sozialversicherung 85, 107
Sparbriefe 386, 387, 402
Spareinlagen 372, 401
Sparerpauschbetrag 79, 381
Sparkonto 111, 377
Sparplan 383
Sparurkunde 373
Sparvertrag zugunsten Dritter 374
Sperranzeige 149
Spezialinstitute 15
Spezialvollmacht 316
Spitzensteuersatz 81
Standesrecht 300
Stellvertretung 119
Stille Gesellschaft 298
Stille Zession 429
Strafgerichtsbarkeit 24
Streitige Gerichtsbarkeit 24
Suchmaschinen 252
Swapsatz 341
S.W.I.F.T. 334

T
Tagesgeldkonten 401
Tagesgeldkonto 111, 383
Target 2 146, 345
Tarifkonflikte 101
Tarifpartner 97
Tarifregister 98
Tarifverträge 98
Taschengeldparagraf 29
Teilzeitarbeitsverhältnisse 65
Termingeldkonto 111
Termingeschäfte 336
Terminkauf 45
Textform 37
Traditionspapier 353
Transaktionsrisikoanalyse 140
Transparenzregister 185
Treuhandkonto 115, 116

U
Übermittlungsirrtum 39
Übernahmekonnossement 354
Überweisung 151
Überweisungsbeschluss 450
Überweisungsgeschäft 151
Überziehungskredite 407
Überziehungsmöglichkeiten 454
Unfallversicherung 91
Unfallversicherungsträger 91
Universalbanken 12
Unternehmer 27, 300
Unternehmergesellschaft 309
Urheber 246
Urheberrechte 246
Urheberrechtsgesetz (UrhG) 246
Urkunde 38
Urlaubsanspruch 73
Ursprungszeugnis 357

V
Veranlagung 83
Verbraucher 27
Verbraucherinsolvenz 456
Verbraucherinsolvenzverfahren 451
Verbraucherschutz 54, 111
Verbrauchsgüterkauf 27, 40, 44
Verfügungsgeschäft 36
Verjährung 52
Verkaufsgespräch 214
Vermehrtes Kapital 289
Verminderter Grundwert 285
Vermindertes Kapital 289
Vermögensbildungsgesetz 388, 402
Vermögensverwaltung 120
Vermögenswirksame Leistungen 388
Veröffentlichungsrecht 246
Verordnung über Preisangaben (PAngV) 411
Verpflichtungsgeschäft 36, 40, 42
Versendungskauf 44
Versicherungsaufsicht 18
Versicherungsdokumente 356
Versicherungszertifikat 356
Versprochene Leistung 373
Vertragsabschluss 47
Vertragsfreiheit 64
Vertragsgestaltung 373
Vertragsrecht 23
Vertretung 119, 301
Vertretungsberechtige 319
Vervielfältigungsrecht 247
Verwaltungsgerichtsbarkeit 24
Verwertung 439
Verwertungsrecht 246
Verzugszinsen 52
Verzugszinssatz 52
Videoberatung 234
Virenscanner 262
Vollmacht 119
Vollmachtarten 124
Vollmachten 120
Vollstreckbarer Titel 447, 450
Vollstreckungsablauf 450
Vollstreckungsbescheid 448
Vorauszahlungen 83
Vorfälligkeitsentgelt 376
Vorfälligkeitsentschädigung 424
Vormund 120
Vorschusszinsen 376, 379
Vorsorgevollmacht 124
Vorvertragliche Informationspflichten (VVI) 130, 420
Vorwand 221

W
Wahlberechtigung 94, 96
Ware mit digitalen Elementen 50
WENN-Funktion 270
Wertpapieraufsicht 18
Wertpapiersammelbanken 16
Wertstellung 146
Whois-Abfrage 245
Widerruf 46, 47
Widerrufsbelehrung 47, 421, 433
Widerrufsrecht 47, 421
Wikipedia 252
Willenserklärung 28, 35
Wohnungsbau-Prämiengesetz 388, 391, 402

Z

Zahlungsabwicklung 333
Zahlungsauftrag im Außenwirtschaftsverkehr 344
Zahlungsauslösedienste 147
Zahlungsauthentifizierungsinstrument 138
Zahlungsdienste 137, 193
Zahlungsdiensterahmenvertrag 127, 137
Zahlungsdienstleister 130, 137, 146, 152
Zahlungsdienstnutzer 130
Zahlungsinstrumente 150, 193, 321, 365
Zahlungskartengeschäft 158
Zahlungskonten 194
Zahlungskontengesetz 127
Zahlungskonto 111, 127, 193
Zahlungsort 44
Zahlungsverzug 51
Zeitarbeitsverhältnisse 67
Zentralbank 16
Zentralstelle für Finanztransaktionsuntersuchungen 184
Zielkauf 45
Zinseszinsrechnung 291
Zinsrechnen 286
Zugewinngemeinschaft 413
Zu versteuerndes Einkommen 79
Zwangsvollstreckung 456
Zwei-Faktor-Authentifizierung 138

Bildquellenverzeichnis

American Express International, Inc., Frankfurt am Main: 163.3.

Bergmoser + Höller Verlag AG, Aachen: Zahlenbilder 87.1.

Bundesverband der Deutschen Volksbanken und Raiffeisenbanken (BVR), Berlin: 13.3.

DC Bank AG, Wien: 163.4.

Deutsche Bank AG, Frankfurt/Main: 13.5.

Deutscher Sparkassen- und Giroverband, Berlin: 13.2, 159.9.

DZ BANK AG Deutsche Zentralgenossenschaftsbank, Frankfurt: 103.1.

Edkimo GmbH, Berlin: 258.7.

EURO Kartensysteme GmbH, Frankfurt am Main: 159.1, 159.2, 161.3, 167.1.

fotolia.com, New York: Amy Walters 161.2; Miyazawa 152.4; neorm 140.1; pmphoto 141.2; Sanders, Gina 215.1; Sashkin 161.1 SC-Photo 13.1; Schlierner 435.1; spyder24 435.2; Timothée D'Arco 152.3.

Google LLC, Mountain View: 258.2, 258.3, 258.4.

Handelsverband Deutschland - HDE - e.V., Berlin: 159.10, 162.2, 167.3.

Hild, Claudia, Angelburg: 229.1, 231.1, 261.1, 350.1; Microsoft Deutschland GmbH 232.1.

Kahoot!: 258.5.

Mastercard, Frankfurt am Main: 2020, Mastercard ist ein eingetragenes Markenzeichen und das Kreisdesign ist ein Markenzeichen von Mastercard International Incorporated. 159.4, 159.5, 167.4, 167.5; 2021, Mastercard ist ein eingetragenes Markenzeichen und das Kreisdesign ist ein Markenzeichen von Mastercard International Incorporated. 160.1, 163.1.

Microsoft Deutschland GmbH, München: 254.1, 256.1, 256.2, 257.1, 267.2, 278.2; Ettmann, Bernd; Hürth 255.1, 266.1, 267.1, 268.1, 270.1, 272.1, 274.1, 275.1, 276.1, 278.1, 279.1; Used with permission from Microsoft. 258.1.

norisbank GmbH, Bonn: 141.1.

Padlet, San Francisco: 258.8.

Picture-Alliance GmbH, Frankfurt a.M.: dpa-infografik 81.1, 85.1, 90.1, 101.1, 144.1, 157.1, 331.1, 371.1, 441.1, 453.1; dpa-infografik GmbH 97.1.

Postbank – eine Niederlassung der Deutsche Bank AG, Bonn: 166.1, 166.2.

punktgenau gmbh, Bühl: 20.1, 128.1, 131.1, 152.1, 152.2, 185.1, 347.1, 387.1, 387.2, 388.1, 394.1, 410.1, 426.1.

S-Payment GmbH, Stuttgart: 13.4, 164.3.

stock.adobe.com, Dublin: ASDF 21.1; Calado 159.8; contrastwerkstatt Titel, 109.1, 369.1, 405.1; Davizro Photography 164.2; fizkes 197.1; ldprod 160.3; LIGHTFIELD STUDIOS 293.1; PMDesign 159.3; refresh(PIX) 162.1; RONALD RAMPSCH 159.11; sp4764 164.1.

Visa, Frankfurt: 163.2, 167.6; 2021 159.6, 159.7, 160.2, 167.2.

www.zum.de, Merzhausen: 258.6.